日本人の自然観

鈴木貞美
Suzuki Sadami

作品社

日本人の自然観　目次

凡例

一、引用は、各種校訂本を参照し、本文中では〈 〉を付す。
・日本語の散文の場合、タイトルを含め、漢字仮名ともに、現行表記に従う。漢字は開かない。圏点等は原則として外し、ふりがなは適宜、付した。
・日本のレトリックを駆使したうたや物語などの文体、および近代詩は、とくに断らない場合、底本に従う。短歌は、上下句のあいだを一字開けにする方式で統一する。
・漢詩・漢文は現行表記とする。ただし、中国語文中の「藝」など、新字では意味が異なる場合、旧字を用いる場合がある。

二、引用する古文や漢文のあとに、適宜、語釈、現代語訳、読み下し、および大意などを現行仮名遣いで示す。それゆえ、漢文に訓点は付さない。また読み下し文に片仮名を用いない。

三、西洋・中国・日本の古典的作品からの引用は、章段のタイトルを〔 〕で明記し、煩瑣に過ぎるため、注に引用元の校本は記さない。

四、出版物（新聞、雑誌、単行本）には『 』を、それ以外の作品には「 」を付す。また、「 」中の「 」には『 』を付す。

五、専門の議論にかかわるときなど、適宜、本文中に補注を付す。

六、外国人名および著作・作品名の原綴は、巻末の索引に付す。日本人名をあわせ、生歿年も同じ。

日本人の自然観

序章　今日、自然観を問う意味

日本人の自然観（view of nature in Japan）を、今日、改めて問いなおそうとするのは、二〇世紀後期の科学＝技術（＝は区別と関連づけ）の発展が、洋の東西を問わず、古代から存続してきた「自然の恒久性」の観念を確実に破壊しつつあり、それに伴い、「日本人の自然観」についての見方にも大きな転換が見られるようになったからだ。

古代から、天地自然は千変万化を見せながら、永遠に存続し、人間に資源を与えてくれるものと誰しもが思ってきた。たとえば中国古代の『老子道徳経』（老子）〔第六章〕には、「谷神《こくしん》」すなわち「玄《げん》牝《ぴん》」と呼ぶ空虚な裂け目から際限なく自然の恵みを生み出すと説く一節がある。『周易』（易経）〔第二六　大畜卦〕にも〈天在山中、大畜〉とあり、天の恵みを山が蓄えていると説いている。仏教で仏の徳が尽きないことをいう「無尽蔵」の語は、一般に拡がるにつれ、自然の恵みにも用いられるようになった。『日本書紀』『古事記』の冒頭近くに名前だけ登場するタカミムスヒ（高皇産霊、高御産巣日）、カミムスヒ（神皇産霊、神産巣日）の神も、神々をはじめ、万物の無限の生成を含意するとされてきた。ユダヤ＝キリスト教、イスラーム圏においても、全知全能の神の造った世界の恒久性は疑われてこなかった。

明治末期に流行したフランスの哲学者、アンリ・ベルクソンの『創造的進化』（一九〇七）は、宇宙も人間世界も、ともに生命エネルギーの突発的な跳躍（elan vital）によって進化発展すると説き、旧来の自然の恒久性の考えを破った。そして、二〇世紀前半、英語圏でも宇宙進化論が優勢になった。だが、絶えず進化しつづけるというのであれば、その意味では「自然の恒久性」は保たれていることになろう。

　ところが、一九七〇年代に、科学＝技術の発展により、自然現象に変調が現われていることが広く知られるようになった。今日、人びとの意識に昇っている主な原因は、生態系破壊と地球温暖化の二つだろう。

　生態系破壊については、レイチェル・カーソンが『沈黙の春』（一九六二）で、ＤＤＴなど合成化学農薬の散布が、とくに河に棲む生物の存続を脅かしていることを告発したことがきっかけになり、人類は他の生物とともにしか存続できないことが広く認められるようになった。だが、発展途上地域では、合成化学農薬の散布を今日でも続けている。それを禁じれば、農業生産は低減し、多くの人口を飢えにさらすことは目に見えているからだ。その問題の解決策として、病虫害に強い植物種がバイオ・テクノロジーで開発されている。それによって、自然のままでは、ないしは、これまでの品種改良では起こりえなかった水準で、人間は植物の種の同一性を破壊しはじめている。科学＝技術によって進められてきた自然破壊に対して、その解決を、より高度な科学＝技術によって図った結果、別の自然破壊を引き起こしているわけだ。そして、病虫害に強い新種は一代限りに設計されているため、開発技術をもたない国は、その種子を輸入しなくてはならない。当然、経済格差は助長される。

　その反面、バイオ・テクノロジーの進歩は、われわれに楽しみを与えてくれてもいる。街角の花屋の店先に毎年、新奇な草花があふれるようになった。つまり、この問題について、今日、われわれは宙づりの状態におかれている。

　ただし、バイオ・テクノロジーの開発については、ヒト・クローンの制作にまで手がかかったところで大問題になり、これに携わる生命科学者たちの国際的合意により、「羊のドリー」として知られる動物実験の段階で歯止めがかかったかたちになっている。

そう、〈知りはしても、その知識を必ずしも実践にうつさないことが望ましい〉のだ。▼1 これは、中国の古代・中世の科学＝技術史研究に多大な成果をあげたジョセフ・ニーダムが、一九八六年に来日した際の公開講演で、生命がほとんど偶然、この地球に誕生し、進化を重ねて知性をもつにいたったこと、その知性が自らの生存を脅かすにいたっていることについて縷々述べたのちに下した結論であり、提案である。彼はそれを『史記』〔老子伝〕に登場する道家の名前を冠した『関尹子《かんいんし》』という書物を参照して引き出したという。この書物は、今日では唐代につくられたとされ、ニーダムが参照したのは〔九楽篇〕中の次の条《くだり》と推定されている。

究極の智者は、自分の智が周りの事物について不足していることをよく知っている。それゆえ愚かに見える。究極の能弁家は、自分の弁が事物を喩えつくせないことをよく知っている。それゆえどもる。究極の勇者は、自分の勇気が相手に勝ることはありえないことをよく知っている。それゆえ怯える。

（智之極者、知智果不足以周物故愚。弁之極者、知弁果不足以喩物。故訥。勇之極者、知勇果不足以勝物、故怯）▼2

ソクラテスの「己れの知らざるを知る」に似ているが、ここでは認識ではなく、行為の保留をいっている。ニーダムは、そこに着目したのだろう。慧眼《けいがん》である。

振り返ってみるなら、人類による生態系破壊は農耕文明とともにはじまったといえよう。だが、地球の熱平衡維持機能が不全をきたすようになったのは、最近のことだ。

一九七二年、ローマ・クラブの『成長の限界』とそれにつづくいくつかの提言は、経済成長をこれ以上つづけるなら「地球がいくつあっても足らなくなる」と警告を発した。資源は枯渇し、廃棄物処理も困難を極めることが目に見えているからだった。とりわけ産業活動により排出される温室効果ガスが地球温暖化を進め、世界各地に、これまでに記録されたことのない気象異常を次つぎに引き起こしている。温暖化の直接の原因については、いくつか疑義が出されていたが、二〇〇〇年代に入り、産業廃棄ガスが主要因という見解が国際的に確実視されるようになった。

異常気象は、国際的に人びとの日常の会話にのぼっている。人類の文明が自らの危機を呼び寄せるところにまで達したことを承知しながら、人びとは日々の暮らしを続けている。怯えることを知らない科学＝技術の発展に、皆が不安を抱えているわけだ。それでも、ロボットの開発・実用化に夢を膨らませ、人工知能（artificial intelligence、ＡＩ）の急速な進歩に目を見張っている。

地球資源の枯渇と環境問題については、「持続可能な開発」（sustainable development、ＳＤ）が国際的に合意されている。元も子もなくさないようにしましょうというわけだ。大国間、また発展途上国間、またそれらの間の調整はなかなか進展を見なかったが、温暖化問題については協議が重ねられ、二〇一五年一二月、ＣＯＰ21「パリ協定」が結ばれ、「史上初めて、一九六ヵ国・地域が温室効果ガスの削減に参加する枠組みがつくられた」と評されるところまで漕ぎつけた。ところが、二〇一七年六月にアメリカのトランプ政権が自国経済を優先させる方針から脱退を表明し、国内にも波乱を呼んだ。人間が人間の手で自身の身に危害を加える愚行も持続可能状態にある。その理由は明らかである。

持続可能な愚行

第二次世界大戦後の冷戦体制がナショナリズム（国民国家主義）の噴出を抑え込んでいたことは、一九九〇年を前後するソ連とソ連圏が崩壊したのち、旧「社会主義圏」と「第三世界」とに民族国家の独立が相次いだことがよく示している。一九七〇年代に情報工学（ＩＴ）が飛躍的に発展し、交通通信技術に画期的な変化が生まれていたことが手伝い、世界は瞬く間に様変わりした。そして、国際的な経済低迷からの回復を模索する動きのなかで、各国の「国益第一」がこれまでになく、露骨に主張されるようになった。生産力主義に歯止めがかかるどころか、むしろ拍車がかかっている。

　急速に経済発展を遂げた都市では大気汚染が進行している。国際交通網の変化により、ポーランドのクラカウはヨーロッパで最も大気汚染が進行しているといわれるほどになった。二〇一三年に訪れた折には、ジャパニーズ・ビジネスマンの姿もよく見かけた。だが、中国やインドの大都市で進行している事態とは比較にならない。とくに工場と各戸の暖房、車の排気ガスとの複合汚染の呼吸器への刺戟は並大抵ではない。わたしは二〇一五年を前後する時期に、いずれも身をもって体験した。むろん、そのために、わざわざ赴いたわけではない。北京の場合、工場には操業休止や移転などの措置が講じられ、大気汚染はかなり減少した。が、それを強制できるのは例外中の例外であり、発展途上国はどこでも、大都市への人口集中に手を打つことはできず、車の増加も止め処がないのが実情である。

　一九八〇年、国際自然保護連合（ＩＵＣＮ）、国連環境計画（ＵＮＥＰ）などがまとめた「世界保全戦略」で「持続可能な開発」が打ち出された年の国別一次エネルギー消費量[*]を上から列記してみる。

＊一次エネルギーは、自然界に存在するままの形状でエネルギー源として利用されるもの（石油、石炭、天然ガス、ウラン、水力、地熱等）をいい、二次エネルギー（電気・ガソリン・都市ガス）など加工されたエネルギー源と区別される。単位は千兆ジュール▼[3]。

①アメリカ（七五、五五八）、②ソ連（四六、四五三）、③中国（二五、〇三八）、④ドイツ（一五、九五四）、⑤日本（一四、四二四）、⑥インド（八、三七四）、⑦イギリス（八、三〇八）、⑧カナダ（八、〇六）、⑨フランス（八、〇二九）、⑩イタリア（五、四七八）の順になる。

①、②、③位のあいだに大きな開きがあり、④⑤、⑥⑦⑧⑨が横並び、⑩位以下との差が歴然とし

ている。一九七〇年代後期には、世界人口の五%を占めるアメリカが世界全体の六〇%のエネルギーを消費しており、米ソ間、また発展途上国圏（当時の「第三世界」）との不均衡は歴然としていた。その間に中国、インドの経済成長が著しかったことがよくわかる。

そののち、二〇一、六五五から五七三、五五五へと、ほぼ倍増した。ただし、その間に統計がとれるようして、三〇一四年までのあいだに、世界全体の一次エネルギー消費量は千兆ジュールを単位とになった国も多い。二〇一四年の一次エネルギー消費量は、国別では、上から次のようになる。

①中国（一二七、七六〇）、②アメリカ（九二、七八七）、③インド（三四、五三〇）、④ロシア（二九、七六三）、⑤日本（一八、四九五）、⑥ドイツ（一二、八一五）、⑦ブラジル（一二、六九六）、⑧カナダ（一一、七一八）、⑨韓国（一一、二三八）、⑩フランス（一〇、一五九）。以下、⑪イラン、⑫インドネシア、⑬サウジアラビア、⑭メキシコが続く。

中国が四・五倍、インドが約四倍と伸長が著しく、全体に発展途上国とされてきた国のエネルギー消費量の拡大が進んでいる（国家面積と人口の比較、対GNP比、一人当たり消費量などを勘案しない数値であり、それ以上の議論に耐えうるものではない）。国際的に太陽光や風力等の再生可能（renewable）エネルギー源への依存度を高める方向が目指されているが、エネルギー資源に根本的な転換を迫るだけの見通しはまだ立っていない。それらの比率は度外視できる範囲である。

エネルギー資源についていては、アメリカがバイオテクノロジーによるトウモロコシ栽培とエタノールを開発、次いで、かなり前から知られていたが、コストがかかるので放っておかれたオイル・シェールを廉価で原油化できる技術開発がなされた。その結果、原油価格の低落を招いた。

二〇一一年三月一一日に起きた東日本大震災に伴う福島第一原子力発電所事故は、核分裂型の原子炉そのもののもつ危うさを露呈した。万一、送電が止まれば、メルトダウンに至るような代物を抱えられる立地条件を、この国土は具えていない。足尾、水俣と並ぶ三大公害の一つとして、エネルギー政策に根本的な転換を促すべきではないか。そのような声は高まっていよう。

核武装による戦争抑止力は冷戦時代が生み出した「論理」だが、冷戦を脱してのち、インドに対してパキスタンが核武装、またイラン、シリアなど核武装を目指す動きが出、北朝鮮（朝鮮民主主義人民共和国）は、二〇一七年にミサイルを伴う核武装化を成し遂げたと目されたが、二〇一八年には、経済発展路線に切り替え、国際社会の仲間入りを表明した。

原子力をはじめ、エネルギー工学の発展には、安全対策のほか、専門家のあいだに歯止めになるものがないらしい。海底資源の開発に「海の国境」問題が立ち塞がるように、国際政治の力関係によるところが大きい。

先にふれたように、ヒト・クローンの作製という生命科学の暴走には専門家のあいだで歯止めがかかった。その根底には、生命は神の被造物というキリスト教の教えがはたらいたとわたしは見ている。日曜ごとに教会に運ぶ信徒の数は、ヨーロッパでは、二一世紀に入るころ、カトリック信徒が九〇%を超えるポーランドを除くすべての国で五〇%を切ったとされる。だが、人を殺してはならない、嘘をついてはいけない、姦通してはいけないなど、倫理の基本はキリスト教の教えによっている。それは動かないし、動きようもない。アメリカ合衆国では、教会の巻き返しが強くはたらき、生物進化は、ある知性（絶対的超越神）の設計によるという考え（Inteligent Design）の支持率が八〇%を超えている（二〇世紀末の統計による）▼4。

他方、この間のイスラーム原理主義の台頭は、国際的に宗教対立の様相を呈することもあるが、金が金を生む資本主義経済システムに同調できない経済倫理がその根底にある。イスラーム過激派のテロは、国際的には、むしろ自由主義経済と民主主義の原理の確認を強めている。それは、ナショナリズムが剝き出しになっていることと結びつき、人類全体の利害より国益優先を声高に叫ぶことに人気が集まる風潮に拍車をかけ、ヨーロッパではEUから離脱する動きが活発になっている。国際＝国内紛争はとどまることなく、亡命移民の大量流入に対して、かつて労働力のダンピング競争に歯止めをかけるために「万国の労働者よ、団結せよ！」と国際的階級連帯が訴えられたことを思い出す者は、ごく少数らしい。日本でも、煽られたナショナリズムとでもいうべき現象が見える。

多様な価値観が敵対・競合し、また敵の敵は味方とばかりに結びつき、それらが耳目を引きやすい断片的なデータのまま、ノイズの切り分けもなされることなく氾濫・交錯し、アナロジーによる短絡がさらなる短絡を呼び、倒錯に至る傾向が地滑り的に進行している。「自然保護」の心情にも、さまざまな価値観が絡む。「人間の介在しない自然」を「人為的に保護する」という本質的に解決しえない矛盾は、それぞれの局面に応じた暫定的な解決をはかってゆくしかないのだが、そこにも倒錯が忍びこむ。「再生可能」エネルギーの量産化に向けた動きとは別に、「自然環境産業」の振興も目覚ましい。環境観察ツアーの経済効果を勘案して、クジラ一頭がいくら稼いでいるか、などという換算がなされ、喧伝される。産業である以上、経済効果を喧伝するのは当然と考えられているらしいが、経済効果を優先させる志向を助長するのは、本末転倒に陥っているといわざるをえない。皮肉に過ぎる見方だろうか。要するに、人類と生物の生き延び策と、生活向上を目指す人びとの欲望と、国家＝社会の経済倫理を嚙みあわせて考えることに至らないまま、エネルギー資源の消費拡大にひたすら走り続けているのだ。

学の対応

科学＝技術による対象的自然の同一性の破壊は、生態系やバイオ・テクノロジーなど生命に関してだけ進行しているわけではない。そもそも核エネルギー開発は、原子核の分裂にせよ、融合にせよ、原子の同一性の人為的な破壊によるものだ。人類が古代からの「自然の恒久性」に手をかけ、文字通り、「自然の支配者」の位置に到達したことを最も端的に示すものかもしれない。

ファシズムの台頭に反対していた科学者たちがアメリカに亡命し、その人びとの手によって、第二次世界大戦期に原子爆弾が開発され、ヒロシマとナガサキでの「実験」を経て、戦後には、より破壊力の大きな水爆の開発へと進んだことは、いまさらいうまでもない。このときから、「天然資源の無尽蔵が永続すること」を暗黙の前提にして組み立てられてきたわれわれの自然観には、根本的な転換を迫られていたといってもよい。実際、欧米では、第二次世界大戦後、一九五二年にノーベル平和賞を受賞したアルベルト・シュヴァイツァーが「生命への畏敬」(Ehrfurcht vor dem Leben) を訴えるなどさまざまな提言が相次いだ。それは彼が第一次世界大戦前、フランス領赤道コンゴ(現・ガボンにあたる地域)のランバレネで医療に挺身していた時期、ある日の夕方、啓示のように訪れた「大きな生命」への祈りだった[▼5]。そののち、シュヴァイツァーはバートランド・ラッセルらとともに反核運動に積極的に取り組んだ。

そのことばは、とりわけ被爆国、日本には広く浸透した。だが、アメリカ主導の連合国の占領下に、指導層はアメリカの文明水準に追いつくことを国是と掲げ、科学=技術の遅れを痛感させられた科学者たちは、科学=技術による復興を目標にしてきた。それについては、本書〔第一三章〕で、もう一度、述べることになろう。その近代化に勤しむ傾向が大きく様変わりするのは、水俣病など公害問題と地球環境破壊という新たな事態に直面した一九七〇年を前後する時期からである。

この新しい事態を「自然の恒久性の破壊」と捉え、最も鋭く突き出したのは、今日の局面に応えるべく、「生命倫理学」「環境倫理学」を提唱し、その研究をリードしてきた加藤尚武の『哲学原理の転換―白紙論から自然的アプリオリ論へ』(未來社、二〇一二)ではないだろうか。そこでは、「恒久性」の破壊の例として、先にあげた生態系破壊や原子力エネルギーの開発などに加え、臓器や骨髄の移植医療に免疫抑制剤を使用すると感染症にかかりやすい体質に変わることもあげられている。そして、加藤尚武は、哲学原理の転換を提案している。その副題は、イギリスの経験主義哲学の祖とされるジョン・ロックが唱えた「タブラ・ラーサ」――人間の頭脳は生まれたときには「白紙」である――の前提が「脳科学」(brain science) の進展により崩れたことによっている。

われわれの認識は、ばらばらな五官(視覚、聴覚、嗅覚、触覚、味覚)によってえられるセンス・データを統一する中枢神経、統覚の中心としての自我がはたらかないと得られない。そしてわれわれは中枢神経からの指令に従って行動する。このしくみは地球という惑星の環境のなかで生物が生き延びる過程で決定されたものである。このしくみとはたらきが遺伝によって伝えられる以上、赤ん坊のときから身体も頭脳も生得的な「ア・プリオリな自然」によって決定されていることになる。つまり、脳は「白紙」ではない。経験主義哲学の土台は完全に掘り崩されたと加藤尚武はいう。

他方、今日、われわれの自然観に引きおこされた問題は「自然法」など法哲学の領域におよぶ。環境や生命をめぐる新たな事態は、「待ったなし」で法律にも対応策を迫る。それゆえ、諸分野の専門家のあいだの合意形成をはかることを哲学の任務として設定し、それを加藤尚武は、「応用哲学」の名で呼んでいる。哲学は、かつて諸学の王として君臨しようとした夢を、もはや捨てなくてはならないというわけだ。

タブラ・ラーサの問題をわたしなりに敷衍してみたい。従来の心理学が「脳科学」ないし「神経科学」(neuroscience) に名前を変え、人間の中枢神経のしくみとはたらきの解明が進んでも、他の個体の行為の意味を理解し、行動する能力、すなわち社会的自我の形成には及ばない。なぜなら、それは、その社会での経験の積み重ね、いわば学習によって獲得されるものだからである。それは生得の装置に、外からノイズをふくむデータがイン・プットされ、それを撰び、組み立てて記憶として蓄積されることを通してなされるが、経験主義哲学は、それを保証する生得の装置を無視して、脳を「白紙」とみなしたのである。

そして、その「神経科学」の歴史は、少し遠まわりするなら、実際のところ、原子核の同一性の破壊とも関連している。まず、原子核の分裂や融合が莫大なエネルギーを生むことの発見は、原子の内部のしくみの解明が進んだことによる。その糸口となったのは、電子のはたらきが存在することが確認されたからで、それは一八世紀後半に蒸気機関の改良のために出発したエネルギー工学が電動モーターの開発に手をかけたことによってなされた。そしてそれは、二〇世紀前期に電力による第二次エネルギー革命を呼び起こした。

エネルギー工学は、ミクロな分子のランダムな運動をマクロ・レベルで平均値として扱う統計力学を生み、発達させた。それは、第二次世界大戦期に、アメリカのノーバート・ウィーナーが提唱した通信工学と自動制御装置とを統合したサイバネティックス（cybernetics）で、情報量の計算に応用された。通信工学は、メッセージを、妨害電波などのノイズ（雑音）を潜り抜けられるようにコード（暗号）化して発信し、受信する側が、もとのメッセージを解読する過程の技術をいう。「情報」(imformation) は、ノイズをふくんでいう語だから、そのランダムでミクロな量の計算には、熱工学とのアナロジーにより、確率統計学の手法が用いられた。ウィーナーが第二次世界大戦で実際に手掛けたのは観測機器と連動して発射角度などを調節する銃撃管制装置だったが、自動制御装置は、一般には、センサーで室温を感知し、自動的に調節するサーモスタットがわかりやすいだろう。

サイバネティックスは、コンピュータ技術に大きな影響を及ぼし、冷戦時代に、ボタン一つで核戦争を行いうる装置や原子力発電なども可能にした。コンピュータの開発と応用は止まるところを知らず、一九七〇年代から「情報革命」と呼ばれる事態を進行させているが、そもそも、そのしくみは、脳のはたらきをモデル化して構築されたものである。五官の感覚の刺戟（センス・データ）にフィルターをかけてノイズを除去して装置にイン・プットし、その蓄積から行動の計画（プログラム）を組み立て、実行に移し（アウト・プット）、結果を反省して、計画の修正をはかる（フィード・バック）過程にまとめたものである。

そのモデルを逆に中枢神経のしくみに振り向け、神経細胞間の情報伝達のしくみや機能の解明に徹底化することにより、「脳科学」の発達が促された。それは、これまでマインド（知性）とハート（情動）に分けて考えてきた人間の心の問題を、中枢神経が末端神経から神経細胞間を伝わってくる興奮（スパイク電位の増減によるインパルス）を受け取り、統合し、知覚し、記憶し、また運動に変換するしくみとはたらきに一元化して解明する方向をとっている。その装置そのものは、遺伝によって伝えられる生得的な「ア・プリオリな自然」である。だが、経験から得られるものは、他者の生活の歴史のなかで、言い換えると、生得の装置の外で、絶えず更新されてきた歴史の産物である。

対象的自然とわれわれの関係も、その解釈も、その解釈を自然哲学とするか、自然科学とするか、などの学問の区分けの仕方も、心理学が「脳科学」や「神経科学」に呼び変えられるようになったことも、みな歴史をもつ。それらは「ア・プリオリな自然」として脳に組みこまれているわけではなく、遺伝もしない。

それゆえ、ほとんどの人が、たとえば、古代ギリシャ時代から神経のはたらきに注目してきたヨーロッパとは異なり、東アジアでは、長く脳の働きが注視されてこなかったため、知性も情動も「心」のはたらきと考えられてきたことを知らない。だからといって、東アジアでは、知と情を混同してきたわけではない。そこで、東西の解剖学の発達のちがいを知っている人も、それ以上のことを考えない。東アジアでは、知と情を分けたり、分けずに考えたり、そのふたつの考え方のあいだに対立や葛藤が生じてきたのである。その歴史については、おいおい論じてゆくが、近代以降は、知と情を分ける西洋近代流の考え方で、たとえば日本人の自然観を論じる傾向が強かった。言い換えると、人文科学では、自ら手にした知識、すなわち道具（方法）の歴史的性格を考慮することなく、それを前近代についても振り回す傾向が長く続いてきたのである。それを思うと、われわれはむしろ、諸学の相互関連と編制替えによって、新たな学が生み出されてきた経緯に注目すべきなのではないか。

自然征服観の由来

一九七〇年を前後する時期に、生産力主義の展開に歯止めをかけないと地球資源の枯渇や環境の劣悪化に見舞われることなど、ローマ・クラブなどの提言が相次いで出された時期、UCLA歴史学教授、リン・タウンゼント・ホワイト・ジュニアが『機械と神—生態学的危機の歴史的根源』（一九七二）で、ユダヤ＝キリスト教に根源をもつ自然観、人間を「万物の支配者」（lord of things）とする考えが自然征服をほしいままにしてきたことを告発した。確かに、西洋の自然征服観は、人間を「万物の支配者」とする宗教に根をもっている。その考えは、キリスト教にいう『旧約聖書』〔創世記〕一章二六節の神のことばに「産めよ、増えよ、地に満ちて地を従わせ、全ての生き物を支配せよ」（Be fruitful, and multiply, and replenish the earth）と登場する。そして、九章では、「ノアの箱舟」の洪水のあとでは、これが繰り返され、さらに肉食が許される。

だが、キリスト教にも、その博愛の精神を総ての生き物に及ぼす考えもある。リン・ホワイトも指摘しているが、中世のイタリアで最も著名な修道士・アッシジのフランチェスコ（聖フランシスコ）が晩年に遺した代表作『太陽の賛歌』（『あらゆる被造物の賛歌』）が知られる。

なお、“lord of things”は、長く「霊長」と訳されてきたが、「霊長」は『書経』〔泰誓上〕に見える語で、精神性に優れた者の意。天の命令を聴き取り、人民に伝えることのできる聖人の能力をいった。『礼記』〔中庸〕に、次のようにあり、あわせて儒学における自然と人間の関係についての基本的な考えを示すものとされる。

ただ天下の至誠、よくその性を尽くすことを為す、よくその性を尽くせば、則ちよく人の性を尽くす、よく人の性を尽くせば、則ちよく物の性を尽くす、よく物の性を尽くせば、則ちもって天地の化育を賛すべし、もって天地の化育を賛すべければ、則ちもって天地と参すべし。

（唯天下至誠、為能尽其性、能尽其性則能尽人之性、能尽人之性、則能尽物之性、能尽物之性、則可以賛天地之化育、可以賛天地之化育、則可以与天地参矣。意為可以与天地并列為参）

聖人は、その人性をまっとうして、事物の本性を発揮させれば、天地の化育を助けることのできる存在であり、それゆえ、天地と並び立つ、というくらいの意味である。そこから世界のはたらきを「天・地・人」に分け、「三才」とする考えが発展した。が、原義は、あくまで「天地」を主体とし、「人」はそのはたらきに参加し、助けるとする。その点が全世界の外に立ち、全世界を創造したとされるユダヤ＝キリスト教系の神から人間は万物を支配する理性を与えられたとする考えとは決定的に異なる。

とはいえ、森林伐採が大洪水を引き起こした例は、多神教崇拝のメソポタミアの『ギルガメシュ神話』でも語られており、『旧約聖書』で語られる「ノアの洪水」は、これを取り込んだものと推測されている。また中国も自然破壊から無縁だったわけではない。『孟子』〔告子《こくし》章句上〕には、人間本来の仁義を失うことを諌《いさ》める譬《たと》えに、春秋戦国時代の大国、斉の都・臨淄《りんし》（現・山東省淄博市臨淄区）付近の牛山の例が挙げられている。

孟子がいわれた。「牛山の樹はかつては美しく茂っていた。だが、大国の都の郊外にあるため、斧や斤《まさかり》で伐採し、もう美しくなくなった。日夜が呼吸し、雨露が潤すので、ひこばえが生じないことはない。が、牛や羊が放牧されるため、ツルツルの禿山になってしまう。今の人は、ツルツルの禿山を見るので、昔から木材となる木がなかったと思うが、これが山の本性といえようか。人も仁義の心をもたない者などおるまい。その良心を取り去るなら、斧や斤を木にふるうのと同じ、毎日毎日、良心を伐るなら、その心は美しいとはいえなくなってしまわないか。

（孟子曰：牛山之木、嘗美矣。以其郊於大国也。斧斤伐之、以為美乎。是其日夜之所息、雨露之所潤、非無萌蘖之生焉、牛羊又従而牧之、是以若彼濯濯也。人見其濯濯也、以為未嘗有材焉、此豈山之性也哉。雖存乎人者、豈無仁義之心哉　其所以放其良心者、亦猶斧斤之於木也。旦旦而伐之、可以為美乎）

なお、中国・南宋時代には江南で産業が発達し、大規模な森林破壊が起こったため、日本からの木材の輸入に頼ったことも知られている。

つまり、東西ともに大規模な森林伐採への警告はなされていた。そしてキリスト教が社会の全体を覆った中世ヨーロッパに悪無限的に生産力を向上させる社会システムが登場したわけではない。自然征服観の蔓延は西洋近代の技術革新＝産業革命（industrial revolution）とともにあった。

それが資本主義を生むに至るには、マックス・ヴェーバー『プロテスタンティズムの倫理と資本主義の精神』（一九〇五）が、その最初に、当時のドイツに盛んだったマルクス主義の経済還元主義に対抗して、人間の「エートス」の役割を強調し、カルヴァン派の「天職」（Beruf, calling, mission in life）の観念が蓄財の肯定へと展開したと説いたとおりといえよう。この場合のエートスは、アリストテレスが『弁論術』で、聴衆を説得するための三つの要素、ロゴス（logos、ことばの論理性）、パトス（pathos, 情熱）、エートス（精神性）のうちの最後のそれをもとにした倫理的態度と言い換えてよい。その際、マックス・ヴェーバーは、中国では商業は盛んになったが、儒教が立ちふさがり、資本主義に進まなかったと論じている。金銭を卑しむエートスを指摘したのである。これもそのとおりだが、アジア東端の日本には目が届いていなかった。日本では一八世紀には、そのエートスから解き放たれ、金銭の流通は人びとを潤す徳のように説かれていた。幕府は長崎貿易により銅や海産物を輸出し、中国から金・銀を得、国際市場の一角を成してもいた。が、それでも幕藩体制を支える米を基本単位とする徴税と分配のシステム（石高制）を撤廃しない限り、理論的にも資本主義に展開することはあり得なかった。言い換えると国民国家の形成という歴史的条件が必要だった。

さらにもう一つ別の歴史的条件をあげなくてはならない。今日の地球規模での環境破壊につながる動きは、一八世紀半ばに起こったヨーロッパの工業革命によって引き起こされたことは誰の眼にも明白である。リン・ホワイトは、その思想的淵源を指摘したにすぎない。マックス・ヴェーバーの指摘した無限の蓄財を図る経済倫理にも機械技術の発展が伴わなければ、イギリスに産業革命は起こらなかった。織物産業、すなわち軽工業（light industry）に導入された機械に改良が重ねられ、各種の動力源とされた蒸気機関にも飛躍的な発展が加えられ、重化学工業（heavy and chemical industry）へと発展した。職人仕事を単純労働に換え、労働賃金による資本主義を浸透させ、社会の在り方を根本的に変えていった。それが大英帝国の繁栄から、列強諸国による植民地の再分割戦争へと突き進んだ。

そして第一次世界大戦を総力戦体制で勝ち抜いた「先進国」では、一九二〇年を前後する時期に、機械工業に流れ作業（フォードシステム）が導入され[▼6]、賃労働の質の単純化が進み、かつ大量生産／大量宣伝／大量消費のサイクルが回りはじめ、廉価な商品が階級を超えて消費される大衆社会に向かう動きがつくられた。不定形に揺れ動く大衆が政治の動向に大きな役割を果たす時代が到来した。一九二九年秋にはじまる国際金融恐慌の波は、国家による労働市場への介入や計画経済への動きを促進した[*]。そして第二次世界大戦後には、米ソ二大陣営が科学＝技術の開発競争、生産力の拡大競争に走った。

＊アメリカのニュー・ディール（一九三三〜）、ナチスの四ヵ年計画（第一次一九三三〜、第二次一九三七〜）、満洲産業開発五ヵ年計画（一九三七〜）、第一次近衛文麿による戦時を理由にした国家社会主義政策（国民精神総動員運動〔一九三七年九月〜、翌年四月に法制化〕）など。いずれも国際的に孤立したソ連が国際恐慌の波をかぶらず、五ヵ年計画（第一次一九二八〜）を推進していたことが参照されたと見てよい。「満洲国」の産業開発五ヵ年計画が「ソ連の真似」だったことは岸信介の回想にも明らかであ

る[7]。さらには旧「満洲国」の工業力を押さえた中国共産党が国民党との内戦に勝利をおさめた。

ここで科学と技術の発展の関係を一瞥するなら、イギリスで産業革命が一段落した一九世紀中期には、エネルギー概念が統一され、熱工学（thermo technology）が展開しはじめ、電気がエネルギー源とされ、電気工学が発展を重ねて、今日のＩＴの隆盛に至る。ここには、機械技術の改良から理論が形づくられ、理論が先導して機械技術の改良を促す関係がみてとれよう。

近世の公害問題

公害問題への関心は、江戸中後期に、新田開発や鉱山開発に伴い、洪水の多発や水質汚染など、全国各地に被害が発生し、それに対する農民の一揆など激しいリアクションも多発していたことを掘り起こした。一九九〇年代の初め、経済学者、安藤精一の尽力により、『近世公害史の研究』（吉川弘文館、一九九二）がまとめられた。原因もまちまちで、散発的ではあるが、裁判沙汰や一揆など社会問題が全国各地に生じていた。古代の都の建設などに伴う局地的な山林荒廃は指摘されていたが、日本の「公害」は、西洋近代の科学技術の導入以前に様変わりしていたのである。新田開発は全国に及ぶ。北から国名のみあげる。それ以外の原因によるものを（　）内に記す。

陸奥、出羽（銅山）、岩代（硫黄）、陸中、下総（悪水）、上野、下野、常陸、信濃（陶器窯）、飛騨（鉱山）、越前、越後、大和、播磨（鉄砂、銅山）、摂津・河内・和泉（産業）、紀伊、因幡、伯耆、備前・備中・美作（濁水）、阿波・伊予（銅山）。その他、京都のゴミ公害、各地の水車の新設により水利、水質に変調が起こったり、騒音を訴えたりするもの、石炭による公害の実態と一揆の様子が丹念に調べられている。

新田開発や鉱山開発が大規模被害に及ばなかったことは、また、さほど大きな一揆にならなかったのは、代替地の提供など補償や鉱山事業の休止など、比較的温和な対策が当該諸藩によって講じられたためという。多くの藩儒が陰陽五行説により、その循環に変調をきたしてはならないことを口ぐちに唱えたことが、『近世公害史の研究』〔第八章　近世における公害論〕にまとめられている。とりわけ岡山藩の藩政改革に携わった熊沢蕃山《ばんざん》が『大学或問《わくもん》』（一六八六）や『修養外書』（一七〇四～一〇）などで、新田開発や鉱山開発に反対し、山林の伐採により天井川の川床が高くなり、洪水が多発することなど治山治水に取り組んだ考えを紹介し、安藤精一は、山林破壊も「公害」の一つに加えている。

また陸奥国・八戸の医師で、『自然真営道』（一七五三）を著し、農業中心の無階級社会を理想としたことで知られる安藤昌益が鉱山開発の公害を最も体系的に論じたと評し、その『統道真伝―糺聖失』〈四民を立つる失リ《しつナ》〉から、山から金属を掘り出し、金銀銭を流通させることは〈大いに自然ヲ失ル《しっス》〉として、それをはじめた「聖人」を非難する条《くだり》を紹介している。[8]先にふれた通貨の流通を徳として称える風潮に真っ向から反対していたのである。

ただ一人、一世を風靡した荻生徂徠の学統、その孫弟子にあたる海保青陵《かいほせいりょう》だけが、新田開発をすれば、必ず被害が下の田に及ぶとしながらも、被害と収益を天秤にかける考え方を示している。海保青陵は、商品の流通も利息も、要するに「利」を産むものの一切が「天理」にかなったこと、君臣関係も親子兄弟の関係もみな藩が富むか富まぬかにかかっている、直接は〈目のこ算用〉[9]〈損得勘定〉といい切り（『海保儀平書』）、諸藩に「興利」を説いてまわった。儒学の長い伝統は「賤商」思想に貫かれ、士大夫（官僚層にあたる）が金儲けに携わることを強く戒めるが、それを大胆に破って、諸藩に仕える武士に金儲けを勧めていたことになる。実際、『稽古談』〔巻之二〕では、大名にとって〈興利は法度《はっと》〉、〈興利は町家でいう金儲け也〉[10]とはっきり述べている。

この海保青陵の考えは、一八世紀前期イギリスの精神科医で諷刺家として知られたバーナード・デ・マンデヴィルが『蜂の寓話、もしくは私的悪徳、公共利益』（一七一四）で、私欲を求める情念が、ひいては公共の利益を生み出すという逆説的関係を説いたことを想い起こさせる。マンデヴィルは重商主義で発展していたオランダ・ロッテルダムの名門の出で、人文主義の強い影響下にあった。『蜂の寓話』は、世の道徳家たちから総スカンを食ったが、それからおよそ六〇年後、アダム・スミスが『国富論』(一七七六)で、その調節を、「見えざる手」に委ねることになる。

江戸中後期、各所の「公害」を巡る反撥が比較的穏便に収拾したのは、天地自然(あるがまま)を保つべきと説いた儒者たちの意見が効いたからではないだろう。むろん、不可思議な「見えざる」手のはたらきによるものでもない。いうなれば、海保青陵のいう〈目のこ算用〉が利く経済システムだったからである。海保青陵の著作は、非難を浴びるどころか、藩財政の立て直しに悩む有力者から参考にされたという。石高制により、農業が幕藩体制を支えていたゆえ、穀物の減収は藩財政の圧迫に直接つながる。労働者は層として存在せず、各地の鉱山開発は農民の農閑期の仕事だった。機械化も進んでおらず、藩の経済の依存度もそれほど高くなかったからである。われわれが考えるべきは、江戸時代の政治＝経済体制と、学のかかわりの問題である。

戦国時代を通して、各大名が農工業など地域産業の振興に努めていたことが下地にあるが、「天下分け目」といわれた関ケ原の戦ののち、各地で沖積平野の開拓が進み、耕地面積が二倍以上に拡大した。これには灌漑技術の発達と牛馬による農耕の拡大が伴っていた。農業生産力の増大と商工業の発達が、手を携えて進んだことがわかる。だが、一七三〇年ころに耕地面積は、むしろ漸減期に入り、再び拡大期に入るのは一八〇〇年代という。ところが、この耕地面積の漸減期に、実収石高(農業生産物を石高に換算)の飛躍的向上が始まる。その間、人口は増加しつづけている。

この現象を明らかにした速水融《はやみあきら》は、農業技術に干鰯など「金肥」の導入は見られるものの、家畜の飼育は運搬用を除けば、農耕用には減少することを勘案し、生産活動に人間諸力を集中することによる生産性の向上と見て、西欧近代の「工業革命」に対して「勤勉革命」(Industrious Revolution)と呼んだ(一九七六年)。「工業革命」が主に蒸気機関の改良によってなされたことに対して、一種の精神革命だったことを強調したことになる。そして速水融は、それが余暇の増大を生み、民衆のあいだの出版文化などの隆盛を伴っていたことも指摘している。これらの傾向は、そののちもつづき、明治維新後の実収石高の増加につながるとする（速水融『近世日本の経済社会』麗澤大学出版会、二〇〇三など）。

江戸中後期には他方で、いわゆる「実学」が発達し、蘭学受容がなされ、関孝和の和算なども興った。それらも日本人総体の自然とのつきあい方に大きな変化が起こったことを語っている。それらは連動していたのか、連動していたなら、どのようにか。そして、それが明治期の工業化や足尾銅山鉱毒事件にもつながるのか。それらを検討してみなくてはなるまい。

自然観の漂流

「掛け替えのない、原資（principal）としての地球」という認識と自然環境保護の考えが拡がるにつれて、広く一般の傾向として、日本人は古来、「自然を愛する民族」「自然と一体となって生きてきた」「自然と人間を重ねあわせる」などの考えが浮上し、流布している。これらは、それぞれに意味がちがう。後の二者は、近代科学の立場からは、しばしば「対象への没入」と批判されてきたものだが、ほぼ同様に扱われ、肯定的に言われる傾向が強くなっているように感じられる。

それが日本文学研究者や愛好家の口から発せられる多くの場合、古典の詩歌や物語のレトリックが例示され、日本文化の特徴とされる。具体例をあげる。『源氏物語』〔夕顔〕で、夕顔が物の怪にたたられて亡くなり、光源氏が朝の道を帰る場面に、次の一文がある。

道いと露けきに　いとど朝霧に　何処《いづこ》ともなくまどふここちしたまふ

現代語に直訳すれば「露がしとどにおりた道に、さらに深い朝霧が立ちこめ、どこへともなくさまよってゆくようなお気持になられた」というくらいの意味である。主格（源氏の君）は隠れているが、前後の状況と敬語でわかる。〈露けき〉の「露」は「涙」の縁語で、（源氏の君の）心が悲嘆にくれていることを暗示している。それゆえ、この一文では、朝の露に濡れた景色と光源氏の涙にくれる気持が重ねられている。

このような例を引いて、ロシア人の女性の大学教授が日本人の公衆に向かって、「これは、とてもロシア語には翻訳できません。日本語は主語が省略できますが、ロシア語では主客をはっさりさせなくてはならないからです。このような微妙で美しい表現ができる日本人がうらやましい」と述べたりする。それを受けて、日本人の女性司会者が「自然と心を重ねあわせることは、わたしたちには、ごく当たり前にしていること。けれども外国語に翻訳できないのですね。日本語の微妙さ、美しさにあらためて気づかせてもらいました」と応えるような場面が繰りひろげられている。二〇一〇年代に入って、『源氏物語』をめぐるあるイヴェントで実際に見聞したことである。

だが、先の一文を、現代の日本人にわかるように翻訳するなら、「露がしとどにおりた道に、さらに深い朝霧が立ちこめ、（それはまるで光源氏の君の心の様子さながらだったが）、〔そのなかを行く源氏の君は〕、どこへともなくさまよってゆくようなお気持になられた」とでもするしかない。主格を示すには〔　〕内を、縁語を用いた表現は（　）内を補わなくてはならない。前後の文脈のなかに置くなら、主格の補いは外せるが、縁語「露」に源氏の君の悲しみが託されていることは、現代語で直訳しても了解されない。そして、このように補うならロシア語にも英語にも翻訳できる。

縁語は、ヨーロッパ語では直喩（simili）に対する隠喩（metaphar）に属する（その内部は細分化できるし、議論が必要なことも多いが、ここでは無視してよい）。和歌の修辞を駆使する文体を韻文の一種と見なすなら、比喩表現を駆使する詩を翻訳するときの態度がとれるはずである。古典であっても、普通の散文と決めてかかるから、「とても翻訳できません」となる。

和歌の修辞を駆使する散文は、うたが詠まれるまでのストーリーを述べる「うた物語」及び、それをひとつのストーリーにつないでゆく「つくり物語」に特殊な文体である。それは、同じ著者の『紫式部日記』[*]と比べてみれば歴然としている。

＊『紫式部日記』は、式部が仕えていた中宮・彰子《しょうし》の出産の前後の宮中の出来事を断片的に記録した一種のメモ書き（現場報告、ルポルタージュ）であり、のち『栄華物語』に文章を整えられて編入された。おそらくは指示を受けたもので、藤原道長政権下には、長く途絶えていた史官の役割の一部を女房に受け持たせることが行われたと考えてよい。途中には、宮中の情緒を書き、うたが挟まりもするが、うたのない場面も多い。途中に挟まれた消息《しょうそこ》（手紙文）に和泉式部や清少納言らについての批評や自分の評判について述べられていることは知られているが、「うた物語」とは文体もちがい、構成されていない。[▼11]

つまり、先のロシアの教授と司会者のやりとりは、文芸の特定ジャンルの性格を無視し、『源氏物語』が「日本文学を代表する作品」という国際的な評価に寄りかかり、日本語を代表する用例のように扱う短絡によるもの。さらに、それを日本人の一般的心性、すなわち民族性と見なす短絡が重なっている。その背景には、一九七〇年代から国際的に女性の文芸への関心の高まりがある。が、この手の短絡は、ヨーロッパ語系言語圏に属する女性の研究者や日本人の女性の司会者だけに見られるわけではない。むしろ、日本古典についての文芸批評や日本語論から拡がったものといってよい。

和歌や俳諧、物語から例文をあげ、主客が対立的でない、単数複数の区別がなされない、主語が省略できることなど日本語の「あいまい」さをいい、それを日本人の心性と結びつける論調は、ドナルド・キーン『日本人の美意識』（金関寿夫訳、中央公論、一九九〇、中公文庫、一九九九）が典型である。文芸表現にはたらくジャンルによる規範に無頓着なことも、先のロシア人教授と同じで、そして、そこにいう日本語の特徴は、英語への翻訳の際の困難性からいわれている。欧米語を基準とする一種の欧米中心主義である。

主格が省略できるのは、格運用で構文するラテン語、アラビア語、韓国語など諸言語に見られ、語順で構文する言語を上まわることは言語学の定説である。日本人も漢詩・漢文では「我」を立てる。さらにいえば、『万葉集』の初期に属すると目される和歌には、「われ」が際立っている。そして主格が定かでないうたはない。「われ」の省略が進むとするなら、それは表現技法の変化によるものであり、あいまいとされるのは、後世の鑑賞者が自分の世界観に引き寄せて勝手な解釈を加えるからである。ことばの上で単数と複数を区別しないからといって、日本人が数に無頓着なわけではない。▼12

日本人の「自然と一体の心性」は、近代的価値観からは客体として扱うべき自然への「没入」と否定的に語られてきたが、それが自然保護思想の広まりにつれて、逆に賛美に傾いているわけだ。さらには一九九〇年代から海外の青年たちのあいだで「クール・ジャパン」、「伝統と現代の先端とが共存する日本」というイメージが拡がったことも後押ししていよう。その機運のなかで、先のロシア人教授の講演について、司会者も何の疑問を抱くことなく同意したのだろう。あるいは日本人の一般が古典和歌や近代短歌になじんでいるという判断が加わっているのかもしれない。

見てきたように、日本人の「自然への愛」「自然と一体」の心性を賛美する風潮には、短絡が幾重にも重なった俗説が多い。それらを俗説と退けるのは簡単だが、類する認識は、一九八〇年代には、すでに海外の日本研究者のあいだにも広く共有されていた。その底には、賛美するか、非難するかは別にして、日本文化総体の伝統的特質として、「自然と一体」の思想や心性が説かれてきたことが根を張っている。

それゆえ、まずは、日本科学史と日本思想史および文学史の領域で、日本人の自然観は、どのように論じられてきたか、第一章、第二章で、それぞれに分け入って検討し、われわれが採るべき方法を探り、その上で、「日本民族」および「自然」の概念を明確化し、自然観の東西比較、そして日本人の自然観の歴史的変遷を辿ることにする。

生命観の探究との関連

わたしは二〇世紀後期から、ほぼ四半世紀にわたって、日本近現代の生命観の探究をつづけてきたが、とりわけ二〇世紀への転換期に国際的に興るヴァイタリズムの潮流の底には、エネルギー概念――スピリチュアルなそれと物理化学的なそれの双方――がかかわっていることが明らかになった。いわば文・理にわたるエネルギー概念の検討が必要になった。

それとは別のことだが、人間の「知」と「情」の関係についての東西のちがいにも、解剖学の発展の仕方のちがいがかかわる。解剖学の東西の歴史を紐解けば、古代ギリシャ、紀元前五世紀にヒポクラテスはヤギの頭部を切り開き、脳について記述したことが弟子によって残されているという。眼の神経の経路への着目は脳のはたらきに注意を促したことは、先に少しふれた。

プラトンは「真」と「善・美」とを切り分けていたが、次第に、脳のはたらきをいうマインド(mind)と、心臓付近に感じる情動をいうハート(heart)が区別されて論じられるようになったことには、それが大きく関与していると推測される。キリスト教神学をくぐったイマヌエル・カントが『判断力批判』(一七九〇)で、神から授けられた理性にかかわる「真」や「善」と、かかわらない感情のはたらきによる「美」とを截然と切り分けたことも、それで説明がつこう。

それに対して中国では、従って日本でも、頭蓋骨のなかに脳ミソがあることは古くから知られていたが、それは長く用をなさないものとされてきた。それが変わるのは、西洋の解剖学の知見を受け入れてのちのこととされる。その東西のちがいに着目するなら、東アジアでは、「知」と「情」とが「心」という一語に包まれ、それゆえ、認識と情動とを融合して論じる傾向を長くとどめていたといえるかもしれない。だが、東洋でも「知」と「情」は切り分けられ、論議されてきた。それゆえ東洋思想全般を「知」と「情」の未分化な「心」のはたらきで説明することなどできない。とりわけ、『礼記』〈大学〉篇にいう〈致知在格物、物格而知至〉すなわち「格物知致」をめぐって、北宋の程頤《ていい》（伊川）が「格物」を「窮理」（天の理《ことわり》を知ること）と結びつけ、事物に即してその理を窮めてゆくことを「知」とし、学をもって、いわば天理を体得した聖人に至ることができるとした。彼は「仁義礼智信」の「五常」（五つの徳目）を人の「自然」（自ずから）なる本性とし、愛などの「情」を外し、「性即理」と整理した。その「理」は〈君臣父子間〉に及ぶものとされる（『二程全書巻之十六』〈遺書伊川先生語第一〉）。そして、これが南宋で程朱学（程朱理学、日本でいう朱子学）が成立する基本になった。

だが、心のはたらきを「知」と「情」に分けた朱熹《しゅき》に対し、陸九淵《りくきゅうえん》（象山）は、「心」の自然（あるがまま）を「知」「情」を未分化のままとらえるべきとして「心即理」を唱えた。それが陽明学の土台になる。陽明学の「心」は、一般に“mind”と翻訳されているが、“heart”と未分化な実体として想定されたものだった。

そして、そのことは、江戸前期の民間の儒者、伊藤仁斎にはよく見えていたはずだ。彼は、たとえば儒学の根本徳目の一つ、「仁」を即ち「愛」と解釈したが、それは朱子学に対して意識的に対抗するためになされたことといってよい。そのようなわけで、天地自然と「知」と「情」の概念の問題は、日本の儒学史にも及ぶことになる（第三章で述べる）。

もう一度、確認するが、東西の思考法の相違は解剖学の所見に還元できるものではない。脳のしくみとはたらきの解明がいくら進んでも、自然界のどこからを生命をもつものの世界とするかという線引きの問題には手が届かない。なぜなら、それは人間が身体の外部に作り出し、教育をふくむ習慣によって伝達してきた概念だからである。

古代インドの紀元前六～五世紀、ガウダマ・シッダールタ（釈迦）と同じころに活躍し、ジャイナ教を興したマハーヴィーラの教えは、動物・植物はもちろん、あらゆるものに生命を認め、地・水・

火・風・大気にも霊魂（ジーヴァ）の存在を認めて、とりわけアヒンサー（不害）の禁戒を厳守し、生き物を害さぬよう細心の注意を払う。少数派のカーストだが、かなりの影響力をもち、マハトマ・ガンディーの非暴力による抵抗の思想も、多くをそこから学んでいる。だが、何も食べなくては人間は生きていけない。そこでランクをつけ、動きまわる虫より上は心があるから害してはならないとし、植物は食べる（球根類を食べない宗派もある）。これがインドに菜食主義の風習が拡がったもとともいわれ、便宜的に、生きものとそうでないものとの区分がつくられていった。

それに対し、中国・天台仏教では、食べる食べないにかかわらず、「草木も成仏する」「木石も成仏する」とされるようになっていった。キリスト教では、歿後の魂は永遠の生命の川に入ると教える。死後の生命を想定する信仰は多い。それらでは「生命」の観念は死を超えている。このようにして、対象世界の区分の仕方が文化によって異なることに、わたしは関心をもつようになっていった。国家＝社会を、また宇宙を、混沌（カオス）と見なすか、秩序の整った組織体（コスモス）と見なすかも、その類である。そして、後者も、宇宙を機械じかけと見なすか、有機体（生命体）と見なすかに別れる。本書では、このような手探りを重ねた上で、論議の対象を「生命」観から「自然」観に開いてゆくことになる。

本書は、読者の関心により、どこから読んでもらってもよい。が、全体は、今日の科学史をはじめとする学術史の国際的展開を見渡し、また今日、要請されている学術の文・理統合的推進という課題に応えるべく、「方法の開発」を意識して著してゆくつもりである。

第一章　自然観の現在

今日まで、「日本科学史」では、「日本人の自然観」は、どのように論じられてきたか。第一人者の指標となる論考を撰び、それらの検討を通して、取り組むべき課題と方法を探ってみたい。

本章第一節では、日本科学史の歴史を振り返る。「日本科学史」は、一九三〇年代の開拓期から第二次世界大戦後の展開期にかけて近代科学技術を開発する立場から編まれてきたが、その開拓者、三《さい》枝《ぐさ》博音《ひろと》『日本の思想文化』（一九三九、改訂版一九四二）、および、とくに技術史の展開を追った吉田光邦『日本の科学史』（朝倉書店、一九五五、講談社学術文庫、一九八七）などが、すでに日本文化総体を見渡す立場をとり、科学的思考を阻んできた要因として自然に親炙する性向や情緒的自然観をあげていた。それには当代の日本の文芸文化論の論調が影を落としていた。

だが、水俣病が一九六〇年代に大きな社会問題となり、また一九七〇年代に地球環境問題が浮上することに直面して、日本科学史は大きな曲がり角を迎えた。そこでは、自然征服観はユダヤ＝キリスト教に由来するというリン・ホワイトの説や長く中国の科学史ととりくんだジョセフ・ニーダムの仕事が参照され、東西文化の相対比較の立場が前面に出てくる。そして、それらにも日本人は「古来、自然を愛する民族」「自然と一体となって生きてきた」「自然と人間を重ねあわせて考える」などの日本文化伝統論がはたらいている。

そして、さらには、トマス・クーンが『科学革命の構造』（一九六二）で提起したパラダイム・シフト（paradigm shift）論を受けとり、学術と社会の相互関係を重んじる考察が盛んになり、福島第一原発事故の衝撃もはたらき、二〇一〇年代後半は、科学論の季節と呼んでよいような活況を呈している。第二節では、この動きを追う。

第一節、第二節を通じて、ピック・アップした課題について、第三節では、情緒的自然観、科学＝技術と文芸文化の関連、宗教と技術と芸術のかかわり、技術と社会との関係へのアプローチの仕方、すなわち、その「方法」について論じてゆくことにしたい。

一、日本科学史の曲がり角

日本科学史の形成

日本科学史の出発点を築いたのは、昭和戦前期に、江戸中期からの蘭学受容を掘り起こし、三浦梅園や安藤昌益らが独自の自然哲学を拓いたことにもそれぞれの位置を与えた三枝博音である。他方、彼は、技術については職人の手仕事の世界や俳諧など庶民文化にも着目して、『日本の思想文化』（第一書房、一九三七）をまとめた。日本の科学史は、はじめから思想文化史を総合的に見渡す視座を備えていたのである。

三枝博音は浄土真宗の寺の息子に生まれた人だが、東京帝大哲学科に在学中、戸坂潤とともに唯物論研究会を立ち上げ（一九三二年）、機関誌『唯物論研究』の初代編集長をつとめ、一九三三年、治安維持法違反容疑で一ヵ月間、拘禁を受けて教職を辞し、富士川游《ゆう》の助言で、江戸時代の蘭学受容史の発掘に赴いた。富士川游は、日本の前近代医学の変遷を民間医療をも見渡し、『日本医学史』（一九〇四）にまとめたことで知られる医学史の泰斗。一九〇五年には雑誌『人性』を創刊し、当代欧米の医学全般や人類学の紹介にも力を尽くした。また、その著『金剛心』（一九一六）では、近代科学と浄土教を見事に統合し、生物は元素からなるが、その元素は阿弥陀如来の「宇宙ノ妙法」にしたがって運動していると説いている。

三枝博音『日本の思想文化』は、江戸時代の蘭学受容に知識層の西洋化すなわち近代化の兆しを見る「内在的近代化」論の立場から書かれている。一九三〇年代には、日本はアジアで唯一、資本主義が高度に発達し、東アジアに資本侵出をはかっていることは知識人の常識だった。三枝は、その淵源を江戸時代の蘭学受容に求めたのである。[*] その立場は彼の戦後の著書『西欧化日本の研究』（中央公論社、一九五八）のタイトルにも明白であろう。

*『日本資本主義発達史講座』（一九三二）に寄稿した日本共産党系の経済学者たち（講座派）は、資本主義の発達を認めながらも、コミンテルン一九三二年テーゼにならい、近代天皇制を帝政ロシアの専制政治とアナロジーし、地主階級と結託した専制君主ないし絶対君主に見立てて「(半) 封建制」とし、「国家独占資本主義段階」にあるとするマルクス主義労農派とのあいだに論争を繰りひろげていた。戦後は、講座派理論が優勢で、明治日本をヨーロッパの立憲君主制にならった立憲君主制の近代国民国家の建設期とする動きが盛んになるのは、一九八〇年代に入ってからである。[▼1]

ただし、『日本の思想文化』では、蘭学受容の知的基盤として、江戸中期に「開物成務」（事物を開発して事をなすの意）の精神が成長しはじめたことを、三浦梅園や皆川淇園《きえん》の著書をあげて指摘し、それが帆足万里《ほあしばんり》の物理学書『窮理通』（一八三六成立）を生むに至ると述べている。[▼2] この指摘は見過ごすべきではない。

「開物」は、もと『周易』〔繫辞伝上〕に、天地が秘めているはたらきを明らかにする「易」の目的をいう語だが、中国・明代末に、下級官吏の宋応星《そうおうせい》によって産業技術書『天工開物』（一六三七）が出された。農業を最初に置き、さまざまな道具のしくみなどを絵入で解説する書物である。そこには南米産の農産物も掲載されている。

一六世紀にはポルトガルが澳門《マカオ》に居留地を得、イエズス会宣教師が清朝・中国に、西洋学術（地理・数学・天文学）や技術の紹介を行っていた。『天工開物』は、それに刺戟を受けたものと見てよい。同じ時期、マテオ・リッチから洗礼を受けた徐光啓《じょこうけい》は『農政全書』（一六三九）をまとめている。だが、『天工開物』は中国では散逸した。ところが、日本では一八世紀に和刻本が出ている。民間の農学者、宮崎安貞は徐光啓の『農政全書』を参照し、『農業全書』（一六九七）をまとめた。そして八代将軍・徳川吉宗の命によりヨーロッパの植物図鑑や動物図鑑が抄訳され、医学や天文学など蘭学受容がはじまった。博物学趣味も民間に拡がってゆく。

三枝博音は『日本の知性と技術』（一九三九）で、西洋の科学的知性の特長を抽象性・固定性・発展性に見て、日本では「自然」を客体として扱う概念が育たなかったといい、江戸時代の職人の細やかな技芸と民衆のあいだに拡がった芭蕉俳諧や南画趣味などを重ねて、日本人が自然に親炙し、観照する態度を論じている。この背景には、明治末から象徴詩人たちが日本の象徴主義の具現者として芭蕉を礼賛してきた流れがある。一九三〇年代には、美学・芸術論に「わび、さび」や「幽玄」の精神を核にする中世美学を「日本的なるもの」として突き出す動きが生まれていた。江戸時代の南画は、霞がかかったような風景を好んで描く中国・南宗画の系譜を引くが、日本で独自の文人画に発展し、明治後期には正岡子規や夏目漱石らが親しんでいた。これも景物の情趣を醸し出す一種の象徴主義と見られ、一九二〇年代には表現主義の受容と絡んで、富岡鉄齋の南画がブームを引き起こした。つまり三枝博音は、自分の生きた時代の庶民層の趣味の先蹤も江戸時代に見出していたことになる。

『日本の思想文化』の改訂版（一九四二、のち中公文庫、一九六七）は、第一章〈日本文化の特質〉と題され、一〈自然に親しむ民族〉、二〈一つの例―俳句について〉、三〈更に一つの例―南画について〉、四〈日本文化の特質〉の四節で構成され、芭蕉の発句や南画に〈自然との深い交渉〉を論じている。

戦時下に刊行されたものだが、国粋主義や精神主義の風潮とは距離を保ち、戦後、高く評価された。思想文化については、最澄や空海、道元ら仏教者の系譜に抽象的思考を見るが、〔第六章　日本儒教とその思想〕の〔二〕を「日本の市民社会的思想家」と題し、江戸中期の皆川淇園に唯物論を、後期の山片蟠桃《ばんとう》に朱子学合理主義の徹底を見、また、荻生徂徠の孫弟子、海保青陵の議論をあげている。この西欧の市民社会論とのアナロジーはどこまで有効だろうか。

江戸中後期から、西欧近代に近い理論が出はじめたとする説は、今日でも通説化している。これに似た議論は、第二次世界大戦中には、丸山眞男がのちに『日本政治思想史研究』（一九五二、改訂版一九八三）にまとめる諸論考にも見られ、戦後には、さまざまな近代化の指標の下に論じられてきた。

先に近世後期の公害にふれた際、海保青陵の経済合理主義にふれておいたが、その諸藩の武士に「興利」を勧める議論も、幕藩二重権力体制と石高制を前提にしている。私有財産制を根本におく市民社会とその上に立つ近代国家建設に向かうものではない。そして、海保青陵は地動説を知ってはいたが、蘭学を齧った跡はない。その経済合理主義は蘭学受容が育てたものではない。山片蟠桃の朱子学合理主義も、その点では変わらない。個々の思想が背負った歴史的限界を見極めるのも、思想史には必須の課題の一つであろう。

江戸中後期の「実学」志向については、蘭学との関係を再考しなくてはならない。それは科学理論の探究には向かわず、その後も科学と技術の跛行が長く続くことになった。機械技術は発展させたのだから、むろん、それらは情緒的自然観のゆえではない。では、何が原因だったのか。踏み込んでみなくてはならないのは、その点だろう。

なお、三枝博音には、西洋における「技術」の概念と発展を「科学」と関連づけて論じた『技術の哲学』（岩波全書、一九五一）がある。長く技術論および技術史の必読書とされてきたが、イマヌエル・カント『判断力批判』の説く創造主の目的にそった自然観にもとづく改作実践論を根本に据えており、技術的実践における「自由」の問題など再考の余地があろう。

科学的思考を阻んだもの

日本では天地自然に親炙し、観照する態度が優位を占めていたため、自然を客体としてとらえ、理論化する科学的立場が、少なくとも江戸中期までは育たなかったという三枝博音の見渡しは、吉田光邦『日本の科学史』（朝倉書店、一九五五、講談社学術文庫、一九八七）によって、端的に、日本で自然科学が発達しなかったのは、なぜか、という問いに向けられた。あるいは、それにはジョゼフ・ニーダムがその中国科学に関する最初の著書『中国の科学と文明』（一九四五）に掲げていた問い――紙や印刷術、火薬や方位磁石などを発明した中国古代科学が、なぜ、そののち近代科学に発展しなかったのか――が映っていたかもしれない。

吉田光邦『日本の科学史』は、東大寺の大仏建立やキリシタン宣教師たちがもたらした西洋学術など、よくポイントを押さえ、古代から明治期まで、ジャンルも工芸や土木技術などまで目配りし、社会の展開とをあわせて日本の技術の発展史を丹念に追った書物である。だが、その第一章〈自然と人間―古代より王朝までの精神像〉では、まず記紀歌謡をとりあげ、その自然観照の態度を論じ、次いで『万葉集』以下、短歌表現を中世にかけて追い、自然に情緒を感じることを旨とする自然観では、とうてい主客を分立させて考える自然科学は発達しえないと論じる。その〈第一章ノート〉では、参考書目の筆頭に折口信夫『古代研究』全三冊（初版、大岡山書店、一九二八～二九）をあげ、次いで柳田國男の民俗学や和辻哲郎『日本古代文化』（初版一九二〇、改版一九二五、三九、新篇一九五一）、また土居光知『文学序説』（初版一九二二、改訂版一九二五）など日本文芸・文化研究が参照されている。それらに親しんだことが、吉田光邦の情緒本位の自然観の基調をつくったことは明らかだろう。

和歌は自然の実景・実感をうたい、また情緒を醸し出すことを主な目的とする。うた物語やつくり

郵便はがき

料金受取人払郵便

1 0 2 - 8 7 9 0

麹町支店承認

8043

1 0 2

差出有効期間
平成30年12月
9日まで

切手を貼らずに
お出しください

［受取人］
東京都千代田区
飯田橋２－７－４
株式会社 作品社
営業部読者係　行

【書籍ご購入お申し込み欄】

お問い合わせ　作品社営業部
TEL 03(3262)9753／FAX 03(3262)9757

小社へ直接ご注文の場合は、このはがきでお申し込み下さい。宅急便でご自宅までお届けいたします。送料は冊数に関係なく300円（ただしご購入の金額が1500円以上の場合は無料）、手数料は一律230円です。お申し込みから一週間前後で宅配いたします。書籍代金（税込）、送料、手数料は、お届け時にお支払い下さい。

書名	定価　　円	冊
書名	定価　　円	冊
書名	定価　　円	冊
お名前	TEL　（　　）	
ご住所 〒		

フリガナ
お名前

男・女　　　　歳

ご住所
〒

Eメール
アドレス

ご職業

ご購入図書名

●本書をお求めになった書店名

●ご購読の新聞・雑誌名

●本書を何でお知りになりましたか。

イ　店頭で

ロ　友人・知人の推薦

ハ　広告をみて（　　　　　　　　　　　）

ニ　書評・紹介記事をみて（　　　　　　）

ホ　その他（　　　　　　　　　　　　　）

●本書についてのご感想をお聞かせください。

ご購入ありがとうございました。このカードによる皆様のご意見は、今後の出版の貴重な資料として生かしていきたいと存じます。また、ご記入いただいたご住所、Eメールアドレスに、小社の出版物のご案内をさしあげることがあります。上記以外の目的で、お客様の個人情報を使用することはありません。

物語は、和歌を中心に構成され、和歌のレトリックを地の文に用いる。それらに自然観を探れば、当然、情緒本位の自然観に行きつくことになる。つまり和歌や物語のジャンルの規範性を考慮に入れずに、その自然観をもって日本人の自然観総体の特徴にしていることになる〈和歌における機知については後述する〉。折口信夫『古代研究』は柳田國男とともに当代に活きている古代人の信仰が中心テーマである。折口も柳田も「機知」の要素もよく考慮し、人を笑わせる文芸に着目したが、吉田光邦は、それには目が届いていないようだ。

和辻哲郎『日本古代文化』は、第一章〈上代史概観〉一〈日本民族の由来〉で、太古からの種々の民族渡来説を見渡し、上代文化は〈既に長い年月をこの国土に送り、既に一つの民族となり、石器の使用より金属の使用に、漁猟時代より農業時代に移っていた〉ことを確認したのち、次のように述べている。

さてこの日本民族の気稟を観察するについては、まず我々の島国の親しむべく愛すべき「自然」の影響が考えられなくてはならぬ。我々の祖先は、この島国の気候風土が現在のような状態に確定した頃から、漸次この新状態に適応して、自らの心身状態をも変えて行ったに相違ない。もしそうであれば、我々の考察する時代には、既にこの国土の自然が彼らの血肉に浸透し切っていた筈である。温和なこの国土の気候は、彼らの衝動を温和にし彼らの願望を調和的ならしめたであろう。久しい間魚貝と果菜を食料として来た彼らは、猛獣と戦い家畜を殺して食うという生活からは遠く、従って、殺伐な気風を養わなかったであろう。また肥沃な土壌と、豊かな内海、入江、湖沼、河川などは、食物競争から彼らを解放して、平和な生活に馴れしめたに相違ない。更にまた魚貝と果菜との食養は、体質をも心理的素質をも規定して、淡白な意欲、刹那にのみ烈しい感情という風な、凶暴でない心を造り出したことであろう。▼3

〈日本人は本来菜魚食人種としての温和な性情〉を持ち、稲作を学んだあともそれは変わらず、〈優美な自然に似つかわしい温良な民族〉であり、〈暴王の烈しい征服欲や酒池肉林のあくどい享楽を以て特性づけられている古代支那人、或は荒涼たる大陸の原野を馳駆するのがその快楽であるらしい凶暴な外蛮諸族と著しい対照をなすのである〉としている。のちの和辻哲郎の『風土—人間学的考察』（一九三五）は、比較の対象を国際的に拡げたが、この日本人の民族性についての基調は変化していない。

もう一つあげられている土居光知『文学序説』は、その初版から〈自然愛の文学〉の一章をもち、自然を精神化して表現する特徴を論じている。これも戦後も版を重ね、長く参照された（のち第一一章でふれる）。

吉田光邦『日本の科学史』は、早くから検地の図面など、地図や図面がそれとして扱われてきたことを追っている。それでいながら、キリシタン宣教師がもたらした世界図が屏風絵とされ、それを徳川家康が見ていたことなどにふれ、時代の様変わりを指摘し、日本図も含めて地図が〈屏風装飾として用いられたということは、〈地図が独立した意味をもちえないで、……自然の形象化が美意識から独立することができず、やがてはその内部に吸収され終らねばならなかった〉と論じている。[4]

中国の陶磁器に地図の図柄のものをわたしは見たことはないが、ヨーロッパの地図には図案を添えたり、図案のなかに地図をはめ込んだものは、かなり古い時代からかなりある。そののち、古伊万里の皿などに日本地図がデザインされて用いられているのを見かけもする。地図を屏風絵に用いたのは、遊び気分の横溢した名所遊覧図の類を用いるのとは異なる。異国風俗の屏風絵と同様、知的関心を惹くものを趣味の対象とし、儀式や生活の場の装飾に用いたということではないだろうか。部屋のインテリアに地球儀を置くようなことは今日、各国で行われていよう。

日本美術の装飾性については、西洋絵画や彫塑、彫刻との比較において、襖絵や衝立など室内装飾において発展した面からいわれる場合と、作者が即物的描写よりデザインを優先させる傾向をいう場合、それらを関連させて論じる場合などに分かれるが、吉田光邦『日本の科学史』の場合、技術的制作物がその用途から遊離して美的表現に走る傾向を、すなわち情緒的表現と短絡させている。その理由は、先にあげた〈自然に情緒を感じることを旨とする自然観では、とうてい主客を分立させて考える自然科学は発達しえない〉という論理枠におさめようとしているからだろう。

この吉田光邦『日本の科学史』について、杉本勲編『体系日本史叢書19　科学史』（山川出版社、一九六七）〔序章〕は、一貫して〈日本人の多分に情緒的・観照的な自然観を槍玉にあげ〉る観点からまとめられていると評している。[▼5] これは、中国思想の根本を〈陰陽思想や儒・仏の天人合一・物心一如観〉とまとめ、近代科学の発達の〈阻止条件〉のひとつに数えるなどしたうえで、自然科学と技術と人文・社会科学に跨る知見を展開した吉岡修一郎『日本科学思想史概説』（彰考書院、一九五二）が、日本における科学的思考の発達を阻害した条件として、①外国との文化交流の不足、②ギルド的秘伝主義、③学術的文章や用語の難解さ、④技術偏重、⑤道徳偏重、⑥封建的・専制的な意味での政治偏重、⑦物質生活の貧困の七つをあげていることを妥当とし、それにもう一つの条件を加えるものという意味で、積極的に後押しする文脈でいわれている。

吉岡修一郎のあげる七条件のうち、①②③④は日本の科学＝技術そのものの性格、①⑤⑥⑦は、それを取り巻く外的条件に分けられようが、吉田光邦は、文芸や広義の「芸術」にはたらく情緒を問題にしており、対象範囲にズレがあろう。そして、その七条件は、歴史性と地域性をよく勘案すれば、実際には、その時どきに組み合わせが変わるものをアット・ランダムにあげており、条件①が大幅に改善された明治維新後、⑤⑥が科学＝技術の発展を阻害するようにはたらくことはなくなった。だが、④は色濃く残り、「科学」の発展は大幅に遅れたのである。

科学的思考とは？

ここで問題にされている「科学」的思考とは、いったい何か。杉本勲の〈序章〉は、主客の分立、ないしは人間から独立した「自然」の観念を立てることこそを近代科学の思考としていることは明らかである。だが、そうだとすると、〈天人合一・物心一如観〉のもとで、中国古代に世界のどの地域よりも技術が発展した理由が説明できないだろう。なぜなら、技術は、対象的自然にはたらきかけ、それを改作することであり、それには改作にふさわしい対象を選び、対象のしくみを知ることが不可欠だからである。道具の制作は、直接的対象と道具の材料について、より高度な知識を増進するだろう。〈陰陽思想や儒・仏の天人合一〉の思想は、果たして〈物心一如観〉といえるのか。あるいは〈物心一如観〉とは何をいうのか。その内実に踏み込んでみなくてはなるまい。

中国の「天文」の語も「人文」の語も、『周易』〈彖《たん》伝〉に、柔剛交錯するのが天文とし、〈文明を以て止まるは、人文なり。天文を観て以て事変を察す。人文を観て以て天下を化成す〉（観乎天文、以察時変、観乎人文、以化成天下）とある。天の様子を観て、事変を察し、文明を形づくるのを人間の営みとする。この考えのもとに中国天文学は展開した。「天人合一」論は、天（自然）と人とには本来、同一性があることをいうが、人の心身は天候の影響を受ける、人間の本性は天命により与えられているなど、時代により系統により、多岐にわたる「天人相関」思想の一つであり、みな見かけ上の主客の分立を前提にしている（素朴実在論）。

仏教思想の根本の一つ、「縁起」説も同じで、諸々の現象は、隠れている実在の相においては、原因や条件が相互に関係しあって生じたり、滅したりするという意味である。釈迦は、そのような因果の理法を説き、人の心もその理法の上にあることを前提に、縁起の消滅した境地を悟りとした。そこから縁起の種々相が説かれるようになったのである。

杉本勲は、近世中期からの「実学」思想を研究した人だが、「実学」思想の展開は、三枝博音の説いたとおり、「開物」精神が発揮されたことと深くかかわる。それは『周易』の理念の下にあり、陰陽五行説と切断されているわけではない。つまり、観念論と対象のつぶさな観察とは対立しない。〈陰陽思想や儒・仏の天人合一〉のもとでも、「実学」思想が展開することもありうるわけだし、実際、日本では江戸中後期には各地に公害が頻発するほど、天地自然に対する技術的な実践がなされていた。そのエートスは、明治維新以降、西洋から機械文明を取り入れることに向かったと考えてよさそうだが、「開物」のエートスが「開国」に向かったわけではない。「開国」には「黒船ショック」がはたらいた。とするなら、宗教・政治・道徳と科学＝技術との関連、そして、そこにはたらく歴史的条件について踏み込んだ考察が必要となろう。近代化を基準にした日本科学史は、それに踏み込まずに、いわば勝手に、さまざまな観念論や情緒と科学＝技術の関係を切断したり、関連させたりしてきたといわざるをいない。そして、その操作には日本文化史がかかわっていた。

三枝博音『日本の思想文化』においては、いわば科学＝技術史と文芸文化史とを併せて「日本人の自然観」が構成され、吉田光邦『日本科学史』においては、むしろ若いときに親しんだ文芸文化史の観点が科学＝技術史の見方にも浸透していた。吉田光邦が参考文献にあげていた折口信夫や柳田國男、和辻哲郎、土居光知らの著作も、第二次世界大戦後にも広く読まれつづけ、日本文化論の骨格を形づくった。それぞれが対象としているジャンルの特殊性とそれへのアプローチの視角や方法に個性があり、またそれぞれに歴史性を帯びている。それらの比較・検討を抜きに、日本人の自然観を把むことはできないはずである。

一九七〇年代の変貌

第二次世界大戦後、人文・社会科学と同様、科学史も西洋化＝近代化を推進する観点に立つ時期が長くつづいたが、一九七〇年代に、第一線の科学史家によって一般向けに書かれた日本科学史は、日本文化論の大きな方向転換を端的に示している。一言でいうなら、それは欧米の科学へのキャッチ・アップ、すなわち、西洋化＝近代化の道筋を辿る観点から、欧米の文化と相対比較する観点へと転換した。より精確には、欧米の科学へのキャッチ・アップの影を引きずりながら、東西文化の相対比較へと次第に移行した。

「公害」問題が浮上していることを大きく受け止めた一般向けの日本科学史の嚆矢は、村上陽一郎『日本近代科学の歩み』（一九六八）だろう。科学と技術の「枠組」を問い、キリスト教文化圏と比較し、東アジア文化圏のなかでの日本文化の特異性として、温和な気候風土により、「なぜ」を問う姿勢が育まれてこなかったと指摘する。日本が明治維新以来、いち早く西洋化に邁進し、中国を瞬く間においい抜き、科学技術を発展させたものの、国家の政策に引きずられ、科学と技術のあいだに著しい跛行《ひこう》が生まれてきたことを鋭く指摘した。戦時期、理系の研究には潤沢な予算が与えられていたこと、また水俣病や四日市喘息など、水や空気の汚染に見舞われていたことにふれてゆく。

対象に違和を感じないゆえに、自然と対峙しない姿勢が「なぜ」を問う姿勢を欠くというのは分からないではない。村上陽一郎は、植民地侵略とキリスト教の宣教活動が手を携えていたことをよく承知した上で、イエズス会宣教師の活動には知的啓蒙が伴っていたことを述べている。対象的自然を客体として知的に解明する姿勢一般を指して、「なぜ」を問わないと称したと推測される。だが、地球上のどこでも原始時代の人類は、自然の恵みに感謝しただけでなく、恐れを抱きもした。たとえば雷鳴に怯えれば、その由来を問うたからこそ、「神」が怒っているとか、太鼓などを鳴らしているという考えが広く共有されたのだろう。それが「原始宗教」のおおもとである。それゆえ、「原始宗教」がそれなりに原理をもつ体系を整えれば、「なぜ」は問われなくなる。ユダヤ‐キリスト教‐イスラームにおいては、自然は超越的絶対者による創造物とされ、存在の理由の一切は創造主に委ねられ、問いは、神のつくりたもうた自然が、いかに精妙につくられているかに向かった。

温和な気候風土が自然と対峙しない日本人の姿勢を育んだという見解、気候風土に原因を求める環境決定論とでもいうべき見解は、先に見た和辻哲郎『日本古代文化』に典型的に見られるものだ。村上陽一郎が指摘した日本における科学と技術の跛行性については、三枝博音『日本の思想文化』も、明治期における科学＝技術の受容が、形而上学と形而下学とを切り離し、ご都合主義的に技術に傾いてなされたと論じていた。それは、一八八六年に創立された帝国大学が、ヨーロッパの総合大学(university)の根幹をなすキリスト教神学部にあたるものを欠き、医、理、文に加えて、時代に遥かに先駆けて工科大学が設けられたことに端的に示されている（三年後に農科大学も設立）*。

＊村上陽一郎『文化としての科学／技術』（岩波書店、二〇〇一）なども、それにはふれている。そこには、ドイツでは「理学部」にあたる「自然科学・数学」の学部が一八七六年に初めてつくられたことなども示されている。東京大学設立の一年ほど前のことだが、一八七二年九月発布の「学制」では、高等教育機関として「諸芸／理／医学校」「工業／法／鉱山学校」「獣医／商業／農業学校」が計画のうちにあがっていた。維新期から教育界には「窮理熱」が渦巻いており、総合大学創設に向かう機運は「理学部」を組み入れて当然の趨勢だった（第三章〔二つの理学〕で述べる）。

明治前中期の帝国大学などに技術優先の雰囲気が満ちていたことを語るエピソードにも事欠かない。たとえば、蘭学者として知られる箕作阮甫《みのさくげんぽ》の縁戚のなかで育ち、維新後、いち早くイギリス・ケンブリッジ大学に留学、数学者として活躍し、帝大理科大学の学長など教育行政にも要職を務めた菊池大《だい》麓《ろく》は、その科学者精神ゆえに煙たがられたという。その理由は、欧米の技術水準へのキャッチアップを急ぐあまり、というに止まり、それ以上、日本における科学＝技術の受容の仕方に踏み込んで論じたものは、管見の限り、見当たらない。

今日、帝国大学に工科大学を設置したことは、当時の欧米の総合大学に比べて、極めて〈実用主義的〉で〈先進的〉な編制と評されている。[6] 欧米の総合大学に工学部が設置されるのは、一九七〇年を前後する時期に、ＩＴの開発が課題となったからである。つまりは、一九世紀半ばから二〇世紀後半にかけて、学問全体における科学（sciences）と技術（technology, engineering）の関係が欧米と日本では著しく異なっていた。ここでも国家の体制と政策と学問研究および産業技術の関係、その地域的・歴史的な変遷を問わなくてはならないことが明らかである。一八八六年三月、東京大学を帝国大学に改編し発足させたのは、一八八五年一二月、内閣総理大臣に就任した伊藤博文だが、その事情と根本的な理由について探ってみなくてはなるまい（第一〇章一節で述べる）。

自然観の東西比較へ

東京大学教養学部で村上陽一郎の先輩格にあたる渡辺正雄は『文化史における近代科学』（未來社、一九六三）で、西洋と日本の文化の相互比較の視角を提起していた。そして『日本人と近代科学―西洋への対応と課題』（岩波新書、一九七六、以下副題省略）では、明治維新後百年を越えた時期に、あらためて西洋近代文明の受容の仕方を振り返る姿勢を示し、明治期のダーウィン進化論受容の諸相などを論じ、〈VI近代科学と日本人の自然観〉で、神が創造した宇宙秩序を想定しながら、物理化学の現象をひとつの閉鎖的なシステムとして考え、それを貫く法則性をつきとめる考え方――機械論（mechanism）――によって近代科学を発展させてきた西洋の自然観を〈二律背反的〉といい、それに対して、宇宙を象徴する生け花にみられる調和的自然観を日本的とし、その総体の比較を提案している。第二次世界大戦後、茶の湯とともに華道が日本の伝統文化の代表として語られることが多くなったことが背景にあろう。

この西洋の自然科学を〈二律背反的〉と見る見方は、おそらくジョセフ・ニーダムの『文明の滴定』（一九六九）など、東西比較の研究成果が刊行されはじめたことにヒントを得ていよう。ニーダムはギリシャ古典時代の様々な思想も〈デモクリトス的機械論か、プラトン的神学的唯心論かのいずれか……にすぎない〉といい、それを〈ヨーロッパ特有の分裂症、ないしは分裂人格〉という。[7] そののちの時代については〈神学的観念論〉対〈原子論的唯物論〉、ないし〈神学的生気論的観念論〉対〈機械論的唯物論〉などに言い換えている。ただし、ライプニッツから、その統合が目指されたともいう。

渡辺正雄『日本人と近代科学』は〔Ⅵ章〕の最後に、先にあげたリン・ホワイトの告発を紹介しつつ、〈伝統を顧みず〉、「環境破壊の先進国」の道を歩む日本に警鐘を鳴らし、最後の〔総合的視野のもとに—今日の課題〕では、近代科学と〈人間・文化・社会との関係はどうなっているのか〉を理解することの重要性を訴えている。この最後に示された近代科学と文化・社会との関係を問う姿勢は、村上陽一郎『日本近代科学の歩み』と共有されている。そして、ともに東西の文明論的比較の観点と学の枠組を問う姿勢、また「自然と一体」の日本文化論が共有されている。*

＊渡辺正雄は早くから日本におけるダーウィニズム受容を問題にしていたが、村上陽一郎もチャールズ・ダーウィン『種の起源』（一八五九）がトマス・マルサス『人口論』（第二版一八〇三）を参照していることなど、日本の知識層にも受け入れやすい要素をもっていたことなどを論じていた。[8]

辻哲夫『日本の科学思想』（中公新書、一九七三）もまた、西洋と日本の学術の在り方、また社会とのかかわりを総合的に見直そうとする姿勢が科学史家のうちに共有されていたことを示している。その〔はじめに〕で〈科学は日本の伝統文化にとって無縁のもの〉という考えを固定観念にせず、他のあらゆる文化のはたらきとの関連で考えなおしてみる必要をいい、そして「実理」「学」「学術技芸」「窮理」「進化」などの概念をめぐって、江戸時代の日本の思想家と西洋近代思想の比較を試みている。たとえば〔第七章・器械・工学〕では、ルネ・デカルトの動物‐機械論とは逆に、伝統的な技術観では機械を生き物のように考えた例を一八世紀の暦算家で「からくり半蔵」の異称で知られた細川頼直《よりなお》の『機巧図彙《からくりずい》』（一七九七起草）に指摘し、また種々の織機の発明で知られる豊田佐吉も機械の運動の型など専ら外部からの観察によっていることを述べ、そののち、理論的取り組みの問題に向かい、〔第九章 自然〕では、カントと安藤昌益、三浦梅園、江戸後期の蘭学者・志筑忠雄の自然観を比較している。

また、アルベルト・アインシュタインの相対性理論の衝撃が科学の方法論・認識論への関心をもたらした例として、実験物理学者、寺田寅彦らをあげ、あらためて〈科学の本性〉を問いなおそうとする姿勢が生じたことなど、伝統技術と科学理論のあいだに横たわる問題に目を向けている。

二、パラダイム・シフト論をめぐって

トマス・クーンの提起

トマス・クーン『科学革命の構造』(一九六二)が提起したパラダイム・シフト論は、国際的に大きな波紋を拡げた。たとえばルートヴィッヒ・フォン・ベルタランフィがサイバネティックスを導入して第二次世界大戦後の社会システムのモデルを論じた『一般システム論』(一九六八)の〔序文〕で、物理学、生物学と人文・社会科学に橋をかける理論と自解し、このアイデアこそが新たな規範を提出するという意味で「パラダイム・シフト」の語を用いている。だが、そもそもは自然科学史の見方に限定した理論である。

「パラダイム」は、もともと学の一分野の原理的規範をいい、お手本になる範式、また文法の範例を並べたものなどに用いられる。トマス・クーンは、それを一時代の一分野に支配的な規範の意味で用い、その飛躍的変化こそが科学史を展開させてきたと論じた。たとえばニュートン力学からアインシュタインの相対性理論への転換が起こったことなどに見られる変化の解明を目指したもので、一分野の教育をも支配するある理論体系が進展しなくなったとき、その体系を破る別の体系が展開しはじめ

ることを「科学革命の構造」として定式化した。が、「パラタイム」の語を研究体制や社会との関係などまで拡げて用いたため、語の誤用を指摘され、改訂版（一九七〇）では、「パラダイム」の語を“disciplinery matrix”（その時期の一分野を成り立たせる共通基盤、共約的分母）と言い換えた。言い換えても目的や意味を変えたわけではない。その多義性はまぎれもない[▼9]。だが、それゆえに「パラダイム」の語は、その受け止め方、解釈の仕方によって伸縮自在に用いられ、かえって、学術の在り方全般の歴史的変遷の見直しが活発化した。その余波は、科学史を超えて、学の編制の組み換えにも及んだ*。

*「パラダイム」の多義性の指摘は、むしろ、「パラダイム・シフト」論を鍛えるべきだという立場からなされた。トマス・クーンの提案に正面から批判を浴びせたのは、科学の科学たる所以を「反証可能性」に求めて第二次世界大戦後の科学論に重きをなしてきたオーストリア出身のイギリスの哲学者、カール・ポパーとその一派だった。「反証可能性」とは、科学の知見は異論に対して、アド・ホックな（その場限りの）対応でごまかして正当性を言い立てることなく、多くの反証をくぐりぬけることによってこそ、その信頼性を強化できるとするもの。ニュートン力学もアインシュタインのそれも、それぞれ欠陥はあるが、それぞれの限界内で反証可能性を保持しつづけている、というのが、クーンに対する批判の主眼だった。

たとえば、クーン『科学革命の構造』の日本への紹介者、中山茂は『パラダイムと科学革命の歴史』で、クーンの「パラダイム」を独自の用法とし、その多様なパラダイムの考え方を柔軟に用いて、「論争の学問」と「記述の学問」など、分野と歴史を超えた分析スキームを案出し、東西の科学的思考の成り立ちのちがい、また研究の専門化や大学制度、パラダイムの経典化とその移植などなどを論じている。そののち、クーンの提案は、社会学の強いアメリカでは、実際のところ、科学と社会との関係を研究する科学社会学（sociology of science）への大きな貢献のように総括され、吸収される方向にあるらしい。

そもそも、クーンの提案は、イギリスの科学史家ハーバート・バターフィールドが「近代精神」の成立を一七世紀に興った「科学革命」(Scientific Revolution) に求めた『近代科学の誕生』(一九四九)の考察方法の杜撰さに批判を加え、歴史を超えた一般的な「科学革命の構造」を提示しようとしたものと見てよい。バターフィールドのいう一七世紀の「科学革命」は、従来、ヨーロッパにおける「近代精神」の成立は、ルネッサンスや宗教改革によるものといわれてきたことに対し、蒸気機関などの機械技術の発展と社会の変貌とが連動して起こった「工業革命」に対応するものとして選ばれた語だった。中心人物としてあげられているのは、ニコラウス・コペルニクス(ポーランド)、ヨハネス・ケプラー(ドイツ)、ガリレオ・ガリレイ(イタリア)、アイザック・ニュートン(イングランド)の四人。その指標は①「天動説」(地球中心説、Geocentrism) から「地動説」(heliocentric theory) への転換を導いたこと、②とりわけガリレイによる物体の自由落下運動など力学法則の解明が目的論的自然観(世界の全体が目的に向かって運動しているとする考え)を突き崩し、多くの技術革新の原動力となったこと、③また論理を重視する哲学的思弁が尊重された時代から、提出された仮説を誰でもが観察や実験によって確認しうる方法への転換を促したことをあげている。三つとも、中世の西方教会が発展させたスコラ学の教義と、それが基盤としたアリストテレスの学問体系を崩壊させたものである。そして、科学がヨーロッパ世界を超える普遍性を獲得したという意義が述べられている。

一七世紀の科学に大きな変貌が進行したことは誰にも認められようが、この三つの指標は、そのうち進行した科学の傾向ないし現象から拾いあげた気味が強く、中心人物とした四人の学説とは必ずしも合致していない。地動説に賛同したガリレオが宗教裁判に二度かけられたことはよく知られる(一六一六、一六三六年)が、この四人のうち、創造主の存在を否定した人はいない(ケプラーはピタゴラスに倣い、数を崇拝していた。また惑星が音楽を奏でながら運行していると考え、作曲までしているので、異端に寄っていたといえよう)。先の三つの指標がヨーロッパ世界を超える契機になったということには無理があろう。

ニュートンの『自然哲学の数学的諸原理(プリンキピア)』(一六八七)を例にとる。第一版に対する批判に答え、第二版(一七一三)に付した〔一般注〕(General Scholium)で、「仮説は用いない」(Hypotheses non fingo)と言明している。これは思弁的な考察を退け、物体間にはたらく法則の解明を、確かめられる観察と実験に基づくデータを数学の演算のみで行ったという意味にとれる。その演算は微積分を用いたもので、一般には理解できない水準で行われていることは措くとしても、同じく〔一般注〕では、「万有引力」の内在因が究明されていないという批判に対して、それを認めている。そして、そこでは宇宙を支配する全知全能の「唯一者」にふれ、「万有引力」の原因は、その「唯一者」に委ねられている。つまり、ニュートンの著作は、キリスト教の世界観を超える普遍的なものに向かっていたことにはならない*。

＊ニュートンは長くケンブリッジ大学・トリニティ・コレッジのルーカス教授職(幾何、代数、天文、光学、地理学の範囲のどれかを担当)にあった。当時の講座制の全体はスコラ哲学(アリストテレスの学問編制)の体系に基づくものだが、数学関連部門は切り分けられていた。ただし、ニュートン自身の仕事の三分の二はキリスト教神学に関するものとされる。カトリックはもちろん、三位一体説をも否定するユニテリアンに近い立場だった(アリウス派を自称)。

遺稿による『プリンキピア』第三版(一七二六)の〔一般注〕では、原因は、すべての物体に内在する〈ある微妙な精神〉(英訳certain most Subtle Spirit)としている。ニュートンが、大学から造幣局に転職した後は、錬金術に関心を集めていたことが知られており、世界の外部に存在する神がその力を世界にもたらす媒介であるスピリッツ(聖霊)を想定していると見てよい。他方、〔一般注〕では、〈この電気の精神〉(英訳this electric spirit)という語も用いている。聖霊の属性として電気を想定していたのだろう。これは、電子の存在を予見していたとも評される[10]。

そしてニュートンの光学についての見解を集めた『光学』（初版一七〇四）〔第三篇〕の末尾に付した〔問い〕(Queries) と題する文章群は、版を重ねるたびに数を増したが、世界に遍在する神を示唆するところもある。

トマス・クーンは「パラダイム・シフト」論を「自然科学」の範囲内に止めており、神学との関係には及ばない。だが、ニュートンについて見たように、一七世紀「科学革命」とキリスト教神学との関係は無視するわけにいかない。ニュートンのライヴァルだったゴットフリート・ライプニッツについても同じである（第四章三節でふれる）。

一九世紀の自然科学を考えるときにも、神学との関係は無視できない。生物学や自然観全般にかかわる。人権や国家観にも及ぶ。一言でいうと、自然神論（理神論、狭義のdeism〔有神論〕）が知識層に浸透した。『聖書』の伝説は信じないが、自然の背後に創造神を想定するもので、絶対的超越神の存在をカッコに入れて問わないという態度（懐疑主義、skepticism）、また唯物論（materialism）とあわせ、これらを抜きに欧米の近代的思惟は成り立たない。

自然科学の成立

とくに科学史で、学術の概念や編制が問題にとりあげられるようになると、「科学者」(scientist) という語がいつから用いられるようになったかがしばしば話題に上る[11]。ヨーロッパでは中世から、自然に関する知識一般を指してラテン語「スキエンティア・ナチュラリス」“scientia naturalis”が広く用いられていた。それが基盤になるが、イギリスでも一九世紀のあいだは「自然哲学」(natural philosophy) が一般的だった。

工業革命は、鉱産資源を求めて、地質学 (geology) を盛んにし、一八世紀末に独立した分野となる。

地質学は、もう一つの関心を集めた。ヨーロッパでは見られないさまざまな動物の化石が次つぎにアメリカ大陸で発見され、『旧約聖書』の「ノアの箱舟」が伝説にすぎないことを知識人たちに知らしめた。どう考えても、大洪水が引いたのち、「ノアの箱舟」から降りた動物たちが大西洋を渡っていったとは考えられないからだ、とバートランド・ラッセルは『宗教と科学』（一九三五）で書いている。▼[12] 他方、工業革命は森林荒廃をもたらし、植生など自然環境一般への関心を呼び起し、博物学（natural history）が盛んになってゆき、一九世紀初頭に生物学（biology）が独立した分野になった。

専門分野を学ぶ学生が増えるに従い、「科学者」の語が用いられはじめる。Oxford English Dictionary（O.E.D. sec. ed 1989）は“scientist”の最も古い引用例を一八三四年としている。一八三一年、科学振興を目的とするイギリス科学振興協会（British Association for the Advancement of Science）が設立され、その会長についたケンブリッジ大学トリニティ・コレッジの副学長、ウィリアム・ヒューエルが一八三三年に“scientist”の語を用いはじめ、翌年、『クォータリー・レヴュウ』誌（ジョンマレイ社）に寄稿した匿名の書評のなかに記載したとされる。当初は奇異な語感をもつ語と受け止められていたといわれる。定着を見るのは、二〇世紀への転換期のことだろう。「物理学者」(physicist) もヒューエルの考案という。

ヒューエルは著書『帰納的科学の哲学、歴史にもとづいて』（一八四〇）では、“artist”（技術者）に対応する語として“scientist”を用いている。同書は自然神論の立場を堅持し、自然の先験性（ア・プリオリ）を疑うことを排撃している。また、彼は分野別の専門化に対処するため、異分野間に跨って知見を討議し、新たな発見に導く方法、“consilience”を提案。ラテン語“con”（共通）と“salio”（傾き）から造語したもので、「統合法」と訳すのがふさわしいのではないか。*

＊なお、第二次大戦後、イギリスの物理学者で小説家のチャールズ・パーシー・スノーがイギリスの第一級の知識人があまりに自然科学に通じていないことに「二つの文化」の分離状態を指摘し、またアメリ

カやソ連に比べ、自然科学の基礎教育が立ち遅れていることに警告を発したケンブリッジ大学の教育評議員会館でのリード講演（the Rede Lecture）、『二つの文化』（一九五九、翻訳書名は『二つの文化と科学革命』）が知られる。その一九九三年版に付されたステファン・コリーニの「解説」は、このヒューエルの“scientist”の用法にふれたのち、一九世紀後半のトマス・ハクスリーと文芸批評家のマシュー・アーノルドの応酬について紹介しているが、当時の概念編制に疎い。すでに誤解を生んでいるので糺しておく。

そのいきさつは、当時、科学教育の急先鋒に立っていたトマス・ハクスリーが一八八〇年一〇月一日、バーミンガムのメイスン・コレッジの開校記念講演「科学と文化」で、伝統的な古典教育の擁護者に挑戦状を叩きつけた際、彼の友人の一人、マシュー・アーノルドの態度にも言及した。それにアーノルドが応えたリード講演で、ハクスリーが〈文学教育と科学教育の間に描き出した著しい差異がまったく消えてしまうまで、用語を再定義した〉とコリーニはいう。以下、コリーニの原文をアーノルドの用語に戻して引用する。〈彼（アーノルド）は“literature”の範疇には“belles letterres”だけでなく、ニュートンの『プリンキピア』やダーウィンの『種の起源』も含むすべての偉大な古典が包含されるべきだと主張し、また、“science”を知識の体系的研究の意味で用いるべきであり、言語研究と歴史研究も含まれると論じた〉。

この限りでは、アーノルドは、当代の英語の一般的用法を確認しているにすぎない。もともと、“literature”は、ギリシャ及びラテン語文献全般を指す語で、それが英語の文献一般にも拡がり、たとえばニュートンが英語で記した書簡が“English literature”と呼ばれるようになっていた。この著作一般を指す広義の“literature”に対して、“belles letterrs”は、フランス語から取り入れられた語で、原義は「人文学」（神のことばではなく、人間に関する優れた著作）を意味し、“literature”の中義（優れた著作、polite literature）に相当する（OED参照）。“science”も、体系化された知識の総称として用いられていた。つまり、アーノルドは、急進的なハクスリーが教育全般に実証主義的近代科学を浸透させるべきだと主張したことに対して、従来の用法で歯止めをかけようとしたことになる。より精確には、アーノルドは、リード講演よりもよく知られる同題のエッセイ「文学と科学」（『一九世紀』誌〔The nineteen sentury, August 1882〕のなかで、ハクスリーに対して、古典ギリシャの哲学も叙事詩も“belles letterres”ではないか、と論駁している。ギリシャやローマの古典に憧れるロマン主義の立場から、“belles letterres”の範疇を、いわば神話と芸術が未分化の状態に戻そうといえる。

　コリーニの混乱は、当代において“literature”の中義から狭義の分岐が進行していたことも、それに対するアーノルドの姿勢もよくつかめずに、アーノルドのいう“belles letterres”を“pure literature”と解している点にある（翻訳は、引きずられて〔純文学〕）[13]。“pure literature”は、ほとんど用いられない語だが、アーノルドは、中世イギリスの多神教信仰に関心を寄せたので、今日、「純粋芸術にむしろ疑問をもった人で初期の詩は“pure literature”だが、次第に中世の宗教との中間的な散文作品になっていった」と解説される。ここで、“pure literature”は、宗教性を排した詩の意味で用いられていることに注意されたい。

　このアーノルドの姿勢を先蹤として、二〇世紀への転換期にかけて、アーサー王伝説など中世叙事詩への関心が高まった。コリーニは、その「伝統」を踏まえたT・S・エリオットらの文芸を専門とした人で、“literature”の狭義（言語芸術、literary art）に非キリスト教信仰が混じっていることを「純粋芸術」として受け止めることに慣れていたため、言語芸術内部で非宗教詩を指していう分析概念である“pure literature”と、いわばその二段階上の中義の“literature”とを同義とする倒錯に陥っていたのである。念のために付言すれば、これは、日本古代の神話のなかの歌謡を非宗教的な「純粋芸術」と論じることに相当する。

　専門化した学科ごとに、物理学なら、物体の運動の法則性の解明という目的が原理（discipline）として立てられ、その周辺に教科書的な模式群が形づくられる。これが「パラダイム」の原義である。クーンの用法は、教育における教則本のような意味あいが強い。わたしは基本概念の混乱は避けるべきだと思う。クーンの提案に対しては、学術諸分野の根幹をなす概念構成（編制）、教育制度、国家＝社会の動きを分け、それぞれの、またそれらの関係の歴史的変遷を整理しなおすべきだと思う。

ヨーロッパにおける対象的自然にかかわる知の系譜は、古代ギリシャ哲学（“philosophy”のうちの“physics”〔自然学〕）がアラビアに展開したのち、キリスト教神学の下にあった。だが、ルネッサンス運動を通じて自然哲学（natural philosophy、ないし“physics”〔物理学〕）が分岐し、博物学（natural history〔自然史〕）を併せて自然科学（natural sciences）の分野の成立に至るコースを想定してよいだろう。概念の定着の指標は、まずは公的学問体制に求めるべきだろう。少数集団や有力な個人における使用は、それとして扱えばよい。

西欧の総合大学（university）の大雑把な指標は、中世では、神学（theology）、法学（jurisprudence）、医学（medical science）、リベラル・アーツ（liberal arts）――哲学を上位に置き、文法学・修辞学・論理学の三科、算術・幾何・天文・音楽の四科を併せ、自由七科――という構成に求められる。近代化はリベラル・アーツが人文学系（the humanities）と数学・理学系（physics）に大きく分かれ、前者は、哲学や倫理学、史学などを含む言語・文献学（philology）から経済学や社会学が分岐し、後者は、博物学（natural history）を分岐し、それがさらに鉱山学や生物学などに分岐してゆく過程を考えてよい。諸学の分岐に伴い、英語圏では人文・社会系と自然科学系に二ないし三分類する傾向が生じ、地理学や人類学には自然系と人文系の二系統が生じるなどした。ドイツ語圏では、「精神科学」（Geisteswissenschaft）「文化科学」（Kulturwissenschaft）「自然科学」（Naturwissenschaft）に三分類する傾向があった。*

＊イギリスのそれぞれの“university”内の“college”間の関係は実に錯雑としており、一概には論じられない。ドイツのヴィルヘルム・フォン・フンボルトの構想では哲学を最上位に置くなど、国情による編制のちがいもある。一九世紀後半の欧米では工業技術の高等専門学校が多くつくられ、ドイツの総合大学では

生物学と化学を統合した農学部がつくられた。

第二次世界大戦後、欧米では「法」「医」「文」「理」の基本骨格は今日でも動かないが、神学部（宗教学を随伴）が解体され、人文系学部に移管されるなどした。

自然観において、神学との関係はすでにふれたが、一九世紀後半の生物学、熱力学、二〇世紀後半の情報工学、分子生物学など新分野の成立については、それぞれの事情が把握されてしかるべきだろう。本書でもおいおい見てゆく。

日本の帝国大学は神学部をもたず、工科大学と農科大学を設ける極めてユニークな編制をとった。それについては、〔第一〇章一節〕で日本近代の「自然」観について述べる際に、科学＝技術の受容と展開とともに、まとめて論じることにしたい。

科学論の季節

クーンの許で学んだ中山茂は『科学革命の構造』（みすず書房、一九七一）を翻訳出版、そののち、視野を東西の学問史に拡げた『歴史としての学問』（中公叢書、一九七四、新版一九八六、補訂して『パラダイムと科学革命の歴史』講談社学術文庫、二〇一三）をはじめ、「パラダイム」の概念を柔軟に用いて、数々の関係書を刊行した。やはりクーンに学んだ佐々木力は『科学論入門』（岩波新書、一九九六）で、ニッコロ・マキャヴェッリによる現実政治の対象化の視点を強調するなど西洋近代の科学と社会の関係を論じ、日本近代をふくめて、独自の見解を提出した。村上陽一郎も一九七三年から翌年にかけてのＮＨＨ大学講座で、生物学を含めてとくに二〇世紀における科学の枠組の変容と取り組んでいた（のち追補して、伊東俊太郎、広重徹との共著『思想史のなかの科学』〔平凡社ライブラリー、二〇〇二〕に収録。なお、伊東俊太郎には『一語の辞典　自然』〔三省堂、一九九九〕などがあり、本書では随所で参照する）。

これらは、ルネッサンス期から今日にいたる西洋科学の各時代、各領域の変貌について論議を活発化させた。たとえば一九八〇年代後半の『新・岩波哲学講座』シリーズの科学論関係では、執筆者各自が「パラダイム」を考案して百家争鳴、ほとんど果てしのない状態を呈している。

村上陽一郎は、その後も、医療を含め、科学・技術・社会の関連について長く提言を発してきた。今日では『科学・技術と社会―文・理を越える新しい科学・技術論』（光村教育図書、一九九九）など、大学教育に「教養」の復活を訴えている。ただし、ここでいわれている〈文・理を越える〉は、あくまで科学・技術の社会との関連の意味である。

天文学、宇宙物理学の第一線で活躍してきた池内了《さとる》は『科学の限界』（ちくま新書、二〇一二）で、科学論の歴史を振り返り、科学が不可避に背負っている限界に眼を向けるべきことを訴えている。ここでは「科学」と「技術」とのあいだの関係を問う姿勢が強い。「発明王」と呼ばれたエジソンの時代と比べても、今日の〈技術の進展は加速されており、もはや人間の英知が追いつかなくなる状況を迎えているのではなかろうか〉、〈技術に追い越され、逆に技術を追いかけねばならなくなっている〉と[▼14]。池内了はまた、「等身大の科学」や「文理融合」の提言も行っている。

また、野家啓一は、主に二〇世紀前半のウィーンに起こった実証科学と論理学との統合を目指した論理実証主義（Logical positivism）に立つ「科学哲学」（philosophy of science）の立場を受けつぎながら、『科学の解釈学』（新曜社、一九九三、増補版、ちくま学芸文庫、二〇〇七）、『パラダイムとは何か―クーンの科学史革命』（講談社学術文庫、二〇〇八）、『科学の哲学』（放送大学教育振興会、二〇〇四、のち『科学哲学への招待』、ちくま学芸文庫、二〇一五）などを世に問うている。

二〇一八年に入り、山本義隆『近代日本一五〇年―科学技術総力戦体制の破綻』（岩波新書）が刊行された。明治維新政府の科学技術立国の企図が今日まで継続発展してきたことを鋭く告発している。理系の側から、科学＝技術の発展と国家戦略分析とを組みあわせた複雑系思考による書が出されるにいたった。

二〇世紀の科学＝技術は、実際のところ、とくに後半に入り、「革命的」と呼びうるような変化を、——言語矛盾を承知でいうが——「漸進的」に展開してきた。量子力学における「不確定性原理」は、ヴェルナー・カール・ハイゼンベルクが提出したときには、観察行為に伴うエネルギーの作用が勘案されていたが、やがてその問題は払拭され、量子の状態そのものが持っている「揺らぎ」などの性質により観測値に偏差が生じることが確定され、それによって、セントラル・ドグマのもとに法則の体系を構築し、数式化する古典物理学の方法には限界があることを明らかにされている。確率統計によってえられる傾向の分析について、アインシュタインは「神はサイコロ遊びをしない」と一言のもとに否定したが、それをよそに、今日まで、「揺らぎ」を勘案する学として展開している。

第二次世界大戦後、急速に展開した情報工学（ＩＴ）は、すでに諸科学の複合による新分野の開拓だった。コンピュータの飛躍的発展によって大量のデータ処理が高速度でなしうるようになったことは、科学＝技術の世界を大きく変貌させた。分子生物学や開放系の科学も次つぎに新たな展開を見せ、一つの要因に還元する従来の方法への反省は、複数の要因が複雑に絡みあい、それらの加算や相乗効果を超えているように見える現象の解明に向かう「複雑系の科学」（complex systems science）の提唱と展開を生んだ。それらはみな人文・社会系の学にもかかわっている。そして、それは過去の科学史の解釈にも跳ね返らざるをえない。

その関係を対象化するには、一定の時代の学の編制が組み替えられてきた歴史を社会との関係を見ながら再構成する方法をとるしかないだろう。学の編制は、各分野の関係の仕方の解明にはじまる。

三、方法

科学史と文化史

日本科学史は文化総体における科学の位置を明らかにする姿勢を早くから見せていた。三枝博音『日本の思想文化』（改訂版、一九四二）では、第一章〈日本文化の特質〉の一として〈自然に親しむ民族〉を論じ、例として俳句と南画をあげていた。吉田光邦『日本の科学史』（一九五五）は、日本で自然科学が発達しなかったのはなぜか、という問いを立て、短歌史などから情緒的自然観が支配的だったことを論じていた。渡辺正雄『日本人と近代科学―西洋への対応と課題』（一九七六）は、西洋の神学的と機械論的自然観の二律背反に対して、宇宙を象徴する生け花にみられる調和的自然観、〈自然を伴侶とし、自然に没入し、自然とひとつになろうする日本人の伝統的自然観〉を対置していた。これら三著がそろって近代以降に「芸術」に組み込まれたジャンルに、自然観照の態度、情緒的自然観、象徴的ないし没入的自然観を見、日本人の自然観の特質としている。

たしかに日本の文芸は古代から今日に至るまで、自然の「景」と「情」をあわせて書いてきた。だが、その一面を取り出して、自然の客観的認識が発達しなかったとするのは、短絡が過ぎよう。なぜなら、自然の「情景」をうたうのは、古今東西に普遍的なことだからだ。日本人の自然観の総体をとらえるには、自然認識と広義の芸術表現のあいだに橋をかけることは不可欠だが、日本科学史は、文芸文化論を参照し、そのあいだに横たわるギャップを簡単に跨ぎ越してきたといわざるをえない。

自然から受け取った認識や情動の表現は、人間の活動の一局面にすぎない。人間と自然とのかかわり方は、自然の恵みを享受し、生活することが基盤にある。自然の活動に怖れ、おののくこともあれば、早く鎮まってほしいという祈りも生む。また生活の便宜の向上をはかるために自然を改作する技術的実践も生む。自然観は、その総てに関わる。
自然観は、対象的自然を人間の精神活動——目・耳・鼻・口・皮膚の五官（視・聴・吸・味・触）を通して感受し、それらを統一した映像（image）に結び、快・不快や喜怒哀楽などの感情を覚え、それらを記憶し、自分にとっての意味や価値を認識、判断し、自然にはたらきかける願望を抱き、それを実現する意志——の全般をいう。精神活動は、自然を改作し、便宜性を高くする物質的活動との相互性において展開してきたものである。その総体の歴史的・地域的な相対比較を有効に行うためには、人間の活動を技術・呪術・芸術の三つの技芸（アート）とその関連が展開してきた歴史を追う方法を提案したい。

さらには、表現とともに、表現に対する認識、たとえば美の表現の扱い方についても文化と歴史のちがいを負っている。西欧近代では「美」が感情にかかわるものとされ、理性にかかわる「真」「善」とタテマエ上、別領域とされ、それによって、自然の美感のよってきたる所以が論じられてきた。また、多神教のギリシャ神話を題材にする「芸術」が享受され、論じられてきた。だが、前近代東アジアでは、「真」「善」「美」の区別はなされても、それらが領域として切り分けられることなく、自然美が鑑賞されても、自然はなぜ、美しいのか、などと論じられたことはない。詩も散文も、絵画も彫塑も、技芸全般を意味する広義の「芸術」の一角に位置付けられていた。その概念編制のちがい、その網み替えの歴史を考慮せずに自然観のちがいを論じることはできない。

自然と情感

景色と感情を重ね合わせる情緒的表現を性急に、また安直に、日本人の自然に対する心性と関連づける前に、心を落ち着かせて考えてみれば、それは、世界各地でいつでも、実にさまざまに行われてきたことに気づくはずだ。そもそも人類は、時と場所を超えて、感情を持たないはずの自然が感情をもつかのように感じてきた。嵐を荒々しいと感じ、澄み切った夜空に崇高さや聖なるものを感じることは、民族を超え、文化を超えて、いつでもどこにも起こりうる。台風や竜巻の威力を怖いと感じることも、逆に、風速四〇メートルに壮快感を覚えることもあるだろうが、嵐を荒々しいと感じることを、いま、嵐から受ける「印象」といえば、対象から受ける印象には感情が混じるのは普遍的なことだろう。

たとえば、ヨーロッパの人文主義（ユマニスム）の確立に多大な貢献をしたミシェル・ド・モンテーニュ『エセー』（一五八〇、三巻本一五九九）〔三 - 一〕には、〈人間の病的特質〉を示すものとして、古代共和制期のローマの哲学者、ティトゥス・ルクレティウス・カルスの詩集『事物の本性について』から次の一節をあげている。

風吠え波猛る時岸に立ちて
他《ひと》の舟沖合にて難破するを見るは楽し。（関根秀雄訳▼15）

この詩集は、古代ギリシャ・ヘレニズム期のエピクロスの哲学を韻文で解説したものだが、前の一行は、荒れ狂う海の猛威へ怖れが怪獣にでも対しているかのようなイメージを呼び起こす。後の一行は、人の不幸を歓ぶ心をあからさまに示し、モンテーニュはそこに〈人間の病的特質〉を見てとった。

ヨーロッパの近代哲学で、はじめて「自然への美」、自然に対して美を感じることを考察の対象として取りあげたのは、先にふれたカント『判断力批判』だろう。その第二部〔第一篇67節〕中に、自然の有用性のほかに美や魅力にふれ、〈自然を愛することができる〉という一行が見える。カントは、自然愛好や田園趣味を積極的に説いたジャン゠ジャック・ルソーの著作も読んでいたが、『判断力批判』〔第一部　直感的判断力の批判　第一篇　直感的判断力の分析論〕では「趣味判断」の四つの契機として「質」「量」「目的関係」「適意」をあげ、その第三の契機までは、勤勉と学習により習得される「機械をつくる技巧」と関係させ、超越的に存在する造物主の叡智により、自然が目的をもつ体系としてつくられていることを感じとり、美の感情が起こるとする。第四の契機「適意」については、天才による構想力を必要とする美（芸術作品）をつくる技巧とする。その天才もむろん、神により与えられたものである。それゆえ、〔第一部　第二篇　直感的判断力の弁証論〕で、個々人の恣意的自由の問題に分け入り、それを倫理と関係させる。

ところが、〔第二部　目的論的判断力の批判〕では、〔第一部〕の考察の批判的検討に移り、若い詩人たちが全く自由に個々人の趣味を発揮していることなど、趣味や嗜好の領域は、個人の恣意的な「自由」にまかされていることが述べられる。ここでは、個々人の趣味の傾向を規定する規範やその歴史性は考慮されることはない。目的論的な自然観と自然の認識および感情の三者の関係は、揺れたまま放置されているといわざるをえない。*

＊最近の熊野純彦《すみひこ》『カント 美と倫理とのはざまで』（講談社、二〇一七）は、カントの「自然の合目的性」と「自由」との関係に分け入り、可能性として、そのあいだに橋をかける方途を探っている。

カントが『判断力批判』で理性にかかわる「真」「善」と感情による「美」に切り分けたことに発する西洋近代美学のタテマエ上の規範は、一九世紀フランスでは、ドイツ観念論とイギリス常識哲学を折衷する穏健な哲学を展開したアカデミアの哲学者、ヴィクトール・クーザンが『真・美・善について』(*Du vrai, du beau, et du bien*, 1836) で「芸術が芸術のためにあるべきであるのと同様、宗教は宗教のために、道徳は道徳のためにあるべきである」と唱え、「芸術のための芸術」(l'art pour l'art) を標榜し、美の宮殿に立てこもる姿勢の高踏派 (parnasians) の動きを呼び起こした。

他方、フリードリッヒ・ヘーゲルは『美学講義』（一八三五、歿後の編集）〔序論　第三章　芸術の哲学的考察〕で、カントは美を主観的判断の問題としてしか考えなかったと批判し、彼が尊敬していたヨハン・ヴォルフガング・フォン・ゲーテらは芸術制作の実践とその認識において、カントを乗りこえていたといい、芸術制作の主体と制作物との関係にテーマを移していった。〔第一部 総論 理想の直観的表現としての芸術〕では、東洋的専制においては君主一人がもっていた個人の自由が、たとえばホメーロス作とされるギリシャ神話では英雄たちによって保持されていることなどを論じ、〔第二部 芸術美の特殊形式への理想の展開〕では、芸術の歴史的発展を原始的象徴・ギリシャ古典・ロマン主義およびキリスト教芸術の三段階に分けて論じていることは、よく知られる。

自然と感情の関係について付言すれば、たとえばゲーテが一八世紀後半のヨーロッパの新しい青年像を示し、その名を知らしめた『若きウェルテルの悩み』（初稿一七七四、第二稿一七八七）のなかで、ウェルテルが恋する人の家に馬で向かうときには、あたりの景色は輝いて見え、恋する人の許に婚約者が訪れているのを見て落胆して帰る道の風景は暗く沈んでいる。光景がそのときの感情によってちがって見えることは、誰でも思いあたるだろう。逆に、「月は晴れても、心は暗闇《やみ》だ」（泉鏡花『婦系図』一九〇七）と感じることもあるが。

このような自然の様子を感情に染めて示す修辞について、ヘーゲルは『美学講義』〔第一部第一篇第三節〕で、自然美、すなわち自然に対する芸術的鑑賞の態度を論じる際に、感情に染まった「情景」、自然の醸し出す「気分情調」（雰囲気）をとりあげ、ドイツ語“Sinnvoll”（ふつう含意と翻訳される）を主客を同時に示す不思議な語として、事物を理念的に把握することと感覚的把握とが直観的に統一されていると述べている。ただし、そのあとのところでは、それをわれわれの心情に属するものとし、それに対比して、「動物を美しい」という場合には、同時に対象の〈生の一面〉を示してもいると述べている。ここは、とくに「生命」について論じているので、自然現象と動物とを分けており、揺れが生じたらしい。総じていえば、ヘーゲルの場合、制作主体と制作物との関係が第三者の立場から客観的に論じられるにとどまっている（客観主義）。言い換えると、制作実践者の立場は措定されない。

次に、美の意識のはたらきに分け入った指標とすべき追究は、エドゥアルト・フォン・ハルトマンの『美の哲学』（一八八七）だろう。ハルトマンは「絶対精神」が君臨するヘーゲルのイデアリズムの哲学と、「宇宙の意志」が無意識の領域はたらき、「生の盲目的意志」を生むゆえにもたらされる人間の苦の世界を涅槃（ニルヴァーナ）に超越することを説くアルトゥール・ショーペンハウアー『意志と表象としての世界』（正編一八一九、続編一八四四）との統一を企てた『無意識の哲学』（一八六九）で国際的に知られた哲学者である。彼が全く正反対に見える二つの哲学世界を「無意識の普遍性」を立てることによって結びつけることができたのは、ヘーゲルが『美学講義』において原始芸術を「無意識的象徴」として論じていたことが拠点になったともいえよう。

ハルトマンは『美の哲学』〔第一巻　美の概念〕で、美を主観のはたらきによるものとし、五官の感官の受けとる「実情」（実感に同じ）と、想像による「仮情」（仮構した感情）に分け、さらにそれぞれを、受動的な「反応」（reaction、印象）と対象に同化する「同応」（sympathy、共感）に分けて説いた。このハルトマンの四肢理論で、先のウェルテルの景と情の関係はよく了解できる。だが、「朝の空気が清々しい」というような判断が、主体によるものか客体の性格によるものか判別できないということは説明できない。「印象」（impression）を主観判断として扱っているからだ。

強い陽の光を照り返す水面は、誰でも眩しくて正視できない。物の輪郭はぼやける。それは、いつでもどこでも変わらない。それはあくまで外界から視覚が受けとる印象であって、主観ではない。観念は、それを神の光とも、光子の乱舞とも、光波の揺らぎとも、いつか、どこかで視た光景の記憶と比較することも、眩しすぎるのは自分の視神経が弱っているせいだとも、さまざまに考えることができる（主観判断）。だが、その眩しさを眩しさのままに視覚に再現しようとすることは、絵画では外光派（pleinaivisme）から印象派（impressionisme）への展開をまたなければならなかった。外光のもとで光景の、精確には、その印象の、一瞬一瞬の変化をとらえ、画面に定着するタイムリー・スケッチからはじまったと考えてよい。そこには表現とその規範の歴史性がかかわる。

そして表現は、その媒体の性格、ジャンルにかかわる。静止した画面の絵画は時間的経緯をそれとして示せない。分解写真の技法を用いれば別だが、できるのは、享受者の想像を光の動きに誘うまでのことだ。だが、文章なら視点を移動させ、また時間的変化を追って書くことができる。それは、絵画と文章の表現のもつ本質的差異である。

そののち、テオドール・リップスに代表されるドイツ感情移入美学は、対象への共感を感情移入(emphasis)とし、それによって相手が理解できるとする。誤解が生じるのは、生じる側の判断に限界があるからとされ、普遍性の獲得が目指されることになる。それゆえ、倫理の問題と密接に関連して展開した。すなわち全知全能の神に近づく人格の形成に向かう。リップスの感情移入美学は、そもそも人格主義と一体のものとして展開されていたと考えてよい。日本におけるドイツ感情美学の受容は、二〇世紀への転換期からはじまっていたが、阿部次郎がリップス『美学』(一九〇三〜〇六)の祖述を一九一七年に、リップス『倫理学概論』(一八九九)に独自の立場を加味した『人格主義』を一九二二年に、ともに岩波書店から刊行する。各人が人格を高めることによってこそ、社会改良がなされるという考えである。折から第一次大戦後の階級闘争の高揚期にさしかかり、経済的搾取の暴力性を見ず、それゆえ争議行動を認めないブルジョワ思想の代表のように攻撃を受けることになった。

今日の中国の文芸関係の研究者のうち、敏感な人は、古典の文学論でいう「情景」が、観る者、聴く者、読む者の感情に訴えるところのある光景という含意に気づいている。日本語でも戦前期くらいまでは、その意識があったと想われる。ロベルト・シューマンが子供の歓びや怖れ、見知らぬ世界に惹かれる感情などを醸し出すように作曲したピアノ曲作品一五“Kinderszenen”が、「子供の情景」と翻訳されたのは、それゆえだ。だが、今日の英語圏でも、“scene”の語など、「景」と「情」をあわせたものという含意で用いているひとはいないようだ。最近の日本でも同じらしい。と、いいおいて、和歌の「余情」について補足に入る。

余情と機知

日本の和歌に情緒的な自然観が多出するのは、己れの心懐を述べる述懐のうたは別として、景物を述べ、それに伴う感情を示すことを基本形（「景」＋「情」、順序は逆でもよい）とするからである。『万葉集』〔巻一一、一二〕の相聞歌の部立てに、思ったことをそのまま述べる「正述心緒」に対し、物に心を託して述べる「寄物陳思」の技法がある。

年の経ば見つつ偲へと妹が言ひし　衣の縫目見れば悲しも〔巻十二、二九六七〕
〔年之経者　見管偲登　妹之言思　衣乃縫目　見者哀裳〕

亡き妻が年が経ったら見てわたしのことを偲んでください、と告げた衣の縫い目を見れば、しみじみと妻のことが思い出されて悲しい、という意味だが、最後の〈悲しも〉を、たとえば「割れずに」（縫い目が緩んで布のあいだが割れていない）などに置き換えれば、しっかりものの妻を懐かしむ情を言外に滲ませていることになる。その際、「景」を述べるだけで、そのうたを聴くひとに「情」が共有できれば、「情」をそれとして述べなくともよい。うたい手が亡き妻をしみじみ懐かしんでいるのは誰にもわかる。これが「余情」である。その場において、その情の解釈が分かれるようなものは、そもそもうたになっていない。時代を経て、情の解釈が分かれることがあるが、多くの場合、その時代のその場面を考えず、解釈する側の理屈が持ち出されていることによる。

「余情」を尊ぶことは和歌に特有のことではない。中国、南朝・梁の劉勰《りゅうきょう》による文学理論書の大著『文心雕龍《ちょうりゅう》』〔物色〕篇に、〈近代以来〉の〈文はかたちに似せることを貴び、情を風景の上に窺《うかが》う〉〔文貴形似、窺情風景之上）詩風に賛同し、〈体物の妙たる、功は密附に在り〉（体物為妙、功在密附）と説く。〈風景〉は、ここでは風と陽光の意味でよいだろう。〈体物〉は詩に描かれた物の意。そして〈物の様子を究め、しかも余情の漂うのが、作詩の秘訣に通暁した技巧〉（物色尽而情余者、暁会通也）とまとめている。〈情余〉は言外に情が滲み出ること。景物に密着して細密に描くことを称揚し、「情」を言外に滲ませること、すなわち「余情」を最高の技法と説いている。なお、ここで言外の情は、制作主体の側の意識、および詩を鑑賞する側の意識においてもいわれている。むろん、共有されることを前提にしている。

『文心雕龍』は、空海が唐から持ち帰った漢詩の関連書を嵯峨天皇に献上したなかに抄録があった。それが日本にもたらされた最初といわれる。だが、古くから名だたる書物ゆえ、「余情」の技法そのものは、唐代詩論にも述べられており、奈良時代には伝わっていたとみてよい。『万葉集』で「正述心緒」と「寄物陳思」が部立てされた所以である。後者が言外の「余情」である。空海が唐代詩論を撰述した『文鏡秘府論』中にも見える。なお、先のうたでは、あくまでも、着物の針目に即した感情であり、着物の針目は、亡くなった妻への思慕の情をいうための隠喩（メタファー）ではない。

そして、この言外に「余情」を滲ませることが、最初の勅撰和歌集として一〇世紀初頭に編まれた『古今和歌集』で尊重された。『万葉集』の昔に帰って、古今の和歌を集めるのが、その名の由来である。そして、『古今和歌集』がもうひとつ楽しんだのは、「機知」である。〔巻一〕の冒頭に、次のうたがあがっていることは、よく知られる。

ふるとしに春たちける日よめる　　在原元方
年の内に春はきにけりひととせを　こぞとやいはんことしとやいはん

まだ暦の上で正月を迎えないうちに立春がめぐってきた日、この一年を、節気を優先して、もう過ぎ去った年（去年）とするか、暦を優先して、まだ今年のうちとするか、と問うている。暦と節気では一年のはじまりがズレることを面白がっている。

このうたが巻一の冒頭にあげてあることは、季節のめぐりによる配列ゆえで、必ずしも『古今和歌集』を代表させる意味はないだろう。だが、それを強調する向きは、こんな理屈が勝った情緒のひとかけらもないうたが『古今和歌集』の代表歌であってたまるものか、という気持でいうのでないか。その価値基準は、芸術は感情の表出をもって、その使命とするという西欧近代に育まれた芸術観に知らずに「汚染」されているゆえではないか。

平安時代末、藤原俊成《としなり》の歌論書『古来風体抄』（一一九七）が、この在原元方のうたについて〈このうた、まことに理つよく、又おかしくもきこえて、ありがたくよめるうたなり〉と評していることもよく知られる。俊成は「余情」とともに「理」のはたらきによる「機知」の作風を尊重した。そして、その価値観は、「文学」概念が言語芸術を意味するものに組み替えられても、長く今日まで日本文芸に続いている。

『古今和歌集』〔巻一九　雑体〕中には「誹諧歌《ひかいか》」が部立てされている。愚かな者を誹《そし》って笑いを誘う中国の「誹諧詩《ひかいし》」に発するもので、物の名を折り込む「物名」の隠題や折句の技法とともに、劉勰『文心雕龍』〔巻三　第一五　諧隠《かいいん》篇〕に登場する。諧や隠の詩は低俗だが、〈意は義正に帰する〉（意帰義正）、政教に意義あるもの、役に立つものなので排除するいわれはないという。誤解がないように付言しておくが、劉勰は「正」と「美」とは本来一つの規範――正しいことが美しい――と考えている。『詩経』〔大序〕が「和」をもって尊しとし、夫婦の和合をうたうのも、『古今和歌集』〔序〕でもかわりはない（これについては第二章で述べる）。

ただ、日本では、「誹る」ことを下品として避け、機知による滑稽を重んじたゆえに、「誹」の近似音字「俳」を借りて、「俳諧」に改められたのだろう。なお、「機知」は、詠み手のおかしみの感情をそれとして表現するものではない。読むものに笑いを誘うように知的に構成したものである。先の在原元方のうたでも、笑いは言外に置かれている。その点では、「余情」と同じである。

機知のうたを冒頭にあげても、それが季節のめぐりを詠んでいること、そして季節のめぐりをもって配列していることをいい、それを「日本人の自然観」の特徴という向きもあろう。俳諧では季題となって、さらに四季のそれぞれを初・中・晩に分ける。季節で部立てをする習慣は中国にはないので、季節を重んじる精神がそれを生んだという向きもある。だが、一年を四季や一二季にわけることも、その名称も、中国から借りたものである。早い話が、孔子の編と伝えられる魯の史書『春秋』は、一年を四季に区切り、その下に月日を記し、出来事を記載している（『左氏伝』など伝書しか残っていない）。

清少納言『枕草子』が、〈ただ過ぎに過ぐるもの。帆かけたる舟。人のよはひ。春。夏。秋。冬〉と、そのあいだに何のかかわりのない事象を〈過ぎに過ぐるもの〉としてあげたのも、人の意表に出る機知の一つである。季節のめぐりを去ってゆくものとしてとらえていることには仏教の無常観の浸透を見てよいだろうが、それゆえ、それも日本的特徴とはいえない。なぜなら、中国では道教や儒学に対抗するために、「末法の世」を強調することを方便として、仏教の教えが広められたからである。

「機知」が平安後期に歌壇の第一人者となった藤原俊成によって、和歌の技法の基本の一つにされたことは先にも述べた。次第に本歌や物語を踏まえ、景に変化を持たせるか、情に変化をもたせるかして、ヴァリエイションをつくり、背後のうたや物語の場面と二重の効果を醸し出すことも盛んになる。さらにはうたからうたをつくり、屛風絵や物語の場面を彷彿とさせるうたが詠まれる。実景・実感から遠ざかる。

機知を歓ぶ和歌は滑稽を狙う言葉あそびを旨とし、即興的に五・七・五と七・七の句の付け合いを楽しむ俳諧連歌に分岐し、世俗の風物を題材に取り、途中に恋の句を挟んで季節を移しながら運ぶルールがつくられ、とりわけ室町期には武家（高級武士）層に好まれ、大名に手ほどきをするために地下の連歌師たちが招かれた。また庶民層にも浸透し、金を賭けて勝敗を争うゲームが流行した。元禄期に活躍した芭蕉は、和歌のみならず、漢詩をも踏まえるさまざまなつけ方を工夫して洗練させ、一門を築いた。いずれにせよ、和歌・俳諧には、言外の情を滲ませる「余情」表現があふれている。

短歌は、江戸時代には、公家方の堂上派のほか、識字層の拡がりにつれて、民間にさまざまな流派が入り乱れ、町人層の女性のあいだにも嗜みとして拡がっていった。明治期には、短歌・俳諧連歌ともに各地に結社がつくられ、とくに正岡子規が短歌と、連歌の発句を独立させた「俳句」を近代芸術として洗練させる道を拓き、一九二〇年代からは女学生をふくむ生徒のあいだの教養のようになっていった。俳句の人口は、さらにその三倍ほどにのぼるといわれる。

こうして、何かにつけて、季節感とともに瞬間の印象や情緒を言いとめる生活習慣が拡がっていることが下地になり、序章の最後にふれた講演会の司会者の口から、「自然に心を重ねることは、日本人には当たり前のこと」という言辞が口をついて出たのである。

だが、季節の移り変わりに敏感なことの理由を文芸にのみ求めるのは、偏向であろう。世界中どこでも、狩猟や農業に携わる者なら、獣や鳥の活動の時期や種まきの時期を何時にするか、気候の推移に気を配らなくてはならない。とはいえ、その指標を何に求めるかには地域差がある。山岳に囲まれた日本の各地では、たとえば、山の雪が消え残る形を見て種まき時期の指標にしてきたことが知れている。だが、中国の平野部では星座の位置を見て農作業の時期を決めてきたとされる。民間の道教信仰として扱われる類である。

星や星座にまつわる伝承は、むろん、航海術とも関係するが、日本の星にまつわる神話に独自の起源のものはなく、ほぼ中国伝来のもののヴァリエイションといってよい。航海術も農業暦も中国から伝来したものに依拠して発展したものだろう。

精神文化と物質文化

人間が自身の身体とその延長としての道具を用いて、自然環境にはたらきかけ、衣・食・住を確保し、より快適な生活を得るために工作する活動を「技術」と呼ぶなら、その対象となる自然は物質でできているため、身体を用いるにせよ、その延長として道具を用いるにせよ、何らかの物質を媒介にしなくてはならない。それら技術的実践とその所産が衣・食・住や集団の営みなどの「物質文化」を生む。

「文化」の語は、古代中国で、支配領域を区切る縄目などに代えて言語、とりわけ文字による支配のもとに置くことを意味する語であったと推定される。すなわち「文に化する」である。ヨーロッパ語の"culture"は耕作に由来するが、いま、それぞれの文化に特殊な背景を度外視し、ここでは、人間の活動とその所産を指して「文化」(生活文化)という。そうすることによって、それぞれの背景を相対化できる。

技術的実践活動を生むのは、人間の欲望(願望)であり、それを効果的に実現するためには、土壌(無機物)にせよ、生きもの(有機物)にせよ[*]、対象についての、また手段についての知識が必要であり、それにもとづいて目的と手段を設定し、それを実現する意志が不可欠である。その技術的実践も、目的と手段の計画など精神活動を伴う。つまり、物質文化は精神活動を媒介にして行う人間諸力の表現活動の一つであり、精神活動と物質活動とは、互いに前提となり、規定しあう関係にある。したがって自然観は精神活動によるものであっても、技術的実践、物質文化のすべてにかかわり、それに制約(規定)される。

＊説明の便宜上、「無機物」と「有機物」を分けたが、自然環境自体の活動性をもって「生命」あるものと見なす立場もあるし、物自体が自ら活動する性質をもつとする物活論(hylozoism)の系譜も辿れる。

草木など自ら動きまわらない植物、虫、鳥、獣など自ら動きまわる動物などの区分、また、それぞれの内部区分は、文化圏とその歴史によって異なる。分子生物学の進展により、細菌（bacteria）の分類が大きく変化したが、本書は、それらのうちの特定の立場を取らず、それらを総じて「自然観」として扱う。

今日、一般に、植物に精神や意識は認められていないが、昆虫や鳥、動物では、自らの身体を用いて獲物の捕獲や巣づくり、また敵対するものへの威嚇や闘争を行い、集団内でさまざまな合図を行うことが知られているし、生得的でない技能の獲得（学習）が認められているものもある。一部の霊長類では物体を道具として直接、使用することも観察されているし、専ら精神的な歓びを得るための「遊び」も認められている。それゆえ、「ホモ・サピエンス」（英知をもつ人、カール・フォン・リンネ『自然の体系』一七三五）「ホモ・ファーベル」（作る人。ベルクソン『創造的進化』）も「ホモ・ルーデンス」（遊ぶ人。ヨハン・ホイジンガ『ホモ・ルーデンス』一九三八）のどれも、人間の特徴づけとしては十分でない。人間の「工作」の特殊性は道具から道具をつくる点に認められよう。人間を他の動物と分ける特質は、火や水などの自然現象を積極的に利用し、また道具を使って新たな道具を生産するなど、絶えず生活（精神活動と身体活動）の高度化を意識的にはかることに求められるだろう。それゆえ、その逆に向かう動き、原始に還ろうとする志向（プリミティヴィズム）も生じる。

精神活動のうち、自然を感受し、はたらきかける願望を抱き、それを実現する意志などを、直接、それとして表現する活動が精神文化をかたちづくる。それは、直接的に対象的自然を変革し、衣・食・住の確保や充実を目的とする物質的活動にとっては補助的、間接的な役割しかもたない。が、他の動物と比べて、人間においては、これが特異に発達している。身振りや舞踏など身体にせよ、音楽にせよ、音声言語にせよ、文字言語にせよ、各種の造形にせよ、他者へのはたらきかけである限り、それぞれに物質的な活動すなわち技術的実践が媒介（media）になる。それら個々人の活動は、集団のなかで相互のはたらきかけのなかで営まれることを本質的に前提にしているが、そのこと自体は、他の動物にも認められる。動物や昆虫の「社会」というアナロジーはそれによって成り立つ。が、どちらもそれぞれの「社会」のしくみを意識的に変革しない。ゴリラやチンパンジーなど霊長類の一部に、群の在り方の変化が観察されているが、ほとんどは環境の変化や集団内のステイタスにかかわるものであり、「社会」の全体の在り方を認識し、その不都合を改善する意図が共有されているわけではない。

技術・呪術・芸術

精神活動には、欲望が生み出す想像（幻影）や過度の期待（夢想）も、実践が失敗に終われば幻滅を覚えることなども含まれる。主体の観念において自然環境にはたらきかけているつもりでも、今日のわれわれから見て、対象変革に結びつかない活動も含めて考えなくてはならない。いま、これを「呪術」（magic）と呼ぶ。その想像のおよぶ範囲も、自然環境と手持ちの手段に規定されることはいうまでもない。

古代から今日までの自然観一般を考える際、自然の威力に脅え、その崇高さに憧れ、神聖なものと見なし、神格を与え、祈りを捧げる、あらゆる宗教の本源である「呪術」を度外視することはできない。それは、自然現象のうち、恵みをもたらすものを歓び、災害をもたらすものを怖れる感情から生まれる。雨を降らし、大木を引き裂く力をもつ雷に、あるいは噴火し、溶岩で大地を焼く火山に、畏怖と畏敬の念を抱き、人間の能力を遥かに超えた力を、人に似せて想像するところに神のイメージが形づくられる。荒ぶる自然現象に、その神の怒りを感じ、早く鎮まってほしいと祈る。日照りのときには雨を乞い、洪水のときは、早く止んでほしいと祈る。収穫が乏しければ、獲物や木の実などの実りを授けてくれるよう祈る。

「技術」が環境の物質的変革を本質にするのに対して、「呪術」は幻影的想像《イメージ》を中心とした精神活動を本質にするが、ほとんどの場合、身体活動（祭祀における呪文、様式化された動作、舞踏など）、および道具（祭祀に用いる偶像）など物質的活動を伴うため、副次的に「技術」的実践を伴う。その副次的「技術」が、別の精神的効用——集団をひとつにまとめ、協同作業の効果を高めるなど——を生む。それゆえそれは当の実践者たちにも、集団の組織化、その秩序の維持、更新、再生産のための手段として技術的実践と目される。そのなかから、錬金術（alchemy）のように、人為的に「新たな物質」を作り出すことを目的とする活動も生じる。その意味で、「技術」と「呪術」と「芸術」はさまざまに重なりあっている。

ここで、呪術のなかから儀式と教義が整えられ、人を殺してはいけない、嘘をついてはいけない、姦淫してはならない、などのあらゆる道徳の基礎がつくられることを確認しておこう。今日では、文化人類学によって、あらゆる宗教が横並びで考えられるようになっているので、ほとんど忘れられているが、宗教学は、そもそもキリスト教の布教に付随して、植民地の信仰を対象に発展したものであり、そこでは「宗教」は、キリスト教を基準に、教祖、教義、聖職者、信者、施設の五つを具えたものと長く定義されていた。

イスラームはキリスト教が『旧約』と呼ぶユダヤ人の聖書を共有するが、預言者、ムハマッドが啓示を得て、日々の行いの戒律（『クルアーン（コーラン）』）をつくった。聖職者は措かないタテマエである。アジアの信仰のうち、先の五つの要素を具えているのは、仏教だけである。古代インドのヴェーダ信仰（バラモン教）も教祖を持たない。バラモン教が王権と結びついた祭祀階級（ブラーフマナ、バラモン）と王侯貴族だけが輪廻転生の苦の世界から解脱できるとしたのに対して、シャカムニ（仏陀）が総ての人が平等に解脱しうると説いて、仏教を興し、かなりの期間、インド一帯を席巻する勢いをもった。同時期に同様に平等を説いた宗派もあった。ジャイナ教もその一つとされ、生き物を殺すことを戒めるあまり、断食して死ぬことも肯定する。今日でも比較的裕福な層に残っている。

仏教は、周辺各地にも拡がり、土地の信仰と習合するなど変容を重ねた。だが、インドにおいては、四世紀ころから、ヴェーダ信仰を核に各地の信仰が興隆し（ヒンドゥーはその総称）、仏教は呑み込まれたかたちとなった。ヒンドゥーも教祖をもたない。

中国の道教（ここでは『老子』『荘子』などの道家思想とは区別される民間信仰としてのそれ）は、黄帝を神とし、『老子道徳経』の著者とされる老子を教祖のように敬い、神格化する。安定した教義の公準をもたず、それぞれ土地の信仰を基盤に、その時どきのリーダーによっていわば恣意的に戒律がつくられる傾向が強い。したがって王権との関係も一様ではない。孔子を教祖（のち、宋代に孟子を同格とした）とする儒学は、天を敬い、聖なる者を崇める点では宗教の一種といえるが、現世主義が強く、道教を奉じる漢の武帝が儒者を官僚層に採用した理由の一端はそこにあろう。とりわけ漢代以降、行政に携わる者の学として発展し、それゆえ、聖職者はいない。

日本の神道は、神を迎え人と供食することを中心とした儀式と祈りのことば（祝詞《のりと》）を捧げる聖職者、長く村むらの中心施設の役割をはたしてきた神社はあるが、教祖も経典ももたない。あるのは神社にまつわる、また皇統によって組織された神話だけである。

もう一つ確認しておかなくてはならないことがある。精神文化、物質文化ともに、快・不快の感情を伴う。それゆえ、それぞれの目的とは別に快楽を求める活動（遊び、観賞、娯楽）をそれとして行うこともある。技術活動においても、実用目的とは別の「装飾」が付加されるし、それを成した活動主体においても、実用部分と装飾部分が切り分けられていることが認められる場合もある。技術は習得を必要とするので、そのための練習や訓練も行われる。それらも、副次的に精神的、身体的な快楽を伴う。

これら「技術」および「呪術」に伴う身体および精神の歓びが、それらの直接的、間接的な効用と主観的に想定される目的から切り離され、それ自体を味わうことを目的にすることも生じる。たとえば、集団の祈りも舞踏も、リズム（音律）を伴い、リズムにあわせてうたい、踊る快楽が、それ自体を目的として行われるようになったものが、今日、「芸術」と呼ばれる領域に相当する。だが、長いあいだ、「技術」、「呪術」、「芸術」は未分化のまま、自然にはたらきかける活動として実践されてきた。第三者が、それらの目的が呪術的意図によるものか、純粋に快楽を目的とする活動かを見分けるのはむつかしい。技術的実践を伴わず、ただ自然美を鑑賞しているだけの場合でも、その主体の意識においては、自然のうちに神聖なものを認め、祈りを捧げたり、崇高なものへの感謝を捧げたりしている場合もあろう。

古代ギリシャ語のテクネー（τεχνη）、そのラテン語の訳語「アルス」（ars）は、神がみによる自然の配置などと、人間の自然に働きかける活動、およびその生産物とを意味する語とされる。神意にせよ、人意にせよ、何らかの意図により、自然を改作することの全般を意味する語だった。古代中国語の「藝術」は、王侯貴族や士大夫が身につけるべき「藝」と専門家による「術」とをあわせた語だが、ともに信仰を伴う活動も含めていう。たとえば、宋代には囲碁も日本語でいう盆栽も、士大夫の「芸」とされていた。囲碁は戦争の陣取りとアナロジーされる知的遊戯と考えられるにしても、盆栽は、作庭などと同様、天地自然をつくる「気」のはたらきを疑似的に表現する観念を伴っていた。つまり技術・呪術・芸術は、古代文明の先進地帯においても未分化のまま、かなり長く一語で呼ばれていた。英語“art”も中国語「藝術」も、今日でも、その広義を保持している。たとえば料理は、その一つである。フランスでは「料理が芸術とされる」のは、その意味である。

そして、この広い意味での「芸術」においては、個々の作品は、各分野《ジャンル》の規範、また分野内での流派の規範に規定される。それらの規範を逸脱すれば、これは詩ではないなどと退けられる。それらに抗い、規範を逸脱する流儀が一定の勢力となれば、別のジャンルや別の流派が生まれる。それらの規範の変革の欲求は、内部からは起こらず、技術・呪術・他の芸術内の別の分野の動きから示唆を受けて起こるのが一般的である。

社会とのかかわり

古代において、一般に、狩猟や漁撈、農耕や牧畜など食料生産労働と祭祀とは場が異なり、したがって呪術は職掌においても分岐する。呪術に携わる者が食料生産労働から離れているかどうかは、祭祀を行う首長の権力と財力にかかわり、一概にいえないが、呪術、たとえば王墓に祀る呪物などの制作にかかわる者の職掌が分岐し、奴隷を与えられるなど優遇され、生産労働から離れて、専門化することは容易に推測されよう。また王権の神威が高ければ、その生活文化の維持にかかわる活動のすべてが呪術化され、それにかかわる技術も芸術も生産活動一般から分岐し、それに携わる者の職掌の分岐も強まることになる。王権が他の首長の率いる集団を服属させれば、貢物《みつぎもの》の生産が、その集団の生活文化から分岐することになる。

他方、交換経済、とりわけ貨幣経済の発達が技術及び芸術の食料生産活動からの分岐を促す。王侯貴族の注文に応えるために、さまざまな技術に携わる職人層が形成される。建築に携わる石工などから、熟練と専門化が進んだだろう。その専門家集団のなかでも仕事を請け負い、設計する者と直接の労働に従事する者とに分かれることはいうまでもない。レオナルド・ダ・ヴィンチは傑出した能力をもち、王侯貴族から優遇されはしたが、それは職人としてであり、彼の多分野にわたる活躍もそのことと無縁ではない。一般には、技術にかかわる職人層(artisan)から、美術にかかわる専門家(芸術家、artist)が分岐した。とりわけ工業の発展に伴い、専門技術者と単純労働に従事する工場労働者に分岐していった。

詩や小説、戯曲、音楽、絵画、彫刻などの制作活動と制作物を「芸術」と呼ぶ習慣は、観念の上では、繰り返すが、カント『判断力批判』〔第一部〕で、絶対的超越神にあたえられた理性のはたらきによる「真」(真理)および「善」(倫理)の判断と、それと直接かかわらない対象に対する各自の好悪の感情のはたらきを切り分けたことに発している。そして、ドイツではゲーテ、シラーらが叙事詩、抒情詩を総合した韻文による劇詩（Drama）と小説を文字による芸術として推進し、“Shöne Literatur”（美文学）と“Wissenschaft Literatur”（理文学ないし科文学）との切り分けが進んだ。

フランスでは、一九世紀フランス・アカデミーの哲学者、ヴィクトール・クーザンがドイツ観念論とイギリス常識哲学を折衷する穏健な哲学を展開したが、『真・美・善について』で「芸術が芸術のためにあるべきであるのと同様、宗教は宗教のために、道徳は道徳のためにあるべきである」とし、「芸術のための芸術」を唱えて美の宮殿に立てこもる高踏派（parnasians）など芸術思潮に刺戟を与えたことも先に述べた。

それとは対立する実証主義・唯物論の立場をとったイポリット・テーヌが、その序文で、一国の文学にはたらく人種・環境（風土と社会構造）・時代の影響を鮮明に論じたことで知られる『イギリス文学史』五巻（一八六四～六九）は、書簡類などもとりあげながら、だが、詩・小説・戯曲に重点を置いている。またテーヌが美術アカデミーで行った講演集『芸術哲学』（一八八二）〔第一編　章一節〕では「五大芸術」として「詩、彫刻、絵画、建築、音楽」をあげ、そのうち前三つのジャンルに演劇と小説を加えて、「現実を模倣する芸術」とし、それらに精神風俗と気候風土が働くことを説いている。文字で記された芸術は、詩、戯曲（演劇台本）、小説ということになる。これらの考えがあいまって、人文学においても実証主義と狭義の「文学」概念が国際的に拡がっていったと考えてよいだろう。

だが、実際、「芸術」は、感情（美）の表現に限定されない。「真理」や「倫理」の判断がそれとして、また、美的判断と分離せずに表現されることはいくらでも認められる。貧しい農夫たちの暮らしを好んで題材にとった一九世紀フランスの画家、ジャン＝フランソワ・ミレーは大地とともに生きる農民の姿を崇高な宗教的感情を込めて描いた。よく知られる、「晩鐘」（一八五九）は暮れ方にジャガイモ畑で大天使ガブリエルに祈りを捧げる農民の夫婦の図である。つまり哲学や学問制度の上のタテマエと、実際の制作活動とには絶えずズレが生じている。その相互関係を知ることによって、それぞれの制作物の特徴と文化史上の位置が解明される。個々の作品の文化上の位置の解明が、既成の文化史とのズレの解明に向かう限り、それは文化史の編み替えを促すことになる。

実際の制作が何を題材《テーマ》にとり、どのような動機《モチーフ》と方法とによって行われたかについての分析には、それが、どのような概念と社会の制度（規範）の下で行われたか、そして、その制作品についての社会的リアクション（評価・批評）の様子が問われる。それらのそれぞれにはたらく地域的・歴史的な文化の諸条件とともに、それは考察されなければならない。が、それだけでなく、その際、その規範（概念編制と社会制度）と地域的・歴史的な文化の諸条件についての判断とその方法が、絶えず組み替えられてきた歴史も考慮に入れなくてはならない。今日のわれわれの批評は、それらの概念編制やスキームが辿ってきた歴史の影に付きまとわれているからである。それらをつきあわせ、それらがつくられた歴史的・地域的諸条件を解明することにより、その影から自由になることができる。これがいわば技術・呪術との関連を併せ考える「複雑系」の思考に歴史性の考察を組み合わせてえられる方法である。

第二章　二〇世紀末、人文系の自然観

二〇世紀末、日本人の自然観は、日本思想史や文学史、宗教学において、どのように語られていたかを紹介、検討し、日本科学史の動きと併せて、われわれが取り組むべき課題と方法を探る手掛かりにしたい。まず第一節で、最も標準的で国際的にも流布していると想われる見解として、日本思想史家、源了園が古代から近現代までの通史を最も簡潔にまとめた論考「日本人の自然観」（一九八五）を取りあげる。源了圓は一九七〇年代に自然観をめぐって学際的セミナー等で活躍した人。長く江戸中後期の実学思想の展開にも取り組んでいた。

だが、源了圓「日本人の自然観」には、日本人の自然観について大きくまとめて二つの欠陥がある。その第一は、大野晋《すすむ》『日本語の年輪』（一九六二）や柳父《やなぶ》章《あきら》『翻訳の思想—自然とNATURE』（一九七七）を参照して、ヤマトコトバに今日の「自然」にあたる語がないことから、前近代の日本人は対象的「自然」の概念を持たなかったかのように考えてしまっていること。これは根本的な欠陥になる。なぜなら、英語“nature”に相当する概念を、古代から日本の漢字識字層は保持しており、またそれに相当するヤマトコトバもあったからである。それを例示するとともに、柳父章『翻訳の思想』のとりあげ、陥穽を指摘する。

第二は、実に簡略にまとめてあるため、補うべき点も多いこと。とくに奈良時代までを原始的宗教が支配的と見て、仏教思想などを扱っていない。その欠点を補う意味で、第二節で、日本語・日本文学研究に広い知見をもつ佐竹昭広が『万葉集』に日本人の「自然観の祖型」を探り、またその展開を追った同題論文（一九八九）を中心に取りあげる。

第三節では、古代から近現代まで多角的に日本思想史に取り組んできた相良亨《さがらとおる》が晩年にまとめた『日本の思想―理・自然・道・天・心・伝統』（一九八九、以下『日本の思想』）と取り組みたい。日本思想の根本概念として「おのずから」と「心」の二つをあげ、副題の「理・自然・道・天」の諸概念と「おのずから」との関連を考察したのち、「心」の観点から日本思想を概括し、そして〈伝統〉の章でそれらを総括し、彼が親炙してきた和辻哲郎の『倫理学』（一九三七〜四三）の根本的な欠陥を乗りこえる意図と方法を提示している。これには、大小さまざまな学ぶべき点、課題を示唆されることも多いと想われる。

一、生成する自然

源了園「日本人の自然観」

源了園「日本人の自然観」（一九八五）は、すでに三〇年以上前のもので、日本人の自然観をめぐる論議が盛んな時期に第一人者として活躍した源了園が、『新岩波講座　哲学5　自然とコスモス』（一九八五）に寄稿した古代から現代に及ぶ通史を手短かにまとめたエッセイであり、今日でも諸外国の若手の手引きにされている。その〈はじめに〉は、次のように書き起こされている。

> 自然は日本人にとって美しい景観であるとともに、さらにそれを超えて生の源泉とみなされ、一つの宗教という性格さえもっている。そして自然観の問題は、日本の思想・文化、日本人の心

性の根本に関わる重要な問題である。しかしその解明はけっして容易ではない。その理由は問題の多面性・複雑性ということにある。

われわれの直面する問題の第一は、「自然」ということばが二重の意味で翻訳語であるということである。中国の「自然」に当ることばは古代のやまとことばには存しなかったし、西欧のnaturaやnatureということばに、一六、七世紀（天主教）、ならびに一八、九世紀（蘭学ないし洋学）に触れた時もそれに相当することばをもたなかった。このような状況において翻訳語としての自然概念の定着過程の解明が第一の課題となる。第二は、「自然」という概念が複雑で多岐にわたるのに、過去の日本人は、自然ということを古代ギリシア以来の西欧人たちや、中国の思想家たちがなしたように、古代から自覚的に哲学的問題として思惟の対象とすることはなかったことである。また近代にはいって日本人の自然観について多くの研究が成立し始めたけれども、この複雑で多岐にわたる自然観を包括的に明らかにする問題への接近の方法はまだでき上っていない。このような状況ではコリングウッドがなしたように、自然観の問題史的考察をすっきりしたかたちでおこなうことはほとんど不可能であろう。[1]

〈われわれの直面する問題の第一〉のうち、〈二重の意味で翻訳語〉とは、われわれの「自然」が漢語であり、かつ、それがヨーロッパ語“nature”の翻訳語になったという意味であろう。〈コリングウッド〉云々は、二〇世紀中期に活躍したイギリスの哲学者、ロビン・ジョージ・コリングウッドの著『自然の概念』（一九四五）を念頭においている。古代ギリシャ以来の自然観の変遷を、キリスト教神学のもとで長く支配的だったアリストテレスの体系に対するさまざまな反対が一七世紀科学革命によってなされはじめたが、二〇世紀前半には、アルフレッド・ノース・ホワイトヘッドらによって、その修正が図られたという構図で、簡潔にまとめた書である。ホワイトヘッドの代表作『過程と実在』

（一九二九）は、西欧哲学全般にわたる知識を駆使した浩瀚な書物だが、一言でいえば、物質とそれが生み出した精神がともに進化する構図で有機体的宇宙進化論を打ち出している。そのなかに絶対神が〈永遠的客体〉としての位置を与えられているのが特徴である。ジョセフ・ニーダム『中国の科学と文明』にも、何度も引き合いに出されている（二〇世紀前半の英語圏の自然観は、日本のそれとの比較の上でも検討課題になる）。

源了圓は、日本における自然観に通史的にアプローチする際の困難として、前近代までその概念がヤマトコトバになかったこと、それに対する自覚的考察がなされてこなかったことをあげたのち、〈自然を⑴「外なる自然」、⑵「内なる自然」、⑶それらを統一する「宗教的・形而上学的自然」の三者に分け、それぞれとそれぞれの関係について、日本人がどのようなものとして考えてきたか、ということを歴史的に考察してみたいと思う〉と問題に取り組む基本的構えを提示している。「外なる自然」には、美的享受と自然科学的認識の二側面を措定し、「内的自然」は"human nature"、人間の「本性」とする。「宗教的・形而上学的自然」は、それらの〈渾然たる総合〉をいう。

〔一、古代日本人の自然観〕では、外来思想の影響を受ける以前の〈古代日本人にとって自然は呪力に満ちた存在であり、自然界の至るところに霊魂が宿ると信ぜられた〉とし、また「神・霊魂・自然・人間」の連続性をいい、霊魂が神格化したものの一つとしてムスヒ（産霊）をあげ、丸山眞男「歴史意識の『古層』」（一九七〇）が歴史を貫く〈通奏低音〉としていう「つぎつぎになりゆくいきおい」「おのずからなりゆくいきおい」を引いて、生成する自然のイメージを提出している。そして、その〈素朴な古代の自然観に新しい展開への刺激を与えたのが、中国の宗教や芸術であった〉とし、空海による真言密教と天台本覚論をあげ、また六朝・初唐の詩が歌鳥歌を成立させる刺戟になったという。これが先の〈宗教的・形而上学的自然〉の変化の相にあたるが、他方で〈自然のはたらきを神々のはたらきとする〉観念が外来思想を受け入れても、「復元力」としてはたらきつづけるという。外来思想を絶えず「日本化」する基層にあたるものが想定されている。

その〔四　近代日本の自然観〕では、〈近代日本人は機械論的自然観を身につけたとは思えないが、現実の生活の中では機械を縦横に駆使して科学技術文明を非常な勢いで発達させてきた。そして自然の支配者という観点に立って自然を破壊しつづけながら、しかも自然への精神的依存を保ちつづけてきた。意識と行為の間には大きなギャップがあると言わざるをえない〉と総括し、〈自然への依存の感情があまりにも強かったので、自分がなしていることのもたらす恐ろしさに気がつかなかったという面が日本人の自然破壊には多分にあったのではないか〉という。ここに自然破壊の問題が顔を覗かせている。わたしは、この指摘に半ば同意するが、しかし、歴史を超えた基層を想定する考えを超えて、その理由を生命観の問題として問うてきた。その問題意識を自然観に開くにあたっても、この問題は避けて通るわけにはいかない。

その〔むすび〕では〈恵みとしての自然・恐怖としての自然との二重の交わりをどのような構造のものとして捉えるか〉、〈有機体的自然観の中に機械論的自然観をいかに位置づけるか〉と課題を鮮明にし、しかし、これは「日本人の自然観」を〈哲学的に解くためのいわば準備作業〉とことわって終わっている。このエッセイの全体が一九八五年の日本思想史における「日本人の自然観」をめぐる一般的状況をよく映していると想われる。

自然観へのアプローチ

源了圓「日本人の自然観」は冒頭近く、〈中国の「自然」に当ることばは古代のやまとことばに存しなかった〉と断じ、〔一　古代日本人の自然観〕では、大野晋『日本語の年輪』（新潮文庫、一九六六）を参照し、〈古代日本のヤマトコトバには山・川・草・木等の自然物についての語彙は豊かにあったが、「自然」に当ることばはなかった〉[▼2]と述べている。[*]

＊大野晋『日本語の年輪』は〈英語"nature"にあたる言葉は、日本語では「自然」という他、何も言いようがない〉。〈もともとの日本語をヤマト言葉と呼べば、ヤマト言葉に「自然」を求めても、それは見当たらない。何故、ヤマト言葉に「自然」が発見できないのか。／それは、古代の日本人が「自然」を人間に対立する一つ物として、対象として捉えていなかったからであろうと思う。自分に対立する一つの物として、意識のうちに確立していなかった「自然」が、一つの名前を持たずに終わったのは当然ではなかろうか〉と説いている。[3]

源了圓は、漢語「自然」については、一言、『老子』に由来すると断定的に述べている。[4] 念頭にあるのは、『老子道徳経』〔第二十五章〕の次の一節だろう。

人は地に法《のっと》り、地は天に法り、天は道に法り、道は自然に法る
（人法地、地法天、天法道、道法自然）

この〈自然〉は「自ずから然り」、おのずからあるがままの意味である。〔第六四章〕にも、聖人は〈万物の自然を輔《たす》けて敢えて為さず〉（以輔万物之自然、而不敢為）などと見える。「道」は、万物生成の根源とされ、万物は「道」にしたがってあり、人間は「無為」「無欲」に生きることがよいとされる。〔第六章〕には、よく知られる

谷神は死なず、これを玄牝という。玄牝の門を天地万物の根源といい、途切れることなく、産み続けて止むことはない〉
（谷神不死。是謂玄牝。玄牝之門、是謂天地根。綿綿若存、用之不勤）

がある。〈玄牝〉を、万物を無窮に産みつづける生成の根源とする、まさに生成的自然観である。また、たとえば中国の紀元前二世紀、前漢の武帝の頃、淮南《わいなん》王、劉安の命で道家を中心に諸流の学説をまとめた『淮南子《えなんじ》』〈原道訓〉に〈天地之自然〉〈天地之性〉などが見える。これも天地のあるがまま、ないし天地の本性（本来もっている性質）の意味である。『淮南子』で、この世界のはじまりを述べた〈俶真訓《しゅくしんくん》〉には、次のようにある。

天地未だ剖《わか》れず、陰陽未だ判《わか》れず、四時未だ分れず、万物未だ生ぜず、汪然平静、寂然清澄にして、其の形を見る莫し。
（天地未剖、陰陽未判、四時未分、万物未生、汪然平静、寂然清澄、莫見其形）

〈汪然〉は、ふつうは水が深く広いさまをいう。『日本書紀』〈巻第一　神代上〉の冒頭に〈古《いにしえ》に天地未だ剖れず、陰陽分れざりしとき〉云々とあるのは、これを下敷きにしていることは定説である。『万葉集』にも『文選』や『淮南子』を踏まえた語句があることは指摘されている。

もし、生成的自然観をもって古代日本人の「自然」観の一つの特徴と見るのであれば、それは道家思想によるとは限らない。本書序章で『周易』にも生成的自然観があることをいっておいた。もう一例あげる。

『周易』〈繋辞伝下〉に〈天地の大徳を生という〉（天地之大徳曰生）とあり、〈天地絪縕《いんうん》して万物化《か》醇《じゅん》し、男女精を構《あわ》せて、万物化生す〉（天地絪縕、万物化醇）とある。〈大徳〉は大いなる恵み、〈絪縕〉は気がもつれ合い、交わること。〈化醇〉は発酵・変化して形を為すことをいう。これは、のち、北宋の周敦頤『大極図』で、陰陽、男女の〈二気交感して、万物を化生し、万物生生して、変化窮まりなし〉（二気交感　化生万物　万物生生　而変化無窮焉）とまとめられる。〈化生〉は生じさせること、〈生生〉は生まれ、育つこと。これらは、源了圓が日本古代における霊魂の神格化の一例として、ムスヒをあげていたことと対応しよう。だが、彼は、この「天地」を古代日本人の「自然」概念から外してしまう。

「自然」の語は『古事記』には〔崇神天皇〕に一例見えるにすぎないが、『日本書紀』には八例見える。『万葉集』にも、一例、見える。〔巻一三　雑歌〕反歌三二三五。

山辺《やまのへ》の五十師《いし》の御井《みゐ》はおのづから　成れる錦《にしき》を張れる山かも
（山辺乃　五十師乃御井者　自然成錦乎　張流山可母）

この原文の〈自然〉は、現行の読み方でも「おのずから」。〈五十師乃御井者〉の〈者〉は対象を明示する助字、〈自然成錦乎〉の「乎」は疑問ないし詠嘆の助字で、中国語の用法を用いている。万葉仮名は「乃」「流」「可」「母」。

『万葉集』における万葉仮名は、編纂の時代が下るほど増える傾向が指摘されているが、賀茂真淵『万葉考』（一七六八〜一八三五）は、〔巻一〕〔巻二〕〔巻一一〕〔巻一二〕そして、詠み人知れずの長歌群を集めた〔巻一三〕及び〔巻一四〕（東歌）の歌群は、相当早い時期に編まれた和歌の原型を示すものと推測し、注釈をほどこした。[*]

＊この〈五十師乃御井〉がどこかをめぐって、契沖は筑紫説を唱え、賀茂真淵、本居宣長とのあいだで意見がまちまちだった。〈五十師〉を「いそし」と読み、邪馬台国論争に絡める意見もある。[▼5] が、ここではこだわらない。

うたの由緒とは別に、もし、このうたから山の黄や紅の織りなす様を〈おのづから成れる錦〉に見立てることが始まったのだとしたら、このうたに初めて接した人びとは、その見立てになるほどと感心したことだろう。それを子々孫々に味わわせるべく、ここに収録されたと考えてみてもよい。そして、ここからは、かなり古くから、和文体の「おのずから」の訓述に漢語「自然」を用いていたことが推測される。平安末期の『類聚名義抄』（観智院本）に「自然ヲノズカラ」とある。漢語「自然」にあたるヤマトコトバは、古代から「おのずからしかり」だった。今日、「自然体」で、などというときの「自然」である。

「然り」は「そのようである」を意味する和語で、動詞。漢文訓述では「シカリ」、和文体なら「さあり」「さり」と書き分け、読み分けるようになってゆくが、「さ」は「左」を「然」と同義に用いてヤマトコトバの副詞として用いたもの。「シカアリ」も「さあり」も、万葉仮名方式で書かれたときから、すでに漢字「然」の意味を背負っていた。ヤマトコトバは、まずは漢文識字層によって漢字の訓述として記されたのである。先のうたでは、「なる」に「成」が、「はる」に「張」の漢字があてられている。「成る」は「生る」「為る」、「張る」は「貼る」と使いわけが生じていたことを考えれば、漢字の語義によって書き分けられたことは明らかだろう。

万葉仮名方式で記されたヤマトコトバを、まるで純粋な日本語のように考えることは、江戸時代の「国学」の流れのなかで形づくられ、とりわけ本居宣長が強く主張した。日本列島に自生する純粋な日本語を話す日本民族が漢字を習得して書くことをはじめたと想定されているが、逆である。まず、はじめたのは渡来系の人びとであっただろうが、何人にせよ、漢字の意味と字音を習得した人びとによってヤマトコトバが書かれたのだ。

『古事記』〔序文〕で太安万侶は、すでに古くなったヤマトコトバの用法にとまどい、漢字を当てられない場合がかなりあったことを告げている。すでに分節化した漢字の概念を身につけていたので、固有名詞や方言とは別に、たとえば「みづ」とあっても、海なのか湖なのか、また川なのか判然としないなら、漢字「水」をあてては、かえっておかしくなると感じる場合がかなりあったにちがいない。

のち、新井白石が『古史通』（一七一六）〔第一巻〕で「高天原」に『古事記』冒頭の訓注を参照し、多訶阿麻能播羅《タカアマノハラ》とし、「阿麻」は海にも用いるので「多珂海上之地」、すなわち常陸国とした説、字音に注意を向けた点と実際の土地に比定しようとする着想は、当時において画期的でも、書き手や読み手の意識をそっちのけにした観念的な憶測にすぎない。「天」の字を記した太安万侶が「海」かもしれないと迷うことはありえない。

大野普が今日の日本語「自然」に相当するヤマトコトバがないというのは、古代の日本人が中国語「自然」や「天地」の概念を、ともに身につけていなかったように考えていることになる。これらは「乾坤」も「造化」も含めて、『日本書紀』〔神代〕、『古事記』〔序〕及び〔神代〕のうちに容易に見出すことができる。そうではなくて、もし、「自ずからしかり」も「あめつち」も、漢語の影響を受けているから、日本語「自然」にあたる概念はないと判断したのなら、それは奇妙な言語ナショナリズムによる錯誤である。

これらはそれぞれの含意（ニュアンス）がちがうので文脈によって使い分けられる。「天」には「天命」（天の命令）のように神威が表立つ場合もある。「天地」「乾坤」は拡がりを意識させ、「造化」は「天」ないし「造物主」によって造られたものを想い浮かばせる。「万物」「万象」はすべての物、すべての形あるものの含意が強い。「景物」は景色のなかの特定の対象をいう。建物を含むことも多い。ほかにも「宇宙」がある。概して、天蓋とその下の拡がりをいい、「山水」は文字通り山河がなければ使いにくい。それらの実際の用法は、おいおい例示してゆく。

「天然」は『紀』『記』には見えないが、平安時代初頭、嵯峨天皇の命によって編まれた最初の勅撰詩集『凌雲集』（八一四）中、大伴親王（のち淳和天皇）の詩「奉和江亭晩興呈左神栄清廉藤将軍」（江を望む亭に夕刻、興じて和して奉り、神栄清廉な左将軍、藤原冬嗣《ふゆつぐ》に呈す）に次のようにある。

水流長製天然帯、山勢多奇造化形
（水の流れは天然の帯を長くつくり、山の姿は多くの珍しい形を造りだしているというほどの意）

そして「あめ」も「つち」もヤマトコトバである。今日、平安時代初期に作られたと推定されている手習い用の「あめつちの詞」も「あめ　つち　ほし　そら　やま　かは　みね　たに　くも　きり　こけ　ひと　いぬ……」と漢字の訓述からはじまっている。ちなみに今日の『万葉集』の刊本（西本願寺本を底本にした『萬葉集』（おうふう、二〇一二）では、「あめつち」に「天地」を宛て漢字している用例が五四ほど、「乾坤」が三例、「山河」が一二例、「山川」（山中の川を意味する「やまがは」を除く）は五例という見当である。

柳父章『翻訳の思想』の陥穽

もうひとつ大きな問題がある。源了圓は〈翻訳語としての自然概念の定着過程の解明が第一の課題〉と述べていた。これは柳父章『翻訳の思想――「自然」とNATURE』（平凡社、一九七七、ちくま学芸文庫、一九九五。以下『翻訳の思想』）および相良亨「『自然』という言葉をめぐる考え方について」（日本倫理学会論文集『自然―倫理学的考察』以文社、一九七九。のち、副題に「『自然』形而上学と倫理学」を加えた）を参照していわれている。相良亨は、その冒頭近くで、今日の「自然」の用法は一八九〇年代に入っても定着していないことを諸辞書で確認している。[6] たとえば、『言海』（一八九一）では「しぜん」が「オノズカラ然ルコト。天然」、『日本大辞林』（一八九二）では「おのずから。ひとりみずから」である。概念は広く定着して概念であるから、「自然」が、この時期、対象的「自然」の意味で定着していないのは明らかだが、『言海』が「しぜん」の意味で「天然」をあげていることには注目してよいのではないか。「天地自然」の伝統的な概念にあたる意味で「しぜん」という語が流通しはじめたことを示しているからである。

柳父章『翻訳の思想』は、翻訳語は、その含意（概念）が宝石のような魔力を秘めている（カセット〈宝石箱〉効果）という観点から、伝統的「自然」と“nature”の訳語「自然」の差異をわきまえていないことが引き起こすさまざまな問題を論じて、訳語の概念の解明という課題に画期を拓いた著である。その〔第一章　二つの「自然」をめぐる論争〕では、巖本善治「文学と自然」（一八八九）が「自然」の語を伝統的な「自ずから然り」の意味で用い、森鷗外が「『文学ト自然』ヲ読ム」（同前）で、それを批判した際、精神界に対する自然界の意味で「自然」を用いたのが訳語「自然」を用いた嚆矢ではないかと推測し、そのために議論がすれ違った点を論証する。つまり「自然」の語の新旧の用法に絞って考察した。*

＊それには、ドイツ語の「美文学」（Shöne Literatur）と「科文学」（Wissenshaft Litertur）の二分法の問題が絡んでいる。後者は知識を主体とするエッセイなど著作全般をいう語だが、鷗外は、〈最真の科文学〉として「科学論文」の意味で用いている。そのため、柳父は「科学的な見方」に立つ「自然」の用法をもって、ヨーロッパ語“nature”の近代的意味と考えている。

だが、森鷗外「『文学ト自然』ヲ読ム」に先立つこと約一〇年、一八七八（明治一一）年四月刊行の『学芸志林』（東京大学）に、アメリカのジョンズ・ホプキンス大学の動物学者、ウィリアム・キース・ブルックスの論文「動物の天性並智慧の説」（法学者、鈴木唯一の翻訳）にチャールズ・ダーウィンの唱えた“natural selection”の訳語として「自然淘汰」が用いられ、すぐに「自然選択」とも翻訳され、その二つが混用されていた。ダーウィン『種の起源』は、品種改良を行う“artificial selection”（人工選択）が自然のなかで行われることを“natural selection”と呼ぶ構成をとっている。英語の形容詞“natural”は、観察や実験を伴う自然科学においても、「あるがままの天地自然」の意味で用いられていたといってよい。

柳父章『翻訳の思想』は、明治中期にダーウィンの生存闘争（struggle for existence）説が「自然淘汰」説として流行したとき、まだ“natural science”の訳語として「自然科学」が定着していなかったゆえ、ダーウィンが“natural selection”の語を用いている意味が「自然による」とは理解できていなかったと説いている。[7]だが、江戸中後期には、金魚や斑入り朝顔など、人の手になる品種改良は町人たちには馴染みであり、「自然淘汰は（動物では）弱肉強食」と説明されたので、あるがままの自然界で起こること、それが動物の「本能」といわれるものだと理解されたはずである。

『翻訳の思想』〔第二章　辞書、事典に見る「自然」とnature〕では、“nature”と「自然」のちがいとして、第一に、“nature”は名詞だが、「自然」は形容詞や副詞に用いることが多いことをいう。[8]これはのちにつくられた近代文法に縛られた考え方によるものであり、先に見たように『言海』（一八九一）は「しぜん」を名詞として扱い、「オノズカラ然ルコト。天然」としていた。古代から「自然」も「天然」も名詞的用法はかなり見られる。つまりは、翻訳語として成立した「自然」に固着して、“nature”の多義性に無頓着なのである。関連する概念の相互関係を明らかにすることを抜きに、多面におよぶ複雑な問題を孕んだ自然観にアプローチすることはできない。

たとえば柴田昌吉・子安峻編『英和字彙』（一八七三）は、“nature”の訳語として「天地」「万物」「宇宙」「品種」「本体」「自然」「天理」「性質」「造物者」をあげている。英語の名詞“nature”は、①“the universe”「天地」「万物」「宇宙」、②「性」（本性）の二つの概念を核としており、「性質」から本性をもつ実体の意味で「本体」、「おのずからの性質」の意味で「自然」や「天理」があげられ、「品種」も各種の性質という意味で派生した語と知れよう。さらに“God of nature”“the creator”で創造主の意味を加えていることが知れる。

これら伝統的な漢語との対応が知れるなら、ヤマトコトバとの対応関係も、①は「あめつち」「すべてのもの」などがあたり、②は「たち」や「うまれつき」「もちまえ」など相当する語はある。英語の形容詞"natural"が「おのずからしかり」に対応することを考慮にいれれば、「天地自然」すなわち「天然」が訳語として選ばれていることに不思議はない。これら漢語やヤマトコトバには複合語や連語もあるが、概念の有無は、単語をもつか持たないかとは関係しない[*]。

*中国語は品詞が決まっているわけではなく、たとえば「雨」一字が文脈で、名詞（あめ）にも、動詞（雨ふる）にも、形容詞（雨のごとき）にも用いられる。英語"nature"の方が漢語「自然」より多義的でありながら、"nature"と東アジアの伝統的「自然」とは、対象的自然の「本性」の意味を共有しており、それゆえ互いに訳語になったと想像される。われわれは翻訳語の成立事情に立ち入り、それを確認しなくてはならない（第三章を参照）。

そして柳父章『翻訳の思想』〔第二章〕には、もう一つ問題がある。『Encyclopedia Britanica』（1969）の"Nature"記事を参照し、ルネッサンスで自然界に対する関心が高まり、ジョルダーノ・ブルーノやバルーフ・デ・スピノザによって、"nature"が全宇宙のすべての意味で用いられ、"naturalism"（自然主義）対"supernaturalism"（超自然主義）の対立が示されていることから、"nature"は人為的なものだけでなく、キリスト教の神を対立者としてもつと述べている[9]。ギリシャ古典のプラトンやアリストテレスは、宇宙は同心球の有限のもので、その中心に地球があり、神が地球を回転させていると考えていた。そこでは、神が宇宙とは別次元の存在とされていた。中世のキリスト教神学は、アリストテレスの学説を包摂することで成り立っていたが、一六世紀後半、イタリアのドミニコ教会の修道士だったジョルダーノ・ブルーノは、地球中心説を否定し、宇宙は「純粋気体」の無限の拡がりであると説き、神学的宇宙観と真っ向から対立、火刑に処された。彼にとって、キリスト教の神は、あくまでも精神として存在する、宇宙を超えた普遍的存在だった。

一七世紀中葉、オランダの哲学者、バルーフ・デ・スピノザは「神即自然」（deus sive natura）を唱えた。これは、一切の存在するものに神は遍在するという考え、汎神論（pantheism）の一種である。

それゆえ、キリスト教の神を超越者とする教会は「無神論」に等しいと糾弾した。スピノザのこの考えは、のち、無神論者や唯物論者が自らに引き寄せて解釈することになる。それゆえ、先の『Encyclopedia Britanica』のこの記事の部分は、キリスト教神学と鋭く対立したという限りで、ブルーノとスピノザのちがいを無視して並列しているのだが、二人とも、超越的絶対神の存在を否定していたわけではない。柳父章はそれを無神論ないし唯物論の「自然」観が拡がったかのように考えてしまっているようだ。これは、しかし、柳父章に特別なことではない（超越的絶対神と自然科学との関係は第五章で述べる）。

そして、柳父章は、〔第四章「自然主義」の「自然」とは何か〕で、フランスの作家・エミール・ゾラがエッセイ「実験小説」（一八七九）で引き合いにだしたクロード・ベルナールの実験医学を参照し、「自然科学」を、仮説を立てて実証する実験主義の意味で用いている。だが、ダーウィンは生物を実験に用いたわけではない。たとえば実験で証明されない限り信じない実験主義（experimentalism）の立場を表明していたハーバート・スペンサーが思弁的な考察を繰り広げることに対して、生態観察を重ね、帰納主義に徹するダーウィンの姿勢が科学的と称賛されていたのである。むしろ、柳父章の「自然科学」の理解が限定をかけすぎているのだ。

科学論文の翻訳以外では、一八八一年の加藤弘之の演説草稿に「天則」の一つとして「自然淘汰」が登場する。「天則」は精神界に対する「天地自然」の法則の意味で用いているとみてよい。先の『英和対訳袖珍辞書』には“nature”に「天地自然」（天地のあるがまま）が掲載されていた。そして、その翌年、加藤弘之は『人権新説』（一八八二）を著し、キリスト教信仰に発つ天賦人権論を妄想として切り捨てた。なお、加藤弘之は、『種の起源』をドイツのエルンスト・ヘッケルによる翻訳から一部分を参照していることが分かっているが、全体はスペンサー寄りの進化論理解である。[10]

その加藤弘之の議論の杜撰さ、たとえば天則にも善いものと悪しきものがあるというような議論に、イギリスに長く滞在し、多くを学んだ馬場辰猪が食ってかかり、「読加藤弘之君人権新説（加藤弘之君ノ人権新説ヲ読ム）」（一八八二、『天賦人権論』一八八三）を著した。そこには〈太陽の力〉に代表される〈自然力〉という語が登場する。この「力」はエネルギーの訳語。その説明には「理学」にいう「元素無《む》尽《じん》」の説——元素は変化しないもの、すなわち独立して永存するものという一八世紀まで支配的だった化学観——も援用されている。馬場辰猪は物理化学界で「自然」を考える立場から「天賦人権論を説いた。

科学的志向に立ち、社会進化を説く点では、加藤弘之も馬場辰猪も立場は同じだった。柳父章『翻訳の思想』は〔第七章　天と“nature”〕で加藤弘之の「天」の概念を検討しているが、それが伝統的な「天地自然」を自然科学の対象としての「自然」に置き換えていることに踏み込んでいない。〔第六章　丸山真男「自然から作為へ」〕の「自然」では、丸山眞男の用いた「自然」の語が朱熹のいう「天理」すなわち「天地自然」の法則性を充分理解した上で言い換えていることも考慮していない。そして、『礼記』〔中庸〕に「与天地参」（天地と三たり）とあり、聖人ないしは人間が天地の化育を扶《たす》けるという考えが示されていること、すなわち天地自然が人間のはたらきかける対象として措定されていたことも、英語の形容詞“naturral”が「天地のあるがまま」を含意していることも考慮されていない。

要するに、柳父章『翻訳の思想』は、日本語「自然」と“nature”の二語のあいだの翻訳関係にのみ考察を絞ってしまい、かつ、近代語「自然」を実験科学に限定し、しかも、それを唯物論に限定して理解したために袋小路に迷いこんでしまったといわざるをえない。

そして、二〇世紀への転換期には、「天地」や「万物」を指して「自然」という語を用いることが拡がった。それは先学の手で明らかにされているし、容易に確認できる。だが、それが、いかなる理由によるかは、源了圓のいうとおり、いまだに明らかにされていない。次章で試みたい。

その歴史性

源了園「日本人の自然観」も、古代日本人の識字層のもつ「おのずからしかり」及び「天地」や「万物」の概念を検討する姿勢を欠いていた。仏教についても、最澄や空海が運び、そののちに大きな影響を遺したもののみがあげられていた。通史を扱うには、短かすぎる試論であり、やむを得ない措置が多いことは重々了解したうえで、しかし、方法的矛盾にふれざるをえない。ここには、一方で、古代において識字層はごく一部の人びとにすぎなかったという判断がはたらいていよう。他方、日本古代に漂うさまざまな呪術的な霊の一つから、ムスヒの神をあげている。『古事記』の冒頭に独神《ひとりがみ》として、名前だけあげられているアメノミナカヌシ、カミムスビ、タカミムスビの造化三神のうちの後の二神である。『日本書紀』では〈天地初発〉の条に「一書に曰く」としてやはり名前だけ記されている。一方で漢字識字層の概念や思想を排除しながら、『記』『紀』のムスヒの神とを結びつけていることになる。

奈良時代の漢文識字層の思想は、王権の官僚のそれだとして、ほとんど無視する考えを示したのは津田左右吉である。『神代史の新しい研究』（一九一三）以来の一貫した考えで、その大著『文学に現われたる我が国民思想の研究』（一九一六〜。以下『我が国民思想の研究』）の第一巻の〈序説　上代国民生活の瞥見〉では、日本古代の「国民思想」は〈到る処に存在する精霊〉を信仰する宗教的には幼稚な汎神論（アニミズムとも）の段階にとどまり、〈自分自身の眼孔で宇宙万有を視、其の不可思議な現象に驚歎し、又たそれに疑惑を抱いて事理を考察しようとする遑《いとま》もなく、支那や印度で作り上げられた独断説に接した〉ため、〈直接に自己の生活なり外界の事物なりを攷究《こうきゅう》するという態度がそこからは起り難い〉としている。中国の儒学の教説も仏教の虚無思想も、そのような「国民思想」とあまりに異質なものであり、一部の知識層が知識として取り入れたにすぎないという。それゆえ彼は、古代の「国民思想」を考える際には、儒・仏・道の教説については考慮にいれない。*

＊その〔例言〕には〈国民の心生活、国民の思想の最も適切な表現を文学に於いて認める〉立場は「文学」を国民性のあらわれとし、〈作家の情生活が有りのままに表現せられているのが尊い〉と近代的芸術観に立つ文学史観が披歴され、〔序説　第二章〕では、古代貴族の時代の「文学」は〈自然に成り立った国民生活の表象、国民精神の結晶ではない〉と明言し、一種の平民主義の立場を明確にしている。さらには〔貴族文学の時代　第一篇第一章〕では、貴族文化のうち、漢籍の影響は〈実生活から遊離した知識〉にとどまるという。[11]

そして、『我が国民思想の研究1』〔第一篇　貴族文学の発達時代　第七章自然観〕では『万葉集』の〈詩人〉たちの多くは〈優しい山水のながめを形づくる〉にとどまり、〈森羅万象を一の大自然の面影として見ることが出来ず、大自然の生命に接触することは出来なかった。万有の表に生き生きとかがやく大自然の霊光は、彼等の眼には入らなかった。もしくは其の裡に潜む偉大なる自然の力は、彼等の胸には徹しなかった〉と述べている。要するに〈詩的想像力に欠け〉、全体に中国の技法の知的な摂取にとどまっているという。また〈支那人は宇宙万有に活潑潑地の生命を感じない〉ともいう。[12]ここでは〈森羅万象〉が対象的「自然」の意味で用いられている。

そして、津田は〈言語上の遊戯を好む国民性〉[13]をいい、古代から幕末まで滑稽を歓ぶ嗜好が日本の「平民」を貫いているとする。近代以前、階層や地域に分かち持たれていた文化を一括りにし、各国の「文学史」を国民（民族）性の表れと見るのは西欧近代がつくった「文学史」の考えであり、そのうち、被支配階級、民衆こそ「国民」の主人公とするのは平民主義ないし民衆史観によるものである。『万葉集』の和歌については、「文学」は己が感情や想像の表出という近代芸術観念から裁断しているといわざるをえない。

奈良時代に書物を編むことのできたのは、朝廷に仕えるごく一握りの人びとにちがいなく、『日本書紀』や『古事記』を根拠に古代日本の民衆の意識を論じることはできない。だが、それを掬い採り、編んだ権力側の思想を考慮に入れれば、それらの歌謡や『風土記』また『万葉集』からは、一定程度、被支配層の思想を読み取ることはできる。また、柿本人麻呂が民間の歌謡類をも集め（『人麻呂歌集』）、山上憶良は『類聚歌林』（平安時代末期までは存在）で和歌の分類を試み、漢詩の語意と技法を和文にこなす格闘を重ねたことを無視して、「日本人の自然観」を考えることなどとうていできない。それらが組み込まれた『万葉集』は、その後、長く享受され、また批評されてきたことを考慮しなくては、国民思想の展開も明らかにしえない。その観点が『我が国民思想の研究』には欠けている。

源了園は、このような津田左右吉の見解を漠然と引き継いでしまっていることになろう。そして、そのムスヒの神に、丸山眞男「歴史意識の『古層』」（一九七一）が日本神話のもつ生成発展的な「個性」としてあげた〈つぎつぎになりゆくいきおい〉〈おのずからなりゆくいきおい〉を付会し、超越的な神の観念が成立しないことの証左にしている。

丸山眞男「歴史意識の『古層』」は、死体化成神話などが重ねられ、多くの神がみの誕生を語る『古事記』中の「成る」を算術加算し、〈つぎつぎになりゆくいきおい〉、生成の相を抽出し、それを歴史意識の「通奏低音」と論じたものである。だが、『日本書紀』では多く「化」が用いられており、加算しても、変化の相しか現れない。また『風土記』類に集められた各地の神話は並列されており、神がみの誕生は語られていない。日本神話は、それぞれの編集の思想を度外視しては語れない。『古事記』に、日本人の歴史意識の「通奏低音」を読みとることには大きな疑問を感じざるをえない。『古事記』〈序文〉（上表文）では、天武天皇の徳治を賞賛しており、はっきり儒学の立場に立っているが、それとはかかわらない。『古事記』は南北朝期に参照された写本が残るものの、江戸時代に入るまでほとんど読まれておらず、しかも江戸時代にも民間の「国学」の系譜が尊重したにすぎない。明治期以降は、ほとんど正史の扱いを受け、子供向けに再編されて親しまれもしてきた。だが、正史として尊重され、編まれてすぐから国司級の人びとに対して講読が行われた『日本書紀』に比して、扱いの格も前近代のうちに日本人の歴史意識におよぼした影響力も格段にちがう。その思想史上の意味を度外視して、そこに歴史意識の「通奏低音」を読むことには無理があろう。

源了園は、空海と最澄がもたらした自然観について、次のようにいう。

> 空海の、宇宙の大生命の象徴としての大日如来（Mahāvairocana）とわれわれの合一の教えと、またそれを実現するための行法（身《しん》・口《くう》・意《い》の三密）は、古代末期の日本人に自然と人間との一体感を身につける実践的方法を教え、修験道の成立を促した。また天台本覚論における草木国土悉皆成仏の教えは、いっさいの自然物がそのまま宗教的実在であることを説くもので、色あざやかな自然美を肯定する王朝の思想の成立と深い関わりをもっている。▼14

ここには、古代日本における〈自然と人間の一体感〉の形成をいうために、相当の無理が重ねられている。仏教は、そもそも現世の輪廻転生の苦の世界からの解脱を説くのが本義である。大日如来が太陽をも超えるものに観念化されても、それを「宇宙大生命」と見なしたりしない＊。昭和戦前期までに、大日如来を〈宇宙の大生命の象徴〉と断じた論考をわたしは知らないが、一九八〇年代に高野山の管主がそれに近いことを述べていた。「いのち」の大切さを述べるための方便だろうが、源了圓のことばには、その影が映っていよう。

＊「宇宙大生命」は、二〇世紀への転換期に生命原理主義の流行のなかで定立した“universal Life”の訳語。日本でも同時期、岡倉天心『東洋の理想―日本美術を中心として』（一九〇三）などから拡がり、第二次世界大戦後に及ぶ。そして、一九七〇年代のエコロジー・ブームのなかで仏教界に生命主義が復活し、高野山の管主が一九八〇年代に、空海が「宇宙大生命」に祈ったと唱えていたのは確実である。そのころから、法然の思想も「生命」への祈りといわれるようになった（この動きは第一二章で扱う）▼15。

「草木国土悉皆成仏」の考えは、『大般涅槃経』に衆生のすべてが仏性を保持していると説いていることに発している。このことばは、中国・唐代の天台宗の僧侶、道邃《どうすい》『摩訶止観論弘決纂義』〈巻一〉に「一仏成道、観見法界、草木国土、皆悉成仏」とあるのが出もといわれる。成仏する可能性の種子をもっているという意味である。その考えが、一切の自然物がそのまま仏性の現われと解釈され、お経の文句のように流行したのは、日本では中世のこと。世阿弥の能「鵺《ぬえ》」などに登場する。この世で迷うことが発心のきっかけになるという教えが、天台本覚思想にいう「現象即本質」と短絡を起こして、「煩悩即菩提」、煩悩に迷っている様がすなわち涅槃にあるのと同じ、と唱えられるようになったのである。ここには思想の歴史認識上の短絡が重なっている。

源了園「日本人の自然観」〈古代日本人の自然観〉は、古代日本人の原始的汎神論をいい、ムスヒの神の信仰に丸山眞男の説を付会し、日本人の自然観の基層のように説いている。空海が大日如来を「宇宙大生命」の象徴としたなどは、みな記された当時の言論状況を映している。一九八〇年代の「日本人の自然観」論を代表する見解と見なす所以である。

中世の自然観

源了園「日本人の自然観」〈二　中世の自然観〉では、『古今和歌集』で四季の部立が登場した主な原因を〈都が奈良から京都に移って春夏秋冬の時の移ろいが鮮明に、そして繊細に感得されるようになったこと〉に求めている。▼16『万葉集』に見られる〈原初の呪術的・宗教的自然観〉から仏教的無常感によって〈花鳥風月的自然観〉が分離する過程を想定し、その成立を『古今和歌集』に見、それが〈自然の模写から再構成へ〉と転換したのが『新古今和歌集』の世界と論じている。墨絵のような〈単色の世界〉へ、〈冬の否定美の発見とその根底にある禅の無心の考え方〉に変化したという見取り図である。▼17

いま、「中世」という時代区分とその名づけについては議論の外に措く。それにしても、朝廷で節会が行われるようになったのは、奈良時代からで、『令義解《りょうのぎげ》』（八三三）〈雑令〉に月日を定めた五節日が記してある。なべて古代についての源了園の記述は大雑把にすぎるが、〈花鳥風月的自然観〉は、自然の趣をうたうというくらいの意味でいわれているらしい。九〇五年、醍醐天皇の命による最初の勅撰和歌集『古今和歌集』の紀貫之による〈仮名序〉に、次のようにあることなどが念頭に置かれていようか。紀淑望によるとされる〈真名序〉も続けて引く。

花に鳴くうぐひす、水に住むかはづの声を聞けば、生きとし生けるもの、いづれか歌をよまざりける

若夫春鶯之囀花中、秋蟬之吟樹上、雖無曲折、各発歌謡。物皆有之、自然之理也。

（かの春の鶯の花中に囀り、秋の蟬の樹上に吟ふがごとき、曲折なしといへども、おのおの歌謡を発す。自然のことわりなり）

〈真名序〉では〈自然之理〉が立っている。日本語「自ずから然り」の「然り」は、近代の文法用語でいえば動詞だが、この〈自然〉は、近代文法でいえは名詞である。「自ずからそのようにあること」やその状態を指して名詞的にも用いられる。そして、この一節に、南朝・梁の鍾嶸《しょうえい》『詩品』（もと『詩評』）序の次の一節が映っているのは確実だろう。

若乃春風春鳥、秋月秋蟬、夏雲暑雨、冬月祁《キ》寒、斯四候之感諸詩者也

（春風春鳥、秋月秋蟬、夏雲暑雨、冬月祁寒〔きびしい寒さ〕は、それぞれに四季を感ぜしむる詩なり）

生き物がみなうたをうたい、われわれに四季を感ぜしむるという考えもまた中国渡来の詩論のうちにうかがえる。われわれは、これを真っ向から否定する日本神話が『常陸国風土記』に書かれていたことをのちに見ることになる。『古今和歌集』〈序〉に示された、この精神は、むしろ、原初的自然観に近いというべきではないか。人間の詩歌は、その自然発生性に感情の〈曲折〉を加えたものとされる。

先の〈真名序〉中の〈自然之理〉には、六朝・梁の劉勰『文心雕龍』〈原道〉篇の次の一節が響いているといわれてきた。〈自然〉は、むろん「自ずから然り」の意味である。

心生而言立、言立而文明、自然之道也
（こころ生じて言立ち、言立ちて、文明らかになるは自然の道なり）

『文心雕龍』〈原道〉篇は〈文之為徳也大矣〉（文の徳をなすこと、なんと偉大なことか）とはじまる。高橋和巳「六朝美文論」は〈『文心雕龍』こそは、すでに久しい伝統をもつ儒家人生哲学と老荘自然哲学の、貴族制社会内における典型的美意識による調和統一のうえに、さらに仏教因明学からの二三の示唆をも加味して体系づけられた文学理論の著述である〉と述べている。[18] 対句や大きな対偶表現を駆使した駢儷体で記されているが、それは〈宇宙・自然のそれ自体が、そのナチュラルな姿において、巧まざる美的調和をもつものである以上、宇宙・自然のもっとも秀れたエッセンスの凝集体である（と周易形而上学にもとづいて考えられる）人間存在が、その本性において美の創造的可能性を付与されているのも当然だというのである。内に「志」すなわち思想あれば、表現は自然に生まれいずるのであり、人間の自然性を裏切らぬ限り、その表現は本質的に美しいはずだ〉という考えに貫かれていると高橋和巳はいう。高橋和巳「劉勰『文心雕龍』文学論の基礎概念の検討」（一九五五）は、その「自然の理」と「人間の理」との相即への信頼を〈楽観的自然主義〉と称し、〈自然との闘争によってはじめて人間は人間の文化を築くという非東洋的文化論（たとえばユダヤ教文化圏）からは決して生まれない考え方である〉という。これこそが中国の〈花鳥風月詠の根本精神〉と見ている。そして『文心雕龍』執筆の根本動機を、その〈序志〉篇によって〈孔子にならって、解散し本《もと》を離れた文体を整備することにあった〉と適確に見抜いている。[19] その理念の根本は『古今和歌集』〈序文〉も大差ない。それよりほかに考えようがなかった。

ただし、そこにいう「美」が西洋近代美学——創造神に代わって、想像力による創造性を賛美するロマンティシズムの精神、それゆえオリジナリティー、すなわち起源性と結びついた個性の尊重とは——全く異なる成り立ちをしていることは、いっておかなくてはならない。なぜなら、『文心雕龍』〈神思〉篇では、「神」は〈胸臆に居て〉、その〈枢機を管《つかさど》る〉もの、心をコントロールする統一者として想定されており、それによって、心に感受したものをよく整えて、表現として「制作」することがいわれているからだ。

そこにあるのは、宇宙・自然の本性につくこと、すなわち「正しいこと・善いことは、すなわち美しい」（はず）だとする「真・善・美」三位一体の考えである。その点では高橋和巳も、同時代の鍾嶸『詩品』も、おおもとは同じ精神に立つと見ている。

真・善・美を一体にした東アジア古代の規範は、プラトンらのギリシャ古典にいう「カロカガティア」(kalokagathia)、「善にして美」とも、「真」と「善」を絶対的超越神より与えられた理性にかかわることとして感情に関わる「美」を分離したカント『判断力批判』の前半とも、「真・善・美」の三つの調和をいう新カント派ともちがう。このような古典の根本精神を無視して、「美」だけ取り出す近代的な「芸術」概念で判じるため、評価に狂いが生じるのだ。『古今和歌集』では、抒情性とは無縁な「機知」も重んじられていること、それが中国の「誹詩」に発し、俳諧連歌に発展したことも定説といってよい。これらは前近代日本の詩・歌・句のすべての批評にかかわる。

源了園は想像を「再構成」とし、自然の「模写」と区別している。ここには、もうひとつ錯誤が重なっている。『万葉集』の時代から、和歌の個人詠の基本的規範は漢詩にならい、聞き手に対して己れの実感・実景を再構成してみせることだった。内心の思いを吐露する述懐のうたでも、自身の思いを他者に伝えるには、モチーフにそって思いを再構成しなくてはならない。可笑しみの感情をうたうのではなく、読む者を可笑しみに誘うように組み立てる機知のうたでも、それは変わらない。このように表現技法に無頓着なのは、源了園に限らない。近代の情動還元主義の芸術論を頭に刷り込まれた人びとに共通する。これは、表現を通して自然観を探るための方法にかかわることである。

この和歌史の見取り図は、『古今和歌集』によって「国風」がつくられ、それが『新古今和歌集』に展開し、「わび、さび」や「幽玄」の日本的美意識の頂点に至るという一九三〇年代の美学・芸術論でつくられた図式を引きずっているといわざるをえない。『新古今和歌集』への動きは、歌合の宴から題詠が進み、うたからうたをつくり、屛風絵や物語の一場面からうたをつくる作法に移り、実感・実景をはなれた架空の世界の構成に向かったのである。その世界が宗教的境地の開示に向かうかどうかは、また別の問題である。

近世、近現代の自然観

源了園「日本人の自然観」〔三　近世の自然観〕は、第一に、芭蕉の俳諧連歌や良寛の漢詩を中世的な花鳥風月詠の延長と見て、「実学」的世界の展開に対する反時代的営みと位置づける。源了園のいう「実学」の世界とは、朱子学の本格的受容によって〈自然科学的思考への大きな刺激〉がもたらされ、〈「自然」を自然物を自然物たらしめる原理としてではなく、あくまで「自然物」として理解する〉態度が生じたことをいう。そして、これが基盤になり、〈経験合理主義*〉と〈情の肯定・誠の倫

理の主張〉が生じ、さまざまな傾向に分岐していったという見取り図に立っている。▼[20]

＊朱子学に自然科学への志向を見るのは、おそらくジョゼフ・ニーダムの見解を参照していよう（後述）。
この〈経験合理主義〉により、洋学受容のさまざまなタイプが生じたことを重んじているが、これは、
先に見た三枝博音の見解を受けついだものだろう。

源了園は、蘭学受容の範囲が博物学や天文学、医学等に限られたことにより、〈機械論に立脚する近代科学を理解し受容することはできなかった〉という。江戸中後期の「実学」の展開に長く心を砕いてきた源了園にして可能な見解といえようが、ここには、およそ三つの問題が指摘されよう。一つ目は、果たして朱子学の受容から江戸中後期に「実学」の展開が導かれたといえるか。二つ目は、その「実学」は〈情の肯定・誠の倫理の主張〉と結びついていたのか。そうだとすれば、どのようにか。三つ目は、自然科学とは何をいうのか。博物学と機械論的科学とは関係しないのか、なぜ、蘭学受容が機械論的近代科学に結びつかなかったか、などである。

源了園は、江戸後期の自然観の多様な展開をいう。荻生徂徠の「自然」から「作為」への思想、安藤昌益のユートピア的「自然真営道」、三浦梅園の「条理」という観点からの壮大な宇宙哲学の形成、蕪村の俳句に見られるような景物の微細な観察と抒情性との結合、円山《まるやま》応挙、司馬江漢、若冲《じやくちゆう》らのそれぞれのリアリズム、池大雅、浦上玉堂、田能村《たのむら》竹田らの文人画における〈自然の理想化〉等々。そして、それらを総じて、リアリズムへの接近とまとめている。われわれは自然観の多様化の原因を探り、観念と事物の観察と表現の関連に及ばなくてはなるまい。それを保証した江戸時代中後期の社会のしくみや学術全般がおかれた状態についての考察に向かうべきだろう。

〔四　近代日本の自然観〕の章は、〈伝統的自然観が有機体として自然を捉え、自己もまた自然の一員としていたのとは根本的に対立する〉〈精神と物質の二元論に立脚し、物理・数学的方法で対象を客観的に認識し解析してゆく科学〉による自然の認識者・支配者の態度の受容をいう。そして、それら

西欧近代の思想の受容が深刻な葛藤を引き起こしたのは、文学の世界だったとし、国木田独歩、島崎藤村、田山花袋、武者小路実篤、夏目漱石らにふれて、それぞれ手短かに論じている。西田幾多郎『善の研究』（一九一一）〔第二篇　実在〕において、〈自然を超える超越的実在が模索されかかったことは日本人の自然思想の歴史にとって重大な出来事〉とし、〈しかもそれが微妙な仕方で自然との連続性を保っているところに、日本における超越者観念の自然的性格がある〉といい、日本のキリスト者における自然と神の関係にも関心を向けている。超越的観念が自然的性格をもつとは一体、どのようなことをいうのか判然としない。この短いエッセイでは踏み込めないが、とにかく問題の在処《ありか》は指摘しておこうという姿勢によるものだろう。

『善の研究』の骨格は、心の底に流れる〈永遠の真生命〉と一体になることが人間の本質的な欲求であり、それが人類愛の、またすべての宗教の本質であるということに尽きている。ウイリアム・ジェイムズのいう「純粋経験」(pure experience)、意識が何かに囚われ、自分に返ってこない状態一般をいう概念を、対象との一体化と理論化し、禅の悟りの境地との本質的同一性を説いて、その生命主義哲学の第一歩を踏み出した西田幾多郎は、だが、それを心理主義に陥っていたと反省し、行為的実践一般に開いてゆくことにより、独自の哲学世界を築いてゆく。▼21 われわれは、西洋の自然科学と超越的絶対神との関係などについて問いなおし、また明治期のキリスト者の自然観も問うてゆきたい。

源了園「日本人の自然観」は、方法も確立せず、近代的「自然」概念の定着過程も明らかになっていないなかで、総じて、一九八〇年代に流布していた見解をまとめた感が強く、各時代における自然観の変容の問題の在処に辛くもふれている段階のものといってよい。だが、通史を見渡すことは並大抵のことではない。後進に、考察のよき手がかりを与えてくれたものとして、源了圓氏に感謝を捧げておきたい。

二、自然の無常

佐竹昭広「自然観の祖型」

二つ目にとりあげるのは、京都大学国文学科教授として長く活躍し、前近代日本語、日本文学の全般に広い見識をもつ佐竹昭広が、仏教的無常観を受けとる以前からもっていた日本人の「自然観の祖型」とその展開を論じた同題論文（一九八九）である。そののちの「『無常』について」（一九九四）とあわせ、『万葉集』の天地景物の感受に、仏教的無常観を受け取る〈素地〉として「過ぐ」「移る」を指摘し、すでに「はかなさ」に向かう傾向があったことを指摘する。昭和戦前・戦中期を代表する美学者、大西克礼《よしのり》『万葉集の自然感情』（一九四三）を参照し、それを超える知見を提示しており、源了圓のいう「宗教的・形而上学的自然」の問題に、また日本的心情の「基層」論を確実に改める意義をもつものである。

たとえば『万葉集』に、大伴家持が越中国守《こしのみちのなかのかみ》に在任中の長歌「世の中の無常を悲しぶる歌」（巻一〇、四一六〇）がある。

天地《あめつち》の　遠き初めよ　世の中は　常無きものと　語り継ぎ　流らへ来《きた》れ　天の原　振りさけ見れば　照る月も　満ち欠けしけり　あしひきの　山の木末《こぬれ》　春されば　花咲きにほひ　秋付《づ》けば　露霜負《お》ひて　風交《ま》じり　黄葉《もみぢ》　散りけり　うつせみも　かくのみならし　紅《くれなゐ》の　色もうつろひ　ぬばたまの　黒髪変はり　朝の笑み　夕変《ゆふへ》はらひ　吹く風の　見えぬがごとく　行く水の　止まらぬごとく　常も無く　うつろふ見れば　にはたずみ　流るる涙　留めかねつも*

＊〈うつせみ〉は、この世にある「現身《うつそみ》」。「空蟬」とも記し、セミの抜け殻にたとえて、はかなさを

いう。仏教の無常の観念の浸透によるとされる。〈夕変はらひ〉は、夕方には変わり。〈にはたずみ〉は庭を流れる雨水をいい、〈流る〉の枕ことば。

天地の別れた遠い初めから世の中は常なきものと語りつたえられてきた、とはじまる。まるで『記』『紀』神話まで無常観で包みこんでしまうようなものだ。家持には、ニニギノミコトの天孫降臨のときから仕えてきた大伴の氏上《うじのかみ》として、一族に結束を呼び掛けるうたもある（『万葉集』巻一〇、四四六五〜六七）。橘《たちばなもろえ》諸兄に与していたので、勢力を伸ばす藤原仲麻呂（恵美押勝）の攻撃に備えたときのうたとされる。

家持にはまた〈うつせみの　世は常なしと　知るものを　秋風寒み　偲びつるかも〉（『万葉集』巻三、四六五）という歌もある。「常なし」の表記は「無常」。亡き妻を偲ぶうたのひとつである。遣唐使を派遣し、仏教興隆につくした聖武天皇（在位七二四〜七五六）による天平文化の開花期にあたる。家持は、若いときから、仏門に入りたいと何度も願った人だった。神祇を守る氏上の立場がそれを許さなかったと考えてよい。先の長歌は、仏教の無常観で天地の営みを見ていることになる。

佐竹昭広「自然観の祖型」は、冒頭に『枕草子』より、〈ただ過ぎに過ぐるもの。帆かけたる舟。人のよわい。春。夏。秋。冬〉を引き、『万葉集』の「過ぐ」「移ろう」に着目して、先の大伴家持の長歌などを引き、注意を促しつつ、自然のはかなさ——ただし、『万葉集』に形容詞「はかなし」の用例はない——をうたううたや、『古事記』の〈短命の定めを免れない〉コノハナサクヤヒメの神話を示して、「過ぐ」を自然にも人の「命」にも用いる二重性が〈仏教的無常観を受容する素地〉になったという。[22] さらに、その系譜を鎌倉時代の鴨長明『発心集』中の一話や同じ著者による『方丈記』とでは姿勢が異なること、また室町時代の兼好法師『徒然草』などへ辿り、最後に、今日の日本基督教団の井上洋治神父のエッセイから、西洋のカトリック修道院の瞑想は「自分の魂の奥底に存在する神」との対話に向かうものとされ、自然との対話は戒められること、それに井上洋治神父が違和を覚えた条《くだり》を引いて、東西の「隠者」における自然に対する態度のちがいを示唆して終わる。東西の自然観の根本的なちがいにかかわる大きな問題の提起といえよう。

そののち、佐竹昭広「『無常』について」（一九九四）は、先の大伴家持のうたの〈照る月も　満ち欠けしけり〉の一句に、『仏説罪業応報教化地獄経』第二〇中の釈迦の「偈《げ》」の一節の反映を見ている。いま、そのうち、四句だけ引く。

日出てたちまちに没す。月満ちて欠に復すのみ　尊栄豪貴とは常無くまた過ぎん
（日出須臾没　月満已復欠　尊栄豪貴者　無常復過是）

そして、この経典は正倉院文書の目録にあげられ、その収納の年月日が家持作歌の同時代であることを示し、他の典拠をあげる説を退け、日月の運行と人の勢いの盛衰を重ねて、その無常を説くことは、すでに仏典に見えていることをいい、『万葉集』のうたと仏教経典の類縁性を丁寧に論じている。「自然観の祖型」とを併せ読むと、天地の運行と世の人の栄枯盛衰を重ねる考えは仏典にあり、それに個々人の「命」の無常を重ねる心性が形成された過程が如実にわかる。これは、和歌のジャンルの規範や修辞にかかわらない、「自然と一体化」する心性の由来を説いて、示唆に富み、今日、指標とすべき論考といえよう。

佐竹昭広は「自然観の祖型」の中で、先の大伴家持の長歌を引いて、〈人生の無常感を自然現象に投入して体験すること〉、すなわち本来、人生観上のものである仏教の無常観を天地の運行すなわち自然現象に投入し、それを実感する態度と論じた先学の書として、東京帝大・美学の教授、大西克礼の『万葉集の自然感情』（一九四三）をあげている。第二次世界大戦に向かう時期から、日本人の「自

然と一体」の心性に立ち入り、それを仏教の無常観に求める見解が示されていた。なお、大西克礼が「自然感情」という語を用いているのは、美学の対象はあくまで感情とその表出であり、観念全般を対象にしないという立場による。*

＊大西克礼は、フランスのヴィタリスム（ヴァイタリズム）の先駆者とされるジャン゠マリー・ギュイヨーの『社会学より見たる芸術』（一八八九）の翻訳（内田老鶴圃、一九一四）から出発し、ドイツの「生の哲学」の担い手の一人、ゲオルク・ジンメルの『レムブラント――芸術哲学試論』（一九一六）の翻訳（岩波書店、一九二七）も手掛けている。これら普遍的生命を世界の原理に置くヴァイタリズム（生命原理主義、生命主義）は、二〇世紀の転換期に国際的に盛んになったが、日本では、それを神・儒・仏のいわゆる伝統思想で受け止め、より多様に展開した。なかでも仏教的無常観、とりわけ禅宗の自然観を中世美学として賛美する傾向が一九三〇年代の美学、芸術学で盛んになった（本書第一一章でふれる）。

大西克礼は、禅林の生活文化を美学と考え、「日本的なるもの」として賛美する当代の動きに配慮しつつ、『幽玄とあわれ』（一九三九）をまとめた。「幽玄」を論じて、歌論史を探り、西洋におけるように自然美（自然に対して感じる美）と芸術美とが別々のものではなく、東洋美学においては〈相互に滲透融合している〉ところに特徴を見る。〈東洋殊に日本などでは、気象風土等の関係〉によるという。また「あわれ」を論じて、〈漠然たる悲哀憐愍等の感情と区別し難いものになっている〉といい、本居宣長のいう「物のあわれ」は〈「感情移入」に接近している〉とも説いている。総じて〈世界万有の存在根底《ザインスグルント》ともいうべきものの中から一種の脈々たる哀感を汲みとる〉態度とする。▼[23]

この美学上の特色を思想全般との関連に開いたのが、『万葉集の自然感情』だった。そこで大西克礼は、気候風土への還元主義を排し、ギリシャ古典の英雄叙事詩や西洋ロマン主義では、対象的自然と人間精神との乖離を前提に、自然を擬人化したり、感情に染めて表現したり、また感情移入したりするが、それらと日本の表現の態度のちがいに分け入り、『万葉集』における景物や季節による移ろいをうたう和歌の数かずには、根源的な〈自然との交感〉が成り立っていると説いている。

自然や宇宙に散開せる根源的生命の統一に触れることによって、初めて人間の意識現象にも美的価値が生じるのみならず、すべての精神的価値の基準も、亦結局はそこにあると考えられるのである。[24]

自然や宇宙には普遍的な「生命」があふれているという観念に立ち、その根本にふれることにより、美感をはじめ一切の精神的価値が生じるという考えが述べられている。これは一九〇〇年代から、とりわけ美学、芸術論では主流をなした考えである。〈自然との交感〉とは、その含意でいわれている。大西克礼は『万葉集』のうたにそれを見出し、西洋の芸術表現との相違を述べ、そして、それが次第に〈定式化〉していった末に、先の大伴家持の長歌に見られるような〈人生の無常感を自然現象に投入して体験すること〉[25]、すなわち、仏教的無常観の自然への〈投入〉がなされるとしていた。

津田左右吉『我が国民思想の研究1』〈序説〉が、『万葉集』の詩人たちが天地万象のはたらきを総体としてつかむことはなかったと説いたことは先にふれたが、大西克礼は、この解釈を逆転し、天地万物に普遍的な〈根源的生命〉を蝕知し、精神的価値の高いうたを詠んでいたと論じていた。その半世紀ほどのちの二〇世紀末、佐竹昭広は、その見解に批判を加え、宇宙の〈根源的生命〉なるものを想定する観念を賢明にも退け、天地の運行と人の世の栄枯盛衰とを重ねる仏教思想を受け取る〈素地〉と言い換え、景物も人生も「過ぐ」「移ろう」ものとして感受し、表現する態度を措定しなおしたのである。

だが、そうすることで、大西克礼のもっていた西洋の芸術表現と比較する観点は失せている。それでもなお、大西克礼が『万葉集』の自然感を仏教的無常観の受容に絞り込んだことに規定されていることも否めない。仏教的無常観の受容以前の「過ぐ」「移ろう」など、「はかなさ」に通じる観念を明らかにすれば、日本人の自然観の〈素地〉が見出せるとは限らない。なぜなら、天地と世の無常を説くのは、仏教に限らないからだ。

『万葉集』にも、月日の変化を、恒久性に対する変化と見る考えも覗いている。

月は日は変らひぬとも久に経る三諸《みむろ》の山の離宮《とつみや》ところ

（月日　摂友　久経流　三諸之山　礪津宮地）（巻一三／三二三一）

月日は移り変わってゆくけれど　長い時を経ても変わらない三諸の山のかりみや（行宮）であることよ、というほどの意味。詠み人知らずだが、天皇の吉野行幸に伴《とも》をした人のうたとされる。このように日本人の自然観の〈素地〉には、必ずしも頽落に向かわない変化の観念もある。

天地、治世の無常

『万葉集』の自然の景物をうたううたには、仏教の教えのほか、山岳などいわゆる自然信仰や神仙思想など道教系諸思想、また儒学系思想も見えている。そもそも『万葉集』が中国で儒学の経典の一つ、孔子が編纂したと伝えられる『詩経』に倣って編まれたことも常識に属するだろう。それらは、むろん承知の上で、佐竹昭広は「はかなさ」の〈素地〉を仏教受容以前に探ったのである。日本人の「自然観の祖型」を探るには、佐竹昭広はコノハナサクヤヒメの神話を引いていたが、『日本書紀』『古事記』はもとより、『風土記』類をも併せ考える必要があることも言を俟《ま》たない。

『詩経』〔大雅〕には、王を寿ぐうたが集められているが、その〔文王〕篇には夏（殷）王朝から周王朝へと「天命」が維新されたことをいう条に、〈天命靡常《びじょう》〉（天命常なく）という詩句が見える。また、南方の『楚辞』の長篇詩「天問」にも〈天命反側〉を嘆く句が見える。天は掌を返すように意を変えるという意味である。これらは「天命」すなわち天の命令、天の定めをいうので、直接、景物の移り変りや個々人の「いのち」のはかなさを重ねるものではない。が、『淮南子』〔説山訓〕にいう〈一葉の落つるを見て、歳の将に暮れなんとするを知る〉（見一葉落、而知歳之将暮）は、小さな現象に大きな季節の変化を読み取ることを教えているので、大小の変化をみな重ねる可能性を開いている。

さらにいえば、南北朝時代の詩人、陶淵明が不惑の齢（四〇歳、四〇四年か）に詠んだ詩「栄木」は、ムクゲの花のはかなさに託して、〈人生若寄〉、この世の人生は寄寓（仮の宿り）のごとしと述べている。

采采たる〔色鮮やかな〕栄木　（采采栄木
根をここに結ぶ　結根于茲
朝にはその花を耀《かがやか》すも　晨耀其華
夕べにはすでにこれを喪う　夕已喪之）

陶淵明が仏僧と交流をもったエピソードにはこと欠かないが、結局は撥ねつけた人。ここに示された「人生は仮の宿り」という観想を仏教の教えによるものと断じることはできそうにない。『老子道徳経』〔第三三章　弁徳〕に〈死して亡びざる者は寿〉（死而不亡者寿）とある。肉体は滅んでも滅びないものこそが本当の「寿」、すなわち「永遠のいのち」と説いているように読める。ただし、これについては、三国時代・魏の王弼《おうひつ》の『老子道徳経注』は、「道」の永遠性と一体となって生きることの大切さを説くことばと解いているという。だが、『荘子』〔外篇至楽〕に次のようにある。

　　生は仮借なり、これを仮りて生く。生は塵垢なり。死と生は昼と夜なり。
　　（生者仮借也。仮之而生。生者塵垢也。死生為昼夜）。

「この世は仮の宿り」という考えは、老荘思想にもある。また、しばしば世の無常と対比される「天地（天壌）無窮」は「窮」の字義からして、変化の極まりなさを含意して用いられる場合もあることはいっておくべきだろう。先に北宋の周敦頤『大極図』より〈化生万物　万物生生　而変化無窮焉〉を引いたが、この〈無窮〉もその意味に読める。

『孫子』（前五〇〇年頃）〔第五篇　勢回善用奇正〕に正面戦より奇策を選ぶのがよい、と述べる条では、天地は千変万化にして悠久の天地にたとえ、奇策はいくらでも湧いて出ると説いている。

　　ゆえに奇に出るが善し。無窮は天地の如く、渇せざること江河のごとし
　　（故善出奇者、無窮如天地、不竭如江河）

「孫子の兵法」は、日本では、武士の台頭期から戦国乱世にかけてよく参照されてきたことはいうまでもない。剣豪とうたわれた宮本武蔵の『五輪書』（武蔵の歿後、高弟の編纂ともいわれる）は、「型」から入り、稽古を積み、「型」を抜ける「自由」の境地を説く中世芸道論を代表する一書とされる。よく知られるように、〔地之巻〕に〈仏法儒道の古語をもか〔借〕らず、軍記軍法のふるき事をも用いず〉とあるが、一般の兵法書のように故事を用いないという含意で、この場合の「自由」は釈迦の「自由自在」から出た仏教用語である。〔空之巻〕の末尾近くに〈空を道とし、道を空とみる所也〉とあるのも仏教から借りたと見られる。だが、武蔵が己れ一流の兵法の極意として、いわば臨機応変を語るとき、その「天理」「天道」の語には、『孫子』のいう天地の千変万化にならう気味が潜んでいる

と見てよいのではないか。つまり中国古代の書物に見える「天地の変化」は、必ずしも、人のいのちのはかなさと重ねられて読まれてきたわけではない。総じて、世界の根源をいう場合には生成的、四季の変化をいう場合には循環的恒常性、様態をいう場合には変化の多彩さを指しており、位相により多様である。仏教に傾けば衰微に向かう相が示される。それらは、神・儒・仏・道の兼修の態度（後述する）に支えられ、習合し、また勝手に切り出されもし、日本の歴史の各場面で、さまざまに参照されてきたことを、われわれは考えてみなくてはならないだろう。

「いのち」の問題

それとは別に、大西克礼『万葉集の自然感情』において、「自然」観は「生命」観とほとんど一体のものとして探られていた。佐竹昭広は「過ぐ」を自然にも人の「いのち」にも用いる二重性に着目していた。これらについては、和語の「いのち」観とでもいうべきものを考えてみなくてはならないだろう。先にもふれたが、一般に「命」は「天命」（天の命令）、天から与えられ、定められたものを含意する。「天寿」は、天から与えられた「寿命」であり、「寿」には、ことほぐ含意がある。それに対して、「生」は万物が生じ、また変化する相をいう。これは道家でも同じで、『荘子』〈達生〉は、「生」は自ら養うものだが、あくせく努力すべきものではなく、また、「命」は人の知をもってしても、どうにもならないものと説いている。

生の情に達する者は、生の以て為す無きところを務めず、命の情に達する者は、知のいかんともする無きところを務めず
（達生之情者、不務生之所無以為、達命之情者、不務知之所無奈何）

この〈情〉は「実情」の意味でとればよい。儒者が文章に用いる「命」には、この含意を守る傾向が顕著である。

佐竹昭広「自然観の祖型」が引いていたコノハナサクヤヒメの神話は、地上に降りた天ツ神の子孫が長寿を保てないことの由来を語ることでよく知られるが、『記』では、そこでだけ、人の寿命に漢字一字「命」が用いられている。『古事記』が儒家思想によって編まれていることは、太安万侶による〈序〉が天武天皇の徳治を称えていることに明らかである（今日、〈序〉を一〇世紀ころの捏造とする説があるが、その理由を明らかにしておらず、採れない）。

だが、孔子の語ったことばを伝える『論語』〈雍也《ようや》〉に、孔子が好学の顔回の〈短命〉に終わったことを惜しむ条が見える。『論語』で「命」を「いのち」の意味で用いているのは、ここ一ヵ所で、他の「命」の一字の用法はすべて命令の意味でとれるとわたしは見る。中国古代の口語で「長寿」「長命」の対義語として「短命」が用いられていた可能性があろう。

『日本書紀』は、中国にならって儒者が史官を務めたと見てよいが、『紀』にも例外的に〈短命〉の語が見える。第六〈垂仁天皇二五年〉に伊勢神宮の起源を説く条に割注して、〈一云〉として先代の崇神天皇は祭祀儀礼を篤くしたが、その源までよく辿らず執り行ったゆえに〈短命〉であったと記している*。

＊『紀』本文は、崇神天皇は一二〇歳まで生きたとしており、齟齬が明らかだ。『紀』の割注や〈一云〉は、中国の正史の紀伝体の「伝」「志」を本文中に書き入れる方式をとったためと想われるが、この場合は追記かもしれない。

それに対して、釈迦の語ったことばを伝える仏典には、初期仏教の幡《はた》に用いた「続命」、また「命過」などの語が見え、「寿」とともに「命」一字の用法も多く見える。『老子』〈第一六章　帰根〉にも次のようにある。

それ物は芸芸《うんうん》〔盛んの意〕たれども、おのおのその根に復帰す。根に帰るを静と曰い、是を命に復《かえ》ると謂う。命に復するを常と曰う。その常を知るを明と曰う。常を知らずば、妄作して凶なり。常を知れば容る。容るればすなわち公なり。公なればすなわち王たり、王なれば乃ち天なり。天なればすなわち道なり。道なればすなわち久し、身を没するまで殆《あや》うからず

（夫物芸芸　各復帰其根　帰根曰静　是謂復命　復命曰常　知常曰明　不知常　妄作凶　知常容　容乃公　公乃王　王乃天　天乃道　道乃久　没身不殆）

この〈命〉は「本来のいのち」の意味である。先に引いた〈寿〉と同義と見てよい。

『万葉集』の編纂の全容は、いまなお不明だが、最初の二巻までは、天武‐元明朝期に編纂がなされたという推測が有力らしい。天武‐持統朝期に「いのち」に漢字「命」をあてる例は、『紀』や『記』に例外的に現れるだけだが、『万葉集』には散見する。これは仏教や道家の経典を参照してのことと見てよいだろう。そのようにして、和語「いのち」に「命」と「生」がほとんど区別なくあてられるようになったと推測される。なお、言語学では上古の和語に、三音節の語はないとされ、「いのち」は「胃の血」（内臓をめぐる体液）が語源と推定される。

字義すなわち漢字一字一字の意味は、知識層一般に通用される概念だが、用いる者は、それぞれに儒・仏・道の観念体系に規定される。とはいえ、遣唐使として長安に赴いた山上憶良《やまのうえのおくら》が律令官僚の立場からうたう和歌や、仏、道の知識を備えていたことは、そのうたに明らかである（第六章で述べる）。神・儒・仏・道のあいだの習合や兼修の態度が和語に漢字をあてる際にも、はたらくことも多かったにちがいない。

だが、「恋にいのちをかける」のように、その人個人の生きがい、本懐ともいいかえられる「いのち」

の用法は、古代では和語に独特のものといえよう。そういう己れを「恋の奴」と自嘲するうたもうたわれるようになった。[26]

中国の口語では、人や獣の「いのち」の意味で「性命」（天から与えられた本性）が用いられていたらしい。かなりのちだが、明代の白話小説『三国志演戯』や『水滸伝』などに散見する。日本の古典にも「生命」の語はあまり見ない。『平家物語』の異本の一つに、巻七〈木曾諜報状〉に一例、『今昔物語集』にいくつか現れる程度で、それらは「性命」の誤記や誤写の可能性を考えてよい。そのような「誤記」が、しかし、日本の仏教界では流通していた可能性はありうる。

「生命」の語は、日本で明治初期に英語“life”の訳語として成立し、そして氾濫したことはまちがいない。それは和語「いのち」の語義と、“life”の語義の重なりが大きかったゆえと想われる。中村敬宇がサミュエル・スマイルズ著『*Self Help*』（一八五九）の翻訳書を『自助論』（一八七〇）とし、それを改題した『西国立志編』十一冊（一八七〇〜七一）がベストセラーになったことはよく知られる。その〈第一篇〉に、政府は〈人民ノ生命ヲ保護スル〉という条《くだり》があり、ある版では「生命」の左に「イノチ」と注してある。[27] なお、中国では、「生命」の語は、哲学の近代化過程で多く用いられるようになり、あくまでわたしの印象だが、二一世紀に入ったころから急速に、環境保護の看板の標語などに見かけるようになった。

佐竹昭広が『万葉集』に日本人の「自然観の祖型」を探り、天地や景物と人の世の移ろいやすさをいう仏教の無常観と人の「いのち」とを重ねる「素地」を指摘したのは貴重な成果だが、なお、天地景物、また人の世の無常、また個人の「いのち」のはかなさをいう観念は、仏教以外にも中国渡来の文献に満ちていた。また「天地の無窮」の観念は、はかなさに収斂しない景物の千変万化の含意を日本人の自然観に影を落とし続けることになったであろう。また、個人の「いのち」についていうには、漢語「命」と「生」のちがいをこえた和語の特性を考慮する必要があろう。それらと漢語「天」「道」

「性」などの基本語彙の概念間の関係から考えなおしてみなくではならないようだ。

そして、“life”の訳語「生命」が明治初期から瞬く間に拡がっていったのに比して、「自然」の語が、ヨーロッパ語“nature”（英・仏、ドイツ語“Natur”）の翻訳語として定着するのは明治後期であり、三〇年は遅れる。それはなぜだったのか。“nature”の翻訳語としての「自然」の成立から定着の事情に再考を迫る問題である。第三章で検討したい。

三、自然と無私

相良亨『日本の思想』

相良亨は「『自然』という言葉をめぐる考え方について」（一九七九。のち、副題に「『自然』形而上学と倫理」）で、前近代思想史を貫く鍵概念として漢語「自然」と重なる意味をもつ「おのずから」を立て、「『おのずから』形而上学」（一九八四）、「『おのずから』としての自然」（一九八七）などの論考を重ね、山鹿素行『山鹿語類』〈聖学篇〉、西田幾多郎『善の研究』、九鬼周造『偶然性の問題』（一九三五）、丸山眞男『日本政治思想史研究』「歴史意識の『古層』」などの近現代の論考や田山花袋の小説にも立ち入ったのち、いわば前近代思想の総集編として『日本の思想―理・自然・道・天・心・伝統』（以下『日本の思想』と略記）をまとめた。日本思想の根本概念として「おのずから」と「心」の二つを設定し、副題の「理・自然・道・天」の諸概念と「おのずから」との関連を考察したのち、「心」の観点から日本思想を概括し、そして〈伝統〉の章でそれらを総括する。その全体は、西洋の「良心」「理性」と朱子学の「天理」と対比して、日本の伝統思想に〈客観性の希薄さ〉をいい、それゆえに「おのずから」が自然随順に、「みずから」が現実秩序への追随に向かう傾向を抉《えぐ》り出してゆく。

そのモチーフは、そうした負の傾向のなかに明滅する逆転の可能性――「無私」を根底におき、「おのずから」と「みずから」の双方に客観性を回復し、現実を超える契機を探り出すことにおかれている。和辻哲郎『倫理学』が、西洋の「良心」と「理性」に対してとった戦略が、日本の伝統思想のもつ可能性の拠点を「空」の自覚に見出だし、それを拠点に全体性の獲得を目指すものだったこと、しかし、それでは現実変革の契機を持ちえないことを批判的に乗り越える方途として選ばれている。

　それゆえ、対象的自然観を焦点にした論考ではない。だが、今日でも活きている「自然＝おのずから」のはたらきに着目し、自然随順的傾向に陥りやすい傾向を指摘する論考であり、かつ戦前・戦後の日本を代表すると目される包括的な日本思想文化論を参照した上での仕事である。和辻倫理学に親炙しながら、その根本的な欠陥を超える方途を探りつづけ、構想された相良亨晩年の労作といってよい。相良亨は序文で自ら〈瀬踏み〉に過ぎないと断っているが、学ぶべき点、手がかりになる指摘に満ちている。少し長くなるが、まず各章の概略を紹介しておく。

(1)〈理〉の章では、宇井伯寿、中村元、田村芳朗らの意見を参照し、中国仏教が「理」の現われとしての「事」を説くのに比して、日本でも「仏法の道理」がいわれはするが、道元や日蓮が客観的道理ではなく、主体的な菩薩行を説いたことをあげ、中・近世を通して「事」即「理」とする傾向が強いことをいう。儒学でも、ものの本性や本質、本来ありうべき秩序の判断基準を客観的に追究する朱子学の「窮理」の姿勢は否定され、「天理」は、むしろ不可測なものとされるため、倫理としては真摯に状況に適応する心情の純粋さが求められる傾向を指摘する。

(2)〈自然〉の章では、「おのずから」をキーワードに、丸山眞男「歴史意識の『古層』」を参照し、〈自発的生成の意味を中核とする〉「おのずから」の態度を抽出し▼[28]、さらに、それが「みずから」のありうべき態度に重ねられ、あるがままの現実を受け入れようとする傾斜が伝統的に認められるという。それゆえ、近代において、「自ずからある」ことを含意の一つとする“nature”の訳語として「自然」が選ばれたと推測する。

⑶〈道〉の章では、たとえば中世芸道論として、宮本武蔵『五輪書』や千利休の教えを伝えるとされてきた『南方録』を取りあげ、「天地自然の妙」に則る精神が探られてゆく。『南方録』は偽書とされるが、思想傾向を探る上で支障はないと断っている。

⑷〈天〉の章では、近世の天道観について、朱熹のいう「天即理」に比して、「天」を法則・秩序の原理として認識の対象にしない傾向を指摘する。朱子学系の林羅山『羅山先生文集』にしても、貝原益軒の晩年の『大疑録』にしても「理気一体」論を説いたこと、伊藤仁斎『語孟字義』が〈天地の間は、一元気のみ〉と説き、天地の〈生々化々〉、〈流行〉の運動そのものを宇宙を〈主宰〉するはたらきと見たことなどをあげ、〈天意にしたがって生きることが、宇宙の運動と一体化することであり、そこに安らぎが求められたといえよう〉といい、〈無私に徹する〉態度を抽出して、それを宋学の〈日本的変容〉と論じる。また、仁斎『童子問』が天道を実現する任にあたる者として〈一国の君〉をいい、徂徠『弁道』が君臣の〈天職〉を説いていることに注目して、現実社会において〈天に代わる存在〉や〈天にひとしき存在〉が承認されるしくみを示唆している。

その内、〈自然と作為〉の項では、朱子学の「自然」に対して徂徠が「作為」を対置したと論じた丸山眞男『日本政治思想史研究』に対し、徂徠の『弁名』に踏み込み、〈造化に参賛し、以て天地道を財成し、天地の宜を輔相する〉（天地の宜告を助けて執り行うというほどの意味）と説いていることをあげ、〈自然随順しつつ、自然の生々の意を実現化する営み〉であったとし[29]、徂徠においてさえ、「自然随順」の態度が一貫していることを強調する。そののち、徂徠の弟子、太宰春台により殖産富国政策、海保青陵により商品社会制度の確立が説かれたこと、皆川淇園『名疇《めいちゆう》』や横井小楠《しようなん》『沼山閑《しようざんかん》話《わ》』が、天地自然に内在する可能性を開いて人間の用に資する、人間中心主義に通じる「開物」「開化」の思想を説いたことがやがて〈西洋の技術・制度の吸収〉の下地になったと説いている。[30]

加えて、二宮尊徳の高弟、福住正兄『二宮翁夜話』より、尊徳が農政家としての体験から、天道のままにまかせては（私欲を含めて）雑草が茂ると説いたことなどを引き、彼を〈物的世界（自然界）の外在性を意識しはじめた思想家〉とする。だが、他方で、尊徳には〈天道の循環変化の理に人間世界で随うのは勤・倹・譲であり、これを人道とみる面もある〉といい、物的世界が〈外在化され切れていない〉、そこに尊徳の思想の〈わかりずらさがある〉という。天地の客体（客観）と人間の主体（主観）とを相即的に考える日本の思想傾向が破れはじめたという意味らしい。

⑸〔心　上〕の章では、古代から中世の歌論、仏教、神道思想を探って、日本の伝統では〈要請された心のありよう〉が〈常に大きく中心的な位置を占め〉、自ら〈要請する内奥の心を対象化して捉えること〉が希薄であったと論じている。まず、和歌や歌論の歴史を辿って、『万葉集』における自然との〈交感〉が『古今和歌集』〈仮名序〉で転換し、藤原定家の〈自足した詩的小世界〉へ、さらに連歌師の正徹、その弟子の心敬のいう「冷え詫び」の境地に向かったことを〈心の内面の深み〉、宗教的な〈人間の主体の内面に還元されてゆく〉展開をしたという。[31]

仏教思想については、最澄の法華一乗が「煩悩即菩提」の天台本覚思想へ、和歌と並んで、草木山水に仏性を見る思惟へ、さらには〈内面への沈潜をもたらす〉という。空海の「即身成仏」の思想、および道元『弁道話』における「身心一如」に、心がそれとして対象化されず、身心の行において捉えられていることをいい、日蓮『観心本尊抄』における「事行」の思想、また源信『往生要集』から法然の専修念仏の〈事重視〉へ、「無心」の標榜に至る成り行きを示す。中世伊勢神道では「本ッ心」（本来の心）が措定され、そこに帰ることが説かれはしたが、それも神への信心を深めること、〈現実への素直な心〉、現実重視の傾向が指摘される。

⑹〔心　下〕では、近世の展開を初期、中期、後期と追う。まず〈本来的な心を認める〉思想の系統をたどり、朱子学系の林羅山、山崎闇斎において〈実質的に既存の秩序に主体的に随順する心〉になっていること、中江藤樹の思想も私意私欲の否定と別ものではなく、中期以降の石門心学の〈心の主

体性〉の重視も、物の〈形を直に心とする無心〉であり、みな、同じ傾向に括っている。

朱子学の「性即理」、陽明学の「心即理」に対して、日本の古学の系統、山鹿《やまが》素行《そこう》・伊藤仁斎・荻《おぎ》生《う》徂徠《そらい》は〈心の対象的把握の姿勢を否定した〉といい、それによって〈天地に通達する聖人の教の重さが大きくクローズアップされ〉、その聖人の要請に応えることが〈誠〉とされ、▼32幕末には、その実践が強調されたという。聖人の要請は、すなわち〈全体性の要請〉であるゆえ、それを〈自他一体観の下に、主情的心情の純粋（無私）性〉を説く思想と言い換えている。さらに、よく知られた本居宣長の『玉勝間』における〈真心なるぞ道には有ける〉の一文をめぐって、〈学問して道を知る〉と述べていたところから、〈現実の秩序へのさかしらのない随順を道とし、道を内面化し、道を内面の働きとして捉えようとする方向に、彼の考えがゆれていたことを示す〉と見、人情の肯定により、〈神々の御所為《みしわざ》〉である〈この世のすべて〉が〈随順すべきもの〉となるしくみを剔抉《てっけつ》している。

それに対して、近世における俳諧、芭蕉や鬼貫《おにつら》の「誠」は、儒者たちよりも、〈向かい合う物の真実〉と〈同時に、自己内面〉にきびしい追求を行っているといい、そこに〈伝統的な誠の概念のもつ可能性〉を引き出す一つの手がかりがあるとする。桂園派を率いた歌人、香川景樹《かげき》においても、儒教の誠と国学の真心を等置し、〈物や他者との交感の内で……内面の真実を追求する態度が成立している〉と述べ、〈まこと・まごころ〉が、それぞれの元の意味を離れ、〈ともに心理的な主観的心情の人間関係に臨むありようとしての真実〉に絞り込まれる契機を見ている。

(7)総じて、〈西欧的な良心〉や〈中国的な理〉のような〈本来的な心〉が措定されず、あるいは措定されても、それが〈現実を超える〉モメントにならないところが〈日本人の心の理解の大勢であった〉と結論する。〈究極においては私の否定〉、〈心そのものをも捨てること〉、言い換えると〈物我一体・自他一体〉の本来への〈遷帰〉が目指され、〈おかれた状況（場）における心情の無私性の追求〉に向かったとし、日本では〈現実〉とその〈超越〉とが否定的な関係で捉えられず、〈現実随順〉と〈同時に現実超越〉であるような関係が成り立つという。ここで、小林秀雄が「無私の精神」（一九六〇）で〈物の動きに順じて自己を日に新たにするとは一種の無私である〉[33]と説いたことが引かれている。

そして、和辻哲郎『倫理学』が自己の心奥より響き出る西欧的「良心」に対して、〈無私・無心を強調してきた伝統〉を踏まえ、〈個人的存在の根底が空であることを悟らせる〉〈意識よりもさらに深い人間存在の本来的な全体性からの声〉を対置したことをあげ、しかし、それでは〈いままでの慣行を無意識に保持する役柄世界〉（市倉宏祐「和辻倫理学における人間の概念をめぐって」一九七六）の倫理学に陥ってしまい、彼が目指したはずの〈人間存在の根本構造としての信頼関係における生き方〉の追究には届いていないと批判し、では、〈日本の伝統的な心情主義の克服〉は、いかになされるべきかと問いを立て返す。

(8)〈伝統〉の章では、日本思想の伝統が〈無私〉を媒介にして、積極的な「自然随順」と現実秩序への積極的追随に向かって展開してきたとまとめ、その〈無私〉を本来的なものに立て直し、「みずから」の主体性と天地の「おのずから」の客体性とを積極的に回復する方向に逆転することを提言する。〈無私〉に徹することにより、宇宙生成の現実に主体的に参与しうる可能性を見、己れは絶対的なものの一隅にしかふれえないという限界の自覚をもって他者の存在を認め、すべての人間が生成の主体的媒介者であるという認識に導き、現実の変革を求める方向に開くべきであると主張する。

方法的蹉跌

相良亨『日本の思想』は和辻倫理学の欠陥をリカヴァーし、伝統思想のなかに主体性と客体性を回復し、変革の道に立つ方途を探った書である。その構想と提言は麗しい。和辻哲郎『倫理学』は、一九二〇年に刊行された『日本古代文化』初版で言明しているとおり、仏教を受容する以前、彼がかくあるべきと考えた「純粋な」日本人の民族性を探りはじめた思想家の追究にほかならない。その「純粋」は『続日本精神史』（一九三五）で、神道と仏教の重層した基層へと変化したが、和辻倫理学が「日本民族」のありうべき心性を引き出すという希望の書であることをやめたわけではない。その転覆をはかり、ありうべき方向に日本民族の心性を立て直す企図は、だが、逆方向に「純粋日本」に引きずられてしまう。そういわざるをえない。

たとえば日蓮と道元が客観的道理より主体的実践を強調したのは、たしかである。それは、だが、天台本覚思想から拡がった煩悩即菩提や専修念仏が仏教本来の姿から逸脱しているという根本的な疑問を歴史的契機として、それぞれに編み出されたものである。天台本覚思想も真言密教も、浄土教系も併存していたにもかかわらず、そのなかから、しかもそれぞれに異なる日蓮と道元の志向に共通する特徴を抜き出し、もって一時代の日本仏教の特質とするのは、麗しい戦略的意図が先に立った思想家の手法にほかならない。

相良亨は、林羅山や貝原益軒ら日本の朱子学者たちが晩年、理気一元論に傾いたこと、また中江藤樹や伊藤仁斎ら古学派の「心情」の重視を鋭く指摘した。だが、それも傾向の指摘に届まり、彼らが「理」を前面に立てて押し切ることなく、「気」や「情」を重んじなくてはいられなかった思想史上の契機には踏み込まない。

また荻生徂徠が『中庸』にいう、人は「天地と参たり」を押し立て、かつ「天理」の不可測性を言い立てたことは、本居宣長にまで響いた。それも相良亨の指摘のとおりである。丸山眞男が徂徠の思想を「作為」の一面に絞ったことへの批判にも一定程度、有効なところはある。だが、ここでも、その歴史的契機は探られず、みな、あたかも「自然の生々の意」という同じ風に靡《なび》いているかのように論じられている。

藤原惺窩《せいか》は禅林で朱子学・陽明学を学んでいた。日本の五山においても禅宗はもちろん、朱子学、陽明学は兼修されていた。幕藩二重権力体制の下で諸藩の藩儒にも、その傾向が表れて当然だった。

相良亨は幕末維新期に朱子学、陽明学が復活したことを鋭く指摘した人である。その人がこの『日本の思想』では、陽明学については、大塩中斎（平八郎）と幕末の佐藤一斉の朱・王学兼修の態度をいうに止め、中江藤樹《とうじゅ》を朱子学への偏りを残す古学派として扱い、熊沢蕃山《ばんざん》には一顧だにしていない。明治期、自由民権運動に活躍した植木枝盛がキリスト教の批判に転じたときの「無天」の思想を取りあげているが、それが陽明学に立脚していることに踏み込んでいないのも不思議である。*

＊なお、植木枝盛の国際平和論が中国・戦国時代に技術者集団を率いた墨子の書『墨子』から来ていることも、すでにいったが、『墨子』は江戸中期に和刻本が出ていた（第五章一節を参照）からこそ、土佐藩祐筆の息子、植木枝盛は『墨子』の非攻論を知っていたのである[34]。

相良亨『日本の思想』〈自然〉の章中〔「おのずから」としての自然〕の項では、キリスト教創造説と対比して、世阿弥『金島書』（一四三六）の冒頭、〈山はおのずから高く、海はおのずから深し〉を引いて、〈日本人には山川草木を「おのずから」なるものとして捉える思想が流れてきた〉といい、〈中国の自然も「自ら然る」と訓みうるもので、生成的意味を含むが〉、それは〈本来的な正しいあり方と一体的なものであった〉。それに対して、〈日本の「おのずから」としての自然が、本性・本質あるいは秩序の意味を内包せず、生成的契機をただ中核とするものであった[35]〉と述べている。「自然」の訓述からはじまった「自ずから然り」が、なぜ、〈本来的な正しいあり方〉という核を失ったのか。それが問われてゆく。

〔心　上〕では、中世歌論が〈心の内面の深み〉に向かったことが述べられ、心敬の「冷え寂び」が例にとられている。世阿弥の芸術論の集成とされる『花鏡』にも、微かな情緒を漂わせるだけの舞を〈冷えたる曲〉と称している。「冷え寂び」と同じ趣向である。それと『金島書』とはどのような関係にあるのか。表現の技芸では、鎌倉時代の人物画や仏像彫刻に、いわゆる写実性が顕著になることはすでに定説であろう。これらの関係も問われない。これらの疑問は、みな、本書に跳ね返ることを承知で、わたしは問うている。

　相良亭の場合、その理由は、論文「『おのずから』としての自然」に知れる。そこでは丸山眞男「歴史意識の『古層』」に触発され、〈つぎつぎになりゆくいきおい〉、生成の相を〈日本人の形而上的なものとのかかわり方、したがってまた、あらゆる領域の基底に流れる発想としてとり上げ、それを私なりに深める〉と述べられている。[36] 相良亭『日本の思想』では、個々の思想の発生の歴史的契機を探るという思想史の骨法が放棄され、ただひたすら生成的契機のはたらきを追うことに終始したのは、それゆえだった。丸山眞男「歴史意識の『古層』」が本居宣長の方法に学んで、『古事記』の編集の思想を度外視し、死体化成神話の累積から〈つぎつぎになりゆくいきおい〉を抽出し、日本思想史の通奏低音と見なした思想史上の誤謬については先にふれておいた。

　この著作のなかで相良亭が「みずから」の主体性と天地の「おのずから」の客体性とを回復する契機をもつとしているのは、僅かに芭蕉と鬼貫の俳論、そして香川景樹の歌論だけである。では、その指摘は正しいだろうか。そう問いかけるのは、相良亭の労作を、われわれが自然観にアプローチする機縁《よすが》にするためである。

　芭蕉の「寂《さび》、撓《しおり》、軽み、細み」にしても句の姿、味わいをいうので、対象的自然の鑑賞ではない。鬼貫の「まことの外に俳諧なし」はよく知られるが、景物に向かう誠実な態度を説いているわけではない。「によつぽりと秋の空なる富士の山」。この〈によつぽり〉は、実感から出たもので、思案による工夫では、人に可笑しみを誘うものにはならないといったまでである。「そよりともせいで秋立つことかいの」。立秋といえば、微かな風の動きに季節の移り行きを詠む、積み重ねられてきた和歌の伝統を実感の一句で転覆するのが俳諧の道と唱えたにすぎない。芸論であって、景物に向かう態度の表明ではない。

客観性とは？

相良亨が日本の伝統思想における〈「おのずから」の自然〉は〈本来的な正しいあり方〉、あるいは〈本性・本質あるいは秩序の意味〉を内包せず、〈生成的契機をただ中核とするものだった〉というとき、それは天地自然が客観的対象性を希薄化し、主体と一体化していることを意味していた。ここで客観性、対象性とは、どのような意味でいわれているのか。

キリスト教では〈本来的な正しいあり方〉、すなわち心の内奥の「良心」、あるいは「理性」による判断が超越的絶対神の観点によって保障されている。客体的自然は造物主の作品であり、そこで繰り広げられる物や事の一切は、神意によるものとされる。「良心」も「理性」も絶対的超越神から万人に等しく授けられたものとされる。それを乱すのは、一般には、悪魔の仕業とされる。佐竹昭広「自然観の祖型」で紹介していた、カトリックにおいて瞑想が自己の内面に向かうべきとされるのは、この「良心」と向かいあうことだった。

たしかに、このような全知全能の創造主の観念はアジアには生じなかった。だが、中国の「道」は、その語自体が〈本来的な正しいあり方〉を意味する語である。老荘思想においては、「天地」は自ずから生成するものであり、「道」の本性は「空虚」とされる。それゆえ、「無為自然」とまとめられる。儒家が奉じた陰陽五行説も、陰陽のはたらきが相克・循環する法則であり、朱子学で前面に出る「理」も、「気」がつくる変化に富んだ諸現象を貫くものとされる。形に見えない形而上のものである。仏教の「法」も普遍的な基準として想定されている。これらはみな、その観念に従う人びとのあいだでは、明証性をもつ普遍的原理であり、セントラル・ドグマ（中心教義）である。その点ではユダヤ＝キリスト教の神の意志も同じである。相良亨のいう客観的普遍原理、超越的普遍性は、この意味である。

それらに比して、日本の伝統思想は、仏教系、儒学系、「国学」系のどれに属するものも、セントラル・ドグマを欠き、それゆえ、客体は〈「おのずから」の自然〉に融解し、主体はそれに随順するしかなく、「みずから」現実秩序に追随すると論じられた。受容した中国思想も、生成的な〈「おのずから」の自然〉の観念のはたらきで変容を受けたと説明される。

だが、「天」の超越性をそれなりに措定し、天地と人との実体的対立を措定していることは、日本の儒学系でも変わらない。儒学の『中庸』にいう「天地参」の命題――聖人は自らの人の本性を尽くして物の性に尽くすことができる、「もって天地の化育を賛《たす》けるべく、すなわちもって天地と参たり」(可以賛天地之化育、則可以与天地参矣)――は、日本でも動くことはなかった。とくに宋学では「学んで聖人に至る」(聖人可学而至)がいわれ、天地人の三つのはたらきの考えは庶民にまで浸透した。それは寺島良庵が刊行した絵入りの百科事典『和漢三才図絵』(一七一二)の標題にも知れる。

むしろ、伊藤仁斎も荻生徂徠も「天」の気のはたらきと人体とはしくみがちがうので切れているとした。相良亨は、仁斎あってこそ徂徠が登場したと見ている。これも鋭い指摘である。荻生徂徠の古文辞学は、仁斎を批判することによってこそ成り立っていた。経典の訓詁注釈に対して道徳を打ち立てたのが朱熹の「実学」である。それに対して、徂徠は己が眼前に展開する事象に対して経世の学を建てた。それが彼のいう「聖人の道」であり、「実学」だった。そして仁斎と同様、独自に『論語』を解釈換えする態度をとった。

相良亨は、近世中後期の儒者、皆川淇園や横井小楠の「開物」「開化」思想、対象的自然のなかから、富を引き出す考えが「実学」への志向を育てたことも適確につかんでいた。それを源了圓のいうようにリアリズムというなら、徂徠もリアリズムに踏み出していた。徂徠は、君子にも小人にも私欲があることを認めた。認めて経済問題に対処しようとしたのである。そこに転換点があった。

相良亨は、二宮尊徳を〈物的世界(自然界)の外在性を意識しはじめた思想家〉としながら、だが、他方、〈天道の循環変化の理〉に人道が従う面をいうのがわかりづらいという。天人相関論を前近代的、対象的自然を外在的に捉えることを近代的と考えているらしい。主観（主体）－客観（客体）の捉え方に狂いが生じているといわざるをえない。

人間に予想もつかない禍をもたらす天変地異は、いつでもどこにでも起こる。天命思想のもとでは天意によると考えられ、陰陽五行思想では要素間の相克の現われと考えられたが、これらは「天」の超越性と対象的自然の引き起こす現実を、どのように関連づけて解釈するか、天と人とが相関する関係のあり方の問題である。陰陽道を朝廷の機構に導き入れた日本では、それらに魔物や怨霊のはたらきが加えられた。「天」以外の超越的な魔物が人間に厄災を及ぼすと考えるのも、同類と見てよい。

二宮尊徳は、天地自然のはたらきのうち、雑草のはびこるのは、人間にとって余分で放恣なものとし、人間が助けるべき天地の循環とを分けただけのことである。その意味では人間中心主義だが、中国本草学も薬効による分類によっており、人間にとってという考えを離れるものではなかった。そこに西洋近代に発達した形態による生物分類学との著しい相違が生じていた（二宮尊徳の思想については第九章の最後でふれる）。

西洋近代の博物学では、人間にとっての生物の役割から離れ、形態の類似性による分類が行われていた。アリストテレスの形相を受けつぎ、造物主の目的が形態に現れていることを想定し、かつ、分類しうる理性を人間は造物主から分け与えられていることを前提にしていた。カール・フォン・リンネは『自然の体系』（一七三五）で、生物の形態の類似性と差異を明確にし、より分かりやすい体系に整理しなおした。神の意志は混沌としたものであるはずはなく、明確なシステムを備えているはずだからである。むろん、そこにはリンネが好ましいと考える体系性もはたらいている。そのようにして承認された客観的分類の基準を、今日、ＤＮＡによる分類に転換しようとすると全く別の体系が立ち現れることになる。それは、しかし、神の意志の有無にかかわらず、人間が分類の基準を転換している以上、いたしかたのないことである。

つまり、セントラル・ドグマの有無は、客観性の基準にならない。客観性の問題は、それを保証するはずのセントラル・ドグマの比較へと進むべきだろう。日本の古代王権が設定した四教併存体制は、皇室の祖先神信仰を最も重んじるタテマエだったが、平安時代には仏教崇拝の勢いが強くなるなど変容も著しかった。徳川幕府は朱子学を公認したが、幕藩二重権力体制では科挙制度はとれない。これが儒学系思想内にもかなりの自由度をもたらした。のみならず、神道や仏教との関係も複雑に展開し、三教一致論も興隆した。まずは、彼らを取り巻く思想環境、社会関係から考察しなおすべきではないだろうか。

相良亨『日本の思想』のもつ、もうひとつの大きな方法上の問題をあげるなら、たとえば、彼がのりこえるべき対象とした和辻哲郎の倫理学のもつイデオロギー性の批判がはたされないままに、その欠陥を埋める構想が立てられていたことだろう。丸山眞男『歴史意識の「古層」』に安直に依拠していたことなど、参照した日本近現代思想のそれぞれの歴史性の吟味が必ずしも充分ではないこともあげられよう。

以上、第二章を通して、「日本人の自然観」にアプローチする際、かなり大きな意味をもつ課題が浮かびあがってきた。コリングウッド『自然の概念』、ホワイトヘッド『過程と実在』、ニーダムの自然観。翻訳語の成立事情。明治後期における近代的な「自然」概念の形成と定着。原始宗教におけるアニミズムと生成的自然観。日本神話とその編集の思想。丸山眞男「歴史意識の『古層』」。二〇世紀の「宇宙大生命」の観念や生命原理主義。仏教の無常観と生命観。「草木悉皆成仏」の観念。平安時代の季節感。『古今和歌集』から中世歌論への展開とその評価。古典を近代の「芸術」観で批評したり、表現を感情に還元する読み方。江戸時代の実学と蘭学の関係。リアリズムの多様性。西洋の自然科学と超越的絶対神との関係やその日本での受容。日本における四教兼修体制とその組み換え。宋学受容。

和辻哲郎の日本文化論。そして東西の自然観の根本的な相違などなど。これらの一つ一つについて、解決すべく取り組んでゆきたい。

第三章　「日本人」と「自然」と

　ここでは「日本人」（日本民族）および「自然」の概念について議論を整理し、未解決の問題と取り組む。「日本人」＝「ヤマト民族」意識の形成については、人種、民族、部族などのコンセプトの確認から、後の議論にも関係する人類学の歴史、スキームなどとからませ、人類学と史学の二つの見地を紹介する。ヨーロッパの人類学の野蛮（野生）－対－文明・文化のスキームは、遊牧を欠いているだけではなく、定住・半猟半耕型が長く続いた東アジアには無効である。とくに日本では水田耕作が徐々に浸透していった過程を考えるべきだろう。また、民族意識の形成については、早くから民族的一体感が形成されたという説を払拭すべきだろう。平安朝初期のヤマト王権下において編まれた『新撰姓氏録』に、多民族雑居の意識が強く残っていたことが容易に確認されるからである。

「自然」に関しては、翻訳語「自然」の成立から定着までを明らかにする。日本語のジネンとシゼンも含め、「自然」の含意と、“nature”の多義性に着目し、「自然」と“nature”が互いに翻訳語になった場面を一九世紀半ばの英華辞典、華英辞典に尋ね、それが互いに翻訳語になったのは「自ずからの性質」の意味が共通していたゆえであり、「天地自然」（天地のあるがまま）が「自然」一語で代用されるようになったと考えるとわかりやすいだろう。

　次いで、英語と中国語の翻訳事情とその日本での受容、二つの「理学」の併存状態があったこと、文部省用語では戦前期まで「天然物」だったことなどを示し、訳語「自然」の定着には、二〇世紀への転換期に博物学志向が拡がったこと、とりわけ「自然主義」の語の流行がはたらいたこと、しかし、それは符丁に過ぎないような空疎な内容だったことを明らかにする。

関連して、日本の工業革命（産業革命、Industrial Revolution）や「電子」の概念および宇宙進化論に密接に関連する「電気」および「エネルギー」の語の成立過程に踏み込み、それらが日本に伝播した様子に及ぶ。

一、日本人＝ヤマト民族意識

民族という概念

今日、「日本人」という場合、日本が国民国家を形成する過程で領土に組み入れた沖縄と北海道の日本列島の住民を含めていうのがふつうである。日清戦争の結果、台湾を領土に組み入れ、その住民に国籍を与え、日露戦争の結果、樺太の南半分を、また一九一〇年に朝鮮半島を領土に組み入れ、第一次大戦後は南洋諸島を委任統治した。一九三一年の満州事変で支配下においた満洲では、独立国家のタテマエをとった。「満洲国」へ移住した日本人、朝鮮人は日本国籍をもっていたから、「国民」の規定を曖昧にせざるをえず、国法（憲法）を制定できなかった。だが、第二次世界大戦に敗戦し、それらの地域を手放し、アメリカの軍政下におかれた地域は、一九五三年に奄美群島、六三年に小笠原諸島、七二年に沖縄が返還された。それでも、千島列島、竹島、尖閣諸島では、その帰属が国際問題化しているが。

「民族」は、ふつう言語、宗教、生活習慣の三つの文化要素を指標に区分される。ロシア帝政打倒に向け、ボルシェビキが諸民族独立の旗を立てたことから、ヨシフ・スターリンが一九一三年の論文「マルクス主義と民族問題」で〈言語、地域、経済生活、および文化の共通性のうちにあらわれる心理状態の共通性を基礎として生じた、歴史的に構成された人間の堅固な共同体〉と定義したことに基づく考えである。*

＊一九一七年革命ののち、一九二二年にソビエト社会主義共和国を樹立するまでの過程でも、少数民族の強制移動が行われたし、一九九一年のソ連崩壊後、民族自治のタテマエの下で各共和国も民族自治区も実際はロシア人が牛耳っていたことが白日のもとに晒された。それは運用の実際上の問題である。

だが、言語一つとっても、何をもって一言語と認定するか、言語学者の意見はケースによって分かれる。生活習慣も精確さを追究すれば、集団の規模は一集落に縮小する。スターリンのいうとおり、「民族」とは〈歴史的に構成された〉意識にほかならない。それゆえ、指標は歴史的に編み替えられてきた伝統意識に頼るしかない。さらに集団は自他の区切りの上位に、同一グループという意識が伴うことも多い。それゆえ、「民族」を構成する各小集団に、かつては「部族」(tribe)の語が用いられていた。が、このことばは差別意識をこめて用いられることが多いため、第二次大戦後には避けられるようになり、今日では大小を問わず、みな「エスニック・グループ」(ethnic group)と呼ばれている。日本では、“ethnicity”の訳語にも「民族」が用いられている。

かつて、“tribe”に「部族」の訳語があてられたのは、古代ヤマト王権の「氏姓」制度によっている。「氏」は、王権に所属した勢力の職掌名で、祭祀儀礼にあたるのは中臣氏と忌部氏、土器づくりにあたる土師氏などなどである。王族や氏族の支配下に置かれた集団が「部民《べのたみ》」と呼ばれた。「語部」の「部」も律令制度下の職掌名で、「氏」より低い地位に用いられた。王権と服属関係を結ぶ以前の首長を中心にした集団に「部」が用いられていたゆえだろう。が、律令制度下の「氏」と同じく、「部」も体制内に位置付けられた役割の意味で、職は独占的だが、必ずしも専業ではない。官位に応じて、与えられる「封戸」の数が決まるが、封戸が与えられなければ、「部」の家族は農に従事することになる。

一九世紀半ば、ヨーロッパでは、同一の法律のもとに国民が等しく平等に扱われるタテマエの近代国民国家（nation-state）形成が進展した。ヨーロッパ大陸では、フランス革命後の混乱を軍事独裁体制により収拾したナポレオン一世が国民皆兵制度を採用し、ヨーロッパ各地の王権や封建領主の軍隊を蹴散らし、イギリスとロシア、オスマントルコを除く全領域を支配下に置いた。それに反発し、各地の民族独立運動が国民国家形成に向かった。その動きがほぼ一段落する時期に、日本は西洋帝国主義に植民地化される危機感から、逸早く、その形成に進み、一八六八年を明治元年とした。小国に分立していたドイツがプロイセンを中心に統一される一八七一年より、やや早い。

一八七一（明治四）年末、国民皆兵制度を整えるために、徴兵告諭が発せられ、古代の「郡県」制へ戻すことと「四民」平等が宣言された。「郡県」は、古代中国で秦朝が、全国を郡、その下に県を配置し、中央からその長に官僚を派遣する中央集権制を敷いたことに由来する語。それ以前の周王朝が各部族の分権の上に統治を行った方式を「封建」と呼んだことに対する語である。「四民」は「士農工商」の職分（世襲制を基本にする職業による身分）を総称していう語で、これも古くから用いられていた（「封建」「郡県」の概念とともに「四民」の概念の変遷の歴史は第四章で述べる）。

国民皆兵といっても、どこの国でも成人男子に限られ、金銭などによる抜け道はさまざまにあった。社会差別も温存された。そのうち、女性の選挙権は、先進諸国では、ほぼ第二次大戦後に差別の解消に向かった。日本も同じ。被差別部落への差別が強く残ったのが日本の特徴である。国会の開催、帝国憲法の制定、教育勅語により、近代国民国家制度を整えたのち[*]、農商務省は一九一〇年代に、資本主義経済が浸透し、再編が迫られた農村改良に乗り出すが、かえって差別的な風聞も拡がった。一九二〇年、労働者のストライキなど階級闘争が頂点を迎えたころ、一九二二年に全国水平社が結成されている。

＊明治維新は、王政復古のタテマエによる政権交代だから、国法の制定は欽定によるほかなく、帝国憲法は国会の承認を受けている。「憲法」と呼んだのは聖徳太子の「十七条憲法」にならったもの。第三条の天皇の「神聖不可侵」は王権神授説を条文に残すプロイセン、バイエルンの国法を参照し、幕末に俄かに高まった神がかり天皇主義と妥協をはかったものと考えてよい。議会に対して内閣が責任を負う内閣責任制は、すでにオーストリア国法が明記していたが、大日本帝国憲法は「国務各大臣は天皇を補弼《ほひつ》しその責に任ず」（第五五条第一項）としていた。実質は、内閣責任制と見なされている。天皇は、憲法及び皇室典範（一八八九、一九〇七増補）に、その地位と役割を規定されており、それを離れることはできず、フリーハンドでもない。すなわち、専制君主でも、絶対君主でもない。

日本の知識層が自らの「民族」総体の特徴について論じることが盛んになるのは、広く国際的な視野を獲得した明治維新以降のことである。江戸時代の知識層にとっては、藩に区分された領地が「くに」（国）であり、それによって「国柄」を論じる風潮が盛んになり、郷土意識も藩を単位に形づくられ、戦前・戦後も長く残った。江戸後期には、むしろ藩（国）の経営に関心が集まり、水戸学を除けば、統一国家形成に広く関心が向くのは倒幕運動期といってよい（第一〇章二節を参照）。

日本では、国民国家の形成とともに、“nation”の翻訳語として「民族」が定着した。だが、ヨーロッパ語の“nation”の歴史は浅く、一七世紀にドイツ語圏で、出身地を同じくする都市に暮らす人びと（郷党）から拡がったとされる。そのため、一部に“nation”の概念の導入以前に日本に「民族」意識がなかったかのようにいう向きがあるが、自らが属する集団を他と区別する意識（自民族中心主義、ethnocentrism）は人類に普遍的に古代からある。古代ギリシア人が自らを「ヘレネーの子孫（ヘレネス）」と呼び、それ以外の民族を「訳の分からない言葉を話す者」、バルバロス（複数形・バルバロイ）と呼んだことはよく知られる。

古代中国では、黄河地帯に興った漢民族が周辺諸民族を「蛮夷」として扱う「華夷」秩序を敷き、日本列島の勢力を「東夷」と位置づけており、早くから朝貢関係を結んでいたことは、邪馬台国の所在地問題とは別に、史書の記載や「漢倭奴国王印」の所在などから疑うべくもない。ヤマト王権は、各地に、穴居に住み、ないしは集落の周囲に土塁を築いて抵抗する先住民を「土蜘蛛」と呼んで差別し、次つぎに支配下においていった。九州の「熊襲《くまそ》」「隼人《はやと》」とは、王権とかなり長く戦闘が続いたと推定されるが、服属させ、臣下において、それとは別に扱った。朝鮮半島から渡来した集団、とくに馬の飼育に長けた集団が、「牧《まき》」を営んでいた痕跡は長野県から千葉県、東北一帯に確認されている。「蝦夷」に対しては、公の記録では五～九世紀にわたって討伐が続き、異民族として扱った。東北の地名などにアイヌ語系のものを散見するので、「蝦夷」すなわちアイヌの祖先の住まう土地だったことは長くいわれてきたが、今日の言語学では、『万葉集』の東歌などにアイヌ語からの借用語があることが確定している。▼1 服属した蝦夷集団（俘囚）との交易などを通した接触によるものだろう。アイヌは北海道・樺太・千島列島、カムチャツカ半島南部にまたがる各地域に分散して居住し、交易圏はあったが、いわゆる標準語（共通語）はなく、文字も持たなかった。

ヤマト王権に服属を約束した部族の長には姓が与えられ、貢物を献上する関係を結ぶが、蝦夷も同じに扱った。また古代では戦闘で捕虜にした集団を「奴隷」にするのが一般的だが、蝦夷は多く兵力とされ全国に配備された。『後漢書』〈鄧禹伝〉にいう〈夷をもって夷を制す〉（以夷制夷）も知られており、服属した蝦夷を蝦夷討伐にも起用したにちがいない。戦闘用の砦（柵）から蝦夷の生活の痕跡が発掘されて不思議はない。九世紀後期には、各地に叛乱が起こり、みな東北に移管された記録が残る。のち、勢力を得て、俘囚長を称した安倍氏（奥州）、俘囚主を称した出羽清原氏、俘囚上頭《うえとう》を称した奥州藤原氏があり、奥州藤原氏は平安末期には東北北端まで勢力下においた。ヤマト王権の下に置かれた一般公民と蝦夷とのあいだに交雑が行われ、混血の子は「アイノ」と呼ばれたことが知られ、「アイノコ」の語源ともいわれる。が、積極的に交雑が行われたわけではない（後述する）。

江戸中期に幕府老中、田沼意次《おきつぐ》が蝦夷地開拓に乗り出したとき、松前藩に蝦夷の待遇改善を命じている。維新政府が一八六九年に「蝦夷地」を「北海道」と呼び改め、公式に領土に編入したときから、アイヌを日本国民として扱うことが始まるが、「旧土人」と呼び分け、一八九九年には北海道旧土人保護法を制定、戸籍を分離、同化政策を強化していった。

民族＝国民性論は、日本が同盟関係をつくり、キャッチ・アップの目標においた大英帝国を形成したイギリスが島国であることがはたらき、しばしば類比の指標とされた。議論は、島国の住民の気質(島国根性)の良い点、悪い点などが論じられるところから始まった。三宅雄二郎(雪嶺)『真善美日本人』『偽醜悪日本人』(ともに一八九一)が典型である。そこには「人種」の観念も導入され、日本人は、「マレー人種」「モンゴル人種」などの混血したものと論じられている。一九世紀半ばの西欧では、体液の性質により個々人の気質(temperament)を論じる方式が「民族」に拡大され、実証主義により、自然環境が決定するという方向が「科学」的とされた。その議論を明治期の知識層は受け取ったのである。

日本民族の起源が論じられるようになったのは、お雇い外国人教授が先鞭をつけた。当時の形質人類学(のち、文化人類学に対して自然人類学とも)の観点によるもので、「マレー人種」「モンゴル人種」もその用語である。「民族」に対して、「人種」(race)は、自然(形質)人類学における頭骨や皮膚、毛髪などの身体の特徴による分類だが、何種類に分類するのかも便宜的で、分類する者が所属する文化によるバイアスがかかる。なお、英語で人類は“humam race”だが、人種差別も“racism”という。“race”の語は文脈で使い分けられている。“racism”は、“ethnocentrism”と言い換えられており、実際の場面では「人種」と「民族」の用語は交錯している。

人種および文化類型

幕末、明治期に、ドイツの医師、フィリップ・フランツ・フォン・シーボルトやエルヴィン・フォン・ベルツがアイヌを白人種に分類したことはよく知られる。この時期には、ドイツの医師、ヨハン・フリードリッヒ・ブルーメンバッハが一八世紀後期に打ち出した形質による五分類——コーカシア（白色人種）、モンゴリカ（黄色人種）、エチオピカ（黒色人種）、アメリカナ（赤色人種）、マライカ（茶色人種）の大分類が、あるいはその片鱗が、とくにドイツ人のあいだに活きていた。白人がコーカソイドと呼ばれるのは、『創世記』で、ノアの箱舟が漂着したアララト山が中央アジアのコーカサス地方とされるゆえである。その後、その他の「人種」は分岐し、文化程度が劣るとされた。なぜ、分岐したのか、なぜ、劣化するのかは説明されることはない。

だが、人類学では、使用する道具の種類により、文明の発展段階を「旧石器—新石器—青銅器—鉄器」時代に分ける分類法が行われはじめ、一八七八年に再来日したエドワード・シルベスター・モースが、これを持ち込み、縄文式土器（cord marked pottery）に着目した。モースは、また、日本人とアイヌの祖先とを区別し、「旧石器時代」には「プレ・アイヌ」（アイヌ以前の先住民）を想定した。それを承けて、坪井正五郎がアイヌの伝説中に登場する「コロボックル」を先住民と想定し（一八九五〜九六年）、アイヌ説を唱える小金井良精と論争になった。坪井正五郎の弟子の鳥居龍蔵が、北千島などを調査、形質、言語・文化を併せた手法により、「コロボックル」はあくまで伝承中のものとし、「アイヌ」を先住民とする報告を一九〇一年、東京地学会例会で行い、『千島アイヌ』（一九〇三）をまとめ、坪井正五郎がこれらを認めて決着がついたかたちになった。

そののち、「農耕・牧畜」の跡が、西アジアに認められ、旧石器時代との区分の一つとされた（今日、その中間に「中石器」時代を想定する説もある）。これは、古代ギリシャの都市国家（ポリス）を基本モデルに、定住と主食が小麦などの一種に定まることを指標にしており、「野生」「野蛮」（savage）に対して、耕作を意味する“culture”（翻訳語は「文化」）、および都市文明を意味する“civilization”（翻訳語は「文明」）とをあわせたもので、「文化」「文明」は混用される（それらの伝統的用法は、後述）。

ヨーロッパ語圏の神話学は、二〇世紀への転換期には、言語学から儀礼や生活習慣の研究へ進み、日本でもほぼ同時期に知られていた。高木敏雄『比較神話学』（続帝国百科全書、博文館一九〇四）〔序〕および〔凡例〕が、人類学的神話学の勃興により、言語学的神話学は過去のものになったと明言している。

このようにして人類学が統合されてゆき、多くは植民地の狩猟採集民を対象とし、狩猟・採集と農耕・牧畜の都市文明とを対比するスキームが定着した。これに、イギリスのフランシス・ゴルトンがダーウィニズムを人種間に持ち込んだ優生学（eugenics）――もとは優秀な家系を残すことを目的にしたもの――を唱え（一八八三年）、二〇世紀への転換期から、人種の身体特徴により、文明度を測ることが盛んになった。ドイツ民族の優秀性を喧伝するナチスがユダヤ民族を迫害する口実に用いたことがよく知られる。

第二次世界大戦後には、クロード・レヴィ＝ストロースが熱帯の旧植民地の調査を重ね、人種間進化論を払拭した構造主義の思考法に立ち、「長い歴史」をもつ野生の上に、近代文明が重なる「短い歴史」をもつ図式を提出した。だが、この文化類型は、かつてブレーメンバッハがモンゴリカを想定したとき、その習俗として知っていたはずの「遊牧」を除外している。それに対して和辻哲郎『風土―人間学的考察』（一九三五）は、アジアのモンスーン地帯と西洋の牧場型のあいだに西アジアの砂漠地帯を挟み、梅棹忠夫『文明の生態史観』（一九六七）は、遊牧を文化形態として浮上させた。

日本では第二次大戦後、旧石器時代の遺跡も相次いで発見されたが、欧米でいう新石器時代は、すなわち都市文明の起源を意味する。日本では縄文時代が新石器時代にあたるとされるものの、その文化差は拡がる一方である。

狩猟定住からの多様化

東アジアにおいては、温暖・多湿な気候条件により、多様な植物が繁殖し、動物も昆虫も他種に及び、食料の確保が比較的容易であり、稲作を営む以前から集落定住型の生活が営まれていた。定住生活では、集落を守る神と異界に蠢く霊が区別されるのがふつうで、耕作地がその境界をなす。遺骸は異界に葬る。異界は、祖先の霊を含め、人を守り、また禍をもたらす神や死霊（鬼神、スピリッツ）の棲むところになる。とくに山や海の仕事には危険が伴うから、山や海の神に頻繁に祈りを捧げる。

定住といっても、狩猟や漁撈のシーズンだけ、本拠地を離れるキャンプ型の移動は関東地方の縄文遺跡などで確認されている。二〇世紀前半のことだが、樺太のアイヌは夏・冬に定住地を替える方式をとっていた。これを定住型とするか、定住型への移行の段階とするかは議論が分かれるだろう。

それとは別のことだが、ロシアと中国東北の国境あたりに住むツングース系のエヴェンキはトナカイの遊牧で知られるが、小型の鹿（馴鹿）を放牧して暮らすオロチョンを自称する部族は、エヴェンキと自らを区別する。第二次大戦前、ちょうど日本が満洲事変を起こした一九三一年冬、満洲に住むオロチョンをイギリス人の調査隊（ロシア人を含む）が撮影した写真が遺されている（内蒙古大学民族博物館所蔵）。白樺の細い板をテント様に立て、そのあいだに樹皮を張った住居はエヴェンキのそれと同じ様式で、シャーマニズムの祭祀儀礼とともに鹿肉を燻製にしている写真もある。この場合は、定住・牧畜型に移行していたといってよいだろう。

狩猟採集を主としたが、火焔土器など独自の形態と文様をもつ土器の文化を指標にいわれる縄文人は、季節により根拠地を変える生活スタイルが生じたり、定住し、集落の周辺に主食にしたクリを育て、エゴマなどを植えたり、また高床式で食料を貯蔵することなども行われていたことがわかっている。陸稲も見つかっている。山間地では焼き畑や芋の栽培も行われたことだろう。狩猟・採集を主としても、定住し、粟・稗《ひえ》、赤米などの畑作も並行して行う半猟半耕に長い時間をかけて移行していったことが推測されよう。

『日本書紀』〔崇神天皇一二年〕条に、災害や叛乱が相次いだため、天皇が神に誓いなおして、北陸、東海、西道、丹波の四道に将軍を差し向け、それらの地域を平定し、世の中が落ち着いたとある。ヤマト王権による支配の画期の一つを遺した記事と判断される。神武東征は別にして、雄略が覇権を握ったのを第一段階とすれば、第二段階にあたる。

そこに、はじめて調《ミツギ》を徴収し、〈男之弓弭調《ユハズノ》。女之手末調《タナスエ》〉とある。〈弓弭〉は、弓で射とめた獣の肉や毛皮、〈手末〉は、絹布など手芸品一般。「山住《やまずみ》」の狩猟採集民が長く定住して暮らしていたことを示していよう。

半猟・半耕の地帯に稲作が拡がるには、かなりの年月がかかったし、長く完全に転換したわけではないことも、国立歴史博物館が詳しい調査に基づき、説いている。長野県などでは寒冷に堪えうるような稲作が行われるのは相当遅れた。そして稲作が拡がっても、畑作は並行して行われた。粟や赤米などの畑作物が米とともに祭祀に用いられていた例は、古墳時代を超えて枚挙に暇がないくらい報告されている。器は、考古学でいう須恵器《すえ》（陶器）に代わりはしても。『続日本紀』〔元正天皇霊亀元年冬十月〕条には、日照りなどに備えて雑穀生産を奨励する詔も見える。

狩猟に長けた山の民の暮らしも長く存続した。のちに戦乱の世に野に降りた人びともあったろうし、逆に平家の落人部落のように、動乱を避けて、山間に暮らしを守った集落もあった。サンカの習俗も昭和戦前期に探索されていた。

中国東北部でも朝鮮半島でも、狩猟と畑作が併存し、また混交する状態は長く続いた。日本統治下の朝鮮半島では、焼畑を行う「火田民」が最下層に位置していた。

漁撈民は、かなり古くから東南アジアから東北アジアの沿岸伝いに漁場を求めて根拠地を移動したことが十分考えられる。中国大陸と朝鮮半島、日本列島の沿岸部に居住する人びとの文化的類縁性に考慮する研究もある。彼らが半漁半耕の生活様式にも移行したことも知られている。

中国の史書、よく知られる「魏志倭人伝」(『三国志』〔三世紀末〕中『魏国志』第三〇巻のうち、「東夷伝」中の倭及び倭人の記述)に現れる東方の「倭人」と呼ばれる異民族は彼らのことだろう。背が低く、腰が曲がって、漁撈民は蛟《コウ》(ウミヘビやサメの類か?、日本では「みずち」)の害を避けるため、からだに入れ墨をし、ところによっては稲作も行うとされる。

また、『常陸国風土記』〔信太郡〕の条に、浮島村では、製塩をもって業とすることが記され、特別な禁忌をもっていることが示唆されている。現・稲敷郡桜川村浮島では、第二次世界大戦後に島内の古墳群から祭祀遺跡も出ている。全国各地で製塩が行われた遺跡が出ている。製塩も多くは専業ではなく、漁撈を兼ねただろう。内陸部でも鹹水が湧き出るところでは、小規模でも製塩の跡が出るという。▼2

モース―坪井正五郎の系譜に連なる人類学者、鳥居龍蔵が、彼らとは意見を異にし、アイヌを日本列島の先住民としたことは先に述べたが、それとは別系の石器時代人(「固有日本人」とする)が満洲南部や南朝鮮から相次いで移住し、交雑して、文化的に〈融合統一〉されたことを想定していた(「古代の日本民族」一九一六)*。鳥居は、広くシベリアやチベット、また台湾、中国西南地方のいわゆる少数民族の習俗を調査し、多数の論文を残している。

＊鳥居龍蔵は日韓併合(一九一〇)期より、朝鮮半島の遺跡の発掘調査にあたったが、その見解は、古くからあるにはあったが、日韓併合に際して、俄かに持ち上がった日鮮同祖論に便乗したものではない。論文「古代の日本民族」では、先史時代からの雑種性を縷々述べたのち、最後に数行、皇統のみが〈同一系統を続けて来て〉おり、〈世界に類のない事〉と述べている。東京帝国大学理科大学に席を置く者の配慮と、わたしは読む。そののち、国学院大学教授。

もとより、わたしには鳥居龍蔵の遺した論文の細部まで当否を論じる能力はない。が、彼が日本列島と東アジア一帯にわたって、いわゆる先史時代の道具類の調査にも取り組んだ成果は、人間と自然との関係の考察に豊かな材料を提供してくれることはまちがいない。

鳥居龍蔵は『人類学上より見たる我が上代の文化』(一九二六)〔一三 薩満教について〕で、善悪二神をもつシャーマニズムの性格を明確にしている。また、中国の南部のシャーマニズムが桃の実を魔除けに用いることも知られている。定住し、耕作を営む場合、住居を守る神と耕地を境界とし、その外に異界を想定し、遺骸を葬ることが観察され、死者の霊をいう鬼神や禍をもたらす神は、異界に棲むことが一般的なパターンとされる。日本列島の場合、稲作と同時に太陰太陽暦による農事暦が持ち込まれたと考えれば、天神地祇の祭祀が次第にシャーマニズムを山地などへ追いやっていったことが推測されよう。*

＊ここで簡単に「アニミズム」との概念上のちがいを整理しておく。「アニミズム」は、イギリスの人類学者、エドワード・バーネット・タイラーが『原始文化─神話、哲学、宗教、芸術そして習慣の発展の研究』(一八七一)で狩猟採集民の原始信仰のうちに、生命の種子にあたるスピリッツを見出し、それを「アニマ」(anima)と呼び、「すべての物や自然現象に霊魂や精神が宿るという思考」と定義したことに発する。タイラーは、そこには人格の投影(擬人法)が認められるとし、宗教の初発の形態と論じた。「アニマ」は、ギリシャ語、プシケー〔息〕のラテン語訳で、『新約聖書』にも登場する語で、転生(生まれ変わり)の信仰全般にも、この考えは認められる。精霊信仰一般を「アニミズム」と呼ぶなら、問題は起こらないが、タイラーの用語法は宗教進化論の考えに立ち、ユダヤ─キリスト教の一神教の祖型を探る発想に立っていると見てよい。

なお、より原始的な信仰のかたちとして、アルセル・モース『呪術論』(一九〇二)は、メラネシアの原住民が不可思議な力や現象を呼ぶ「マナ」の語について、実体、力、さまざまなはたらき、また動詞、形容詞的にも未分化に用いられていることに着目している。なお、柳田國国男が祖先の霊の崇拝をいう際に「トーテミズム」を用い、折口信夫は来訪神を論じる際に「マナ」の語を用いた。[3]

また、いうまでもなく、今日でも世界各地に狩猟採集民は生存している。木綿のＴシャツを着、ポリエチレンの容器を用いたり、懐中電灯をもっていたりもするが、生活の様態は狩猟採集を主としている。それとは別だが、たとえば中国の山間部などには二〇世紀前半まで、あるいは後半に入っても、かなりの数の人びとが洞窟で暮らしていた跡があちこちで確認できる。彼らは耕作に従事していたか、あるいは近くの職場へ働きにいっていたかもしれない。それぞれの条件によって、人は洞窟に住むことを選ぶし、選ばざるをえないこともありうる、そのような事態に、時空を超えて想像をめぐらすことも必要だろう。

植民地支配と優生学の勢いが盛んな時期には、形質による「人種」の優劣意識が伴ったし、そうでなくとも、文明度の高低の意識がついてまわった。日本の場合、明治維新直後からアイヌには同化政策を進めた。領土に組み入れた沖縄は、かなり長く反発がつづいたのち、大正・昭和戦前期に同化意識が盛んになった。そして、第二次世界大戦後に米軍統治下に長く置かれたことに対して、沖縄では教員など知識層が復帰運動をリードしてきた。

その間、人類学では、琉球列島の住民を異民族とするかどうかまでふくめて絶えず議論がなされてきた。琉球諸島の方言差は著しいが、言語学では、ほぼ同一言語と認め、日本語の祖型のごく早い時期に琉球語の祖型が分岐したという見解がやや優勢にあるようだ。一九七二年に沖縄県になったのち、本島と諸島との行き来が盛んになり、県民意識の形成が進んだ。が、第二次世界大戦末期の犠牲者の多さ、またアメリカ軍事戦略上、アジア・太平洋地域の要石としての位置づけは変わることなく、基地の存在が重くのしかかっていることはよく知られている。

二〇世紀の終わりに、米ソ二大勢力が対峙する関係が崩れ、多くの国民国家が分離独立したが、イスラム過激派の動きも絡み、ナショナリズムがかつてないほど剝き出しになる状況が訪れた。国際関係が複雑に絡みあうだけでなく、地域間の連携にも再編が進む。「民族」問題はさまざまなかたちで絶えず浮上している。

今日の人類学の所見

日本人の祖先について、これまで形質人類学、とくに骨格の分析から唱えられてきた最も有力な説は、二〇世紀末に埴原和郎がまとめた「二重構造モデル」である（『日本人の誕生─人類はるかな旅』吉川弘文館、一九九六など）。後期旧石器時代に属する時期にはじまる縄文人と、水稲耕作を営む弥生人（紀元前一〇世紀頃からとする）の混血が徐々に進行してきたが、いまだ平均化されていないとするもの。

今日の遺伝学は、現代日本列島人（アイヌ人、琉球人、本土人）の遺骨のゲノム分析により、琉球人系とアイヌ系の強い類縁性を認め（ただし、アイヌの遺伝子は北方ツングース系諸民族との交流をもち、かなりの多様性が認められるという）、これらを列島先住民の子孫とする。つまり、「二重構造モデル」を強く支持する結果を示している（日本列島人類集団遺伝学コンソーシアム「ゲノム規模のSNPデータから推論された、アイヌ人と琉球人に特に着目した日本列島人類集団の歴史」二〇一二）。細胞内のミトコンドリアＤＮＡ（母から子に受けつがれる）について調べたところでは、本土日本人は大陸由来のものを六五％を保持し、縄文人系のものは三五％の割合という。

現代の日本列島人のうち、琉球人系とアイヌ系の遺伝子が強い類縁性を示すのは、旧石器時代から琉球をふくむ日本列島には同族関係と見なせる種族が居住していたことを示唆しているが、結局のところ、縄文人の由来は、明らかでない。東アジアの北方や南方から島伝いにやってきたという説が長く唱えられてきたが、証拠に乏しかった。群馬県の岩宿遺跡が発見され、旧石器時代人の居住が確認されたのが、第二次世界大戦後、一九四六年のことである。それ以降、発掘が進んだが、最近、二〇一五年からはじまった沖縄・石垣島の遺跡（白保《しらほ》竿根《さおね》田原《たばる》洞穴）からは、かなりの数の旧石器時代の人骨が見つかり、人類学者の関心を集めている。大陸と陸続きだったころに棲みついた可能性もあるという。ただし、沖縄の先島には、土器の出る地層の上に、無土器時代の地層が重なるところもある。何度も波をかぶり、ヒトが押し流されたことを物語る。

他方、日本列島が北東アジアと陸続きだったときに、気候変動によって北方から移住してきたという説も有力である（尾本恵市『ヒトと文明―狩猟採集民から現代を見る』ちくま新書、二〇一六など）。北東アジアの、とくに沿岸部には、旧石器時代の遺跡が豊富に残っており、調査研究も進んでいる（吉林大学考古学博物館）。ここからベーリング海峡を渡ってモンゴロイド系の人々がアメリカ大陸を北から南へ移住したことは定説だろう。ヒトの大量の移動に気候変動が大きくはたらくことは認められても、それだけが要因ではない。

青森市の三内丸山遺跡は、縄文時代前中期を通して発展した大規模集落跡で、巨大な木造構造物の遺跡が出たことから、人びとを驚かせた。「文明」と呼ぶかどうかで論議がある。クリなど堅果類を主食にしていたことはまちがいなさそうだ。定住や主食の安定を指標にすれば、明らかに「文明」に属する。だが、やはり狩猟採集が中心だったと見る人もいる。繰り返すが、ヨーロッパの人類学がつくった「狩猟・採集の野蛮」対「農耕・牧畜の都市文明」という二分法図式を疑った方がよい。

日本の場合は、弥生文化をもつ人口の移動と水稲耕作が結びついていた。水稲は、長江一帯から盛んになったものが伝えられたことが明らかにされているが、それをもち来《きた》ったとされる弥生人の移入の経路は、南島経由、大陸から直接、また朝鮮半島経由が推測されている。繰り返すが、日本の本島内部での弥生文化の拡がりも相当の時間をかけて漸進的になされたこともいわれている。

なお、東アジアで今日に続く栽培種のイネ（ジャポニカ）は、中国南方の野生のイネが起源と判明している（倉田のり、久保貴彦〔国立遺伝研〕'A map of rice genome variation reveals the origin of cultivated rice.'2015)。そして、中国南方から東南アジアにかけて、奇妙な言い方になるが、野生種のイネが長く河川で粗放栽培されていたことが知られている。それを古くから各地に散在する「倭人」も行っていたことも推測されてよいだろう。

史学的見地

日本には、一族の祖先が、中国大陸や朝鮮半島から渡来したという伝承をもつ人びとも散在しているが、氏族の伝承も、家系図をまとめるには歴史的な契機がはたらく。桓武天皇による平安遷都（七九四年）後、平城天皇が奈良に都を戻そうとした薬子の変（八一〇年）を経て、嵯峨天皇が、近畿一帯の氏族の出自を調べた『新撰姓氏録《しょうじろく》』（八一五）がある。神武天皇以降に天皇家から分かれた子孫の氏族を意味する〔皇別〕、神武以前から葦原中国に住む神を祖先神とする〔神別〕、その後に渡来した〔諸蕃〕に三区分する。ごく大雑把には、それぞれがほぼ三分の一ずつを占める。

＊〔神別〕の内、ニニギノミコトの天孫降臨より以前に高天原から降りた神を祖先神とする氏族を「地祇」、天孫降臨に従った神を祖先神とする「天神」、それより三代のあいだに分かれた神を祖先神とする氏族を「天孫」とする。〔諸蕃〕の内訳は「漢」一六三、「百済」一〇四、「高麗」（高句麗）四一、「新羅」九、「任那」九。合計すると、〔皇別〕三三五、〔神別〕四〇四、〔諸蕃〕三二六、その他一一七、総計一一八二氏。

これらは、むろん、提出した各氏の伝承による。

平安初期の大和朝廷は、「天孫降臨」以前から日本に居住する諸部族と統一以後に渡来した人びとを包括する者として自らの権力を位置付けていたことになる。〔神別〕のなかには、地祇を祀る海洋民、すなわち「海人《あま》族」の子孫、「海部」なども含まれている。つまりは、大和朝廷の支配以前に、日本列島にそれぞれの神を祀って暮らしていた部族にあたるさまざまな集団があり、そのうち、大和朝廷の統一に服属し、それなりの地位を保っていたのが〈神別〉とされていることになる。「氏族」は、むろん、上層に属している人びとに限る。〈諸蕃〉のなかにも、秦氏のように秦王朝の末裔という意識をとどめたものや、高麗《こま》などの名を留めた集落や神社など土地への帰属意識が伝承されもしてきた。少なくとも平安初期の近畿地帯では、複数民族集団による国家という意識があったことになろう。第二次大戦後の日本でも、名字や地域伝承により、渡来民を祖先にもつ家の意識は強く残っていた。

今日のＧＩＳ（Geographic Information System）を用いた地理学では、古墳時代以前、北九州、出雲、大和に三つの王権が所在していたことが確認されている。ニニギノミコトが筑紫の日向《ひむか》に降りたとするのもむろん、何らかの伝承が朝廷に遺っていたからのことで、『日本書紀』は、神武を人皇とし、東征して大和の地に王朝を築いたとする。途中のコースの曲折は別としても、北九州の王権と何らかのつながりがあったことは否定できない。

五世紀に編まれた南朝・宋の正史『宋書』〈列伝第五七　夷蛮〉中、朝貢を続ける倭国王に朝鮮半島の高句麗より南を監督する称号を与えたことを記したあとに、「武」王が提出した文書を引いている。

東は毛人を征すること五十五国。西は衆夷を服すること六十六国。渡りて海北を平らぐること、九十五国（東征毛人五十五国西服衆夷六十六国渡平海北九十五国）。

文飾もあろうが、東の〈毛人〉は蝦夷、西の〈衆夷〉は隼人族などと推定される。〈国〉は大小の首長の治める集落を中心とした邑国《ゆうこく》のこと。〈海北〉、つまり、朝鮮半島の南部に勢力を伸長していたと見てよい。とりわけ百済との関係は親密だった。

一九六八年、埼玉県行田市に発見された稲荷山古墳出土の鉄剣の金象嵌の文字に「獲加多支鹵大王《ワカタケル》」とあり、五世紀前後のものと推定されている。明治期に発掘された熊本県の遺跡から出た銀象嵌の文字の読みも、それに倣ってよいとされ、朝廷が編んだ神話中の雄略天皇に比定されている。『万葉集』〔巻一〕の巻頭に雄略のうたが置かれていることからも、朝廷にとって、雄略は画期をなす天皇と意識されていたことがうかがえる。

そして稲荷山古墳出土の鉄剣の金象嵌の漢字には、朝鮮系の字音が確認されている。統一王権が朝鮮半島を出自とする文官を伴っていたのは確実である。『古事記』『日本書紀』には、朝廷の文官が祖先の百済からの渡来を明示した記事を載せている。*

*ただし、『紀』と『記』では、同じ歌謡、たとえばスサノオの作と仮託されている「出雲八重垣」の歌謡の字音には、朝鮮系のものが混在し、しかも、『記』と『紀』では同音に異なる文字が用いられている。歌謡を採録した者の、おそらくは渡来の時期の相違によると推測される。なお、今日、中国の古代方言の音の研究が進んでおり、いわゆる呉音にも地方区分がかなりの程度、できている。朝鮮字音とあわせて研究すれば、歌謡のみならず、『紀』『記』『風土記』『万葉集』の編集過程の解明に新たな展開が見られるかもしれない。

その剣は祭祀用に造られたものだが、五世紀ころまでに、戦闘用の鉄剣が持ち込まれていたことは確実で、同じ時期に、馬が持ち込まれたことも、骨が出土する地層から分かっている。蒙古馬で、朝鮮半島から済州島経由が最も考えやすい（のち、済州島の馬の飼育は一旦、途絶える）。つまり、鉄剣と馬とにより、統一王権が成立したといえそうだ。圧倒的な武力の差により、さして激しい戦闘も経ずに、次つぎに各地の首長を服属させたと推測される。服属といっても、中国・南朝と倭国との関係と同じで、貢物を差し出す約束をし、名目上も含めて、その地の管理権を委ねる関係である（いわば礼制上の冊封）。朝鮮半島は三国時代と称される時代で、六世紀中期に唐と結んだ新羅が、百済を、次いで高句麗を滅ぼすことになる。

王権成立後は、首長が保持する祭祀の宝物（呪物）を召し上げ、朝廷側の宝物を下賜することも行われた。これら首長が県主《あがたぬし》の姓をもち、やがて国造《くにのみやつこ》に任命されてゆくコースが考えられる。九州の平定は徐々に進んだと推測される。

次に「蝦夷」に対する征討が明らかになるのは、大化の改新の時期で、六四七（大化三）年に、今の新潟県、宮城県以北に城柵が設けられている。これは明らかに戦闘を伴う王権の支配地の拡大である。六五八年から六一年にかけて、阿倍比羅夫が日本海側を北海道まで遠征。そののち、『日本書紀』〈持統天皇三（六八九）年正月条〉に〈越蝦夷沙門道信に仏像一体を賜う〉（賜越蝦夷沙門道信仏像一軀）と見える。この〈越〉は、現・山形県あたりだろうか。「蝦夷」にも仏門に入る人が出ていた。このとき、朝廷は、仏具などのほかに鍬《スキ》と鞍も下賜《かし》している。旧来の氏姓制から官位制への移行に伴い、官吏に「禄」が伴うようになると、布類のほか鍬が与えられるようになる（『令集解』）。鍬一口が鉄二十斤に相当する。農具の配布は、与えられた封戸の人びとが耕作に用いるためである。

文武朝期、六九七年から六九九年にかけては、越後蝦狄《えてき》に仏像、仏具などが下賜され、爵位が与えられている。「越」は令制で越前・越中・越後国などに分けて呼ばれるようになっていた。仏教による統一国家形成の動きは明確である。

だが、『続日本紀』の七七〇年以降、光仁朝期の記載には、北陸などで蝦夷とのあいだに不穏な動きを伝え、敵対意識が露《あら》わである。平安遷都（七九四年）を跨いで、蝦夷と一進一退の激戦が続いた。今日、三八年戦争と呼ばれる。征夷大将軍・坂上田村麻呂が海を渡って海路から戦闘を収めて一段落する。一一世紀には本州北端までがヤマト政権下に入る。服属し、重用される者が出ても、異民族意識は双方に根強く残り、混血は容易に進まなかったと考えてよいのではないか。

江戸時代に入ると、一六六九年六月、蝦夷地との交易を松前藩が独占することに対して、日高・シブチャリ（静内）の首長、シャクシャインを中心に大規模な蜂起が起きた。一七八九年には、ロシアとの交易問題も絡み、松前藩の略奪に等しい蝦夷地開発に対して国尻島のアイヌが蜂起し、鎮圧された。

明治維新以降の同化政策により、北海道アイヌは、一九二〇年代には「滅びゆく民族」の相貌を呈していた。第二次世界大戦後、保護運動が活発になるが、各地に散在していた母語としてアイヌ語を喋る僅かな数の老人たちは、一九九〇年代に姿を消した。

沖縄は、一五世紀に琉球王朝が治めるかたちになり、中国と薩摩とのあいだで、双方の貿易の便宜のために比較的安定した政権を保っていた。一八七二年に日本の領土に組み入れられたが、反発の意識が長く続き、大正期を通じて次第に日本への帰属意識が高まっていった。第二次世界大戦末期の悲惨な経験を経て、一九七二年に返還されるまで、アメリカ軍の統治下に置かれ、返還後もアメリカの軍事基地問題に悩まされていることはよく知られる。奄美群島は激しい復帰運動により、一九五三年末に返還された。

アイヌと沖縄を除いて、近代国民国家における教育が民族意識の均一性をつくりだしてきたため、民族意識を問題にする際には、海外の出自の意識は考慮の外に置くことになる。だが、ヤマト‐対‐蝦夷の民族対立を孕んで日本史は展開したにもかかわらず、ヤマト民族の早くからの平和的統一説が浸透しているのはなぜか。それが問われなくてはなるまい。以降、本書では「蝦夷」や「アイヌ」、「熊襲」や「琉球人」、また「在日」中国人や朝鮮人などについては、必要に応じてふれる程度にする。その問題を含んだ上で、「日本人」の呼称は、古代から日本列島で生活してきた「民族」のうち、主流（majority）を形成してきたヤマト民族をいうことにする。

二、「自然」という概念

ジネンとシゼン

今日の「自然」の語意（概念）は、明治期に英語の"nature"の訳語としてはじめて定着したという通説、とくに、それを自然科学の「自然」の意味に限定する態度を、先に退けておいた。近代に起きたことは、伝統的な漢語「天地自然」のうち、「自ずから然り」を意味する「自然」の含意の一つに、上の「天地」の意味が加わったたようなことだった。では、なぜ、そのような事態が起こったのか。本節では、まず、ヨーロッパ語"nature"の含意に、「天地」と「自ずから然り」があったことを、香港で刊行された英華辞典に確認する。次いで、日本で、その二つが日本で混用され、かつ、明治後期に定着していった経緯を探ってみたい。また、明治期の工業化の推進を支えたエネルギーの概念が伝統的な「気」で翻訳された事情にも立ち入ってみたい。

従来、訳語の問題は、言語学および国語学の立場から、近代日本語を基準にし、それが何時、どのようにして成立してきたかを探る方法が採られてきた。その際、明治維新前については、多く日本人がつくった蘭日辞書、またそれを参照した『英和対訳袖珍辞書』（一八六二）などの辞典類や、ジェームス・カーティス・ヘボン編『和英語林集成』（初版一八六七、第二版一八七二、第三版一八八六）が用いられてきた。日本語の語彙の様子を知るには大事な作業である。ヘボンの『和英語林集成』第三版では、和語より漢語の量が急増している。それは、ヨーロッパ語の翻訳語に漢語が用いられたことを如実に示している。しかし、この方法には、訳語の形成の場面に踏み込めないという限界がある。

というのは、最初に"nature"に漢語の訳語があてられたのは、一九世紀半ば、香港でのことだったからである。そこに赴く前に、日本語「自然」（自ずから然り）が辿った含意の変容について見ておこう。

「自然」の伝統的意味は「自ずから然り」（特別に手を加えることなく、それがあるがままにある状態）だが、中国語でも日本語でも古くから、「自ずから変化する」、英語でいえば、“spontaneous”（自発的な）にあたる意味が含まれた用法もあった。漢語「自然」は、いわゆる「呉音」――漢音以前に日本に流入し、知識層に用いられた種々雑多な起源の漢字音のこと――では「ジネン」と読み、その読み癖が長く保持されていた。『類聚名義抄』の鎌倉時代の写本にも、それが採られている。そして、親鸞晩年の手紙に現れる「自然法爾《じねんほうに》」が浄土真宗では、究極の教えと説かれる。人間の思慮分別をはるかに超えた阿弥陀仏の本願力のはたらきのままにまかせるのがよいという含意である。この「自然」も語自体は「おのずから、あるがまま」の意味で格別なものではない。

その「おのずから」の意味が江戸時代には分岐を見せる。一七世紀前期の元和年間の『見聞愚案記』に、〈世話に、自然《ジネン》と呉音に云えば自然天然の様に心得、自然《シゼン》と漢音に云えば若《もし》の様に心得るなり〉とある。〈世話〉は「俗世間の話ことば」の意。漢音「シゼン」なら「万一のとき」を意味する用法が広まっていたことを告げている。この「シゼン」の用例は、江戸時代の民間の読み物に多く見られる。一例だけあげておく。井原西鶴『好色一代男』（一六八二）（二―五）に、次のようにある。

先ずきょうまでの浮世、あすは親しらずの、荒磯《ありそ》を行けば、自然水藻と成《なり》なむも定《さだめ》難し。

〈親しらずの、荒磯〉は、日本海岸、糸魚川付近の断崖絶壁の難所で知られた「親不知・子不知」を踏まえ、懸け詞のようにして、いつ死ぬとも知れない命をいっている。これは「おのずから」が、「人の格別な意志によらず」という意味に偏ることで、「無理をせずに」や「折にふれて」に、さらに「偶発的に」に転じていったものと考えてよい（その経緯は『日本国語大辞典』（小学館、第二版、二〇〇〇

〜一二〇二）で容易に確認できる）。

『平家物語』（巻第七 実盛最期）に〈実盛は今度のいくさに討死にせうど思ひきって候ぞ〉など、「思い切る」の用例がしばしば見える。そこには「覚悟」という仏教概念が覗いていることは、日本人の死生観の問題として、つとに指摘されてきた。物語のなかでのことであり、語り手の観念を問題にすることになるが、平安末期、壮絶な最期をとげる武将が〈今度のいくさに〉向けて構えた覚悟を語らせたものである。それが、江戸時代前期の西鶴の書く町人の世界では、明日は〈水藻と成なむも定難し〉と、いわば常なる覚悟に転じていた。「天地」すなわち対象的「自然」観は、戦乱の世を潜ることによって、仏教的無常観の浸透とともに、より偶発性を孕んだものへと転じていったと思ってよい。「自然」観と「死生」観とは、不即不離の関係にある。

さらに加えるなら、本居宣長『玉勝間』には、〈世ノ中の有リさまも人の心もかわりゆくは、自然の勢なりというは、普通の論なれども、これみな神の御所為《みしわざ》にして〉とある。「御所為《みしわざ》」は、江戸時代に所作の主体に対する尊敬語として、よく用いられていた語。〈自然の勢〉の無常を〈神の御所為〉に転じ、「自然妙霊」や「定め」の観念と結びつける宣長流の概念操作である。

「あるがまま」をジネン、「若しものとき」をシゼンと呼び分けていたことは、明治期以降に「自然」を漢音で読むようになるにつれて、忘れられがちになったと想われるが、『好色一代男』は明治期の武張った時期に禁圧されたものの、そののちは、『平家物語』と同様、繰り返し読まれてきた。対中国戦争、「大東亜戦争」を潜ることによって、いつ、「偶発的」に死に見舞われるかもしれないという観念は、より広く定着したと想われる。それゆえ、第二次世界大戦後、戦中世代の論じる「日本人の死生観」は、これらをないまぜにしたようなものだったと思う。あるいは、今日でも。日本人の自然観のうちに巣くっているものとして見逃しがたい。

戦後日本には長く平和が続いたが、戦中世代を父親にもつ世代が老齢に近づくころには、国際情勢が不穏になり、国内外ともに、人びとが偶発的に、死に見舞われる事態が繰り返し報道されている。若い世代の死生観は変容しても、偶発的に死を迎えることがありうるということを薄くでも覚悟している点は、さほど変わらないのかもしれない。

“nature”の訳語の歴史

次に、前近代のうちに日本語とヨーロッパ語“nature”とが出会った場面を簡単に見てゆこう。一七世紀初頭、長崎で刊行されたイエズス会宣教師たちが編んだ『日葡辞書』には、〈御主《あるじ》デウス森羅万象ヲツクリタマウ〉と記されている。

『日葡辞書』には、長崎方言も多く採られているが、この「森羅万象」は、ポルトガル語の「自然」にあたるものを当代の京都の知識層の用語によって翻訳したものだろう。「万象」は、すべての物のかたちで、英語では“all nature”，“all creation”，“all the universe”などにあたる。デウスは世界の創造主とされるキリスト教の神だが、道教思想の古典、『列子』（基本は春秋戦国時代に成立か）には「造物主」の語も見え、すべては神の被造物という考えは東アジアにも古くからあった。*ただし、それは、この世界に存在する。世界の外部に存在し、世界を外から創造した絶対的超越神とはちがう。

＊この〈御主〉は、中国では「天主」と翻訳され、ローマ・カトリックは「天主教」と呼ばれた。仏教で、インドラの神をいう帝釈天の異称が「天主」で、それが借りられたものと考えられる、漢訳聖書では「天帝」の語も用いられたことも知られている。「天帝」は道教の語である。「天主教」は、日本でも明治期にキリスト教解禁後、「耶蘇教」とともに広く用いられた。

だが、『日葡辞書』は、禁書扱いが長く続いた。日本の知識人がそれを「発見」するのは、明治維新後のこと。明治後期に「南蛮」ブームが起きる。言語学者の新村出《しんむらいずる》が活躍し、詩人で医師の木下杢《もく》太郎《たろう》はキリシタン文献の探索を昭和戦前期まで続けた。

その次は、日本人による最初の蘭和辞典、蘭学者の稲村三伯、宇田川玄随、岡田甫説ら『波留麻和解』（一七九六）の"natuur"の項に「自然」「神力ニテ造ル」「造化神」「性質」「自然ノ理」「欲シ好ム」などが見える。「欲シ好ム」は、「性向」「性癖」など、嗜好が自ずと向くという用法だろう。この先頭の「自然」および「自然ノ理」の「自然」が、近代語と同じに対象的「自然」を意味すると説えた人もいるようだが、その用法は、まだ日本語にも中国語にもなかった。すでにふれたように「自然」を「自ずから然り」の意味で、名詞的に用いる用法は中国語にも和語にもあった。

桂川甫周『和蘭字彙』（一八五八）では、"natuur"に「造物者ニ作ラレタル物」「本体」「造物者の力」「造物者」等を並べ、訳語に「自然」をあてていない。"natuur"の形容詞・副詞形"natuurlijk"に「生得ノ又自然通リノ」「万物ノ理ヲ示シテアル」「自然ト知ラルル」など「自然」を用いている。これを桂川甫周がオランダ語の品詞に通じていたゆえと推測する向きがあるが、桂川甫周が校訂にあたった元版の『ドゥーフ・ハルマ』（長崎ハルマ）自体、オランダ商館長、ヘンドリック・ドゥーフと通詞との共同作業でつくられたもので、それゆえ、日本語の言い回しを用いた解説が多い。通詞たちが「自ずから然り」を形容詞的、副詞的用法に限定した可能性が高いのではないだろうか。

"nature"の漢訳語

香港でつくられた英華辞書のうち、とりわけドイツ人の宣教師、ウィリアム・ロブシャイドの編になる『英華辞典』（一八六八）の果たした影響は大きく、その後の英和辞書の編集に参照されているといわれる。▼4 この辞書は『英華和訳字典』（乾坤二冊）（敬宇中村正直校正、津田仙・柳沢信大・大井謙吉訳、東京山内輹《ふく》出版、一八七九）として刊行され、また井上哲次郎による訂増版（一八八四）も出された。

そこで、ロブシャイド編『英華辞典』の"nature"とその関連語を見てゆく。ピンインは省略、（　）

および〔　〕は引用者の補足。

“nature”（名詞）の項は、訳語として第一に「性」、第二に「the universe、天地」をあげ、「the author of nature、造天地者、洪鈞、皇天后土、大塊、大鈞」（すべて同義の異称）、「sort、様子」「species、種」「particular character、性情」「human nature、人性」「the nature of medicine、薬性」などを列挙してゆく。そして、「to investigate into the principle of nature（nature”の原理を示すこと）、格物、窮究物理」「the production and destruction of the elements of nature、五行相生相尅〔剋〕」など用例をあげる。

英華辞典だが、用例の採り方は、英語圏の人びとが中国思想を理解し、翻訳するのにも、中国人が英語に翻訳するにも役立つように工夫されている。“nature”の項に「自然」の訳語は見えない。なお、井上哲次郎訂増版（藤本氏蔵版、一九八四）は、中国語のピンインを省き、第一の訳語「性」に「天性」を加えているほかは、すべて踏襲。

ロブシャイド編『英華辞典』は用例に、“author of nature”をあげ、“creator”の語を用いていない。これは、キリスト教にいう“the Creator”（創造神）――宇宙の外に立って、無から創造した者――に当たる概念は漢語にはない、と厳密に考えたからではないか。

次に、“Natural”（形容詞）の項。“pertaining to nature”（“nature”に関すること）と説明し、「性的」「本性的」「原」「本」「原本」「本来」「天然」「天生的」などをあげ、「according to the stated course of things、合性的、従性的」のあとに「not forced（強制されずに）、自然」とある。さらに「natural disposition（自らの性質）、性情、品性、品質」などの訳語を並べ、「natural death、善終（今日なら自然死）」「natural philosophy、博物之理」（今日なら自然哲学）「natural history、人物論」「natural history of man、人類総論」（今日なら人類誌）「natural influence、自然之権」（自然にそなわった力や勢い。Natural right〔自然権〕とはちがう）「practice makes things natural、習慣的自然」（自

然なふるまい）などが挙げられている。これらは皆、「自ら然り」の意味である。

“natural history”の訳語に「人物論」を当てているのは“human nature”（動物に対する人間の本性、人情）の意味が映っているらしい。*個人の性格や気質に、フランス語では、“nature”を用い、英語にも見えるが、英語では多く“personality”“character”“temperament”などを用いる。当時、“natural history”は、まず「博物誌」の意味である。「natural philosophy」と「natural history of man」のあいだに置かれているところからも、その方が妥当しよう。「人物論」という訳語には、何か手違いが生じたのかもしれない。

＊“human nature”の訳語「人性」は、日本では明治期から広く用いられたが、大正期には「性」の語が性愛の意味で用いられることが多くなるにつれて使用は減ってゆくようだ。明治期から同じ意味で用いられていた「人生」（人物の境涯の意味もある）の方が増えていくことになる。書名では東京帝大医学部生理学教室の永井潜《ひそむ》が一般向けの『生命論』（洛陽堂、一九一三）に次いで著した『人性論』（実業之日本社、一九一六）が最後ではないだろうか。前者では、突然変異説の台頭により、種の進化の主要な要因としてダーウィンが説いた生存闘争説が失墜したことを告げているが、後者では早くも、種の進化の要因はさまざまにあるという総合説に立っているのが注目される。

“nature”（今日いう自然）に対する学は、ヨーロッパでは、ルネサンス期を通じて甦り、“natural history”（広く天文、自然地理、動植物、地質・鉱物などについて観察・記載する博物学〔誌〕ないし自然史）、“natural philosophy”（哲学の一分野としての自然哲学）、“analsis of nature”（自然の要素分析で主に化学）に三分され、産業革命期に「博物学」から鉱物学が発展・分岐し、一九世紀に入ると専門分野の分岐が進み、“natural history”は、自然環境のなかで動植物の生態を観察する分野の意味に限定されていったと考えてよい。

ロブシャイド編『英華辞典』には、その並びで、“Naturalism”（名詞）も立項し、「mere state of

nature（ただ本性のまま〔をよしとする立場〕）」、「惟《ゆい》性者」という訳語をあてている。「自然主義」と訳しても、当時の中国語では理解されなかったことがわかる。“Naturalist”（名詞）の項には、訳語「博物者」「博物士」〔今日なら博物学者〕をあげ、「one who denies supernatural agencies（超自然のはたらきを認めない者）、信性之理者（性の理を信じる者）」を付している。これは、神や神秘を信じない「無神論者」ないし「唯物論者」の意味だろうが、「性理」は宋学の核心である。英語圏での程朱学（朱子学に同じ）理解について見るとき参考になろう。

“Naturally”（副詞）の項には、「自然」「天然」「本然」「本性」の訳語が並ぶ。そして、これらも井上哲次郎訂増版はすべて踏襲している。

自然観と関連してロブシャイド『英華辞典』の“wild”の項目を見ておこう。「roving、遨遊、遊蕩」、「not tamed、野」、「not cultivated、野、野性」「savage、兇、兇猛、残忍」など、「desert、荒、荒野、曠野」「licentious、放恣」「imaginary、幻想、妄想」なども並ぶ。“Wilderness”、“Wildness”もほぼ同様で、これらは当時の一般的な価値観を映していよう。「野蛮」という訳語はない。「野蛮」は、中国の洋学書で“savage”の訳語として造語され、日本では明治初期から用いられたとされる[5]

今日の「野蛮」の対義語「文化」は、中国で古くから用いられ、王権に服属（王化）させるのに、縄目で境界を定めたり、戦争で制圧したりすることなどに対し、言葉による教化をもってすることを原義とし、それがよく生き渡った状態が「文明」である。ヨーロッパ語の“culture”が「耕すこと」「農耕」に発し、“civilization”が都市文化に発することは、よく知られるが、前者は精神文化に、後者は物質文明に用いられる傾向が強い。それとは食いちがっている。

翻訳は、異言語間で、相互に成り立つものだから、双方の含意を見ておくことが鉄則である。そこで、イギリス人宣教師、ウォルター・ヘンリー・メドハースト編『華英辞典』（一八四二）の「天」の項を見て見よう。“heaven”、“Providence”（神意、摂理）、“nature”、“the power above”、“the firmament”（大空）, “the sky”, “the aerial region”, “a day”, “a season”をあげている。（ ）内は引用者が補った。最後の二つは「明天」（明日）、「秋天」（秋）の用法である。ただし、「天地」には“the heaven and earth”をあてている。中国語における「地」のもつ重さに配慮したのかもしれない。これによって、英語“nature”と中国語「性」および「天」が互いに訳語になったことは確認できる。

『ロブシャイド英華辞典』、『メドハースト華英辞典』の二つを引き比べれば、一九世紀半ばの東西の概念の異同、対応関係のおよそは知れる。それ以前にイギリスの宣教師、ロバート・モリソンの手になる三部・全六巻『華英・英華字典』（一八一五〜二三）の大著がある。訳語をあてず、語意の説明に力を注いでおり、中国語と英語の含意のちがいを知るにはよい。だが、日本の洋学派には、まず参照されていないように想われる。明治初期のいわゆる啓蒙主義者たちは、英和、和英辞典の類も用いていないだろう。彼らは、先の二つの英華、華英辞典や上海の新聞、また学術漢訳諸類を参照し、英語と漢語の概念上の類似と差異を把握していったと推測される。わたしは、少なくとも福地源一郎や西周らは香港版の両辞典を用いていた可能性が高いと推測している。

英語“nature”の語源

次に、英語“nature”の含意の範囲を確認するために、また、のちにギリシャ古典の「自然」概念を考えるために、その語源について見ておく。ヨーロッパ語の“nature”は、古典ギリシャ語Φύσῃ (physis、フィシス）のラテン語の訳語“natura”を語源とする。ギリシャ語“physis”は「在る」(being)をいう「フィ」（短母音）の名詞形だが、ギリシャ哲学において、“physis”の最古の用例はヘラクレイトスの断片に見られ、物の「本来あるがままの姿」「真実あるがまま」を意味するという。まず、「あるがまま」「本性」「本質」の意味で用いられ、その総体をいう「万物」「万象」、今日いう「自然」の意味がそれに加わったという順で考えてよい。「本性」の意味から派生的に“sort”や“species”が生じるので、これらが、ロブシャイド『英華辞典』では補足してあったわけだ。

そして“physis”は古典時代のうちに、「成る」「生まれる」を含意するようになったとされる。これは「生じる」「湧き出る」「生長する」を意味する動詞“phyesthai”（フィーエスタイ）（長母音）と語形の類似から混同されたとも、生物が「生まれる」「生育する」を意味する動詞“phyomai”（フィヨマイ）と結びついたともいわれる。それゆえ、しばしば、ラテン語“natura”には、「成る」「生育する」の含意があるといわれる。

「成る」「生長する」「生育する」は、漢語では「生」の含意にあたる。万物が活動し、産出し、生長変化する意味で用いてきたことは、すでに見てきた。「生」は、しかし、“nature”の訳語には登場していなかった。「生」は“Life”と互いに翻訳語となり、「生命」や「生活」など新たな多義的な語を生んだ。

まとめると、ギリシャ語“physis”には、「あるがまま」「本性」の意味が先行してあり、それが「天地万物」の意味でも用いられ、のちに「生」の意味が加わった。そのラテン語への翻訳語“natura”には、それらがみな含意され、それがヨーロッパ諸国語のもとにある。それに比べると、古代中国語では、「自然」「性」「天地」「万物」（万象）「生」が早くから分岐し、概念としては区別されていた。ヤマトコトバにも、上から順に「おのずからしかり」、「たち」「うまれつき」「もちまえ」など、「あめつち」、「あらゆるもの」（あらゆる〔ものの〕かたち）、「うまれること」などなど、対応する概念があった。ヤマトコトバに語彙（単語）がないと概念がなかったかのように考えてしまうのは、上代から漢語の概念を習得した人びとがヤマトコトバを書いてきたというリテラシーの実際を想定しないゆえに生じる大誤解である。ヤマトコトバだけで生活していた人びとこそ純粋な日本人などと考えるのは、中国文化に対抗的な「国学」の影を引きずった近代の言語ナショナリズムによる言語学上の時代錯誤にほかならない。「自然観」を考える際に、これらの概念の関係を念頭に置いておくべきだし、われわれは、すでに第一章二節で、いわば自然に踏み込んでいた。

桂川甫周『和蘭字彙』には、“natuur”の訳語として、漢語「性」「天地」（天）は、どちらも見えなかったが、「生得ノ」という訳語は、天から与えられた「性」を含意していたことになる。オランダ語で「天」は“hemel”（ヘームル）で、『和蘭字彙』にはむろん、関連語とともにかなり掲載されている。だが、「天地」“hemel en aarde”（ヘームル・エン・アアデ）は立項されていない。先行していた『ハルマ和解』との相違は、先に述べておいた。

繰り返すが、以上から、“nature”の訳語に今日の意味の「自然」の語が定着したのは、日本で起こったことであり、一九世紀末まで、“natuur”の訳語として「自然」の語が定着しなかったのは、「天地」と「性」があてられていたからではないかと推測がつこう。逆にいうと、それ以前の「自然」の語は、多く「自ずから然り」ないし「性」の意味で用いられていたことが確認されよう。それが、なぜ、「自然」に置き換えられたのか。そこに踏み込まなくてはならない。そのために、近代訳語の成立事情から述べてゆきたい。

近代訳語の成立事情

漢訳聖書を別にすれば、英語と中国語の翻訳関係が大々的につくられたのは、一九世紀半ばの香港と新興都市、上海など中国南岸地帯で、欧米の宣教師と中国人の「秀才」（科挙の最終選抜で落とされた者）とが協力してはじまった。それ以前、明末から清代にかけて中国には、フランシスコ・ザビエルをはじめイエズス会宣教師が布教に入り、マテオ・リッチ（利瑪《まり》竇《とう》）は世界地図「坤輿《こんよ》万国全図」を刊行するなど、西洋の科学知識を活用してキリスト教を布教、フランス人宣教師も加わり、とくに康熙帝の時期には、大砲の製造、実測地図の作製、ブルボン王朝との交流を含め、文化の東西交流が盛んになっていた。

清朝、康熙帝は、一六八五年に海外貿易を許可、広州の海関の監督下に十数の商社がそれにあたり、国内の西洋に対する唯一の海の窓口を取り仕切り、茶や陶磁器を輸出し、銀貨や文物を輸入して繁栄を極めた。「十三行」と呼ばれるが、「行」は同業者組合（ギルド）を意味し、その用法は現在の銀行の「行」に残っている。「十三行」は港町の名にもなった。宣教師たちも、ここを足場に活動した。が、イエズス会が中国の祖先崇拝の典礼と抵触しない布教方針をとっていたことがローマ教皇庁と対立し（典礼問題）、問題がこじれて一七二四年にキリスト教の中国布教は全面禁止され、西洋科学＝技術の導入は衰退した。

それゆえ、それらの知識は、士大夫層には拡がらなかった。科挙は元代に復活し、元末から文官とは別に武官を採用するための武挙も行われ、明代の士大夫層は「文武両道」の精神を離れ、大半は技術の開発に関心を向けない文人読書層だった。

やがてアヘン貿易がはじまり、アヘンが取り締まられると十三行は衰退に向かい、イギリスとのアヘン戦争を経て、一八四二年、南京条約で香港島をイギリスが割譲し、ヨーロッパの東インド会社は香港に集中した。宣教師の活動も拠点を香港に移し、そこで刊行された英華辞典は、日本での翻訳語の流通にも決定的な役割を果たした。

香港や上海などの新聞では、ビジネスに必要な新造語が文脈に即して（場当たり的に）次つぎにつくられては、次第に淘汰されていった。中国にはない政治上の役職、たとえば“president”の訳語、「大統領」も、このときつくられた。集団の長、親方を意味する「統領」に、元締めを意味する「大」をつけたもの。これは三文字だが、そのほとんどが二字熟語でつくられる。人文・社会系をふくめ、諸科学用語の多くは、教科書類の翻訳が本格化するうち、江南製造局（後述）内に一八六八年に設置された訳書館でつくられた。化学用語などに、廃れて使われなくなった文字を用いることもあったという（山田慶兒氏の教示による）。

中国語は、よく知られるように、一字が一つ以上の意味をもつ。意味を限定するために二字句はよくつくられるが、いつでも一字ごとに切り離せる。故事成語は別にして、熟語として固定化しない。たとえば「文学」は、『論語』にあるように、言論に対して、多く「文章博学」、「文の学」の意味で、儒学の先生の呼称にも用いられたが、六朝期に文章の価値が高くなると、「文と学」とを意味する場合もあった。[▼6] 当代において、あるいはいまも、中国語の方が英語よりはるかに分節化が進んでいるので、二字熟語にすれば、まず訳せない語などない[*]。

＊しばしば英語“society”が訳せなかったかのようにいわれるが、これは国家と市民社会の相互対応を想定する現代語を基準にする倒錯である。ヘーゲル『法哲学』（一八二一）に示されたような、あるいはオーギュスト・コントやジョン・ステュアート・ミル、ハーバート・スペンサーらが国家の基盤をなすものとしていう社会の観念は、英語圏では一般化していなかった。英語“society”は、性格も大小も異なるさまざまな集団を意味し、結社や会社、貴族社会や地域社会、社交界など、多義的に用いられていた。実は、いまもそれほど変わらない。それゆえ、集団一般をいう「社」の文字を用いて「会社」など、みな文脈によって訳し分けていた。広く民衆一般をいう場合には、揚子江と洞庭湖にたとえた「江湖」が用いられた。日本でも同じ。福地源一郎が率いた『東京日日新聞』は、まずは『江湖新聞』を名のって創刊された（一八六八年五月）ことも想い浮かぶ。つまり、“society”の訳語は新造語〔社会〕になかなか定まらなかったと考えるべきである。逆にあまたの訳語のうちから、「会社」は営利目的で営まれる集団に限定されていった。柳父章『翻訳語成立事情』（岩波新書、新版、一九八二）〔社会〕は、新造語「社会」を対象に考えているため、翻訳語成立の諸事情をとらえそこなっているといわざるをえない。

　なお、「社会《ソサエチ》」の語を最初に『東京日日新聞』（一八七五年一月一五日）の紙面で用いたのは福地源一郎（桜痴）だったことは今日、通説である。福地は、幕末に通詞などで二度、維新後にも二度、渡欧し、英仏語に通じ、その概念把握は抜群だった。「日本文学」（作文教育を含む人文学全般）の語を初めて用いたのも福地である。[7]

それら中国沿岸で次つぎにつくられる翻訳語は、しかし、中国大陸内部にはなかなか拡がらなかった。自国中心主義で外夷は文化の劣ったものと見る「華夷秩序」の堅固さで説明されることが多いが、日本との比較のため、少しだけ踏み込んでみる。

イギリスとのアヘン戦争（一九四〇〜四二年）に危機感をもった者は『海国図誌』（一八四二、四七、五二）で知られる魏源《ぎげん》ら、ごく僅かの人びとだった。一八五一年に江南にキリスト教の刺戟を受けた太平天国の大争乱が起き、イギリス・フランスとのアロー戦争（第二次アヘン戦争、一八五六〜六〇年）により、香港の権益を失い、ようやく危機感が高まり、洋務派運動が起こる。清朝は一八六一年に外務省に相当する官庁を設置し、一八六五年、江南機器製造総局（江南製造局）を創設、軍艦などの製造に乗り出すことになる。

それに対して、日本ではアヘン戦争ののち、幕府は一八四五年に海防掛《かいぼうがかり》を設置、一八五〇年には佐賀藩、薩摩藩が軍事工場の建設に乗り出している。山田慶兒は、その約一〇年の差がのちのちまで響いたと見ている。しかも、壮中年が維新直後からお雇い外国人技術者のもとで機械技術の獲得に走った日本とは異なり、清朝では、その教育を若年層に与えるところからはじめたという。[8] 日本では江戸中後期から諸藩の改革、殖産興業が盛んになり、武士のあいだに「実学」志向が拡がっていたことが大きく響いた。

幕末の幕府蕃書調所が、西洋事情を知るために、まずジャワのオランダ領東インド政庁から送られた機関誌を国別に抄訳編集したものを『官板バタビア新聞』（一八六二）として刊行したことは、瓦版に代わる初めての「新聞」としてよく知られる（キリスト教関係の記事を除外）。

その後継紙は洋書調所から『官板海外新聞』（一八六四）、また浜田彦蔵の『海外新聞』（一八六四推定）が横浜に寄港するイギリス船のもたらす新聞から記事を抜粋翻訳するなど、幕末にかけて蘭学から英学に転換してゆき、いくつかの藩でも取り組み、英和の字引が何種類もつくられてゆく。たとえば福沢諭吉『西洋事情』（一八六六初版）で「自由」の語を選択する際の苦心を書いた条では、上海の新聞の英語漢訳をよく参照していることがわかる。[9] ただし、参照の度合は、人によっても語によってもまちまちだったのではないだろうか。

中国国内では、清朝政府に対する批判が高まり、近代国家への制度替えが進みはするが、本格的な再編は日清戦争（一八九四〜九五年）に敗北してからである。近代概念の普及は、イギリスに留学した厳復《げんぷく》が生物および社会進化論（『天演論』一八九八）、一八九八年に日本に留学した梁啓超《りょうけいちょう》が物理学のエネルギー概念や近代文芸批評などを広めたのち、五四運動・辛亥革命（一九一二年）を経て、一九一〇年代後半に、魯迅らの「文学革命」を通して拡がってゆくことになる。ただし、その間、一九世紀西欧の概念が日本流に受け止められたものが、二〇世紀への転換期に学問制度の再編に伴い、大きく組み替えられていったので注意を要する。「自然」の概念も、その一つに数えられる。

訳語と概念

幕末から新たな翻訳語の摂取に邁進したのは、黒船ショックで欧米の大国に植民地化される危機感を募らせた日本の知識層だった。多くは下級武士であり、武力に敏感に反応し、江戸後期の藩政改革のなかで実学への関心が高かったことが大きく作用した。彼らは中国の新聞などから選択して用いはじめ、明治前期の「県令」などの公報や「御用新聞」と称される政府の動向を伝えるメディアで用いられ、次つぎに定着していった。

当代西欧の概念とその編制によく通じていたのは、徳川幕府に派遣され、何度もイギリス、フランスを訪れ、維新後は『東京日日新聞』を率いた福地桜痴と、オランダ・ライデン大学に留学した西周の二人が抜群だった。福地桜痴についてはすでにふれた。

西周は、学問全体の編制に心を砕いたことで知られる。そのなかには“philosophy”の翻訳語として自ら考案した、先哲の学の意を汲んだ「哲学」の語が、東京大学（一八七〇設置）文学部内に「哲学科」が置かれ、帝国大学（一八八六年創設）文科大学の学科名にも用いられ、のちに中国で定着したような例もある。一般に、東京大学より、帝国大学の編制および学科名などの社会的なインパクトははるかに大きかった。

また、たとえば法律に関して、人為的に決める「実定法」と区別される社会規範を「自然法」（natural law）と呼ぶが、これはヨーロッパ語でも「自ずから然り」の意味の“nature”と見てよい。“natural law”を最初に「性法」と訳したのは、アメリカの国際法学者、ヘンリー・ホイートン（中国名、恵頓）の国際法の教科書『国際法原理』（一八三六初版）をアメリカの宣教師、ウィリアム・マーチン（中国名、丁韙良）が『万国公法』（北京一八六四ないし六五）のなかでのこととされる。

西周はオランダのライデン大学で、ズィーモン・フィセリング教授から、法学を一八六三年に学び、その訳稿を一八六七年に『性法説約』と題して完成していた。彼自身は、それを幕末の混乱で失ったと思っていたが、一八七一年に西周の序文つきで神田孝平訳『性法略』が刊行されている。先にロブシャイド『英華辞典』に見たように、“natural law”は、人が本来、もっている性質の意味で、誰でも「性法」と訳して不思議はない。西周は、オランダで、「自然法」をまずは朱子学で受けとめた。だが、次第に朱子学と西洋の学問体系とのちがいに気づいていった。

西周は『百学連環』の「総論」で、〈凡《およそ》宇宙間道理に二つあることとなし〉、真理はあくまでもひとつといい、だが、それが現れる場面のちがいによって学術の分野が成りたつと説く。そして学術の全体を数学のように一般に成りたつ「普通学」と個別事例についての「特殊学」とに分け、「特殊学」のうちを、人間の内面に関するもの（「心理上学」Intellectual Science）と外界の事物についての学問（「物理上学」Physical Science）とに分ける構成をとる。西周は〈西洋には漢の如く理という文字の別にあることなし〉と述べ、西洋の"reason"（理性や理論）の相対性、理論は、何かと何かのあいだの関係について論じるものとはっきり論じている。朱子学の「天理」の観念を批判する態度を認めることができる。そして、西周は「心理」の学のはじめに「神学」（theology）をおいている。宗教を人間の心理現象として考察する態度である。あらゆる宗教の根は、子の父親に対する崇敬の念と、依頼心からくる信頼や依存、幸せのようなもので、そのふたつの心理の根から、神という観念が生じると説いている。宗教を心のはたらきに還元している。唯物論に近づいていったようにも想えるが、当時のヨーロッパの合理主義（rationalism）の多くが狭義の"deism"、すなわち創造主は認めるが、理性を重視する理神論に立ち、奇跡や伝説を退ける態度に学んだものと考えてよいだろう。そして西周は、いわば朱子学にいう「天理」を自然科学と人為的な倫理とに分けることこそを「文明」の指標にしていた。

何度も繰り返すが、自然観とは、今日、われわれのいう対象的「自然」を、どのような性格のものと考えるか、である。

二つの「理学」

柳父章『翻訳の思想』は、「自然科学」という用語の初出を、一八九八（明治三一）年、植物学者、伊藤篤太郎が『博物学雑誌』（動物標本社）の創刊に寄せた「博物学雑誌の発刊を祝す」に用いた「自然的科学《ナチュラルサイエンス》」「自然科学」と推測している。『日本科学史体系15　生物科学』（第一法規出版、一九六五）によっているが、この「自然科学」は、動物学・植物学・生理学・地質学・古生物学などをいい、博物学と同義である。対義語として「理学的科学《フィジカルサイエンス》」（数学・物理学・化学）が用いられ、それに対して、博物学の興隆を訴える内容である。[10]「理学」に対して博物学を「自然科学」と呼ぶ用法は、たまたまそうしたにすぎず、その後、それが広がったわけではない（後述する）。柳父章のいう「自然科学」、その態度の成立は、むしろ「理学」に見るべきである。

その態度は江戸中後期から見られる。三浦梅園は〈玄なる一元気の研究〉を独創的におしすすめたことで知られる。〈玄〉は『老子道徳経』にいう「玄牝」の「玄」で宇宙のおおもとの意味。三浦梅園は長崎で精密な測定や顕微鏡による観察に関心をもったが、通詞から「西洋ノ学畢竟窮理ノ学也」と聞き、朱子学とはちがうが、「天地の理」を考究する態度においては同じと了解した（『帰山録』下、一七七八）。

「窮理」は、『易経』〈説卦伝〉に〈理を窮め、性を尽くして以て命に至る〉（窮理尽性以至於命）と登場する語である。この〈命〉は、もちろん、天の命令、天が定めたものの意味。それを北宋の程頤《ていい》（伊川）が『礼記』〈大学〉（のち四書の『大学』）の一節〈致知在格物、物格而知至〉（知に到るは物をただすに在り、物をただして知に到る）と一つにし、物に即して現象を貫く理を窮める「格物致知」をモットーに据えた。それを受けついだ朱熹が「気」がつくる万象を貫く道理（法則性）を「天理」とし、それを「気」より上位の第一原理のように唱え、道徳の根源とした。

梅園は、それを「気」のつくる現象界をオミットし、自然界そのものの理法（法則）を究明するという考えで受けとめていた。『帰山録』など三浦梅園の書物が江戸時代のうちにどれほど読まれていたかは詳らかでないが、この考えは、そののち拡がってゆく。

日本で最初の物理科学書とされる青地林宗《りんそう》の漢訳『気海観瀾《かんらん》』（一八二五訳述、一八二七刊行）は、ヨハネス・ボイス『自然学教科書』（一七九八）を彼が訳述した『格物綜凡』のなかから、「気性」（気象）に関する部分だけ数十章を抄出したもので、そこに〈理科は義理の大学〉（普遍的真理にいきつく学問くらいの意味）、〈理科は物則の学なり〉とあるという。また、宇田川榕菴《ようあん》が仮名まじり文で訳述した日本初の体系的化学書『舎密開宗《せいみかいそ》』（一八三七〜四七）は舎密（chemistryの音訳）を六門に分け、その第一門、基礎原理にあたる部分に〈理科舎密〉の語を用いているという。西洋の自然科学は「格物窮理」の学問として受けとめられていった。

そして幕末の先覚者、佐久間象山が蘭学を勉強したのは、黒船来訪に備えて、まずは大砲の製造を行うためだった。実験は一応、成功したという。そしてそれを幕府に訴える「文久二年九月の上書」（一八六二）に次のように記している。

> 朱子格致の補伝に、凡《およそ》天下の物に即《つき》て其《その》理ヲ窮《きわ》むると御座《ござ》候……左《さ》候えば当今の世に於て、五世界に渉《わた》り其あらゆる学芸物理を窮め可申《べくもうす》事本《もと》より朱子の本意たるべく候去《さ》る故に当今の世に出《い》で善く大学を読み候者は必ず西洋の学を兼《かね》申すべきと有無之論に及ばざる義と奉存《たてまつりぞんじ》候。

〈朱子格致の補伝〉は、朱熹が『大学』から「格物致知」の伝が欠落したとして、『大学章句』に新たに付した「補伝」のこと。〈五世界〉は「五方」に同じで、原義は、中国と四方の未開の地域を指していう語だが、ここでは全世界の意。佐久間象山は、朱熹のいう「窮理」を〈アラユル学ト芸ト物ノ理〉（学問と芸術〔技術全般〕と物の理法）とするので、その精神から洋学も学ばなくてはならないと説いている。朱熹の「窮理」の精神のうちに洋学全般を包摂しうるとする考えである。それは、伝統的な「窮理」の範囲を西欧の物理学や技術に拡張する姿勢とともにあった。佐久間象山が幕末にとらえられ、小伝馬町の獄中で記した『省警《せいけん》録』に記した語として知られる〈東洋道徳、西洋芸術〉は、朱子学の道徳とともに西洋の科学＝技術を「実学」と見て、彼の思い入れの強さを示すものだった。*

＊山路愛山『佐久間象山』（一九一二）は、この幕府への象山の進言書から、このあたりを引いて、〈朱子の窮理の学は西洋の物理と一致している。此学術で世間の学問を統一したいというのは先生の考えであった〉と記している。徳富蘇峰率いる民友社の論客として鳴らした山路愛山は、プロテスタントの内でも日常の行為を重んじるユニテリアンに入信した人だが、科学=技術と社会的実践をともに『事業』と一

括して重んじる態度を保持していたと考えてよい。それが彼の場合、明治後期に、社会主義志向となって現れることになったと想われる。

このようにして、幕末から明治初期にかけて、物理学が「窮理学」と翻訳された。そして、明治初年には科学啓蒙書の出版ブームが起こり、そのほとんどが窮理書、すなわち物理学中心で、「窮理熱」と呼ばれた。定評があったのは、ジョージ・ペイン・カッケンボス『自然哲学』（一八六〇）だが、のち、物理学に活躍する長岡半太郎は若き日に、それが高価で手が出なかったのでアメリカの科学入門書、リチャード・グリーン・パーカー『自然哲学第一教程』（一八四八）を買い求めたという。▼[11] この書は英語学習を兼ねて、広く読まれたようだ。これを主体に翻案編集した小学校用教科書、片山淳吉編『物理階梯』（文部省、一八七二）は三年間で一〇万部弱を販売したといわれる（のち増補改正）。廃藩置県（一八七一年）後、武士の子弟の実学志向は物理学に向かったと見てよい。各地でお雇い外国人技術者が鉱山開発などに機械を導入しはじめた時期のことである。

先に見た傾向は、児童の教育内容にも映っていた。一八七二（明治五）年の「学制」〔小学教則〕には「窮理学輪講」「博物」「化学」「生理」等が挙げられている。ところが、文部省は、一八八〇年の「改正教育令」で小学校を三カ年以上八カ年以下に変更し、初等三年、中等三年、高等二年と配分を変えた。翌年の〔小学校教則綱領〕（一八八一）に〈物理は中等科に至ってこれを課し、物性・重力等より始め、漸次水・気・熱・音・光・電気・磁気の初歩を授くべし〉とある。そして、一八八六年、全国一律化を図る「小学校令」に基づき〔小学校ノ学科及其程度〕が公表され、修身の時間が減らされるなどしたが、その際「理科」は、高等小学校に移され、時間数は激減、博物・物理・化学・生理を統合した科目となった。〈理科は、果実、穀物、菜蔬、草木、人体、禽獣・虫 魚・金銀、銅鉄等、人生に最も近接の関係にあるもの。日月、星、空気、温度、水蒸気、…蒸気器械、眼鏡、色、虹、天秤、磁石、電信機等、日常児童の目撃しうる所のもの〉と、より児童に身近なものに限られていく。▼[12]

その間、一八八二年二月には理学協会が創立され、翌年『理学協会雑誌』を創刊している。その創刊の辞は、医を含む今日いう科学＝技術全般を総称して「理学」と呼んでいる。数学や物理・化学のアカデミー創設に奔走した菊池大麓が著した『理学之説』（一八八四）の「理学」は、ナチュラル・フィロソフィーないしサイエンスの意味である。

それに対して、明治初期の啓蒙思想家たち、たとえば福沢諭吉は、それら自然科学系を「実学」に入れ、フィロソフィー（のちの「哲学」）を「理学」と訳している。中村正直や植村正久らにもそれは共通している。西周が“philosophy”の訳語として「哲学」を考案したことはよく知られるが、彼も実際の文書では、“philosophy”の訳語に「窮理学」また「理学」の語を用いていた。「哲学」の語は、講義録『百学連環』に〈賢を愛し希《ねが》〉う態度、すなわち「愛知」の意味で用いられていたが（刊行は一九六一年）、発表された文章では『百一新論』（一八七四）に初めて現れる。これが一八七七年設立の東京大学文学部哲学科の名称となった。

井上哲次郎による日本最初の哲学辞典『哲学字彙』（一八八一）によって「哲学」の語が定着したともいわれるが、そののちでも、馬場辰猪や中江兆民『理学鉤玄《こうげん》』（一八八六）はフィロソフィーの意味で「理学」を用いている。つまり、自然科学にも哲学にも、ともに「窮理」の学、「理学」の訳語があてられる時期がしばらくつづいたのである。

この「理学」と「哲学」の使い分けが知識人のあいだに定着してゆくのは、一八八六年に発足した帝国大学の制度（法、医、工、文、理の五つの分科大学）が果たした役割が大きかったと考えてよい。

小学校教育に戻ると、帝国憲法制定の一八九〇年に「小学校令」が出され、翌九一年に「小学校教則大綱」が制定された。第一条に〈徳性の涵養〉を謳い、〈理科の要旨〉は〈理科は、通常の天然物・及び現象の観察を精密にし、其の相互・及び人生に対する関係の大要を理解せしめ、兼ねて天然物を愛する心を養う〉と定められ、その後の理科教育の方向を決定づけたとされる。

起草者は江木千之《かずゆき》。第一次山縣有朋内閣、文部大臣は芳川顕正。教育勅語発布（一八九〇年一〇月）に向けた体制が継続していた。これについて、科学教育の観点からは、児童教育が漸次、より卑近なものに下げられ、かつ、〈天然物を愛する心を養う〉という道徳が導入されたと非難されてきた。*

＊なお、これは対米英戦争に入る一九四一年の「国民学校令施行規則」に至るまで変わらなかった。今日でも、二〇〇二（平成一四）年度から実施された「小学校新学習指導要領理科編」の目標にも、〈自然を愛する心情を育てる〉とある。

前者については、学齢に見あう教育程度に改編されてきたことを考慮すべきだろう。一八八五年、山県悌三郎が刊行した「理科仙郷」という児童向け図解入り翻訳シリーズ（普及社、全一〇巻）は当時の児童向け書籍としては二万部という破格の売れ行きを示したことが知られている。もと本は、イギリスの女性作家、バックレー（アラベラ・バートン・フィッシャー）の『*The Fairy-land of Science*』（一八七九）で、子供向けに身近な自然の不思議について正確な知識を与えようという姿勢が明確なものである。その第一巻〔第一講〕は〈理科の仙郷は、常に諸君の身近に在り〉とうたっている。それはヨハン・ハインリヒ・ペスタロッチらの考えが国際的に浸透していた時期にあたっている。

ただ、山県悌三郎は、同じ一八八五年、第一次伊藤博文内閣の発足に伴う文部省改組により、西村茂樹とともに編集局を退職し、その後も児童教育書に活躍した。▼13 伊藤博文と西村茂樹の角逐には、欧化主義‐対‐伝統主義に官僚主義‐対‐自由主義の気風の側面も絡んで、なかなかむつかしいところがある。それはともかく「小学校教則大綱」〔理科の要旨〕でも「自然」の語は登場していなかった。「科学」の語は「分科学」の意味でも流通しているので、追い切れないところがある。たとえば哲学者、中島力造の『科学と哲学』（一八九三）は、本文では「なちらるさいあんす」「ふゐじかるさいあんす」を「天然自然の学問」にあてている。ジャーナリズムでは、一八九八年六月に内村鑑三が主筆となり、創刊した『東京独立雑誌』の表紙に「社会、政治、文学、科学、教育、並びに、宗教上の諸問題を正直に、自由に大胆に評論討議す」と謳っている。そして、一九〇三年に科学普及雑誌『理学界』、一九〇四年、自然科学雑誌『サイエンス』、一九二一年、科学啓蒙雑誌『科学知識』、一九二四年、『科学画報』が創刊という運びになる。田辺元『科学概念』が一九一八年の刊行だから（後述）、一九二〇年を前後するころに「科学」すなわち「自然科学」という用法が一般に定着したと見ておく。

その間、二〇世紀への転換期には、地方の教員や児童のあいだに博物学への関心が拡がっている。一八九〇年、私家版の『植物図鑑』の編集に携わっていた牧野富太郎は二八歳、世界的に点々と分布するムジナモを東京・小岩で発見し、学術雑誌に発表、その名を国際的に知られた。岩手県陸前海岸の高田町（現・陸前高田市）の尋常小学校の教員を務める鳥羽源蔵が岩手山や早池峰《はやちね》山等で早くから植物採集を行い、牧野富太郎らに標本を送り、種の同定を頼んでいたが、自ら『昆虫標本製作法』（有隣堂、一八九八）を編集刊行した。ドイツ留学から帰った人たちによって、東京と京都の両帝国大学に生物学の講座ができるのは二〇世紀初頭のこと。文部省の〈天然物を愛する心を養う〉という方針が次第に浸透していったと見ることもできよう。つまり、博物学への関心の拡がりが、「天然」の語が複合語であることを忘れさせ、「天地自然」の下半分だけで対象的「自然」を意味するようになってゆく動きを促進したのではないだろうか。だが、それは、いわば知的基盤の説明にすぎない。

「自然主義」という語

柳父章『翻訳の思想』〈第四章「自然主義」の「自然」とは何か〉は、次のように書きだされている。

日本の近代小説に大きな位置を占める自然主義文学に関する問題については、今までにもいろいろな角度からたくさんの人たちによって論じられてきた。とくにフランス文学を中心とするnaturalismの、日本における受容とその歪み、という視点から多く問題とされてきた。それは日本の近代小説の歴史を考えるうえで非常に重要かつ今日にも及ぶ問題である。

私はこの問題をnaturalismのnatureと、日本の「自然主義」の「自然」という一組の対応することばの問題として、しかもただこの一点から照らし出し、考察してみたいと思うのである。まず、この方面の第一人者である中村光夫の説くところを聞き、それを手掛かりとしながら、ことばの問題に入っていきたい。[14]

そして、中村光夫『言葉の芸術』（講談社、一九六五）から、田山花袋「露骨なる描写」（一九〇四）が冒頭部分で、明治の先輩作家たちが「技巧」に走り、〈自然を自然のまま書く〉ことを対置したことを、「審美学」を振りまわす森鷗外にあてたものと読み、それを〈曲解〉と難じた部分を引いている。『言葉の芸術』は、中村光夫の「自然主義文学」批判の総仕上げとでもいうべき著書で、鷗外、逍遥の時期にはイデーを扱う文学論だったが、田山花袋、国木田独歩から「自然を自然のままに書く」自然主義に走ったという図式を完成させた著作である。それを参照し、柳父章は、巖本善治が伝統的な「あるがままの自然」を用いた「自然ト文学」に対して、森鷗外が「自然科学の意味の自然」を用いて論争したのと同じことが繰り返されているという。

ただし、中村光夫『言葉の芸術』が、エミール・ゾラのエッセイ「実験小説」（一八八〇）に遡って、自然科学に依拠した文学を徹底的に排撃するのに対して、柳父章は、ゾラがそこで引き合いに出したクロード・ベルナール『実験医学序説』（一八六五）まで遡って、自然科学者のいう「自然」は、イデーに導かれたものであることをいう。仮説と実験の関係を考えれば納得がゆこう。また中村光夫が「自然主義」の理念だけを相手に「ありのままの現実」主義として描きだすのに対して、柳父章は国木田独歩『武蔵野』（一九〇一）にやや踏み込み、ワーズワースから「自然の生命」にふれる歓びを学んだことをあげているところなど、ちがいもあることはいっておかなくてはならないだろう。

〈自然主義文学〉が〈日本の近代小説に大きな位置を占める〉などという言辞がまかりとおるようになったのは、実際のところ、第二次世界大戦後の文芸界で、「私小説」を作家の身辺雑記的とする批判が盛んになり、その先駆けとして「自然主義」が問題にされたからである。それを先導したのは中村光夫だった。西欧の「自然主義」が日本の狭隘な文壇社会によって「私小説」に歪められたという論議から初めて、日本の「自然主義」には自我解放のロマン主義の側面もあったとするなど、実際には揺れを見せていた。だが、中村光夫のそもそもの問題意識は、二葉亭四迷論をもって、科学を標榜するマルクス主義と対峙した一九三〇年代半ばに遡ると見てよい。

　他方、一九三〇年代半ばには、「プロレタリア文学」がプロパガンダに走ったことから内部から反発を生み、また日本共産党が権力の弾圧と三二年テーゼが幹部の大量転向を生んで崩壊的危機に陥ったことで衰退した。リベラリスト左派から社会主義リアリズムの立て直しの機運が起き、明治後期の「自然主義」リアリズムの見直しに向かった。吉野作造らの明治文化研究会内に、田中保隆《やすたか》らによって自然主義部会が作られた。田中保隆は、戦後、「自然主義」対「非ないし反自然主義」（生命主義）の図式で、明治後期の文芸批評界を描いた（『日本近代文学大系58　近代評論集2』角川書店、一九七二）。この図式と中村光夫の「ロマン主義」対「自然主義」図式とが交錯しつつ、日本「自然主義文学」の像がつくられたのである。中村光夫にしても、田中保隆にしても実際の作品を読まずに、それぞれの図式で理念や思潮を腑分けしている。

　そもそもをいえば、ヨーロッパの“naturalism”は、ロブシャイド『英華辞典』が示していたように、まず、とりわけ産業革命による森林荒廃などのリアクションとして盛んになった博物学の拡がりをいう。自然志向、自然愛好を伴い、それが最も広義のナチュラリズムである。それは今日でも、イギリスのナショナル・トラスト運動（National Trust for Places of Historic Interest or Natural Beauty）に存続している。

ナチュラリストは、大自然の光景に、あるいは微細な昆虫や植物の形に目を驚かせ、鳥の声、川のせせらぎに耳をすまし、花や草の香を嗅ぎ、木の実、草の実を味わい、風を肌で感じ、五官で自然を楽しむことを共通の歓びとする。ワーズ・ワースのようにカッコウの鳴き声に神秘を感じる人もいれば、ヨーロッパ・アルプスの景観美を称えたジョン・ラスキンのように自然の背後に創造神のはたらきを感じる人もいる。

そのかたわらで観察や実験で確認しうることだけに信を置く経験主義（empiricism）や実験主義（experimentalism）の流れが大きくなっていった。ロブシャイド『英華辞典』の「超自然を認めない人」とは、この流れを指していた。要するに、五官でとらえる“nature”を、神秘的なイデーと結つける人もいれば、結びつけるのを拒否する態度もある。それらそれぞれが思想の歴史のなかでつくられ、個々人はそれらを学んで身につけてきた。西洋近代の“nature”を自然科学でいう「自然」と決めつけることには無理がある。そして、その「自然科学」にも、さまざまな立場がある。

とくにフランスでは実証主義（positivism）がかなり強かった。社会問題（階級問題）に直面して、オーギュスト・コントが唱えた実証主義哲学（philosophie positive）は、信仰に頼ることなく、理想も追わず、社会の現実を直視し、観察することを第一義に置いた。とはいっても、コントは社会のしくみを論じる社会静学（Statique social）では有機体（organisme）のように調和がとれていることを理想にしていたが。

サント＝ブーヴは、作家の生い立ちや家庭環境を探って、小説を論じ、文芸批評に一時代を築いた。その立場は、たとえばギュスターヴ・フローベールが『ボヴァリー夫人』（一八五六）で心理解剖をしたのは医者の息子だったから、という類の、生身の作家が置かれた環境還元主義である。人間の心理に関心を抱くのは医者の息子には限らないし、心理に関心を抱いても、事細かに立ち入って描くとは限らないという逆が考えられていない。

エミール・ゾラは『居酒屋』（一八七七）などで、下層社会の猥雑さ、性の乱れなどを書いて非難を浴びていた。反撃に出て、エッセイで「実験小説」を唱えたのは、実証主義の流れに便乗した気味が強い。その作品群は、ルーゴン・マッカールという架空の家系を設定し、悪い血の遺伝と社会の底辺の環境が、白痴や犯罪者、売春婦を生むという大きな構想のもとに展開する。それはたしかだが、主人公のそれぞれは各人の自由意志で行動する。つまり、環境決定論ではない。当然のことながら、唱えた理論と実際の作品のあいだにはズレが生じている。

だが、実証主義の高まりとともに、ゾラの「実験小説」の主張は、ヨーロッパの文芸界に木魂を拡げた。フリードリヒ・ニーチェと親交を結んでいたデンマークの文芸批評家、ゲーオア・ブランデスは、『十九世紀文学主潮』（一八七二〜九〇）のなかで、「ロマン主義」対「自然主義」の図式で一九世紀ヨーロッパ文芸を見渡し、ゾラの「自然主義」の概念を拡張して、ノルウェーの劇作家、ヘンリク・イプセンの戯曲『人形の家』（一八七九）など、うわべを装うブルジョワ社会の虚偽を暴く傾向を加えた。

そこで一時期、この図式は欧米の百科事典類にも広がった。それゆえ、フローベールもドストエフスキーも「自然主義」と見なされていた。フローベールは紛れもないロマン主義者だが、『ボヴァリー夫人』ではブルジョワ階級の姦通事件を題材に、登場人物たちの五官の感覚を再現するかのような感覚のリアリズムを用いた（その視点人物の内側から書く手法を田山花袋は『生』（一九〇八）で試みた）。ドストエフスキーの場合、その迫真的なリアリズムがそうした評言を生んだにちがいないが、それはロシアにおけるキリスト教信仰の問題などと取り組むために、全き善人、イエスのイメージを、たとえば『白痴』（一八六八）ではムイシュキンに仮託して登場させ、現実のなかを歩ませ、肉づけしてゆくようなやり方、むしろ一種の象徴主義と呼んでよい方法によるものだった。[15] 今日では、誰もフローベールやドストエフスキーを「自然主義者」などといいはしない。

日本では、上田敏が博文館の『太陽』臨時増刊『十九世紀』（一九〇〇）に寄せた「文芸史」（のち「一九世紀文芸史」）も、先の図式に立っている。ただし、そこに上田敏は象徴主義の流れも差し込んでいる。そして上田敏は、ロマン主義以降から象徴主義にかけてのヨーロッパの詩の翻訳に精力的に取り組み、『海潮音』（一九〇五）を編む。

ヨーロッパでは二〇世紀への転換期には、すでに自然主義は退潮し、象徴主義が台頭していた。イプセンは撃ち落とされ、野生に帰ることのできない野鴨を象徴的に用いた『野鴨』（一八八四）あたりから象徴主義の作風に進み、フランスの作家、ジョリス＝カルル・ユイスマンスがペシミズムを深め、人工楽園の世界を『さかしま』（一八八四）に書き、ドイツのゲアハルト・ハウプトマンが民間伝承に題材をとるメルヘン調の『沈鐘』（一八九七）を書くなどしていた。神秘的象徴主義に立つ、ベルギー・フランス語圏の詩人で劇作家、モーリス・メーテルランクも名声を確立していた。

ドイツの批評家、ヨハネス・フォルケルトは『美学上の時事問題』（一八九五）の〈自然主義〉の章で、象徴派の人びとは〈自然主義は終わった〉というが、自然の〈深秘なる内性の暴露に向かう「後自然主義」（Nachnaturalismus）は、自然の神秘に向かう象徴主義と本質を同じくし〉ていると述べていた。[16] これを森鷗外が『審美新説』と題して『柵草子《しがらみぞうし》』（一八九八〜九九年）に連載した（刊行は一九〇〇年）。ここで、フォルケルトが台頭する象徴主義を「自然主義」の枠内に取りこもうとしたことは「自然主義」の概念に混乱をもたらす一因になった。

それゆえ二〇世紀への転換期に「自然主義」文学を標榜した日本の作家、批評家たちは、ヨーロッパでは自然主義が衰退していることをよく承知し、象徴主義を睨みながら、それぞれの作風を開拓していった。日本の「自然主義文学」の掛け声は、各人がさまざまな意味をこめた符丁のようなものに過ぎなかった。ゾラの作風に学んだといえるのは、出発期の永井荷風や小杉天外くらいなものだが、その荷風にしても評伝「エミール・ゾラと其の小説」（一九〇三）は、そののち、社会主義者として生きたゾラの生涯を見据えたものだった。

島崎藤村は詩人から小説家への転身の途中、人間の秘めたる「内性」すなわち性欲に題材をとる習作を重ねた。中篇「旧主人」(一九〇二)は、自分が地方地主の愛玩の対象、ただの「人形」にすぎないことに不満をつのらせた若妻が姦通に走ったことを、彼女に仕えた女中の口から暴露させる。『ボヴァリー夫人』と『人形の家』との二つからヒントをえたものだろう。題材を性欲に求める傾向は、田山花袋の『蒲団』(一九〇七)にも現れた。その作品の実際は、中年作家がいくらうわべをつくっても、内面に隠した「内部の自然」(性欲)に翻弄される姿を戯画化した、セルフ・パロディだった。だが、片上天弦「人生観上の自然主義」(『早稲田文学』一九〇七年一二月号)は、田山花袋『蒲団』を論じて、性欲に悶えて生きることに人間の本性があると論じた。これは、文芸上ではなく、人生観上の「自然主義」の例だが、「自然」の語を人間の「本性」の意味で用いている。これも、“nature”の意味の一つである。それゆえ、一九〇八年に起こった猟奇殺人(出歯亀事件)に絡んで、ジャーナリズムが「自然主義」を性欲の代名詞のように扱うと、「自然主義」の掛け声は一気に衰退した。そのことは森鷗外『キタ・セクスアリス』(一九〇九)にも、永井荷風のエッセイ「厠の窓」(一九一三)にも明記されている。

そののち、島崎藤村「ルウソオの『懺悔』中に見出したる自己」(一九〇九)は、ゾラの作品など芸術ではないといい、ジャン＝ジャック・ルソー『告白録』(没後一七八二刊)にこそ「自然主義」の精髄があると断じた。また若き批評家、中沢臨川が生命原理主義の立場から、ニーチェなどを論じた『自然主義汎論』(一九一〇)をまとめもした。ありのままの現実の再現にかけ、近親者を実名で登場させ、身辺の出来事を書き続けた徳田秋声は、むしろ例外に属する。石川啄木が「時代閉塞の現状」(一九一二、生前未発表)の冒頭で、日本の「自然主義」は混乱の極みにあるといったのは、実に正しい指摘だった。▼17

柳父章は、この「自然主義」の概念の混乱をよそ目に、ヨーロッパ近代の“nature”を実験科学の用法に絞りこんでしまったが、一時期、国際的に広く流布した文芸上の“naturalism”は、虚偽に対する「あるがままの現実」、その意味での「自然」だった。この流行が博物学への関心の拡がりとともに、「天地自然」を「本性」を意味する「自然」の一語で言い換える風潮を生んだ理由の一端と見てよいだろう。

実のところ、“nature”の訳語が「自然」として定着したのは、自然主義文芸の隆盛によると見ていた人がいる。『世界大百科事典』（平凡社、一九五五）の三枝博音執筆になる「しぜん」の項の終わり近くの一節に次のようにある。

自然が近代ヨーロッパのnatureと同じ意味に用いられるようになったのは、明治の終りより大正にかけてであって、むしろ、日本の文学が自然主義時代に入ってから以後、自然概念はこんにちのようなひとつの通貨となったとさえいえる。（後略）

ところが、他方、三枝博音は、『日本の思想文化』（改訂版、一九四四）〔第一章　日本文化の特質〕では、日本では〈芸術の方でなぜ自然主義を産み出さなかったか。法律の思想の方でなぜ自然法の哲学を発達させなかったか〉と問い、〈なぜ自然科学を発達させなかったかについて了解がゆけばおのずと右の疑問も解ける〉と述べている。ごく簡単にいえば、自然を愛するがゆえの情感的自然観のためというのが、その答えなのだが、三枝博音『西欧化日本の研究』（一九五八）〔第一章四　西欧化以後の文学論〕は、〔せっかく唱えられた自然主義が宗教へ折れ込んだことについて〕という項を立て、夏目漱石や森鷗外らが「真」の観念をもてあそび、その先に、島村抱月が「自然主義の価値」（一九〇八）で「自然主義の文芸は我等を宗教の門にまで導く」と断言したことを指摘している。島村抱月の評論集『近代文芸之研究』（一九〇九）の扉には「あるがままの現実に即して、全的存在の意義を髣髴す。観照の世界なり。味に徹したる人生也。この心境を芸術という」とある。三枝博音は、この観照的象徴主義とでもいうべき態度の底にも生命主義への同調があり、それが俳句や南画の流行にも流れ込んでゆくことを追い切れなかった。それらを民族の伝統観念のように考えてしまったからである。

だが、その「自然」の用法が定着してゆく時期にも、「天地自然」の短縮語と見られる「天然」は盛んに用いられていた。一例を引く。田中穂積作曲、武島羽衣作詞の唱歌「美《うるわ》しき天然」（一九〇二）は、讃美歌とともに女学生のあいだから流行が拡がりはじめたという。とりわけ日露戦争後に人口に膾炙したことはまちがいない。

空にさえずる鳥の声／峯より落つる滝の音／大波小波とうとうと／響き絶やせぬ海の音／聞けや人々面白き／この天然の音楽を／調べ自在に弾きたもう／神の御手《おんて》の尊しや／
春は桜のあや衣《ごろも》／秋はもみじの唐錦《からにしき》／夏は涼しき月の絹／冬は真白き雪の布／見よや人々美しき／この天然の織物を／手際《てぎわ》見事に織りたもう／神のたくみの尊しや

三番は〈この天然の　うつし絵を　筆も及ばず　かきたもう　神の力の　尊しや〉、四番は〈この天然の　建築を　かく広大に　建てたもう　神のみ業《わざ》の　尊しや〉と結ぶ。一番は天然の音を音楽に、二番以下、織物、絵画、建築に見立て、まさに神を工匠に見立てている。武島羽衣は歌人で国文学者だが、とりわけ一番で天然の音楽を奏でる「神」は、日本の和歌や物語に目立つわけではない。調べが三拍子のワルツということもあり、ハイカラな感じも匂う。欧米一九世紀には、“nature”の背後に創造神を想定する自然神論（理神論）が知識層の主流になりつつあった。この「天然」をすべて“nature”

に置き換えることもできるだろう。このようないわば国籍不明の造化の神の観念が日本人のあいだに拡がっていたと考えてもよいのではないだろうか。

日本では、とくに日露戦争後、「自然」志向や「自然」愛好が拡がる。そのとき、日本人は「自然を愛する民族」といわれはじめる。その「自然」の意味を含めて第一一章で論じることにしよう。

訳語「電気」の成立

一九世紀半ばのイギリス領ホンコンでロブシャイド『英華字典』が作られる以前に、中国南岸でつくられた訳語が、幕末の日本に伝わっていた例もある。「電気」がそうだ。一八世紀後期の江戸で、オランダ渡りの、ガラスを摩擦して静電気を起こす起電装置を模造した平賀源内は、オランダ語に入ったラテン語“elektriciteit”(電気、電流)を「ゐれきせゑりていと」と表記し、「越歴」(エレキ)の文字も用いた。「エレキテル」と人びとの口の端にのぼったことが知られている。だが、幕末期には、はやくも「電気」の語が用いられていた。

一九世紀半ば、中国南岸に入ったプロテスタント系宣教師たちは、中国民間の多神教(道教、仏教)を破り、超越的絶対神、全知全能の神がつくった宇宙の摂理を説くために自然科学の知識を盛んに用いた。多くの教科書類が中国語に翻訳され、幕末の日本にもたらされた。それによって培われた科学知識も相当なものがあろう。今日、翻刻されて研究されている。それより早く、一八四三年から、上海とは杭州湾をはさんで南の対岸、浙江省の寧波《ニンポー》で一人のアメリカ人宣教師、ダニエル・ジェローム・マッゴウァン(瑪高温)は、布教の手段に電気実験を行っていた。その活動によって、英語“electricity”が「電気」と翻訳され、幕末の日本に伝わった。幕末から明治初期の一時期、「電気」が伴天連《バテレン》の魔法のように噂されたのは、それゆえである。

イギリスのマイケル・ファラデーらの活躍によって電磁気学が急速に発展した時期にあたる。ファラデーは実験を重んじたことで知られるが、長老派系のスコットランド国教派の一分派・サンデマン派の司祭にあたる職を務めるほどの敬虔なプロテスタントで、一般向けの講演も多く行っていた。よく知られる『ロウソクの科学』（一八六二）は、彼のクリスマス講演をまとめたものである。そういう時代だった。いや、現在も、広州の旧租界地域・沙面《シャメン》の教会の鉄柵には、自然科学が神の摂理を解き明かすものとして発達したことを説く、大きなパネルが掲げられている。

マッゴウァンは、博物学年鑑を意味する『博物通書』（一八五一）を著したが、その第一章「引言」に、次のようにある。

雷電之気、礴《はん》乎宇宙万物、一気流通（雷電の気、礴乎として、宇宙万物一気に流通す）

〈礴〉は勢いの盛んなさまをいう。八耳俊文《やつみみとしふみ》は、放電管の現象などから、この「雷電」のうち、音を示す「雷」より稲妻を伴う雨を示す「電」が選ばれ、“electricity”の訳語に「電気」が用いられたと推測している。その本論は、電信技術のしくみを伝えることを主眼にした「電気通標」という論文だが、この本論のみの写本が幕末の日本でつくられていたという。[▼18]

英語“electricity”は、擦ると静電気を起こし、物体を引き寄せる琥珀が古代ギリシャで“λεκτρον”(electron) と呼ばれていたことにちなみ、イギリスの医師で物理学者でもあったウィリアム・ギルバートが近代ラテン語の琥珀“electricus”から「電気」の意味で、これを用いたことが大きく響いたとされている。

ところで、「電気」の「気」は何だろうか。それ以前、石炭を燃料とする蒸気船は一九世紀への転換期に実用化され、蒸気船が中国南岸に出入りしていた。“steam engine”が「蒸気機関」（現代中国語では「蒸気机」）と翻訳されたのは“steam”が中国語「熱気」「蒸気」にあたるからで、いわば自然に思える。ただし、蒸気船は外輪式が主流だった。プロペラ式は一九世紀半ばにつくられていたが、まだ中国南岸には現れていない。蒸気タービンの開発は一九世紀末のこと。

だが、気体ではない電気に、なぜ、「気」が用いられたのだろう。『博物通書』第一章〈引言〉にいう、琥珀などの薄い石片から〈宇宙万物〉に至るまで〈一気流通〉という説明がすべてを語っていよう。〈一気〉は宇宙の根源の「気」を意味する。宣教師から“electricity”の説明を聞き、中国知識人が“electric energy”と了解し、宇宙の根源の「気」と了解し、電子の発見以前に、電気一元論のような説明になったのである。つまり、「電気」の「気」は“energy”の訳語に宇宙の「気」が当てられたものだった。

ロブシャイド『英華字典』（一八七九年版）などで、確認してゆこう。まず、その日本訳版では、“energy”の項は、意味として“inherent power”と記し、訳語に「力、勢力、心力、精力、キリョク（気力）、リキリヤウ（力量）、チカラ（力）、剛毅、剛決」を並べている（〔　〕内は引用者）。物理学的エナジーを先頭に立て、そのあとに精神力に類する意味を付している。これは一八四〇年代にイギリスの産業革命が一段落したのち、英語で、物理学的な用法が盛んになっていたのを反映したものと推測される。“inherent power”は、内側からはたらく力の意味を適確にとらえたもので、単位「馬力」は“horse power”の訳語。平均的な馬一頭が物を引っ張る力である。ロブシャイド『新増英華字典』（一八九七年版）では、それに加えて、用例として“to act with energy”をあげ、訳語として「剛烈作事」、“no energy”に「柔弱、軟弱、無力」の訳語を付すなどし、“constitutional energy”には訳語「丹田力」を与えている。これは精神力に類する用例をより拡げたものだろう。

次に井上哲次郎他編『哲学字彙』を参照する。一八八一年版では“energy”に「勢力、元気」、一八八四年版では「勢力、元気、気力」の訳語をあて、一九一二年版では、ギリシャ語起源であること、ドイツ語、フランス語を記し、「勢用、勢力、元気、気力」の訳語をあて、さらに“conservation of energy"（勢用不滅）、"dissipation of energy"（勢用放散）、"mechanical energy"（力学的勢用）、"potential energy"（将成的勢用）など物理学の用例が増えている。「勢力」（はたらきを重視して「勢用」）が物理学的エナジー、「元気」「気力」は精神力にあたる。二〇世紀に入り、知識人のあいだに「エネルギー」を物理学用語とする意識が強まり、「エネルギー保存則」などの知識が広まったことを反映していよう。

このうち、「元気」という訳語は、ロブシャイド『英華辞典』には見られない。一八九七年版で、"constitutional energy"を「丹田力」と訳しているのは、中国人の協力者が「気」を避けたのだろう。『哲学字彙』の「元気」は、精神力の意味ではなく、宇宙の根源の「気」の可能性もあるが、これだけでは判然としない。「気＝エネルギー」の定着には、ヨーロッパの物理学界で、世界を動かしている根源はエネルギーにほかならないとするエネルギー一元論（Energetic, energy economics）が台頭していたことを映しているかもしれない。

一九世紀にイギリスやドイツで展開した熱力学は、「熱素」（カロリック）という元素のはたらきによるものではないとしながらも、まだ、「力学、熱、化学、電気、光などの形態に移り変わるエネルギー」によるとし、（孤立系では）「エネルギーの総和は変化しない」（エネルギー保存則）とまとめられるところには至っていた。だが、そのエネルギーとは何か、概念規定ができていなかった。その解明を「エネルギー科学」(science of energy) と呼び、エネルギーの変容に関心を集め、「潜在エネルギー」(potencial energy) という語を考案し――当時は奇妙な語として受け止められという――、エネルギー概念を統一したのは、スコットランドのエンジニア、ウイリアム・ランキンだった[▼19]（一八五四年）。ランキンは、それによって学位を得、翌年、グラスゴー大学技芸学部 (faculty of art) の欽定教授の椅子に就いた。

グラスゴーは造船など技術開発の地であり、ジェイムズ・ワットが蒸気機関の改良を重ねたのも、科学＝技術全般を学ぶの対象にする、その学部だった。が、彼の身分は実験助手であり、科学者としては扱われなかった。ランキンの学位も"philosophy of science"である。「工学」（technology, engineering）の学位はまだなかった。少し遅れて、ケンブリッジ大学では、学科（講座）として「工学」が開設されている。ドイツでは工学の専門大学の設立が盛んになってゆく。

エネルギー概念が統一されたことで、熱力学という新しい分野が開け、宇宙の全体を動かしている根本はエネルギーであるという主張、エネルギー一元論が盛んになってゆく。これこそパラダイム・シフトというべきだろう。

むろん、ニュートン力学も存続した。ウイリアム・ランキンが執筆した力学の教科書も、ニュートン力学によっている。質量の力学にパラダイム・シフトが起こるには、アインシュタインの登場を待たなければならない。アインシュタインは、物質の質量とエネルギーとは、学のシステムのちがいとして扱うことを提案した。

西周はライデン大学滞在中、一八六五年までのうちに、とりわけイギリスで熱力学が発展していること、熱（エネルギー）還元主義を唱える物理学者が登場していることを摑んでいた、そして、人間や動物の活動のおおもとについて、古来の「生力」説が破れ、化学力と機械力によって説明するようになっていることなども記していた（『百学連環』）。「生力」は生物の生きる力のもと、ヴァイタル・エナジーの訳語であろう。その敏感なことには驚かされる。

それだけではない。長州藩の命を受けて一八六三年にロンドンに密航していた、井上聞多（馨）、遠藤謹助、山尾庸三、伊藤俊輔（博文）、野村弥吉（井上勝）の五人組もこれを察知していた。伊藤博文は、明治三（一八七〇）年初代・工部卿（工部省の長）に就任し、政府の要職を歴任してゆく。またとりわけ、山尾庸三は造船技術の実習を受ける傍ら、グラスゴー大学アンダーソンズ・カレッジで各種工学を学んで、一八六八年、明治維新の年に帰国。工部省の設立、工学寮（工部大学校）の創立に携わった。他の三人も電信、郵政などに活躍した。[20]

エネルギー概念は、明治期日本における科学・技術の発展と密接に関連する。また、明治後期の知識人の自然観は、エネルギー概念に揺さぶられ、哲学、文芸にわたって、かなり興味深いシーンが見られる。それらについては、第一〇章で展開したい。

第四章　東西の科学および科学観

一九二〇年代にスウェーデンの人類学者の手によって、北京原人の骨が発見され、先史時代の遺跡の発掘が進み、中国文明が世界で唯一、先史時代から今日まで途切れることなく続いてきた文明であることが知られるようになった。旧石器時代、黄河流域に彩文土器（彩陶）、そのあとに轆轤《ろくろ》を使用した黒色陶器（黒陶）の時代が続き、のち、西暦紀元前一七世紀頃から紀元前一一世紀半ばまで続いた殷王朝では、青銅器が高度に発達し、甲骨文字と太陰太陽暦が用いられていたことも明確になった。

高熱で溶かした銑鉄を鋳型に流し込む鋳鉄までは開発が進んでいたことも確認された。中国古代文明は、早くから都城を建設し、高度な青銅器や鋳鉄器を用い、大規模な水利灌漑事業を推進し、他を圧倒する技術水準と規模を誇る。紙と印刷術、硝石で起爆力を増した火薬、方位磁石の使用が中国の三大発明といわれる。

そののち、紀元前一〇四六年頃から紀元前二五六年まで続いた周王朝は、国が乱れて紀元前七七〇年に都を洛邑《らくゆう》（成周）へ移す。以降を春秋戦国時代と呼ぶ。その戦乱期に各種の手工業が発達した。孔子の言行録『論語』〈子張〉に〈百工〉の語が見える。北方民族の侵略に備えて万里の長城の建設が開始され、水利灌漑事業を進めて力を得た秦が強国にのしあがり、紀元前二二一年に中国を統一した。法の規制と文字の統一を行うなど強権的な中央集権国家を築いたが、あっけなく滅んだ。いずれの技術も、そののち、政権を握った漢王朝のもとで発展し、六朝時代にかけて改良が重ねられた。だが、近代科学に発展する芽は育たなかった。阻害要因として儒学の「天人合一」論がいわれるが、それでは古代からの技術水準の高さが説明できない。逆に「天人合一」論のしくみが問われる。

中国文明の影響下にあった日本でも、近代科学は育たなかった。今日、西欧とほぼ同時代、一八世紀の日本で、中国の本草学の発展やオランダの植物図譜が引き金になり、広く動植物について博物学的な関心が拡がる現象が明らかにされている。それでも、科学＝技術は西洋近代から導入するまで育たなかった。その理由は、論理的な体系性が育たなかったことに求められるが、西洋近代の博物学とのちがいは何か、近代科学の論理的な体系性とは何か、が問われる。

これらを考えるために、本章第一節では、一九七〇年までの中国科学の歩みによく理解を届かせた藪内清『中国の科学文明』（岩波新書、一九七〇）を参照し、中国前近代における科学＝技術の展開を概観する。なお、本書では便宜上、太古から隋・唐王朝までを古代、以降、宋・元代を中世、明代から清末までを近世と呼ぶ。藪内清は中国の科学文明を原子論に立つ西洋科学と対照している。しばしば「機械的唯物論」と呼ばれるそれで、第二次世界大戦後の日本に一般的な傾向だった。

第二節では、中国科学＝技術史の開拓者、ジョセフ・ニーダムの『中国の科学と文明』〔第二巻　科学思想の歴史〕（一九五六）などを参照する。藪内清の簡潔にまとめられた一冊とニーダムの膨大な仕事を比較するのは、バランスを失していようが、ニーダムは前近代の中国科学思想の頂点を朱子学に見るなど、藪内清とは「科学（史）」観が根本的にちがう。それは何に由来するのか、そのバックグラウンドをなす二〇世紀前半のイギリスの科学思想の展開、とりわけホワイトヘッドらの有機体宇宙の進化論などに尋ねる。

そして第三節で、西欧近代の自然観とは一体何を指していうのか、中世スコラ哲学の下で学術を支えたアリストテレスの体系から、いかに抜け出してきたかを、生物学、宇宙観、国家＝社会観のそれぞれについて「近代」の指標とされてきた代表的な論文を取りあげ、とりわけ超越的絶対神と近代的自然観との関わりについて、再考する。異分野間に跨る作業は、一般に流布している西欧「近代」思想の全体像を揺さぶるだろう。

一、中国における技術の発達

紙・火薬・方位磁石

中国古代において、竹簡や絹布に比して廉価な植物繊維からつくられる紙は、前漢時代のものが見つかっている。後漢の宦官で、技術官僚として活躍した蔡倫《さいりん》が発展させ、製紙業に携わる者に崇められてきた。西洋への伝播のルートは、八世紀半ばのイスラームとの戦役で捕虜となった紙漉き職人により、サマルカンドに製紙工場が作られたことが知られている。だが、ムスリムは『コーラン』を印刷に付すことなく、普及はモンゴル勢力によるものと考えられている。今日では、「シルク・ロード」の再考が進み、五世紀ころのタリム盆地を経由して、紙漉きの技術は西へ、ガラス（いわゆるトンボ玉）と仏教は東へ伝えられたことが明らかにされている。*

＊中国とローマ帝国を結ぶ古代からの交易ルートを「シルク・ロード」と名付けたのは、一八世紀ドイツの中国学者である。天山南路、北路の砂漠ルート、オアシス・ルート、海上ルートでイスタンブールを経由してローマに至る主要ルートの中間には、バザールのネット・ワークが張り巡らされていた。▼1

紙の原料となる繊維にはさまざまな植物が用いられ、低級品には竹が、西方では主に麻が用いられた。パピルスの発祥の地、エジプトに紙漉き工場が認められるのは一〇世紀、スペインでは一二世紀、ヨーロッパ全域に広がるのは一四世紀のこと。写本用には高価な羊皮紙に代えて、すぐに紙が用いられるようになったわけではない。印刷術とともに需要が高まるのは、一四世紀末にイタリアで絵画の印刷に用いられたのち、ドイツでプロテスタンティズムの布教のため、『聖書』に活字印刷が用いられたことによる。それらの技術を統合したのがヨハネス・グーテンベルクだった。技術の普及と改良は、その用途、需要との関係が決定する。

印刷術の起源も定かでない。中国では、『旧唐書』（八三五）〔文宗本紀太和九年〕に、私暦の印刷を禁止した記録が残る。暦は中央集権制の王権が時間を支配するためのものだった。冊封関係を結んだ国家にも、王権の暦を用いさせ、地誌を提出させた（軍事的服属を意味する）。そののち、敦煌文書中に、八六八年印刷の『金剛般若波羅蜜多経』が出たのが現存する最古の印刷物とされる。だが、それより古い印刷物が日本に遺る。七六四年、藤原仲麻呂の乱を平定した称徳天皇により、鎮護国家と滅罪を祈願する陀羅尼《だらに》（長い呪文）を百万塔（三重の小塔）に納めて一〇の寺に奉納することが計画され、六年がかりで完成したものである。あまりに大量で、木版によるのか、鋳造金属版によるのか、議論が分かれるが、印刷技術も中国から伝えられていたことは確かである。*

＊なお、活字については一一世紀半ば、北宋の慶暦年間に、鉄板の上に蠟を流し、土を固めた活字を並べて上から紙をあてる方式が考案され、一二世紀初めに朝鮮で銅活字が用いられた記録がある。日本でも、キリシタン宣教師が鉛活字の印刷機を持ち込み、江戸時代に木活字も一部に行われた。が、東アジアではアルファベットに比して画数の多い漢字の文字種が圧倒的に多く、実用効率が木版に比べて著しく劣るため、普及するに至らなかった。一九世紀半ば、英語の印刷が上海で行われるようになると、篆刻《てんこく》の技術が鉛活字の字母に用いられ、国際的にアルファベットの印字が格段に美しくなった。

硫黄と木炭に硝石を混ぜ、爆破力を高めた火薬は、唐代には記録されている。本草をはじめ、長生きのための薬を得ることを主眼に、隠遁してさまざまな方術の開発に努めた方士たちは鉱物にもよく通じ、実験を繰り返すなかから改良されたと推定される。

方位磁石は、風水（地相見）で盛んに用いられた。六朝時代以前は磁針を糸で吊るしたらしい。ずっと古くから歯車のしかけで常に南を指す人形を乗せた大きな車が「指南車」と呼ばれているが、これには支えが必要なので、方位磁石を用いたものではなく、およその方角を設定しておくものだったと推測されている。三世紀には、水に浮かべて方位を知る魚を象《かたど》った「指南魚」がつくられ、宋代に磁鉄鉱から人工的に磁針がつくられるようになり、羅針盤が発明された。一一世紀にムスリムの商人からヨーロッパに伝えられ、ピボットで支える方式に工夫された。

宇宙三説と暦の策定

唐の太宗の命によって編まれた西晋(二六五～三一六)及び東晋(三一七～四二〇)についての史書『晋書』の「志」第一～第三に〈天文〉がまとめられている。古代中国の宇宙論は、大きくは、北方の「渾天」説、南方の「蓋天」、のちの「宣夜」の三説に分けられるが、暦を定めるための「蓋天」説が長く他を圧倒した。地表から天を見上げた構図で、方形(のちには皿を伏せた形)の地をドーム状に天が覆い、天は北極(南極は想定されていない)を中心に左回転していると考えられている。いうまでもないが、天動説である。

「渾天」説は、前漢の武帝の命で、「太初暦」への改暦を行った落下閎《らくかこう》が唱えたとされる。天を卵状のものと考え、卵黄にあたる位置に平らな地があるとする。天は北極と南極を軸に回転し、天地は水に浮かんで運行しているとする。蓋天説に南極をもうけ、それをいわば外から見た構図に収めたようなものだが、天には果てがないともいうし、水の果てには言及しない。水に浮かんでいることとともに、仏教の世界観(後述)がヒントになったかと想う。

天体の観測に用いる天球儀の簡単なものは、紀元前四世紀につくられ、北極星までの距離が計算され、前漢時代には天の赤道のリングが加えられ、渾天儀と称された。天球儀の中心に地が拡がっているようなイメージだ。天球儀は、後漢には太陽の運行を示す黄道が、さらに一二五年には張衡《ちょうこう》によって地平と子午線に当たるリングが加えられ、ほぼ完成したとされる。張衡は水力で動く天球儀を発明し、水時計としても用いられた。唐代には世界で初めて水力による時計が作製された。

三番目の「宣夜」説は、後漢に唱えられ、天を果てのない虚空とし、天体は気によって浮遊しているとする。宇宙全体の無限性、恒久性を強調するもので、四世紀、虞喜《ぐき》『安天論』に代表される。虞喜は地球の自転軸の方向が変わる歳差運動にも気づいていたといわれる。西洋の自然哲学で宇宙を無限としたアイザック・ニュートンの考えと関連して、この説が取りあげられることがあるが、蓋天説と必ずしも対立しない。

暦法は、周代には天体の運行や植物の生育などを観て、主に農業のための暦が用いられていたと推定される。天が地上の生活を左右するという考えから、天の運行を観測する経験が蓄積され、新月を月初め（正節）として一ヵ月を決め、冬至を一年のはじめとし、太陽の運行から一二ヵ月をそれぞれ二等分する「中気」を設け、併せて二四節気とする習慣がつくられた（太陰太陽暦）。だが、太陽と月では周期が異なるため、冬至が来なければ、年末に閏月を設けて一三ヵ月にして一年の長さを調節する方法がとられるようになっていった。

『尚書』〔堯典〕に、伝説上の天子・堯が昼の長さと星の位置から、春分・夏至・秋分・冬至を定めたとある。戦国後期の『呂氏春秋』には、立春、立夏、立秋、立冬を加え、八節が記されている。この四季八節から「季節」の語ができた。

戦国時代には、いくつかの暦がまちまちに行われていたが、秦代に古代の伝説上の帝王・顓頊《せんぎょく》がつくったとされる暦に統一され、一〇月が年始に定められ、一九年間に閏月を七回設けて、一年が長くなりすぎないように調節する方法が採られた。前漢にかけて、暦の策定に必要な天文と数学の知識が集積され、『周髀《しゅうひ》算経』（紀元前二世紀頃）にまとめられたと推定されている。円周率が三・一四に近く、またピュタゴラスの定理やユークリッド幾何学に似た内容の記述が見られるという。長く古典として知られ、日本には遣唐使が持ち帰り、持統朝より尊重されたとされる。

前漢、武帝のとき定められた「太初暦」（紀元前一〇四年）により、立春前後をもって年始、春節（旧暦正月）とする習慣がつくられた（中気のない閏月を年の途中に移し、一年が長くなりすぎると、その割合を減らす暦法が用いられた）。その頃の『淮南子』〔天文訓〕に、二四節気が記されている。「太初暦」は、前漢末、成帝のとき、劉歆《りゆうきん》によって、天体暦（日食や月食、惑星の運行も示す）の性格の強い「三統暦」に補修され、これがその後の中国暦の枠組をつくった。「三統」は「天統（夏）、「地統」（殷）、「人統」（周）と「三二」を周期に王朝が循環するという三統説に由来する語。だが、天体歴の性格が強くなり、日食や月食の予報が外れると、しばしば改暦が行われることになる。とくに唐代、玄宗皇帝のときに改暦の議論が高まり、大規模な実測により、「大衍暦《たいえんれき》」がつくられた。

＊日本では、桓武天皇が暦の最初の日（朔旦冬至）の朝廷儀式を重んじて以来、その前後の揺れが問題になり、暦を調整するようになった。これには閏八月を置いてはならないという理由の定かでない禁忌なども絡み、複数の原則の優先順位がまちまちになり、相当ルーズな運用が行われていた。応仁の乱以降は、朝廷の陰陽寮の権威が地に落ち、各地で勝手な暦が用いられた。江戸幕府は、その統一を試み、中国との緯度の差を勘案した暦（貞亨暦、一六八五）を採用したが、そののちも三度、大きな改暦を行っている。

明代末から、イエズス会宣教師、マテオ・リッチ（利瑪竇）が科学＝技術を用いて布教に活躍し、とくに天文学の知識に精通した宣教師が多数、北京に招かれた。清代に入ると、ドイツ・ケルン出身のキリスト教宣教師、アダム・シャール（湯若望）が西洋の暦書を翻案作製した「時憲暦」（のち、時憲書）が採用され、全国に公布された（一六四四年）。翌々年、アダム・シャールが国立天文台（欽天監）の長官に任命され、以降、中国天文学はしばらく宣教師たちが担った。が、典礼問題の紛糾などから西洋の科学＝技術の導入が衰えたこと、そして、それ以降については前章〔近代訳語の成立事情〕で述べておいた。

藪内清『中国の科学文明』

藪内清『中国の科学文明』は、浩瀚な知識に立って、中国古代から一九七〇年前後まで、科学文明の展開を簡潔にまとめた書物として定評がある。〔Ⅰ　科学文明の形成〕では、まず、古代から宋代にかけて、中国の科学文明は、外来文明の影響を受けることが少なく、きわめて独特な文明を築きながら、世界に寄与した発明や発見が少なくないことを〈世界の奇蹟〉と呼んでよいという▼Ω。〈世界の奇蹟〉という語には、日清戦争以来、日本を「文明」、中国を「野蛮」と見なす風潮が蔓延してきたことに対して、長く中国研究に携わってきた著者の思いが滲んでいよう。〔Ⅱ　科学文明のパターン〕は、科学文明の東西比較の観点に立ち、中国の特徴を指摘、〔Ⅲ　神秘思想の中で〕では錬金術などを紹介する。以下、〔Ⅳ　科学文明のひろがり〕〔Ⅴ　イスラム文明との交渉〕〔Ⅵ　ヨーロッパ文明との接触〕〔Ⅶ　西洋文明との衝突〕と、中国科学文明と、その外の世界への拡がり、また外の科学文明の取り入れの歴史を追って、今日に至る。

第二次世界戦後の中国は、共産党が国民党との内戦に一九四九年に勝利したのち、一九六〇年を前後する時期に毛沢東の指導による統制経済「大躍進政策」に失敗、いわゆる実権派が台頭した。その途中、一九五〇年代後半から中ソ対立が激化、またインドとのあいだに国境紛争を抱え、核実験を繰り返し、核武装を高度化していった。一九六〇年代後期、毛沢東派が巻き返しに出、更なる革命を標榜する「文化大革命」の名を冠した権力闘争が社会全体を大きな混乱に陥れた。それが収束に向かう時期に執筆された書物である。それらの事態を直視しながら、藪内清は、中国政府が改革開放路線をとる以前の科学の姿、その奥に息づく「伝統の美風」に目を届かせている。

ここでは、科学文明の東西比較の観点から、〔Ⅰ〕～〔Ⅲ〕までを対象にする。その特徴は、次の六点にまとめられよう。それぞれにコメントを付す。

①〔I　科学文明の形成〕では、古代オリエントの神の力を借りて自然を説明する神秘主義とは異なり、古代ギリシャと中国とに、自然の枠内で合理的な自然哲学が育った併行現象を見る。古代ギリシャには四元素説とならんで、究極の物質を想定する原子説も生まれたが、中国の場合は、宇宙の根源に「気」を想定し、絶えず変化する自然の姿の説明に、陰・陽の性質の交代を説く陰陽説と、やはり性質をいう「木・火・土・金・水」の循環を説く五行説が結びついた陰陽五行説が編みだされた。[3]

　藪内清は古代イオニアに発する世界の根源に「一者」ないしは「根元的物質」を想定する思考法が原子論を生んだと考え、それを西洋近代科学の指標にしている。アトムが法則性をもって運動していると考える世界観が「機械論」(mechanism)と呼ばれ、多くの場合、アトムを物質ないし物体(matter)とするので、唯物論(materialism)を指している。だが、次に見るように藪内は、一七世紀の科学革命以降も、超越的絶対神の観念の下に、自然哲学が展開したことをよく承知している。その関係が問われよう。

②〔II　科学文明のパターン〕では、ヨーロッパにおける一七世紀以降の近代科学もキリスト教のもとで発展したが、中国では、秦代以降、科学は中央集権的官僚制の下に置かれ、漢代以降は、官僚が同時に知識人という体制が長く続いたことをいう。これは、周の「封建」と秦代以降の「郡県」制のちがいを明確にした上でいわれている。[4]一七世紀ヨーロッパに興った「科学革命」以降も、超越的絶対神の観念の下に自然哲学が展開したことを鋭く指摘し、それに対比して、中国では科学が古代から国家のもとに置かれた。国家においては、「天」の意志を天子や皇帝が受け取り、政治が行われる。「天意」が自然現象を支配し、人間の行いを罰したりすると考える「天人相関説」により、人間の努力によって自然法則を究極的に解明できるものとはせず、[5]長く民間人による学問は養われなかったという。[6]仏教が伝えられ、その刺戟を受けて道教の教団も組織され、ときに大きな勢力になるが、それらは科学文明に寄与していない。

ここでは、西洋との比較のため、政治-対-宗教の図式で切り分けが行われ、「政治」を祭祀国家の性格に、「宗教」を教団組織に絞りこんで説かれているが、それでよいだろうか。超越的な「天」の観念のもとで説かれた陰陽五行説のような法則は易姓革命説とも結びつき、各王朝の性格を五行に配当する政治論も生んでいた。中国における「政治」のもつ宗教性の問題が希薄化しているように感じられる。

③〔II　科学文明のパターン〕では、天体現象からつかんだ法則性、日月をはじめ五惑星の位置計算、日月食の予報などすべて国家の暦法として体系づけられ、度量衡の長さ、体積、重さを関連づけ、計算技術の改良は前漢の『九章算術』に見られるように高度な発展を見たこと。だが、それも王権の国家運営のためのものであり、古代ギリシャに発するホロスコープ占星術のように個人の運命を占うものではなかったし、またユークリッド幾何学のような論理的幾何学を欠き、宇宙の構造論としては発展しなかったという[7]。

藪内清は〔VI　ヨーロッパ文明との接触〕で、清代王朝は典礼問題が起こる以前、イエズス会修士による天文学の振興をはかっていたことにもふれている。さらにいうなら、二〇世紀前半から英語圏では自然科学系でチーム・リサーチは盛んになったし、国家主導型の科学=技術振興策も進行した。今日の科学実験の大規模化などを考えあわせるなら、個々人の科学的探究心を基準にとること自体が一種の近代主義といえるかもしれない。これも、戦後日本の一般的風潮といえよう。

藪内清は、中国暦法の数学が代数に傾いたのに対して、ギリシャのユークリッド幾何学が論理性、とくに一般的性質を抽き出すことに主眼を置いている点を強調している。法則性を究明する態度のちがいに着目していることになろう。

④医の知識は、前漢時代に、原理は『黄帝内経』、治療法は『傷寒論』、六世紀に薬物知識が『神農本草経』にまとめられたが、道教の仙術と結びついて内科中心に展開し、長生、保健、治療にランクづ

けされたこと、技術の始原には神を想定するが、技術者をいやしむ傾向が強かったことをあげている。▼8

これについては西欧との比較がむつかしい。西欧では、医は内科・外科が総合大学内で学として展開したのに対し、中国では宮廷や貴族中心の秩序内で閨房術まで研究されたが、医方と呼ばれ、長く「方術」・「方技」の内に入れられてきた。養生中心に進み、食餌に及び、庶民にも浸透し、臨床的知識を経験的に蓄積していったが、身体のしくみや病の原因の究明は遅れた。解剖も外科も行われたが、内臓の様子を確かめる「内景」に止まった。「脉」（血脈）や「気血栄衛」（気や血や水など生を保つもの）の「経絡」（通り道とそれを連絡する路）が探られてゆき、関心は神経には向かわず、頭蓋骨のなかは実質のないものとされ、脳髄のはたらきはまったく無視されていた。知も情も五官の感覚を感じとるのも、みな心臓の付近の「心」のはたらきと考えられていた。この身体観は、知性と感情を分離する西洋のそれとの決定的なちがいを生んだ（第五章三節で述べる）。

中国では一般に「藝」と「術」をあわせた「藝術」が今日の技術全般をいう語である。それは英語“art”のラテン語の語源“ars”と変わらない。だが、周代に士大夫（貴族）の身につけるべき技藝として「礼・楽《がく》・射・御（馬車の御し方）・書・数」が六藝と呼ばれ、それに比して、技術者の携わる「術」の地位は低い。たとえば『漢書』〔藝文志〕では、「藝」とはランクを違えて、〔数術略〕に天文、暦譜、五行、蓍亀《きき》（占筮）、雑占、形法（風水ならびに相術）の六家をあげ、〔方技略〕に医経、経方（治療）、房中（男女交合）、神僊（仙）の四家をあげている。とはいえ、それらは「正史」のうちに記録されている。前近代における総体としての文明の高さといってしまえば、それまでだが、他の地域と比べて、中国では古代から科学＝技術の発展を追う資料がかなり残っている。周代には、暦を作製するために天の文様を見る天文台がつくられ、前漢の武帝のときに国家制度として確立。その長官が太史令（「史」を司る長官）と呼ばれる。司馬遷もこれを勧めた。北宋で王安石のブレーンとしてはたらき、王安石が失脚したのち、神宗に重用された沈括《しんかつ》も天文台長を務めた。引退後に科学技術を中心にした『夢渓筆談』が記された。

ヨーロッパの場合、医学や「自由七科」に含まれる天文学や数学を除けば、技術全般（arts）は職人が受け持つものとされ、レオナルド・ダ・ヴィンチのように目覚ましい活躍をした人を除けば、評価は遥かに低かった。レオナルド・ダ・ヴィンチの仕事の評価も、公式の記録に残されていたわけではない。のち、一九世紀後半に発達した熱力学は、総合大学の理学部内の一学科に位置づけられ、工学的技術（technology, engineering）は高等専門学校など技術者の養成機関に委ねられた。工業革命に伴い産業技術の社会的地位は上昇するが、二〇世紀中葉まで諸科学“sciences”とは、各段に差がつけられていた。

⑤〔Ⅲ　神秘思想の中で〕では、葛洪《かっこう》『抱朴子《ほうぼくし》』（四世紀前半）をあげ、方術が仙術と結びつき、錬丹、錬金など魔術的技術に進んだこと、そのなかにも物質の化学的性格についての知識の蓄積が見られること、それは西洋の錬金術と併行現象にあるが、中国の道士は隠遁を旨としたことをいう。[9]

道士による火薬の改良などの実験も仙術と結びついたもので、山奥に人目を避けたところで行われる傾向があったことはたしかだろう。だが、道士の実際は、王朝の祭祀にかかわる者、教団を組織する者、宋代には経典の編纂にかかわる者などに分岐し、多様に展開した。宋代に騎馬民族との戦闘に備えて火薬の改良が飛躍的に進んだのは、王権の要請を受け、特化したからではないか。本草や薬餌にかかわることも、王権の庇護を受けた道観（道教寺院）で発展したと考えてよいように想われる。

総じて、藪内清があげる中国で近代科学が発達しなかった理由としては、官僚制により、学問が国家のためのものに縛られたこと、法則性の解明は一定程度行われたが、幾何学の発達がなく、しくみの解明に向かわなかったことになろう。官僚制が学問の自由な発達を阻害することは言を俟たないが、戦争などの理由で特定の技術の発達が促されることはある。他方、ヨーロッパ一七世紀の「科学革命」において、幾何学と原子論は大きな役割を果したが、『方法序説』で座標の考え方を登場させたデカルトが原子の存在を認めなかったように、その二つは排斥しあう関係にあった。その関係にも踏み込んでみなくてはならないようだ。

二、ジョセフ・ニーダムの見解

「官僚制的封建制」

ジョセフ・ニーダムは、中国古代には高度の科学を発展させながら、だが、なぜ、近代科学が発展しなかったか、という問いを早くに提出した。その問いに対する彼の見解は明瞭である。中国の〈官僚制的封建制〉が、あるところまでは科学的思考法を発達させたが、最終的に押しとどめたとする。〈官僚制的封建制〉とは、今日の概念史の立場からいえば言語矛盾で、周代の「封建」を改めた秦代以降の中央集権的官僚制のことである。ニーダムは、古代奴隷制や軍事的貴族制的封建制、また重商主義と対立する概念として用いている。[10]

＊ニーダムは一九八七年一二月の来日時の伊東俊太郎、村上陽一郎との鼎談「近代西欧科学を超えて」では、前近代の日本をヨーロッパ型と同じく〈貴族的な軍事封建主義〉と規定し、だが、資本主義に繋がらなかったのは、なぜかと問い、明確な答えを得られないとしていた。[11] その答えは、経済システムの根幹が石高制に置かれている限り、資本制へは移行しえなかったからである。

ニーダムは「自然の知識」という意味で「科学」を用い、それを実用化する手段を「技術」と呼び、その意味で科学＝技術を連続させ、また区別している。『文明の滴定―科学技術と中国の社会』（一九六九）〔第二章　中国科学の世界への影響〕では、〈官僚制的封建制〉が〈紀元前五世紀から紀元後一五世紀においては〉〈自然の知識を実用化するのに適していた〉と述べている。[12] 別のところでは、科学を発達させた例として、八世紀に行われた子午線測量の例をあげている。[13] 総じて、中国社会の恒常的安定性とヨーロッパ社会の不安定性を比較している。

「自然の知識」を自由に発達させる条件としては、都市国家や商業の発展を考えており、ルネッサンス以降の西欧で「科学革命」の基盤の役割を果たした例の一つに、ハンザ同盟をあげている。▼14 ハンザ同盟は中世後期、バルト海一帯の各地に商館を置き、経済を支配した都市連合で、国家に匹敵するだけの実力を蓄えながら集権化せず、自由な手工業の発達を促した。これが科学者たちと職人とをつなぎ、理論と実験とが相互作用を起こす「近代科学」革命の基盤になったと推測できる。*

＊日本では中世に都市と農村に自治的運営が見られ、それが戦国の下克上の風潮ののち、近世の大都市町人層に一定の知識欲を引き出す基盤になったが、ほとんどが江戸時代に藩の城下町に再組織化された。

そしてニーダムは、「近代科学」に二つの定義を与える。第一の定義は〈自然に関する仮説を数学的に取り扱い、苛責ない実験を伴う学問〉。▼15 第二の定義は、ヨーロッパにおいて世界各地の古代・中世のそれぞれの科学の総合化が果たされ、ヨーロッパ以外にも用いられる共通性をもつとする。第一の定義は、今日の国際的な共通認識といえよう。東西の錬金術に、さまざまな実験が繰り返されたことは間違いないが、それに仮説を数式で示すことが組み合わせられたことをもって「近代科学」の特質としてよい。

ルネッサンス運動ののち、仮説の数式による表現と望遠鏡という観察機器を用いて「近代科学」を切り開いた代表の一人にガリレオ・ガリレイをあげることに躊躇する科学史家はいないだろう。ガリレオ『偽金鑑識官』(*Il Saggiatore*, 1623)〔六節〕に、宇宙は一冊の書物であり、〈この書物は数学の言葉で記されており、その象徴は三角や円やその他の幾何学の形である。その幾何学の助けがなければ、宇宙の一語すら理解できない〉という一文があることはよく知られる。*

＊ガリレオは、しばしば、幾何学を神の言葉と語ったかのようにいわれるが、ガリレオは、それに類することは、どこにもいっていない。キリスト教創造説と結びつけた解釈である。あるいは、スピノザが宇

宙のしくみを示す数式を神そのもののように語ったこととの混同である。

藪内清が幾何学と法則性を解明する姿勢の結びつきを論じていたのも、これを念頭に置いてのことだろう。ただし、〈数学の言葉〉には、対象の質（quality）を度外視し、数値を用いて量を記述し、分析を行う「定量的研究」（quantitative research）も含意されていた。

マイケル・ファラデーのように実験において目覚ましい成果をあげながら、本人は数式による記述方式をとらなかった人もいる。が、彼が実験によって実証した仮説を別の人が数式化すれば済むことであり、この定義に疑う余地はない。関連して、「近代科学」の定義には、そのほかに、しばしば精緻な「観察」が加えられていることにふれておく。観察は、仮説を実証するために対象的自然に操作を加える実験とは根本的にちがう。それゆえ、近代では望遠鏡や顕微鏡などが開発され、観察の精度が各段に上がったことに指標を置くこともできる。また、生物学の場合は、必ずしも実験と数式化を要しない。それについては本章第三節に委ねる。

ニーダムの論文集『文明の滴定』〈第一章 中国科学の伝統における貧困と勝利〉には、中国では雪の結晶の六角柱の形状は、紀元前二世紀に韓嬰《かんえい》という著者によって記載がなされ、議論されてきたという。▼[16] 中国では、客体に密着した精緻な観察が古代からなされ、しかも、それを記録に残す道具も知的装置も早くから発達していた。これは、他の分野にも及ぶ。六朝時代、南斉の謝赫《しやかく》の画論、『古画品録』の説く六法は「気韻生動」を最高位に置くが、「骨法用筆」は明確な描線、「応物象形」は対象の形体、「随類賦彩」は対象の色彩をそれぞれ的確にあらわすことをいい、本草など各種の画譜も前近代のうちに精確さを向上させている。詩文では梁の劉勰の『文心雕龍』〈物色篇〉が対象に密着した描写と言外の「余情」を推奨していた。

ニーダム『文明の滴定』は、先の例と同じ個所で、〈朱熹の正確な観測記録〉のうちに、雲の生成過程についても記載があると述べている。朱熹は、微細な観察結果を長い時間にわたって重ね、それを総合する能力に優れていたことが知れる。これはニーダムによる「近代科学」の第二の定義にかかわる。「近代科学」が世界共通のものになっているということに異論を差し挟む人はいないだろうが、ニーダムが東西古典科学の総合という場合、いわば独特の含意がある。西欧において発展した「近代科学」を、機械論と有機体論とが閲ぎあってきたという構図でとらえており、この点が、「近代科学」を原子論など要素還元主義や機械論的唯物論のようにとらえる日本の多くの科学史家とは大きくちがう。

機械論と有機体論との閲ぎあいの例として、ニーダムは、イギリスのニュートンの『プリンキピア』とヨーロッパ大陸のゴットフリート・ヴィルヘルム・ライプニッツのモナド論（後述）の対立を代表例としてあげる。ライプニッツが微分法、積分法を発表し、それとは別にニュートンが『プリンキピア』のなかで物体間の力学に微積分を用いて、争いになった。これには、ライプニッツ学派が『プリンキピア』に対し、万有引力の真の原因が突きとめられていないという批判を浴びせたことも絡んでいる。それに対するニュートンのリアクションについては、先に見ておいた（第一章二節）。

ライプニッツは、現実を構成する最小の実体をモナドと呼ぶ。モナドはそれぞれが普遍性を内包しており、その中身が展開するが、要素を外から取り入れたり、他のモナドと複合したりすることなく（「モナドには窓がない」）、だが、他と調和して存在する。それは創造神が宇宙をつくったときの意志によるとされる（予定調和）。そしてモナドが表象するものを人間の意識は、さまざまに受け取ると説明される。このライプニッツの考えをニーダムは「有機体的（organic）な宇宙論」と呼ぶ。そして、それらを東洋中世の自然哲学が「近代科学」に影響を与えた例として取りあげる。[17]

実際、ライプニッツは、イエズス会宣教師から朱子学について聴き、その文献には書き込みのあるものも残っている。晩年に儒学についてのエッセイ『中国自然神学論』（一七一四）も遺している。ライプニッツは二進法を考案したことでも知られるが、そこでは陰陽説を偉大な説として敬意を払っており、中国思想の倫理性の高さを賞賛している。*

＊ライプニッツの哲学はフランスでは唯物論と見なされ、刊行できなかったが、彼と交流のあったフランスの修道士のニコラ・ド・マルブランシュも一八世紀初頭に『キリスト教哲学者と中国哲学者の対話』（一七〇八）を残しており、フランスにおけるシノワズリー（中国志向）を先導したとされる。

朱子学の自然観

ニーダムは、中国・宋代に形成された「理・気」二元論に立ち、それらを相関的に関係づける朱熹の思考法が、西洋「近代科学」の二元的対立を統合する志向を最初に示したライプニッツにヒントを与えたと見ている。[18] ニーダムは、タオイストを自称し、道家が漢代以降の官僚の儒学に反抗したことを高く評価する。「気」と古代インドの「プネウマ」（呼吸。気息を意味する語で世界を活性化する元素とされる）とがよく近似していると見、また『老子道徳経』にいう「玄牝之門」に女性原理を認める（『中国の科学と文明』（第一〇章[19]））。

その道家思想を儒学と統合したのが宋学（新儒学）であり、周敦頤《しゅうとんい》の『太極図』を原理にすえ、「気」を原理の一つに立て、かつ「窮理」すなわち法則の追究を掲げ、有機体論的自然観を形成したと考え、とりわけ朱熹の自然観に中国科学思想の頂点を見る。

先に見たように一二世紀のうちに、朱熹が水の循環のしくみを解きほぐしていたことは、たしかに賞賛に値しよう。ヨーロッパでは、一六世紀への転換期に活躍したレオナルド・ダ・ヴィンチが水循環のイメージの先駆的な発見者であったといわれる。

ニーダムは、たとえば中国古代および中世の知恵を英語圏の人びとに啓蒙する講演をもとにした論考「中国の古い科学技術文献の翻訳」（一九五八）では、『朱子語類』（巻五、性理二、性情心意等名義）（一二七〇頃編集）から次の一句をあげ、「心の創発的進化について」とタイトルを与え、短い句に豊富な含意をたたえていると絶賛している。[20]

知覚されるのは心の理なり、知覚しうることは気の霊（のはたらき）なり

（所覚者、心之理也。能覚者、気之霊也）*

そして、この例として、人品いやしからぬ人びとと美しい山の寺院を訪れ、その清々しい雰囲気や聡明な僧侶の態度に接すれば、心に「神聖なるもの」が喚起されるだろうという。この説明は、われわれには明らかにスピリチュアルな「気」を想起させるが、朱熹の先の一句にニーダムが付したタイトルは、心理学で下位レヴェルのものが総合してはたらき、質的な飛躍を起こして上位に現れることをいう「創発性」とアナロジーしていることは明白である。「創発性」は、生物学では、物質が生命をもつ段階に飛躍する意味で用いる。なお、ニーダムは、新儒学でいう「理」を「気」が有機的な秩序を形成する「パターン」のようにとらえている。*

＊この「パターン」は、シドニー出身の理論物理学者、サミュエル・アレグサンダーが『空間・時間・神性』（一九二〇）で用いた用語。別々の体系として考えられてきた時間と空間を統一的にとらえ、「時＝空」で物質に起こる出来事が一定の型（パターン）をなし、それが次つぎに展開する構図で宇宙の進化を論じた。ホワイトヘッドもそれを踏襲した（後述）。

同じ論考のなかで、ニーダムは、中国の古い字引、許慎編《きょしんへん》『説文階字』（一二一）より〈発を主《つかさど》る、之を機と謂う〉（主発謂之機）を引いて、漢字「機」にエネルギーの発現の含意があると読んでいる。[21]この論考は、古代の概念は近現代の概念に置き換えることができないことを強調し、それを断った上で、近代的思考法との近似的要素を指摘し、中国の古代・中世の思想が内包しているものの豊かさを啓蒙している。『中国の科学と文明』のなかでは、「気」は、古代インドの呼気と類似の概念としたり、

簡単に物質的エネルギーと置き換えたりしている（第二章、第九章）[22]。ギリシャ古典と古代中国の医学との相同や相違など併行関係、のちの西洋近代科学との統合などを含めて、このような例は枚挙に暇がない。

『中国の科学と文明』におけるニーダムの見解について、三点、コメントする。第一は、自由闊達なアナロジーで東西の科学をつなぐニーダムの緒論は魅力に満ちているが、たとえば中国の伝統的な「気」の観念を〈万物を構成する物質的エネルギー〉と言い換えることには疑問を感じる。彼は一九六八年の来日時の河合隼雄との対談「近代科学の行方」[23]では、「気」を定量化しえない、「近代科学」になじまない概念と言明している。この考えによれば、宋学は、理論上に限っても「近代科学」に発展しえないことになろう。

ただし、宋学の程頤は「理・気」二元一体論をとる。陽明学でも「元気」が先に立つ傾向が見られる。あくまで理論上の仮定だが、「気」をエネルギーと見、定量化しうるものとする方向に向かうなら、中国近世哲学が有機体論に向かう可能性が全くなかったとはいえない*。

*たとえば幸田露伴は、明治末年にまとめた『努力論』（一九一二）〈説気、山下語〉で「気」を微粒子のように解釈し、〈進潮退潮〉の章では宇宙のエネルギーの増減を想定している[24]（後述）。

ライプニッツのモナドは実体であり、東洋の「気」の観念が影を落としているとは思えない。ともに普遍性を孕むものとされてはいるが、その限りでいえば、東洋の「気」ではなく、古典ギリシャやヨーロッパの生気論でもよいことになろう。

第二は、朱子学の自然観やライプニッツのモナド論を果たして宇宙有機体論と呼びうるか、という疑問である。朱子学の場合、「気」を「生気」とアナロジーすれば有機体論的とはいえようが、物質的エネルギーとアナロジーすれば、必ずしもそうはならない。道教の「気」は、スピリチュアル（精神）とマテリアル（物質）が未分化な概念として捉えるべきだろう。

ライプニッツは、宇宙は実際に（数学にいう意味ではなく）「無限」の拡がりをもつという。いま、ここの現実が他に展開しえた可能性を想定してはいるが（可能世界論）、宇宙の外部は考えていないわけだ。この点はニュートンも同じである。ニーダムは生命体が外部と代謝を行わずには維持されないことくらい承知していようが、それには言及せずに有機体の語を用いる。ホワイトヘッドも同じで、ともに、階層的秩序によって要素が互いに相関しつつ運動変化する様態を「生命体」の「進化」にアナロジーしている。

第三は、ニーダムは、生物の創発性のしくみをそなえた朱子学がより自由に発達すれば、近代科学に進んだはずと想定し、だが、「封建的官僚制」（実態は中央集権的官僚制）が立ち塞がったと考えていることになる。歴史の上では、実質的には明代以降、清末まで、中央集権体制を支える科挙制度の支柱は朱子学だった。清代には、文物の起源などについての考証学が発展したが、それは科挙制度とは別である。朱熹は「理・気」二元論に立つが、彼が第一義とする「格物致知」は、社会秩序を保つための道徳に向かうものであり、その形而上学、「窮理」の姿勢が相克・循環する陰陽五行説を破ることはありえない。先に見た朱熹の水の形態の循環変化論は形而下の「気」の領域に属する（第五章三節を参照）。

関連して、ニーダムは中国の「法」には、方法と模範（規範、ないし「礼」）に対応する二つの意味があり、天地の秩序と社会の秩序とに呼応関係を認める思想としている。[25] いわゆる「天人相関」論である。それと朱熹の「理」とは別のものと捉えていたのかもしれないが、他方で、中国の道家思想を正しく宇宙秩序への不可知論と捉えている。[26] それとは別だが、ニーダムは、「場」の理論や「波動」理論は、中国から「近代科学」に持ち込まれたという。[27] 技術や道具の経路としては辿れるにしても、「場」も「波動」も電磁場の考えが足場になったとすれば、磁石と電気とを併せて実験しなくては理論としては築けなかったものだろう。

ニーダムは、『文明の滴定』のころには、中国の科学思想の先駆性の紹介・啓蒙に走り、そして来日時には、やや相対化して考えていたように感じられる。来日時には、逆に、中国になかったものとして、原子論（アトミズム）と「法則」をあげている。後者はキリスト教の絶対的超越神の観念の支配下で固められたと考えられている。[28] この点は機械論の成立に関しても考えてみなくてはならないところだ。

ニーダムの科学観、その背景

ニーダムはヨーロッパでは精神と物質のあいだに相克葛藤、緊張関係、ないしは二元分裂があったといい、[29] ライプニッツの宇宙論にそれを統合する契機を見、それにヒントを与えた朱子学の自然観に関心をもった。それは、彼が生化学に出発したことと関連しよう。逆に、その立場から、中国古代・中世の自然観が含む可能性を読み込んでいたといってよい。このように、すべての要素が相関的な自然観を有機体論と見て、統合を目指すのが「近代科学」の趨勢と見ているのだ。彼が朱子学を、ホワイトヘッドのプロセス哲学、人間の信仰や認識との相互性を包んでいう生成展開する宇宙論に近似的とする所以もそこにある。

両大戦間のイギリスの物理学は、電子の発見以降、原子内部の物質の階層構造のモデルが模索され、またアインシュタインの相対性理論に揺すぶられた。生物学において、ダーウィニズムは二〇世紀初頭、突然変異説の台頭により失墜したが、トマス・ヘンリー・ハクスリーの甥、ジュリアン・ハクスリーが種の進化の原因は多岐にわたるとする総合説を唱え、いわばリカヴァーされてきた。ジュリアン・ハクスリーは、ニーダムの友人の一人。第二次世界大戦後、ニーダムがユネスコの創立にかかわったのは、この人の推薦による。

第一次大戦を前後して、ヨーロッパの科学界には物理学、生物学ともに、内部にいくつもの亀裂が生じていたが、とくに英語圏では、一九二〇年代に、それらの亀裂をいともやすやすと跨ぎこし、無機界—生物界—人間社会という階層構造が進化発展してゆく楽天的な宇宙進化論が流行した。たとえば、スコットランドの博物学者、ジョン・アーサー・トムソン編による大衆向けの科学啓蒙書シリーズ『科学大系—わかりやすく語れば』二〇巻（一九二二）が毎月二冊のペースで刊行された。その第一巻「緒言」は次のようにいう。〈太陽系も、地球も、山脈も深渓巨巌結晶も、動植物も、人類自身も、又其社会制度も、いずれもかく『なって』来た成育の永い永い過程の結果であり、成長歴史の連続なのである！〉[30]

二〇世紀への転換期に、電子の発見から物質の階層構造、万物進化の様子がわかるようになり、世界像が動力学（dynamical）な考え方に転換したといい、進化（evolution）の原義は〈包まれたるものが内より展《ひろ》げほどけるの意〉と説明し、〈万物は固定せずして流動し、死物にはあらで生々育々其物である〉と述べている。まるで「モナドの発展」（evolution）を内部のものの展開（involution）と論じたライプニッツの考えが甦っているかのようだ。

ただし、一九世紀後半の物理学界を席巻したエネルギー一元論については〈物質の内部に深く蔵せられ、鍵をもって固くとざされていた莫大広陵な勢力（energy）もちらりと其姿をのぞかせた〉とし、後景に退けている。その電子論の巻は、アーサー・トムソン自身の執筆になり、〈此様に総ての原子内の電子も核も電気の微粒子であるから、是等が無数に集合して出来ている総ての物質は電気の一種の顕現に過ぎない〉と説いているという（未見）[31]。一九世紀半ばのハーバート・スペンサーは物質界、生物界、国家＝社会有機体、宗教もみな進化するという総合進化説を唱えていたが、物質の階層構造論を足場に、全領域に階層構造を見て、宇宙進化論に鋳直したしくみを考えれば容易に了解されよう。*

＊このシリーズは、日本では、その完結直後から『科学体系』八巻に再編集、北山三郎・小倉兼の分担訳で大鐙閣より、一九二二〜二三年にかけて刊行された。宮沢賢治が花巻農学校に勤めていた一九二四年

に熟読していたらしい。花巻農学校は専門学校で、生徒の学力はほぼ中等学校に相当する。そして宮沢賢治の詩集『春と修羅』（一九二三）は、エネルギーと電子の二元論によって人間の認識を含む万物進化論の枠組をとっている。[32]

ホワイトヘッドのプロセス哲学は、エネルギーが宇宙進化を推進するものとして措定されているが、人間社会の側のキリスト教の超越的絶対神の考えにも位置を与え、それらを総合化して考え、いわばプラトンの世界に接近してきているかのように語る。ニーダムは、それをいわば宋学的自然観に似てきていると変奏していると見ることもできる。

ニーダムは、ケンブリッジ大学の学生だった時期、生化学を専攻し、ドイツのハンス・ドリーシュがウニの卵割実験から、受精卵のうちに各器官のもとがつくられているとする古代から続く前成説を否定し、生命の発生には物質以外の「エンテレケイア」が不可欠とするネオ・ヴァイタリズム（新生気論）を唱え、それにイギリスのジョン・バードン・サンダースン・ホールデンが与して発生学が揺れた波に出あった。ニーダムは、この波には機械論的立場で応接したが、彼はハーバート・スペンサーの総合進化論を参照し、無機物界―生物界―人間社会の階層性に取り組むきっかけになったといわれる。[33]だが、ドリーシュ新生気論は、スペンサーがふれなかった無機物界と有機的世界の結び目にかかわる問題、つまりは生命体の発生のしくみにかかわる大きな問題を残した（次節で述べる）。

ニーダムは左傾した時期に、その結び目とともに機械論的唯物論ないし物質還元主義の限界をマルクス主義の唯物弁証法（量から質への転換）によって超えたと想われる。それを思わせる発言を、来日時の市井三郎、山田慶兒との鼎談「中国の思想と科学」（一九八六）でしている。[34]だが、そこで、ずっと自分はキリスト教社会主義の立場だったと断言してもいる。いわば神聖なものに惹かれる心性を保持しつつ、それと弁証法的唯物論を共存させる姿勢の持ち主だった。おそらく、それが、彼が中央集権的官僚制に抵抗したタオイストに同調する理由の一半だろう。

ホワイトヘッドもニーダムも、むろん、一九二〇年代に、エドウィン・パウエル・ハッブルによって、複数の銀河説と「宇宙の膨張」論が唱えられたことをよく知っていた。ニーダムは来日の際の講演「人間生命の宇宙環境」では、ビッグ・バン理論も支持している。[35]ビッグ・バン理論は、われわれの宇宙が孤立系（閉鎖系）であることを前提にしている。宇宙が真球状ではなく、楕円球状に膨張しつづけているのは、爆発の極初期に、正体不明の「ダーク・エネルギー」が内部ではたらいた、とする仮説である。宇宙を「有機体」とするのであれば、それは当然にも開放系でなくてはならない。そのあたりも詰めて考えていない。考えないことにしているらしい。

矛盾・対立する論理を包括しうるのが有機体論であることは認められるにせよ、有機体が万能なわけではない。ニーダムは、後漢の王充が『論衡』で、五臓六腑が五行論のいうように相克するのであれば、その有機体は死に絶えるしかないと喝破したこともよく知っている。この王充の論法は、トマス・ハックスリーがエッセイ「行政ニヒリズム」（一八七二）で、ハーバート・スペンサーが社会有機体論とレッセ・フェール論とを同時に掲げる矛盾を突いて、細胞や器官がそれぞれ勝っ手気ままに動いたら、いったいどうなるか、と論破したことを想い起こさせる。

ニーダムは、唯物論的機械論は技術には有効であり、それが、過度にはたらかないようにするには、生命体論が歯止めになるというように複合して考える。さまざまな思考法の有効性を組み合わせ、絶えずディレンマを超えることを志向しているといってもよい。それが自ら楽天家と称する理由だろう。未解決な問題は多々あるだろうが、宇宙の生成進化論、宇宙有機体論の方向をとることにより、全領域の統合に向かいうるという強い信念に支えられ、柔軟な思考をはたらかせてきた人だ。宇宙論の統合に向けた祈りとでもいうのがふさわしい。そして、祈りの価値も充分知っている人だった。

ニーダムは〈人類はつねに五つの方法で宇宙を感じ、理解してきた――それは科学、宗教、哲学、歴史、芸術である〉[36]という。彼個人のなかで、それらがディレンマを起こすことがあっても、それを乗り越えてきたにちがいない。いや、アナロジーによってディレンマを回避することを含めて、と、急いで付け加えておかなくてはならない。また、ここにいう芸術は、ヨーロッパ近代の概念で、観る者に美を感じさせる表現であり、宇宙の感受や認識ではないこともいっておくべきだろう。自然観と取り組むわれわれは、それらに配慮しながら、この五つの領域を見渡してゆきたい。

二〇世紀前半の自然哲学

藪内清『中国の科学文明』とニーダム『中国の科学と文明』等の見解を対照して見てきたが、藪内の近代科学観は、原子の法則的運動を指標とする機械論であるのに対し、ニーダムのそれは機械論と有機体的宇宙進化論とが対立・併存するものだった。そして、ニーダムは、法則性を究明する態度はキリスト教神学のもとでこそ打ち固められてきたという見解を披歴し、ライプニッツに発する有機体的宇宙論、その進化発展論を説いたサミュエル・アレグサンダーやホワイトヘッドに近い立場をとっていた。

ホワイトヘッド『過程と実在』の「有機体の哲学」の〔第二部一節一項〕に〈ヨーロッパの哲学の伝統のもつ一般的性格を最も無難に説明するならば、プラトンに対する一連の脚註から構成されている〉という一言が登場する。プラトンの著作がスコラ哲学の源泉となり、その後の哲学の源流に位置することをいっているのだが、その先で、ホワイトヘッドは、それを遂行しようとすれば、有機体の哲学を論じなければならないと言明している。その含意は、カントやデイヴィッド・ヒューム、ジョン・ロックら偉大な哲学者に対峙して、である。なぜ、プラトンの哲学に注をつける作業がホワイトヘッドにおいて有機体の哲学に向かうのか。

まず、プラトンの著作がキリスト教神学の源泉であることについて、たとえば、プラトンは『国家』で、都市国家には知性に優れた哲学王が必要だと語る。その哲学王の目指すべきイデア界の最高の価値は「善」である。それを受けて、三世紀、ローマ皇帝、ガリエヌスのもとでプラトンの理想国家実現を目論んだプロティヌスの説いたネオ・プラトニズムは、唯一者たる創造主と善とは一体のもの、それがイデア界から流出して下界を形づくるとする。逆に下界の人間は祈りと瞑想によってイデア界に上昇し、唯一者と一体化するという構図で信仰が考えられている。このプラトンとプロティヌスの構図が、古代末期から中世にかけてキリスト教神学に影響を与えた。

　プラトンの最後の著作とされる架空の理想国の法律を論じた『法律』では、諸天体は神がみの「最善の魂」の知性（ヌース、nous）によって動かされているとしているが、『ティマイオス』では、世界の創造者として登場させているのはデミウルゴス（Demiurgos）という神で、「善」のイデアとは、まず無関係である。それゆえ、これらのことから、神学上、創造主の観念と「善」や「愛」、また福祉の道徳規範の関係をめぐって果てしのない議論が続いてきたと考えればわかりやすいだろう。

　プラトン『ティマイオス』は、多くの神話伝承に満ちているが、ピュタゴラス派に学んで、立体図形が示すイデアの世界観を開示し、デミウルゴスは自ら材料は作れないとされている。デミウルゴスの語源は工匠であり、職人の棟梁は自分で山から石を切り出したりしないから、とわたしは推測する。この『ティマイオス』から数かずの神話伝承を剝ぎ取り、イデアの世界を事物の世界に引き下ろしたのが、アリストテレス『形而上学』だったと考えてよい。その〔第一二巻七章〕に、自らは動かずに他の全てを動かす（回転運動させる）「第一の不動の動者」すなわち「純粋理性」すなわち「神」が想定され、世界の動きは、その「神」が目的を実現するためのものと明示されている。これが目的論的世界観の原型である。

　アリストテレスは『自然学』で、材料（可能態、デュナミス〔dynamis〕）と組み立てられた「形相」（現実態、エネルゲイア〔energeia〕）を分けて考え、『形而上学』ではさらに、現実態を現実の形をとりつつある状態とその完成形（エンテレケイア）を区別して考えている。最初に不動の一者がいなくてはならないのは、そうでなければ、世界は無秩序になってしまうと考えるからだ。つまり、アリストテレスはプラトンの「ヌース」の考えに従っており、その不動にして世界を動かす者も、やはり自ら世界の材料をつくったりしない。どこからか借りてくるわけで、それでは世界の創造主とはいえない。

とはいえ、しばしば語られるように、アリストテレスの学の体系は、七世紀に新興したイスラーム世界に導入され、学術として尊重されたがゆえに、そののち、ヨーロッパ中世のスコラ哲学のもとで絶大なる権威をもって学ばれることになった。それは超越的絶対神を奉じる体系と一定の親和性をもっていたゆえである。いうまでもないだろうが、古代ギリシャは、ヘーシオドス『神々の誕生』(紀元前七〇〇頃)などが語るように多神教の世界である。そのなかから超越的絶対神教にフィットする考えが、プラトンを経由してアリストテレスによってつくられたのである。

古代ギリシャの自然哲学は、プラトンのそれとアリストテレスの著作を除けば、片々たる断片の形しか残っていない。それらは、ルネッサンス以降も長いあいだ、アリストテレスがその『形而上学』などに整除して取り入れた形で読まれ、論じられてきた。それを破ったのは、二〇世紀への転換期、古典文献学者、ジョン・バーネット『初期ギリシャ哲学』(一八九二)などにはじまる動きである。バーネットはプラトンの著作の校訂に携わり、その著『ギリシャ哲学』(一九一四)では、イオニアのタレースらからプラトンへ、さらにはアリストテレスへとその用語法や発想法などが移りゆく様子を問い直した。その動きが拡がり、「ピュシス」(自然)について、一つは、根源的なものが自らの本性を開示するという志向が強いことが明確にされた。もう一つは、自発的に動く活きた自然、生成的自然のコンセプトが貫いていることが読み取られるようになった。アリストテレスが、この二つを組み合わせたことも、今日では定説である。

アリストテレスは、神話から知的営みを分けた最初の哲学者としてイオニアのタレースをあげた。

アリストテレス『霊魂論』は、人びとの語るところによれば、と前置きし、タレースは「石は鉄を動かすがゆえにプシュケーを持っている」と語ったと紹介し、プシュケーが力をもっていると考えていたと述べている。磁石のことだが、これは、物体が自ら動くとする物活論の始原とされてきた。『霊魂論』は、また別のところで、「ある人びとは全体のうちにプシュケーが混合されていると主張する。ここから推測して、おそらくタレースもまた、万物は神がみに満ちていると考えるに至ったのだろう」と述べている。これは汎神論のように見なされてきた。だが、タレースは万物の根源を水ともいった。これは根源的一者への志向が潜んでいたと読むこともできる。

そしてアリストテレス『形而上学』は、タレースの万物を動かす霊魂の力、万物に宿る神がみ、根源的一者への志向を並べた先に、プラトンのプシュケーに満ちた世界と『ティマイオス』に登場する世界の創造者、デミウルゴスを置き、そして最初に、物を動かす「不動の一者」がいなくてはならないはずだというところに考えを運んでいる。つまり、アレストテレスは、ただ古代ギリシャのあれこれの説を並べているのではなく、批判し、整除して、自説を述べるための道筋をつくっている。それがよくわかるように、ここではタレースの言辞をめぐって一つのパターンを切り出してみたにすぎない。要するに、アリストテレスは、ただ万学の体系を築いたというにとどまらず、自然が自己を実現する目的に向かって自ら生成する運動のシステム論をつくりあげていたのである。二〇世紀前半を通して、およそこのようにアリストテレスの知的営みの解釈が変わってきた。

エネルギー一元論が台頭し、ドリーシュが新生気論を唱え、原子論的機械論の世界がさまざまに揺さぶられた時代、電子から人間社会まで階層構造をもつ宇宙進化論が一般向けの教養書になって出まわった時代、タレースは万物の根源に水を想定し、物活論を説き、汎神論者でもあったと語られてきた時代に、古典ギリシャの自然哲学観も様変わりを見せ、生成する自然観へ大きく変貌したのである。その動きにより、エホバの神の観念を伝承してきた文化のなかで、有機体的宇宙進化論を説くホワイトヘッドの自然哲学も登場したのだった。

　なお、古典ギリシャ哲学への関心は、その後、さらに自然哲学とホメーロス作と伝えられる『イーリアス』『オデュッセイア』、ヘロドートスの神話からオウィディウス『転身譜』などに至る神話群やギリシャ悲劇の世界との関連へ拡大してきたことを言い添えておく。

ホワイトヘッドの「永遠的客体」

　ここで、ホワイトヘッドの有機体の哲学のキイ・コンセプトの一つ、「永遠的客体《エターナル・オブジェクト》」をめぐって見ておきたい。「永遠的客体」とは、プラトンが形相とかイデアとか称した世界に属するものであり、ホワイトヘッドは、それを全過程の「誘因」と呼ぶ。それがまさにエホバの神、ないしはキリスト教の絶対的超越神の影を宿しているからである。しかし、それをコリングウッド『自然の観念』（一九四五）は批判している、
　コリングウッド『自然の観念』は、二〇世紀前半の有機体的宇宙進化論を擁護する立場から書かれている。古典ギリシャ哲学を生成する自然の観念と唯一神の観念の形成過程として描き出し、〈ルネサンスの思想家たちは自然の秩序立った動きの中に（神の――引用者）叡智の表現を見ていた〉が、一七世紀からの科学革命の進行が生んだ機械論的自然観は、変化するものの背後にある〈不変なもの〉こそを〈可知的なもの〉とし、また〈変化しうるもの同士の不変なる関係を追求すること〉に向かった、とまとめ、[37] しかし、それでは世界の起動因を扱わないことになると難じ、二〇世紀前半において、有機体宇宙の進化論が復権したという。とても、わかりやすい図式である。そして、コリングウッドは、このような自然哲学史観の主要な哲学者として、ホワイトヘッドを擁護しつつ、だが、ホワイトヘッドの用いる有機体（organic）の概念は比喩的な用法で、一種の方便にすぎないと批判している。〈すべて存在する事物は、その本質が構成要素にのみ依拠するのでなくてその要素がそこにおいて組織さ

れるところのパターンないし構造に依拠しているという事実の点で、生ける有機体に類似しているということをいおうとしているにすぎない[38]〉と。

コリングウッドはいう。〈アレグサンダーにとっては、新しいパターンが空＝時においてみずからを形成する際に出現する新しい質は、そのパターンに属しているのであって、それ以外のどこにも属さない〉。それゆえ、われわれは敬虔な態度で、その事実を受け入れるしかない、という。

サミュエル・アレグサンダー『空間・時間・神性』（一九二〇）は、時間と空間を二つのシステムに分けずに、「時＝空」を出来事や事物の生起する母胎として捉え、そこから物質や生命、意識が段階的に生じるとする。この「パターン」は、下位レヴェルの対立するものをメタ・レヴェルで括りあげる抽象的なバインドと考えてよい。それに比して、〈ホワイトヘッドの宇宙過程は、空＝時と永遠的客体という二重の基礎に立っている〉、そして〈ホワイトヘッドにとっては、神が「永遠的客体」であり、しかも無限なそれである〉とコリングウッドは断言する。

アレグサンダーの世界は、「時＝空」に事物が次つぎに新しいパターンを生成すると説き、その最高段階に神性を想定している。いわば事物は神性を目がけて進化してゆくイメージである。それに対して、ホワイトヘッドの『過程と実在』は、個々の出来事が限定を受けている、限界づけられているゆえに、「永遠的客体」を欲すると論じる。「永遠的客体」とは、決して近づくことのできないイデーの世界に属するものであり、最終的には超越的絶対者にほかならない。それに近づくことができないゆえに、宇宙は永遠に創造的に進化するというしくみで考えられている。

コリングウッドは、その思考のしくみを批判する。彼は「永遠的客体」からヘーゲルのいう「第一原理」すなわち「絶対者」ないしは「生命」を想起し、関連づけている。世界が展開する起動因の役割を果たすものである。そうしておいて、コリングウッドは『過程と実在』のホワイトヘッドが、「生命」を論じるときも、「永遠的客体」に言及するときも、精神がそこから出てきた物質との関係が説明できていないと、それを〈唯一で最大の欠点〉という。ホワイトヘッドは、そのディレンマに気づいていないと。[39]

ホワイトヘッドのいう「永遠的客体」は、究極的にはヘーゲルのいう「絶対者」と同じく超越的絶対神を指してはいるが、「時＝空」に生じる出来事から出発する限り、出来事がつくりだす何らかの主体が限定を受けているゆえに、導き手を求めるという媒介項が入ってくる。言い換えると、ホワイトヘッドの世界においては、存在が限定を超えようとせず、「永遠的客体」を求めないことも起こりうるのだ。その点でヘーゲルの世界とも、アレグサンダーのそれとももちがう。ホワイトヘッドは、植物の種子は限定を超えようとする衝動を自らもっているが、人間の精神は必ずしもそうとは限らないということをよく知っている。なぜなら、彼の『過程と実在』は、古典ギリシャではプラトンとアリストテレスに根拠を求め、ニュートン『プリンキピア』の「一般注」や、カント、ジョン・ロック、デイヴィッド・ヒュームらの近代哲学の巨匠たちからも思考の富を得つつも、しかし、それらが措定する絶対神の超越性に対して、あくまでも有機体の側に立つ立場をとっているからだ。

要するにコリングウッドは、ホワイトヘッドが世界の起動因を原理とすることなく、世界が憧れる「永遠的客体」に祀り上げてしまうことが気に入らないのだ。だが、ホワイトヘッドはいうだろう、もし、それが「客体」でなくなってしまったら、「不変的なるもの」を世界の原理に想定する神学的、ないしは物活論的自然観と同じ還元主義になってしまう、と。コリングウッドはそれに気づいていない。あるいは気づいているからこそ、それを難じている。そこに彼自身のディレンマがある。

三、西洋近代の自然観をめぐって

生物学の近代

藪内清は、西洋近代科学が超越的絶対神への信仰のもとで展開したといい、ジョセフ・ニーダムはユダヤ＝キリスト教こそが機械論を打ち固めたものと述べていた。自然の背後に神の意志のはたらきを見る自然神論の立場は、ニュートン『プリンキピア』〔一般注〕にも確認できる。他方、ニーダムが近代有機体的宇宙論の先駆のように上げていたライプニッツの自然哲学も神の意志による予定調和を前提にしていた。実のところ、西欧近代における自然観、いや、自然科学に絞っても、世界の外部に絶対神を想定するユダヤ＝キリスト教と根本的に対立する唯物論的機械論は主流ではない。これは、戦後の日本人が唯物論的機械論が近代の自然科学を代表するように考えてきたことと食いちがっている。絶対的超越神の観念と機械論との関係について、もう少し立ち入って見ておきたい。

その近代科学の特徴は、仮説の数学的表現と実験に求められる。だが、生物学における観察はそれとは別だった。生物学の近代と、それが有機的宇宙の進化論が台頭した時代に発展したかたちとを、叙述の都合で、先に見ておくことにする。

生物学における近代の指標は、三ないし四あげられよう。第一は、スウェーデンの博物学者、カール・フォン・リンネが『自然の体系』（一七三五）で開発した動植物を「種」という系統に分類する方法である。一八世紀に併行して東アジアにも薬草や「開物」思想が博物学的関心を拡げたが、その主目的は用途であり、形態の類比による系統分類にも、むろん「種」の同定にも向かわなかった。用途を主目的とするのは人間中心主義だが、それゆえ、客観的で体系的な思考法に欠ける。

リンネのそれは、アリストテレスが個物の現実形態――「質料」（ヒューレー）と「形相」（エイドス）

とのセットとして考えた――の把握を知性の出発点に据えたことを受けつぎ、キリスト教神学の下で展開した、神のつくりたもうた生物のかたち、その体系性を追究する伝統にのっとっている。一八世紀ドイツでは、ゲーテが植物の形態変化に着目し、花は葉の変化したものとする形態変化論（モルフォロジー）を唱えたこともよく知られる。

近代生物学の指標の第二は、ルイ・パスツールが実験により、アリストテレスの説いた自然発生説、無機界と有機界とが連続しているという考えを『自然発生説の検討』（一八六二）で断ち切り、微生物の自然発生を否定したことである。アリストテレスは生物の発生の仕方を観察し、さまざまに考えていた。その『動物誌』では、有性生殖の観察も詳しく行われているが、ある種のエビやウナギは泥から自然に生じると記しており、その続編というべき『動物発生論』〔第二巻第三章〕〔第三巻第一一章〕では、太陽の熱と大地の過剰物の化合を想定している。精液は「気息」（プネウマ）と水からできているとしたり、遍在する「生命の種」が物質を組織すると考えたりしている。植物と動物の境い目ははっきりしないとも書いている。要するに、無機物―植物―動物の連続観に立っていた。自然発生説は、淀んだ水の中からボウフラが湧いたり、腐肉にウジがわいたりするので、一般に信じられやすい説だが、一七世紀イタリアのフランチェスコ・レディが実験で否定した。だが、微生物の存在が確認されると意味がなくなっていた。

一八三〇年代に植物と動物の基本単位として細胞が確認され、パスツールの実験は、その上に立ってのものだった。そして、この切断から発生学が展開することになった。この「細胞」説が、第三の生物学の「近代」の指標にあげられる。だが、二〇世紀後半に分子生物学が進展したため、薄れている感がある。

そして指標の第四は、ダーウィニズムだが、ふれなくてはならない問題が余りに多岐にわたるため、次章に譲り、ここでは、機械的唯物論や有機体的宇宙進化論と密接にかかわるドイツの生物学界に君臨したエルンスト・ヘッケルの理論に簡単にふれておきたい。彼は、いち早くダーウィン説を鼓吹し、形態分類にも用い、生物個体は胎内などで系統進化を繰り返すと説いたことで知られる（今日では、いくつかのコースが知られている）。また、無機界と有機界の結節をなす無核生物（モネラ）を発見したとし（珪藻類の一種で、今日では否定されている）、無機界と有機界の連続性を説き（万物有生論）、エネルギー一元論を導入して生命エネルギーの循環システムを想定し（今日、エコロジーの祖型とされる）、多岐に分かれた生物学を統一しようと構想した。一般向けの『生命の不可思議』（一九〇四）は国際的にもよく読まれ、その学説は生物発生の問題にも関心をもっていたフリードリヒ・エンゲルスのノート『自然弁証法』（一八七三〜八六）にも引用されている。

ヘッケルは唯物論の立場から、世界の原理として精神と物質とを立てる二元論に対して、一元論を唱え、ドイツ一元論者（モニスト）同盟の会長を務め、霊魂の存在など一切認めない立場だった（なお、その第二代会長を務めたフリードリヒ・ヴィルヘルム・オストワルトはエネルギーこそが宇宙の唯一の原理とし、アトムの存在は仮説の域を出ないと唱えた急先鋒で、霊魂もエネルギーの現われであり、不滅であるとしていた）。

だが、一般向けに書いた『宇宙の謎』（一八九九）で、中枢神経をもつ高等動物の優位をドイツ民族の優秀性に横滑りさせ、スペンサーに似た世界連邦論と結びつけ、また『生命の不可思議』でアルトゥール・ショーペンハウアーの自殺すなわち死後救済説を引きながら、不治の障碍者の苦しみを死によって救済することを説いてもいた。歿後、これらの学説をナチスが軸足を都市の大衆から自営農民に移して以降、スローガンに「血と大地」を掲げてドイツ民族の優越性を唱えるのに利用し、ユダヤ人を迫害した。それゆえ、今日でも、ヘッケルの名は敵視される傾向が強い。

ヘッケルがドイツの生物学界に君臨した二〇世紀初頭、その圏内にいたハンス・ドリーシュがウニの卵割実験を行い、有精卵を二ないし四に分かれたところで切り離しても、小型の成体に成長することから、卵に成体の器官のもとが備わっているという前成説を完全に否定した。そして、生命の元素にあたるものとして、物質以外の何かを想定し、アリストテレスの用語「エンテレケイア」(entelecheia)を借りて、これを「エンテレヒー」(Entelechie)と名づけ、「新生気」論(ネオ・ヴァイタリズム)を唱えた。「エンテレケイア」は、アリストテレスが『形而上学』で、個物の潜在的な可能態(デュナミス、dynamis)に対して現実形態を呼ぶ「エネルゲイヤ」(energeia)の完成形(建物なら仕上がった状態)に用いた語である。『霊魂論』では、「プシュケー」(psyche)の語を植物、動物、人間でそれぞれに異なる属性(形態、機能、能力、起動因)をもつ現実形態の意味で用いている。人間は理性をもつプシュケーとされる。

古代ギリシャの伝統で「プシュケー」は、プネウマ(pneuma〔ラテン語はspiritualitas〕)とともに「気息」を原義とするが、生命、精神、精霊、霊魂などの含意をもっていたので、ドリーシュは避けたのだろう。なお「エネルゲイア」はドイツ語「エネルギー」の語源で、ドリーシュの時代には、すでに実体のもつ内発的な力の意味で用いられていた。

古代ギリシャにおいて、紀元前五~四世紀の医学者、ヒポクラテスは「心」が脳にあると説いた。プラトンは「知」を脳に、「情」を心臓に、「欲望」を胃に配当したが、アリストテレスは、「心」は心臓にあるとしていた。解剖によって神経が脳に集まることを発見したのは、二世紀ローマ帝国に古代ギリシャの医学を集大成したガレノスだった。

ガレノスは、世界の根源に単一の造物主を想定し、「自然」(フィシス)は、その目的意識によって運行しているとし、生命の根源を「プネウマ」(生気)として、自然精気、生命精気、動物精気の三形態をとるとした。脳には動物精気(pneuma psychicon, psychic force)が宿り、運動、知覚、感覚を司り、心臓には生命精気(pneuma zoticon, vital force)が宿って血液と体温を統御し、肝臓には自然精気(pneuma physicon, natural force)が宿って栄養の摂取と代謝を司るとした。自然観、生命観における目的論（teleology）の一つの完成を見てよい。それゆえ彼の説は、アリストテレスの学の体系とともに、ユダヤ教に発する絶対的超越神の観念と目的論的自然観を受け継ぐイスラーム圏にもキリスト教圏にも、よく適合し、ヨーロッパ中世のスコラ哲学のもとで絶大なる権威をもって学ばれ、長く支配的だった。

ドリーシュのウニの卵割実験は、いわば、この生気論を新たなかたちで復活させ、前成説を完全に否定したが、卵割の初期では、受精卵の卵黄の成分が均等に配分されるから、二ないし四の段階でばらばらにしても、それぞれから小さなウニの成体ができるので、そのしくみが解明されれば、「エンテレヒー」は問題にならなくなる。だが、無機物質から生命がどのようにしてできるか、そのつながりが問題として残り、それゆえ発生学が盛んになった。また、ドリーシュは「新生気論」を正当化するため、『生気論の歴史と理論』（一九一四）で、従来説を「生気論」(vitalism) 対「機械論」(mechanism) に二分して説いた。このドリーシュのつくった「生気論」対「機械論」の図式が、そのまま「機械論」者の側に継承された。今日の百科事典でも、国際的に生物学の歴史はこの二分法のスキームによっている。

この二項対立図式は、要素の還元先を「生気」にするか「物質」にするかという対立にしてしまう。還元先をどちらにするにしても、その根本が一神教か多神教か、自然神論か神をカッコにいれる懐疑論（不可知論）や実験主義か、なども問わないことになる。「物質」観にも、原子論もあれば、エネルギー論もある。また物活論もある。それらの還元主義に対して、生命は一つのシステムを成すとき、はじめて生命たりうるという全体論（holism）もある。システムの視点が抜ければ、要素が遍在しているのか、循環しているのか、転換しているのか、全体が閉じているのか、開いているのかも問えない。

ニーダムは古代の語は近現代の概念に翻訳できないと説いていたが、多くの場合、古代の概念は文脈によって多義的に用いられるので、概念の分節化が進んだ近現代の文脈では訳し分けることになる。が、訳し分けると別の観念になってしまう。彼は中国の「気」をギリシャ古典の「プネウマ」と比定したが、「プネウマ」も気息が原義だから、霊性の意味で用いられることもあれば、物理的な力を発揮するとされることもある。「プシュケー」も多義的で、アリストテレスの場合、現実形態の属性のさまざまを文脈に応じて用いている。

原子論の展開

キリスト教神学のもとに展開してきた西洋哲学の大きな流れの中で、自然哲学に着目すれば、プラトンのイデアの世界を形而下の現実形態に引き下ろしたアリストテレスの体系がどのように転換され、今日にいたっているか、に着目することになる。先のホワイトヘッドの言を借りれば、「ヨーロッパの自然哲学の伝統のもつ一般的性格を最も無難に説明するならば、プラトンを経て、アリストテレスの学説に対する一連の脚註から構成されている」ともいえる。たとえば、次のように。

プラトンは『法律』で、諸天体は神がみの「最善の魂」の知性（ヌース）によって動かされているとしたが、アリストテレスは『形而上学』で、それを、世界を動かす「不動の一者」とした。その考えは、哲学をイオニアからアテナイに持ち込んだアナクサゴラスが、無限に小さく、無限に多く、最も微小な構成要素「スペルマタ」（spermata、spermaの複数形、種子）を考え、その無秩序な状態に秩序を与え、目的を実現するように運動させる非物質的な「ヌース」を想定したことをヒントにして、世界の構成要素をエンペドクレスの唱えた四大元素（火・水・土・空気）に置き換え、それらの互いに相反する性質（熱・冷・乾・湿）を重んじた。

それに対して、アナクサゴラスの弟子、デモクリトスは「スペルマタ」の考えを進めて、物体は人間の感覚でとらえられるものであり、均質な無数の原子（アトム）の結合や分離、絶えざる運動によってつくられると唱えた。が、この説は長く無視されていた。世界は均質な最小単位からなるという、その考えは、ルネッサンス運動ののち、まず一七世紀フランスの哲学者、ピエール・ガッサンディによって呼び返され、イギリスのロバート・ボイルが空気を研究し、酸素などの「元素」、均質で微小な物質粒子が離合集散していると考え、『懐疑的化学者』（一六六一）で、錬金術の実験に代えて、物質を構成する「元素」(elementum) を検出する「分析」(analysis) を新たな方法として唱えた。一八世紀フランスのアントワーヌ＝ローラン・ド・ラヴォワジエは燃焼現象を研究し、体積密度をはかる定量実験を重んじ、化学変化の前後で質量が変化しないこと（質料保存の法則）を示す『化学原論』（一七八九）を著し、一九世紀への転換期には、イギリスのジョン・ドルトンがそれぞれに性質の異なる「元素」の化学結合を実験によって確かめ、「元素」を構成する「原子」が存在すると唱えた。

やがて、イギリスのジェームズ・マクスウェルやウィーンのルートヴィッヒ・エドゥアルト・ボルツマンが気体や液体の性質を原子で構成される分子 (molecule) の運動として解き明かそうと努めたが、蒸気機関や電気のエネルギーが熱力学 (thermo dynamics) の関心の的になるに従い、エネルギー一元論が台頭した。その波のなかで、ドイツの化学者、オストヴァルトは、世界はエネルギーで動いているというエネルギー一元論を唱え、アトムの存在は仮説にすぎないと説いた。

音速にその名を残すオーストリアの物理学者、エルンスト・マッハは、これに与したが、彼は宇宙のエネルギー量は一定とするエネルギー保存則は仮説に過ぎないとしていた。『力学の発達』（一八八三）では、ニュートンが『プリンキピア』で措定した、宇宙のいかなる場所でも一定の早さで進んでゆく、感覚でとらえることのできない「絶対時間」(absolute time すなわち duration)、外部と一切かかわりなく不変不動の「絶対空間」(absolute space) という二つの概念が全く観念の上でしか成り立たないこと、実際には物体間の相対的な関係しか存在しないと主張した。

わかりやすく説明すると、次のようになろう。晴れた無風状態の日、三四〇メートル離れた教会の時計台の針が正午に重なるのが見え、その一秒後に鐘の音が耳に届き、六八〇メートル離れたところでは二秒後に耳に届いたとしよう。目と耳で測る音の速度（距離／時間）は比例関係にある。とすれば、ごく素朴に、われわれが感覚でとらえる時間と空間は互いに関係しあっていることになる。そしてマッハは『感覚の分析—物理的なものと心理的なものとの相関』（一八八六）で、対象の知覚は感覚を通してしか成り立たないこと、知覚には心理もはたらくことを鮮明にした。マッハは、イデア（観念）が形をとって現れるとするイデアリズム（観念論）と、物事は観察者と無関係に存在するとする客観主義とをともに退け、そのあいだに人間の知覚、認識の問題を入れて、その対立を超えようとしたのである。これにはヘルマン・フォン・ヘルムホルツによって、目や耳など感覚器官のしくみとはたらきの解明が進んでいたことも手伝っていると想われる。それらが相まって、ここから人間の意識のはたらきに着目する意識の哲学の流れ、いわゆる現象学が展開することになる。*

＊ところが、のち、ロシアの革命家、ニコライ・レーニンは『唯物論と経験批判論』（一九〇九）で、マッハは主観的観念論に陥っていると批判を浴びせた。だが、人間の知覚を問題にする限り、人間の知性が物質の運動によって組み立てられていることを述べなければならない。レーニンは実際、根源的物質の自己運動の最高の産物として人間の知性を説くことになる。一種の物活論である。

アインシュタインの特殊相対性論（special relativity, 1906）は、先のマッハの時間と空間の結びつきをいう理論を、光速という不変の尺度を導入し、慣性運動する観察者にとって時間と空間は切り離せないと翻訳した。わかりやすくいえば、先の音速の説明で、マッハは光速をまったく度外視している。光速を絶対のモノサシに用いていることになる。それによって、アインシュタインは、光が伝播するために必要だと長く信じられてきた媒質、天体間を満たすエーテル説を度外視して、仮説を立てた。

それによって、いってみれば、原子の運動の場が「空虚」であるというデモクリトスの説が認められたかたちになった。ただし、分子が皆無の状態は理論的にしか想定できない。真の「真空」(vacuum)は、実際には存在しない。人為的に気体の圧力を下げて「真空」に近い状態をつくることしかできない。銀河と銀河のあいだにも何らかの分子が存在していると考えられている。また量子力学では、電子と陽電子などエネルギーと物質が生成、消滅しているとされる。

アインシュタインは特殊相対性論を打ちだす前年の一九〇五年、花粉内の微粒子が液体中で不規則に運動する現象（ブラウン運動）を、媒質の分子の衝突によると理論化していた。その翌年の一九〇六年、ミクロな分子の動きはランダムでも、そのはたらきは総計すれば一つの傾向として現れると説いていたウィーンのボルツマンは、最後の原子論者のようにいわれるほど、孤立し、神経を病んで自殺した。だが、分子の運動のランダムさが熱力学でいうエントロピーの指標となることから、統計力学が発展してゆく。

他方、一九世紀末には、電子のはたらきが確認され、二〇世紀前期には、原子の階層構造のモデルがさまざまに提出されていった。そして、アインシュタインが打ち出した原子の存在をいう理論をもとに、フランスのジャン・ペランが精確な実験を繰り返して原子の存在が確認された（『原子』一九一三）。

二〇世紀への転換期、原子論を巡る物理学の動きは実に錯雑としているが、ここでは、アリストテレスが無視した、言い換えると古典ギリシャ哲学の自然観のうちの非主流派だったデモクリトスの原子論の展開を二〇世紀前期まで急ぎ足で追ってみた。そのフットノートも、いくらでも拡がる。古典ギリシャに戻ると、デモクリトスは、政治の不安定や神がみへの恐れなどから逃れた精神の安らぎ（アタラキシア）を求め、そののち、エピクロスは感覚による対象把握だけを信頼できるものとし、認識に誤りが生じるのは、感覚の経験の取り違えによるとした。これは経験主義の先駆といってよい。エピクロスは精神の快楽を求めたので、快楽主義といわれるが、感覚の快楽を求めたのではない。感覚から解放されれば、すなわち死ねば、快も不快もない、それゆえ「死を恐れる必要はない」と説いていた。死後の霊魂など考えない立場だった。

そして、古代ローマ帝政期に、自分も浸っていた放埒な欲望追求の価値観を徹底的に反省し、徳の源泉を自然にしたがって生きることに求めた後期ストア派の哲学者、小セネカ（Seneca minor）は、知人あての手紙に、次のように書いている。

あなたが見るこのすべてのものは、神々の世界も人間の世界も含めて、一つである。われわれは大きな体の一部である。自然はわれわれを血縁者として生んだ。なぜなら自然は同じ材料から同じ目的のために生んだのだから。自然はわれわれの内に相互愛を吹き込み、社会的（ソキアビレース）たらしめた。自然は公平と正義を打ち立てたのである。〔『手紙』九五、五二〕[40]

この短いことばに、自然観、社会観、人間観が見事に出そろっている。セネカは書いている。〈……われわれは共同で生きているのだ。……もしあなたが自分のために生きようと思うなら、他者のために生きなければならない〉（『手紙』四八、二）。〈人間は、相互扶助へと生まれたものである〉（『怒りについて』一、五、二）などと。

セネカにとって「われわれ」の範囲は、各種の奴隷をふくめた人間のことだった。彼の人間観は〈神々がわれわれを地上万物の長たらしめたもうた〉こと、〈われわれが神々につぐ第二の地位を保持させ給うたことに感謝〉して生きる（『善行について』二、二九、三・六）というものだった。ここには、多神教の下で、今日までつづく基本的人権の考えがつくられていたことが見てとれる。

科学革命

アリストテレスの自然哲学の「フット・ノート」は、一七世紀に入って、イギリスのフランシス・ベーコンの主著『ノヴム・オルガヌム』（一六二〇）に及ぶ。そのタイトルは、アリストテレスの概念や論理を後世の人が整理した『オルガノン』に代わるものを意味している。その副題「自然の解釈のための真の指示」は、それらを「自然そのもの」に帰す企図を明らかにしている。そこには四つの「イドラ」（偶像、幻影）を排除しなくてならないと説かれていることが知られるが、どれも人為による自然の「偶像」を意味する。第一に置かれているのは、人間という種族の本性に不可避につきまとう「イドラ」――たとえば人間の眼には、入日が相対的に大きく見えるようなこと――である。二番目の「洞窟イドラ」は、個々人の置かれた境遇によるもの、三番目は社会生活によって生ずる「市場のイドラ」で、わかりやすい例は噂話に惑わされるようなことだが、本質的には言語がもっている惑わしである。四番目の「劇場のイドラ」は哲学や思想家としての名声に惑わされること。アリストテレスの概念や論理は、ここに分類されている。第三と第四のイドラは重なりが大きく、今日風にいえば、他者からの伝聞や教育などによる「情報」の刷り込み（im printing）を排除せよ、ということになろう。つまりは「人間の自然」から逃れて、いわば「自然の自然」の側につくこと、演繹法（deduction）による推論を排して、観察と実験による経験知の「帰納法」（induction）を提案した。『ノヴム・オルガヌム』は、「知識は力なり」（ipsa scientia potestas est）ということばとともに知られ、人間が生活のために、知によって自然を支配する方法を記したといわれるが、それは、この著作にまつわる「イドラ」にほかならない。そのなかのアフォリズムには「人間の心のイドラと自然の上に（神の手になる）聖なる創造の徴を見ることとは全く別のこと」とある。また、人間は「自然のもつ力を利用することしかできない」という一句も見える。つまりは、自然の側につく知が要請されている。

カトリック神学のもとでは、球形の宇宙を想定するアリストテレスの天動説が唱えられてきた。が、ニコラウス・コペルニクスによって円軌道の地動説に転換された（一五一〇年）。ヨハネス・ケプラーとガリレオ・ガリレイはそれを支持し、地動説を曲げなかったティコ・ブラーエが残した肉眼による大量の精密な観察記録から、ケプラーはそれを楕円軌道に修正した（一六〇九年）。だが、彼は、惑星は天上の音楽を奏でながら運行していると信じていた。同じ観察記録から異なる説が立つこと、伝承の「イドラ」が残りつづけたこと、「純無垢な経験知」などありえないこと、それらはベーコンの知りうるものではなかった。

ベーコンは、フランスのミシェル・ド・モンテーニュ『エセー』（一五八〇）の、規範にとらわれない自由な記述法に着目し、彼自身の『随想録』（一五九七）の増補を重ねた。歴史を超え、宗教を超え、先にふれたセネカの書簡を「エッセイ」というジャンルに加えたのも彼である。ルネッサンス運動は、アリストテレスが無視ないし軽視した古典ギリシャやローマの神話伝承のみならず、モンテーニュと同様、多神教の知をも再評価する動きを伴っていた。

フランシス・ベーコンは、壮大な学の体系を志し、人間と社会の総合的把握も試みた。それは当然にも、実践的技術を重んじるものだが、キリスト教が政治と道徳に果たす役割も忘れていない。彼は国境をも越えて地動説を評価したが、当時の知識人はラテン語共同体に属していたから、これは格別のことではない。そして彼の企図は、フランスのドゥニ・ディドロ、ジャン・ル・ロン・ダランベールらに引き継がれ、『百科全書、あるいは科学・芸術・技術の理論的辞典』（一七五一～五二、七六～八〇）に「実現」されてゆくが、「純粋無垢な経験知」などはありえないから、参加者が増えれば増えるほど、「体系」をなさなくなるし、民衆啓蒙の姿勢をとる限り、各国語に分散する。なお、その序文を書いたダランベールは、ニュートン力学から絶対的超越神の影を抜き去り、力学を一種の応用数学に仕立てようしたことでも知られる。唯物論はフランスで開花した。

機械論とは？

フランシス・ベーコンはイドラを人間の心の産物として考えたが、フランスのルネ・デカルトは、イドラにあたるものを邪な神の導きではないかと疑い、ベーコンとは逆に、人間の感覚的経験を遮断した自分自身の思弁（我思う）による明証判断こそが真実とした。それはまず、『方法序説』（一六三七）の〔第一章〕に示されるように、数学、とりわけ幾何学に求められる。『方法序説』は「我思う」に出発し、超越的絶対神から授けられた理性を行使しても、その存在を侵すことにならないというかたちをとる。いわば、ピタゴラスのイデア界こそが正しい神の導きによるものとし、「現実態」を出発点に置くアリストテレスの体系を否認するようなことだ。

もし、デカルトが物体の慣性運動や運動量保存則を説いたことをもって、「機械論的自然観」と呼ぶなら、それはコペルニクスやケプラーに遡るだけでなく、アリストテレスが地球を中心に天体が円運動していると考えたことも、それをローマ帝政期にエジプトのプトレマイオスが『アルマゲスト』で数学的に体系付け、実用的な計算法を整理したことも、そう呼んでよいはずだ。デカルトは地動説を支持し、かつ宇宙の発生を粒子の渦から次第に形を整えたと考えていたが（『世界』一六三三年稿、未刊）、天動説でも、地動説でも、宇宙の運動法則を神が与えたものとする限り、「我思う」は介在しない。それゆえ、その手の機械的宇宙論は近代の指標にならない。近代的思考法の指標とされる機械論（mechanisme）は、デカルトが『方法序説』などで説いた動物を機械に見立てる動物＝機械論を指す。もう一つは、一七世紀イギリスのトマス・ホッブズの説いた人間を機械仕掛けと見る自然法の考えである。以下、順に述べてゆく。

デカルトは『人間論』（一六四八、一六六四歿後の刊行）〔序文〕の冒頭、人間の霊魂と身体をまず別べつに論じ、そのあとで、その二つが、どのように統一されていなければならないかを明らかにしようと記している。しばしばデカルトの思考は、精神と身体の二元論（dualism）と呼ばれるが、その実際は心身相関論である。人間の心身の関連は、彼が動物を神によって造られた機械に見立てたときから抱え込んだ難問だった。心臓のあたりに発する感情は、機械に見立てられる身体に属するのか、どうか。彼のパトロネスだった公女・エリーザベト（オーストリア＝ハンガリー帝国の皇帝、フランツ・ヨーゼフ一世の皇后）から突き付けられたこの疑問に、デカルトが答えようと苦心しつづけたことはよく知られる。

『人間論』〔序文〕は、そのあと、柱時計や人工噴水、風車など自動機械類が神がつくったように感じられるとすれば、人間の身体もそれと同様とある（ただし、翻訳者によるフランス語版では、条件法は用いられていない）。人間が超越的絶対神から授かった知性で自動機械をつくるのと同じく、神は人間の身体をつくったと考えることができるという含意である。動物＝機械論は、動物を全知全能の神の被造物として「自動的に」即ち「自然に」動く機械とアナロジーするものだった。むろん動力源も創造主の仕業と考えている。

機械は目的を実現するための人間の道具だが、意志を持たない。それゆえ、動物＝機械論を唱えたデカルトは、世界は目的実現のために動いているとするキリスト教やアリストテレスの目的論的世界観と別れを告げたと説かれてきた。だが、神は目的に導く方向指示器を動物の本能に与えておいたと考えるなら、動物＝機械論も目的論的世界観と大差ない。これに似たことを、第二次大戦後のフランスで、広い意味でのヴァイタリズムの立場から生物学について哲学的考察を行い、ミシェル・フーコーらに影響を与えたジョルジュ・カンギレムが『生命の認識』（第二版一九五二、改訂と議論）で指摘している。しかし、デカルトは、どちらとも表明していない。それゆえ、意見は別れるだろう。

デカルトは最後の著作となった『情念論』（一六四九）で、心身問題に一応の回答を出している。そこでは身体を「延長」（res extensa）と呼んでいる。デカルト『哲学の原理』（一六四四）は、物質的部分は、どれほど小さくても「延長」を持っているといい、どこまでも分割可能とした。「延長」は等質の拡がりの意味で、空間は物質の性質に満ちていると考え、その最小単位を認めなかった。天体間を満たしていると考えられていたエーテルを物質性に言い換えたと想えばわかりやすいだろう。

心身問題は、デカルトにとって、どのように物質界と精神界との関係をつけるかという問題だった。『情念論』では、脳の中央にある松果体――今日では、光に感応してホルモンを分泌する器官、いわゆる体内時計にかかわるとされる――にあたる器官に、心身をつなぐ「魂」が宿っていると考え、それによって人間は「自由意志」(liberum arbitrium) を神の教えに従うよう善用し、感情を統御すると述べている。彼は、神に授けられた「魂」によって、物質（界）と精神（界）とに橋を架けたのである。

だが、およそ一世紀のち、デカルトは唯物論をオブラートに包んで提示したと述べる人が登場する。フランスの医師、ジュリアン・ド・ラ・メトリである。彼は『魂の自然史』（一七四五）で、ガレノスの「動物精気」説を転換し、神経のはたらきは微粒物質によると主張、「世界には物質だけしか存在しない」という見解を公にしていた。英語からの翻訳と称してオランダで出版したが、フランスで激しい非難を浴び、オランダへ亡命しなければならなかった。オランダはキリスト教神学から最も自由度の高い気風に満ちたところで、デカルトの動物＝機械説を人間に拡張し、人間の身体は神が与えた機械とするデカルト派の医師たちが活躍していた（なお、今日では日本にもたらされた蘭学の医学書がデカルト派の機械論に立っていることも明らかにされている▼41）。

ラ・メトリは、次の『人間機械論』（一七四七）で、神学者たちをさんざん馬鹿にしたのち、デカルト派の医師たちをも愚弄し、脳がなければ精神も神もないと断言した。この書物は無署名で出版したが、やはり教会の激怒をかい、今度はプロイセンの啓蒙君主、フリードリヒ二世のもとに逃げこんだ。

ラ・メトリは「肉体が死んだあとにも運動は残っている」こと、死後も神経は活きていて肢体が動くことを根拠に、〈有機組織を持った物質は一つの原動力を具有して〉いること、物質が感覚能力をもったものが動物であり、動物の一種である人間は経験をつんだ機械であることを医学の知識をフルに活用し、幾多の例をあげて論じている。だが、と彼はいう、〈運動の本質は物質の本質と等しく我々には知られていない〉と。それゆえ〈如何にして物質が、生命のない単純なものから、活力のあるものとなり器官から出来上がったものとなったかを知らないことは……諦めのつく問題なのである〉ともいう。観察できることしか信頼せず、認識の限界を見きわめる謙虚な態度がここにはある。それでも、そもそも〈物質は独りでに動く〉性質を潜在的にもっていなければ、運動は起こりようがないと考えている。つまりは「物活論」、磁石には神ないし魂が宿っているがゆえに力をもつといったとされるタレースと同じ類の考え方、性質のよく知られていない「物質」なるものをいわば「万能の神」にしたてるのと同じことだ。

　そして、この唯物論者の結論は次のようなものだ。人間が機械であることと、〈理性と、道徳に対する確実な本能を持って生れていること、それから動物に過ぎないと云うこととは、少しも矛盾するものではない〉。〈自然に対する尊敬の念〉をもち、すべてが「自然の賜物《たまもの》」であることを知り、「自然」に感謝しつつ生きること、そうすれば、自分の「内なる自然」も、他人の「内なる自然」も同等に大切にするようになる。〈同類を虐待するようなことは決してしないであろう〉と。今日の人間と人間、人間と他の生物、人間と自然とを考えるうえでも、この結論は含蓄に富んでいると感心させられる。が、実のところ、〈理性と、道徳に対する確実な本能〉とは、いかにも啓蒙主義の時代のことばである。

　ラ・メトリは、デカルトを自身の唯物論に引き付けて解釈していたが、ベルクソンは『創造的進化』（一九〇七）のなかで、デカルトは、まだ魂と物体、時間と空間とのあいだで動揺し、それぞれに身を置きながら考えていたと見ていた。バートランド・ラッセルは『宗教と科学』（一九三五）のなかで、自ら信奉する近代科学の立場に引きよせ、カモフラージュ説をとっている。デカルトは、天動説を支持していたガリレオ・ガリレイが一六一六年に第一回の宗教裁判にかけられ、罪をきせられたことを知り、自分が天動説を支持する姿勢を示していた『世界』の刊行を差し控え、オランダに逃亡した、とラッセルは確信している。そののち、ナチスの圧迫を逃れてアメリカに渡ったルートヴィヒ・フォン・ベルタランフィは、第二次大戦後に刊行した『生命』（一九四九）の冒頭近くで、デカルトが機械論に徹しきれなかったのは〈教会の信仰篤い息子〉だったゆえ、〈人間までが単なる機械であろうわけはなく、自然法則のなすがままにならない意志をもっているはずだ、というのだった〉と書いている。『情念論』を念頭においていよう[42]。

実際、デカルトの『方法序説』は、どのように考えても、自分の考えのおよばない存在として、神は在るということを証明するかたちをとっていた。神から授けられた理性で神の存在を証明してみせることなどできはしないと、人間の理性の限界を突き出してみせたと読むこともできる（この問題は、先のホワイトヘッドの「永遠的客体」論にまで響くだろう）。いずれにせよ、確実なのは、デカルトの真意がどこにあったたか、推察しうる能力は、わたしには宿っていないということである。

自然法の思想

いわゆる「機械論」を宇宙論と人間の心身論とに分けて見てきたが、人間社会に用いる場合には、イギリスのトマス・ホッブズの『リヴァイアサン』（一六五一）が指標にあげられる。その最初で、人間の「自然の状態」(state of nature) を想定し、個々の人間が身体 (body) と情念 (mind) をもち、感覚によって外界を察知し、欲望を満たそうとすることを普遍原理として提出している。リヴァイアサンは旧約聖書に登場する海中に棲む怪獣の名。生物の自己保存本能を実現するための個々人の「自然権」(natural right)、すなわち自由 (liberty) を求める欲求は無際限に拡大し、それゆえ「万人の万人に対する闘争」(war of all against all)）を引き起こす。だが、人間は動物とちがって、危険を回避する理性がはたらくため、個々人の自然権をそっくり政府に委ねる。これが人為法に対するホッブズ流の「自然法」の考えである。

その時代には、王権神授説による絶対君主制に根拠を与える論であり、当代の共和派からは専制政治擁護者と見られた。他方、キリスト教道徳による秩序維持が排除されているため、王党派からは無神論と見なされた。だが、封建（feudalism）的な従属関係ではなく、平等な個人の意志による社会的契約に道を拓く考えとされ、近代国家論の基礎を築いたと評されるようになった。人間の本性、すなわち「人間の自然」をどのように考えるか、その根本にかかわる。その後の英仏における思想の展開を見てゆこう。

イギリスのジョン・ロックは、直接、ホッブズに言及してはいないが、『市民政府についての第二論文』（一六八〇年代）で、自然状態において、人間各自は正しい取り分を要求するとし、自然権として生命（life）、健康（health）、自由（liberty）、財産（possessions）の四つを掲げ（セクション6）、自己保存本能のみならず、神に授けられた理性に基づくのが自然法と説いた。『統治二論』（一六九〇）では、それを侵すような権力を規制する機構について説き、最終的には政府を覆す権利が留保されると述べている。政治革命を肯定する理論だが、道徳は別物で神の意志によるとする[43]（セクション229）。ここで、ジョン・ロックは、政治と宗教を明確に分けた。いわゆる政教分離論のもとである。それゆえ、政治機構を機構として説くことが出来たのである。ただし、それには、一六八〇年代後期から、カトリックを奉じるヨーク公ジェームズのイングランド王位の継承権を剥奪する法案をめぐって、イギリス議会が揉めていたこともはたらいていよう。

その一世紀ほどのち、フランスのジャン＝ジャック・ルソーは『人間の間の不平等の起源と基盤についての説』（一七五五）で、個々人が他者との関係を一切もたない状態を「人間の自然」と想定し、ホッブズの想定する「自然状態」は理性による社会であり、それが不平等を生むと論じた。『社会契約について、もしくは政治的権利の原理』（一七六二）では、ジョン・ロックの考えを批判し、個々人が孤立した自然状態における「自然権」は放棄されることなく、互いの主権を尊重する「一般意思」volonté générale）を形成し、国家を形成するとした。「自然権」は、家族ももたない孤立した個人を観念的に想定したものだが、それを回復すべく、人間は「一般意志」によって国家を形成するとし、それを「第二の自然」と呼んだ。これが民主主義国家論の基礎になった。

ルソーの『エミール、または教育について』（一七六二）の冒頭には〈万物をつくる者の手をはなれるときすべてはよいものであるが、人間の手にうつるとすべてが悪くなる……こんにちのような状態にあっては、生まれたときから他の人々のなかにほうりだされている人間は、だれよりもゆがんだ人間になるだろう。偏見、権威、必然、実例、わたしたちをおさえつけているいっさいの社会制度がその人の自然をしめころし、そのかわりに、なんにももたらさないことになるだろう▼44〉とある。これはモンテーニュ『エセー』（一五九九）（一-三二）を踏まえている。

そこでモンテーニュは、ある民族（複数形＝諸民族集団）について聞いた話として、彼らには〈全き宗教があり、全き政体があり、完全なる諸々の制度習慣がある。なるほど彼らは野蛮《ソバージュ》である。ちょうどわれらが、自然が独力でその日常の進展の間に生み出したところの果実を野生《ソバージュ》と呼ぶのと同じ意味で〉とはじまり、〈彼ら原来の素朴に甚だ近くあることをもって、野蛮と思われるのであろう〉といい、〈自然の法規は、人間の法律に殆ど毒されずに、今なお彼らを支配している〉と述べている。そして〈この国には、全く如何なる種類の取引もない。文学の知識もなければ数の観念もない。役人という言葉もなければ統治者という言葉もない。人に仕えるという習慣もなければ貧富の差別もない。契約も相続も分配もない。楽しき仕事はあっても労役はない。長幼の序などはなく、人はみな平等である〉云々と畳みかけて終わる▼45。

ここに「自然法」の考えの淵源を見出すことができる。モンテーニュが貿易商であった父親から幼い日に聞いた話からつくられた北米インディアンのイメージではないか。フランス啓蒙主義における「善き野蛮人」（bon savage）の観念の原型もここに求められる。一八五五年版では、この条の最後に、セネカよりエピグラフ〈これこそは、今し神々の御手を出しばかりの人々〉を引いている。幼少期にラテン語で育てられたモンテーニュの脳裏に刻まれていた語句であろう。「生まれついての自由」も彼の常套句に近い。わたしはルソーに「孤独」ということを教えたのも、この著作だと思っている。

それはともかく、ルソーの書簡体小説『新エロイーズ』（一七六一）などでは、アルプスの山岳の美観が謳われ、それまで専ら交通の要害とされてきた山岳の価値を転換したといわれる。そこに自然愛好の淵源が求められもする。『新エロイーズ』は、無神論者の恋愛を書くが、相手の女性が信仰を選んで、恋愛は成就しない。ルソーは無神論には否定的だったようだ。『人間不平等起源論』を刊行したころのルソーは、理神論（有神論〔deism〕のうちの狭義）の立場からキリスト教会を批判していたヴォルテールと親しい仲だったが、ヴォルテールが経験主義から無神論への傾斜を強めてゆくに従い、二人の仲は決裂に至る。だが、いずれにせよ、一生のうち、二度、キリスト教の宗旨《セクト》を変えたルソーの宗教観に踏み込む能力はわたしにはない。

ここまで見てきたのは、それぞれに人間の「自然」の根本を想定した理論だが、宇宙の構造、人間の身体と知・情・意、また社会のしくみを「機械仕掛け」と見なす三つの「機械論」の系譜は、すべて創造主との関連において展開していた。二〇世紀への転換期に自然科学がそれとして成立すると、超越的絶対神の観念は表に出なくなる。これは、トマス・ハクスリーのいう「懐疑論」、神をカッコに入れて問わない立場が拡がったゆえと見てよい。「機械論」をすなわち無神論ないし唯物論のように見なす日本近現代の傾向は特異なものとせざるをえない。その傾向が、なぜ、いかにして生じたのかをあらためて問わなくてはならないだろう。

しかし、ヨーロッパには、そもそも、「自然権」なるものを想定する考えが観念的であるとして、法典を整えることによってしか人間と社会の幸福はありえないとする立場もある。この系譜では、絶対的超越神との関係は露わにならない。イギリスのジェレミー・ベンタムが『道徳および立法の諸原理序説』（一七八九）で説いた。これは人間の快楽の源泉は「功利性」(utility) にあるとし、個人がそれを過剰に求めることのないように社会全体は「最大多数の最大幸福」(the greatest happiness of the greatest number) を追究すべきであるという考えに基づいている。「最大多数」は、実際には社会のマジョリティ（主流派）を指している。これがベンタム流の「功利主義」(utilitarianism) である。そののち、ジョン・ステュアート・ミルの『自由について』（一八五九）が精神の快楽を重んじ、イエス・キリストを筆頭に、優れた少数者を迫害してきた歴史的事実をあげ、ベンタムの功利主義に修正を図った。ミルは晩年には社会主義者を名のる。国家でも個人でもなく、市民社会の利害を第一に考えるべきという立場である。

　ベンタムからステュアート・ミルのあいだに、工業革命が進行し、労働者階級の貧困と暴動の発生など市民社会の危機が問題になっていた。ミルと交流のあったフランスのオーギュスト・コントは、『積極精神についての意見』（一八四四）で、学問の歴史を三段階に分け、真理を宗教に求める段階、理想に求める段階から、今日では社会の現実を直視する「積極主義」(positivisme) の段階に進んだとし、数学、天文学、物理学、化学、生物学と次第に人間の具体性に近づく体系を示し、最終段階の科学 (sciences) として「社会学」(sociology) を位置づけた。“positivisme”には「実証主義」という訳語が与えられてきたが、社会学の内を、社会の歴史変化のダイナミズムをとらえる「動学」(dynamics) と現状の実態を捉える「静学」(statics) とに分け、後者は調和のとれた生命体を理想形としている。そのイデオロギー性は否めない*。そして、これがイギリスのハーバート・スペンサーに影響を与えた。近代における「実証主義」もまた、対象的自然に向かう態度に大きくかかわることはいうまでもない。

＊なお、エミール・デュルケームは、コントの社会学の提唱を受け、『社会学的方法の基準』（一九三〇）で、

個人の心理を超えた「社会的事実」に立脚した学としての社会学を提唱し、宗教の教義や法、習慣など社会集団の規範が個々人の意識を規制することを解明する方法を提唱した。そこには、社会習慣は世代間に「遺伝」しないなど、社会を生命体とアナロジーする方向を切断する傾向が見え、それゆえ集団の同一性を保証するものも説いていない。[▼46]

第五章　中国の自然観—道・儒・仏の変遷

歴史以前、日本列島に稲作を持ち込んだ人びとの用いる農業暦は、どの経路からであれ、まちがいなく中国文化圏のそれだったにちがいない。以来、古代から幕末に至るまで、日本人の自然観に中国の儒・仏・道の思想の展開が大きく影を投げかけてきた。だが、日本列島の住人たちは、それを受け取っただけではない。天武朝が神・儒・仏・陰陽道の四教併存体制を敷いたことは確実である。日本に固有の神社崇拝の拡がりをもつだけでなく、仏教にも鎌倉時代から日本独自の諸派が形成された。儒学系においても、徳川幕府は朱子学を公認したが、幕藩二重権力体制は、日本の儒学にかなり自由な展開を保証し、中国明代の陽明学や古学の流れも併存させ、その中期には荻生徂徠の独自の古文辞学が一世を風靡し、日本に固有の伝統を尊重する、のちに「国学」と呼ばれる復古神道も展開した。文芸もまた同じである。

そして、中国思想の影響は近現代にも及ぶ。一例だけあげる。一九八二年、大庭みな子が現代女性の身体の自然を書いて、一九八二年、谷崎潤一郎賞を受賞した長篇小説のタイトル『寂兮寥兮《かたちもなく》』は、『老子道徳経』〔第二五章〕冒頭〈有物混成、先天地生。寂兮寥兮、獨立不改〉から採られている。この一句については後述するが、古代から今日に至るまで、日本人の自然観の展開をつかむためには、中国のそれとの同一性と差異を、それぞれが応用された歴史的契機とともに測ることが必要不可欠である。

中国の伝統思想や医学の大きな特徴とされてきたものに、「天人合一」「天人合徳」ないし「天人相応」（自然界と人間とは互いに感応し、互いに照らし出す）の考えがある。一括りに「天人相関」論といわれる。道・儒・仏にわたって。人類の生理をはじめ、倫理、政治等の社会現象は、みな自然の直接の反映であることを基本にしていると説明される。今日の中国では、これをエコロジーと結びつけて、伝統の美点とする論調もかなり出ている。

藪内清は、「天意」が自然現象を支配し、人間の行いを罰したりすると考える「天人相関説」により、人間の努力によって自然法則を究極的に解明できるものとされなかったと述べていたが、キリスト教にも、全知全能の神は人間の一切の行いを監視しており、善を称え、悪を懲らしめるというタテマエはある。ヨーロッパ一七世紀科学革命もそれ以降の科学の進展も、超越的絶対神のつくりたもうた宇宙のしくみの解明に向かう情熱に支えられていた。ケプラーやスピノザにも、ニュートンにもそれは明らかだった。超越者の意志が人間界を支配する考えが法則性を追究する姿勢を殺ぐわけではない。実際、天人相関説のもとでも、天体などの一定の法則性の解明が進んでいた。が、それ以上に進まなかった。それはなぜか、まだ明白な答えは得られていない。

藪内清は、それとは別に、中国には幾何学や原子論が生まれなかったことをいい、ジョゼフ・ニーダムは、中国には原子論が生じなかったこと、伝統的「気」は定量化しえないことを指摘していたが、天人相関論や天人合一論がそれらの直接の理由にはなりそうもない。それは道・儒・仏における「天人相関」説の諸相や「物心一如」の観念の内実に踏み込んでみないと了解できないことらしい。

本章第一節では漢代まで、第二節は主として隋・唐、第三節では宋代以降について、それぞれ時代概観と道・儒・仏の思想形成と展開について自然観を中心に述べる。いずれも日本における自然観の展開を探るために前提になる概説を心掛け、日本とのかかわりで、特記すべきことは補注に記す。また、中国において近代科学に発展する芽が育たなかった理由については、一つの決定的な答えを述べるつもりでいる。なお、本書では、唐代にかなり浸透したキリスト教ネストリウス派（景教）および、ゾロアスター教（祆教《けんきょう》）については扱わない。中国および日本における自然観に、かなりの影響を及ぼしたとは考えられないからである。

一、中国古代の信仰と思想

「天人合一」論の諸相

道家の根本経典『老子（道徳経）』〈第二五章〉にいう。

人は地に法《のっと》り、地は天に法り、天は道に法り、道は自然に法る。
（人法地、地法天、天法道、道法自然）

この〈自然〉は「自ずから然り」の意味である。人は地に、地は天に、天は「道」にのっとって在る。つまり、「道」は天地万物の根本の運行を意味する語である。

『荘子』外篇〈山木篇上〉に孔子が登場する。〈仲尼曰く〉として「人有るは天なり。天有るは天なり」（仲尼曰、有人、天也。有天、天也）と説いている。ここで、孔子のことばとして引かれているのは「本来、人は天によって在り、天は自ずからある」という意味である。だが、そのあとに〈人は天を有する能わず、性なり。聖人は晏然《あんぜん》として逝去して終わる」（人之不能有天、性也、聖人晏然体逝而終矣）と続く。人は、その天然の本性を保つことはできない、聖人でも落ち着いてこの世の生を終わることくらいしかできないというほどの意味である。ここには、天と人とは本来は一であるが、実際には別物、という認識がある。それゆえ道家では、経典や制度に囚われない境地において、天然のままに帰るのがよいと説かれることになる。

『論語』〈為政〉には、よく知られる〈五十にして天命を知る〉（五十而知天命）とあり、また、〈雍也〉に、「自分が道に外れていたら、天が私を見捨てるであろう」（予所否者、天厭之、天厭之）とある。が、〈陽貨〉には〈天は何も言わない。が、四季はめぐり、もろもろの生き物が生まれる。だが、天は何も言わない〉（天何言哉。四時行焉。百物生焉。天何言哉）ともある。そこで、孔子の言にも揺れがあるように見える。

だが、この〈陽貨〉の一節は、自分は何も言うまいという孔子の言に、子貢がそれではみな困ると訴えたことに答えたことばである。孔子と弟子たちとのあいだに何かがあって、そんなことを言い出したのかもしれないが、孔子は天にはたらきがないとはいっていない。

『孟子』〈告子下〉に〈天が重大な務めを人に与えようとするときには、必ず、まずその人の精神を苦しめる〉（故天将降大任於是人也、必先苦其心志）とある。試練を与えるという意味だろう。孔子も孟子も、ともに天意が個人の心に響くことを説いている。

それゆえ天命による易姓革命論は儒家の説である。『孟子』が出処ともいわれてきた。その〈梁恵王章句下〉に紀元前四世紀、斉の宣王との対話が載っている。宣王が問う。「（殷王朝初代の王）湯《とう》が夏の王、桀《けつ》を放逐し、周の武王が殷の紂《ちゅう》王を討伐したというが、実際、有ったことか」。孟子が答える。「有ったと伝えられている」。また問う。「（紂王の）臣（だった武王）が君を討ってもよいのか」。また答える。「仁を損なう者を名付けて賊。義を損なう者を残。残賊の者は、ただの一人の男に過ぎない。臣が君主を殺したとは聞いていない」と。このあたりから仁徳を失った王に代えて、天命が新しい王にくだるという考えが生じたと推測されてきたが、孟子は、ここで、王に仁があれば人民が慕うはずで、王位は人民次第という考えを述べているので、天命には言及していない。

同じ頃の儒家の書、『荀子《じゅんし》』〈天論　第十七〉は〈天行は常に有り、堯在りて為さず、桀滅びて為さず〉〈天行有常、不為堯存、不為桀亡〉という。天と堯《ぎょう》や桀の王朝の交代は無関係と説いている。易姓革命論の否定である。『荀子』はまた、人の欲望には際限がないことをいい、「礼」を重んじることの重要性を説いて、その弟子に韓非《かんぴ》ら「法家」に連なる流れが出ることになった。

これらを考えあわせてくると、易姓革命論を広めたのは、漢初、高祖に儒官の採用を献策した董《とう》仲舒《ちゅうじょ》の著とされる『春秋繁露《しゅんじゅうはんろ》』あたりに落ち着きそうだ。全体に、陰陽五行説を含め、天意と森羅万象との密接な感応関係をいう傾向がうかがえるからである（後述）。

一言で「天人相関」論というが、道家では理想の境地、儒家では相関性が説かれ、また切断もなされていた。仏教はまた別である。天地観は道・儒、仏それぞれの展開に分け入って考えなくてはならない。それを政治制度の変遷とともに整理してみたい。

祭祀国家の成立

中国古代王権は、大小を問わず、その宗教的権威を「礼」（儀礼）によって維持し、「政」（祭りごと）は、「詩歌」や「稗史」（巷説類）によって民意を汲みあげ、「文」（詔や律令）によって治める方式をとり、敵対する者には「武」で応じるのが基本モデルである。中国の場合、西暦紀元前一七世紀頃から紀元前一一世紀半ばまで、華北から江南一帯に勢力を拡大した漢民族の殷（商）が、考古学により確認されている最古の王朝である。部族連合的な組織で、さまざまな部族の天を祀る祭祀を習合させた儀式を執り行い、王たる天子は、その権威を保っていたと推測される。この習俗は、「天子」の呼称が秦朝で「皇帝」に替わっても、騎馬民族が侵入して支配しても長く保たれ、清朝が終わるまで続いた。

漢民族の民間に広く信奉される宗教を「道教」と呼ぶなら、その主神として奉じられる黄帝は「土」

の徳（恵み）の象徴とされ、「万物の父」ともいわれる。黄河地帯に長く暮らし、畑作を重んじた民族の考えとされる。漢代に編まれた司馬遷『史記』（西暦紀元前九一）は〔第一　五帝本紀〕に、黄帝・顓頊《センギョク》・嚳《コク》・堯《ギョウ》・舜《シュン》と伝説の神と聖王を並べている。〔第二　夏本紀〕を挟んで、〔第三　殷本紀〕には、殷の始祖神を時系列の系譜として記している。

白川静『中国の神話』（中公新書、一九七五）は、江南の地に勢力を張った殷王朝は、その生活基盤を第一に農耕、第二に牧畜とし、「舜」を始祖神として奉じていたが、もとは太陽神であると推測し、その神話は、南方海洋民の太陽信仰の説話が取り入れられた可能性があるという。殷王朝は複数の部族が交代で王を建てたので、それとは別の、いまでは正体不明となった始祖神も祀っていたらしい。

中国最古の地理書（地誌）とされる『山海経《せんがい》』に、黄帝が海の彼方の怪神をとらえた説話がある。殷は、その怪神を始祖の一つとしたと推測されている。*はるか昔に、南方起源の神話をもつ部族をも緩やかに統合したと推測することも許されるだろう。

＊洛陽を中心にその周辺地域の産物や怪奇な伝承を採録し、地域ごとに編んだもので、戦国時代から秦朝・漢代にかけて徐々に集められていったと推測されている。もとは絵地図が挿入されていたらしいが、失われた。なお、『書経』〔禹貢〕には、全国（「九州」と呼ぶ）の産物等、官の調査による地誌がまとめてある。

殷からはユーラシア大陸の各地に馬車の道が通っていた。それらの神話は、各地から集められ、また各地に伝えられた可能性もあろう。神事にかかわる巫覡《ふげき》や技術者集団が枝分かれし、各地に散開したことも考えてよい。

殷王朝を滅ぼした周（紀元前一〇四六頃～紀元前二五六）は、華中一帯を勢力範囲とし、自らを有徳ゆえに「天命」（天の命令）を受け、天に代わってその子ども、「天子」の一族とし、王権の世襲制を定め、安定した秩序を保った。これにより、のち、天が、徳のない王朝を罰し、次の王朝を選んで命を改める「易姓革命」の考えが生まれた。

民謡などをまとめた『詩』(詩経)、古記録『書』(尚書、宋代から書経が定着)、天の運行を占う『易』(周易)、宮廷儀礼をまとめた『礼』(もと周官、周礼)などが編まれ、もって中国文明の起源とされる。各経それぞれに春秋戦国時代を通じて、あるいはその後も、再編や「伝」が加えられるなどした写本が伝えられてきた。

『詩経』に集められた古代各地の民間の歌謡には、天の徳を歓び、王を褒め称える讃歌が見られる。〈小雅・北山之什〉に〈この広い空の下に王のものでない土地はなく、地の果ての浜辺まで王の臣でない人間はいない〉(溥天之下　莫非王土　率土之濱　莫非王臣)とうたう。この「王土王民」(公地公民)と、一国の人民は平等とする「一国万民」のタテマエを結びあわせ、王権が人民(百姓)個々人に対し、一律平等に耕作地(均田)を与え、その代償に租税・労役・兵役も一律に課す制度が古くから理想とされていた。

これを統治の根本とし、周王朝は諸地方を支配する豪族を地方長官に任命し、その上に君臨するかたちの「封建」(地方分権)制をとった。これが本来の「封建」の意味である。

周は、殷の神話群も儀礼も捨てず、殷から神事にかかわる巫覡集団を引きついだらしい。だが、天の運行を意味する「天命」の観念のもとに祭祀を体系化し、神話の象徴を東西南北の方位のそれぞれに青龍・朱雀・白虎・玄武を配当したと推定される。五行説にあわせ、中央に麒麟や黄竜を加え、五神とする。この方式は現在、中国・吉林省集安市の高麗王朝の墳墓に、また高松塚古墳やキトラ古墳にも跡を留める。東西南北に青、朱、白、黒の四色をあてるのは、ふつう戦国時代に定着したと見られているようだが、遡れるのではないか。*

＊この四神と方位を相応させる考えは、中国元代に編まれた家政全書『居家必要事類』中の『周書秘奥営造宅経』(成立年代未詳)に宅地の選定について述べた条に見える。〈屋宅は舎。左に流水有るを欲す。こ

れを青龍と謂う。右に長道有り。これを白虎と謂う。前に洿池《おち》有り。これを朱雀と謂う。後ろに丘陵有り。これを玄武と謂う。最も貴地と為す〉（屋宅舎。欲左有流水。謂之青龍。右有長道。謂之白虎。前有洿池。謂之朱雀。後有丘陵。謂之玄武。為最貴地）▼1。四神（四禽）相応の考えは、地形の吉凶占いと結びついて「風水」思想に組み入れられたと推測されよう。

『尚書』（書経）は、天の神、「上帝」を祭ることを、『周礼』は「祀天」には煙を焚き、「祭地」には牛や馬など犠牲の数を記している。天神地祇だけでなく、日月星辰、山川、風雨の神も祀り、季節（立春・立夏・立秋・立冬）の「気」も迎える。そして陰陽の気が乱れたり、「天神・人鬼（死者の魂魄）・地祇」の三者が「不和」では、厄災が訪れるという考えもあった（後漢末の鄭玄による『周礼』〔春官大祝〕注）。

だが、周の封建制は諸侯の叛乱を生み、紀元前七七一年に二つに分裂、以降、諸勢力が鎬《しのぎ》を削る春秋戦国時代に入る。紀元前二二一年に、秦が中国を統一するまでには、各地の信仰も乱れていたらしい。信仰を巡り、また、戦乱の世を治める方策をめぐって諸子百家が活躍し、『老子道徳経』『荘子』など道家思想、孔子、孟子らの儒家思想の基礎もつくられた。が、その内容、分類にも変遷がある。*

＊前漢初期には、司馬遷の父、太史令だった司馬談《たん》が秦代以降当代までの重要な思想家集団を「論六家之要指」に遺している（『史記』〔古史公自序〕）。そこでは「陰陽」「儒」「墨」「名」「法」「道」があげられている（後述する）。後漢に『漢書』〔藝文志〕（朝廷の蔵書目録。七八年）をまとめた班固は、諸家として「陰陽家」「儒家」「墨家」「法家」「名家」「道家」「縦横家」（外交策士）「雑家」（諸家の説を総合編纂）「農家」（農学家）の九流を数えている。その後も、この分類には「小説家」（民間伝承の記録者）などが加えられてゆく。

なお、書目の分類法としては、紀元前六年、前漢の哀帝の命令で劉歆が編纂した『七略』があり、「六芸略・諸子略・詩賦略・兵書略・術数略・方技略」の六部に輯略（総記）を加える。『漢書』〔藝文志〕

ののち、七世紀初頭には、『隋書』〈経籍志〉で「経・史・子・集」の四部分類法が完成し、清の乾隆帝の命によって編纂された「四庫全書」の分類まで受けつがれた。「四庫全書総目提要」にコメントが付されている。

中央集権制へ

紀元前七七八年に戦国時代を収め、統一を成し遂げた秦王、嬴趙《えいちょう》は初めて皇帝を名のり、咸陽《かんよう》を首都と定め、強力な国家法による統一を志向して、度量衡、文字や暦を統一、服属した地域の地図を中央政権に差し出させ、全国を郡に分け、その下に県を置き、中央権力がそれぞれに長官を派遣する「郡県」（中央集権）方式に移行した。始皇帝はまた、「華夷」秩序の考えから、統一以前から、北方の異民族の侵入を防ぐため、万里の長城を建設にかかり、周辺の権力とのあいだに「冊封」関係を結んだ。毎年、貢物を差し出させ、称号や印章などを与え、その暦に従わせる関係である。このとき、法による統治を主張する法家により、「律」（恒常的国家法）が整備され、皇帝が発する個々の詔勅が「令」と呼ばれた（『史記』〈秦始皇本紀〉）。*

＊「律」と「令」の区分や内容は、漢代以降の王朝で実情に合わせて徐々に整備されてゆき、「律」は刑法、「令」は行政法などに区分されるようになってゆく。隋の文帝は、中国統一に先立つ五八一年に、開皇律令を制定・施行しているが、体系的によく整っており、これにより律令の制度が完成したとされる。

始皇帝は道教を奉じ、四帝（黄帝・白帝・赤帝・青帝）を祀ったが、道教信仰には、神仙思想が伴う。神仙は東の海の遠くにある蓬萊山や西の果てにある崑崙《こんろん》山に棲み、飛翔や不老不死などの能力を持つ僊人（仙人）や羽人をいう。紀元前数世紀ころから山東半島や河南省の海岸地帯、燕や斉で盛んになったといわれる。

また、道教の方士、徐福は「東方の三神山に長生不老（不老不死）の霊薬がある」と始皇帝に具申し、始皇帝の命を受け、三千人の童男童女と百工（多くの技術者）を従え、五穀の種を持って、東方に船出し、「平原広沢」（広い平野と湿地）を得て、王となり、戻らなかったと、『史記』〈巻一一八　淮南衡山列伝〉にある（日本の各地に徐福の伝説が残ることはよく知られる）。ただし、『史記』〈始皇本紀〉では、徐福は実際には船出せず、始皇帝をペテンにかけた人物と記されている。二つの記録が遺っていたのだろう。記録の出どころが確かなら、矛盾する内容でも記載するのが正史の書き方になる。

始皇帝による中央集権の法治国家への強引な移行や大土木工事への人民の徴発は、農民叛乱を招いて、秦は、あっけなく滅び（紀元前二〇六）、群雄が割拠する状態に帰した。

紀元前二〇二年、垓下《がいか》の戦いで項羽を討って中国を再統一した劉邦も「皇帝」を名乗り（高祖）、道教を奉じ、秦の定めた四帝に黒帝を加え、五帝とした。政治組織は当初、自身の子弟や戦功のあった者たちに封土を与える「封建」を試みたが、叛旗を翻す者が出て、秦の「郡県」を受けつぎ、以降も、ごく僅かの例外（元代に一部の蒙古族に「封建」を認めた）を除き、中央集権制が清朝末まで続いた。また重農抑商政策をとり、四民（士・農・工・商）の身分制を敷き、農民を土地に根づかせた。*

＊「四民」は古くからあることばだが、春秋時代には商を軽んじる考えは見られず（『史記』〈貨殖列伝〉）、戦国時代に戦に勝つためには農を重んずることが唱えられたとされる。戦国時代末期の『荀子』、また秦の呂不韋《りょふい》が編んだ『呂氏春秋』〈上農〉にも「重農抑商」の考えが見えるが、政策として採られたのは漢初からと考えてよいようだ。以降、これに異を唱える見解は、清末の洋務派までほとんど見えない。北宋の王安石の改革は小農、小商人をを保護し、明の王陽明が『舎王文成公全書』〈巻鮨　節菴方公墓表〉で、士を尊び、農を卑しむ風潮を批判して〈昔は、四民は職業はちがっても、同じ道につき、心を尽くすことは一つであった〉（古者四民異業而同道其盡心焉、一也）と述べたのは例外に属する。▼2

高祖は董仲舒の献策を受け、官吏に儒家を登用、先の四つの書に春秋時代の魯の年代記『春秋』を加えて「五経」とし、これをそれぞれが学ぶ制度がつくられた。『論語』〈雍也〉篇に〈文、其の質に勝りてば則ち史なり〉（質勝文則野、文勝質則史）とある。儒官は「史」を尊び、史官は儒学の精神を遵守する姿勢を強め、漢代のうちに勢力を増していった。

前二世紀の中頃、高祖が苦しんだ周辺の匈奴による圧迫を退け、版図を飛躍的に拡大した武帝は、秦の始皇帝に倣い、霊山として信仰を集めていた山東省の泰山《たいざん》に登って、聖天子だけに行う資格があるとされる天神への報告（封）を紀元前一一〇年から八回も行っている。『史記』（武帝紀）は、武帝が越方（浙江省あたり）の神仙思想に染まっていたと記している。もっとも司馬遷は、友人の李陵を庇《かば》ったため、当の武帝から宮刑を受けた人。それを恨んでいたにちがいない。以後、正史は後代の史官が前代の史官の記録を編纂するが、先代の王権の事績から教訓を読み取れるように記すのが習いとなる。

武帝は地祇として女神「后土」を祀り、また、五帝の上に立つ最高神として「天一・地一・太一」を祀ることをはじめた（『史記』（封禅書））。多種多様な天地の神を祀る道教信仰が各地に行われており、それぞれのリーダー格の道士の進言が採択され、天地の神殿も組み替えられ、祭祀の方式も改められてゆく。武帝はのち、王位を堅固にするため、道教の符咒術《ふこく》（護符、靈符《りよう》、神符などの呪法）、とくに青銅製の人形を用いる呪法巫（巫蠱《ふこ》）を摘発し、政敵に嫌疑をかけ、葬ったとされる。やがて、この呪法は禁止されたと推測される。

漢代の途中、皇后の縁戚にあたるが、貧しい暮らしから身を起こした王莽《おうもう》が天命を受けたとして「新」王朝（紀元後〇八〜二三）を建て、儒者・劉歆を重用して学問制度を整えるなどしたが、一代で滅んだ。それ以前を前漢（紀元前二〇六〜紀元後〇八）、「新」を挟んで、以後を後漢（二五〜二二〇）と呼ぶ。

後漢の時代に、地方豪族が勢力を伸ばし、その出身者が中央に貴族層を形成、官吏（士大夫）につくようになるにつれ、儒学が本格的に定着していったと考えられている。以下、天地観を主軸に、道家思想、儒学、仏教の展開について見てゆく。

道家思想

道教は広く民間に息づく信仰をいい、黄帝や不老不死の仙人と考えられていた老子、また西方の崑崙山上に住まう女仙・西王母などを崇める。そのときどきの社会不安を根に教団が興る。道教教団は後漢時代、二世紀頃に「太平道」を名乗る教団が組織されたのが嚆矢とされるが、リーダーにより教義や徳目が異なり、ときに大きな叛乱を引き起こしもするが、浮沈を繰り返した。思想的には、儒・仏と習合したり、反発したりしながら、編み替えられ、地域により、歴史上の人物も神に加えて崇拝し、今日では、とくに南方に広く根強く信仰されている。

老子は、最も古くは『史記』〔巻六三　老子韓非列伝〕に、紀元前一〇〇年ころの人物として記されているが、漢代に存在が確認される『老子道徳経』は、長いあいだに次第に形成されたものらしい。その系譜に春秋戦国時代に、荘周、楊朱《ようしゅ》、列禦寇《れつぎょこう》が活躍し、それぞれの教えが『荘子』『楊子』『列子』に編まれた。楊朱、列子に自己の生命を全うすることを第一義に置く傾向が強い。ここでは、広大な拡がりをもつ道教とは区別して、書物として伝わる老荘思想の系譜を道家思想と呼ぶことにする。とくに『老子道徳経』『荘子』は、知的に洗練された道教、"Taoism of intelligence"と呼ばれる。日本では強大な道教教団が組織されたことはなく、老荘を中心とする思想として長く知識層に享受されてきた。

中国では、根本となる正しい教えを「道」と呼ぶ。『老子道徳経』〔第二五章〕に次のようにある。

物有り混成し、天地に先んじて生ず。寂《せき》たり寥《りょう》〔寞《ばく》〕たり、独立して改《かわ》らず、周行して殆《とど》まらず。以って天下の母と為すべし。吾その名を知らず、これに字《あざな》して道と曰う。
（有物混成、先天地生。寂兮寞兮、獨立不改、周行而不殆、可以為天下母。吾不知其名、字之曰道）

何かわからない混じりあってできたものが天地より先にあり、音もなく形もなく、何ものにも頼らず独立して存在し、変化せず、どこまでも広がり、とどまるところがない。それが万物を生み出す母だ。私はそれを何と呼んでよいのか解らないので、仮に「道」と名づけるという。「道」は万物生成の根源、すなわち「天下の母」であり、万物は「道」にしたがって在るとする。

『老子道徳経』〔第四章〕にいう。〈道は沖《ちゅう》なれども、これを用うればあるいは盈《み》たず。淵として万物の宗《ソウ》に似る〉（道沖而用之或不盈。淵兮似万物之宗。湛兮似或存）。〈沖〉は空っぽのこと。万物を生み出したもとは空であり、それを（器に）用いれば、満ち足りるということはない。無限の拡がりをもつものとされる。淵のようでもあり、ゆったりと水を湛えて存在しているのに似ている。〔第五章〕にいう。

　天地は仁ならず。もって万物芻狗《すうく》となる。聖人は仁ならず。もって百姓、芻狗となる。天地の間は橐籥《たくやく》か。虚は屈せず、動きて愈《いよいよ》出す。
（天地不仁、以萬物為芻狗。聖人不仁、以百姓為芻狗。天地之間、其猶橐籥乎、虚而不屈。動而愈出）。

〈芻狗〉は生贄の犬ないしその藁細工。〈橐籥〉はフイゴ。〈百姓〉は「百官」に対して、さまざまな職業の庶民をいう。天地には思いやりというものがない。だから総ての物が天に捧げる生贄となる。聖人にも思いやりがない。だから、さまざまな職業の人が犠牲になる。天地のあいだは、縮んでも壊れず、動いてさまざまなものを生み出す。天地のはたらきを内部が空虚なものにたとえているだけで、陰陽五行説のようにしくみに立ち入ることはない。〈聖人〉は、天意を伺うため、祭天の儀式を執り行う君主ととってよい。それゆえ、人の行いも「大道」（天の運行）にまかせて、天の恵みを「徳」

として受け、世界万物の根本をなす「道」に「柔く」従い、「無為」「無欲」に生きることがよいとする。天地も聖人も冷たいものだと突き放して見ている。支配される側の思想なのだ。中国思想に根強い社会の現実に対する批判の基盤は、ここにあろう。

〔第三三章〕に〈死して亡びざる者は寿〉（死而不亡者寿）という。肉体は滅んでも滅びないものこそが本当の「寿」、すなわち「永遠の生命」であると説いている。「道」の永遠性をいっているとも読める。ある古註（魏の『王弼注《おうひつ》』）は、道の永遠性と一体となって生きることの大切さを説くことばと解いている。やや曲解に傾いていると思う。なぜなら、『老子道徳経』は、意志的な努力ということを一切説かない。それが「無為」であり、「自然」の含意である。

『老子道徳経』全八一章の最後に近く、〔第八〇章〕は〈小国寡民の国。兵器はあっても使われることと無く、民を死を賭して遠方へ向かわせることも無い。船があっても乗らず、車があっても用いない。民に縄を結ばせて結界とし、食べ物は旨く、衣服は美しく、安心して住まい、その習俗を楽しむ。隣の国とは、鶏や犬の鳴き声が聞こえる程度の距離で、人びとは死ぬまで往き来しあわない〉（小国寡民。使有什伯之器而不用。使民重死而不遠徙。雖有舟与、無所乗之、雖有甲兵、無所陳之。使民復結縄而用之、甘其食、美其服、安其居、楽其俗。隣国相望、鶏犬之声相聞、民至老死、不相往來）と述べている。戦乱がつづき、人民が兵に駆り出される世の中に対して、逆説的に理想をぶつけたものと見てよい。あるいは山間に生きる少数民族の暮らしを参観したのではないか、ともいわれる。陶淵明の詩「桃花源記」は、この文言を踏まえている。

『荘子』〔応帝王〕にも〈物の自然に順《したが》いて、私を容るる無くんば、すなわち天下、治まらん〉（順物之自然而無容私焉。而天下治）など、『老子』と全く同じ意味の「自然」の語が見え、この世の一切の対立を超える、とらわれのない無私忘我の境地、のどかで自由な精神の世界に生きることを説く。〔大宗師〕にいう。

彼はまさに造物者と人となりて、天地の一気に遊ばんとす。茫然として塵垢の外に彷徨し、無為の業に逍遥す。

（彼方且与造物者為人、而遊乎天地之一気。芒然彷徨乎塵垢之外、逍遥乎無為之業）。

〈造物者と人となりて〉は、造物者とともにある人として、くらいの意味だろう。〈一気〉は、おおもとの「気」。『荘子』〈斉物論〉や〈外篇 秋水〉にいう〈万物一斉〉も、千差万別の万物の、一切の根源的同一性を指している。*

＊『荘子』には〈宇宙〉の語も散見する。ほぼ、外界の拡がりの意味で用いられている。「宇」の字義は、屋根ないしその部分、「宙」は地面から離れた空中を指すと考えられている。漢の武帝期に淮南王、劉安が諸家の思想をまとめた『淮南子』は道家思想を中心にしている。その〈斉俗訓〉には〈往古来今、之を宙と謂い、四方上下、之を宇と謂う〉（往古来今、謂之宙、四方上下、謂之宇）とあり、古より今に至る時間を「宙」、四方上下の空間を「宇」と使いわけている。そののち南朝・梁の武帝が文官、周興嗣《しゅうこうし》に作らせた『千字文』には〈天地は黒と黄、宇宙は大きく広い〉（天地玄黄、宇宙洪広）と専ら空間の拡がりの意で用いられ、これが一般化した。

『荘子』〈斉物論〉には、〈天地は我とともに生じて、万物は我と一たり〉（天地与我並生　而万物与我為一）とあり、一切を平等に包みこむ態度、包まれてあることがよしとされる。〈外篇　至楽〉に、肉体の生死は天然現象にすぎず、肉体の生死にとらわれることのない境地、死生一如の達観が説かれている。そこに仏教の理念と重なるところもある。

『荘子』〈外篇　北知遊〉に、〈天地の美を原《たず》ねて万物の理を達《さと》る〉（聖人者、原天地之美而達萬物之理）

という。『荘子』の世界全体が茫漠としているわけではない。同じく〈知北遊〉にいう。

人の生は気の聚《あつ》まりなり。聚まれば則ち生たり。散ずれば則ち死たり。若し死と生を徒《つれあい》と為さば、吾また何かを患《うれ》えん

（人之生気之聚也。聚則為生、散則為死、若生死為徒、吾又何患）

人が死んでも鬼神になって草葉の陰に漂ったりしない。この「気」を身体にゆっくり巡らすのが養生術で、臍下の丹田で錬って鍛えもするし、太極拳にもなる。四世紀はじめの葛洪『抱朴子』は神仙思想と錬丹術で知られる。ただし、この「気」については、さまざまな考えが生まれ、母親の胎内で胎児に分け与えられるということもあれば、地にも宿っており、踵から吸うという考えもある。「一気」を「元気」と呼ぶこともある。中国では、今日でも、この用法が活きているので、「今日は元気がある」などといわない。

「気」の観念のおおもとは呼吸法にあり、仏教の修行法のひとつである禅〈瑜伽、ヨーガ〉もからだのなかで「プラーナ」(prāṇa) を巡らせるので、容易に習合する。ただ、ヨーガでは、「元気」にあたるものは、天から降りてきて、頭頂部（チャクラ）から入ると考えられている。道教では「気」の陰陽を問うが、本来、「気」に良し悪しがあるとは考えない。

道家思想は、天地自然の生成変化に「造化」をあてる。『列子』〈周穆《ぼく》王〉には「造物者」の語も現れる。民間に信仰された道教には「天帝」の考えもある。天地の創造者に神格をあたえる観念はあった。が、世界の外に立ち、世界を動かすものではない。

このようにして、天地自然（天地のあるがまま）に生きることを理想とする道家の系譜には、生を全うすることを、すなわち快楽をむさぼることだとする思想も生じる。『列子』〈楊朱　第二章〉には、

次のようにある。

人の生くるや、奚《なに》をか為さんや、奚をか楽しまんや。美厚を為さんのみ。声色を為さんのみ。

（人之生也、奚為哉、奚楽哉。為美厚爾、為声色爾）

太古の人は、この世の生は束の間のものであることをよく知っていたので、本性のままに行動し、名誉や寿命の長さを問題になどしなかったと説いている。〈心に従いて動き、自然に違わず（故従心而動、不違自然）〉と。『列子』〔説符〕には、次のことばもある。

天地万物と我は生をならぶ、同類である。同類に貴賤なし。

（天地万物与我併生、類也。類無貴賤）

〔説符〕にはまた、主が正月に子供に鳩を与えて放してやるのを見て、客がその理由を尋ねると〈正旦に生を放つは、恩有るを示すなり〉（正旦放生、示有恩也）と答えることばが見える。しばしば、これが仏教の放生会のもとになったと語られる。が、実はこのあとに、あなたが放生を行おうとすれば、民は相争って捕らえるので沢山の鳩が死ぬことになると、その行いを批判することばが続いている。その論脈は失われてしまったらしい。

なお、『老子道徳経』『荘子』ともに、二律背反的なことを述べて、それを逆転させる論理を好む。いま、立ち入らないが、それは論旨を際立たせるためで、否定を媒介にして論理の水準が変わるわけではない。『老子道徳経』に頻出する対句法も同じ意味を説くためのもの。仁義や人知を否定する論理は一貫し、その点で儒家や墨家とは相容れない。

五経

儒学は『詩』『書』『易《えき》』『礼』『春秋』を「五経」として奉じる学統をいう。孔子の言行録『論語』には『詩』『書』『礼』『楽《がく》』『易』が登場し、『荘子』〈天下〉に〈孔子は老子に「丘は詩書礼楽易春秋の六経を治む」と述べた〉(孔子謂老聴曰、丘治詩書礼楽易春秋六経)とある。「丘」は孔子の諱《いみな》。この「六経」から、亡失した『楽経』を除いたのが「五経」である。『荀子』〈勧学〉にも『礼』『楽』『詩』『書』『春秋』が併記されている。『楽経』は、儀礼に不可欠な音楽について述べた書と推定されるが、早くに散逸したとも、秦の始皇帝の「焚書坑儒」によって失われともいわれる(注釈書『楽記』が前漢の戴聖編『礼記』に収録されている)。

前漢の儒者、董仲舒が、武帝に、それまで優勢だった道家に替えて、国家の経学には、儒者を尊ぶよう進言して受け入れさせ、それぞれの博士(五経博士)が立てられたことは先にふれた。一渡り、自然観を中心に概観しておく。

『詩』は、周代の民間や朝廷の祭祀、また公事、宴席などでうたわれた歌謡の集成で、天の恵みに感謝し、王の徳を寿ぐ「風」と呼ばれる地方の民謡も多い。『史記』〈孔子世家〉に、当初三千篇あった詩編を、孔子が三一一篇に再編したという記事が見える。が、これは、『論語』〈為政〉に〈詩経の詩三百篇は一言で蔽《おお》う、曰く思い邪《よこしま》無しと〉(子曰、詩三百、一言以蔽之、曰思無邪)とあることに発した伝説だろう。のち、〈思無邪〉の解釈が朱熹と日本の伊藤仁斎らとでは分かれる(第六章三節を参照)。

『書』は、堯・舜から夏・殷・周の帝王の言行録を編んだ最古の歴史書で、儒家は孔子が編んだとする。甲骨文と青銅器の金文との関連性がうかがわれる古書体で記され、『尚書』と呼ばれて、書(道)で尊重された。

儒学の経典は、秦の始皇帝の「焚書坑儒」にあい、漢代に儒者たちが暗誦していたものを漢代の隷書体（今文《きんぶん》）で記したものが通行していた。ところが、難を逃れて眠っていた、それ以前の書体（古文）を伝えるものが世に出て、二つの書体のテクストが併存することになった。テクストの校訂と解釈を巡って論議が盛んになる。とくに前漢ののち、「新」王朝を建てた王莽は、周代の治世を理想とし、彼が重用した劉歆が古文を復活させ、また一経専修を改め、儒官は五経すべてを学ぶことにした。*以降、王権による学派の公認問題が絡んで、錯雑とした論議が続くことになる。儒学の自然観にも、孔子や孟子の説だけではなく、複雑な系譜関係が絡むことになる。

*とくに宋代に新儒学が興り、それぞれの経典に「経」をつけて呼ぶことが習慣化された。また考察も進み、とりわけ『周礼』は、周代の官制の実態ではなく、理想を書いたものとされるようになっていたが、南宋の洪邁《こうまい》が、史官を退役後に記した考証書『容斎随筆』〔巻一六　周礼非周公書〕中に、王莽が「新」を立てるにあたって、自らの正統性の根拠とするため、劉歆に命じて偽造したとする見解を唱えたことが知られる。清代には、今文による経学を重視する常州学派によって『春秋左氏伝』が劉歆による偽書ではないかという疑いも起こった。清末、康有為は孔子の革新性を論じる立場から洪邁説を評価している。日本では荻生徂徠が『示木公達書目』で必読書の一つにあげ、幸田露伴「春秋左氏伝の称の非」（一九四七）は、劉歆か、その学統が『春秋左史伝』を『史記』の注釈書のように偽ったのではないかと疑っている。

『易』は、筮竹《ぜいちく》を用いて天の運行、その吉凶を陰陽の対立と組み合わせにより占う方法を説いた書で、原著者は伝説上の聖人、伏羲《ふくぎ》とされる。六四の卦《け》について、周の文王が全体の解説（卦《け》辞）を、周公旦がその記号（爻《こう》）の意味を説き（爻辞）、孔子が「伝」を付したと伝えられてきた。『史記』〔孔子世家〕に、孔子は晩年、『易』を好み、熟読して竹簡を綴じた韋《い》（なめしがわ）の紐が三回も断ち切れた、「自分は五〇歳で『易』を勉強している、あと数年あればマスターできる」と語ったという意味のことが書かれている。『易』を「五経」に加えたのは、荀子といわれる。

『易』〈説卦伝上 第一章〉にいう。

昔、聖人の易を作るや、まさにもって性命の理に順《した》がわんとす。ここをもって天の道を立てて、陰と陽と曰い、地の道を立てて、柔と剛と曰い、人の道を立てて、仁と義と曰う。三才を兼ねてこれを両にす。

〈昔者聖人之作易也。将以順性命之理。是以立天之道曰陰与陽。立地之道曰柔与剛。立人之道曰仁与義。兼三才而両之〉

〈性命〉は、天が下した「命」によって定められる「本性」の意味。無機物と有機物の区別をつけずに、天・地・人の三つのはたらきすべての根底に陰陽二元論が立てられている。その〈三才〉の関係だが、『書経』〈泰誓上〉にいう〈これ天地は万物の父母にして、これ人は万物の霊なり〉〈惟《これ》天地万物父母、惟人万物之霊〉と。人間だけが「霊」をもつとするので、「人間は万物の霊長」は精確でない。『礼記』〈礼運〉には〈人は天地の心なり、五行の端なり〉〈故人者天地之心也 五行之端也〉とある。「心」は中心、「端」は現れの意。「霊」の働きが優れていることを古くから「霊長」といい、「天」の命を聴く能力のある天子などに用いた。原義は今日でいう超能力の持ち主にあたる。

『易経』〈繋辞伝上〉は、陰陽未分化な宇宙の〈太極〉から陰陽が生じ、〈乾坤〉すなわち天地が生成されると説いている。

易に太極あり、これ両儀を生じ、両儀は四象を生じ、四象は八卦を生ず。八卦は吉凶を定め、吉凶は大業を生ず。

〈易有太極　是生兩儀　兩儀生四象　四象生八卦　八卦定吉凶　吉凶生大業〉

　この八卦の生成過程が、すなわち天地万物の生成過程を映すものとされ、〔第三章〕などで、宇宙万物の素《もと》となるものを「気」と呼んでいる。「気」が凝《こ》り固まって万物が成るとする。〔繫辞伝上〕はまた〈日新をこれ盛徳という〉（日新之謂盛徳）とある。中国語の「新」は繰り返しのニュアンスが強く、天の造化の働きが日々繰り替えされることを徳が盛んなさまとしている。最後の〔第八章〕で、天地の徳、危険を治め、安泰に運行する大きな恵みを説く。このような土台に立って、儒家は「天命」（天の命ずる、すなわち定めるところ）、自然の「性」（本来の性格ないしは作用）、自然の「道」（運行）にのっとって生きることを教えの根本とする。

『礼経』は、孔子が身分秩序に従った行為を人の道の基本と説いたことによる。初めは、周代の冠婚葬祭などの儀礼を記した『儀礼』をもってこれにあてていた。のち、周公旦編の『周礼』、また『礼経』の注釈書で礼の全般について記した『礼記《らいき》』を加えた。

『礼記』〔第三一〕にいう。〈天命、之を性と謂い、性に率《したが》う、之を道と謂う〉（天命之謂性　率性之謂道）と。「性」は天然の個々の具体的なかたちを抽象化し、普遍化したものといってよい。より具体化すれば、陰陽や五行となる。

『春秋』は、春秋時代に関する魯の年次による編年体の歴史書で、孔子が作った、もしくは、孔子の手が加わったとされる。そこには〈天子が天地を祭り、諸侯が社稷《しゃしょく》を祭る〉（天子祭天地、諸侯祭社稷）とある。天子が率先して天地を祀ればこそ、諸侯も土地の神と穀物の神を祭るのであり、それを怠ってはならないという。

　このように見てくると、孔子が戦国乱世に対して、周王朝の国家や身分秩序への復帰を理想としていたこと、道教の祭祀にもよく通じていたことは明らかである。『論語』〔述而《じゅつじ》〕に〈子、怪・力・乱・神を語らず〉（子不語怪力乱神）とあることはよく知られる。〈怪・力・乱・神〉はそれぞれ「怪異」「勇力」「悖乱《はいらん》」「鬼神」を指し、この場合の「鬼神」は人間の死霊で、天神地祇の類ではない。そして『論語』〔雍也〕には〈知者は楽しみ、仁者は寿なり〉（知者楽、仁者寿）とある。孔子も、よく物事の道理を知る知者をも超えた理想的な人物は長寿をえるものだという考えをもっていた。そこで、道教と儒学の重なりが説かれることになる。

だが、道家の考えと儒家の考えには決定的なちがいがある。たとえば、秦の呂不韋の撰になる『呂氏春秋』〔孟春紀重己〕には、次のことばがある。

貴賤を論ずるに、爵は天子と為るも、以て、これに比ぶるに足らず。その軽重を論ずるに、富は天下を有するも、以て、これに易《か》う可からず。

（論其貴賤　爵為天子　不足以比焉。論其軽重　富有天下　不可以易之）

自分が生きていることは、天子の位とも世界中の富とも交換することができないほど大切だという意味だ。同じ書物の〔仲春紀貴生〕には〈聖人深く天下を慮《おもんぱか》るに、生より貴きものはなし〉（聖人深慮天下莫貴於生）ということばが見える。これらの「生」は、個人の身体活動を保つことである。『呂氏春秋』は、儒・道を中心に諸子百家の学説や説話を集めた書物で、これらは道家思想に属する。

儒学は、何よりも生が貴いなどとは説かない。『論語』〔衛霊公〕は〈志士仁人《じんにん》は生を求めて、もって仁を害するなし、身を殺して、もって仁をなすあり〉（志士仁人　無求生以害仁　有殺身以成仁）といい、『孟子』〔万章章句上〕に〈生もまた我が欲するところなり。義もまた我が欲するところなり。二者、兼ぬるを得べからずんば、生を捨てて義を取るものなり〉（生亦我所欲也　義亦我所欲也　二者不可得兼舎生而取義者也）とある。生きていることとどちらが貴いかと問われたら、孔子は「仁」を、孟子は「義」をとるという。「仁」は思いやりの心、「義」は人としてなすべきことの基準くらいの意味でとってよい。人間は「万物之霊」とし、万物のうち「霊」（精神）の働きを重視するからである。*

*儒家思想を外れると、たとえば陶淵明「読山海経」（其八）では「霊長」を不老不死の意味で用いている。『山海経』（海外南経）には〈不死の民は東の地にあり、色は黒く、寿命は不死。一説に穿匈《せんきょう》国の東に在るという〉（不死民在其東、其爲人黒色、壽、不死。一日在穿匈国東）とある。

なお『呂氏春秋』（仲夏紀大楽）は、「道」を強いて名付けるなら、「太一」とする。偉大なる根源の「一」の意味で、『易』の「太極」を呼び換えている。

儒家思想の展開

孔子の歿後、その教団は八派に別れたといわれる。実際、戦国中期に性善説に立って、第一に「徳」を掲げる『孟子』（紀元前四〜三世紀）、春秋末期に、性悪説に立って「礼」を掲げる『荀子』（紀元前三世紀）に示されるように対立をはらんで展開した。

孟子は、性に善悪はないとする告子と論争を繰り返し、『孟子』（告子上）は、道徳的な判断力（良知）と行為能力（良能）が人間の本性に備わっていると説いた。そのうち、「天命」を知る者を「君子」と呼ぶ（〔尽心〕）。*

*日本では儒学をよく「孔孟の教え」というが、これは江戸時代から。『孟子』は最初から尊重されていたわけではない。中唐時代に韓愈《かんゆ》が『原道』を著し、戦国時代の儒家の内、唯一、孔子の「道統」を受け継いだ者としたことから評価が高まりはじめ、宋学で「良知」説などが重んじられ、科挙の試験にも出題され、孔子と並ぶ存在とされ、朱熹が『孟子』を「四書」の一つに定めた。

儒学では、たとえば孔子が弟子の曾参《そうしん》に語りかける形式で書かれた『孝経』に〈身体髪膚　これを父母に受く　敢て毀傷《きしょう》せざるは、孝のはじめなり〉（身体髪膚　受之父母　弗敢毀傷　孝之始也）とあるように、現世的な倫理を前面に押しだす。『孝経』は、実際には曾参学派により戦国時代末期にまとめられたと推測されている。

そして『荀子』〈王制〉では〈養生安楽する所以の者は、礼義より大なるはなし〉（所以養生安楽者、莫大乎礼義）と説かれる。礼義にしたがえばこそその養生というのだ。その理由は、こう述べられている。

水火には気有りて生無し。草木には生有りて知無し。禽獣には知有りて義なし。人には気有り、生有り、知有り、亦且《またかつ》義あり

（水火有気而無生　草木有生無知　禽獣有知而無義　人有気有生有知　亦且有義）

天然界を無機物、植物、動物、人間に区別し、順序も整え、「気」を人間のもつ最も下等なものと考えていることがわかる。そして、その「気」を治めることができるのは「義」によってこそ、と考え、養生には「礼義」が欠かせないと主張したのである。

『荀子』〈天論〉も〈天行有常〉（天の運行は常に変わらない）と初め、天に則ること、すなわち養生に務めるべきことを強調するが、〈天道〉では、天が人間に喜怒哀楽などの感情を与えると述べる条に、天が与えてくれた感官、耳目鼻口はそれぞれ形もはたらきもバラバラで、それを一つにまとめるはたらきは、天により心に与えられていると述べている（耳目鼻口形能各有接而不相能也、夫是之謂天官、心居中虛以治五官、夫是之謂天君）。今日の中枢神経のはたらきは天から「心」に与えられていることになる（東洋前近代では、頭部のはたらきは無視されていた）。それゆえ、人の禍福は、天行と直接の因果関係はなく、天地のはたらきに参与する努力にかかわるとされる。そこで学ぶことが強調される。

なお、戦国時代の思想家で、「名家」に分類される公孫龍の書『公孫龍子』には〈堅白同異〉の語がある。石の白さと硬さの異なる性質は同時に把握しえないという意味で、五官の感覚はそれぞれがバラバラであることに着目している。〈白馬非馬〉（白い馬は馬ではない）の語も知られる。しばしば

詭弁のように評されるが、白馬という形態と馬一般をいう概念水準のちがい、色で分けるか、種類で分けるか、分類の物差しのちがいをワザと際立たせているのだ。
『荘子』には、五官を経由せず、また分析的にならず、全体を直観する志向が見える。また人を驚かせる逆説が多用される。機知を歓んでいる気配も漂う。そのようにして各家各人、それぞれの意見を戦わせていた。

漢王朝の官吏に儒者を起用することを献策した董仲舒の遺文をまとめなおしたと思われる『春秋繁露』は、しばしば「天人相関論」を説くといわれる。その独自性を覗いてみよう。『春秋繁露』〔天地之行〕に〈一国の君は、それなお一体の心のごときなり〉（一国之君、其猶一体之心也）とあり、国家を人間の身体になぞらえ、君主は「心」のようなものだといっている。

群臣に任じて親しむ所無きは、四肢の各職《おのおの》有るが若《ごと》きなり。内に四輔有るは、心の肝肺脾腎《ひじん》有るが若きなり。……百姓ごと皆其の所を得るは、血気和平にして、形体苦しむ所無きが若きなり。
（任群臣無所親　若四肢之各有職也　内有四輔　若心之有肝肺脾腎也……百姓皆得其所　若血気和平形体無所苦也）

ここにいう〈百姓〉は「百官」に対して民間人のこと。「気」を重視する養生思想によって、君主の行動が天道にのっとってなされるべきこと、そうすれば、人民が健康に生きてゆけると説いている。東洋では前近代を通して、生命体の中心にあって、それを司るのは「心」とされていたことは前に述べた。儒家思想のその後の変遷については、本章三節中〔新儒学の思想〕の項に委ね、次に墨子と王充の思想についてふれておく。

墨子と王充

戦国時代に、「兼愛」(博愛)「非攻」(専守防衛)を説いたことで知られる墨子は、強固な倫理規範で結束した集団を率い、築城や軍事機械を中心に、さまざまな技術を育てて活躍した。『淮南子』〈要略〉は〈墨子は儒者の業を学び、孔子の術を受く〉(学儒者之業、受孔子之術术)と述べ、しかし、儒家が余りに「礼」と「文章」を重んじていることに不満をもっていたと続けているが、『墨子』は、そもそも天命によって人間の本性が与えられているとは説かない(「非命」)。王の権威は尊ぶが、個人の「尚賢」(能力本位)や「尚同」(平等の団結)をいう。そのため、おそらく秦の始皇帝に滅ぼされ、また儒者からも排斥され、長く忘れられた存在だった。が、明代に『墨子』一五巻などがまとめられ、再評価の動きが出る。日本では一八世紀には和刻本も出ている。「開物」思想の展開と無縁ではないだろう。清代後期には「兼愛」論が西洋のキリスト教の博愛の精神に、「尚同」論がジャン＝ジャック・ルソーの民主主義思想に比定されたり、土木工学やレンズなどの記載が科学技術の先駆者のようにいわれた。日本では、民権活動家として活躍した植木枝盛がこれを参照して、平和論を展開した(第二章三節を参照)。

『墨子』には、〈経〉として命題をあげ、〈経説〉にそれを説明するかたちの章が多い。〈第四三〉は一種の論理学的内容を含み、〈経〉に〈同、重、体、合、類〉(同じということには、重、体、合、類の四種類がある)と掲げ、その〈経説〉に「重」は実体的同一性、「体」は全体とその一部分、「合」は共同性、「類」は同類性をいうと説明がある。また〈経〉に〈異、二、不体、不合、不類〉と掲げ、その〈経説〉に、「異」には、二つのもの、全体の部分同士、共同性のなさ、同類でないことをいうと説明がある。そして、この「同」と「異」の両方を併せ知ることにより、それらの有無を明確にすることができると述べている。また〈経〉に〈知而不以五路、説在久〉(五官を通さなくても知ることはある。永続があれば説明できる)と掲げ、その〈経説〉に、目で見るとは、火を見るのも見ないのも、五路（五官）によるしかないが、時間の持続があれば、目で見ずとも、火を見るのと同じである（以見目、而目以火見、而火不見、惟以五路知、久、不当以目見、若以火見）という。〈久〉は記憶の持続を含意している。

さらに〔経〕に〈知其所不知、説在以名取〉（知るとは知らないことを知ることである。名を取りあげることで説明できる）とあり、その〔経説〕に（ある人に）知っているものと知らないものを取り混ぜて、これを知っているかと問うなら、知らないというにちがいない。そこから知らないものを取り去ることができるなら、知っているものと知らないものとを判断していることになる（智、夫雑所智与所不知而問之、即必曰、是所不智也、取去倶能之、是両智之也）と説明している。物の名前を取り混ぜて質問してみる場合を想定しているのだろう。感覚による「知」と、統合的判断を下す「智」とを分けているのがわかる。物の実際に接して「智る」ことを重んじる態度が明確である。

後漢時代、生涯のほとんどを民間に送った理論家、王充の著『論衡』にもふれておく。唐代までは読まれていたとされる。だが、予言や占いの類、また陰陽五行説に批判を加えるところがあり、その後は廃れた。のち、一九六〇年代後半、文化大革命期の「批林批孔」運動のなかで唯物論の先駆者のように高く評価された。

王充は銭唐（現・杭州市付近）の商家の出だが、幼くして勉学を志し、郷里の地方官も辞めて、晩年まで『論衡』を綴った。その〔自然〕では、「天譴《てんけん》」（天の諭告）がことばを以て告げられるという最近の説は、人の心の憶測にすぎない〈人以心准況之也〉という。天意はあるとしても、天が人間のことばを話すわけがないという。その〔論死〕（死を論ず）では、人は死後に「神」に復するというが、その「神」は意識もはたらきもないとしている。〔訂鬼〕では、陰陽を物質と精神、また雌雄の関係に配当し、太陽の気は災害をもたらすと論じ、〔幸偶〕では、禍福の偶然性を説いている。〔物象〕で、人間の五臓を五行に対応させる考えでは、五臓が互いに争う関係になってしまうと五行説の矛盾を突き、〔道処〕では、不死の術は失敗するにちがいないと説いている。祭天や鬼神なども「虚」とする。その虚も含めて、人の想念の一切が「自然」、自ずから生ずるとする。自ら生ずることが根本原理におかれているといってよいだろう。[3] 仏教でいうカルマ（法）を超えた根本原理（ダールマ、業）に近いものだろう。王充にとって仏教は、漢王朝を侵す外来思想にほかならず、彼はむしろ対抗的な姿勢をとったとされる。[4] 対抗しようとするゆえ、相手の論理構成が対抗する側に鏡のように反射してしまった例と考えればよい。いつでもどこでも起こりうるし、起こってきたことである。*

＊王充『論衡』〔儒増篇第二六〕は、周代に「倭」が朝貢していたという記載が見えることで知られ、日本では奈良朝期から高級官人層に参照された可能性もある。平安初期に編まれた滋野《しげの》貞主《さだぬし》撰『秘府略』（八三一）に抜き書きされ、『日本国見在目録』（八九一）にもリストアップされている。江戸時代にも流入していたといわれるが、その論理的内容が、どれほど参照されたか、わたしの勉強不足で、未詳とせざるをえない。

二、仏教とその中国化

仏教とインドの古代信仰

仏教は、中国には一世紀ころ、シルクロードから仏像とともに伝わり、三世紀ころ、各地でインド僧による布教と仏典の漢訳がはじまったとされる。とくに紀元一〇〇年頃、『無量寿経』と『阿弥陀経』が編まれたことを契機に、インドに拡がった歿後の極楽往生を願う考えが、中国で五世紀頃に末法の世を強調する教派として興ったこと、呪法を駆使する密教が『大日経』を奉じる真言宗などの教義に整えられたこと、そののち禅宗が興ったこと、この三つが中国仏教の特徴をなす。それぞれ日本にもたらされて新たな動きを加え、自然観を考える上でも欠かせない。

仏教の自然観としてよく知られるのは、四〜五世紀のインドで唯識思想を大成したヴァスバンドゥ(世親)が、初期にまとめた部派仏教に属する『阿毘達磨倶舎論《あびだつまくしや》』に記されたものだろう。修行の早い段階で読まれることが多い。そこでは「世界」は「風輪」の上に「水輪」(海)が載り、その上に「金輪《こんりん》」を戴くとされる。大地の底が水輪に接している面が「金輪際《こんりんざい》」と呼ばれる。金輪の中心には、須弥《しゆみ》山《せん》(サンスクリット語のSumeru)が聳える。その上の忉利《とうり》天には、インドラ(帝釈天)がおり、須弥山頂の善見城をその居住とする。「天」は神々の呼称にもなる。須弥山の中腹に日天と月天がまわり、山には甘露の雨が降り、山に住む諸天はそれを食らって活きているとされる。四洲を守る四大王天もいる。四洲は、東に半月形、西に満月形、北に方座形の洲が拡がり、南に三角形の人間の住む洲がある。インド亜大陸を象《かたど》った図である。四洲の周囲は鉄囲《てつち》山《せん》に囲まれ、その外は海になる。その海には果てがあるともないともいっていない。これは、より古くからの自然観が取り込まれたものだろう。ヒンドゥーの文献では、大地を囲む海の外をさらに陸地が取り囲み、その外に海が広がるなど、より壮大なイメージが展開されているという[5]。実際の地形についての知識をもとに想念のうちに浮かび出た「世界」像なのだろう。

仏教はアニミズムの多くがもつ転生観を前提にし、輪廻転生の苦の世界から「解脱」することを本義とする。それゆえ、われわれのいう「自然」界については、ほとんど何も語らない。釈迦が悟りをひらいたとき、口ずさんだという詩で、数多くの仏典のなかで最も広く愛唱されてきたという『法句経』(偈《げ》、gāthā)に次のようにいう。

この存在《よ》なる　幻の屋舎《いえ》を
誰ぞ作りし
さがし求めて

ついに究めず
かくて数多き生存《いのち》の
輪廻《りんね》をば経《へ》きたれり
この生《しょう》もかの生も
ひとしく
苦しみなりき（一五三）
この幻の作者《つくりて》よ
いまこそ汝を見出だせり
この上にて　よも
汝はふたたび家をつくらじ
すべて汝の柱《はしら》
材は折れ　かくて
心すでに造作《はからい》をはなれ
愛欲の滅尽《はて》にいたりぬ（一五四）（友松圓諦訳）

〈幻の屋舎〉とは、輪廻のうちにある現身の生のことと解釈されてきた。その〈作者〉についてはさまざまに考えられるが、最後には、自分は解脱をとげ現身の愛欲を滅しつくしたと述べている。このように、「空」や「無」の状態に入ったときに、顕《あらわ》れる世界像（vision）がさまざまに描かれる。その究極の状態は「真我の霊性」になることとされたり、絶対者と一体化することのように説明されることもある。この自分自身のあらゆる心の動きから逃れる解脱を説く釈迦の教えは、「空」や「無」を根本におく哲学の流れ、ヴェーダーンタ（ヴェーダの末尾、極致の意）と呼ばれ、「奥義書」とも訳される『ウパニシャッド』を受けついている。

『ウパニシャッド』の起源は、西暦でいえば紀元前八世紀ないしは六世紀ころに遡るとされる。絶対者にして最高の実在、宇宙原理としてのブラフマン（Brahmān、梵《ぼん》）を想定し、それを認識することによって、欲望する存在である人間が、その日常を脱し、内にもつはずのアートマン（Antman、普遍我）をブラフマンと一体化する境地（梵我一如）を獲得することを究極的な理想とする。

現実の世界と対峙せず、幻影の世界で思弁をくりひろげる信仰のかたちは、早くからあったらしいが、紀元前一三世紀頃、アーリア人がインド北部に侵入し、ヴェーダの祭祀を中心とする教義の大枠がつくられ、その信仰が一帯に拡大していったと説かれる。この段階で、日月星辰の運行や季節の周期的な廻りを「天則《リタ》」によるものとし、人間界の道徳の規範にする大枠と業・輪廻・解脱の考え方の基本が確立したと見てよいだろう。司祭（ブラーフマナ）と王侯貴族や兵士（クシャトリヤ）までが解脱でき、祭祀に参加できるのはヴァイシャ（正業に就く階層）までとされた。その下にシュードラ（賤業に就く階層）が置かれ、この制度はヴァルナと呼ばれる。*

＊これは、あくまで宗教上の差別であり、実際の社会は、職業・地縁・血縁によるジャーティーと呼ばれる、より細分化された共同体に区分され、その外に、どこにも属さない諸集団もあった。各地の都市でつくられていた、職種別に労働を分配するための制度をもとにしていると推測される。そこにアーリア人が侵入し、支配地域や交易地域に接触の程度を分ける差別を持ち込み、「不可触賤民」の呼称がはじまるが、階層や習慣はかなり流動的であったとされる。近代に植民地化される過程で、インドという国家の外枠もつくられ、二つの世襲的制度を束ねて「カースト」の呼称が与えられ、かつ身分差別が固定化されていったといわれる。第二次大戦後のインド独立に伴い、一切の社会差別の撤廃が宣言された。

ブラフマンとアートマンの一体化の境地は、しばしば性愛における忘我にたとえられ、初期ウパニシャッドを代表する哲学者のひとりヤージニャヴァルキヤも、そのように語っているという。熱や火を生命の原理とするゆえだろう。ヴェーダ文献のうち、祭式の際に唱えられるマントラ（mantra、呪歌、呪文）について神学的説明を行うブラーフマナ文献では、かけはなれたさまざまなものを対応させ、同置表現をとる。たとえば「気息（プラーナ）はブラフマンである」という。気息をブラフマンとして想うべきだという意味である。また「家畜は生気（プラーナ）である」は「呼吸しているあいだだけ、それは家畜であり、生気が出ていってしまえば、丸太、すなわち無用な横たわるものにすぎない」と述べられている。これらから類推すれば、生命をあたえるものとしてプラーナが想定されていることになる。このプラーナは中国の「気」の観念にも通うことは先に述べた（本章一節〈道家思想〉を参照）。プラーナはan（呼吸する）の派生語と考えられているが、アートマンもまたそのひとつとする説と、それを否定する説とがあるという。ヴェーダ文献のうち、最も古くに歌の部分が成立したとされる『リグ・ヴェーダ』では、アートマンが何かの根源の意味で用いられ、「生命」を意味するともいわれる。ただし、生命力や寿命を意味する「アーユス」（ayus）とは区別される。

初期ウパニシャッドでは、アートマンは万物の創造主という神格を獲得し、さらには宇宙に偏在する微粒子として、各自の内にも見いだされるものとされ、やがて、呼吸を整え、心を統一して、それを直観すること、すなわち「ヨーガ」の行法により、ブラフマンとの一体化がはかられるようになっていったと説明されている。

仏教では、ブラフマンにあたるものは登場しないと、ふつうは考えられている。だが、釈迦は、本地仏（後述）が地上に人間の姿をとって現れたとする考えでは、本地仏はブラフマンに相当するものとして対抗的に考えられていよう。そして七世紀のなかごろに成立したらしい密教で、最も重要な経典の一つ『大日経』では、太陽信仰をもとにつくられた「大日如来」が昼夜を超えて世界を統《す》べる原理とされ、絶対神のように見なされている。

紀元前三世紀ころ、古代インドで伝承されていた説話をもとに、仏教的な内容を加えた説話もつくられた。経文などの韻文と散文で構成され、ジャータカと呼ばれる。前世・現世・来世の三世を説き、「本生譚」と呼ばれる。仏教の布教とともに世界各地に伝わり、イソップ寓話にも編入されている。そのうち、『金光明最勝王経』〔長者子流水品《るすいぼん》〕には、釈迦仏の前世の姿であった流水長者が大きな池で水が涸渇して死にかけた無数の魚たちを助けて説法をして放生したところ、魚たちは三十三天に転生して流水長者に感謝報恩したと説かれている。これが仏教の放生供養や動物報恩譚になったと考えてよい。

大乗仏教

紀元前五世紀頃、誰でも解脱できると説くジャイナ教などが興り、そのなかで。バラモン教に対して、釈迦がすべての衆生が救済されると説いた教えが一挙に広まったと見られている。西暦紀元前後頃、新しい仏教運動、「大乗仏教」が興る。すべての人（衆生）を救うことを目的に置き、それまで各派に分かれ、論議を繰り返してきた出家中心の諸派の部派仏教を軽蔑して「小乗仏教」と呼んだ。それゆえ「大乗」と呼ばれる。衆生の救済のためは、初期大乗仏教経典にさまざまな「方便」がとられ、インドの多神教の神々に対応するさまざまな仏が想定され、経典とその注釈が次から次へと生まれた。

初期に成ったとされる『法華経』では、実在した人物の釈迦は、本来の仏（本地）がこの世を救済するために姿を現したもの（垂迹）と説かれている。この考えが現実の背後に本質が潜んでいる、また現実は本質の現れのように変奏されてゆく。

『大般涅槃経』には「如来常住」——如来は常にこの世にあって、衆生の救済に臨んでいる——という考えと、「一切衆生悉有仏性」——衆生の総てが成仏の種のようなものをもっている——という考えが見られ、後者は、のち、中国で「気」が固まり万物ができるという考えと習合して木石や草木も成仏できるという考えに拡張されてゆく。

『無量寿経』（仏説無量寿経）では、阿弥陀仏の徳、無量の寿、無量の光に満ちた国土――一人の仏が一つの「国土」を受け持つ――に往生できると説かれ、その不退転の境地を「無生生」という。「無生」は肉体の死を意味するから、「無生生」は死後の生のことである。また、「生きとし生けるもののすべてを慈《いつく》しむ」という思想があり、めったに動物を殺してはならないという戒律をもつ。煩悩のある世界（穢土《えど》）に生きる衆生の苦しみの理由が欲望や罪業にあることを説き、現世の行いによって生まれかわる動物などの種類が異なるので、戒めを守らないと「畜生道に堕《お》ちる」ともいう。女性は一旦、男性に生まれかわって（変性男子）から成仏できるとされる。生き物のすべて、人間の男女も、あるがままで平等とされているわけではない。

一世紀ころ成立したとされる『阿弥陀経』（仏説阿弥陀経）は、弥陀仏が蓮の花の上に鎮座し、金銀宝玉が輝き、四季の別なく薫風が吹き、花が咲き乱れる極楽浄土、永遠に続く理想世界を描く。四世紀頃、西域でまとめられたと考えられている『華厳経』は、菩薩に荘厳されて大地が騒ぎたち、海が湧きかえるさまをうたう。

仏教は死後の世界のすばらしさも説けば、この世で犯した罪業のため、死んだのち、地獄（ナラカ、naraka、奈落）に落ち、生前に犯した罪によって、罰をあたえられるという考えも広めた。古代インドのヴェーダ信仰では冥界を支配する死の神、閻魔《えんま》（サンスクリット語「ヤマ」yamaの音写）は、ただ罰するだけではなく、苦楽の報いや悪をやめさせるなどさまざまな儀を行うとされていたが、仏教では、死後の生に裁きをくだす者とされた。中国では道教と結びついて、冥府を支配する十王のひとつに数えられる。

五世紀ころから、ヴェーダの信仰を核に各地のさまざまな信仰、習俗を習合したヒンドゥーが興り、七世紀にはイスラームが侵入、偶像崇拝を敵視して仏教を徹底的に排撃した。仏教も巻き返しに出、とくに呪法を中心に、大毘盧遮那仏（Mahāvairocana）（大日如来）が説法する形の経典『初会金剛頂経』などが整えられ、諸仏を習合する「曼荼羅」をつくる密教が興る。だが、ヒンドゥーの波に呑み込まれ、その一宗派に衰退していった。

部派仏教が、おもに東南アジアに伝播したのに対し、大乗仏教はネパールやチベットから中国西域に拡がったものが中国に入り、仏典の漢訳が開始された。その翻訳の過程で、儒学の土台をなす自然観や生命観によって解釈され、また民間信仰としての道教や道家思想とも混じりあって、かなりの変容を受けた。中国が分裂と統一を繰り返すなかで、仏教も弾圧を受けたり、再興したりを繰り返し、浄土教、天台宗、禅宗、真言密教など、のちに日本に大きな影響を与える宗派も生まれる。次に、それらの動きを道教、儒学との関係を見ながら、追ってみたい。

南北朝時代から隋・唐へ

後漢では、二世紀後期に道教の一派、太平道による黄巾の乱が起こり、動揺がはじまる。後漢末に、張陵（張道陵とも）が広く土俗信仰を吸収して強大な五斗《ごと》米道《べいどう》と呼ばれる教団を率いた。二二〇年に後漢が滅ぶと、再び分裂時代に入り、二二九年までに魏（初代皇帝、曹丕《そうひ》）・蜀（初代皇帝、劉備）・呉（初代皇帝、孫権）の三国が鼎立、一旦、晋（西晋）が統一するが、華北はすぐに五胡一六国と呼ばれる分立期に入る。これを四三六年に北魏（三八六～五三四）が統一する（五三四年末、東魏と西魏に分裂。西魏は北周の基礎になった）。華南は、三国時代の呉ののち、晋（東晋）が治めたが、華北が北魏によって統一されたのちも、宋、斉、梁、陳の四つの王朝の興亡が続いた（呉、東晋と併せて六朝時代と呼ぶ）。

五五六年に北周（五五六～五八二）が華北を統一し、五八九年に隋（五八一～六一八）が再統一するまで、南北に王朝が成立していたので、南北朝（魏晋南北朝）時代と呼ばれる。

その間、四世紀から七世紀にわたり、朝鮮半島の北方一帯に高句麗が勢力を張り、半島にも侵入、半島南部の百済、東部の新羅と三国が鼎立・抗争し、それに小国や部族国家が絡み、また百済・新羅がともに高句麗に対抗するため、北魏に朝貢するなど、東アジア情勢は複雑を極める。六一八年に隋を破って建国した唐は、新羅と結んで六六三年に百済を、六六八年には高句麗を滅ぼした。新羅は唐との戦争を経て、朝鮮半島を統一した（九〇〇年まで）。

中国・六朝時代には、知識層に広く長生術を中心にした道教信仰（仙術）が拡がり、本草や鉱物などの薬餌法を発達させ——といっても長く信じられていた水銀は身体を毒するが——、膨大な経験が蓄積された。それが今日までの中国医療（中医、日本では漢方）の基礎である。道観の周囲の山地には薬草が育てられ、茶畑も作られたと想われる。他方、自分の身中に「気」を凝集させ、「内丹」なるものをつくり、これを活性化させて本来の自己の「性命」を回復させ、道（タオ）との合一を目指す「内丹術」が生まれた。

仏教では、五世紀の初めに、『無量寿経』を奉じる浄土教が興隆し、末法思想が流行する。東晋時代には廬山《ろざん》の慧遠《えおん》が観想念仏する白蓮社を起こし、七世紀には善導が『阿弥陀経』を奉じて称名念仏を唱道した。末法を強調したのも、民間に易行（容易な行）を勧めたのも、道教、儒学が盛んななかへ布教するための方便と推察される。

北魏では、皇帝の庇護下に道士が優遇され、その修行の場として道観の建設が進められた。第三代皇帝・太武帝（在位・四二三〜四五二）が道教教団と結んで廃仏に走ったが、のち各皇帝が仏教を庇護し、民間道教との融和が図られた。洛陽城の城外、平城に雲岡石窟が開削され、洛陽にも石窟や大伽藍が並んだ。北魏とも朝貢関係を結んでいた百済の仏像のほとんどが北魏様式とされる。百済経由で、大乗仏教がヤマト王権に伝えられたこと、奈良の平城京が北魏の地名をとったことはよく知られる。

インドの仏が中国では道教の神になって現れるという本地垂迹の考えは、釈迦を本地仏が人間になって現世に現れたという考えをもとに、かなり早くから唱えられていたが、それが本格化したのは、北魏のときではないだろうか。そしてそれが百済を通じて日本にも到来したという仮設が立とう。

ヒンドゥーでは、クリシュナ神が各地の地つきの神になって現れるとされる。古くから普遍神が別々の姿で土地の神（地祇）となって現れるという信仰が民衆のあいだに拡がっていたと想われる。それに似たかたちが、北魏の仏教と道教の融和政策により浸透したと推測されよう。[*] それはまた、身体に「気」を巡らし、臍下の丹を錬る錬丹術や護身術としての拳法など、各種の修行法を生んでいった。

＊日本では、海部系の宗像《むなかた》神社が八幡大菩薩とされ、出雲の国ツ神（地祇）であった大国主が大黒天と結びついたりもするが、修験道が天ツ神ないし国ツ神と結びついて愛宕、熊野、白山、立山、羽黒が権現と呼ばれたことも納得がゆこう。愛宕権現の縁起は奈良時代末に置かれている。

六世紀の波乱のなかで、南朝・梁は皇帝号を排し「天王」を用いるなど改革機運が満ちていた。昭明太子撰『文選』、劉勰『文心雕龍』、鍾嶸『詩品』などが編まれたのも、この機運のゆえだろう。とくに梁の武帝は華北統一を果たし、隋の中国統一の下地をつくったが、仏教が盛んになるなかで、仏教・道教二教を廃し、儒・仏・道の研究所・通道観を建てた。名前から三教一致が探られたと推測されよう。武帝はまた、民間の教育にも取り組み、周興嗣に命じて四字一句の古詩形で二五〇句からなる『千字文』をつくらせたとされる。[*]

＊その伝来が『日本書紀』に成立年代より遡って記されていることが知られているが、既存の翻刻説も別の手習い書の誤記をいう説もある。いずれにせよ、百済系史官が始祖の出自を明記する意図に発する記載と知れる。なお、南朝・宋（四二〇～四七九年）についての正史『宋書』〔夷蛮伝〕等に倭王から一〇度、朝貢が行われた記録が残り、『梁書』〔武帝紀〕には倭王・武（雄略天皇に比定される）を征東大将軍に進号した記録が残る。つまり、冊封関係にあった。

七世紀にかけて、各地にさまざまな仏教宗派が起こった。禅宗もその一つ。五世紀後半、インドから渡ったボッディー・ダールマが中国で創始したとされる。仏教に取り入れられたヨーガの修行のうち、坐禅を重んじ、超俗、脱世間の境地に入ることが目指される。とくに七世紀、六祖、慧能《えのう》以降の南宋禅では、自分のなかの仏性を見極めようと「見性」に集中し、自意識を捨て去って心を開き切り、全世界を映す「明鏡止水」の境地に達しようとする。また両掌を打ちあわせて、どちらが鳴ったか、と問うような、答えようのない問いに答えを得ようとする、いわゆる禅問答は、インドに古くから続く、日常の論理を超える境地に至ろうとする修行法を取り入れたもの。「不立文字」——解釈次第で揺れ動く経文はなくともよい——を主張、師弟のあいだの相伝を重んじ、常住坐臥を修行とし、簡素な禅林の生活文化を育てた。

魏晋南北朝時代の混乱を鎮め、およそ三世紀ぶりに中国を再統一した隋では、とりわけ楊堅《ようけん》（文帝）が仏教を重んじ、首都・長安に寺院の伽藍が立ち並んだ。隋の文帝と煬帝は、国家統一事業として、北京から杭州までを結ぶ、総延長二五〇〇キロメートルに及ぶ大運河の整備を完成させた（六一〇年）。文帝はまた、三国時代の魏・文帝により二二〇年に始められ、南北朝時代を通じて各国で行われてきた官吏を九段階に分けて評価し、登用する九品官人法を廃し、家柄や身分に関係なく、誰でも受験できる科挙制度を導入した。唐代に引き継がれるが、貴族層が存続しているあいだは、科挙に備える勉学にも、その選抜にも、採用後にも、その力がさまざまにはたらいた。

唐代（六一八〜九〇七）の基礎を築いた第二代皇帝・太宗（在位、六三六〜六四九）は、前代までの史書の編纂に力を注ぎ、また仏教を重んじ、インドへ旅した玄奘三蔵らに仏典の漢訳を進めさせ、後世の仏教盛行の基礎をつくった。だが、唐王朝は老子を祖先としてあがめ、とくに第三代・高宗（在位七一二〜七五六）は熱心で、科挙試験にも『老子道徳経』を出題させた。

道・仏・儒が併存するなかで、六世紀後期に、智顗《ちぎ》が浙江省の天台山で教学を確立する（天台教学）。

『法華経』を最高位に置く経典の体系を組み立て、禅の瞑想法を、心を鎮めること（止、三昧）と真理を察知する（観）の二面に分け、三種の「止観」と四種の「三昧《ざんまい》」を組み合わせた「止観」を主な修行法とした。智顗が晩年に独自の奥義をまとめたのが「摩訶止観」と呼ばれる。

唐代に、中国史上、唯一の女帝、一代限りの「周」（武周）を建てた武即天（即天武后）は道教より仏教を上に置いて興隆に努めた。禅宗で六祖とされる神秀とその弟子たちを優遇した。これを、南方に布教した慧能《えのう》の弟子、神会が「北宗」と呼んで非難を強め、慧能を六祖に据えなおした。「見性」を重んじる南宗禅は士大夫（貴族）層に拡がった。

八世紀には、インドから伝わってきていた秘法を伴う密教（中国では密宗《ミイゾン》）が大成される。『大日経』を奉じる真言宗は、生きたまま解脱を目指す「即身成仏」（このことばは空海の発明とされる）を唱えて新風を巻き起こした（その教えを習得して帰国した空海は、衆生の救済のため釈迦が明らかにした教えを「顕教」と呼び、大日如来が説いた教えは奥深い教えゆえに容易に明らかにできない教えという意味で「密蔵」を用いた）。

九世紀には、南宗禅が興隆期を迎え、仏教を崇敬する皇帝が次つぎに登場するが、九世紀中葉、会昌年間に武宗が仏教の大弾圧に出た（会昌の廃仏。この措置により、遣唐使を抜けて唐に留まり、密教も学んでいた円仁の帰国が認められた）。この頃から唐は衰退に向かった。

三、宋代以降—新儒学の展開

宋代の文化改革

唐王朝は玄宗のとき、各地方の防衛をするために置いた節度使が行政権も掌握して、軍閥が乱立するに似た様相を呈し、八七五年から八八四年にかけて、黄巣《こうそう》が率いる塩の密売業者の集団を中心に起きた叛乱（黄巣の乱）により、実質的に滅び、五代十国時代と呼ばれる内乱期に入る。一地方政権になった唐は、公式には九〇七年に滅亡。

内乱を治め、天下を統一した宋王朝（北宋、九六〇～一一二七）は、河南省東部の開封《かいほう》を首都とし、宋州の節度使出身の初代太祖の弟で第二代太宗が中国全土を統一、第三代皇帝・真宗にかけて、北方の遼や西域の西夏の騎馬民族と和睦を結び、道教を奉じて儒学と併せ、科挙制度による文治政治を敷いた。騒乱で貴族層が没落し、軍人が跋扈していた時代に終止符が打たれ、各地の富裕層から官僚（士大夫）が抜擢された。

北宋時代を通じて、運河を整備し、交通網を整備し、商人の独占状態を打破して全国市場が展開するようになり、活気がみなぎった。実用的な方位磁石が発明され（原型は三世紀からとされる）、海運に画期を開き、また火薬が量産され、騎馬戦団との戦闘用に火器・火砲が発達した。他方、公立の医療施設が各地につくられ、印刷技術も本格的に普及、経書や史書、その疏（注釈・解説）など出版物が出まわり、議論も活発化した。大都市に繁華街が形成され、劇場がつくられ、農村にも豪華な建築が建てられるようになるなど、民衆の生活も大きく様変わりしてゆく。

とりわけ北宋中期、第六代皇帝、神宗が若くして即位すると、長く地方官を務めていた王安石を翰林学士に抜擢し、相談役とし、「新法」と呼ばれる政治改革を断行した。貸付や昔から行われていた塩などの専売制度を拡大し、税制改革を行い、大商人・大地主の利益を制限して、中小農民・商人を保護するなど諸策を実施して、政府の財政・軍事の充実を見た。その政策は、だが、地方の実力者と結びついた士大夫層の経済基盤を掘り崩すものだったため、王安石は「旧法」派の怨嗟の的になり、大旱魃が道教の占いにより、「新法」のせいにされ、退任を余儀なくされた。そののち、神宗は一〇八〇年、官制の改革に着手した。唐末以降、場当たり的に令外の官を置いてきたため、官吏はダブつき、制度も錯綜していたのを整理したのである。それにより、清末まで続く官僚制の基礎が築かれたとされる。

神宗は王安石に代えて、沈括を重用した。沈括は、一〇九一年に蘇頌《そしょう》が完成させた大規模な天文観測施設――水力で動く望遠鏡・天球儀・時計塔を備えた五層の建物――の長官を務めるなど科学技術によく通じていたが、将軍として西夏*との戦闘に敗北。沈括はその責任を取って退任後、科学技術史を中心に多分野にわたる考証を『夢渓筆談』シリーズにまとめる。

＊西夏は西域に勢力を張り、仏教を奉じて、西夏文字をつくった。チンギス・カンにより滅ぼされた（一二二七年）。莫高窟《ばっこうくつ》の敦煌文書は、従来、西夏の襲撃に備えて埋められたとされていたが、今日では、仏教国だった西夏が隠したことが床面が掘り起こされ、判明している。

南宋時代には、洪邁《こうまい》が、やはり儒官を退任後、経書をはじめ、全分野にわたる考証を『容斎随筆』シリーズに繰り広げた。『夢渓筆談』は分類項目を独自に工夫しているが、『容斎随筆』は部立てなしで延々とつづく。これが「随筆」の原義と推察される。▼6『容斎随筆』は、流行している各種の疏（経典の注釈）に呵責のない批判を浴びせる。それだけ出版文化が盛んだった。たとえば古文による『周礼』は、新の皇帝、王莽のもとで、五経兼修の風を拓いた劉歆が捏造したものと唱えたことは、のちのちまで影を投げかけた（本章〔五経〕で前述）。

北宋時代には、科挙の整備もあり、諸思想も大きく変容する。第三代皇帝、真宗は、天から授かったという「天書」を奉じ、漢の武帝に倣って、多くの家臣を引き連れて泰山で大規模な封禅の儀式を行い、また唐の高祖が老子を祖先として敬ったことに倣い、黄帝を自らの出自、趙氏の始祖として尊んだ。道教経典の集成は南北朝期に始まり、則天武后もこれを行ったが、真宗のとき、儒・仏の教えも取り込んだ『大宋天宮宝蔵』四五六六巻と『宝文統録』の二種がつくられ、第八代皇帝、徽宗《きそう》のときには学校が開かれ、道教は長生術（仙術）より、経文を中心にするものに大きく変質した。これは逆に、民間との遊離を招き、のち、新たな教団が次つぎに発生することになる。北方の女真族が華北を占領した金王朝（一一一五〜一二三四）の時代には、道教を中心に儒・仏との三教一致を説く「全真教」の教団が勢いをもち、金王朝もこれを重んじた。

インドで仏教が衰え、インドから僧が次つぎに訪れ、仏典の翻訳も盛んになった。士大夫層には禅宗に傾く者が多く、とくに臨済宗が盛んになった。民間には阿弥陀如来に救済を求める浄土教が盛んになっていた。

儒学にも、さまざまな新たな動きが起こった。唐中期に韓愈、柳宗元らが訓詁学に陥った主流に飽き足らず、古来の道、天と人のあいだに「理《ことわり》」を通すことを儒者の務めに据えなおす動きを承けたもので、欧陽脩《おうようしゆう》や蘇軾《そしょく》らは文体も、駢儷体を嫌って古文復帰の文体を工夫した。王安石は『周礼』『詩経』『書経』の注釈書『三経新義』を編み、また詩文にも、より平明な文体を工夫した。

王安石は若いときに大乗仏教にふれ、その人民救済の思想と修行による「克己」精神に感心したことがあるようだ。『論語』〈顔淵〉に〈己れに克《か》ちて礼を復《ふ》むを仁と為す〉（克己復礼為仁）、すなわち自制によって礼節に帰ることが述べられており、これによって仏教の修行を受けとることは容易である。だが、その目的が礼節による社会秩序の維持と解脱とではまったく異なることはいうまでもない。

このように宋代には、文化全般にわたる大改革が進んだが、北方や西域の騎馬民族に対峙する軍事費は増大し、財政も悪化、士大夫層に内紛が拡大し、北方の騎馬民族、女真族に圧され、華北に金王朝の樹立を許した。宋王朝は南遷して淮河以南に下がり、首都を臨安（現・杭州）に置いて再興をはかった。以降を南宋（一一二七〜一二七九）と呼び分ける。金王朝から圧迫を受け続けた南宋では、北宋期に相互の集大成が図られていた儒・仏・道が鼎立して皇帝を支える体制がとられた。北宋時代に生産力が飛躍的に増加した江南の地を背景に文化が盛んなことは変わらなかったが、多量の人口が流入するにつれ、農地の開発や薪炭の需要、建造物が増加し、大規模な森林破壊が起こった。室町時代の日本から建築材が輸入され、逆に日本では宋銭が流通した。

宋学の形成と展開

宋代における道教の集大成の動きは、官僚の学として現世主義の強かった儒学にも理論的改革を生んだ。北魏、隋、唐と盛んになってきた仏教に対抗するため、道教の「太極」の思想を取り入れ、宇宙論を具えた体系化が図られた。この動きを総称して宋学（新儒学とも）と呼ぶ。そして南宋期に朱熹によって「性即理」の原理のもとに、宋学の集大成がなされた。朱子学は元王朝の途中、一三一三年に科挙が復活した際に採用され、実質的には明朝（一三六八～一六四四年）・清朝（一六四四～一九一二年）が滅ぶまでの六世紀にわたって、中央集権的官僚体制を支える主柱の役割を果たした。なお、元末には武人も試験で採用する武挙も開始され、これも清末まで続いた。宋学の形成と展開は、江戸時代の儒学の展開全般にかかわるので、少し踏み込んでおく。

朱熹は、周敦頤（周子）を宋学の祖とする。周敦頤は『太極図説』で、道家の「太極」の観念を取り入れ、『易経』〈繫辞伝下〉にいう〈天地の大徳はこれを生という〉（天地之大徳生曰）を〈万物は生生し、変化して窮《きわまり》なし〉（万物生生而変化無窮焉）と変奏し、陰陽五行によって万物が展開してゆくさまを図示し、その解説書『通書』では、『礼記』〈中庸第二二章〉にいう〈唯《ただ》天下の至誠、よくその性を尽くすことを為す〉（唯天下至誠、為能尽其性）、「誠」を貫くことを聖人の道と説いた。

同じく北宋の思想家、張載《ちょうさい》（張子）は、『正蒙』〈范育序〉で、「太極」を「太虚《たいきょ》」とし、初源の「気」から陰陽が生じ、陰陽から生じる五行（木・火・土・金・水）を、互いに生みだし、互いに打ち消しあいながら（相即相克）循環運動する要素とし、それらが凝りかたまって万物が生じるという宇宙生成論の骨格を整えた（太虚不能無気、気不能不聚而為万物、万物不能不散而為太虚）。いわば「気」一元論の哲学を打ち立て、現象を空虚なもの、空無ととらえる道家思想および仏教に対抗する論理をつくったのである。この「太虚即気」論は、無形の「太虚」と有形の「気」とを「即」で結びつけており、人間の認識、個々人の主観には「不可知」な客観的真理として想定されている。また「心」が「性」と「情」を統べるとし、関係づけた（『張子語録』〔後録下〕〈心統性情者也〉）。

　周敦頤の弟子で、張載の甥にあたる程顥《ていけん》（明道《みようどう》）は、宇宙の根源、『易経』巻頭にいう「乾《けん》」すなわち天のはたらきと「気」のはたらきを統一して天地万物の根本に「理」（万物運行の法則）を立て、「天意」を「生意」と呼び、これが孔子の説いた「仁」にあたるとし、〈万物一体之仁〉によって天下が治まるべきであると論じた。「天地」に「仁」が行き届き、調和がとれた「一体」になることを理想として掲げたのである。〈人と天地と一物なり〉（人与天地一物也）（『程氏遺書』）とも述べている。ここに、天地万物の生成作用を根本におく宇宙観と倫理観とが総合された。

　程顥の弟、程頤《ていい》（伊川《いせん》）は、兄が唱えたことを、孟子の歿後、久しく途絶えていた天の根本原理に立つ「道」の継承であると述べ、自らも「心」は、すなわち「道」にほかならないと説いた。その『語録』〔第六〕に〈天に在るを命と曰い、人に在るを性と曰い、性に循《したが》うを道と曰う。各《かく》当たりて有るなり〉（在天曰命、在人曰性、循性曰道、各有当也）とあり、〔第十八〕は〈天に在るを命と為し、義に在るを理と為し、人に在るを性と為し、身における主を心と為し、その実一なり〉（在天為命、在義為理、在人為性、主於身為心、其実一也）と説いている。「主」は主体、「実」は実体のこと。さまざまに論じられてきた「心」「命」「性」「道」などを、天における命、人における性に分け、命と性と道は、それぞれ対応していると客観的に統一する論理の範型をつくったのである。

　程頤は、また『礼記』〔大学〕にいう〈致知在格物、物格而知至〉すなわち「格物知致」と、『易経』〔説卦伝〕冒頭にいう「窮理」（天の理《ことわり》を知ること）とを結びつけ、かつ「理・気」を二元一体のものと説き、事物に即してその理を窮めてゆくことを「知」とし、それによって善なる性にたどりつき、適切な判断ができる（はず）とし、学をもって、「天理」を体得した聖人に至ることができるとした。すなわち「学んで聖人に至るべし」である。このことばは周敦頤の言とも、また、程頤が国子監（大学）の教官の試問に対し、『論語』に見える顔回（子淵）の好んだ学を論じて、「学は以て聖人に至るの道なり。聖人学んで至る可きか。曰く然かり」と答案を提出したことに由来するともいわれる。

朱熹『近思録』〔為学〕には、程伊川のことばとして次のように記されている。

聖人の道は、坦《たいら》かなること大路の如し。学者は其の門を得ざるを病《う》うるのみ。其の門を得ば、遠しとして到る可からざること無し。

（聖人之道、坦如大路。学者病不得其門耳。得其門、無遠之不可到也）。

程伊川は「仁・義・礼・智・信」の「五常」（五つの徳目）を人の「自然」（自ずから）なる本性とし、「性即理」と整理した。その「理」は〈君臣父子間〉に及ぶとされる（『二程全書巻之十六』〔遺書伊川先生語第二〕）。つまり社会秩序が保たれるのも、「理」のはたらきとされた（これにより、愛憎などの「情」の要素が外された）。こうして、古典のテクストを新たに解釈し、再編を進めて、新しい儒学の宇宙観と倫理が打ちだされていった。

朱子学の成立

南宋で、朱熹は、これらをさらに整理し、周敦頤のいう「太極」に、形而上の（形を超えた、抽象的な）「理」と形而下のすべての現象、万物を成す「気」を立てた。「気」（＝現象）とそれを貫く「理」（＝法則性）の二元論だが、「理」を先に立てる。

鬼・神も当然「気」の内に含まれる。『朱子語類』〔巻三〕に〈天地間無非気〉〈鬼神只是気〉とある。気が伸びるのを「神」とし、屈するのを「鬼」とする（神、伸也。鬼、屈也）。たとえていえば、風雨や雷電が発するときが神であり、止むときが鬼だという〈如風雨雷電初発時、神也。及至風止雨過、雷住電息、則鬼也〉。それぞれ「陽」（プラス）と「陰」（マイナス）にあたるらしい。なぜなのかは凡人のわたしには、よくわからない。「天理」をいい、「窮理」をいう以上、不可知論ではない。が、わからないのは当然で、これは陰陽の精妙ないし神妙なはたらきであり、いわくいいがたいという。法則性はある。が、法則として摑んで、言語化することはできない、とでもいえばよいか。『論語』の〈怪・力・乱・神を語らず〉をそのように解釈していると考えてよい。

先に述べたが、北宋の程頤が「格物」と「窮理」を結びつけ、事物に即して、それを貫く「理」を窮めることと定式化した（脱然貫通）。絶対の天意・天命を聴きとる能力をもつ聖人に近づくには学ぶしかないが、朱熹は、それを変わりやすい天命を易で占うように、容易に知り得ない神妙な原理を感得する、というほどの意味に置き換えた。つまり、朱熹のいう「窮理」は「天理」を考究するという意味ではない。陰陽五行説を超える原理を究明するような姿勢は、ここからは生まれようがない。

だが、朱熹にとっては、それでよかった。朱熹は、「天命」によって定められている人の「性」（本性）は本来、「理」に即したものであるはずのもの、すなわち徳をそなえた「善」とし、それに即して行動すべきものと説く。『朱子語類』（巻三）には、また、人の気と天地の気は相接しているとある（人之気與天地之気常相接、無間断）。「情」も「気」の変化によって動くものゆえ、「理」すなわち道徳によってコントロールすべきものになる。それゆえ朱子学は「性理学」と呼ばれる。上の者が下のものに説けば、リゴリズムになる。

朱熹はまた、『礼記』から『大学』『中庸』を抜き出し、『論語』『孟子』を加え、これらについての注釈を『四書集注』に編んだ。『大学』は孔子の弟子・曾参、『中庸』は孔子の孫、子思の著とされ（『史記』〔孔子世家〕）、ともに唐代では韓愈らが尊重し、宋代の道学では基礎経典とされた。古くから重んじられていた「五経」とあわせ、「四書五経」と呼ばれるが、全体に倫理の面が表に出ることになる。

朱熹は『大学』の一句、〈大学の道は、明徳を明らかにするあり、民に親しむに在り〉（大学之道、在明明徳、在親民）にいう「親民」――士大夫は民と親しく接すべし――を「新民」――民を新たにすること――に改めもした。「道」に基づいて民心の更新を図るという意味である。士大夫は「天理」、客観的な真理に向けて修養すべきといういわば自己変革の趣旨を、民心一般に拡大し、天から与えられた「性」は、本来、「理」に従うはずのもの、従わねばならないという道徳の教えに転換したのである。

この形而上の不動の「理」と変化する形而下の「気」を組み合わせるしくみは、現象の背後に本質を措定する中国天台本覚思想を応用し、道教の「気」の観念を取り込みながら、「虚」や「無」の観念を排除し、主観を超えた客観的世界観を構成する。東洋的な客観的観念論の体系として整然としている。が、「気」の領域は探究しても、陰陽五行説の「理」の枠は、神秘化されており、破りようがない。「近代科学」に発展するような芽が育つはずがない。

その倫理の基本に秩序を守る「孝」と「忠」とが押し出される。「孝」の基盤は、社会単位として父子を中心にする親、兄弟、つまり家族におかれる。「忠」は、もともと「まごころ」というほどの意味だが、君臣関係は互いの「義」をもって結びつき、また、「礼」や「敬」も当然、重んじられなくてはならない。また男尊女卑、「士・農・工・商」の身分を重んじ、人はみだりに土地をはなれてはならないとする漢代に固められた規範が採用される。主体の「自由」の追求は秩序への反逆とされ、変革の意志は育たない。

問答形式の『朱子語類』では、個々の家の祖先崇拝の儀礼についても語られている。郷村共同体も王朝も、これらを原理として運営され、天下国家が治まるというしくみである。天理に即した人格形成による理想社会の実現を目ざす思想であり、年少者に対する教えとして編まれた『小学』では、天から与えられた人間の秩序――父子、君臣、夫婦、長幼、朋友の「五倫」――にあわせて、身を修めること、利欲や利己心を制御することが説かれる。このようにして宇宙論から民間の日常生活の全般を覆う壮大な体系がつくられた。世を治めるには、まことに都合の好い体系である。

この朱熹の体系に対して、南宋の陸九淵《りくきゅうえん》（象山《しょうざん》）は、『孟子』を尊重し、「理」一元論に立って、「心即理」、「宇宙」と「吾心」の相即を説いて、自らの闊達な精神のはたらきや行いを重んじることを主張した。「心」は知・情・意を総合したもので、いうなれば「性理学」対する「心理学」である。両者は正面から対立した。陸象山歿後に朱熹学派が圧倒し、これが南宋の士大夫のあいだに拡がり、かなりの勢いになった。が、南宋の翰林院に受け入れられたわけではない。政変も絡み、守旧派から疎んじられ、朱子学は南宋末期には「偽経」のレッテルを貼られ、排撃された。

元・明から清へ

一三世紀初頭、中央アジアのモンゴル遊牧民を統一したチンギス・カンと、その側近によって、東アジアから東ヨーロッパに至るユーラシア大陸を横断する連合帝国が築かれた。伝統的なシャーマニズムの天神（テングリ）を最高神とし、各地の信仰をその支流のように見なして、帰順した各地の王族を束ねて君臨するしくみである。チンギスの孫で、第五代皇帝、クビライは、華北を手中に収めたのち、南宋を攻略して中国を統一、燕京（現・北京）を改造して、一二七一年に大都と名を改め、国号を元王朝（大元ウルス）とした（〜一三六八年）。元王朝は、宋代の官僚制度の上に君臨したが、血縁や縁故による人材登用にまかせたため、科挙の実施は激減した。モンゴル貴族が自治権をもつ封建領地も混在させる政治経済の二元性は、体制の緩みを生み、中央から地方長官として派遣される士大夫層は利権と結びついて腐敗を拡げた。他方、民間の娯楽が活発化し、「元曲」呼ばれる歌舞を伴う雑劇や、のち、『西遊記』『水滸伝』『三国志演義』などにまとめられることになる連続講談も盛んになった。

東西間の交易の飛躍的拡大は、文物のみならず、諸民族、諸宗教が雑居、交錯する様相を呈し、キリスト教はネストリウス派に加え、ローマ法王庁が司祭を大都に派遣、ムスリムも東アジア一帯に侵出、チベット仏教（ラマ教）や禅宗も拡大した。華北では仏教と道教教団との対立が激化するなど、混乱も招いた。

一四世紀はペストが世界的に流行した時代である。中国に発して、人口を半減させたといわれるほど猛威を奮ったのち、エジプトのマルムーク朝を襲い、イタリアからヨーロッパ各地に拡がり、労働力の不足を招き、産業構造や政治の変革の引き金にもなった。元王朝が科挙を復活させたのは、秩序回復のための手段だったが、時すでに遅かったというべきかもしれない。

元王朝は皇帝の後継者争いで揺れはじめる。浙江省で貿易商が私貿易の禁止を侵し、船団を率いて叛乱を繰り返したが、モンゴル軍がことごとく鎮圧に失敗し、その虚弱性をさらけ出すと、内陸でも浄土教結社・白蓮教の農民叛乱（紅巾の乱）などが相次いで起こった。その動きのなかから出た朱元璋（洪武帝）が一三六八年、南京で明朝を樹立し、北伐に出ると、モンゴルは万里の長城より北へ退き、元王朝は一世紀で終焉した。以後、韃靼《だったん》と呼ばれる。

明王朝の初代皇帝、洪武帝は飢饉に喘ぐ農民の出で、紅巾の乱のなかから登場したが、やがて離れ、のちには徹底的に叛乱を弾圧した。南京に首都を置き、自分の出身地、豊かな江南を直轄地とし、重農抑商策をとった。国家の管理下に綿・絹の織物など手工業も奨励したが、その多くは農家の副業だった。陶業も発展する。海上貿易を管理するため、室町幕府を冊封し、勘合貿易を行った。だが、密貿易で富を蓄える大商人もあり、抑えこむと、転じて海賊行為に走る海運業者も出る。五島列島に本拠を置く者も現れ、「後期倭寇」と呼ばれるが、八割以上は中国人とされている。

洪武帝は文人を弾圧する一方で、科挙を重んじ、隋から唐にかけて行われていた郷試・省試を復活させ、地方試験（郷試）と中央試験（会試）の二段階にした。首都・南京に国子監を置き、地方（府・州・県）に国立学校を設立し、それを卒業した者に受験資格を与えた。志願する学生（生員）は五〇万ともいわれ、合格するのは毎回三〜四〇〇人程度。永楽帝は『四書大全』『五経大全』『性理大全』の撰を命じて、科挙の教科書として配布、類書『永楽大典』も編んだ。このエリートの育成を進める策により、知識層が拡大した。

医師で本草学者、李時珍が「瀕湖仙人」と号し、中国本草学の集大成とも呼ぶべき『本草綱目』（一五九六刊）をまとめ、また、人体の奇経（大切な経絡）や脈（脈）診の解説書『瀕湖脈学』や『奇経八脈考』を著し、道教系の経験医療にも集大成がなされた。民間に、小規模商業の活発化とともに、地方文化・民衆文化が盛んになった。白話小説に『金瓶梅』『三国志演義』『水滸伝』『西遊記』などがまとめられ、戯曲には「牡丹亭還魂記《ぼたんていかんこんき》」が成った*。

*秦の始皇帝が文字と公用文を統一して以降、時代により語彙や文法に変化はあるが、公用文や論文には首都の官僚言葉をベースに助詞類をそぎ落とした「文言」と呼ばれる文章語が展開した。それとは別に唐代から官僚の口語で書くことが行われ、「白話」文と呼ばれ、次第に口語色を強めて、宋代の大都市での講談など演芸などに用いられ、明代に白話小説の隆盛を見た。講談に発し、第一回、第二回と分けて章題を付け、はじまりと終わりに定型句を備える章回小説の型をもつ。明末に華南に入ったイエズス会宣教師が、各地方の民衆の話し言葉とは異なる官庁で話されている語を官僚語（マンダリン）と呼んだが、それが「白話」のベースである。実際にはマンダリンも地方方言に分かれる。

陽明学の成立と展開

明朝の政策により、朱子学は宗族や郷村の秩序を保つために通俗化して庶民のあいだに拡がり、形骸化して、身体儀礼を重視する傾向が進んだ。それに対して、一六世紀への転換期に高級官僚で将軍としても功績をあげた王守仁（陽明）は、科挙試験の教科にすぎなくなった朱子学の批判に出た。天地万物と人の心は世界の始源である「一気」を共通にもつゆえ、もともと一体と論じ、程明道の「天地一体之仁」の思想を復活させ、朱子学の「理」「気」二元論は「心・命・性・道」をバラバラにしていたと批判、陸象山の「心即理」の考え、〈けだしその心学純明にして、以てその万物一体の仁を全うするあり〉（蓋其心学純明、而有以全万物、一体之仁）などを活かし、その根本は「良知」にあると主張した。

『孟子』〔尽心章句上〕に次のようにある。

> 人の学ばずして能《よ》くするところのものは、その良能なり。慮《おもんぱか》らずして知るところのものは、その良知なり。孩提《がいてい》の童も、その親を愛することを知らざるなし。その長ずるに及びてや、その兄を敬することを知らざるはなし。
> （人之所不学而能者、其良能也。所不慮而知者、其良知也。孩提之童、無不知愛其親也。及其長也、無不知敬其兄也）

〈孩提之童〉は二、三歳の子供。思弁しなくても知っていることが「良知」である。この『孟子』のいう良知良能を天下にゆきわたらせればよいと陸象山が説いていた。それを王陽明は呼び返し、良知に致ること（致良知）を根本に据え、誰でも聖人になる可能性をもっていると論じた。善も悪も心の働きのもとはひとつであるから、根本においては「無善無悪」とし、私心すなわち欲望を捨て、天の「理」と一体になることを教えの根本においた。これが陽明学の骨格である。

　背景には、読書人口の増加、士大夫を志向する層の拡大がある。誰もが聖人になる可能性があると説いたところには、衆生の心の底に仏性が宿るという仏教の平等論が映っていよう。王陽明は禅宗もよく学んでいた。王陽明は、知識だけの学問を退け、実践によって学ぶことを強調し、「知行合一」を説いた。これも常住坐臥が修行とする禅宗から学んだところがあるだろう。全宇宙を心に映す「明鏡止水」の禅の境地が、宇宙を「心」におさめる境地につながる。

それゆえ、王学（陽明学）は「儒中の禅」と称される。朱子学派が陽明学派を非難するために「禅」のレッテルを張る。仏教は「私」（個人の心）の救済を説くので、「公」の立場ではないと非難するのが儒学の常道である。陸象山『語録』も、儒の「経世」、仏の「出世」（出家に同じ）の差を「公」と「私」の性格のちがいに求めている。王陽明自身も、禅は己れのためのものに陥りやすいと説いている（『王陽明文集』〈一重修山陰県学記〉）。

いまでも、泰山の山頂近くに「呼吸宇宙」と大書した巨きな石碑がある。宇宙の全体を体内に吸ったり、吐いたりするという意味で、宋代に設置されたもの。当時の道教の精髄を示すことばといえよう。禅宗にいう世界全体をそっくり心に映す明鏡止水の考えを身体観に転換して導き入れたものとわたしは見る。稀有壮大な王陽明の思想には、それも映っていたと推察される。「無善無悪」説は、宋代では王安石が唱えていた。王陽明は、漢代以前は「四民平等」だったということばも遺している（本章一節〈中央集権制へ〉を参照）が、これも農民や小商業者を庇護した王安石の策に近い。その意味で、王陽明は、宋代の思想の集大成を試みたともいえよう。

自然観としては、『伝習録』〈巻下〉の次のことばが注目される。


戒懼《かいく》の念は、これ活発地なり。これはこれ天機の息《や》まざるところにして、いわゆるこれ天の命、於穆《ああぼく》として已《や》まざるものなり。

（戒懼之念、是活発地。此是天機不息処、所謂維天之命、於穆不已）


〈活発地〉の地は「〜的」の「的」に同じ。『中庸』冒頭近くにある〈君子はその見ざるところに戒慎し、その聞かざるところに恐懼する〉（君子戒慎乎其所不睹、恐懼乎其所不聞）も心身活発でよく反応することだとし、これこそが『詩経』〔大雅、維天之命〕にいう、天命が温和恭敬にして永遠に終わらないことだと説いている。王陽明は『中庸』にいう「未発中」（心が喜怒哀楽の感情を発する以前の状態）についても、人欲を去って天理を保持することこそが肝心と説いている（『伝習録』巻上〔二九条〕）。

宋代、陸象山の学統には、楊簡（慈湖）がおり、心というものは本来、静澄虚明で、変化に富むものであるが、「意」が凝りかたまると明らかでなくなり、我執などが生じるとして、「不起意」を唱えていた（「絶四記」『慈湖遺言』巻一）。心身の自由闊達さを尊重し、一念に凝り固まることを警戒した言である。

朱子学に対して叛旗を翻した王陽明は、のちには、朱熹も儒学を活きた学問として蘇らすことを志したのであり、各自の性命が本来、徳を備えているとして心学を展開したことにおいて変わりはない、それゆえ、朱子の説くことと自分の説くこととは根本は同じと述べた。だが、王陽明の思想は、門人の王龍渓によって、人は先天的に「正心」をもっているので、それをそのまま活動させればよいと変奏され、王心斎によって、道を求めるためには経済的に困窮してはならないから、実利を求めることもよしとされ、さらには自分の楽しみに従えばよいと言い切られた。「道」と一体となるために私心を捨てること、「克己」を強調する朱子学とは、まるで正反対のことが説かれた。「心」が本来あるべき姿に向かって努力することと、いま、ここの「心」に、その本来が現れていると考えることとは表裏の関係にある。その逆転が起こった。この逆転が、のちに陽明学左派と呼ばれる流れを生むことになる。

陽明学派には他に、楊慈湖の主張を承けて、良知の本来は「虚寂」であるとし、これを「自得」する方向を説く流れ、また陽明学を儒学の本流をゆくものと主張するために、いわば朱子学との折衷をはかる流れも生じた。が、いずれもあまり振るわなかったという。前者は、禅宗との類同性を強めたものと見えるし、後者は同時代において陽明学に期待される側面を打ち消してしまうからだろう。

李卓吾の思想とその流れ

やがて明代末に中国南部における商人階層の台頭を背景とし、民衆の欲望解放に向かう、大きな価値観の転換を促す新思潮が生まれた。儒・仏・道の三教一致を説き、王守仁の説く「無善無悪」説を人間の自然の性情を尊重することに振り向け、庶民の教化に熱心な流れである。李贄《りし》（卓吾）が「良知」を心の純真無垢な状態とし、「童心」を理想化し、衣食への欲求や男女の情を尊重し、個々人の平等を説き、朱子学の教条主義を鋭く批判して価値観の逆転を促した。たとえば巷間に人気の高い白話小説『水滸伝』こそ、「文章中の文章」と言い切った。李卓吾の『忠義水滸伝』〈序〉は、この作者こそ、当時の宮廷の腐敗、堕落に憤り、水滸の強盗たちにこそ純真な忠義があると説いているという。

儒学の教えは経験的事実を尊重し、むろん詩文も例外ではない。フィクションすなわち嘘を価値の低いものとする儒学の伝統からすれば、ましてや朱熹は詩をつくることさえ、「玩物喪志《がんぶつそうし》」として退けたのだから、伝奇はもちろん稗史《はいし》小説は、まともな書物として扱われることはなかった。しばしば中国文学史で用いられる比喩を借りると、ほとんどゴミ箱に投げ捨てられていたに等しい。巷間に歓ばれる白話小説を「文学」の主流に置くなど、士大夫の価値秩序を転倒する空前絶後の主張である。

李卓吾は教官職から官界に入った人だが、五〇歳で県知事の生活を捨てた。出家して寺などで暮らしながら、書物の人となり、膨大な著作を著して一派をなした。自分の心を偽《いつわ》らず、心のままに行動することこそが苦しみのない生き方であると説いたが、彼の思想の根幹には「性命」のありかたの探究がある。商人階層が富を稼ぎ、現世主義の欲望がいよいよ高まった明末の民間は、わが身ひとつのいのち（性命）を大事とする風潮が蔓延した。宋代から明末にかけては「性命」の語が人間の肉体のいのちを指す述語として用いられていた。『水滸伝』や、そこから派生した『金瓶梅』にも頻出する。▼7

李卓吾は、『易経』にいう「性命」をめぐって、王陽明、密教、老子などの書物の底を探り、現世を捨て、天から受けとった人間性の本質を究明することにより、永遠の精神の生を生きる境地を会得することこそが聖人の道であると説いた。『続焚書』〔巻一与方伯雨〕（白話）はいう。〈人間はこの世に一日死なないで生きていれば、一日の進みと上達があるはずで、日に日に進歩を遂げないわけは決してありません。日に進歩を遂げなければ、即ち死人です。しかし、聖人の場合は、死んだあとでも生きていた時と同様で、一刻も進まないときはないのです。常に進歩してやまないからこそ、不死の人と呼ぶのです〉（劉岸偉訳▼8）と。肉体が滅んでも前進をやめない精神の生という観念が、ここにはある。王陽明が誰でも「聖人になれる」といったとするなら、李卓吾は、みんなに「聖人になろう」と呼びかけ、その道を示したといってよい。

李卓吾が王陽明『伝習録』〔羅整庵小宰に答うる書〕の言、〈学は之《これ》を心に得ることを貴ぶ、之を心に求めて而《しか》して非なるや、其《その》言の孔子に出づると雖《いえど》も敢《あえ》て以て是《ぜ》と爲《な》さざる也〉（夫学貴得之心。求之於心而非也、雖其言之出於孔子、不敢以為是也）を承けて、孔子や孟子を敬うばかりであってはならないといったのも、蒙昧の世を目覚めさせるため。彼は『蔵書』〔馮道《ひょうどう》〕では、有能な支配者によって人びとの生活を安定したものにすることが政治の要と説いてもいる。

李卓吾は、中国南部に潜伏するようにして活動していたキリスト教宣教師、マテオ・リッチと三回ほど会談したらしい。マテオ・リッチは、李卓吾ほどキリスト教の精神を理解した人はいなかったと感想を残している。李卓吾にしてみれば、丁寧に応接したにすぎないようだが、彼は泉州の代々、回族（ムスリム）の商家の出で、一神教の教えには親しんでいたと推測される。

李卓吾は、学問の場所に遊里の女性を招き入れもした。好学心のある女性に開放したのである。自ら異端をもって任じたが、朱子学派からは、彼が説く民衆の欲望を是認する思想こそが世の腐敗のもとと激しく糾弾され、しばしば「狂禅」という悪罵が投げつけられた。その思想が一世を風靡《ふうび》するほどの勢いをもつにいたると、風俗紊乱《びんらん》の廉《かど》で逮捕され、獄中に自刎《じふん》して果てた。数え七六歳だった。

だが、その蒙昧を破る発言に感じいり、彼を慕う人びとは跡を絶たたなかった。明末、王世貞・李攀龍ら盛唐の詩を重んずる古文辞派による復古主義・擬古主義の台頭に対し、湖北の公安県から出た袁宏道《えんこうどう》（中郎）は、兄・袁宗道とともに李卓吾に師事し、弟・袁中道と力をあわせ、精神を自由に発現する清新な詩風を開拓し、兄弟の出身地から「公安」派と呼ばれた。袁宏道はまた、よく通じた華道の『瓶史』を著した。中国では、各ジャンルの「史」は、正史の「志」に編まれるのが習慣だが、華道史は例外だったのだろう。楽しい酒の飲み方を指南する『觴政《しょうせい》』（觴は酒杯に同じ）、料理法を説く『随園食単』なども著した。みな、文章体である。

公安派の精神は、清代には袁枚《えんばい》らに受けつがれ、当代語による感情の自由な発露を説く「性霊派」の詩風を生みだした。李卓吾にならって婦女文学を提唱し、『随園女弟子詩選』を公刊するなどしたため、朱子学派からは疎んじられた。袁枚は、志怪小説集『子不語』でも知られる。

また明末には、洪自誠（洪応明、還初道人）が儒・仏・道の教えを渾然と取り混ぜ、人との交際の仕方や天地自然と親しみ、閑居を楽しむ方法など日常の心がけを説く短い章句（前集二二二条、後集一三五条）を分類なしに展開する『菜根譚』（『処世修養篇』とも）を編んだ。* 文章体にところどころ白話が混じる。規範に縛られることなく、教えを説く精神が民間にあふれていたといってよい。

＊日本では加賀藩儒者、林蓀坡《ざんぱ》によって、文化五年（一八二二）に訓点付で刊行され、かなり愛読されたといわれる。

そして、清代に入り、異民族に支配を受ける屈辱のなかから、漢民族の士大夫層には朱子学を復権させる動きが起こる。逆に宋学を「性理学」と呼び、それらを空疎と退け、「実事《じつじ》求是《きゅうぜ》」（事実によって真理を明らかにする）をスローガンとする新しい学問も興った。それは、まずは漢代の訓詁学に帰ることを訴え、考察の範囲を諸子百家に拡げ、それぞれの世界観を洗いなおそうとする思潮となってゆく。関心は経書に先だつ金石文字の解読にも向かい、ヨーロッパの自然科学の受容も刺戟になり、天文、地理、歴史全般にわたる清朝考証学が展開した。

　ここで陽明学とその展開に、いささか傾注したのは、江戸時代の儒学の展開、幕末維新から自由民権運動、そして明治後期からの修養の時代にかけて、その揺曳を探るため。さらにのち、一九三〇年代、中国思想界に近代化の波が高まったとき、李卓吾の思想は、嵇文甫《けいぶんほ》『左派王学』（一九三四）によって、あたかも反儒学の立場を鮮明にした近代思想の先駆のように評された。だが、李卓吾の思想は、やはり陽明学という幹から派生した宋学の展開のうちというべきだろう。*

＊島田虔次『中国における近代思惟の挫折』二巻（東洋文庫、二〇〇三）などにわたしは多く学んできたが、
李卓吾の思想に「近代」を投影する立場には、戦後日本の近代化主義の影を感じざるをえない。

第六章　古代神話とうたの自然観

本章では、奈良時代に編まれた『日本書紀』『古事記』『風土記』の神話と、『万葉集』の「自然」観を考察する。「自然」観の歴史的変遷を追うには、本書第三章で行った「自然」概念の考察が環境的自然すなわち「天地《ネイチャー》」と「本性《ネイチャー》」ないし「おのずから」の双方の観念および、それらの関係の考察を併せ行うことが必須である。

日本神話は、当代の正則の漢文、もしくは日本化した漢文で記され、万葉仮名方式で記されたヤマトコトバの歌謡や和歌をふくむことはよく知られている。当代においてリテラシー（識字能力）をもつのは、王権官人層や各国の国造の周辺の者に限られていたことは推測に難くない。それらは当代の王朝官人層によって掬いとられ、記された限りでの言語作品である。そこに収載されたものから、上代日本人の民衆の自然観を探るのは決定的な限界がある。たとえば『万葉集』の「東歌」のなかに、鹿などの角を焼いて占いをした民衆の習慣を留めるうたもある〔巻一四、三三七四、三四八八〕。そうした習俗があったことは考古学からもわかっており、各地に占い師がいたことは確かなようだが、それらはともに恋のうたである。主権と結びついた天地観とかかわりのない恋のうただからこそ、掬いとられて遺った可能性も否定できない。

だが、逆に、官人層の記載、編集の思想を考慮することにより、当代民衆の自然観の幾ばくかを浮かびあがらせることはできるだろう。官人層の自然観とは別にそれを試みたい。そして、これらの著作が、そののち今日まで、その時どきに読まれ、批評されてきた歴史の継続（享受史、評価史）は、その後の日本人の自然観にかなりの影を落としてきたことは否めない。

古代から明治後期、二〇世紀への転換期に産業構造に大きな再編が起こるまで、日本の民衆の大多数は農業を主に、林業・水産業に従事し、社会の下層に属する人びとだった。島国で、山地が約七割を占め、海に隣接した地域も多く、農林水産の兼業の割合が高い。

その自然観には、天地の恵みに感謝し、太陽や月、山や海の神を寿ぎ、反面、自然の猛威に対する怖れと戦《おのの》きを伴う。山や海での仕事には危険が伴うゆえ、山岳信仰、海洋や河川の神への信仰など、いわゆる自然崇拝が息づいていた。旱魃や冷害は山野の食料を得ることを困難にし、山が火を噴き、嵐が大木をなぎ倒し、河川が氾濫すれば、みな、神の仕業《しわざ》と考え、祈りを捧げてきた。巨大な岩や奇岩に神が宿るとされ、獣や鳥、虫なども神の遣いとされもした。

だが、そうした原始的な信仰は、種々の信仰体系と併存し、またそれらと結びついて、かなりの変容を遂げた。大陸や半島から移住してきた人びとの集落でも、持ち来った天神地祇を祀る祠《ほこら》や社《やしろ》を設けただろうし、稲作は中国大陸で用いられていた農業暦とともに伝えられたことだろう。それは太陰太陽暦にもとづくもので、月と日への信仰と結びついていた。やがては多く朝鮮半島経由で移入された儒・仏・道の信仰が拡がり、それらの自然観とも混じりあった。

たとえば、太陽の恵みに感謝する気持は、太陽光が身体感に直接変化をもたらすため、職業身分、宗教や科学の発達にかかわりなく、地球上のどんな地域にも活きている。太陽光発電パネルの普及が感謝の気持に拍車をかけるのか、それとも太陽光を単にエネルギー源の一つと見るだけに傾くのか、俄かに判断できないが、日本人の自然観を考える際に、その基層をなすと想われる原始的自然信仰は、実は難所の一つとなる。のちに編み直されることがあるからだ。

毎朝、太陽に向かって手をあわせる老人の姿は、一九六四年の東京オリンピックを焦点に街路が大きく様変わりした一九七〇年代の東京の都心部でも見受けられた。孫から尋ねられれば、老人たちは例外なく「オテントウ様に手をあわせている」と答えただろう。朝、早起きして、太陽の恵みに感謝し、その永続を願う原始信仰そのもののように想われる。

だが、それは江戸中期頃、民間に拡がった「天道思想」の長い名残りと考えてよい。神・儒・仏の三教一致論の拡がりの一つで、神道のアマテラス、空海が運んだ密教経典『大日経』の大日如来への信仰、そして中世に拡がった入日を拝んで極楽浄土に成仏する日想観などを、みな儒学の「天道」思想で一つに括ったような信仰である。格別な教義をもつわけでなく、宗派を超えて漠然と拡がったものらしい。そのころから図像に現れる太陽神は、神・儒・仏の自在な取りあわせの姿を見せ、どの信仰体系に属するのか、皆目見当のつかないものが多くなる。▼1

一九七〇年代の東京で、その習慣を保持していた老人たちが、その由来を知っていたわけではない。逆に考えれば、特定の宗派に属さない素朴な自然崇拝のような習慣だからこそ長く残ったと想われる。日本では古代から、神・儒・仏・道（陰陽道）が併存し、習合と離反・競合を繰り返してきたため、その隙間から零れ落ちたような習慣が、かえって長く民間に保持されてきたともいえるだろう。

一、『記』『紀』神話の自然観

地震の話

日本列島に地震が多発することは、日本人の自然観にもかなりの影響を及ぼしてきたはずだ。江戸後期、鯰絵が出まわり、地震は地下の大鯰が暴れて引き起こすという俗信が広まっていたと民俗学ではいわれてきた。とくに一八五五（安政二）年一〇月二日に起きた安政の大地震の後、江戸を中心に民間に多種に及ぶ大判の錦絵が流行したことが知られる。多彩な風俗が滑稽めかして盛り込まれている。地震災害からの守り神とされた鹿島大明神がナマズを取り押さえる図もあれば、一八五三年のペリーの黒船来航と結びつけたものもある。大地震にまつわる世情のシンボルとして鯰が用いられたと見た方がよいようだ。

仮名書魯文が隠れた編者とみられるルポルタージュ、『安政見聞誌』（一筆庵英寿著、一勇斎国芳画、安政三年）には、地震の数時間前、釣りをしていたらナマズがやたらに騒いだという見聞も載せているが、ただの噂の一つかもしれない。ナマズの予知能力が言い伝えられるうちに俗信が拡がっていたという見解もあるが、果たして本当に地震は鯰の仕業と信じられていたかどうか。儒学では陰陽説により、地震は地中の「陽の気」の動きとされる。儒者はそのように説いていたはずである。地震の原因に、さまざまな説が浮遊しており、そのなかで鯰説が面白がられたとわたしは見る。

『日本書紀』〔巻第一　神代上〕には、天に遅れて地が定まる前に、土壌が浮かび漂うイメージがある。イザナギ・イザナミ二神が海を掻きまわした鉾の先から滴った潮水が凝り固まってできたオノコロ島を「国中之柱《くになかのみはしら》」とし、その周りをまわって求婚することはよく知られる。イザナミが先に誘ったので、蛭子《ひる》が生まれ、やり直しをしたという話は、女から誘ってはならないという教えのためにつくられた気味が強い。

それはともかく、島を海中の柱に見立てる伝承は、あちこちに見える。中世、琵琶湖の竹生島《ちくぶじま》が地震の守り神として信仰を集めた理由も、そのヴァリエイションだった。ただし、これは仏教と習合している。天台宗の僧・光宗が比叡山に伝わる故事などを著した『渓嵐拾葉集』（序一三一八）には、竹生島は仏教でいう大地の底、海に接する「金輪際」から生えている金剛石の柱とされ、この柱で日本は繋ぎ止められているという伝承が載る。島には「弁の岩屋」と呼ばれる龍穴があり、そこに棲む竹生明神という「魚龍」がその柱を七巡りしてとぐろを巻き、尾を咥えて島を動かぬよう鎮めているともいう。伝説が伝説を呼んだらしいが、さらにその「魚龍」が大鯰に変奏されたらしい。[2]

今日、地震とナマズを結びつけた最初の文献といわれるのは、豊臣秀吉の手紙。京都の南、伏見の名所、巨椋《おぐら》池（昭和戦前期に埋め立てられた）に臨む指月《しげつ》の丘に隠居屋敷を立てることを計画した際、その普請を担当させた京都所司代の前田玄以《げんい》に宛てた手紙に、〈ふしみのふしんなまつ大事にて候〉と指示している（一五九二年末）。[3]『渓嵐拾葉集』に載せられている魚龍説を耳に挟み、琵琶湖が魚龍なら巨椋池は大鯰と想ったか、秀吉が耳にしたときにはすでに鯰説に変わっていたのか、彼が「魚龍」の存在を疑い、琵琶湖の主をも大鯰と断じたのか、定かでない。

それ以前、一五八六年の天正地震は、尾張から若狭にかけて大きな被害を及ぼし、琵琶湖の湖畔に秀吉の築いた長浜城は全壊した。秀吉は地震に対する警戒の念を募らせていた。その間、秀吉は、一五九一年に京都洛中に「御土居《おどい》」と呼ばれる高さ五メートルの台形状の土塁を巡らし、その上に竹を植えたことも知られる。洛中の区画整理にもあたった。

その隠居屋敷は、慶長の役ののち、宇治川の流れを変えて城の外堀とし、巨椋池には堤を築いて街道を通すなど、大改造されて、伏見城となる。だが、一五九六年、慶長伏見地震に見舞われ、天守閣に大きな被害を受けた。日本の土木工事の大きな転換期も地震とは無縁ではいられなかった。

日本が揺らぐのを防ぐ石の柱もある。安政の大地震ののち、鹿島大明神が大鯰と格闘する錦絵が登場したのは、茨城県鹿嶋市の鹿島神宮の伝承に由来する。鹿島神宮の縁起には、最初に神が降りたと伝えられる石があり、今日でも僅かに頭を地表に出して地中深くに埋まっている。これが「要《かなめ》石」と呼ばれ、地震の災難除けの守り神になっていた。千葉県香取市の香取神宮にも「要石」がある。

その由緒には『日本書紀』〔巻第一　神代上〕に、イザナギが火の神・カグツチの首を切り落としたときに生まれた雷神、タケミカヅチが絡む。タケミカヅチは、〔巻第二　神代下〕の天孫降臨に先立つ葦原中ツ国の平定の段で、高天原からフツヌシとともに下界に降り、オオナムチ（オオクニヌシ）

の治める出雲国を譲らせる。『出雲国風土記』では、フツヌシだけが国を譲らせる交渉をしたとある。『古事記』にはフツヌシは登場しない。
『日本書紀』の「一書」では、それに先立ち、タケミカヅチとフツヌシは、天の悪神、アマツミカホシ（別名、アメノカカセオ）を征してから、葦原中ツ国に降りたとされ、フツヌシは香取神社の祭神とされている。『常陸国風土記』でもフツヌシは香取神社の祭神とされ、信太《しだ》郡高来《たかく》郷の伝承では、天地のはじめ、フツノオオカミが天下って、そこを平定し、武具や玉をおいて帰ったとある。『筑紫国風土記』では、フツヌシは物部氏の始祖神とされ、その名は神剣をいうフツノミタマとかかわり、武具や戦と縁が深い。

　他方、タケミカヅチは香島（のち鹿島）の祭神で、鹿島は中大兄皇子と大化の改新のクーデターを企てた中臣（藤原）鎌足の出自の地とされる。『常陸国風土記』香島郡の伝承では、高天原より〈香島の天の大神〉が下りたこと、土地の人の話として、崇神天皇のとき、この地を〈香島の天の大神〉が平定したことを中臣の祖先神が告げたという話が続き、のち、国造たちがそこに〈神の郡〉を置いた、また天智天皇の御世に〈初めて使人を遣して、神の宮を造らしめき〉とある。かなり複雑だが、整理すると、出雲の国譲りをめぐって、『日本書紀』はタケミカヅチとフツヌシ、中臣と物部の両祖先神がかかわったとし、『古事記』は中臣氏の祖先神の事績としている。『出雲国風土記』は物部氏の祖先神の事績とする。東北の平定についても『常陸国風土記』は、香取神社の祭神として治まる物部氏の祖先神がまず降りたとし、のち、鹿島神宮の祭神の中臣の祖先神が一帯を治めたという運びになる。

　なお、『新撰姓氏録』では、物部氏は「神別」、つまり、ニニギノミコトの天孫降臨より前に葦原中ツ国に降りた神を祖先神とする氏族である。中臣氏の祖先神は、『記』『紀』ともに高天原で岩屋に隠れたアマテラスをアメノウズメが引き出す祭祀を司った神の一人（アメノコヤネ）とされ、『新撰姓氏録』で中臣氏は天孫降臨に従い、のちに分かれた「皇別」氏族としている。とすると、中臣氏は、『紀』〔巻第二　神代下〕の天孫降臨に先立つ葦原中ツ国の平定の段で地上に降りたとされるタケミカヅチと、天孫降臨でニニギとともに降りたとされるアメノコヤネとの二神を祖先神としてもつことになってしまう。これらの神話には、物部氏と中臣氏にかかわる何やら複雑な事情が絡んでいるらしい。

地震をめぐる民間伝承を遡っているうちに、物部と中臣の事績争いと『紀』『記』『風土記』の神話の記載のクイチガイにふれることになった。日本人の自然観を探ってゆくと、古代神話群の編集の問題に行き着かざるをえないところがあるらしい。そして、これらの神話伝承は、香取・鹿島両神宮の「要石」にふれていない。

『日本書紀』〔崇神天皇〕条に見える神宮号は、伊勢神宮・石上《いそのかみ》神宮・出雲大神宮だけだが、平安前期につくられた『延喜式』（九二七）〔神名帳〕では、大神宮（伊勢内宮）・鹿島神宮・香取神宮だけに神宮号が付されている。鹿島、香取両神宮は、長くヤマト朝廷の東北平定の要地だった巨大な内海、霞ケ浦の北と南に位置する。鹿島、香取神宮の「要石」は、大化の改新後の国内再編に伴う蝦夷討伐と、坂上田村麻呂による蝦夷討伐が九世紀に一段落するまでのあいだに、地震ならぬ東北の政情が不安定に漂わぬよう、しっかり平定するために打ち込まれた石柱としての意味があったのではないだろうか。

世界の神話のなかで

太陽や月、雷や風雨、山や森、海や川、またさまざまな動植物、これら自然のはたらきを神として怖れ、敬い、また個々人のいのちや子孫の永続を祈る物語は、地球上のどこにも生まれた。人びとの集団は、それぞれに始祖にまつわる伝説をもち、始祖を独り神とするか、男神と女神の結婚を起源に想うかなどのちがいはあっても、部族や民族が経験した風土の変化、収穫が豊かにえられた歓びや被った災難、また何らかの事情による移動やら、変事の度ごとに新たなエピソードを加えて、神話がつくられていった。それらは祭りの儀式として繰り返し演じられ、人びとのつながりの由来を確認し、大小さまざまな集団として生きる精神の糧になり、部族や民族の記憶として世代を超えて伝えられた。集団のあいだの関係も、神話を変化させずにはおかない。疎かにした神の報復を避けるために、より手あつく祀る儀礼が加えられれば、神話にも彩りが加えられ、部族間の戦や服属、統合は、祖先神のあいだの争いや縁結びの神話になった。それらのなかにも自然観が垣間見える。

世界各地に残存する神話伝承は、それぞれのリズムで祖先から語りついできた伝承を、その部族が文字を獲得した時点で、ないしは外部の者が採集し、記録したものが基礎になる。記録の時期や採集者の意図によって改編されもする。それがまた語りつがれて変容することもある。

神話は部族や民族の信仰の書である。ユダヤ教の経典『モーセ五書』と同様、言語芸術（狭義の「文学」）としては扱わないことが、今日、一般化している。だが、以前はちがった。キリスト教圏で、多神教の民族神話が「文学」として扱われた。ホメーロス作と伝えられてきた『イーリアス』や『オデュッセイア』（ともに紀元前八世紀頃）など、半神半人の「英雄」が活躍する起伏に富んだストーリーをもつギリシャ神話が韻文で記されているゆえに「叙事詩」と呼ばれ、また豊かな想像力の産物ゆえに言語芸術として扱われた。今日では、吟遊詩人たちが一定の形式の韻文でうたったもののちに記されたと推測されている。

創世神話からオリンポス山に棲む一二神の誕生、ウーラノス、クロノス、ゼウスの三代にわたる首位神の交代劇を語るヘーシオドス『神統記』は、内部に齟齬を孕んで展開するため、起源を異にする伝承を一つに編んだものと推定される。豊かな個性を備えた神々のイメージは、小アジアや地中海沿岸で、諸部族、諸民族の興亡や民族移動が繰り返されるうちにつくられていったものだろう。実際、同じ名をもつ多彩な神々が各地の伝承に活躍する。それらが神々の系譜によって編み直されるうちに

『神統記』が編まれたと考えてよい。どこまでヘーシオドスの編集意図がはたらいているかは定かでない。

ヘーシオドスには、兄が弟に労働の尊さなどの教えを語る形式の『労働と日』もあり、作中で自身の境涯も語られているので、紀元前七〇〇年頃に実在した吟遊詩人と推定される。『労働と日』では、かつて、それぞれ「金・銀・青銅」に象徴される種族の時代があり、ゼウスが半神たる英雄たちに命じて世を治めさせた「英雄時代」を経て、当代の「鉄の時代」に至ったと語られている。今日では、ポリスの政治の前は、王の専制政治が行われていたことが明らかにされている。「金・銀・青銅」の時代も、ホメーロスと詩を競ったという逸話を残すヘーシオドスの伝承に基く想像力の産物であった。

そのように輻輳した神々の系譜は、ヒンドゥーにも見られる。だが、太古の昔から、さまざまな宗教勢力の交替があったのちに、ヒンドゥーという共通の信仰がつくられたので事情はだいぶちがう。インドには二億の神々がいるとインドの知識人はいう。宗教学者がカウントして出したおよその数らしい。人口の八〇パーセント近くが信仰するヒンドゥーは、二大叙事詩『マハーバーラタ』『ラーマーヤナ』とその後の古伝をまとめた聖典『プラーナ』に収められた幾多の神話群をもち、創造神・ブラフマー、維持神・ヴィシュヌ、破壊神・シヴァの三神一体の最高神を戴く。ブラーフマン（普遍神・梵）とアートマン（我）の本質的な同一性を説くブラーフマナ・ウパニシャッド神話群は、バラモン教と共通し、バラモン教はヴェーダ神話をもつ。そのほかに、ジャイナ教、仏教、シク教の神もいる。イスラームの神は一と数えるしかないが、それら聖典に登場する神を数えても、二億には届きそうにない。詳しい英語（全インドの共通語）の神話事典を眺めていれば、縦横につながりをもつ神話が密林のように結びあっていることがよくわかる。かといって、一つ一つの地域で信仰の対象にされている神が、それほど多いわけではない。

インド中で最も愛されている神といわれるのはクリシュナ神で、ヴィシュヌ神の化身とされ、『マハーバーラタ』の全編で活躍する。一種の普遍神で、各地で異なる名前をもつ。地域の言語のちがいだけでなく、各地で信仰されている地祇に化身して現れるとされる。いわば本地垂迹、権現である。最も愛される神とされて当然だ。共通語の英語では、みなクリシュナだが、実態は千の名と顔をもっていることになる。それだけではない。各地の出身者によく訊いてみると、互いの地祇同士のあいだに、縁戚関係が結ばれているという。地域のあいだの交流が小さな名もない神話を無数に散在させているわけだ。その二神を互いの言語で呼ぶので、双方を合わせれば、四つの神の名があがることになる。それらが幾重にも錯綜して語りつがれているのが実態らしい。それなら二億の神の名があっても不思議はない。採集者がいれば、一つの神がいくつもの名をもって記述されるのは当然としても。複雑に絡みあう神がみの系譜が織り出されてゆく過程が垣間見えるだろう。

　これらに比して、中国における神話は、全く様相が異なる。民間の歌謡は北方の『詩経』や南方の『楚辞』に収録され、それとは別に創世神話や王権にまつわる神話伝承は、前漢の武帝の命により司馬遷が編んだ通史『史記』に散文で組み入れられている。今日、殷王朝の王権は、いくつかの部族の交替によるものと推定されているが、『史記』〈殷本紀〉には、同族による王位継承が想定され、時系列に並べられている。王権と直接関係のない各地の伝承類は、古くは、洛陽一帯とその外縁地域の奇譚が図入りの地誌『山海経』に集められている。長い期間をかけて増補され、散逸もあったと推測される。

　日本神話に同じ神の異名が、また神々の縁戚関係が細かく記載されているのは、いわばインド型に近く、各部族の神がみの名と縁戚関係を反映したものだろう。だが、それらを記載するかどうかは、編集の思想にかかわる。

『古事記』の最初に独神《ひとりがみ》として天之御中主神《アメノミナカヌシノカミ》・高御産巣日神《タカミムスビノカミ》・神産巣日神《カミムスビノカミ》と三柱がつづく。極めて抽象的な観念から出た名で、その後、アメノミナカヌシは全く登場しない。これらは人びとのあいだに神話として伝承されていた神ではなく、天地創造神話を作ろうとした人びとの観念のなかで作られた神と見てよい。『日本書紀』本文では、アメノミナカヌシは〔一書〕に、クニノトコタチ、ウマシアシカビヒコヂの名のあとに出てくる。名前だけの創造神伝承を編入したのだ。

『紀』には異伝が「一書に曰く」のかたちで編入されていることが著しい特色である。中国の正史が「紀」で皇帝を中心にした王朝史、「列伝」で人物の伝記、「志」を資料集にあてるのと異なり、「志」を割注方式で挿入する略式をとっている。『続日本紀』以降、天皇・廷臣の死亡記事に略伝（薨伝《こうでん》）を挟むのも同じ作法だろう。その理由は、朝廷を支える各氏族に伝わる伝承を尊重したこと、「伝」「志」を別立てで編めるほど漢文リテラシーをもつ史官を抱えていなかったゆえ、と推定されよう。*

＊『日本書紀』は、ヤマト朝廷が中国の正史に倣い、『日本書』の「紀」として編んだものである。それゆえ『日本紀』とも呼ばれる。だが、「志」を組み入れた略述スタイルになった。『日本書紀』か、『日本紀』か、と論議がつづいてきたが、あまり意味はないように思う。この略式には、晋の陳寿編『三国志』に南朝・宋の裴松之《はいしょうし》が異説など注を付した形式が参照された可能性が指摘されている。[▼4]

いわば編纂を急いだのは、唐に朝貢はしても、政治的、軍事的な意味での冊封を受けない独立した国家権力であることを示す衝動がはたらいたことが推測される。六六三年、唐・新羅連合軍との白村江《はくすきのえ》の戦に敗れたのち、七〇二（大宝二）年の遣唐使で正式に唐との国交を回復し、七一七（養老元）年には五五七名に及ぶ使節団を派遣している。

中国の正史は、『隋書』〔高帝紀〕などに皇帝の道教崇拝などの記事が見えるが、道・仏の動きの詳しい記述は行わない。例外的に『隋書』〔経籍志〕は「経・詩・子・集」四部分類のほかに「道経・仏経」の経典をあげ、その序に教理を紹介し、また『魏書』に〔釈老志〕が設けられたに過ぎない（のち『元史』に〔釈老伝〕）。

ヤマト王権は廃仏派と崇仏派（百済系と新羅系の二派）の角逐を経て、推古朝期に蘇我氏が中心になり、仏教をいわば国教化しようとした。が、『日本書紀』〈大化三年四月〉の詔により、「惟神《かむながら》」を以て主柱とし、仏を従とする体制が宣言された。そののち、天武が四教併存体制を整えた。日本独自の天神の末裔として皇統を描き出し、かつ神祇と仏教崇拝の双方の流れを正面から記す姿勢は独立国家の証という意図がこめられたものだったと推測される。*

＊天武の詔（六八一年）を受けた持統朝期の「飛鳥浄御原令」（六八九年）を経て、文武朝期の「大宝律令」（七〇一年）の実施、藤原仲麻呂主導による「養老律令」（七五七年）の実施に至る。その間の異同が詳らかでないが、七五二年、鑑真の来日により受戒制が整い、官僧身分が確定し、すなわち皇統の祖先霊の供養を仏式で行う制度が確立したと見てよい。以降、私度僧の扱いが厳しくなる。なかでも、行基《ぎようき》が率いた集団は溜池をつくり、橋をかけ、困窮者のための布施屋をつくるなどしながら、近畿地方一帯に布教した。朝廷は、度たび、それを非難する詔勅を出している。たとえば養老元（七一七）年夏四月の詔勅に、行基らが聖道と偽って〈妖惑百姓。道俗擾乱。四民棄業〉（百姓を惑わし、教えや習慣をかきまわし、四民は業を捨てる）とある。「百姓《おおみたから》」は多くの姓の総称。ときに「百官」の対義語になる。「四民」は「士農工商」の総称。「士」は官吏層をいう。行基集団は、相当の影響力をもっていたことがわかる。

八世紀半ば、仏教に熱心な聖武天皇は、行基に大僧正の位を与え、東大寺の大仏造立の実質上の指導者に招聘した。行基集団が勧進（資金集め）と土木工事に長けていたからだろう。天皇の施策のちがいによって、私度僧の排除と体制への吸収が間をおいて起こったのである。

それ以前、白村江の戦を前後して、大量の百済官人層が渡来しており、六九二（持統天皇六）年の新益（藤原京）への遷都より、七一〇年の平城京遷都には北魏の影響がより強くなっている。国史の編纂に『魏書』が参照された可能性を考えてみたい。平城京の唐風化は、聖武天皇の仏教信仰と強くかかわり、恭仁《くに》京（七四〇年末）、難波京、紫香楽《しがらき》京遷都を経て、平城京復帰（七四五年）から東大寺大仏開眼（七五二年）後に本格化すると見てよい。

『日本書紀』の表記の原則は、地の文は当時の正則の中国語（首都・長安の官僚の用いる記述言語）で記し、詔勅の類などは出された当時の日本化した中国語のまま編入されていると見てよい。とくに大化の改新を前後する時期に公文書が多く出され、それが採録されているため、その部分は和臭が強くなる。『紀』の編集時に編入された可能性もいわれているが、〔巻二八〜三〇〕の天武 - 持統朝期の記述は史官による記録に基づくもので、その部分に和臭はない。

それはともかく、『日本書紀』が正史として立てられたのち、『古事記』が長く捨ておかれたことは間違いない。いわば天武の私撰と見なされたと推察されよう。

江戸前期に漢字音によく通じた契沖が万葉仮名の読みに画期を開き、詩文の技法によく通じた賀茂真淵が『万葉集』のうたを読み解き、それを承けて本居宣長が『日本書紀』も和訓で講じられたといい、『古事記』の日本化した漢文の向こうに純粋なヤマトコトバを透視しようとして尊重した。それが明治期以降に大きく響き、『古事記』はまるで正典のように扱われ、かつ子供向けに再編され、『日本書紀』より親しまれるようになった。その変遷を度外視し、『記』を『紀』の神話部分と同列に扱うことはできない。

記紀神話の国際性

『古事記』の大部分、『日本書紀』の半ば以上を占める神話群は、とくに〔神代〕の部分に、原始信仰に普遍的に見られる天地創造神話、すなわち国産みや果樹や作物の起源譚をかなり豊富にもっている。イザナギ・イザナミの国産みや黄泉国をめぐる話、またスサノオノミコトのヤマタノオロチ退治などは、日本古代の自然観を考える上でも欠かせない。

これら日本に固有の神話群は、江戸時代に識字層が拡がって以降、とりわけ近現代には、民族の遠い記憶として繰り返し読まれてきた。『紀』『記』の最初の天地開闢神話は、いわゆる卵生神話のヴァリエイションで、粥状にたとえることとともに、世界各地に伝わるものだが、実際に伝承されていたとは限らない。その宇宙の卵生神話の部分は、その表現から、『淮南子』を参照していることは明白である。そして『紀』の最初に陰陽思想が出てくることはすでに述べた（第二章一節）。『日本書紀』冒頭は、生命の誕生を葦の芽生えにたとえているが、国土を「葦原中ツ国」と呼ぶ伝承と符合させたものだろう。葦原は山に対して平地、そのまんなかが中国《なかつくに》で（別の解釈は後述）、葦の茂る様に草木の生命力の旺盛なことをコトヨセた表現で、誉めことばがつくと豊《とよ》葦原中国などになる。

そして、神がみの誕生は、イザナギ・イザナミの産みなおし（失敗したのちの成功）、連続的産出（兄弟姉妹関係）、段階的産出（三代以上の関係）など、説話が繰り返される。それは神話として長く語り継がれるうちに一つのストーリーに組み立てられる以前の段階、すなわち成熟度が低いゆえに起こること。それゆえ、神がみの生成が繰り返される観念を抽出することもできる。その多くは死体化成神話であり、海洋民などが各地から運んできた、さまざまな部族や民族の伝承から欠片を拾って編んだ痕跡がうかがえる。

『紀』『記』ともに、イザナギ・イザナミの子で、アマテラスの弟とされるスサノオは、高天原で狼藉をはたらき、イザナギから追放の命を受ける。が、アマテラスと二度と狼藉をはたらかないと誓約《うけい》を交わし、亡き母のイザナミを地底の「根の国」に訪ねる。だが、再び高天原で狼藉をはたらき、追放され、出雲に降り立つというストーリーが展開する。スサノオは、高天原での最初の狼藉で田の畦《あぜ》を壊している。嵐の神であることは言を俟《ま》たない。またスサノオが殺したオオゲツヒメの遺骸から、五穀が生じている。洪水が去ったあとに山から運ばれた木種が芽吹くことが重ねられていよう。『日本書紀』の〔一書〕では、スサノオが〈韓郷《からくに》〉に金銀を取りに渡ろうとしたが船がないので、鬚《ひ》髯《げ》を抜いて散じると杉、胸毛を抜いて散じると檜、尻毛からは槇、眉から楠が〈成った〉とする。そして、スサノオは稲田を擬人化したクシナダヒメと結婚し、ヤマタノオロチを退治する。海や山に棲む怪物が生贄を要求し、それを退治する話は世界各地に見られる類型だが、六朝・晋の干宝撰になる志怪小説集『捜神記《そうじんき》』〔巻十八　祭蛇記〕からヒントをえたという推測もなされよう。ヤマタノオロチは、コケやヒバやスギを生やした八つの胴体をもち、山を揺るがし、多くの川が暴れる嵐を形象化したものだ。

スサノオは一方で、自然の猛威を象徴する神であり、他方で「治山治水」、五穀の実りや樹木を生やす神とされている。その二面性は、嵐の神に対する畏怖の念が暴れ川をおさめてほしいという祈念に転じれば、容易につくられる。神話伝承の神には、このように怖れと敬い、感謝が交錯し、反転もしばしば見られる。正邪二面を具える神は、世界中、どこにも多い。日本神話で、その原初のかたちを示すのがスサノオだった。ヤマタノオロチの尾から草薙ぎの剣が出るエピソードは、鉄器をもちきたった部族との類縁を示していよう。

中国古代の始祖神話の一つに、天地の隙間をおしひろげた神、盤古《バンコ》の両眼が日月に、体が大地に、血液が河川に、髪や鬚が星に、体毛が草木に、歯や骨が岩石に化したとされるように、そのからだから、さまざまなものが生まれるのは、民族の始祖神話のひとつのパターンである。だが、『記』『紀』で、スサノオは何れの部族ないし民族の始祖神とも位置付けられていない。スサノオは『出雲国風土記』で活躍し、また『筑前国風土記』にも姿を現わすが、ほぼ新羅系の渡来民の始祖神と考えてよい。『紀』の〔一書〕では、高天原から追放されたスサノオは一旦、新羅に降臨したが、その地が気にいらなかったので、出雲に渡ってきたという記述が見える。渡来系の民が持ち来たった神を、日本神話を編むときに、高天原の八百万の神のなかの悪神を代表する神とし、それを自然の猛威と治山治水、実りの神の二面をもつ神として組み込んだということは充分考えられよう。そして、王権に神器をもたらした神とされた。神器は朝貢ないしは服属の徴《しるし》である。

よく知られるように、スサノオの姉のアマテラスオオミカミが、日本の国土に降り立つ天孫系一族の始祖神とされる。この神は『伊勢国風土記』逸文や『伊賀国風土記』逸文に名前が出てくる。それゆえ、朝廷が伊勢神宮を奉じることにしたとき、神話の主神に据えたというのが定説だろう。だが、それらの逸文も、記述の仕方は、『紀』『記』を参照していることが明白である。それゆえ、アマテラスは『山海経』や『淮南子』に出てくる東海の島に住む一〇の太陽神の母、「義和」を付会したという説も捨てられない。

『日本書紀』本文の天地創造神話には陰陽思想が覗くが、陰陽思想では陽は男である。それと対応しない。日本の暦は中国のそれに倣って太陰太陽暦で、月の満ち欠けにより一ヵ月を数える。月に対する信仰も早くから拡がっていたはずだし、『万葉集』にも月を愛でるうたは多い。が、『紀』『記』ともに、月はツクヨミと呼ばれ、男神とされ、あまり活躍しない。

日本神話のうちに、星への崇拝は、ほとんど登場しない。中国・道教の天の北辰（極）、紫微垣《しびえん》（宮）信仰は、北極星や北斗七星への信仰から生じたものと考えてよいが、「天皇」崇拝を生んでいた。『史記』〔秦始皇本紀〕に、始皇帝が皇帝の称号を決める際に「天皇」「地皇」「秦王」を並べて考慮したとある。宋代初期に編まれた類書『太平御覧』〔巻七八　皇王部三〕の「天皇」の項には、漢代の書物『洞冥記』、項峻『始学篇』『三五歴記』などから例文が引いてある。

牽牛、織姫の七夕伝説も中国由来のもので、朝鮮半島にも伝わっている。『万葉集』には、七夕伝説にちなんだうたは一三〇をこえる。中国の詩では、織女が天の川を渡るのに対し、東北アジアから朝鮮半島の伝承では、彦星が尋ねるかたちが多く、またカササギの介在するのもその特徴といえるところから、白川静『後期万葉論』（一九九五）〔第二章〕は、これらは高句麗・新羅・百済から渡来した人びとがもたらしたものと推定し、後期の官人層のうたになるにしたがい中国の詩からの借用が増えると述べている。納得のゆく見解であろう。

日本神話で、星の名は『丹後風土記』逸文〔与謝郡日置里〕に「昴星《すばる》」「畢星《あめふり》」が見える程度で、しかも「浦島子」伝説のなかである。『日本書紀』〔雄略天皇〕では、浦島子は蓬萊《ほうらい》山に行ったことにしている。中国の道教系の神仙思想によることは明らかだ。『万葉集』〔巻第九〕「詠水江浦島子」〔水江の浦島子を詠む一首、一七四〇〕では、海底の不老不死の国に行ったことにしている。羽衣伝説も散在し、大伴旅人が筑紫守として、山上憶良らと大宰府に滞在中には「松浦河に遊ぶ序及び歌」に、神仙のおとめを登場させていることも知られる。あるいは見立て仙女かもしれない。

海の彼方の他界として、常春《とこはる》の理想郷、「常世《とこよ》の国」の伝説も見える。『紀』〔垂仁《すいにん》天皇〕条には垂仁天皇が田道間守《たじまもり》を「常世の国」につかわして求めた長寿を保つ太陽の霊菓、「非時香菓《ときじくのかくのこのみ》」を、いまは橘と呼んでいるとある。冬を越しても実を落さず、いつも香る実の意味で、昔はミカン科の木の葉を干して薬草として用いた。それゆえ長寿や常世に結びつけられたのだろう。「常世」は、この世にはありえない所（ユートピア）として幻想されるが、道教の永生や長寿を願う思想によるもの。伝来の時期は、かなり早いと見てよいのではないか。

日本神話の自然観は「天」（高天原）、「地」（葦原中国）、地下の死者の魂の棲まう国の三層からなる。祝詞の詞章などにも「上ツ国」「中ツ国」「下ツ国」の三層の考え方が見える。この三層観が強くはたらき、「高天原」に神が人と似た生活をしているとするために、日食から天岩戸説話が生まれたと見てよい。ただ、その三層のうち、死者の魂の棲む「下ツ国」のイメージは揺れている。イザナギがイザナミを黄泉の国へ追ってゆき、陰惨な世界を経験して、ようやくのことで帰還する。その際にイザナミが放った軍勢に向けて、イザナギが桃の実を投げるのは、鬼道と呼ばれるシャーマニズムの魔除けの名残らしい。

イザナミのからだは黄泉の国で、膿み爛れ、蛆が湧いている。死骸の腐乱から着想されたと思しいイメージである。『記』では、体中に八つの雷の取りついた姿で表象されている。それに対して、スサノオの降りる「根の国」は「常夜《とこよ》」のイメージの表象で、汚れを伴わない。『紀』『記』ともに、同時に成り立たない、二つの死者の国のイメージを抱き込んでいることになる。

死者の国との往還は、世界各地の古代神話に普遍的だが、ギリシャ神話で、オルフェウスの訪れる死者の国に汚れのイメージはない。死者の魂が身体を離れ棲まう国を考えれば、穢れていなくてよい。「よみ」は「夜見」で、もともと汚れのイメージはないとする説もある。「黄泉」は古代中国で死者の赴くところであり、それが伝わったことも明らかだが、中国の民間信仰でも「黄泉」は、もとは平穏なものとして想い描かれていたという。だが、不幸な死に方をした人の霊が往きどころを失って、人に祟《たた》り、現世に災《わざわ》いをもたらすという信仰、すなわち御霊信仰や疫病神への信仰が盛んになったために「黄泉」のイメージがむごたらしいものに変わったとされる。

出雲には「黄泉」の国の入口として祀っているところがいくつかある。海岸の猪目《いのめ》洞窟もその一つだが、縄文時代の土器片、弥生時代から古墳時代にかけての生活品や人骨、副葬品が出ているという。『紀』『記』神話は、概して、先にあった出雲の伝承に依拠し、組み込んだところが多いと見てよい。*
＊鳥居龍蔵『人類学上より見たる我が上代の文化』〔一三　夜見国＝底国＝根国〕は、天・地・地下の三層の世界観はシャーマニズムによるもので、中央アジア諸民族の信仰に共通するという。イザナミの死骸のイメージは殯《もがり》のもので、まだイザナギは夜見国に至っていないのを記述者が混同し、またイザナミが死者の国の主神になると想定されていると説き、天のアマテラスと対照的な位置にあるなど興味深い考察をしている。全体の結論は、死者の魂を分離しておらず、墳墓を固く閉ざすのは死者の国をタブー視するゆえ、という。道教でも神事に向かう前に潔斎する。ラマ教でも読経の前に、魔除けの呪文を唱えるが、仏教が中央アジアに拡がったとき習合したのだろう。他方、折口信夫「古代生活の研究―常世の国」（一九二五）〔四〕は、沖縄の先島ではニライカナイを〈禍《わざわ》いの本地とも考えて居る〉と述べ、〔六〕では、日本神話に〈根の国・底の国〉の想定を見ている。そして〔九〕で、藤原京期に道教思想の影響を受けた宮廷・官人層の「常世」が「常春の国」に転換し、理想化されたと推測している。▼5

記紀神話の特徴

古代日本神話は、『古事記』のほとんどの部分、『日本書紀』の半ば以上を占め、『風土記』にも多数の断片が収録され、また『万葉集』の歌謡類にも神話にもとづくものが見える。だが、これらはみな、ヤマト王権によって掬いとられ、天武‐持統朝期に編集が開始されたもので、その全体に皇統の正統性を保証する性格が露わである。それと関連するが、もう一つの特徴としては、歌謡（技芸としてつくられた和歌とは区別される民謡一般）の多くが、詞書や短いストーリーを添えられ、天ツ神や国ツ神、また皇統に属する人びとや王権にまつわる出来事に仮託されて収載されていることがあげられよう。

たとえば『日本書紀』〈神代紀〉中に、「八雲立つ　出雲八重垣　妻籠めに　八重垣つくる　その八重垣を」という短歌形式のうたがある（『記』では「妻籠み」）。「八重垣」の繰り返しが歌謡、ないしはその一部を想わせる。首長級の家に建てられた立派な新居を誉めるうたがまずあり、それをスサノオとクシナダヒメとの結婚のストーリーに嵌め込み、稲田宮の縁起譚に仕立てた可能性を考えたい。全体はヤマタノオロチ退治伝説を構成するが、これは『紀』『記』の編纂者の手になるものだろう。

逆にいえば、スサノオという名やヤマトタケルの名（『記』では小碓命《おうすのみこと》）のもとに展開される比較的長いストーリーも、個々のもとの伝承のかたちを半ば留めたまま編まれている。それらは何代にもわたって口伝えされるうちに、いわば煮溶けて一つの物語をつくる以前の生煮えの粥のような状態のときに書き留められ、かつ編纂されたと考えてみればわかりやすいだろう。

『風土記』では、スサノオの神話もヤマトタケルの伝承も各地に断片として残されているものを掬いとっていた。日本神話群が多種多様な表情を見せるのは、先にタケミカヅチの神をめぐって見たように、『記』『紀』の編集姿勢のちがいに、各氏族の中央権力との関係が絡むこともあり、それぞれが宿している機微はあまりに多様である。

『古事記』や『日本書紀』の神話が、中国の史書を参照して記されていることは明らかだが、中国の史書にも、列伝中などに詩賦が引かれることはある。『史記』〈屈原賈生列伝〉に、屈原の絶唱、「離騒」の賦が引かれていることなどが知られる。だが、歴史上の人物に対する評釈のなかで彼の作品の引用が行われることと、日本神話における歌謡の多彩な引用とでは、成り立ちがちがう。

日本の歴史叙述には神話と人為による歴史とのあいだに境がないことが、しばしば特徴としてあげられてきたが、無文字社会における伝承を考えれば、祖先神の話が現在の生活まで連続的に展開することは、ごく自然なことだろう。アリストテレスは『政治学』で「人間たちは、神々の姿ばかりか、その生活をも自分自身になぞらえる」といったが、これは、なぞらえるべきでない超越者を擬人化していることを批判する言である。神がみと人間を連続性において描くことにも、切断すべきとする考えにも、さまざまな立場がある。

ホメーロスが『イーリアス』に描いたギリシャ神話中の英雄時代には、神がみは個々人にささやきかけて常軌を逸した行いに誘う。が、日本神話の神がみは白雉などの瑞徴《ずいちょう》を示したり、突然、人にとりついたり、夢枕に立って暗示を与えるくらいで、それほど人に親しく接していない。『記』『紀』だけでなく、『風土記』においてもそうである。天ツ神も国ツ神も変わらない。『出雲国風土記』〈因幡之記〉でオオクニヌシがガマの穂綿にくるまれと教えてやるのは、ワニザメに赤はだかにされた白ウサギにであって、人間にではない。日本神話において、人間の世界と神がみの世界は、ほとんど疎遠なものとして語られている。まず、この点を特徴の一つとして確認しておきたい。

次に、ギリシャ神話の神がみは、半獣神の姿をしたパーンを除いて、不老不死とされている。英雄たちは体格からして人より格段に大きく、神がみともわたりあうが、死ぬ。神がみと明確に区別されている。『紀』『記』神話で、ヤマトタケルは人なみ優れた知力と体力と胆力の持ち主とされるが、死んだ。そこでギリシャ神話の英雄とアナロジーされる。

『肥前国風土記』で、ヤマトタケルは〈日本武尊〉と記され、各地を巡り、土蜘蛛征伐をする。『出雲国風土記』は『紀』『記』と同様、〈倭健命〉を景行天皇の子としている。『日本書紀』〔景行天皇四〇年〕で、天皇はヤマトタケルを〈神人《かみ》〉と呼ぶ。神に近い人の意味だろう。天皇位はおまえのものともいう。いわば景行天皇は自身の代理人という規定を与えたことになる。そして、西征の過程で熊襲の首長から尊号を受けたことにし、東征神話のなかで「島ツ神」「国ツ神」と呼ばれる蝦夷の首長たちに、自ら〈現人神《あらひとがみ》の子〉を名のる。『常陸国風土記』でもヤマトタケルは国ツ神と会話を交わすが、ヤマトタケルを「天皇」と呼ぶ記述が訂正されることなく、捨て置かれている。東西の土蜘蛛どもの征伐をすべて景行天皇の事績とせず、超人的な働きをする息子を設定したのは、各地に残るヤマト王権の討伐の伝承を『記』『紀』神話に組み入れる際に、ヤマトタケルという同じ名前を与えたと考えてよいのではないか。そして、ヤマトタケルは、ギリシャ神話の英雄のように神と人との中間的存在として設定されているわけではなく、神、半神、人が未分化なまま伝承されていた状態を映しているのではないか。それは、神が人の姿をとって地上を統治するのを天皇《すめらみこと》とするタテマエと相補的な関係にあろう。『紀』の〔巻七〕から〔巻一一　仁徳天皇〕を越えるあたりまで、史実の記録に基づくものと、神がみの伝承とを取りまぜて脚色して編まれていることは誰の目にも明らかだ。

編集の思想

『記』『紀』ともに、時系列に展開するといっても、神話から歴史記録へと連続的に移行するわけではない。〔神武〕から人皇とし、次の〔巻四　綏靖《すいぜい》〕から〔開化〕までは、皇族の出自にかかわることを簡潔に記す。〔巻五　崇神〕から事績中心だが、再び物語体になり、〔巻七　景行〕の後半ではヤマトタケルが活躍し、〔巻八　仲哀〕、〔巻九　神功〕まで神話的ストーリーが展開する。そののちは、史官による記録的な記述になる（事実の当否は別問題）。記述のスタイルからして、神話伝承の部分と事績の記録の部分とが貼り混ぜになっている。

人皇とされている天皇の寿命に常識を超えて長いものがあるのは、神功女帝を『魏志』〔倭人伝〕に登場する女王、卑弥呼にあたるように設定したため、というのが定説だが、ご都合主義や場当たり的作為のように見える記述にも、それなりに皇統とその服属勢力の由来を、ひとつの物語に編み込む際の編集の思想がはたらいていると見てよい。その編集の思想を考慮せずに、日本神話の性格を論じることは、また、そこに日本人の自然観の祖型を求めることは、ほとんど無意味のように思われる。

日本の古代王権は、推古朝期の仏教国教化とでもいうべき動きに対して、大化の改新によって、王権の祭祀を至上の原理とすることを再確立した。ニニギノミコトの「天孫降臨」に際して、アマテラスが「天壌無窮の神勅」（天地が尽きることのないように一族が葦原中ツ国を治めること）を申し渡すのは、その神話的表現といってよい。『日本書紀』の編纂にあたって、各氏の伝承や寺社縁起などを集めているが、これは皇統外から多くの記録類を収集するという以上の意味を持っていた。氏族の伝承は、王権との結びつきを中心に編まれる限り、王権の側からも氏族の側からも、その職掌の如何が要になる。たとえば『古事記』では、ヤマトタケルがクマソタケルを謀殺したのち、出雲へ寄ってイズモタケルも謀殺している。ところが、『日本書紀』では、九州討伐からの帰りは吉備と難波の荒ぶる神を殺したことにしている。これは出雲との関係に配慮したからだろう。

また、〔神代〕の記述のうち、高天原でアマテラスが天石窟《あめのいわや》に隠れた顚末を語る神話の本文及びその異伝に、祭祀にかかわる中臣（藤原）氏と忌部《いんべ》氏の祖先神の名が押し込まれた疑いが残る。というのも、そのあと、皇統の祭祀にまつわる話は幾度も語られるが、その二氏の祖先神の名は長く見えないからだ。神武東征神話で、大和の地から神武の軍勢に帰順したのは物部の祖先神であり、その後も物部氏の祖先神が皇統の祭祀にかかわっている。先に常陸の香取神宮（物部系）と鹿島神宮（藤原系）

との関係についてふれたが、物部、中臣の争いは、オオクニヌシの国譲りの神話の構成にもかかわっていた。そして平安初期、桓武天皇の代には、忌部（斎部）氏が祭祀の司を中臣が独占している状態に対し、訴えを起こし、斎部広成がまとめた『古語拾遺』（八〇七）が遺った。

古代国家は祭祀によって成り立つ国家である。その祭祀権を藤原氏が握ったゆえに、平安時代の藤原氏の隆盛がある。代々の天皇と外戚関係を結んだことも大きな要因であろうが、それだけで国家中枢を握ることはできない。摂関家についての歴史観は外戚関係を重視する『大鏡』史観に引きずられてきたといわざるをえない。そして『日本書紀』の編集の問題は、古代王権内で、史官の権威が長く確立していなかったことを意味していよう。律令機構の虚弱さを示すと言い換えてもよい。[6]

『古事記』は〔序〕（上表文）にいうとおり、皇統に遺された「帝皇日継」（王権の事績を記した帝紀）、「先代旧辞」（伝承類をまとめた旧事記）の類を当代語に再編集したものと見てよいだろう。だが、太安万侶による編纂の途中で、天武の史書編纂の意図を満たすものにはならないことが判明したため、天武が六八一年三月一七日に親王、臣下多数に命じて「帝紀及上古諸事」編纂の詔勅を出したとすれば、王朝を支えているさまざまな氏族の伝承、いわゆる氏文の類の提出を求めたことも充分考えられよう。それから約四〇年のあいだに、史料収集整理がどのように進められたか、編纂方針の決定過程がどのようなものだったか、実際の編集記載の過程はよくわからないところを多く残している。

歴史と文学のあいだ

日本神話について近現代における先学の見解は、「歴史」と「文学」のあいだで揺れ続けてきたといってよい。ここでは、その概略だけ振り返っておく。明治中期から史学に文献学的考証の態度が拡がるが、加藤弘之が建議してつくった東京大学古典講習科（一八八二年設置、三年課程、翌年、国書科に漢文科を追加）と帝国大学文科大学国史学科とのあいだには歴史観に相当の開きがあった。古典講習科は、一八七二年の「学則」で計画されていた西欧の大学の神学部にあたる「教科」（皇学・漢学）をいわば復活させたもので、二年で帝国大学の創設に伴い、文科大学に吸収されたのち、解消された。[7]

たとえば教育勅語が出されたのち、古典講習科出身で第一高等中学校教授を務めていた時期の落合直文が小中村義象《よしかた》と共に編んだ『家庭教育歴史読本』全一二巻（博文館、一八九一〜九二）はベストセラーとなり、少年向け出版物に画期を開いたといわれる。その第一巻の巻頭は「能褒野《のぼの》の露　日本武尊之事績」。能褒野はヤマトタケルが非業の最期を遂げた大和国平群《へぐり》の山。第一巻には、もう一つ「曾我兄弟の仇討ち」の話が採られている。日本三大仇討ちの一つとして知られた。今日ではピンとくる人はほとんどいないだろうが。

このシリーズに、聖徳太子は登場しない。聖徳太子は、日本に仏教を導き入れた人として、民間では崇拝を受け、幾多の伝説を生んでいた。が、江戸時代に儒者のあいだで、蘇我馬子と謀って父親の崇峻天皇を屠《ほふ》った「弑逆《しぎゃく》皇子」と断罪されていた。その「名誉回復」は、このシリーズ刊行より一〇年後の一九〇三年、十七条憲法公布千三百年を記念する行事が行われてからのことになろう。実際、大日本帝国憲法の名は、十七条憲法にちなんでつけられたものだった。ヨーロッパ各国のものは普通に翻訳すれば「国法」である。

また、このシリーズには、豊臣秀吉も徳川家康も登場しない。平清盛、源頼朝、織田信長も、いわば脇役として登場するに過ぎない。家庭向けを意識していることもあり、源頼朝は義経の伴侶、静御前を主人公とする一篇のなかに敵役として登場している。皇国史観に徹し、武家政権の話を嫌っているのは明らかだ。[8]

帝国憲法制定、教育勅語の発布後も、尋常小学校の首位教科に修身を掲げることには、自由民権派が宗教からの教育の自由を掲げて反対し、日露戦争後の世情の不安定を背景に、一九一一年に天皇機関説問題、南北朝正閏論争が相次いで起こるなど、国家神道（第二次世界大戦後に広まった用語）、皇国史観をめぐる論議は絶えなかった。
そして、『日本書紀』を「正史」として扱う国家体制側と、『古事記』を神典として奉じる「国学」系の学統に対し、神話を神話として読むことを最初にはっきり提言したのは津田左右吉だった。『神代史の新しい研究』（一九一三）で、『日本書紀』『古事記』の文献学的考証を行い、それらは神話にすぎないこと、しかも、『記』『紀』の神話伝承は詞章として成り立っていたものではなく、中国思想を身に着けたヤマト朝廷の吏官が文章化したものと断じた。この見解は、のちのちまで響いた。

要するに日本神話は中央官僚の作文にすぎないというのに近い。だが、編集の思想に踏み込めば、『記』『紀』ともに、各説話の断片を、皇統に連なる天孫族による葦原中ツ国の征服（一度は失敗し、治め直す）神話として時系列の物語に編もうとする意図が明白であり、それ自体、中国の神話の編集方式と異なる。また、『風土記』類、とりわけ『播磨国風土記』には、小さな部族の服属神話まで地名由来譚などのかたちで収録され、束ねられている。その掬い手の思想と手際を勘案すれば、たとえ詞章として成立していない口碑の類を掬いとったものであったとしても、ある程度は、書かれた対象の思想と感情を復元することができるのではないだろうか。

それに対して、和辻哲郎『日本古代文化』（一九二〇）は、いわば正反対の立場をとった。『古事記』〈序文〉で太安万侶があげている「先代旧辞」が、六世紀までの古墳時代に編まれた神話伝承を伝えるものであり、そのうち、配列などに優れたものを当代語に翻訳したのが『古事記』であり、日本の古代人の思想・心情の特質がよく発揮された芸術的価値を論じようとした。〈第三章　古事記の芸術的価値〉で『イーリアス』と比較し、「叙事詩」としての成熟度が低いという批評が記されているが、その未熟さを〈自然児〉にたとえ、〈朗かな無邪気さ〉[9]と言い換え、とくにスサノオとヤマトタケルの「英雄」としての魅力を語ってゆく。「英雄時代」を叙事詩発生の時代、民族精神の黎明期と称えたヘーゲル『美学講義』の影が歴然としている。

『古事記』は歌謡を多く含んでいるが、散文で記された神話である。それを「叙事詩」といい、古代人の想像力の産物という意味で「芸術」の一形態として扱う態度を打ち出したのは、この書物が最初である。その基調は『古事記』に、温和で豊かな自然に育まれ、それに適応した日本民族の温和な思想を読み抜こうとする。〈温和なこの国土の気候は、彼らの衝動を温和にし彼らの願望を調和的ならしめたであらう〉[10]と。のちの『風土』（一九三五）と同様、日本人も、ときに激発することがあることもいっている。一九二〇年初版では、ヤマト王権が九州から漢の武器によって東征したと言明し、まず吉備とぶつかり、その勢力が出雲に引いたとしていた。[11]一九三九年版では、関東、東北への勢力の拡張は事実として認めるが、その対象が〈蝦夷であるかどうかは別問題〉とし、国家統一は〈天皇の神聖な権威〉によることが強調されている。[12]改訂を重ねるごとに王権による宗教的統合の面が強調されてゆく。

和辻哲郎は第一高等学校時代の著述から武張った天皇制には背を向ける姿勢を示していた。[13]そして、一九二〇年版は日本が国際連盟の常任理事国になり、国際協調路線をとっていた時期にあたり、一九三九年版は日中戦争たけなわの時期にあたる。より細部に踏み込めば踏み込むほど、微妙な影を帯びていることはいっておかなくてはならないだろう。

石母田正の英雄時代論

第二次世界大戦後には、石母田正が神話学と歴史学に跨る研究を提起した。「古代貴族の英雄時代―『古事記』の一考察」（一九四六）、「古代文学成立の一過程―『出雲風土記』所収「国引き」の詞章の分析」「日本神話と歴史―出雲系神話の背景」（ともに一九五九）などがある。そこでは神話を叙事詩、「文学」として読むこともいわれているが、『古事記』『日本書紀』『出雲風土記』の性格のちがいをよく論じ分け、日本神話の「英雄」を神武天皇、ヤマトタケル、オオクニヌシに代表させ、へーゲル『美学講義』の「英雄時代」を積極的に援用することによって、その異なる性格を論じている。
本居宣長『古事記伝』は『古事記』のオオクニヌシの国引き神話との関係で『出雲風土記』にもふれているが、津田左右吉も和辻哲郎も『風土記』の類に踏み込んでいない。『風土記』研究に取り組んだ武田祐吉の早くからの友人だった折口信夫は『風土記に現れた古代生活』（岩波講座日本文学、一九三三）などで、各種『風土記』に邑国（大化の改新以前、国司や県主の管理下に入る前の各地の「くに」を呼ぶ）のさまざまな段階が示されていると示唆しているが、『風土記』と『記』『紀』との性格のちがいを大胆に論じることに乗り出したのは、この石母田正の一連の論文が嚆矢といってよい。

石母田正は『出雲風土記』のオオクニヌシ神話を「国占め」「国作り」の物語と規定し、自然改作の面に着目し、〈日本人の自然にたいする観念の歴史のなかでも、特殊な一時期であった〉[14]とその一回性を指摘し、次のように述べている。〈人間と自然とが無媒介に合体し、抱合するような自然観――それはより洗練された形で後代の日本的といわれる意識の重要な側面をなすが――の基礎には、共同体が、その生産条件としての土地から独立し得ず、かえって「土地の付属物」、自然の一部として存在し、個々人がかかる家族や村落の共同体の、偶然的要素または「自然的成員」として存在するような生産と生活の様式があったことはあきらかであるが、しかしかかる自然観を非歴史的に宿命的に日本的自然観として固定することは賛成しがたい〉と。そして、『出雲国風土記』に登場する〈国引きの巨人〉やオオナムチの神の〈自然にたいする戦闘的な姿勢や態度には、右の伝統的な自然観とは異質なものがみとめられる〉という。[15]

石母田正は、名前をあげていないが、〈人間と自然とが無媒介に合体し、抱合するような自然観〉を〈宿命的に日本人の自然観として固定する〉論者とは、直接は、和辻哲郎を指していよう。和辻哲郎『日本古代文化』に示された日本人の自然観に対する鋭い批判になっている。

石母田正「古代貴族の英雄時代」は、『古事記』の小碓命（ヤマトタケル）に自然の神々と困苦な闘争を繰り広げるロマンティックな「英雄」の姿を認め、『日本書紀』や『風土記』とは異なり、『古事記』の作者が〈一顧の芸術的性格を創造した〉、ヤマトタケルは〈天皇から追放され、政治的な環境と論理から独立し解放されることによって、はじめて英雄となることができた〉という。[16] 彼は追放されたまま、能褒野で大和の地を見晴るかし、寿ぐうたを二首詠んで一生を閉じた。そして、白鳥に化身したミコトの魂を追って、多くの千鳥が精霊のように飛び立つ。

ところが、『日本書紀』では、ヤマトタケルは蝦夷の俘虜を伊勢に送りこんだのち、俄かに病が篤くなり、歿する（『記』に引かれた二首のうたは、景行天皇か日向の地で詠んだとされる）。葬儀の様子も、王権に尽くした彼の事績を景行天皇が褒めたたえることばも添えられる。なるほど『紀』のヤマトタケルは、『記』とは異なり、最後に古代国家体制に取り込まれている。

石母田正は、神武天皇が〈みじめな散文的英雄に化してしまったのは、建国物語をつらぬく政治的論理のみじめさ〉[17] ゆえとし、その論理は、大化の改新の政治論理であり、中国の律令制国家論にのっとっているゆえ、としている。これは彼がのち、『日本の古代国家』（一九九六）などにまとめることになる歴史観、大化の改新以降、ヤマト朝廷が唐の制度の導入を図り、律令制へ移行するという考えに基づいている。*

＊推古朝期に王権が仏教の導入を決め、大化元年、孝徳天皇は仏教の援助を約し、僧・旻《みん》らを十師と定めたとされる。そして六四七（大化三）年の詔に、「惟神」の語が初めて現れる。昭和戦前期、折口信夫「古代人の思考の基礎」（一九二九〜三〇）〔一、尊貴族と神道との関係〕に〈かの大化改新の根本精神は、実は宗教改革であって、地方の信仰を、尊貴族の信仰に統一しよう、とした所にあった〉、〈大化改新は、今まで国々を治めていた国ノ造から、宗教上の力を奪って、政治上の勢力をも、自ら失わせた〉と論じている。[18]〈尊貴族〉は、天皇号が一般する以前の皇族を指す折口の用語。そののち、中央大学教授で法制史家の瀧川政次郎が「大化改新管見」（一九三四）で、唐制の導入による奴隷制にふれたため、右翼の攻

撃を受け、満洲国司法部法学校教授に転出を余儀なくされた。[19]『日本書紀』編纂時に大化の改新期の記事が潤色ないし編入された可能性は考えられようが、各地に「評」を置き、在地の豪族の首長（国造）の支配権を再編しつつ、中央から派遣する国司のもとに統括する体制に移行する措置は、白村江の戦に敗北を喫したのち、海峡の島々に物見櫓を築き、[20]瀬戸内海に山城を築くなど国防体制を整えてゆく過程と重なりつつ促進されたと考えてよい。その過程で、天智天皇は六六七年に飛鳥から近江大津へ都を移した。このようにして、日本における「封建」（分権）から「郡県」（中央集権）への移行は、徐々に進行し、その一応の完成の指標は大宝律令（七〇一年）に求められよう。

石母田正は、ヘーゲルが英雄叙事詩は英雄時代が完結したのち、回想として成り立つものと説いた一節を援用し、古代国家建設の論理で固められた神武天皇像とは異なり、『古事記』のヤマトタケルは、完結した「英雄時代」を回想する地点から語られているゆえに、ロマンティックな英雄像たりえているという。史的唯物論の公式から古代天皇制を裁断する論理で『古事記』を扱う見解に対し、ヤマトタケルの行動を描く情熱の在処を突き止めようとしている。同時にそれは、和辻哲郎がヤマト王権のために戦う英雄として『古事記』のヤマトタケルを描きだし、その最期の悲劇性に着目しない欠陥を鋭く突くものにもなっている。

見事な行論だが、実のところ、この見解は、ヘーゲル『美学講義』の「英雄時代」の規定を外れており、かつその底を踏み破ってしまっている。ヘーゲルのいう「英雄」は、専制君主とは異なるが、一切のヒエラルキーから自由に振舞うことのできる主体を指しており、それを描くことのできる詩人の存在を前提にしている。石母田正は、それをよく承知しているはずなのだが、ヘーゲルのいう「自由」な英雄像とは本質的に無縁なところで、日本神話の多岐にわたる「英雄」像が造型されていることを忘れている。

オオクニヌシの「自由」の性格を問うてみればよい。『記』や『紀』で、高天原から葦原中ツ国に遣わされた天ツ神どもが復命しなかったのは、彼らの意志によるものであり、オオクニヌシが意図したことではなかったが、オオクニヌシは高天原に敵対する葦原中ツ国の専制君主の位置におかれている。そして高天原からの使者に国譲りを要請され、幽冥界の主となった。いわば死ぬことなく、追慕された神であった。『出雲国風土記』では、出雲国のいわば理想的な国ツ神像として示されている。〔因幡之記〕でイナバノシロウサギを助けたように慈悲深く、天ツ神から国譲りを迫られたときには独断せずに、息子たちに相談した（記紀ともに同じ）。それは世襲制の専制君主のすることである。他の国ツ神、すなわち各部族の首長たちと協議したわけではない。

『古事記』の小碓命は、とりわけ東征神話では、相模灘の海神の怒りにふれ、足柄の坂本では白い鹿に変身した坂の神を打ち殺し、そして白猪に化身して現れる伊吹山の神（『紀』では大蛇）にたたられ、最期を迎える。景行天皇から命じられた任務を国ツ神の娘たちに助けられながら遂行し、しかし、都に帰りつくことなく孤独に死んでいった。「自由」とは程遠い。

そしてここで、野獣が邪神の神威を帯びて登場していることに着目するなら、都市国家間のトロイ戦争を描いた『イーリアス』とは、社会的基盤も文化的基盤も、そして自然観も異なることに誰しもが思い至るだろう。都市国家の神話では、荒れる海や地震の自然の猛威はポセイドーンに、野獣の野生はアルテミスという狩の女神に象徴されている。英雄たちは自然に潜む邪神と戦いを繰り広げたりしない。つまり『古事記』は、古代ギリシャの吟遊詩人がトロイ戦争という史実を――それが何度にもわたるものであったにせよ――自由に想像力を駆使して韻文で語った物語とは、まったく性格を異にするものだった。

石母田正は、『古事記』の小碓命が自然の背後に潜む神々との闘争を繰り広げていることを、古墳時代の地方の豪族たちの英雄的心性の現われと読み変え、また『常陸国風土記』に記された日本武尊の事績については、〈清水や井戸を池堤が中央から遍歴して来た一人の素晴しい英雄によってはじめてひらかれたという伝説は、地方人の心にも素直にうけとめられたのであろう〉[21]と述べている。ここからは、『古事記』の小碓命の東征神話は、ヤマト王権の命令に従い、邪神どもや土蜘蛛、蝦夷をコトムケしたものの、哀れにもその途上で命潰えた者どもを鎮魂する物語に編みあげたものという新しい解釈が生まれそうな気がする。それはともかく、石母田正が日本神話群のうちに、自然の背後に潜む邪神との闘争や井戸堀や溜池づくりなど自然の改作が語られていることを指摘していたことを受け止めたい。

そして、日本神話の特徴の一つは、素朴で野卑な話が多い。次に、地方の人びとの生活と密接に関連する祖型に近い説話も豊富に残る『風土記』の世界を探ってみたい。

二、『風土記』の自然観

『風土記』の多様性

『風土記』の編纂は、天武 - 持統朝の『記』『紀』編纂と時期を同じくし、律令体制の本格化に伴う朝廷の地誌編纂事業と論じられる傾向が強いが、もう少し実態に踏み込んでみたい。朝廷側の理念は新しい全国地誌の把握にあったかもしれないが、それを受けとる国司の側に、その理念が共有されていたようには思えず、そのそれぞれの受け止め方により、各風土記が特色をもっているからである。『続日本紀』〈和銅六(七一三)年五月〉には、次のような勅が収載されている。便宜のため、読み下し文に番号をふる。

畿内七道諸国郡郷名著好字　其郡内所生銀銅彩色草木禽獣魚虫等物具録色目及土地沃塉山川原野名号所由又古老相伝旧聞異事載于史籍言上

〈①畿内七道諸国の郡《こおり》・郷《さと》の名称に好字《こうじ》を著け、②その郡内に生ずる銀・銅・彩色〔染料・絵具〕・草・木・鳥・獣・魚・虫などの物の品目を具《つぶさ》に記録し、及び③土地の肥沃の度合い、④山・川・原・野の名称の由来、⑤古老の伝承する旧聞異事〔古い話や変わった事〕を史籍〔文書〕に記載し、言上《ごんじょう》せよ〉。

これに応えて提出された「解《げ》」（上申書）が「風土記」と呼ばれ、大宝令で定められた国のうちの五つ、常陸《ひたち》国（七二一成立、現・茨城県の大部分と福島県東部）、出雲国（七三三成立、現・島根県）、播磨国（七一五成立、現・兵庫県西南部）、肥前国（七三〇年代成立推定、現・佐賀県・長崎県）、豊後《ぶんご》国（七三〇年年代推定、ほぼ現・大分県）の五篇の『風土記』の写本が遺されている。完本は『出雲国風土記』のみで、あとのものには欠損がある。写本の成立時期もまちまちで、その他、鎌倉末期の『日本書紀』の注釈書、卜部兼方による『釈日本紀』（巻五）に収録された『筑後国風土記』逸文など、長短さまざまな成立時期のはっきりしないものが他の書物に拾われている。なお、戦国時代が終わると一種の地誌ブームとでもいうべき流れがはじまり、各国風土記をまとめた『日本惣国風土記』（春・夏・秋・冬）のシリーズ本や「古風土記」の残欠と触れ込んだ偽書と思しいものも知られている。その機運のなかで書写されたものも多いようだ。

「風土」の「風」は、その土地特有の風《かぜ》に発し、「風土」は、直接には各地の気候と土地の性質を意味した。『万葉集』の大伴家持のうた（巻一七、三九八四）の左注に〈越中の風土、橙橘《とうきつ》のあること稀《まれ》なり〉と用いられている。それが地方の民俗色（ローカル・カラー）に拡大され、中国では「風」だけで民謡を意味するようになっていった。

「風土記」の名称は、中国の六朝時代ころ、辺地に遠征した将軍の報告書ないし見聞録などに用いられたことが知られている〔残存せず〕。したがって、五篇の『風土記』も、なぜ、そのように呼ばれるようになったか、その理由も明確でない。

先の和銅六年の勅の①は、大宝律令（七〇一年）で定められた畿内と七道に敷いた「国・郡・里」の三段階の行政組織を、七一五年の「式」により「国・郡・郷・里」の四段階に編制換えするのに先立ち、「郡・郷」に新たな名前をつけよ、というお触れである。七一五年の「式」では、従来の「里」（五〇戸からなる。成年男子三〜四人から兵士を一人出す単位が一戸）を「郷」とし、その下を二ないし三の里に分ける措置がとられた。徴税や労役を徴発する単位を小さくし、効果を上げようとしたものだろう（七四〇年に里は廃止）。

ヤマト王権は、各地に勢力を張っていた豪族を国造に任命する関係を結ぶことにより、いわば地方分権の上に立つ統一王権を築いていった。皇統などが管理する直属の「県」も置いている。だが、大化の改新以降、天皇の代理人たる国司を派遣し、国造を郡司に格下げしていった。これは軍の組織化や兵器の管理体制とかかわり、白村江の戦に敗れたのちの、国防国家体制づくりと連動していたと想われる。七一五年の「式」は、それに次ぐ措置で、中央集権体制の強化といってよい。なお、東国・坂東と陸奥・出羽は、七道の外で、蝦夷の首長を服属させてゆく過程にあった。三八年戦争と呼ばれる叛乱が起こるまでには、まだ少し間がある。

和銅六年の勅の②では産物の書き上げ、③では土地の肥え具合の調査を命じている。これが租税に直接関係する。ところが、この①②③の履行は五篇の『風土記』でまちまちであり、共通しているのは、④地名由来譚と、⑤「故老相伝」の収集だけである。*

* 『隋書』〔経籍志〕に記載のある『諸郡物産土俗記』一五一巻などが参考にされたといわれるが、これは実に大がかりな図表つきのものである。朝廷の史官が見ていた可能性は否定できないが、『日本国見在書目録』に記載はない。勅の内容はかなり曖昧なもので、それほど大規模な調査を意図しているようには思えない。調査を実施する国司の側が、本格的な地誌にふれていたとは到底思えない。天武に「律令国家」体制を整える意図はあったにせよ、『日本書紀』の記載が略式の紀伝体であることを含め、それが実施さ

れた形態を大仰にとらえるべきではないだろう。なお、七三八年には諸国の国郡図を調進させ、さらに、七九六年にはより詳細なものに改訂するよう、詔が出ている。これらと「風土記」との関係も未詳。

①②を積極的に行っているのは、最も体裁の整った『出雲国風土記』のみである。出雲の国造、出雲臣広島と秋鹿郡の人、神宅臣金太理《みやけのおみかなたり》が編纂にあたったことが巻首に記されている。そのこと自体が異例だが、国司の委嘱によるとされる。* 出雲の国造は東部の郡司も兼ねていた。地名の改変をよく記し、郷や山などの位置を示す里程も詳しく、中国の図経類に似て、とくに本草関係に詳しく、『山海経』から名称を借りていること、また中国大陸伝来の新しい医薬・本草知識の受容が指摘されている。▼22 記載した各郡司の名が記してあるが、漢籍にそれなりに馴染んだ人びとの手が入っていよう。和銅六年の勅から二五年かかっている（それ以前に提出したものがあるなら、解の巻首に記すはず）。

＊『続日本紀』〔元明天皇和銅元（七〇八）〕年条に、忌部宿禰子首が新たに出雲国守に任ぜられたと記されている。『出雲国造神賀詞』は、七一三年から八三三年まで朝廷で奏上されている。他には、紀伊国造（日前神社）、筑前国宗形（宗像神社）の世襲制が特例として八〇〇年頃まで存続した。

③の土地の肥え具合を忠実に記載しているのは、『播磨国風土記』だけである。しかも、勅に明記されていない九段階に分けて記載している。この記載は播磨国における国司の各郡の掌握力が強かったことを示している。当時の国司・巨勢朝臣邑治《こせのあそんおおじ》は七〇一年に遣唐大佑として唐にわたり、七年間滞在して帰国し、七〇七年に播磨守に就任。すでに中国で九段階評価が行われていたのだろう。* 和銅六年の勅から二年で完成しているのは、渡来系の識字層も多い地域であり、書きあげの収拾もスムーズに進んだと想われるが、各種の調査がすでに行われていたのではないか。和銅の勅の影に巨勢朝臣邑治の献策を想ってもよいかもしれない。

＊中国では『史記』〔夏本紀〕に、国全体がよく治まっていることを述べたのち、〈みな三壌にのっとり賦をなす〉（咸則三壌成賦）とある。「三壌」は上中下の土地の肥え具合をいい、夏の首都からの距離により、

粟、米、衣服を納めるとする。これが租税の始まりの記述とされる。『尚書』〈夏書・禹貢篇〉にも同様のことが記されている。国の全体を、九山、九川と並べて九州と呼ぶ。九重《ここのえ》の九で、九つに分割しているわけではない。日本の九州も、九州にあった王権が全土の意味で、そう呼んだ名残にちがいない。

なお、『播磨国風土記』が行政区名に「国・郡・里」が用いられているのは当然としても、地割の単位に「甸《デン》」が用いられている。「畝《ホ》」（日本では「せ」）とともに、古くからの中国の面積の呼称で、国内標準を用いていない。大宝令（七〇二年）、和銅の制（七一三年）ともに、面積の単位は「町—段—歩」（和銅の制で、一歩は方六尺とされた。三六〇歩で一段、一〇段で一町）。

国造が編んだ『出雲国風土記』を除き、『常陸国風土記』、『肥前国風土記』、『豊後国風土記』が土地の肥沃度の記載を避けているのは、国司が記事の収拾を郡司らに任せたり（産物の記載がたまにあることや漢文の乱れ具合から推測される）、都から遠隔地ゆえ、租税関係を軽く見たりと、任務内容の受け止めが弱かったためではなかろうか。

『播磨国風土記』のもうひとつの特徴は、オオクニヌシや渡来系のアメノヒボコの土地争いの伝承など多彩な小部族の伝承があふれていることだ。記載の漢文は、訓述を含む和臭の強いものだが、全体は安定しており、ほぼ統一した編集が行われていると見られる。

『出雲国風土記』『播磨国風土記』を除けば、国司級の人びとの地誌についての共通理解は、中国で最初の地誌というべき、『尚書』〈夏書・禹貢篇〉ないし、それを祖型とした『漢書』〈地理志〉程度のものと想った方がよいだろう。[23] 『漢書』〈地理志〉には「倭」への言及もある。*

*ヤマト王権は、中国にいう稗《はい》官、民間の稗史を集める役人をかなり早い時期から置いていたにちがいなく、『日本書紀』〈景行天皇二五年〉に武内宿禰《たけうちのすくね》を北陸及び東方諸国に遣わし、地形及び百姓の消息を視察させた、〈応神天皇九年〉にも武内宿禰に筑紫の百姓の監察に行かせた、とある。武内宿禰は伝説上の忠臣。なお、〈履中四年八月〉に、諸国に〈国史〉を置き、報告書を出させたとあるが、神話的記事が続いてい

る時期で、国司に先立ち、「国史」を置くことはありえないだろう。誤記に類しよう。

また、王権の文書係に渡来系の人びとを用いることは早くから行われていたろうが、「史」の姓は、欽明天皇一四（五五三）年に王辰爾《おうしんに》が「船史」を授けられたのが最初で、専門部門の書記官の任命と見られる。そして、とりわけ大化の改新から白村江の戦の前後に天智が国防体制を固める頃にかけて、各地の隅々まで情勢把握は必至であったはず。国司の派遣には、郡司の動向をはじめ、任地の情勢把握の任務が伴って当然である。国際＝国内的緊張が解けても、国司に仕える史生のあいだに稗史の収拾が存続していたと考えてみてもよい。和銅六年の勅が、その延長で受け止められた可能性を考えたい。

『常陸国風土記』は、地名由来譚と古老の伝承する旧聞異事がほとんどで、のちにふれるが、筑波山を寿ぐ形式の整った漢詩が乗せられ、高橋虫麻呂の筆になると想われる駢儷体の物語部分があるかと思えば、漢文のかなり乱れた断片的記載も多く、不統一が甚だしい。『肥前国風土記』『豊後風土記』ともに、かつての土地柄から「土蜘蛛」の征服、服属に関心を集めており、ともに『日本書紀』を参照していることは、定説であろう。

平安時代に入って、しばらくのち、九二五（延長三）年一二月の太政官符（『類聚符宣抄』収載）は国司に向けて、諸国が保持する『風土記』の提出を求めている。それまでに『風土記』の名称が拡っていたのは確かだが、六六ヵ国のうち、どれほどの数が提出されたかすら定かでない。とりわけ宇多天皇（在位八八七〜八九七）の代に朝廷財政と官庁の再編が史官の通常業務に空白を生み、それとは別に陰陽寮の「暦」の管理が規定どおりに行われなくなるなど、律令文書管理体制に種々の綻びが見えはじめる時期のことである。▼24 国司の仕事も徴税さえしていればよいという状態になりつつあったと推測されている。つまり、その後も「風土記」の類は、朝廷に提出された数も定かでなく、国庁に置かれていたものも、国司が交代するごとに赴任した土地を知るために参照されて、欠損が生じるなど、全体に制作と管理が杜撰だったことは確実である。

邪神のコトムケと土木工事

五篇の『風土記』の神話伝承について、少し立ち入って見てゆきたい。『常陸国風土記』の最初に近い〈白壁郡〉の条で、筑波の古老は次のような話を語っている。神がみの親にあたる祖神尊《ミオヤノカミノミコト》が富士山の神に一夜の宿を頼んだところ、「ちょうど新粟《わせ》の新嘗《にいなめ》のもの忌みなので、今日は許してください」と断られた。祖神尊は怒って、富士山を夏でも生き物の棲まないところにしてしまった。だが、筑波山の神は新嘗にもかかわらず御馳走したので、筑波は人びとが飲食豊かに暮らせるようになったと。

これは自分たちの暮らす土地のめでたさの起源を語る「国誉め」神話の典型である。『万葉集』で山部赤人は富士山は〈神さびて〉（神々《こうごう》しい）（三巻、長歌、三一七）と称えているが、ここで草木の生えない富士山は〈生涯之極《いのちのきわみ》〉と形容されている。食物をもたらしてくれる筑波の方がありがたい、とは実際的だ。そのあと、筑波山の神がうたったというたがのせられている。

愛乎我胤　魏哉神宮　天地鼓齊　日月共同　人民集賀　飲食富豊　代代無絶　日日弥栄　千秋万
歳　遊楽春窮▼25
（愛しきかな　我が胤《みこ》　魏《たか》きかな　神宮《かみみや》　天地の鼓齊《なりわたり》　日月共同《あいともない》　人民《たみびと》集い賀《ことほ》ぎ　飲食豊富に　代代《よよ》絶
ゆることなく　日日弥栄《いよよさか》えむ　千秋万歳　遊楽春を窮めり）

めでたい語句を連ねて整然と四言に整えられ、『詩経』の歌民謡の頌を想わせる。はたして本当に地元でうたわれていた歌謡を筆記したものかどうか、疑わしい。ここに置かれることによって、かろうじて筑波の国誉め歌謡となっている。あるいは国司として派遣されていた藤原宇合《うまかい》（不比等の子。七三二年には西海道節度使として九州に派遣）、ないしは宇合の下僚といわれる高橋虫麻呂の作かと推測されている。『万葉集』に高橋虫麻呂が春、夏、秋、と三度、筑波山に登った長歌と反歌、もう一首、〈為嬥歌会日作歌〉（かがひを為し日に作れる歌）も知られる。〈嬥歌〉は当代の中国語。〈かがひ〉はその和名。歌垣に同じ。

『常陸国風土記』〔香島郡〕の冒頭、「童子女《うない》の松原」の伝承は、それぞれの神に仕える若い男女が、人の噂で互いに惹かれあい、歌垣で出会って、二人だけ抜け出し、恋心を募らせ、一夜を語り明かし、人目を恥じて二本の松になったという伝承を語る。いま、うたは引かないが、おそらくはそれぞれにうたわれたうたを相聞仕立てにし、玉のごとき露、桂月、松風、寝ぐらに帰る鶴や雁、巌の泉、黄葉、蒼波を配して夜の情景を描き、鶏鳴や犬の声で夜明けを示す、漢詩起源の常套化した修辞を用いて書かれている。これは、二本の松を夫婦に見立てる、どこにでもあるような伝承と歌垣の風習とを結びつけてつくられた小さな奇譚と見てよい。歌垣なのになぜ、人目を避けたのか、疑問をもつ向きがあるが、二人とも神に仕える身とされている。その着想のもとを探るなら、遣唐使が運んだといわれる、『遊仙窟』に思いいたるはず。中国には遺らなかった仙境譚だが、詩やその贈答を挟んで展開する。ここに歌物語の発生を解く鍵があろう。『万葉集』の高橋虫麻呂作、「下総国真間の手児奈《てこな》の歌」や「摂津国葦屋の菟原処女《うないおとめ》の歌」などとの類縁性も認められよう。

これら筑波山の神のうたや「童子女の松原」の伝承には、中央官僚層によって掬いとられ、編纂された痕が明確に刻まれている。だが、そうでない素朴な伝承も遺されている。

〔香島郡／那賀郡〕の大櫛岡にまつわる巨人伝説は、巨人が小高い丘に座って手を伸ばし、海岸の蜃（大蛤）を採って食い、それがうず高く積もって大朽《おおくち》丘と呼ばれていた、それがいまの大櫛岡である、という地名由来譚として採録されている。もと海岸線だったところにできた貝塚が、海岸線が後退したことによって内陸に小さな丘になって残ったのだろう。「大朽」は、貝塚が腐った臭気を発していたことに由来する地名として記されているのだろうが、むしろ、あとからの付会ではないか。

湖や窪地を巨人の足跡に見立てる伝説は多く、柳田國男は『ダイダラ坊の足跡』（一九二七）をまとめている。海岸から取り残された内海をそのように見立てることにはじまり、ここも、ここも、と拡がってゆき、巨人が山を積むために掘ったところが湖となって残ったという飛躍も生まれる経緯を想ってみたい。地形についての原始的想像力の原型を想定してみたまでのことで、その過程には、海神の祠が海岸線の後退により、池沼に祀られつづけたようなことを伴っていたと想像することもできる。

〔碓井〕（碓氷も）の古老は次のように語っている。天地のはじめに、まだ草木がことばを話していたころ、天から降りた神の名を普都大神《フツノオオカミ》といい、葦原中ツ国を巡って山河の荒ぶる神どもをコトムケし、武器や宝玉を置いて、白雲に乗って天に帰ってゆかれた、と。コトムケには「和平」「化道」「平討」「征伐」などの漢語があてられる。世界ができたてで騒がしかったのを天の神が静かにさせ、福をもたらしたという話で、天ツ神の降臨が、いわば土俗の原始性を「文に化する」ものとして謳われている。それが自然発生性に信頼をおく詩や歌の理念と根本的に対立する意味をもつことが、ここに露になっている。のちの『古今和歌集』〔仮名序〕には、梁の鍾嶸『詩品』〔序〕を承けて、〈生きとし生けるもの、いづれか歌をよまざりける〉とある（第二章一節98頁参照）。フツノオオカミが物部氏の始祖神とされることも先に述べた（302頁参照）。

だが、神がもたらすのが福とは限らない。なかには迷惑な神もいた。天から薩都《さつと》里の近くに降りた神が、人びとの排泄行為を無礼なふるまいとして病にかからせるなど、ひどく懲らしめるので、朝廷に頼んで祭り、山に鎮《しず》まってもらったという伝説が語られている。単なる疫病神ではない。この礼儀を垂れる神は、一体、何を象徴しているのだろうか。

香〔鹿〕島神社の伝承には、天の神がコトムケした坂の神と沼の神をあわせて祀ってあると説いている。霞ケ浦は内海といってよく、「海人族」の地である。天神が陸地の神を平定し、そして祀って自分たちの地にしたということになろう。
〈行方郡《なめがた》〉には、継体天皇の時代のこととして、箭括氏麻多智《やはずまたち》が郡家の西の谷の葦原に新田を開墾するに際し、妨害する夜刀《やと》神（蛇神）を打殺したり、山へ駆逐したりし、祟りを怖れて、田と山の境に神社を建て、郡司がその祝《ほうり》（神職の一つ）になったという話が載る。邪神のコトムケには、郡司自ら防ぎ止める役割を負わなくてはならなかった。

〈行方郡〉にはまた、天武天皇の御世に、郡の大生《おおわ》の里のタケルベノヲノコロノミコトが野の馬を朝廷に献上した話も残る。東北の広大な牧も説話のなかに登場している。

『常陸国風土記』は、全体にヤマト朝廷との結びつきが強く、最も活躍するのはヤマトタケルで、〈倭武〉と記され、天大神《アメノオオカミ》に舟づくりを命じる話もある。つまり神と同類とされている。そして、景行天皇と倭武の「天皇《すめらみこと》」が、それぞれに井戸を掘ったという話が載る。〈男高の里〉には、常陸国守・当麻大夫のときに池を、また惣領の高向大夫のとき、鴨野の北に「枡《ます》の池」を作った話が並ぶ。天智の代に、藤原内大臣の領民を視察するために派遣された軽直里麻呂《かるのあたひさとまろ》が堤を築いて池を作ったことも載せている。中央政権による地方の「文化」政策は、まず用水の確保からはじまった。

行方郡を建てた壬生連麿《みぶのむらじまろ》が、堤を築く際に夜刀神が妨害したので、民政のための修築であり、王化に従わないのなら、「目に見える動物、魚虫の類は、はばかり恐れることなく殺すべし」と工事の人びとにいおうとしたそのとき、夜刀神は逃げて行ったという。すでに王権の威光は邪神どもにも知れわたっていたわけだ。

兎上命《ウナカミノミコト》という名の天ツ神が、兵をおこして「土蜘蛛」をたくさん殺させ、「福《さち》なるかも」といったという話も載る。邪神のコトムケと軍勢による「土蜘蛛」退治とは同じ位相で語られている。このように『常陸国風土記』では、神話伝承を掬いとることが多様な位相で行われている。ごくごく素朴な伝承から、邪神のコトムケと王化＝文化の伝播、連《むらじ》や郡司による土木工事の記録、中央官僚の漢詩文や伝承を四六文による歌物語に仕立てたものまでが並んでいる。そのなかで、王権が地方に遣わした自然と戦う勇者の姿がヤマトタケルに象徴されていたことが了解されよう。

これと併せ読むなら、『古事記』に書かれた悲劇の英雄像は、一種の史官の作為によって刻み出されていたことがはっきりしよう。自然の猛威との闘い、野性の人びととの戦いに伴う尊い犠牲への挽歌を、小碓命の一身に集めてうたい残しておこうとする意志によるものだったといってよいのではないか。むろん、官僚制を整える天武朝以前のものである。

『肥前国風土記』にも「土蜘蛛」討伐の話が目立つが、なかに「土蜘蛛」の姉妹の提言で、県主《あがたぬし》らが、山の荒ぶる神を祀ると、その神が応えて和《なご》んだという話がある。この県主は、その土地を治めるために朝廷が任命して遣わした者。朝廷の神と服属した先住民の神とをあわせ祀るのは、いわば祖先神同士の縁結びだが、『肥前国風土記』でも『古事記』でも、景行天皇やヤマトタケルは、この役目をはたしていない。同じ王権が民間から掬い取ったものであっても、『記』『紀』と『風土記』とでは、そして『風土記』のあいだにも、あるいはその一話一話のあいだにも、さまざまな亀裂が生じている。

神々の血統を結ぶ

『出雲風土記』の冒頭、八束水臣津野命《ヤツカミズオミツノ》による「国引き」説話は、出雲の中心部から見渡した景観によって、出雲王権の領地の漸次の拡大を神話化したものと見られるが、その引き寄せられた国のひとつに「越」が入っているのは同盟関係を結んでいたことを、「新羅」が入っているのは新羅からの渡来人が出雲王権に帰属したことを示唆していよう。その〔神門郡〕には、イザナミの時、田瀬川〔保知石谷川〕で池を作ろうとし、「古志の国の人がやってきて堤を造った」と、ずいぶん古い話にして載せている。古志は「越」で、新潟あたりとの結びつきが古くからあることを強調していることになろう。越の海岸は、高麗からの使いが着くところでもあった（『紀』〔敏達天皇三年〕条）。

『出雲国風土記』で、スサノオの息子の神がみは出雲を国巡りして歩き、娘の神がみも出雲各地に散在する。子供たちに出雲を分有させるつもりだったのかもしれない。それに対して「天の下造らし大神」、下界をつくった神は、大汝穴持命《オオナモチノ》と呼ばれ、この神はスサノオの娘ふたりのほか多くの女神たちと通婚する。これらは出雲各地を傘下におさめていった部族の祖先神だろう。

『日本書紀』本文は、オオナモチをスサノオの子としている。ふたつの神話を併せると、オオナモチは自分の姉ないし妹と通婚したことになってしまう。ふたりがオオナモチの異母姉妹なら、結婚が許される仲だが、また、なにも神がみが人間の倫理に従わなくともよいのだが。なお、『記』で、スサノオは多くの土地の女神とのあいだに子をもうけるが、スサノオの第六代目の孫をオオナモチとしている。

大国主《オオクニヌシ》はもちろん、アメワカヒコの説話も出雲神話が出どころらしい。アマテラスがタカミムスヒと語らい、天菩比神《アメノホノヒ》を葦原中ツ国に派遣したが、役目を果たさなかったので、次いで天若日子《アメワカトコ》（天稚彦）を派遣した。だがアメワカヒコも天探女《アメノサグメ》と懇ろになり、八年の間復命しなかった。思金神《オモイカネ》は鳴女《なきめ》という雉を遣わし、様子を探る。アメノサグメがその雉の様子が怪しいと睨んで告げ、アメワカヒコがその雉を射抜いた矢が高天原まで飛んでゆく。タカミムスヒが投げ返した矢（還《かえ》し矢）で、アメワカヒコは死んでしまうという話である。

オモイカネは、アマテラスが巌戸に隠れた際にも、外に出すための知恵を授けた神だが、『紀』『記』神話に鳥獣が精霊のように書かれることはままあっても、天ツ神の遣いとして登場することは、まずない。ここでは寓話的な語り口が工夫され、「還し矢恐るべし」というコトワザの起源譚に仕立てている。

『摂津国風土記』逸文〈高津〉では、アメノサグメはアメワカヒコとともに天磐舟《あめのいわふね》に乗って天から高津に降りたことにしている。この神話は『日本書紀』〈神武天皇〉条では、ニニギに先立ち、ニギハヤヒ（饒速日命）が大空を乗って歩いていたという磐舟《いわふね》に付会している。大阪府交野《かたの》市にある磐舟神社は、物部氏傍系の肩野物部氏の氏神とされる。

また『古事記』では、アメワカヒコの遺骸は父親の神が出雲で葬儀をあげたことにしているが、『日本書紀』では、天の神が高天原に喪屋《もや》をつくり、喪に訪れたアメワカと親しかった神がアメワカヒコにそっくりなので、親兄弟妻子が取り縋る。すると、その神は「死んだ人にそっくり」と言われたことに憤慨して、喪屋を壊してしまう。それが下界に落ちて美濃の山になったとし、「死んだ人にそっくり」というと嫌われる風習のはじまりとする。そのあと、フツノカミとタケミカズチが出雲に降りるという運びになる。

中国の帝紀は、皇帝の一族の振舞いを批判しても治世上の教訓という範囲にとどめる。だが、『古事記』『日本書紀』の神話部分は、王権神話という性格から、神の名前に氏族の祖先神であることを示すことが多いだけでなく、地名由来譚や世俗的な寓話に近寄ることも見られる。官人層が自らの出身地の民間の説話の語り口を歓んだ名残だろうか。

それはともかく、この『紀』の逸話を承けてのことだろうか、『出雲国造神賀詞』には、アメワカヒコの魂は、遺体を安置しておく喪屋《もや》も壊され、葬儀が執《と》り行われなかったため、天と地のあいだを往復しつづけていると語る。これも民間伝承の匂いが強い。折口信夫は釈迢空名で書いた小説『死者の書』（一九三九。刊本一九四三）のなかで、アメワカヒコの神が若い娘の閨を伺うことをモチーフの一つにしているが、実際、そのような言い伝えがあってもおかしくない。

先のアメワカヒコの葬儀では、『記』『紀』ともに、伝承によって鳥の種類がまちまちだが、多くの種類の鳥がその世話をすることにしている。雉のナキメを神の使いにしたことから呼び出されたものだろう。鳥が神の使いという伝承が拡がっていたと見てよいが、『古事記』の神武東征神話で、一行を大和に導くヤタノカラスを除いて、あまり大きな役割を果たすことはない。『日本書紀』では金のトビが神武軍を助けたとされる。太陽のなかに三本脚のカラスがいる神話は中国が起源で、源順編《したごう》『和名類聚抄』（平安中期）がふれている。が、いずれにしても、擬人化されて活躍するようなことはない。

見てきたように、『記』『紀』神話でも『風土記』でも、自然の精霊は邪神として登場し、退治されることが多い。ギリシャ神話のスピリッツ（精霊）、ニンフやエコーは、人に悪戯をして困らせたりするが、退治されるわけではない。日本神話に、軽い悪戯をするスピリッツは、まず登場しない。唯一の例外として、大和の神とされるヒトコトヌシがあげられる。

『日本書紀』〔雄略天皇四年〕に、雄略が葛城山へ鹿狩りをしに行ったとき、天皇一行と全く同じ恰好の一行が向かいの尾根を歩いているのを見かけ、天皇が名を問うと「吾は悪事も一言、善事も一言、言い離つ神。葛城の一言主の大神なり」と答え、天皇とともに狩りを楽しんだとある。蜃気楼のような幻覚に誘ったわけで、その名前からして言葉の呪法にまつわる神である。木魂の神格化だろう。『古事記』では、ヒトコトヌシは「一言で善悪を言い分ける」神と自称し、雄略が弓や矢、官吏たちの衣服を脱がせ、ヒトコトヌシに差し上げると、それらを受け取り、天皇の一行を見送ったとある。雄略は地祇として尊重したわけだ。ところが、『続日本紀』〔巻二五〕では、大和の葛城山の東の麓に祀られている高鴨神とヒトコトヌシが同一視され、高鴨神が天皇と獲物を争ったため、天皇の怒りに触れて土佐国に流されたとする。これは明らかに、地祇の追放である。*

＊高鴨神社は葛城山の東麓にあり、雷神信仰をもとにした賀茂神社の総本社となっている。奈良時代から朝廷に大切にされており、京都の祭神として上賀茂、下鴨の二つの神社がよく知られる。ただし、下鴨社には、高鴨神社とは別系氏族との伝えがある。▼26

なお、大和の葛城山は、大阪平野と奈良盆地を隔て、和歌山県にも伸びる丘陵状の山地の主峰で、今日、金剛山と呼ばれているが、これは仏寺の転法輪《てんぽうりん》寺があることによる呼び名とされ、転法輪寺の名は、山頂の葛木神社とともに貝原益軒『南遊紀行』にも出てくる。朝廷では、この南北に延びるなだらかな山地が長く高天原と信じられていたといわれる。そう見なされて不思議はない。

大和の葛城山は、修験道の開祖役とされる役小角《えんのおづの》（役行者）が修行した山としても知られる。『日本霊異記』（八二二）〔上巻二八　孔雀王の呪法を修持し、不思議な威力を得て現に仙人となりて天に飛ぶ縁〕では、役行者はインドの密教の呪法を身につけたことになっており、ヒトコトヌシは、その呪法に縛られ、使役される。ヒトコトヌシは朝廷に訴え、役行者が伊豆国に流される結末で終わる。*

＊ヒトコトヌシを祀る神社は全国に散在するが、大和葛城山の山頂は、奈良県側にある葛木神社の神域になっており、その山麓の奈良県御所市にある葛木坐一言主神社が全国の一言主神社の総本社となっている。

ただし、『続日本紀』〔巻第一　文武天皇三（六九九）年五月〕には、役行者を鬼神を使役する呪法を使うと讒言《ざんげん》するものがあり、伊豆島に遠島にしたという記載がある。『続日本紀』のこの頃の記述には、官許を受けない私度僧が「四民」を惑わすという記載が多く見える。そして『日本霊異記』は、長く私度僧だった景戒が薬師寺の官僧になってからまとめた仏教説話集で、かなり複雑な事情が絡んでいるように想われる。このように『風土記』の伝承と神社の社伝と関連づけて神がみの血統を見てゆくと、実に複雑に絡み合っており、このヒトコトヌシにまつわる伝承などでも、『記』『紀』ともに神がみの血統を一筋にまとめようとしていることが明確になろう。

『播磨国風土記』で、天日槍矛《アメノヒボコ》命と「国占め」を争う葦原志挙乎《アシハラノシコヲ》命は、『古事記』では、大国主命、八千矛《ヤチホコ》神、宇都志国玉《ウツシクニタマ》神の異名とされ、オオクニヌシの幼名がオオナモチ（大己貴）とされる。『日本書紀』の〔一書〕では、オオクニヌシに加えて、大国魂《オオタマクニ》神、大物主《オオモノヌシ》神、事代主《コトシロヌシ》神もオオナモチの異名とされる。つまりは、あちこちに伝えられていた神の名をひとつに括っているのだ。そして『古事記』〔中巻〕の大和の三輪《みわ》のオオモノヌシが美女、セヤダタラヒメに思いをかけ、その用便中に丹塗り矢と化してホトを突き、生まれたのが神武天皇の皇后、イスキノヨリヒメとする。日本の処女懐胎神話のようにいわれるが、原型は陽の光に感応して女性が身ごもる話で、世界各地に見られ、高句麗の始祖神の誕生譚も、その一つである。太陽を男神とするもので、アマテラスという女神を祖先神とする天孫系神話にはそぐわない。『釈日本紀』が引く『山城国風土記』逸文には、賀茂神社の始祖神、カモタケツノミノミコトが天から九州の日向に降り、神武天皇の先立ちをして、大和の葛城山に来たとしているが、その娘、タマヨリヒメが丹塗り矢で懐妊する。その正体は、ホノイカツチノカミ（火雷神）、すなわち稲妻としている。

『播磨国風土記』〔少宅《みやけ》の里〕の伝説では、やはり太陽神を想わせるアメノヒボコ（天日槍）は韓国《カラクニ》より渡った神とされ、この神は、アシハラシコオや伊和大神《イワノオオカミ》と土地を争った伝説をあちこちに残している。『古事記』では、アメノヒボコは新羅の王子とする。『日本書紀』〔垂仁天皇二年〕の〔一書〕では、かつて播磨国でアメノヒボコが新羅の主《ぬし》の子と名のり、天皇に貢物をさしだしたとある。淡路島、近江、若狭、但馬に移り住み、いまも末裔や従者の子孫が残るという。ちなみに『日本書紀』には、スサノオが産んだ神として天穂日命《アメノホヒノミコト》という名が見える。アメノヒボコとスサノオは、もとは同じ神だったのか、あるいは伝承されるうちに同じ神と見なされたのかもしれない。神がみの血統はなかなか国際的で、また複雑だ。要するにヤマト王権は、渡来系の神がみを王権の神がみの血統に加え、神話のなかで祀っていることがわかる。

これはヤマト王権に帰属した氏族をいわば親族として扱う態度で、平安初期に編まれた『新撰姓氏録』の三大分類のうちの「神別」に、ニニギの天孫降臨より以前に高天原から降りた神を「地祇」、ニニギより三代のあいだに分かれた子孫を「天孫」とし、出雲氏などを入れているのと同じ発想である。つまりは渡来系の氏族が持ち来った神話伝承を組み込み、神がみの縁を結んでいることが日本神話の多彩さと複雑さの大きな理由であろう。そこには、自然に潜む邪神退治や王権にまつろわぬ「土蜘蛛」退治の話もちりばめられていた。またオオクニヌシは国譲りしたのち、冥界に去らなければならなかったし、『続日本紀』では、ヒトコトヌシが大和から遠ざけられていた。神がみと縁を結んだり、追放したりしているわけだが、氏族の王権への服属関係と対応しているのだろう。

最後に神話の外に出て、『釈日本紀』〈巻一三〉に採録されている『筑後国風土記』逸文の「筑紫君磐井の墓」の記述についてふれておきたい。福岡県八女市にある前方後円墳、岩戸山古墳とその周辺から実物大の人や馬、鶏や器物の石像が出ているが、逸文はその位置や広さ、〈石人・石盾各六十枚〉などと数えて記し、「衙《が》頭《とう》」（官衙の中心部）を象った「別区」に置かれた石像の配列から、四頭の猪（豚）の盗人の裁判の様子を示すものと記している。文飾のない素朴な文体で、土木技術について一応の知識をもつ官人層による実際の観察記録である。他の「風土記」類の記載とは著しく体裁が異なる。▼27*

*そのあとに、古老の伝として以下の意味のことが書かれている。〈雄大迹天皇之世〉に、筑紫君磐井は豪強暴虐、皇風になびかず、生前から墓を用意していた。俄かに官軍が動き、襲わんとする間、勝てないと知り、独り豊前国上膳縣に逃げて、姿をくらました。取り逃がした兵士が怒って石人の手を切り、石馬の首を落とした。それゆえ、この地方に廃失者が多いと語ったとある。〈雄大迹天皇〉は、『日本書紀』では、継体天皇を「男大迹王《おおどのおおきみ》」と記しており、宛てる漢字が正確でなかったにすぎない。古老からの聞き書き部分はかなり粉飾があるようにもとれるが、『紀』〈継体天皇二一（五二七）年〉条にいう磐井の乱のときの風聞を想い返したものと推測しておく。『紀』が、翌年、大将軍物部大連麁鹿《あらか》火《ひ》が磐井と交戦して撃ったと記しているのとは齟齬がある。北九州一帯に大きな勢力を張っていた磐井が、六世紀前期に官軍に撃たれたことはまちがいないだろう。だが、『紀』が近江の豪族、近江毛野が新羅に奪われた南加羅などの奪回のため、大軍を率いて任那に渡ろうとしたが、磐井が新羅と謀って叛乱を起こし、渡航を阻止したという記事の内容には今日、かなりの疑いがかけられている。ここでは忖度しないが。

王権の土木工事

『出雲国風土記』の巻頭には、勇壮な国引き神話が語られていた。「国作り」の物語は、いわば部族の「国立て」に伴うものであり、たしかに石母田正のいうように〈日本人の自然にたいする観念の歴史のなかでも、特殊な一時期であった〉。各地の古墳の構造の変遷を辿り、地方豪族の勢力交代やヤマト王権とのかかわりが探られてきた。筑後国の磐井の墓は、地方豪族たちが巨大な墓を造ることを権力の証としていたことを如実に語っている。それら自然の風景の大掛かりな改作が、そのまま権力の証であった。

そして、『常陸国風土記』には、景行天皇、ヤマトタケルの井戸掘や郡司たちによる地堤の築工などが「王化」と同義で語られていた。『日本書紀』の神話にもヤマト王権による土木工事の記事が見られる。隋、唐の王権が巨大な運河を以て水運の利便性を高め、もって全国統一王権の威力を知らしめたほどのものではないが。

『日本書紀』〈仁徳天皇一一年夏四月〉に、淀川が逆流して氾濫になるのを防ぐため、枚方《ひらかた》付近の茨田堤《まむだのつつみ》修築にかかったが、工事が難行し、神のお告げで武蔵の人をふたり河伯〈河の神〉に捧げようとしたこと、一人は沈み、一人は才知によって助かり、工事が完成したという話が伝えられている。この工事自体は実際になされたと判断されている。

その後も〈景行天皇　五七年秋九月〉にも池堤をつくり、〈履中天皇二年十一月〉には磐余池をつくり、とある。ただし、それ以前、〈景行天皇四年春二月〉の池づくりは子供と遊ぶためのもの、また〈仲哀天皇元年春正月〉には白鳥をとらえ、飼うため、〈履中天皇三年冬十一月〉の磐余市磯《いわれのいちし》池も遊楽用である。

農業を離れてみれば、神話のなかで語られる手芸は女性の機織りが目立つが、ほとんどが祭祀用と見られる。『紀』『記』ともに、イザナミやアマテラスをはじめとして、女神や女人が自ら、また男神や男人を助けて大活躍する。『紀』の天鈿女命《アメノウズメ》は、芸能の神とされるが、平安初期に斎部広成が忌部方の古資料をまとめた『古語拾遺』は、その祭祀の様子を詳しく書き、〈強悍猛固《ツヨクタケシ》〉と形容されている。当代に強女をいった〈於須志《オズシ》〉と付会しただけかもしれないが、『紀』『記』ともに天岩屋戸の前で神懸かりして、逆さに伏せた二つの桶を、腰を屈めて鳴り響かせる仕草は相撲の四股を想わせる。ともあれ、女性のもつ特別な力が尊重されていたことを示す記述は枚挙に暇がない。

六〇七年ころ、新羅討伐ののち、聖徳太子が冠位十二階、憲法十七条の憲法を定めたのち、〔推古天皇十五年冬〕には、ヤマトに高市池・藤原池・肩岡池・菅原池、四つの池、山城国には用水を通し、河内国に二つの池をつくり国ごとに屯倉《みくら》を置いている。ほとんどは農業用の灌水池であり、また河川の堤防工事で、天皇は事績を遺すことにも懸命であった。

王権の工事は、大化の改新後、目的を軍事用に転じて続いてゆく。六六一年に斎明天皇が崩御したが、中大兄皇子は、皇位につかずに政務を執り、六六三年、白村江戦に敗北ののち、六六四年には、対馬島・壱岐島・筑紫国などに防人と烽《とぶひ》（狼煙台）を配備、また筑紫国の博多湾からの敵の侵入を防ぐ大堤（水城）が築かれた。翌年、長門国、筑紫国にも築かれる。国防体制の整備は、国内体制の再編とも連動していたことは先に述べた。

ただし、その間、孝徳天皇が崩御して、斉明天皇が重祚《ちょうそ》して皇位についた六五五年、天皇が飛鳥岡本に宮を造り、多武峰《とうのみね》の頂に垣をつくり、また道観を建て、さらに水路を掘らせ、石垣を築くなど、造営工事を重ねて人夫の徴発が大量に及んだ。人びとは、これを「狂心渠《たがこころのみぞ》」と呼んで誹ったと『日本書紀』は記し、有間皇子の造反や百済の滅亡につながってゆくように筆を運んでいる。

中大兄皇子は六六七年四月に、近江大津宮（現在・大津市）へ遷都し、ここでようやく天皇に即位する。それほど大規模なものではないが（南北七〇〇M、東西四〇〇M程度）、その間、都の造営工事を急いでいた。なお、この年、大和国・讃岐国・対馬国にも城を築いている（壬申の乱で、勝利した大海人は即位して飛鳥浄御原宮を造営。大津宮は僅か五年で廃都になった）。

そののち、持統天皇による藤原京の建設の様子は、新都建設を寿ぐ「藤原宮の役民《えのたみ》の作る歌」（『万葉集』巻一、五〇）に垣間見える。〈役民〉は労役による租税の徴収をいうが、これは使役する役人が作ったうたである。後に枕詞の類を外して大意を付す。

やすみしし　我が大君　高照らす　日の皇子　あらたへの　藤原が上に　食《を》す国を見《め》したまはむと　御殿は　高知らさむと　神ながら　思ほすなへに　天地も　寄りてあれこそ　石走《いは》る　近江の国の　衣手の　田上山の　真木さく　檜のつまでをもののふの　八十宇治川に　玉藻なす　浮かべ流せれ　そを取ると　騒く御民《みたみ》も　家忘れ　身もたな知らず　鴨じもの　水に浮き居て　我が造る　日の御門に　知らぬ国寄し　巨勢道《こせぢ》より　我が国は　常世にならむ　図負《あや》へる　奇しき亀も　新た代と　泉の川に　持ち越せる　真木のつまでを　百足《もも》らず　筏に作り　上《のぼ》すらむ　いそはく見れば　神ながらにあらし

（我が大君　日の皇子が　藤原の地で　支配なさるこの国を　ご覧になろうと　宮を高くお造りになろうと　神さながらに　お思いになったそのとき　天地も　従っているからこそ　近江国の　田上山の檜丸太を　宇治川に　美しい藻のように　浮かべて流しているのだ　それを取ろうと　忙しく立ち働くお役の民人も　家のことも忘れ　自分の事など顧みず　まるで鴨のように　水に浮かんでいて　我々のつくる　朝廷に　異国も寄りくるという名の巨勢道から　わが国が　常世になるという　めでたい模様を背に負うた　霊妙な亀も　新時代を　祝福して　泉川に　運びこんだ　檜丸太を　筏に組んで　川を遡らせているのであろう　人々が精を出して働いているのを見ると　神さながらの大君の御意のままであることよ）

ここには〈天地も寄りなす〉ほどの天皇の神威が登場している。天神地祇をも従わせる神威を帯びた王権など、古今東西これよりほか見たことがない。うたのあとに左注して、持統天皇が六九三（持統七）年秋、藤原の宮地と翌年正月に藤原宮に行幸、その冬、遷都したことが記してある。一代限りでない日本で最初の国家の首都として天武が計画し、持統が完成した藤原京は、今日、平城京、平安京を凌ぐ広さだったことが判明している。その遺跡の発掘では運河跡も出ている。このうたは運河から運びあげるため、筏に組んだ檜丸太をほどく作業に懸命な人びとを見降ろす位置から詠まれていることがわかる。

田上山《たなかみやま》（現・大津市南部）は、ヒノキの良材で知られ、伐採し、筏に組んで宇治川、巨椋池へ流し、木津川を人力や牛馬を使って登らせ、佐保川、飛鳥川から運河で、建設地へ引き入れた。田上山のヒノキは、そののちも、平城京建設、東大寺など寺社の建立に切り出され、鎌倉の大仏建立にも用いられたという。江戸時代には、すっかりはげ山になった姿が知られていた。緑化も続けられたが、今日でも植生は七〇％程度までしか回復していないという。▼28

のちに長岡京、平安京の遷都にあたっては、丹波地方の木材が切り出され、保津川を筏で流した。そののち、戦国時代の築城や城下町づくりには、保津川から桂川、淀川へと筏で流した。少し急ぎ過ぎたが、日本列島における国土改作を概観するなら、地方豪族の開墾や灌漑用水路づくり、また巨大な古墳の建設が初発期にあたり、天智朝にはじまる中央集権制への本格的な移行期には、近畿地方を中心に河川の堤防や溜池づくりが行われ、また各国に国司を派遣し、国衙を中心に都市づくりがはじまり、そして首都の建設が平安遷都まで進行した。これが列島改造の第一期にあたる。そして、中世には各地に権力が跋扈し、土木工事や新田開発が全国で活発化する。これを第二期と見れば、徳川家康による全国整備が第三期の開始にあたるだろう。

三、『万葉集』の自然観

歌謡を掬う

『万葉集』には、序文（上表文）はなく、何のために、いつ、つくられたのか、編集の過程についても、はっきりしたことがわからない。が、全二〇巻におさめられた四五〇〇首余の和歌のうち、古いものは天武―持統朝に集められ、持統天皇や柿本人麿がかかわり、巻一、二の二巻本のおおもとが編まれたとする見解が有力である。次いで一五巻あたりでまとまり、七八三年ころに大伴家持が巻二〇までを補ったと考えられている。だが、どこかの時点で、記された歌群が切り張りされ、並べ変えられた跡もあり、たいへん込みいっている。作者がはっきり記されている場合でも、仮託されているものも多く、実際の作者が記したとおりに伝えられているとは限らない。

『万葉集』は民間の歌謡を掬いとり、また宮廷詩人の詩を集めた『詩経』を模範として編まれたという認識は連綿として続いてきた。『詩経』〈大序〉を踏まえて、その〈序〉を書いた『古今和歌集』の編者たち、『千載和歌集』を編んだ藤原俊成、平安末期（一一八〇年前後）に当時の今様を編んだ後白河法皇、中世に小唄集を編んだ『閑吟集』の編者にも、江戸時代に俗謡集『山家鳥虫歌』（一七七一、のち柳亭種彦編『諸国盆踊唱歌』一八二五）が後水尾院の命によって編まれたとされているのも、その考えが一貫して流れていたと考えてよい。明治中期に「日本文学史」の嚆矢となった三上参次・高津鍬三郎合著の『日本文学史　上』（金港堂、一八九〇）も、ためらうことなく、〈万葉集は、実に我国の詩経なり〉と断定している。▼29

中国語でいう「歌」は、ひろく民間で、声を出してうたい、踊りをともなう歌謡を含意している。『詩経』〈大序〉にいう〈永く歌いて足らずば、知らずに手が舞い、足が踏むなり〉は「踏歌」を念頭においている。男女が手をつなぎ、列をなして移動しながら、足で大地を踏みならし、リズムをとって、うたう。絵画にもかなり描かれている。調子を整えるために、ことばを繰り返したり、同じ音のことばをそろえたりする。

古代中国では踏歌を宮廷へ招き入れる行事を恒例にしたが、風紀粛清の声がかかると、踏歌を禁止するお触れが出ている。日本では、天平期に踏歌が宮廷行事として行われた記録があり、平安前期に正式に取り入れられたとされる。『源氏物語』に何回か出てくるので、宮廷行事と思っている人もいるようだが、日本でも野で行われていたと考えてよいのではないか。「歌垣」も根は同じだと思う。『詩経』の詩は、各地の民謡を集めた「風《ふう》」、貴族や朝廷の公事・宴席などで奏した音楽の歌詞「雅《が》」、朝廷の祭祀に用いる廟歌の歌詞「頌《しょう》」の三つに分類される。雅・頌は宮廷詩人の作といわれるが、民間歌謡の性格を強く残しているものが多い。「風」にも、男女のあいだの「相聞」がある。朱熹『集伝』が『詩経』には淫奔者の詩が混じっているとしたのは、それゆえである。『論語』〈為政〉にいう〈詩三百、一言を以もってこれを蔽えば、曰く、思い邪《よこしま》無し〉（詩三百。一言以蔽之。曰思無邪）を、朱熹は「邪な思いがあってはならない」と解釈した。だが、日本では伊藤仁斎が『童子問』で「思い邪無し」こそ、孔子の精神と論じて以来、その解釈が定着した。▼30

古代歌謡の場合、一般に、集団の共同意識の産物である。表現主体は分立していない。『万葉集』巻二「相聞」に次の歌がある。

たまくしげ　みむろのやまの　さなかづら　さねずばつひに　ありかつましじ
玉匣　将見円山乃　狭名葛　佐不寝者遂迩　有勝麻之自　〈歌番号九四〉

〈玉匣〉（玉櫛笥）は、櫛など入れる箱のことで、その箱を開いて〈将見〉（見む、見よう）にシャレのようにかかって、〈みむろの山〉（ある本に「玉匣　三《み》室戸《むろと》山乃」とある、と左注がある）へつづき、その山に生えている蔓草、サナカヅラとサネル（「さ」は美称の接頭語）を懸けて、「お前と共寝しなくては、とうてい有りつづけるのがむつかしい」、つまり「生きていけない」という求愛の文句を呼びだしている。サナカヅラはサネカヅラともいい、蔓が分かれた先でまた出会うところから、「後に逢う」の枕詞、「さ寝る」と縁語になり、性愛が強く匂う。うたいおわって、輪になって座った一同が手を打って笑いころげる、そんな場面を想わせる。

『詩経』の詩は、先の「風」「雅」「頌」の分類に加え、修辞（レトリック）により、出来事や心情を率直に陳述する「賦」、うたう対象と類似のものを取りあげ、たとえる「比」、自然の景物などをうたって恋愛や風刺を引き出して面白がる「興」の三種に分けられる（詩の六体）。この「玉匣」のうたは、「興」にあたる。繰り返しうたい、その都度、集団が興にのる。そこに個人の意識はなくてよい。

表記を見てみよう。ヤマト言葉の意味に漢字を当てる「訓述」としては「玉匣」「葛」の二語。「将見円山」については、「三室戸」では、見るに懸かることが明確にならないので、「将《まさ》に見むとす」と用字を採用したことがわかる。「円」は判然としないが、「まろい」など「ろ」を引き出す工夫か。「乃」は漢文の助辞。「不寝者」も漢文の用字法を借りている。「者」は「〜ことは」の意味で、ここでは仮定条件を表す用法。ヤマト言葉「つひに」は漢文表現「遂尓」が用いられ、「不堪有」は、別のうたでは「有不得勝」を「ありかつましじ」と読んでいる。「狭」「佐」は美称の接頭辞。サナカヅラの「名」が万葉仮名。この歌垣からとってきたような露骨で野趣に富んだ歌の用字に漢文的表現が満ちていて、しかも、かなり技巧的に用いられている。漢詩に通じた人が表記にも気を配ったにちがいない。

そして作者を貴人に仮託している。内大臣藤原卿（藤原鎌足）が鏡王女（舒明天皇の皇女か）に求愛したとき、たがいに交わした歌（相聞歌）のひとつとして載せてある。うたからうたが読まれた場面をつくっている。これが『万葉集』が歌謡を収載するときの特徴の一つで、『常陸国風土記』の「童女の松原」で、別々のうたを相聞仕立てにして奇譚に仕立てているのと同じである。あるいは、『古事記』『日本書紀』が歌謡をスサノオやヤマトタケルのうたにして載せるのと同じ手法である。

歌謡における個の分立

中国古代の記録には、いわば踏歌を個人でうたう場面もある。たとえば宮廷の女性が貴族の男性をほめたたえて誘う。そのときには、踏歌の歌詞を即興で替えてうたっている。その場合は踊っているわけでなく、楽器を奏でている。こうして新しい歌詞ができたり、個人の名前のついた詩がつくられたりするようになっていったのだろう。

詠み人知らずの歌謡も、詠み手が、いわば物語の登場人物に仮託されることによって分立してくることが多い。先の「有不得勝」を「ありかつましじ」と読んでいるうたとは、『万葉集』〔巻四〕に収載された、次の磐之姫《いわのひめ》のうたである。『古事記』に、仁徳天皇の皇后で、仁徳への思いの深さが、また、嫉妬深いことも語られている。

一日《ひとひ》こそ人も待ちよき長き日を　かくのみ待たば有りかつましじ〔四八四〕

一日であればこそ、人を長く待つのもよいでしょうが、こんなにも待たされると、とても生きてはいられませんと訴えている。別の女のもと通って帰ってこない仁徳に訴えている場面が想定されている。『万葉集』〔巻二〕から、磐之姫のうたを二首あげる。

ありつつも君をば待たむ打ち靡く　わが黒髪に霜の置くまでに〔八七〕
居明かして君をば待たむぬばたまの　わが黒髪に霜はふるとも〔八九〕

前のうたは、男を思う深さを示そうとして、白髪になってでも待ちつづけるという度を越えた執念をうたう。後のうたは、男を待って、朝の霜が髪に降りても、まだ待つ強い思いがうたわれている。白髪を明け方の霜に転じたか、あるいはその逆か、どちらにしても替え歌で、男を待つ女でありさえすればよい。磐之姫の名を外してみれば、この二首を近くに並べて収載しているのは、霜という自然の現象を白髪という身体の現象にたとえるだけで、一夜の思いが一生の思い転じる、またはその逆の面白さが際立つだろう。誰かが磐之姫の身になって戯れにうたったと想像してもよい。

民間の歌謡には類歌が多い。次つぎに替え歌がつくられてゆくうち、ふとした拍子に突飛なうたがつくられる。そのうたの個性がその作者の名とともに、その集団内でしばらくは語り伝えられる。そのような段階を考えてみればよい。先の「ありつつも」のうたなども、その類であったかもしれない。そして、このようなうたを踏み台にして、度外れた恋の妄執をうたううたがあまたつくられ、「命の続くかぎり続く」と表現され、苦しくていっそ死んだほうがましとなり、「恋に死なむ」という決意が表明される。「恋の奴」という常套句も生まれ、それが自嘲の句に転じていった。男女身分を問わない。そのように考えれば、作り手の名など、官位などの理由で、たまたま書き留められたにすぎないと見なせるような、うたの流れを追うことができるだろう。

『万葉集』〔巻一〕の巻頭歌から中間を抜いてみる。

籠もよ　み籠持ち　掘串《ふくし》もよ　み掘串持ち　この岳《をか》に　菜摘ます児　家聞かな
名告《の》らさね　……我にこそは告《の》らめ　家をも名をも　〔一〕

菜摘みの神事にかこつけて、昼間から若い娘を呼ばううたである。夜這いの風習を逸脱した、この厚顔無恥な行いは、むしろ戯れにうたわれた歌謡だったことを想わせる。雄略天皇に仮託した歌謡が『万葉集』の巻頭に載せられたのは、古代王権にとって大きな意味をもつ天皇だったという記憶が、彼の性格とともに伝承されていたからだろう。『古事記』〔下巻 雄略〕に見える「嬢子《をとめ》い隠る岡を金鉏《すき》も五百箇もがも鉏き撥ぬるもの」という歌謡と通うところがあることは、誰しもが感じるところだろう。そのような雄略像に重ねられ、〈そらみつ大和の国は　おしなべて我こそ居れ　しきなべて我こそ座《ま》せ〉が途中に挟まれたということを想ってみてよいのではないか。▼31

　香具山《かぐやま》は　畝傍《うねび》ををしと　耳成《みみなし》と　相争ひき　神代より　かくにあるらし　古も
　しかにあれこそ　うつせみも　妻を　争ふらしき　〔一三〕

　大和の二つの山が女の山をめぐって争ったという話があるが、神代から、どうやらそんなものらしい、「虚蟬《うつせみ》」も妻をとりあったようだよ、というほどの意味だ。〈うつせみ〉は、「命」や「世」にかかる枕ことば。「空蟬」と記し、夏鳴きくらす蟬をいうが、人間のあるがままの存在をコトヨセて、「現身」と記し、「うつそみ」とも読む。『万葉集』では、まず、神に対比して用いている。この場合も神に対する現世の人という意味しかない。山を神格化した伝説にコトヨセた風刺歌だったにちがいない。だが、『万葉集』は、このうたの作者を中大兄皇子としている。彼と弟の大海人皇子とが額田王をめぐって争ったことを示唆しているといわれる。風刺歌も貴人たちの物語に組み込んでいると考えてよい。歌謡の類は、仮託されることによってこそ、残されたものが多いと考えてみてもよいだろう。つまり古代歌謡には、神話と歌物語への志向とが絡みあいながら渦巻いている。それを抜きに、『万葉集』の自然観を語ることはできない。

　さらにいえば、よく知られる〔巻一、八〕のうた、

熟田津《にきたつ》に船乗りせむと月待てば　潮もかなひぬ今は漕ぎ出でな
（熟田津尓　船乗世武登　月待者　潮毛可奈比沼　今者許藝乞菜）

は、額田王の作か（未詳）として掲載され、左注から、一説に斉明天皇の遠征時のうたともいわれる。最後の終助詞「〜な」を意志にとろうが、勧誘にとろうが、うたの力点は〈潮もかなひぬ〉という判断に置かれており、判断主体としては、まず船頭格の人を想うのが自然であろう。地名は熟田津でなくともよい。その掛け声を聞いて宮廷歌人がつくったうたと推測するのが自然だろう。少なくとも、左注した山上憶良が出征時のうたに仮託した可能性を閑却してしまうことには疑問を投げてもよいのではないか。

柿本人麻呂の場合

『万葉集』以前、柿本人麻呂が集め編んだ『人麻呂歌集』（のちの編入も多い）、中国古代の『詩経』および『楚辞』の影を認めないわけにはいかない。山上憶良の『類聚歌林』もその名から同様のものだったと推測される。神話伝説をふくむ民衆の歌謡を書きとめ、王を褒めたたえ、教訓にすべき記録伝承を伝え、人情の素朴な表出を、また、それぞれの土地の風俗を尊ぶ思想を映している。白川静『詩経―中国の古代歌謡』（中公新書、一九七〇）、『初期万葉論』（中央公論社、一九七九）は、『詩経』の民謡と前期『万葉集』の物語性を孕んだ歌謡の共通点を神事にまつわる呪歌の性格をとどめたものと見、だが、後者が宮廷歌謡に掬いあげられ、編まれる際の変容にもよく考察を及ぼし、柿本人麻呂を〈古歌謡の伝統に立って、その呪的儀歌を宮廷文学として完成させた人〉と評している[▼32]。

中国の詩も日本の歌も、散文が記録や指令、手紙、また思想の営みに用いられるのに対して、しだいに個人の感情表現をうけもつジャンルとして育っていった。個人の感情は、人と会う歓び、また別れの悲しみに際立ち、前者は男女の逢瀬、後者は葬送に極まる。中国の詩が宮廷詩人の儀礼用の規範に長く縛られたのに対し、遥かに後発の『万葉集』に、相聞と挽歌が多く採られているのは、むしろ自然なことだろう。

柿本人麻呂は、字音と字訓を取り混ぜて、助詞や用言活用語尾をなるべく省いた、いわば孤立語的な語法で「略歌体」と呼ばれるうたを二百首ほどつくっている。それを賀茂真淵『万葉考』（一七六八）は「常体」の和歌と区別して「詩体」と呼んだ。中国の詩文の語法によく通じていた真淵は、漢詩の型をいわば日本化しようとした人麻呂の試みをよく見抜いていたとわたしは思う。

『万葉集』の表記は、比較的初期に属するとされるうたにも、すでに見てきたように、「不〜」のような返り読み、「将に〜せんとす」のように再読する副詞の用法、また「自然」のように複合語を訓述する用法があった。ヤマトコトバ「やまぢ」に漢語「山路」をあてるなど、漢文構造を部分的に用いることもかなり見られる。そして、うたの成立時期と現存する表記に記された時期が合致するとは限らない。万葉仮名表記が増えてゆくことにも、わたしには、ただ、漢詩を和歌にする工夫が重ねられたことを想うことしかできない。

人麻呂の常体歌の語法も漢詩文をよく踏まえていると見てよい。が、彼が何を参照しえたかが、明確にできないところに、われわれの困難がある。その漢字の用法にはヤマトコトバの含意によって独自のものもある。『万葉集』の長歌「吉備《きび》の津の采女《うねめ》の死《みまか》りし時に、柿本朝臣人麿の作れる歌」（二一七）の途中を引く。

栲縄《たくなは》の　長き命を　露こそは　朝《あした》に置きて　夕《ゆうへ》は　消ゆといへ　霧こそは
夕に立ちて　朝は　失すといへ

〈栲縄〉はコウゾの繊維で作った縄で、〈長き〉にかかる枕詞。この〈命〉は、天から授けられたはずの「長き命」（寿命）のはずなのに、露や霧と同じようにはかなく消えてしまった、というくらいの含意で用いられている。中国語では「天から授けられた」を含意する「命」の意味を、ヤマトコトバの「伊能知」、おそらくは「肝《い》の血」を語源とする「いのち」に近い意味に用いている。そして、この用法がいわば心身の芯のところを指して「命」といい、「恋に命をかける」「命に向かう恋」などの用法を生んでゆくといってよいだろう。

宮廷歌人としての柿本人麻呂は、きらびやかな天武‐持統朝に、『詩経』（大雅）のもつ雄渾壮大な気迫を、ヤマトコトバに映したかのようなレトリックを駆使した。『万葉集』〔巻一〕より、天武の吉野行幸に際してのうたを引く。

やすみしし　わが大君　神ながら　神さびせすと　吉野川　激《たぎ》つ河内に　高殿を　高知りまして
登り立ち　国見をせせば　畳《たたな》はる　青垣山《あをがきやま》　山神《やまつみ》の　奉《まつ》る御調《みつき》と　春べは　花かざし持ち　秋立
てば　黄葉《もみぢ》かざせり　逝《ゆ》き副《そ》ふ　川の神も　大御食《おほみけ》に　仕《つか》へ奉《まつ》ると　上《かみ》つ瀬に　鵜川《うかは》を立ち　下《しも》
つ瀬に　小網《さで》さし渡す　山川も　依《よ》りて仕ふる　神の御代かも〔三八〕
（わが大君が、神さながらに、神々しくありたいとして、吉野川の流れ激しい河内に、見事な御殿を高くお造りになり、そこに登り立って国土をなさると、何層にも青い垣根のごとく重なる山では、山の神が天皇に奉る貢ぎ物として、春には花挿頭《かざし》を持ち、秋には萩黄葉を髪に挿している。行き交う川の神も、食膳にお仕えしようと、上流には鵜飼いを催し、下流には小網を渡して魚を捕っている。山も川もこぞってお仕えする神たる大君の御代であることよ）

反歌

山川も依《よ》りて仕ふる神ながら　たぎつ河内に船出せすかも〔三九〕
右、日本紀に曰はく、三年己丑の正月、天皇吉野の宮に幸《いでま》す。八月吉野の宮に幸す。四年庚寅の二月、吉野の宮に幸す。

吉野の山頂付近から俯瞰し、視点も季節も時刻も動かす構成で、吉野の天地の一切を一括して天皇の統治の讃に化す壮麗な呪言というよりほかない。それは中国古代王朝につかえ、天命の不易、天子の万寿、世の万年を願う巫覡の面影をも想わせよう。だが、ここに記された天皇の「国見」（行幸）と、中国の「巡守」（巡狩）とは根本のところでちがっている。唐代以降、五経の一つとして尊重された『礼記』〔王制〕には、次のように記してある。

天子は五年に一たび巡守す。歳の二月、東に巡守して泰宗に至り、柴焼きて山川を望祀す。諸侯を観し、百年を問うて就いて之を見る。大師に命じて詩を陳《の》べさせ、以て民の風を観、市に命じて買を納《い》れ、以て民の好悪する所を観る。志淫すれば好みを辟《へき》す〉。
（天子五年一巡守、歳二月、東巡守至于岱宗、柴而望祀山川。覲諸侯。問百年者就見之。命大師陳詩、以観民風、命市納買、以観民之所好悪、志淫好辟）

〈泰宗〉は、道教の聖地・泰山。柴を焼いて天の神に祈った。〈買〉は商品。このあとに、民情をよく視て、土地を取りあげたり、与えたりするなど賞罰を適格に行うことが続く。
天武が何度も吉野に行幸したのは、民情を知るためではない。宗教儀礼の意味が強い。吉野を日本の聖地として意識していた。天武は『日本書紀』に記されているように、壬申の乱に際しても自身で「天文遁甲」の占いを行っている。それと朝廷に陰陽寮を設けたことは無関係であるはずがない。日本で道教を積極的に信仰したのは、その母親の斉明であり、多武峰に道観を築いた。吉野宮の建設もそれにかかわろう。『日本書紀』は、天智が六七四年（『懐風藻』は六六九年）、大友皇子のために中国にはない太政大臣という官位を設けたときから、次期の皇位継承者は明らかだった。大海人皇子は、クーデターを前に、吉野で出家している。ここに、読み取るべきは、道・仏兼修の態度であろう。

ヤマト王権を担う人びとは、隋・唐の皇帝が仏教を保護する傍ら、道教信仰を強めていたことをよく知っていた。秦の始皇帝ののち、漢の武帝が多くの官人を引き連れて何度も天帝に報告しに泰山に登ったことも知らないわけがない。皇帝が天神地祇を祀る儀礼を篤くすることにほかならない。斉明は、いわば日本の泰山として吉野を考え、大海人皇子（天武）はそれを引き継いだ。大海人皇子が壬申の乱の旗をあげたのも、天武となり、その妃（のち持統天皇）とが、自分たちの皇子と天智直系の皇子たちと仲たがいしないことを誓いあわせたのも吉野の地だった（吉野の盟約）。天武については、もう一つ、皇室の祭祀に伊勢神宮を設けたこと、すなわちアマテラス信仰を中心に据えたことについて考えなくてはならないが、いまは吉野行幸と柿本人麻呂のうたとのかかわりを考えている。

柿本人麻呂の和歌に、しばしば呪術的という形容か与えられる。古代の祭祀儀礼に呪術的観念を伴うのは当然だが、柿本人麻呂の天武賛歌は、中国の天子や皇帝の天神地祇への崇拝を逸脱し、天武を〈神ながら〉と称え、〈山川も　依りて仕ふる〉、言い換えると地祇をも従える天神に等しい位に置いている。この雰囲気が天武‐持統朝の官人たちのあいだに満ちていたことは、「藤原宮の役民の作る歌」の持統賛歌に〈神ながら　思ほすなへに　天地も　寄りてあれこそ〉とあったことにうかがえよう。そこでは、持統を「天神地祇」すら従えるほどの位置に置いていた。

人麻呂はまた、天武天皇の子、軽皇子（のち文武）を〈日の皇子〉、すなわちアマテラスの子孫とうたい、〈神ながら〉（神さながら）とたたえる〔四五〕。この用法は、天武の事蹟をたたえる挽歌〔一九九〕の荘厳な調べにも、草壁皇子の逝去に際しての挽歌〔一六七〕にも見える。

右大臣だった大伴旅人《たびと》も、壬申の乱を治めた大海人皇子（天武）を〈大君は　神にしませば〉、大和という田ばかりだった地を都にしたとうたっている〔四二六二〕。この「神ながら」の用法も、天武が一人超越し、上位の要職を皇族で固め、有力氏族をも下位に置いた、いわゆる「皇親政治」体制下の官人層に現れた特有の観念を映していよう。

よく知られるように、柿本人麻呂は個人詠も多く残している。

……寄り寝し妹を　露霜の　置きてし来れば　この道の　八十隈《やそくま》ごとに　万《よろづ》たび　かへり見すれど　いや遠《とほ》に　里は離《さか》りぬ　いや高《たか》に　山も越え来ぬ　夏草の　思ひ萎《しな》えて　偲《しの》ふらむ　妹が門《かど》見む　なびけこの山〔巻二、一三一〕

愛する石見《いわみ》に置いてきた妻の姿を振り返って見たい思いの募りゆくさまが最後の一句、〈なびけこの山〉に結ばれる。〈いや遠に　里は離りぬ　いや高に　山も越え来ぬ〉は並みの対句だが、それを〈露霜の　置きてし来れば〉（露や霜が置くように置いてきた）と別れがたい思いに心が萎えるさまをいう。〈夏草の　思ひ萎えて　偲ふらむ〉という季節をたがえた対照的な表現で挟んでいるのは、六朝期の駢儷体に学んだものと想われる。漢詩文の対偶は類比的対照が規範だが、西晋時代の詩人・陸機に〈対比の緊迫〉を孕み、高調すると魁偉な形象も生まれ、メタファーも活用されること、その流れが六朝時代に盛んになることは、高橋和巳「陸機の伝記とその文学」（一九五九）や「六朝美文論」（一九六六）がよく教えてくれる。▼33

ただし、〈なびけこの山〉のように激した表現は狂詩でもお目にかかれそうにない。そして、この長歌の前半で縷々うたわれる、人の賞玩にかからない凡庸な石見の天然の景物のすべてが、〈なびけこの山〉の一句で一挙に甦るしくみである。「自然観」という現代語の水準に置き直そうとしても、古今東西に普遍的な「我が愛する郷土の景物」ということばより適当なものは見つかりそうにないが、宮廷歌人として発揮された呪術的表現を個人詠にも用いたと考えてみればよいだろう。

それに反して、人麻呂の失った妻を追慕する挽歌は、その面影を求めて、妻がいつも出ていた市を訪ね、あるときは山路を踏みまよい、また子供を抱いて、ため息をもらすしかない哀れで凡庸な男の姿を彷彿させる。そのようドラマ・トゥルギーを心得ていたのは、『万葉集』の歌人では、人麻呂一人といってよい。そして人麻呂は旅の途中で見かけた、波を枕に荒磯に横たわる見知らぬ人の遺骸にも挽歌を寄せている〔二二〇〕。

山上憶良の場合

個人詠は別にして、神話的象徴に支えられた天武‐持統朝の、その最後の光芒を示したのが柿本人麻呂だったとすれば、律令制度を整えてきた朝廷の精神をよく示した歌人は山上憶良だった。長安で学び、儒・仏・道を身につけて帰り、民間の歌謡を和歌に整え、漢詩の作法を歌の世界に持ちこみ、詞書きを記し、歌を記す形式を整え、自作の漢詩を万葉仮名で記しもした。自然観、生命観にもかなり整ったものを見せている。渡来系の子孫と推測されているのも当然だろう。

憶良が国守として筑前にいたときの歌に、「惑へる情を反さしむる歌」〔八〇〇〕がある。父母を尊び、妻子を慈しむことこそ人の道、みな寄り添っていきたいものだ、行く末は知れないのだから。家族を軽んじ、家を出ていく人は人でなしだ。もし、天に行ったのなら自由勝手だが、地上には天皇がいらっしゃって隅々まで治める優れた国なのだから、あれこれ欲するままのことを行うべきでない、というのが大意である。その反歌は、仙人になる道は遠いぞ、家に帰って仕事をなさい、と呼びかけている〔八〇一〕。いかにも律令官僚の教訓歌だが、まつわりつく家族など捨てて自由になりたいと願う心があることを承知した上で、しかし、人間のいのちは、いつ、どうなるとも知れないのだぞ、というのが殺し文句になっている。

憶良の、よく知られた「思子等歌一首」の漢文の序は、『大般涅槃経』〔南本序品〕より、釈迦の入寂に際しての言、〈等思衆生、如羅睺羅〉〔衆生を我が子ラゴラの如く思い〕、また〔北本寿命品〕より、〈愛無過子〉〔愛するは子に過ぎたるはなし〕を引き、〈至極大聖、尚有愛子之心〉〔至極の大聖にしてなお、愛子の心あり〕とまとめ、愛欲の迷いを絶った大聖人、釈迦でさえ、わが子への愛念が最も断ちがたいものというのだから、ましてただの草莽の民に過ぎないわれわれは、と逆手にとって、ただの世間の民に子を愛さない者がいようかと述べて、長歌「瓜食めば」〔八〇二〕のうたの詞書とし、そして〈銀《しろがね》も、金《くがね》も玉も〉の反歌をそえる。ここでも「儒」優先の思想が明らかである。このように相手の言を逆手にとる論法は『荘子』などに見えている。

むろん、憶良が「貧窮問答歌」〔八九二〕で貧苦に苦しむ人びとをうたったのは、仏教の平等観ゆえだ。道・儒・仏の兼修の態度は内部に序列を抱えている。そう考えればよい。

漢文「沈痾自哀文」には、『寿延経』から引用した長寿を祈る一節があり、そこに「命終」とある。本文でも、天寿をまっとうして死ぬことを「命根が尽きる」と記している。正倉院に遺る『寿延経』は、当時かなり流行した偽経といわれる。『老子』〔弁徳〕に「死して亡びざる者は寿」とあった。肉体は滅んでも滅びないものこそ本当の「寿」、無窮のいのちという意味だろう。この「命」の用法も兼修の態度が生んだと考えてよい。人のいのちに「命」をあてるのは人麻呂にも見えていた。この時期から習慣化したのかもしれない。

儒・仏をともに身につけていた憶良だが、「沈痾自哀文」では、病に陥った自らの不幸を嘆きながら、病は神仏の祟りでも悪鬼の仕業でもなく、加持祈禱の類などまるで信じていない態度も示している。病の原因は身体のうちに潜むと説き、病に冒されないことこそ最大の幸福と養生の大切さを訴えている。「沈痾自哀文」には、中国の書物がいろいろ引かれているが、『帛公略説』という伝説上の人物について記した書物からは「生は貪《むさぼ》るべし、死は畏《お》づべし」を、鬼谷先生という人の著書からは、「生」は極めて貴く、「命」は極めて重大という一節を、それぞれ引いている。どちらも道家の養生思想の俗説らしい。

大伴旅人が北九州、大宰府にあったときの嘆きのうた、

世の中は空しきものと　知る時し　いよよますます　悲しかりけり〔七九三〕

は、その後に、諸行無常を説く漢文と漢詩を置いている。他方、自らを「竹林の七賢」になぞらえてつくった「酒を讃める歌」十三首中には、次の一首がある。

この世にし楽しくあらば来む世には　虫に鳥にも我はなりなむ〔三四八〕

仏教の教えが前提にしている輪廻転生観をよく知りつつも、現世を享楽したいという欲望を露わにしている。このように天武朝の官人たちは、国家経営のための儒学や国家鎮護の仏教、また道家思想になじみながら、その知識を歌に用いて遊ぶ心があった。中国、三世紀に権謀術策渦まく政治と形式ばかりにおちいった儒学を嫌い、竹林に集い、酒をくみかわし、清談を楽しんだ七人の賢人に、自らを重ねて慰めることもできた。旅人と憶良は親交をあたため、松浦川に遊び、そこを仙境に、乙女たちを仙女に見立てている。彼らは永遠の長寿を会得した仙人に憧れる気持も隠していない。

憶良や旅人が示す中国伝来の自然観、生命観は、時代の先端をゆくものだった。が、神道・儒学・仏道・道家思想のどれかひとつだけを奉じるわけではない。それゆえ、己れの生を歓び、その長からんことを欲する素朴な欲求をも表出できたのだろう。やがて宮廷官人たちは、個々にちがいはあるに

せよ、おおむね彼らに似た考えを身につけていったと想われる。笑いをともなう土俗的な性愛の表現を愛し、また恋にいのちをかける歌を好んで載せる『万葉集』の底には、多彩な自然観、生命観が散開していた。

黒人と赤人

高市黒人は、『万葉集』に旅の短歌が一八首収められており、一生を地方官吏として過ごした人で、柿本人麻呂よりやや齢下ではないかと推測されている。その叙景歌が天武‐持統朝の肥大した観念から離脱していることによろう。だが、叙景歌と一括してよいか。

　高市古人、近江の旧き都を感傷《かなし》みて作る歌　或書に云く、高市連黒人〔二首〕
古《いにしへ》の人に我あれや楽浪《ささなみ》の　古き都を見れば悲しき〔一‐三二〕

「感傷歌」の日本での発端は、ここにあるといえば語弊が過ぎようが、旧都の景を見て、悲しみを覚える我は、その昔を生きていたのか、と問う姿勢が珍しいと賞翫されたのである。『万葉集』〔巻一‐三二〕〔巻三‐三〇五〕と三首に古代日本の「廃墟趣味」を見てもよい。

　二年壬寅《みづのえとら》、太上天皇の参河の国に幸いでます時の歌
いづくにか船泊《は》てすらむ安礼《あれ》の崎　榜ぎ廻《た》み行きし棚無小舟《たななしをぶね》〔一‐五八〕

大宝二年、持統天皇の行幸に伴をしたときのうたとされる。簡素なつくりの舟がどこへ行ってしまったのだろうと、その行方に想いを馳せている。景の内にない舟を想像している。われわれにとって

は何でもないことのようだが、「景」を詠んで「情」を添える漢詩や和歌の定型、規範を破っている。なお、折口信夫「短歌本質成立の時代」（一九二六）は、このうたを夜がふけてからの瞑想ととったが、夜を神の時刻とする古代人の観念と重ねたのか。わたしは、そこまで決めなくともよいだろうと思うのだが。

そして、その後に、山部赤人が登場する。山上憶良や大友旅人と同時代、聖武天皇期の下級官人だったと推測されている。

田子の浦ゆうち出でてみれば真白にそ　富士の高嶺に雪は降りける　〔巻三‐三一七〕

あまりによく知られるこのうたは〈天地の分かれし時ゆ　神さびて高く貴き　駿河なる布士の高嶺を　天の原ふりさけ見れば〉とはじまる〔巻三‐三一七〕の長歌に添えた反歌である。長歌は、先に神々しい姿をうたっておいて、〈天の原ふりさけ見れば〉、だが、噴火の煙で日も月も雲も見えないと、常套を外してうたうところに工夫がある。それを承けて反歌は、蒲原あたりの海岸から漕ぎ出した舟から振り返ったとき、眼前に開ける富士の高さと白さに驚きを覚えるように鮮やかにしつらえてある。

若の浦に潮満ち来れば潟をなみ　葦辺をさして鶴鳴き渡る　〔巻六‐九一九〕

も、〔巻六‐九一七〕の引き潮をうたう長歌、〈沖つ島　清き渚に　風吹けば　白波騒き　潮干《ふ》れば　玉藻刈りつつ　神代より　然ぞ尊き　玉津島山〉に付けられている。

次の高市黒人の短歌と付けてみても、満ち潮という天然のはたらきを感じさせて面白い。

桜田へ鶴《たづ》鳴き渡る年魚市潟《あゆちがた》　潮干にけらし鶴鳴き渡る　〔巻三 - 二七一〕

次のうたも聖武天皇の吉野行幸に伴をした山部赤人の長歌〔巻六 - 九二三〕につけた反歌だが、そのあとに黒人のうたを引いてみる。

み吉野の象山《きさやま》の際《ま》の木末《こぬれ》には　ここだもさわく鳥の声かも　〔巻六 - 九二四〕

太上天皇の吉野宮に幸いでますに時に、高市連黒人の作る歌

大和には鳴きてか来《く》らむ呼子鳥《よぶこどり》　象《きさ》の中山呼びぞ越ゆなる　〔巻一 - 七〇〕

〈呼子鳥〉はカッコウともホトトギスともいわれ、「人を呼ぶ」と説かれるが、「子を呼ぶ」がもとの含意だと考えてみたい。それはともかく、併せ読むとき、赤人のうたの〈ここだもさわぐ〉が、ただ鳥が鳴き騒いでいるのではなく、いわば吉野の聖なる天然の促しがうたわれていることに気づくだろう。赤人のうたう天然の景には、その背後に潜む一種、神秘とでもいうべきものの感受が込められていると思われてくる。

ぬばたまの夜のふけぬれば久木生ふる　清き川原に千鳥しば鳴く　〔巻六 - 九二五〕
春の野にすみれ摘みにと来《こ》し我そ　野をなつかしみ一夜《ひとよ》寝にける　〔巻八 - 一四二四〕

それは天武 - 持統朝の官人層が神道（＝道教的）観念を肥大化させ、天地をも従えるほどの神々しい天皇の威光をうたい、また大伴家持が通常の仏教的観念を超えて、天地の無常をうたったことなど、

つまりはそれぞれの観念の違いを超えて、底を通じるような原初的神秘感、神・儒・仏・道兼修の底につくられた、そこはかとない神秘感と言い換えてもよいかもしれない。古くから用いられていた漢語「幽玄」の観念を感受性の位相に置き換える、それは、その意味で日本的表現だったかもしれない。『古今和歌集』〔真名序〕は、おそらくは、官位の高低にかかわらず、語の本来の意味での「文藝」（文のワザ）に秀でた者を取りそろえてみせた梁の昭明太子撰『文選』にならって、いわば当然のごとく柿本人麻呂と山部赤人を併列したと想われる。にもかかわらず、紀貫之〔仮名序〕が〈人まろはあかひとがかみ〔上〕にたた〔立〕たむことかたく　あか人は人まろがしも〔下〕にたたむことかたくなむありける〉と赤人を人麻呂より高みにおいた思いも、そのあたりから解けるのではないか。と長く密かに抱いてきた思いをここに記しておきたい。

第七章　中古の自然観

本章以降、平安時代から幕末まで、便宜的に大きく「中古」「中世」「近世」と三時代に分けて、自然観の変容を捉えることを試みる。「中古」は、ふつう、古代王権が平安京に遷都し、宮廷文化に漢詩文が盛んになった時期、藤原摂関家が権力を掌握し、後宮文化が開花し、仏教が浸透した宮廷文化が展開した時期を中心に、平家の政権掌握から院政期へ移行し、鎌倉幕府がつくられるまでをいうが、本書では、平家の政権掌握から長い内乱の始まりと見て、後白河院政期からのちを第八章「中世」で扱うことにする。

一、古代王権下の自然観

コスモロジーの変革

七八一年、桓武天皇は即位すると、南都六宗が勢力を奮う奈良朝を脱し、貴族社会のコスモロジーを一新しようとした。生母が百済系渡来人氏族の出身であり、官僚への道を歩んで大学寮で儒学を身に着けていた人である。朝廷内の政争により、異母弟が相次いで廃され、皇太子への道が開け、天皇に即位するに至った。まず渡来系の秦氏が開墾した長岡に遷都を試みたが（七八四年）、不祥事が相次ぎ、挫折。次いで七九四年に山科の地に平安京を開き、儒学中心に神、仏、陰陽道の併存する朝廷体制を築こうとした。かなり広い地域に政情は安定しており、平安京は一切、城壁の類を持たなかった。

桓武は、平安京に遷都する以前、七八九年に蝦夷討伐に乗り出し、大敗を喫した五年後、二度目の遠征を行い、坂上田村麻呂を抜擢して征夷大将軍とし、八〇一年からの三度目の遠征により、東北一帯をほぼ平定した。

また、七九二年に、朝廷では遣唐使がもたらした漢音を用いることを命じる勅を出した。このときから、古い中国語音（各地の方言が混じったもの）が「呉音」と呼ばれるようになった。朝廷は仏教経文にも漢音読みを奨励するが、「呉音」に馴れた仏教界全体の大勢は変わらなかった。漢字の読みが「行」を「ぎょう」（呉音）と「こう」（漢音）の二様に読むように多重化したのは、それゆえである。のち、宋音も加わる。「行灯」の「アン」。

桓武は、仏教の一新も図り、最澄を唐に遣わした。最澄は桓武の歿する前に帰国し、『法華経』を重んじる態度を打ち出し、比叡山に天台宗を開いた。当然、南都六宗とは角逐が起こる（南都六宗は重んじる経典により、倶舎、成実、律、法相、三論、華厳の各宗をいうが、兼修の態度を保っていた）。最澄とともに唐に赴いた空海は、中国で新たに起こった『大日経』を奉じ、即身成仏を唱える真言密教を身につけ、多くの文物を携えて帰国、日本の仏教の動きは一挙に多様化する。天台も顕密兼修に移行し、さらには神社信仰と習合しつつ、日本で最大の宗派になっていった。

桓武の逝去後、天皇位に就いた平城天皇は、民力の涵養に努めるなどしたが、嵯峨天皇に天皇位を譲ったのち、上皇（太上天皇）として奈良に遷都の勅を出し、天皇の勢力に抑えられた（平城天皇の妃の母、薬子の策と見て、「薬子の変」と呼ばれてきた）。のち、一〇世紀前半に東国に平将門の乱、一一世紀初頭に東北で、いわゆる「前九年の役」が起こるまで平穏な時代が続いた。

漢詩文の隆盛

嵯峨天皇は空海の見識を尊重し、また漢詩文を重んじ、勅撰詩集『凌雲集』（八一四）、『文華秀麗集』（八一八）を、淳和天皇が『経国集』（八二七）を編むなど、平安前期の朝廷文化は漢詩文に染まった。『経国集』は、三国時代・魏の文帝（曹丕）の『典論』にいう〈文章は経国の大業にして不朽の盛事なり〉（蓋文章経国之大業不朽之盛事）を踏まえたもの。その句は『文選』にも載録されている。王化は、「文化」すなわち「文に化す」ことの延長に登場する語だが、詩文の相対的価値が高まり、貴族のほか、いわゆる文人が活躍することにもつながる。なお「文章」の「章」は、もと美称で、彩《あや》のあるものを求める気風にもつながる。

平安前期の文章博士で『日本文徳天皇実録』の編纂にも携わった都良香《みやこのよしか》は、漢詩に優れ、その腕は羅生門の鬼を感心させたという伝説を残している。中国の、とりわけ六朝時代に隆盛を極めた四六文（駢儷体）に整えた、だが、平明な漢文の「富士山記」（藤原明衡《あきひら》編『本朝文粋《ほんちょうもんずい》』巻一二に抄録、平安中期）がある。富士山は浅間大神《あさまのおおかみ》と呼ばれ、九世紀に入るころから、度たび大噴火を繰り返し、峩々《がが》たる岩肌を見せて聳えていた。小さな穴のあいた珠玉が転がり落ちてきたこと、人びとが昔ながらの祭をしたとき、白衣の美女が二人、頂きの上で舞ったことなど、伝説を書きとめ、噴火のあと、山腹に小山が二つできたのは神の仕業としている。ほかに、「役行者伝」や鬼退治をした「道場法師伝」も残している。神・儒・仏・道にわたる日本の雑家者流というべきだろう。

都良香は、彼が試験官として合格させた菅原道真に出世の先を越され*、怒って官職を辞して、大峯山に入って消息を絶ったが、百年後に、壮年のような姿を見かけた人がいるという伝説を遺し、仙人の列に加えられた（大江匡房《まさふさ》『本朝神仙伝』，平安後期）。

＊平安朝では、博士など各種の試験が課される制度がつくられたが、中期には、官位の世襲制が強くなり、

漢文の読み方からして、それぞれの御家流に閉鎖してゆく傾きが強くなる。

そして、菅原道真ら文化官僚によって、儒学を日本流にこなす工夫がなされはじめる。八九四年、道真の建議により遣唐使の派遣を停止したことは、とりわけ昭和戦中期に「国風」文化への切り替えの転機のように喧伝されたが、今日では、すでに文物の舶来が盛んになっており、また唐の衰退を見て、控えたとするのが定説になっている（以降、鳥羽院政期に対外貿易の国家管理が崩れるまで、宋との貿易は制限された）。

宇多天皇は、清和天皇から光孝天皇までの『三代実録』（九〇一）の編纂を行うとともに、国史の記事を撰録して菅原道真に『類聚国史』（八九二）の編纂を命じている。中国の類書に倣って、文書の作製の便に供するため、六国史から文例を切り出して分類するものだが、現存する六二巻は、神祇、帝王、後宮、人、歳時、音楽、賞宴、奉献、政理、刑法、職官、文、田地、祥瑞、災異、仏道、風俗、殊俗の一八に部立てされている。中国の文例集など類書（分類した書物の意）に倣っている。「祥瑞《しょうずい》」は、多く道教に発する吉事のお告げの類であり、神・儒・仏・道の兼修が確立していることをよく示している。だが、先頭に「神祇」を置き、「仏道」を立てているのは日本流で、その後の撰録書の手本にされた。*

*平安中期、日本の漢詩文を撰録した藤原明衡撰『本朝文粋』（一〇五八〜六四推定）が、材料の範囲を六国史以降に限っているのは、『類聚国史』の後を継ぐつもりだったと推測されよう。「神祇」の次に「釈教」を置いているが、仏教諸派が乱立し、競いあう時代が背景にある。しばしば日本の『文選』にたとえられるが、仏教の願文など多様な文例を含み、宋代四大類書のうち、詔、勅、上奏文を多く収める『冊府元亀』（一〇一三、初刻本一〇二〇）を垣間見たものではないか。

また鎌倉時代、橘成季《たちばなのなりすえ》編『古今著聞集』（一二五四）の本文は、漢語交じりの和文体で記されており、類書の分類を借りてはいるが、「神祇」「釈教」が先頭に来ているのは『本朝文粋』と同じ。そのうち、「文学」は漢詩文を指し、「和歌」の項目が立ち、「孝行恩愛」「好色」「博奕」「偸盗」以下、人事に関心を向け、巷間の説話を積極的に拾っているので「説話集」と称される。だが、公家日記からも記録を拾っており、稗史編纂の意図が推測される。

宇多天皇は、官庁の統廃合など宮廷財政の再編を進め、他方、法会の勤めが終わると女房（女官）たちのためというタテマエで歌合《うたあわせ》を催すなど宮廷行事を盛んにした。それによって題詠が盛んになり、同じ題材に変化を求める工夫が和歌にも重ねられてゆく。和歌にも、というのは、漢詩において、中国の詩句を題に、それに自作の漢詩を寄せる作法が盛んに行われていたからである。それは菅原道真の『菅家文章』にも顕著で、典故を踏まえることが日本流に行われたと見てよい。

菅原道真撰と伝えられるが、『新撰万葉集』〔上巻〕は八九三（寛平五）年九月二五日の序をもち、寛平初年頃、宇多天皇の母后・班子《はんし》女王の邸で催された歌合のうたを中心に、四季と恋の部立をもち、それぞれ二〇のうたを番《つがい》にして配列する。万葉仮名を用い、左脇に七言絶句の漢詩を掲げる。これは和歌に漢詩を併せるかたちである。

宇多天皇の文化政策は、結果として、律令政治の根幹である文書管理を杜撰にすることにつながった。宇多天皇は即位以前、臣籍降下して、陽成天皇の侍従を務めており、天皇の起居録に類するものの作製に携わったか、あるいは身近に知っていたのだろう、自ら日録を記し（御日記）、それを皇子たちにも勧めた。やがて冷泉天皇（在位九六七～九六九）の代で御日記は途絶え、紙の不足も手伝い、外記による日録も蔵人日記も途絶えがちになっていった。*

*「日記」の原義らしきものは、王充『論衡』（一世紀後半）〔巻一三 効力〕に「文儒の力」は文章に示されると論じるなかに「上書日記」と見えるのが嚆矢とされる。「上書」に優れた者として、漢の成帝に仕えた谷子《こくし》雲《うん》、「日記」に優れた者として孔子をあげている。そこから、皇帝に差し出す上表文など公の文に対して、「日記」は、私人として文章を日々、記したり、撰んだりする作業、いわば私記一般を意味す

るといわれてきた。だが、「日」に「私」の含意はない。「日記」を「日の記」の意味でとり、孔子が編んだ書物として伝えられていた『春秋』――年・時（季節）・月・日の下に記事を載せる――を念頭においていたと考えたい[▼1]。

日本では、奈良時代のうちに「日記」の語が用いられた確証はなく、法令類に登場する「日記」の最も古い例は、嵯峨天皇の弘仁一二年（八二一）に、それまで内記が受け持っていた詔勅の記録を外記の職掌の範囲に移すことを告げる宣に〈今よりのち、それを外記に日記に載せるよう令した〉（自今以後、令載其外記於日記）と登場する（『類聚符宣抄』一一二一年頃）。これを「外記に日記せしむ」と読み習わしてきたらしいが、使役ではなく、目的語を二つとる構文である。この時点までに、日付をもつ宮廷記録の全般を「日記」と呼ぶ習慣が確立していたことがわかる。

「日記」に、個々人の行動、見聞の記録としての性格を求めるなら、その起源は、遣唐使の随行録に求めるのがよい。『日本書紀』中に引かれた『伊吉連博徳《いきのむらじはかとこ》書』が嚆矢とされる。ただし、それはあくまで公務の報告書ないしはその手控えである。

比叡山に天台宗を開いた最澄に長く仕えた円仁《えんにん》が二度の失敗ののち、遣唐使として唐に渡り、一行から外れて不法滞在の挙に出、新羅僧の世話になりながら五台山へ、さらには長安へ旅した詳しい見聞録『入唐求法巡礼行記』には、今日、歴史記録の価値が認められているが、やはり天台宗に任務報告するための手控え、いわば職務の日録である。いま、自然観と記述にかかわるところだけにふれる。

円仁は、文殊菩薩の聖地として信仰を集めていた山西省東北部にある五台山を目指し、五八日、徒歩で旅した。五台山では、『法華経』中心に衆生を救済する教え（顕教）と『大日経』を中心に真理を極めようとする道（密教）とを整合する教えなどを学んだ。八四〇年五月に二度ほど、自分だけ、晴天に光明を見た。六月二日には谷を隔てた峰の上空に「聖燈」が現れ、次第に大きさを増すのを見て、文殊菩薩の顕現と感じ入っている（帰国後に円仁が語ったことを記したと思しい『慈覚《じかく》大師伝』では、前者を六月に「五色円光」を見たとし、後者を七月初とする)。これは光線の具合で、とくに朝夕の霧のなかにしばしば自身の影を中心に、虹色の円光が見えるブロッケン現象だろう。世界各地で観察されるが、それがよく現れるため、五台山が古くから霊場とされたと推察される。珍しい天然現象が信仰によって解釈され、一種の共同幻想を生む好例である。

円仁は、さらに密教を受法するため、五三日をかけて唐の都、長安に赴いた。長安でも新羅人社会の世話になり、梵字(サンスクリット語)の写経もなし、経典五五九巻(『入唐新求聖教目録』)を携えた。日本の天台宗に招来されていなかった金剛界曼荼羅を絵師に依頼して描かせもした。その曼荼羅を日本に持って帰る夢をみ、亡き最澄が現れて「極大歓喜」し、礼拝しようとする円仁を制して、逆にお前を拝すといい、弟子である自分を深く拝したと記している(八四〇年一二月二九日記事)。

中国でも仏教僧侶の伝記には、夢もお告げとしてしばしば書き込まれるが、円仁においては、五台山で文殊菩薩の顕現を見たのと同じ水準の出来事の一つとして意識され、記されていよう。中世には貴族の一門の内で、夢見が共有される現象が報告されているが、それは、信仰に根差したものというより、一門という運命共同体の浮沈が問われる時代が生むものといえよう。[2]

長安で密教を受法したのちの記載は粗略になると指摘されているが、いかにして目的を達したかの報告に力点がかかって当然である。唐王朝の衰退、世相の混乱のなかで、帰国の許可はなかなか降りなかったが、唐王朝第一八代皇帝、武宗による廃仏が興り、外国人僧侶の国外追放令により、日本から迎えに行った僧の世話で、新羅の貿易船に便乗し、帰国の途につくことができたとされる。日本人僧侶、円仁の居所は、仏教の国際ネットワークによって国内に知らされていたらしい。その日記は、帰国後も含め、九年六ヵ月に及ぶ。円仁は、その功績により、第三代天台座主となり、慈覚大師と崇《あが》められた。

他方、一〇世紀に入ると図書寮が暦の制作を貴族や寺院の注文に応じはじめたとされる。古代国家の暦は官人層の時間の管理の要をなすものであり、それは律令制の文書管理体制のほころびを物語る。

宇多天皇のあとを継いだ醍醐天皇は、藤原時平・菅原道真を左右大臣とし、政務を任せるかたちをとったが、時平の讒言を入れて、道真を大宰府の宰員外帥として左遷したとされる。道真が当地で歿したのち、天変地異が多発したことから、朝廷に祟りをなしたとされ、天満天神として信仰の対象となったことはよく知られる。

御所に火災など厄災が起こると怨霊の祟りと考える風潮が拡がり、陰陽師が占術と呪術をもって回避する指針を示し、*天皇や公家に方違《かたたがえ》、物忌や祈禱、道教祭礼を盛んにした。これに密教の加持祈禱が加わり、次第に民間へ浸透してゆく。自然観には、風と水の流れを基本に地形や方位の吉凶を見る風水も盛んになっていった。

*陰陽師には式神を使う呪術は禁止されていたはずで、阿倍清明をめぐる伝説も、同時代には相手の呪術を破ったことに限られていたと推測される。

『古今和歌集』

醍醐天皇は、和歌を好み、九〇五年に、紀貫之らに勅撰和歌集の編纂を命じた。貫之の〔仮名序〕によれば、天皇は『万葉集』に漏れたものを含め、古今の和歌を集めるように命じたところから、『古今和歌集』と名付けたとされる。政治の道からは外れた文人官人たちに活躍の場を与えたことになる。日本の歌論の流れは、奈良朝の末期、漢詩が次第に盛んになるなかで、中国の詩論をヒントに、うたの型の分類や病〔悪癖〕などの規範をつくった藤原浜成『歌式』〔七七二、万葉仮名書き。のち『歌経標式』〕にはじまり、『古今和歌集』〔序文〕が大筋を確定した。

『歌式』は、中国・南北朝時代の『文選』など類書〔文例を分類した書物〕の模倣の域を出ないと評されるが、『古今和歌集』は、平安初期の漢詩文の隆盛の陰に、和歌の道を『万葉集』の昔に立ち返り、そもそもの和歌の道を論じたもので、貫之らの庇護者であった菅原道真がそうだったように、中国の本来のありかたを日本で実現するという態度で臨んでいる。それゆえ、中国詩論の影響が濃い。紀淑《きのよし》望《もち》による〈真名序〉も紀貫之による〈仮名序〉も、中国の詩論を下敷にしていることを隠すいわれはない。南朝・梁の昭明太子撰になる『文選』序を下敷きにしていることも、当代の官人層には誰にもわかっただろう。

『古今和歌集』〈真名序〉〈仮名序〉は、それぞれ次のようにはじまっている。

夫和歌者、託其根於心地、発其華於詞林者也。

（それ和歌は、その根を心地に発し、その花を詞林に開くものなり）

やまと歌は　人の心を種として　よろづの言の葉とぞなれりける。

〈真名序〉の冒頭は『詩経』〈大序〉の次の一節を承けている。

詩者、志之所之也。在心為志、発言為詩。情動於中、而形於言、言之不足、故嗟嘆之、嗟嘆之不足、故永歌之。永歌之不足、不知手之舞之、足之踏之也。情発於声、声成文謂之音

（詩は志のゆく所なり。心に志なす在れば、言に発し詩をなす。情動心中に言において形となる。言が足らずば、故、これを嗟嘆し、嗟嘆して足らずば、故、永くこれを歌い、永く歌いて足らずば、知らずに手が舞い、足が踏むなり。情発して声となり、声、文を成し、これを音という）

中国語で〈詩〉と〈志〉は近似音で、地口《じぐち》めいた効果もある。この一節は、のち、本居宣長の歌論書『石上私淑言《いそのかみのささめごと》』（一七六三）に、ほぼそのまま引かれている。中国では、そののち、儒・仏の理屈

がまさるようになったが、日本では、このおおもとが原初のまま、保持され貫いている（はず）というのが宣長流の文化ナショナリズムの信念だった。

そして、〔真名序〕は次のようにつづく。

人之在世、不能無為。思慮易遷、哀楽相変。感生于志、詠形于言、是以逸者其声楽。怨者其吟悲、可以述懐、可以発憤。動天地、感鬼神、化人倫、和夫婦、莫宜於和歌。

（人が世にあること、無為にあたわず。思慮は遷《うつ》りやすく、哀楽はあい変ず。感は志に生じ、詠は言にかたどる。これをもって、逸する者はその声楽しく、怨ずる者はその吟悲し。もって述懐すべく、もって発憤すべし。天地を動かし、鬼神を感ぜしめ、人倫を化し、夫婦を和ぐこと、和歌より宜《よろ》しきはなし）

ここには、『詩経』〈大序〉の冒頭（関雎《かんしょ》は、后妃の徳なり。風の始めなり。天下を風して夫婦を正す所以なり）（関雎、后妃之徳也、風之始也、所以風天下而正夫婦也）にはじまる一節が踏まえられている。〈関雎〉は「関関雎鳩」の略。〈関関〉は和らぐさま、〈雎鳩〉はミサゴの鳥で、夫婦が仲よく、礼儀正しいことをいう。これを風紀のおおもとにすえ、そして、先に引いた〈詩者、志之所之也……声成文謂之音〉を挟んで、次のように承けられている。

治世之音安以楽、其政和、乱世之音怨以怒、其政乖、亡国之音哀以思、其民困。故正得失、動天地、感鬼神、莫近于詩。

（治世の音は安をもって楽しむ。其の政、和すればなり。乱世の音は怨《えん》をもって怒る。其の政《まつりごと》、乖《そむ》けばなり。亡国の音は哀をもって思う、其の民、困《くる》しめばなり。故に得失を正し、天地を動かし、鬼神を感ぜしむるは、詩より近きはなし）

『古今和歌集』〈真名序〉の先に引いた〈天地を動かし、鬼神を感ぜしめ、人倫を化し、夫婦を和ぐること、和歌より宜しきはなし〉が、この最後の条を踏まえていることは明白だろう。そして〈仮名序〉の最初の一段は、次のように結ばれている、

力をも入れずして天地を動かし、目に見えぬ鬼神をもあはれと思はせ、男女のなかをもやはらげ猛きもののふの心をもなぐさむるは歌なり。

〈猛きもののふの心をもなぐさむる〉は、『詩経』〈大序〉の〈治世之音安以楽、其政和〉を踏まえていようが、すでに文官の意識が軍事から遊離していたゆえの表現だろう。

そして、〈仮名序〉は、「和」の規範を夫婦に限らず、男女の恋情を加えることを躊躇しなかった。平安朝貴族の性愛、婚姻の風俗、倫理は中国とはだいぶ異なっていたからである。いや、奈良時代に『万葉集』が編まれたときから、〈相聞〉の部には男女の恋が多くとられ、『歌式』にも「恋」の部が立てられていた。ヤマトコトバの「こひ」は、「請い願う」を含意し、恋慕の情とは、本来、逢えないがゆえに募るもの。それゆえ、逢えない相手、逢ってはならない相手にこそ、恋歌を捧げたと考えてよいようだ。*

*なお、〈真名序〉にいう〈和歌有六義〉〈和歌に六義あり〉は『詩経』〈大序〉にいう中国古代詩の六分類「風」「賦」「比」「興」「雅」「頌」を承けているのに対し、〈仮名序〉に〈うたの様、六つなり〉といい、〈そへ歌〉〈かぞへ歌〉〈なずらへ歌〉〈たとへ歌〉〈ただこと歌〉〈いはひ歌〉が、よく対応しない。〈六義〉のうち「風」は、上からの風化と下からの風刺の意といわれるが、『詩経』〈国風〉は地方民謡の類を収める。「雅」は、天下のこと、王朝交代の事をうたう意といわれることがあるが、〈大雅〉〈小雅〉には周

王朝の存続を寿ぐ儀式歌と思しきものも見えている。「頌」は，祖先の成功を讃え、神霊に告げる祭祀で演奏される誉め歌の意でよい。これらは、目的別の形態による分類だが、「賦」は武勲賦など出来事をうたうのが本来で、「比」は対比、「興」は興趣を重んじるスタイルによる分類である。

「頌」と〈いはひ歌〉、「雅」と〈そへ歌〉の対応は明確だろう。「賦」には〈ただこと歌〉が対応すると推測はつく。事例を次から次へあげる賦の運びから〈かぞへ歌〉にあてる説もあるが、〈かぞへ歌〉としてあげられている例歌にそぐわない。そもそも〈その心得がたし〉（意味不明）と述べている写本もある。〈なずらへ歌〉〈たとへ歌〉はどちらも「比」にあたる。和歌六体の典拠があげられていないゆえ、中古から諸説入り乱れて、今日でも論議はおさまらない。ただし、「六義」との対応に縛られずに考えれば、「かぞへ歌」の冒頭「さくはなに」が「三九八七二」と数を隠し、『文心雕龍』〈諧隠〉にいう「謎語」に類するうたが、数に限定された呼び名になったため、貫之には意味不明になったと考えられるだろう。「なずらえ歌」の例歌「きみにけさあしたのしものおきていなば　こひしきごとにきえやわたらむ」は類比の、「たとえ歌」の例歌「わがこひはよむともつきじありそうみの　はまのまさごはよみつくすとも」は反実仮想の、ともに「比興」の一種となろう。後者は隠喩に近いかもしれない。もう一つ、〈真名序〉が柿本人麻呂と山部赤人を同格に敬っているのに対し、〈仮名序〉は、赤人を段ちがいに評価していることに第六章の終わりでふれた。宮廷歌壇における紀貫之の突出した意見と想えるが、この見解は近現代の『万葉集』の和歌の評価にも響き続けた。

『古今和歌集』で、抒情性とは無縁な「機知」も重んじられていること、それが中国の「誹詩」に発し、俳諧連歌に発展したことは定説といってよい。日本の詩・歌・句の全体の歴史にかかわることである（序章で述べた）。

『古今和歌集』の編纂よりのち、歌人・大江千里《ちさと》が詔勅に応えて白居易の詩句を和歌に翻訳する試みをしている。『千里家集』中〈句題和歌〉一一六首が知られる。詩句を直訳する体のものが多いが、なかに我が身の不遇を訴える調子のうたが見えるといわれてもいる。白居易が陥れられたことに憤激したり、病を負った身を嘆いたりすることはあっても、不遇を訴えることとは無縁だった。それは、よく知られていたはずだ（後述）。とすれば、翻案ともいえない。千里が卑小な我が身を寄せて詠んだセルフ・パロディーの気味が匂うものさえある。機知といえば機知の一つである．次に、『小倉百人一首』で知られる大江千里の『古今和歌集』への収載歌をあげる。

月見ればちぢに物こそかなしけれ　我が身ひとつの秋にはあらねど（一九三）

〈ちぢに〉は思い乱れるさまをいう。白居易の七言絶句「燕子楼三首（其二）」を踏まえていることがすでに指摘されている。その題詞から、主人が亡くなった後、一〇年もの長きにわたって、寵愛を受けた燕子楼という建物に独り身をかこつ遊妓になりかわって、霜降る満月の夜、一人寝の侘しさを読んだ詩とわかる。後半の二句のみを引く。

燕子楼中霜月夜　燕子楼中　霜ふる月の夜
秋来只為一人長　秋来たりて只だ一人の為に長し

この種の仮託は、漢詩では『文華秀麗集』（八一八）で、巨勢識人《こせのしきひと》が嵯峨天皇の「長門怨」に和した詩を、一人寝をかこつ女の身になってつくっている。だが、先の大江千里のうたは、寡婦に仮託した閨愁を想わせるものではない。むしろ、原詩の女の境遇を抜き、詩句の〈只だ一人の為に長し〉を〈我が身ひとつの秋にはあらねど〉（ほかの人の身にも秋は来ているのに）と言い換え、意味を反転している。それだけにかえって、秋は悲しい、というだろう。すでに原詩の情調を離れて、新たな趣向の和歌を付けた気配が匂う。

風情が勝っているのは、春か、秋か、花か、もみじか、と論議はされてはいたものの、『古今和歌集』においては、秋のかなしさをうたううたは、まだ珍しかった。むしろ初めてそれを言い留めたといってよい。景物の変化を詠んで季節の移ろいをいうのでも、己れの身に即した述懐でもない。漢詩を踏まえることによって、その意味で、実景・実感を離れた全く新たな情感がここに提出されたことに気づくべきだろう。

歌日記のこと

うたが詠まれた状況を題詞に記すことは、『万葉集』から見えている。たとえば、〔巻一七〕の巻頭には「天平二年庚午の冬一一月に大伴旅人が大納言に任ぜられて、京に上るとき、従者たちは別れて海路で上京することになった。そこで各自が詠んだうた」として一〇首並べている。ややのち、「天平一八年正月に雪がたくさん降り、何寸も積もったので、橘諸兄が諸臣を引き連れて上皇の御所へ行き雪かきの奉仕をした。そこで元正上皇から仰せ言があり、位に応じて昇殿させ、早速、酒を下賜《かし》されて酒宴を催し、そして上皇は『皆、この雪を題にして歌をつくれ』と仰せられた」とあり、銘々のうたが並ぶという具合である。むろん、詞書は漢文。いずれも大意で、それぞれ日付が正確かどうかなどは、いま、問題にしない。前者は公務の旅だが、後者は特定の行事を離れ、実景を前にした一種の題詠が行われた様子を告げていよう。このような詞書は出来事を記すので、そこに景物の描写は現れない。個人の歌日記でも、それは変わらない。

この歌日記の形式が平安中期にかけて、さまざまに展開する。その一つは、のちにいう「作り物語」の部類である。『源氏物語』が物語の祖とする『竹取物語』は、中国の伝奇に淵源が認められる。異界から地上に降りた異類の婚姻譚のヴァリエイションだが、各断章は、みな、うたの詠まれたある日の出来事を現在進行形で語りながら、各小話を時系列につないでゆく。遣唐使がペルシャに漂着し、持ち帰った琴をめぐる奇譚を長篇のストーリーに載せ、だが、宮中の場面などはリアルに描く『うつほ物語』がつくられ、その伝奇色を薄くした『源氏物語』に展開する。時系列の長篇の展開は、当然のことながら、季節のめぐりにそって書かれることになる。

それとは別に、うたをめぐる小話を数珠つなぎにしてゆく「歌物語」と呼ばれる系列も生じた。『伊勢物語』は、在原業平の歌日記として伝えられたものがあったにせよ、業平のうたを核にして、ある日の出来事を書く短篇を、身を用なき者と思いなした色好みの貴族の一代記のかたちに編んでいる。季節のめぐりとは無関係に、新作が次から次へと重ねられていったと推察される。同じく「色好み」の貴公子、平安中期の歌人、平 貞文《たいらのさだふみ》を主人公とする『平中物語』(『貞文日記』とも)では、趣向が変えられ、恋の駆け引きが書かれる。贈答歌で話をつくるものが多くなり、その分、一話一話も長くなる。

『大和物語』(九五一頃までに成立)は、実在した皇族、貴族、僧侶らの歌の由来譚のかたちが多く、前半は当代の人、後半は古歌についてのものとなり、「生田川」「葦刈」「龍田山」「姨捨」などの伝説が呼び集められている。うたからうたがつくられ、物語に物語が重ねられ、一話一話のストーリーに後日談が加えられるなど複雑化してゆく様子が見られる。これらは、うたをめぐる評釈や評判を語りあう「歌語り」の場がつくりだしたもので、その性格からして、作者が特定されるべきものではない。今日まで伝えられているのは、いわば、たまたま残ったテクストにすぎない。近代になって、「作り物語」と「歌物語」と呼び分けるようになったが、その性格のちがいは、当代においても明らかだっただろう。

その二つの形態の中間に、個々人の歌物語の形式が散開した。その端緒を開いたのは、紀貫之『土佐日記』(九三五頃)だろう。よく知られるように、語り手を女に仮託し、仮名で書かれている。女性がそれまでに「日記」を書かなかったわけではない。室町時代初期に記された四辻善成《よつつじのよしなり》による『源氏物語』の注釈書『河海抄』に、醍醐天皇の女御、藤原穏子《おんし》の「日記」が引用されている。穏子は関白、藤原基経《もとつね》の娘で、九〇一（昌泰四）年、醍醐天皇に入内して女御となったのち、平仮名の日記を残している。ただし、それが宮廷官人たちに知られていたどうかはわからない。彼女は九二三（延長元）年に、歴史上、はじめて中宮の位についたが、醍醐天皇歿後、息子の朱雀天皇が即位し（九三一年）、皇太后となってからは、漢文の日記が遺る。これは史官の手になるものだろう。

『土佐日記』は、国司として派遣された任地から都に帰る公務の旅の記録の手控えをもとに、歌日記を数珠つなぎに編んだもので、土佐で亡くした子への思いと都へ急ぐ思いが交錯しつつ、全篇を貫いている。それゆえ、女手（仮名書き）がふさわしいと判断されたのだろう。ただし、紀貫之のうたが他の登場人物に仮託されてちりばめられ、そのため、語り手（視点人物）が場面場面で定まらないことがいわれている[3]。

藤原道綱母の『かげろふ日記』は、冒頭のみ、作り物語のかたちを借りながら、夫との半生を回想する。菅原孝標女《すがわらのたかすえのむすめ》の『更級《さらしな》日記』は、一三歳のとき、父親の任地・上総《かずさ》から家族で都に帰る旅にはじまり、狂おしいまでに仏道に打ち込むようになるまでの四〇年余を回想する。このふたつは、作者が縁戚関係にあり、類縁性が強い。

『和泉式部日記』（一〇〇八推定）は、和泉式部の恋愛経歴にそって、贈答歌をふんだんにとりいれ、九ヵ月ほどのあいだに、身分ちがいの新たな恋が深まってゆく心情がつづられる。主人公が「女」と呼ばれ、いわば客観的視点がとられているからだろう、『和泉式部物語』とも呼ばれた。これら三つは、自身の経験を回想する時点から記したもので、その意味ではノン・フィクションだが、手控えがあったにせよ、それを編集している。人に読ませることを意識して書かれており、それぞれにストーリーの焦点は絞られている。が、前の二つが半生、一生に近い年月の回想なのに比べ、『和泉式部日記』

は九ヵ月で、テーマもそれぞれの年月の長さも違えば、スタイルもちがう。

あるいは、それらに先行して、男性貴族を主人公とした小野篁《たかむら》の『篁日記』（『篁物語』）、藤原高光の出家をめぐって、書簡を多く挟む『高光日記《たかみつ》』（多武峯《とうのみね》少将物語』）なども、日記と物語の双方の呼称をもつ。まだ、断片を時系列に並べただけだが、それでもストーリーが浮かんでくる。このようにして「歌物語」を長いストーリーをもつ長篇に展開することがはじまったと推定されよう。

歌日記を数珠つなぎにして、物語との中間のかたちをつくるものは、ほかにも、平安後期の『成尋《じょうじん》阿《あ》闍梨母《じゃりのはは》集』、『建春門院中納言日記』（『たまきはる』）、『建礼門院右京大夫集』などがあり、南北朝時代の日野名子《めいし》による『竹むきが記』まで辿れる。『竹むきが記』*の前半は、南朝方の貴族の妻が戦乱で夫を失うまで、後半は、息子を出世させる御家再興の物語である。

＊これらは、日付がついていたり、月だったり、また、それぞれの性格がまちまちで、長くうまく分類されてこなかった。『土佐日記』『更級日記』は「紀行」とされ、中世紀行文と一括りにされていた。明治期にも随筆と区別がつかないなどといわれた。これらに欧米のルーズなジャンル概念を借りて、「日記文学」の名を与えたのは、土居光知『文学序説』（一九二二）だった。そののち、池田亀鑑が『平安女流日記文学』（一九二七）をまとめた。池田亀鑑は「心境小説」――エッセイ形式で作家の心境を語る「私小説」の一種――が盛んになっていたのをヒントにしたと語っている。その時期の流行を参照して、古典に新しい括り方が発明されたのだった（第一一章で述べる）。

だが、今日、「平安女流日記文学」の一つとされる『紫式部日記』（一〇一〇）は、日付をもつが、宮廷内の出来事についての切れ切れの記事や感想、うたの手控えなどがメモ書きのままならぶ。各断章はうたを中心に構成されておらず、全体のまとまりをもたない。一条天皇の中宮・彰子《しょうし》に仕えていた紫式部が、その第一子、敦成《あつひら》親王（のち、後一条天皇）の誕生をめぐって書きはじめたもので、指示を受け、いわば史官に代って後宮の出来事を報告するための手控と推測される。その記事は女房日記から多くの記事を引く『栄華物語』〈はつはな〉に、文を整えて編入されている。

途中、親しい友人に宛てた書簡の体裁で、清少納言、和泉式部らの人柄を率直に評し、また自分の風評などにもふれた、内容・体裁ともに異質な部分が挟まれてもいる。つまりは書きつけの束であり、とうてい他と同類として扱うことはできない。

歌日記から展開した流れに共通する特徴は、掛け詞や縁語など和歌の修辞技法が地の散文にも用いられることとともに、季節の移り変りのなかで生活する庶民がほとんど登場しないことである。『かげろふ日記』の後半は、寺社詣での紀行文のようなところも多いが、農民には目をやらない。『更級日記』の冒頭の旅で、山中で出会った傀儡の歌舞に感じ入っても、田野の光景は描かない。『和泉式部日記』で、式部が気晴らしに石山寺詣に出ても同じである。それは和歌の雅語の世界に閉じこもる姿勢といえるかもしれない。

『土佐日記』に船頭は登場するが、平安前中期の和歌で、庶民の労苦の象徴のように扱われるのは、ほぼ塩焼きや海藻とり、船頭を含めていう海人（海士、蜑）に限られている。これは、同じ宮廷官人や文人層でも、中国との著しい相違であり、また日本でもこの時期に限られた特徴である。

もっとも、『古今和歌集』より四十年余り後、村上天皇の命で編まれた『後撰和歌集』に、『万葉集』〈巻一〇〉より「秋田刈る刈盧《かりいほ》を作り我が居れば　衣手寒く露ぞ置きにける」（詠み人知らず　二一七四）のうたを、天智天皇の「秋の田のかりほの庵《いほ》の苫《とま》をあらみ　我が衣手は露に濡れつつ」に転じて載せている（〈巻六　秋中〉〇三〇二）。のちに『小倉百人一首』の巻頭におかれ、よく知られるようになったものである。一〇世紀半ばの文人官僚にも、少なくともその一部には、農事が国家の基礎という観念がかろうじてでもあれ、保持されていたことを示す証左といえよう。

『孟子』〈滕文公下〉に、孔子の高弟のひとり、曾子の言として〈肩をすぼめておべっか笑いをするのは、夏の田の草取りより病めり〉（脅肩諂笑、病于夏畦）がある。〈病めり〉は、労苦の極みをいう。

直接は恥かしくて体がほてることをいったものだろう。この例をあげたのは、紫式部の父、藤原為時は漢籍によく通じた人で、九九六年に身入りのよい富裕な越前に国司として赴いたことを、巧言令色に巧みで、道長に取り入ったと憶測するからではない。為時の漢籍の知識の程度を誹るつもりもない。

曾子の「夏畦より病めり」は、『孟子』の評価が上がり、一〇世紀末、宋初の類書『太平御覧』〔笑〕に引かれて、広く知られるようになったものかも知れないからだ。しかも、『太平御覧』は、国外持ち出しが禁じられていた期間が長く、日本にはその伝来は、一二世紀末を待たなくてはならなかった。当代まで、国司は各地で都振りをふりまきはしても、田夫の労苦を喩えに用いるような古代の儒者の精神から遠い暮らしを送っていたことを想っていうのである。やがては、任地を受領しても、代理のものを派遣することが習いになってゆく。

なお、のち元禄の頃、故郷・丸亀から江戸の屋敷奉公に出た井上通女《つうじょ》が、帰りの道中を記した『帰家日記』では、街道から目にした本物の田夫の労苦を察して、曾子の言「夏畦より病めり」を用いている。これには藩士の娘が生半可な漢籍の知識を振りまわした感があるが、すでに紀行文の一つのパターンとして田夫に目をやるのが定着していたゆえである。女性の漢籍への接し方にも、紀行文の作法にも、時代によってかなりの開きがあることを示す例として示しておいた。

二、季節感、隠逸、厭離穢土

大和魂とは

先に宇多天皇の文化政策が朝廷財政の再編を伴うものであり、それが律令の文書管理体制の崩壊へつながっていったことにふれておいた。祭祀を支柱とする古代王権は、儀礼に支えられて運営される。有職故実は官吏の昇進儀礼にまで響く。それを最もよく知っていたのは、飛鳥〜平城朝期に祭祀儀礼を握った中臣（藤原）氏だった。

藤原摂関家が古代祭祀の有職故実の記録を管理し、かつ、天皇の外戚の地位を占めることで実権を掌握し、その政所《まんどころ》政治は、国司が任地の管理に心を砕くことなく、地方官僚である受領層の増長を招き、荘園は拡大の一途を辿った。やがては貴族が都を離れて生活しなくなり、後宮の女房（女官）たちによる文化が開花する。この時期の文化は、のち、江戸時代に民間の「国学」の流れが、『古事記』とあわせてヤマトコトバによる文化として賞賛し、明治期以降の近代文化ナショナリズムのなかで、日本の正統文化として評価されるようになっていった。とくに昭和戦前・戦後期にかけて、平安前期を「国風」暗黒時代、中期からを「国風文化」の最盛期と見なす見解が拡がった。それには軍事色への反撥も手伝っていたようだ。

だが、それは、大和絵が中国流の絵画の手法で日本の景色を描くところにはじまったように、あくまでも、中国流を規範とし、題材を日本のものに求める姿勢によるもの。「国風」の原義はローカルカラーである。『古今和歌集』の編集もその流れにあった。中国伝来の、またそれを模した「唐絵《からえ》」に対して画法も絵具も中国流だが、日本に画題を求めるもの一般を「やまと（大和）絵」と呼ぶ。その語は、藤原行成《ゆきなり》の日記『権記』〔長保元（九九九）年一〇月三〇日〕条に〈倭絵《やまとえ》四尺屏風〉とあるのが初出とされる。絵と詩と書を一体のものとし、画の余白や巻物の最後に画題に寄せた詩文を書き入れる中国の伝統的な作法にならい、能書家として知られた行成自身が詩文を書き入れたものであろう。

『源氏物語』〔絵合《えあはせ》〕に登場する光源氏の「絵」は、より日本流になっている。「絵合」は、絵を天皇の閲覧に供し、競いあわせる宮廷行事で、光源氏は須磨、明石に流され、不遇をかこっていた日々に無聊を慰めるために描いた「絵」に彩色させ、それぞれ二巻の巻子に仕立てて準備し、その「絵合」には、そのうち、須磨の巻を提出した。当時の貴族の描くのは墨絵で、彩色し、巻子に仕立てるのは職人の仕事である。そこには、

草《さう》の手に仮名の所々に書きまぜて、まほのくはしき日記《にき》にはあらず。あはれなる歌などもまじれる

とある。万葉仮名に平仮名も交ぜ、正式の漢文で日々の出来事を詳しく記す日記ではなく、日本流に和歌や仮名文を書き入れた「やまと絵」である。一帖一帖を「絵」と呼んでおり、それぞれに日付を記すのが流儀だが、「日記」と呼んだのは、折々につくった「絵」を期日の順に、であろうか、並べたものという意味にもとれよう。その「絵合」では、光源氏の「絵」は、画はもちろん、書き入れた文言の内容も、書もそろって優れていたので、他を圧倒した。むろん、物語のなかの話である。

その「絵」に、海辺で働く海人が描かれてはいなかっただろう。紫式部は須磨の巻でも明石の巻でも、光源氏のうたのなか以外には登場させていないのだから。中国絵画の山水画においては、人の営みを必ず描き入れるのが約束の一つになっているので、あるいはそれも、日本流かもしれない。

『源氏物語』〔乙女〕で〈大和魂〉は、漢の才《ざえ》を日本の実情ないしは日本人の情にあわせて用いることをいっている。『大鏡』〔巻二 左大臣時平〕では〈やまとだましひ〉が才覚というくらいの意味で用いられているが、〔巻四 内大臣道隆〕で、藤原道隆が〈やまとごころかしこく〉と称賛されるのも同じ意味だ。「国風文化」は次第に日本的独自色を強めてゆくが、室町時代頃、菅原道真の遺訓をまとめたと称する『菅家遺誡』という書物には「和魂漢才」という語が見え、それが江戸時代の一部の儒者のあいだに浮上したともいわれる。のち、幕末の吉田松陰のうた「かくすればかくなるものと知りながら　やむにやまれぬ大和魂」は、明らかに知より情を選択することをうたっている。

だが、もともとは、あくまで宮廷官人の文化である。地方の農村の生活を離れ、都で生活することを好んだことは、自然観にも大きく響く。

たとえば一年を四期に区切る「四季」の観念は、われわれの頭に強く刻みつけられており、いつごろ浸透したかを問うことをしない。農事暦では、早くから季節は細分化され、さらに日本流に、より細分化したものが、明治期に太陽暦に切り替えられたのちも、長く定着していた。それを思うと、「四季」の観念は『古今和歌集』の部立に現れて以降、この時代の宮廷文化に定着したもので、予め四期に区切っておいて、その間の微妙な移り変りを味わうような傾向は、農事暦に従って営まれる生活に関心が向かないからこそ生じるものであったといえよう。実景にふれて実感をうたう漢詩や和歌の規範が、漢詩を和歌に翻訳し、漢詩に和歌を付け、やがては和歌から和歌をつくり、絵や物語からうたをつくるような観念の遊びに傾斜することで、技巧の上で洗練されてゆくのと、それは表裏する関係にある。

季節を区切る

『古今和歌集』〈仮名序〉が〈真名序〉とちがう点の一つは、すでにいわれているように、四季への言及が多いことで、これは四季の部立を採ることを強く意識したからだろう。ただし、それぞれの内を「首、仲、暮」の三つにわけている。それぞれのうちを三期に分けることは、嵯峨天皇の勅命によって編まれた『文華秀麗集』（八一八頃）〈巻下〉の嵯峨天皇自身の漢詩に〈三春二月河陽県〉とあり、一〜三月を孟春・仲春・季春と呼ぶことなどもよく知られていた。〈歳歳年年人相似たり、年年歳歳花同じからず〉（年年歳歳花相似，歳歳年年人不同）という天地自然の恒久性と人性の移り変わりを対比した句で知られる初唐の劉希夷『白頭吟（代悲白頭翁）』も、そのあとに〈一朝病に臥せば人を識ることなく、三春の行楽、誰が辺に在る〉（一朝臥病無人識　三春行楽在誰辺）とある。

道教は天の恒久性への信頼、信仰がおおもとにある。節気を設けても移ろいを区分する思想はない。『易』の陰陽も五行も、相克はしても循環すると考えられている。日本の神道の「天壌無窮」の考えも、それらの天の恒常性への信仰に支えられて形づくられたと見てよい。一年を一二ヵ月に分け、閏月を設けて太陽の一年の運行と調節を図ることも、四季八節、「立春」「春分」「夏至」など二四節気、また「人日（七草）」「上巳（桃）」「端午」「七夕」「重陽（菊）」の五節句などは、みな、中国から学んだもの。だが、中国では大区分の四季を特別視しない。農業歴であれば、南は乾期と雨期に分かれる亜熱帯モンスーン、北は寒冷乾燥と大きく差がある中国とは異なり、日本の暦では気候風土にあわせて、さらに節分・彼岸・社日・八十八夜・入梅・半夏生・土用・二百十日・二百二十日や、初午・小正月、中元、盂蘭盆など雑節を加え、季節の移り変わりを細分化した。

『古今和歌集』で、四季の部立が採られたこと自体、それとは対照的で、宮廷生活が農事から離れていたゆえと考えてみたくなる。その巻頭歌が今年の内に立春が来たことをあらためて興がっていることは、よく知られる。これについて、契沖『古今余材抄』は『史記』〈天官書〉より〈正月元旦は王の歳の初め、立春は四季を暮らす者の年の初め〉（正月旦王者歳首、立春日四時之卒始也）を引いている。〈四季を暮らす者〉は季節の移り変わりのなかで生活する者の意で、王侯貴族との生活の乖離を指している。だが、そのことに、作者の在原元方が、また編者たちが関心を寄せていたようには想えない。

『うつほ物語』（九六〇以降成立）〈吹上の上〉に、種松《たねまつ》という長者が贅を尽くして四季の庭を造ったとある。季節の移ろいを四季に分断するだけでなく、空間まで区切るもので、一種、多元世界にも似た奇抜な着想である。当代の人びとを驚かせたにちがいない。世界全体を個々に分けることには、一人の仏が一つの国土を救済するという仏教の世界観がはたらいたとも推測されようが、たとえば『阿弥陀経』の描く極楽には、常にさわやかな風が吹き、花々は一斉に咲き乱れて、宝玉も輝きつづける。それは無常の現実を超えた恒常性、恒久性への憧れが生んだものである。

『うつほ物語』〈楼ノ上〉には、藤原仲忠が子供の大宮に琴《きん》の心得を説いて、季節の移り変わり、世の移ろいを〈心に思いつづけて、琴の音に弾ききそへむと思い〉ながら弾くように教える場面がある。

弦楽器を風の音に載せ、世の風雲に載せて鳴らすのは、弦楽器がおそらくは中央アジアに発生し、拡がったときからの奏法の極意とされてきたことだろう。『うつぼ物語』は、遣唐使の船がペルシャに漂着し、持ち帰られた琴を巡る数奇なストーリーに乗せて、だが、描写や風俗は、事物に即し、宮廷生活に即していることは、つとにいわれてきた。つまり、四季の庭というアイデア自体、天然自然から遊離した生活のなかで、ふとした機知のはたらきから、零れ出たもののように思えてくる。

それを思うと『源氏物語』〔乙女〕に登場する六条の院は、広大な邸を四町に区切り、四季それぞれの風情を醸す庭をしつらえ、四人の女どもを住まわせる趣向で、アイデアは『うつほ物語』から借りながら、春の庭にもそれなりに季節の移ろいが感じられるように前栽《せんざい》を工夫している*。

*六条院の四町のうち、東南の春の町に寝殿と三対の建物、東北の夏、西北の冬の町にそれぞれに二対、西南の秋の町にも二対とすれば、計一〇の建物を配置し、だが、春の町の北対、秋の町の一つは使われた形跡がない。あるいは腹案があっても具体化されなかったのか、それとも、物語の進展にあわせて、用いられなかったのかは定かでない。

『古今和歌集』が「四季」に部立てし、内に三期をもうけているのは便宜の措置ともいえる。が、『源氏物語』の「四季の町」の着想は、貴族層に季節を予め四期に分けたうえで、それぞれの内部の移り変わりを楽しむ心的傾向が生じていること、言い換えると観念的に季節を切断した上で、微妙な移りかわりを楽しむという、実は倒錯した趣向が生じていることを如実に示しているのではないか。

この平安時代の宮廷人に特有ともいうべき季節感は、うたからうたをつくるようになることとも無関係ではない。次にその推移がわかりやすいように、①『万葉集』の大伴坂上郎女のうた（巻八、一五〇〇）、②それを本歌とする平安末期の式子《しょくし》内親王《ないしんのう》のうた（『風雅集』四〇二）、③藤原定家『自撰百番歌合』（四〇）のうたを続けて引く。

① 夏の野の繁みに咲ける姫百合の　知らえぬ恋は苦しきものそ
② 涼しやと風の便りを尋ぬれば　繁みに靡《なび》く野辺の小百合葉
③ うちなびく茂みが下のさゆり葉の　しられぬほどにかよふ秋風

①は、夏の野の茂みに、人に知られることなく咲く姫百合の花に、人知れず人を恋する心の苦しさを託している。コトヨセのうた。②は、夏のさなかに、ふと感じた涼しい風のもとを探ると、人知れず咲く小百合の葉に出会ったという軽やかな感動に転じている。「知らえぬ」を導く上半句の序詞を実景に、それも葉に転じており、これは実感に立つ、いわゆる本歌どりのうた。③は、「し」音を効果的に響かせる音律の効果、しかも〈涼しや〉といわずに、夏のさなかに忍び寄る秋の情趣をうたう。言外の余情というのは、ふさわしくない。なぜなら、読むひとに、新たな情趣を気づかせるようなうただからだ。「超絶技巧」の部類である。むしろ、〈しられぬほど〉の微妙な感覚をうたうということが、すでに規範化しているように想われる。

これらを、なべて、季節を生活のなかに取り込む心的態度ということはできるだろうが、観念が自然の営みから外れているからこそ、取り込もうとする態度が生じるのだ。その規範は神・儒・道・仏のいずれの恒久性への信仰からも外れており、かつ、四季のなかで暮らす庶民の季節感からも外れている。そして、微細に微細に傾いてゆく。

和歌のなかで、庶民の労苦の象徴のように扱われるのは、主に、塩焼きや海藻とり、船頭を含めていう海人（海士、蜑）だったが、『新古今和歌集』が編まれるまでには、山の岩陰に宿ることをも厭わない身分の低い念仏聖に立ち交じって暮らしたこともあろうと想われる西行のうたが登場する。公卿の日記では、一二世紀前半の藤原頼長の『台記』が庶民の風俗にも旺盛な関心を向けている。これらは必ずしも作者の強い個性に帰してすますことのできない時代の趨勢を語っている。

だが、後宮の女房は別にして、宮廷官人たち、とりわけ文人たちを農事をはじめとする世事から遊離させた理由を摂関家の政所政治のありように帰しては、短絡の誹りを免れまい。ほかにも、精神的誘因があったはずだ。次にそれを考えてみたい。

白居易の隠逸

日本の漢詩文やうた、また和文体の散文のなかにも、南朝・梁の昭明太子によって編纂された詩文集『文選』とともに、『白氏文集』の影が大きく落ちていることは、『枕草子』第一九七段〈書《ふみ》は文集・文選〉によく知られる。『白氏文集』七五巻本は八四五年に完成するが、日本には、それ以前の七〇巻本が九世紀半ばに伝来し、平安貴族に流行したとされている。

平安中期、一条天皇の宮廷に活躍した村上天皇の第七皇子、具平《ともひら》親王が、自らの詩「和高礼部再夢唐故白太保之作」（『本朝麗藻』巻下）に次のように注している、

我朝詞人、才子以白氏文集為規模。故承和以来、言詩者皆不失体裁矣
（我が朝の詞人才子、白氏文集を以て規範と為す。故に承和以来、詩を言ふ者、皆体裁を失はず）

この白居易の評価は、中国より著しく高い。白居易は詩を書くたびに近所の老婆に見せて難解なところを直したという逸話が残るほど、平易な詩文を心がけていた。加えて、儒・仏・道の二教一致論に立ち、晩年には仏教の信仰に篤かった。それらが神仏習合し、かつ道家思想にもなじんだ平安朝貴族に浸透しやすかった大きな理由だろう。

仏教では漢詩は「狂言綺語《きようげんきぎよ》」、飾りたてたことばをもてあそぶ、道に外れた行いとされる。だが、白居易は、その己れの罪深さを知ることが仏道への機縁になると、逆説的に説いた。それが広く受け

入れられ、むしろ、漢詩やうたや物語を盛んにする方にはたらいた。八九七年、宇多天皇の勅命を受け、大江千里が『白氏文集』の詩の一句を題にして詠んだ『句題和歌』(『大江千里集』とも)に翻案を試みたことは先にもふれた。その詩の一句「不明不暗朧朧月」を題にして詠んだ次のうたが、よく知られる。

照りもせず曇りも果てぬ春の夜の　朧月夜にしくものぞなき

それもはたらき、和歌の題詠が盛んになった。『白氏文集』〔巻二八　元久に与うる書〕では、自分は『孟子』〔尽心篇上〕にいう、次の一句をモットーにして生きてきたと述べ、そして引退後には、次の態度で生きるという。

窮すれば則ちその身を独り善くし、達すれば則ち兼ねて天下を済《すく》ふ
(窮則独善其身、達則兼済天下)
足るを知り和を保ち、情性を吟吟する
(知足保和、吟吟情性)

とりわけ、閑居に自足し、自らの本性にかなったことを楽しむ自適の境地をうたう白居易の「閑適」の詩は、権力から疎外され、いわば文化官人として生きた人びとには、かなりの影響を残したと想われる。

たとえば、王朝随一の皇室詩人とたたえられる才子ぶりを発揮し、天禄元年(九七〇)、左大臣に昇ったものの、貞元二年(九七七)には藤原兼通《かねみち》の謀略により、中務《なかつかさ》卿の閑職に追いやられ、自ら

「前《さきの》中書王」と称した兼明《かねあきら》親王の「池亭記《ちていき》」の冒頭近くに次の二句がある。

余、少《わか》くして書籍を携へ、ほぼ兼済独善の義を見たり〉（余少携書籍、略見兼済独善之義）。

これが、先の「元久に与ふる書」を受けていることを見れば、それは明らかだろう。その「池亭記」も『白氏文集』〈巻二六　草堂記〉や〈巻六〇　池上篇〉などを典拠にしていることは、つとに指摘されてきた。兼明親王が無実の罪を着せられ、陥れられたことを訴える「兎裘賦《ときゆうのふ》」を読む者は、白居易が清廉の心を容れられず、左遷された経緯を述べる『白氏文集』〈巻二七　与師皐書〉（師皐に与ふる書）を脳裏によぎらせただろう。

白居易に「市中の隠」を歓ぶ態度があることはよく知られる。〈巻九　中隠〉の詩にいう。

大隠住朝市、小隠入丘樊、丘樊太冷落、朝市太囂喧、不如作中隠、隠在留司官。似出復似處，非忙亦非輭……。

〈偉大な隠者は朝市〈朝廷と市場のある首都〉に住まい、つまらぬ隠者は山林に住まうが、丘樊ははなはだ寂しく、朝市ははなはだ騒々しい。中隠となり、隠れて留司の官〈中央政府の出張所の役人〉になるのが一番よい、勤めているようでいて帰宅しているようなもので、忙しからず、暇でもない、というくらいの意味〉

冒頭の二句は、王康琚「反招隠詩」の次の二句を踏まえている。『文選』〈第二二巻　招隠詩〉中に三篇の「招徳詩」があげられ、それに対するものである。

小隠隠陵藪，大隠隠朝市　（小隠は山の藪に隠れ、大隠は朝市に隠れる）

つまり、喧噪の都会にあっても平静な心を保つことができるのが偉大な隠者とされる。だが、白居易は、自分には「中隠」が一番かなっていると述べた。これがよく知られる『白氏文集』〔巻五　閑適〕の詩群の根本にある。その冒頭の詩「常楽里閑居」（里の閑居を楽しむを常とす）は、〈帝都名利場　鶏鳴無安居〉（帝都長安は人々が競って名利を追い求めるところだから、一番鶏が鳴くころに家でのんびりしている者などいない）とはじまり、そのなかで、ひとりズボラに暮らして自足する心をうたう。

詩「首夏同諸校正遊開元観、因宿翫月」（朱夏、諸校正とともに開元観に遊び、よって宿して月を観ず）には、浪人時代より暇（閑於為客時）とある。〈校正〉は文章に携わる役職のひとつ（日本古代の官制でも、内記の起草した文章を校正するのは外記の仕事のひとつ）。その仲間と道観を訪れ、夜、酒を酌み交わし、月を愛でる境遇に自足している。

また詩「永崇里観居」には〈身雖世界住　心与虚無遊〉とある。身を現世に置きながら道家の心の空虚と遊ぶという。詩「官舎小亭閑望」は、閑静に至福を味わい、詩「夏日独直寄簫持御」（夏日独り宿直して、山水画を能くする簫持御に寄す）には、松と竹に向かっているだけで山中の気分を味わうという（但対松与竹、如在山中時）。

この頃、白居易は官舎と草堂とを往き来した。官衙の屋舎においても、山中の気分を味わわないと気が済まない。ほとんど病といってもよいほどだ。彼は杭州にあったとき、山水を見晴るかす眺望に病みつきになったらしい。『白氏文集』〔巻二〇〕の詩「江楼夕望招客」は、『和漢朗詠集』にも収載され、よく知られる。

都市が早くから発達した中国では、隠者にも大中小の三種類が生まれ、『易』にいう「宇宙」、仏教でいう「世界」を一望する精神を身近に味わう工夫もさまざまになされた。やがて晩唐から貴族のあいだに、日本語でいう盆栽趣味が拡がり、宋代には士大夫層に引き継がれる。庭が構えられる身分なら、山水を模した池亭をつくるが、盆栽にせよ、池亭にせよ、気が流れ、生々化育が繰り広げられる天地のミニチュアである。

池に、山を中心にもつ島を浮かべることも多い。日本でも祝儀の席などの調度に、盆の上に島のミニチュアを浮かべるものがあり、「島台」と呼ばれる。古くは「島形」と呼ばれ、蓬萊をかたどったとされる。とすれば、道教の系譜を引いた縁起物ということになろう。

遡るが、『日本書紀』〔斉明天皇五（六九五）年〕に、甘樫丘の東の河原に須弥山を造って、陸奥と越《こし》の国の蝦夷を饗応したとある。蓬萊山を象るのとは、用途がだいぶちがう。服属儀礼の添え物に朝廷が世界を掌握していることを示す象徴として選んだのである。大仕掛けなものであっただろう。

天地のミニチュアを見て、宇宙を心におさめる気分を楽しむ態度は、それとは異なる。白居易は、高楼から眺める眺望や遠望を好んだが、田園のなかでは暮らさなかったし、農民から税をとりたてる仕事に従事したわけでもない。杜甫の詠う田園や山河には、悲痛や痛恨が絡まる、李白の変幻自在を支える現世を断ち切る精神とも異なる。官人の世界にあって、それらを知っているとでもいえばよいか。そのことが天地自然とも国家経営とも実践的にかかわろうとしない日本の王朝の文化官人たちの気風とマッチしていたともいえよう。

同じ〔閑適〕中に詩「贈王山人」がある。長生術に凝る王質夫《しつぷ》（白居易に「長恨歌」を書くよう勧めたとされる人物）に向かって、「天命」に逆らうことなく、この世で生死を超えた〈無生〉の境地を得ることを説いている。この「無生」が彼の仏教信仰の核心である。唯識では、無意識の内に、まだ自我の影が残る第七識をも脱する境地をいう。ヨーガ（禅）の修行に発し、腹式呼吸を繰り返し、いわば失神に近い状態で、よく青や赤の光を見るという。さらにその先に、瞬時に近い、意識が飛んだ状態が悟りの境地とされ、意識がこの世に帰ってくるとき、一新され、輝く世界を見るという。その境地を得るために種々の修行が行われるが、白居易が激しい修行を積んだ様子はない。彼は、若いときから、身体が弱かったといわれる。

『白氏文集』〔巻五〕、陶淵明に倣った〔倣陶潜体詩一六首　其二〕に、〈我に不死の薬無し、万万、化に従ひて遷る〉〔我無不死薬　万々随化遷〕とある。白居易の儒・仏・道の「三教一致」は、『周易』にいう「天命」、吉凶禍福の循環に身をまかせ、禅那〔禅定〕による「無生生」、情動や観念の動くことのない境地と、仙人になって混沌に遊ぶ境地とを、渾然一体にしたようなものだったと考えてよい。夜中に琵琶を弾き、詩を長く吟じて、独り陶然となるのも、それに近いものだったのではないか。

白居易は晩年、禅僧との交流も知られる。が、禅宗の六祖、南宗禅の開祖とされる慧能が説いた「見性」に収斂する考えは見えない。ましてや死後の極楽往生への願いはない。ちなみに白居易が晩年、暮らした龍門には、『華厳経』が説く、真理を遍く照らし、悟りに導く毘盧遮那《びるしやな》仏が刻まれていた。日本では東大寺の大仏がよく知られる。

厭離穢土の思想

一一世紀中期に編まれた藤原明衡撰『本朝文粋』中、平安中期の兼明親王「兎裘賦」と慶滋保胤《よししげのやすたね》「池亭記」が双璧と称される。前者は、陥れられても、「兼済」、すなわち天下を済《すく》う心を保って揺るぎないところが読者の胸をうつ。後者は、対句を駆使し、漢籍の多くの典拠を踏まえる修辞が称賛される。

慶滋保胤「池亭記」は、兼明親王の「池亭記」をふまえながら、京の西側のさびれた様子から筆を起こし、西京の左大臣と呼ばれた源高明が大宰府に左遷されたのち、その屋敷が荒れたままになっている様子にコトヨセて、〈夫《そ》れ此《かく》の如きは、天の西京《にしきやう》を亡《ほろぼ》すなり、人の罪に非《あら》ざること明らかなり〉〔夫如此者、天之亡西京、非人之罪明也〕と結び、何かと物騒な京の北側に家が密集しているさまを、〈何ぞ其《そ》れ人心の強《おず》きこと甚《はなは》だしきや〉〔何其人心之強甚乎〕と述べ、さらに鴨川べりや北野の地では農耕を営むが、堤防が破れたままにされ、東と北の郊外は天子が季節の祭礼を行うところとして禁制が敷かれ、都の人びとが遊ぶところがないと憂え、そして、人びとが争って郊外に移り住んでいることに言い及ぶ。〈是《こ》れ天の然《しか》らしむるか、将《はた》人の自ら狂ひたるか〉（是天之令然歟、将人之自狂歟）。間接的にではあるが、都の経営がうまくいっていないことを批判している。

そのように言いおいて、保胤は、自分は齢五〇にして、六条以北の荒地に、たまたま小宅を構えたことを語る。その小宅の池や亭を語るところに、白居易「草堂記」や「池上篇」の影が指摘されている。典拠を踏まえているというより、むしろ「草堂記」や「池上篇」を下敷きにして、その間に〈池の西に小堂を置《す》ゑて弥陀を安《お》き〉（池西置小堂安弥陀）という一句を挟んでいるといった方が適切だろう。辺りの景色を述べる際には、『文選』などからも借りている。典拠の範囲は、兼明親王「池亭記」よりはるかに広い。その上で保胤は〈家主《いへぬし》職は柱下に在りと雖《いへど》も、心は山中に住まふが如し〉（家主職雖在柱下、心如住山中）という。〈柱下〉は、古代律令制で内務省の書記官。中国名は「中書」で、つまり兼明親王と同じ職である。

白居易の「閑適」詩を踏まえてはいるが、保胤は白居易や兼明親王のように陥れられたことはなく、内記の位は白居易のそれより高い。その後、大内記に昇進し、永観元年（九八三）には、元号を「永観」に改める詔を起草している。そして、いう。

夫《そ》れ漢の文皇帝異代《いだい》の主《しゆ》たるは、倹約を好みて人民を安むずるを以《も》ちてなり。唐の白楽天異代の師たるは、詩句に長《た》けて、仏法に帰《よ》れるを以ちてなり。晋朝の七賢異代の友たるは、身は朝に在りて志は隠に在るを以ちてなり。

（夫漢文皇帝為異代之主、以好倹約安人民也。唐白楽天為異代之師、以長詩句帰仏法也。晋朝七賢為異代之友、以身在朝志在隠也）

この〈身は朝に在りて志は隠に在る〉という態度も、己が身を白居易に寄せている。異国の皇帝を主と表明する態度は、いささか穏やかでない。が、当代においては修辞の内と認められたのだろう。すでに摂関家が権力を握っていた。

そして保胤は、池の西の小堂に阿弥陀仏を据え、『法華経』を誦し、また念仏を唱える。それは伝教大師・最澄が『法華経』こそ、すべての衆生を救済しうる根本経典と説いた「法華一乗」の教えに帰依するだけでなく、極楽浄土を想い浮かべて観想し、歿後の成仏を願うものだった。冒頭、都の経営がうまくいっていないことをいうのも、巷に満ちる民草の怨嗟の声を記すためであった。

慶滋保胤は、賀茂忠行の次男に生まれた。忠行は陰陽術に優れ、安倍晴明を育てた人といわれるが、その家学を長子につがせ、自らは紀伝道を志し、姓の賀を慶、茂を滋と読み替えて、慶滋とした。保胤は、その父に従い、内記になったが、若くして浄土教に傾倒し、大学寮紀伝道の文章生と比叡山延暦寺の僧侶による念仏結社「勧学会《くわんがくえ》」の結成に尽力（九六四年）。寛和二年（九八六）には比叡山で出家（法名心覚、のち寂心）し、横《よ》川《かわ》に住んだ。前後して、聖徳太子をはじめ、皇族から僧・庶民にいたる四五人の往生伝を収める『日本往生極楽記』を編んでいる。

少しのち、比叡山、横川で源信が『観無量寿経』など顕密双方の経典から往生に関する、とくに極楽の場面を『往生要集』（九八五）に撰述し、「厭離《おんり》穢《え》土《ど》」「欣求《ごんぐ》浄土《じょうど》」を打ち出し、西方浄土を観想し、歿後の往生を願う信仰を広めた。仏教はもともと輪廻転生を繰り返す苦の世界からの解脱を目的とするが、この末法の世は、煩悩に迷う汚れたところと見切りをつけ、ひたすら歿後の極楽往生にかける修行に励むべし、という思想である。宋代の中国に伝えられ、唐末から衰退した天台に復興機運をもたらしたとされる。そこに日本の往生の例は、〈慶氏の『日本往生之記』に見える〉と記されている。

保胤と源信のあいだには親交があり、この時期の漢文をよくした人たちを巡る幸田露伴『連環記』（一九四〇）も、二人の交流について伝説をあげている。「池亭記」には『白氏文集』〈閑適〉を下敷きにしているが、その詩「感時」にいう、ただまさに美酒を飲み、終日陶然として酔うているのがよい（唯当飲美酒　終日陶陶酔）という気分はない。白居易の詩「感時」にいう〈金や玉に勝《まさ》る〉酒を最澄が禁じたからである。それゆえ、酒については、この際、措くことにする。が、歿後の浄土への往生を願ってやまない心は、白居易の三教一致の境地に自足する閑適の精神にそぐわない。慶滋保胤「池亭記」は、白居易の閑適の詩を下敷きにして、それとはそぐわぬ精神を語っている。先人の語句を踏まえるのは、その精神を汲むことゆえ、これは単なる文飾と評すべきである。

保胤には眺望を楽しむ精神もない。池亭を構えても、閑適に自足することを知らなかった。ひたすら極楽に往生を願いつづけた。往生思想の拡がりは、「厭離穢土」、この汚れた世界を離れたいという思いを強くする人びとを増やしてゆくことになる。

「念仏」はもともと仏を想うこと全般をいい、禅の瞑想法と結びついて観法が説かれたが、やがて『観無量寿経』が極楽浄土を観想する観法の修行を盛んにした。入日を拝み、西方浄土を想う日想観、清らかな水から極楽の清らかさを想う水想観、極楽の大地をまざまざと想う地想観、極楽の聖なる樹木を想う宝樹観、極楽の池の水を想う宝池観など順次、瞑想を深めてゆく一六の観法に定式化された。それとは別に中国で、阿弥陀仏の名を唱える称名念仏を中心に浄土教を広めたのは八世紀後半に活躍した善導だが、日本では平安中期、東大寺三論宗の永観《ようかん》が『往生拾因』（一一〇三）に、顕密諸宗と比べて、念仏は行住坐臥を妨げず、極楽は道職貴賤を選ばず、衆生の罪が等しく救済されると説き、一心に称名念仏すれば必ず往生を得ると説いて「念仏宗」を起こしたことから拡がりはじめたとされる。だが、慶滋保胤による念仏結社「勧学会」の結成の願文（九六四、『本朝文粋』所収）は、それより半世紀ほど早く、称名念仏の行が謳ってある。

平安中期、念仏聖の祖として空也が知られ、末期には「捨て聖」として一遍が知られる。だが、入日を拝む日想観と称名念仏とを結びつけ、平安末期に一挙に広めたのは、山野の岩陰に宿りすることも厭わない、身分の低い念仏聖たちであったと想う。鳥羽上皇に北面武士として仕えたのち、出家して諸国を放浪した時期の西行も、そうした聖たちと同様の暮らしをしたにちがいないが、やがて高野山に戻って詠んだとされるうたに次のものがある。

ともすれば月澄む空にあくがるる　心のはてを知るよしもがな（『山家集』六四七）

仏教で月は、智慧の光ですべてを照らし、人びとを迷いや苦しみから救う勢至菩薩に見立てられる。日想観の流行をよそに、月にあくがれ出る心をうたい、魂の行方なぞわからないと嘯《うそぶ》いているように読める。一言で率直質実と形容されるが、歌壇の習いや世間の流行を大胆に破り、平俗の語を平気で取り入れる西行のうたぶりを、後鳥羽院をして〈西行はおもしろくてしかも心ことに深く……生得の歌人と覚ゆ。おぼろげの人、まねびなどすべき歌にあらず。説くべからざる上手なり〉（『後鳥羽院御口伝』）といわしめたのも合点がゆく。が、わたしは白居易の詩境が目指されていたことを想ってみる。

その西行のうたに若き日に親しんだと想える鴨長明が若き日に人に勧められてまとめたらしい『鴨長明集』（一一八二年推定）の終わり近く、「月」と題するうたがある。

あさゆふに西をそむかじとおもへども　月まつほどはえこそむかはね　（雑一〇五）

西方浄土の教えにそむいてはならないと思っても、月を待つほどの気持にはなれません、とこれも極楽浄土にそっぽを向いている。その一つ前に、ある聖に勧められて百首詠んだ歌のなかからとして、次のうたをあげている。

しらくもにきえぬばかりぞゆめのよを　かりとなくねはをのれのみかは（雑一〇四）

白い浮雲をはかなく消える世のたとえに用いているが、白居易が蘇州天平山上に白雲の湧きだす清らかな泉を想定し、その白雲と清らかな水に脱俗の心を託した七言詩「白雲泉」を踏まえ、自身の思いを重ねて、「雁」と「仮」をかけ、この世は仮の宿りという思いを抱いているのは、己れひとりか、と嘯いている。極楽往生祈願の流行に、はっきりと背を向けている。

やがて鴨長明は、実際、念仏聖めいた生活を送り、後鳥羽院が『新古今和歌集』を編むために営んだ和歌所に仕えたものの、その恩顧に背いたかたちで歌所を抜け出し、低山に庵を結んで『方丈記』（一二一二）を記した。それは早くから、そして長く日本人の自然観に響くことになった。

その長明と後鳥羽院の歌所との縁を結んだとされるのは、平安末期、村上源氏の全盛期を築いた源通親《みちちか》である。通親は城南の地、鳥羽《とば》に庵を結び、兼明親王の「兎裘賦」を慕い、また禅にも打ち込んだ。その彼に白居易「草堂記」に倣った「擬香山模草堂記」（香山に擬《なぞら》へて草堂を模するの記）がある。そこにも念仏往生祈願の匂いはない。

鎌倉時代に入ると、ひたすら阿弥陀仏にすがり、称名念仏に歿後の極楽往生を託する日本独自の仏教教派が盛んになる。比叡山の訴えを承けた後鳥羽上皇によって、一二〇七年、念仏専修の禁止令が出され、法然は土佐へ、親鸞は越中へ流罪になった。日蓮も一二六一年に鎌倉幕府により、伊豆に、七一年には佐渡に配流された。

乱世の到来に魂の救済にかける願いが氾濫し、世の秩序を回復しようとする治世者との格闘が繰り返された。そのきっかけは、王家の侍《さむらい》たるべき平家が武力をもって、天皇をも上皇をも意のままにするまでになったことに端的に示されている。

争乱の到来

治承元年（一一七七）、後白河上皇のもとに反清盛勢力が集まる動きに、平清盛はクーデターで応じ、上皇を幽閉すると、いよいよ清盛への叛旗が翻り、一一八〇年、平清盛は福原遷都の挙に出た。右大臣、藤原兼実《かねざね》の日録『玉葉』〔五月三〇日〕条には、その日、はじめて彼の耳に「福原下向」の噂が届いたこと、五月三〇日に清盛より、六月三日の行幸が命じられ、たちまち六月二日に変更されたことを記して、〈およそ言語の及ぶ所にあらず〉（凡非言語之所及）と感想が記されている。後白河法皇、高倉上皇と第八一代安徳天皇とが福原に移らされるという前代未聞の出来事に、宮人たちは慌てふためくしかなかった。

公卿僅かに両三人、殿上人四五人ばかりをお供に候べし云々、天狗の所為にて、実に直事《なおごと》にあらず、乱世に生まれ合い、この如きの事を見る、悲しむべき宿業なり
（公卿僅両三人、殿上人四五人許、可候御共云々、天狗之所為、実非直事、生合乱世、見如此之事可悲宿業也）

と、清盛を〈天狗〉にたとえ、わが身の不運を嘆いている。〔六月二日〕条も、福原行幸に際して、洛中は〈およそ異議紛紜、巷説縦横、緇素貴賤、仰天を以て事とす、ただ天魔朝家を滅せんと謀る、悲しむべし、悲しむべし〉（凡異議紛紜、巷説縦横、緇素《しそ》貴賤、以仰天為事、只天魔謀滅朝家、可悲々々）と驚き嘆くばかり。〈緇素〉は「黒白」の意味で、墨染の衣を着た僧と白の衣の俗人をいう。ここでは〈天魔〉の仕業になぞらえている。摩訶不思議な恐るべき力に襲われ、己が世界秩序が崩壊に見舞

われているという官人たちの心情を映していよう。

だが、それでもそのあとは、行幸の行列の次第、牛車や輿《こし》、服装などを詳しく記し、朝廷の記録を残す「日記の家」の人の役割を忠実にはたしている。藤原兼実が一一六六年、一八歳で右大臣の職を賜ってより一五年、三五歳のときのことだった。

それから三二年後、鴨長明『方丈記』は、福原遷都を、都を襲う厄災の一つとして記している。

また、治承四年水無月《みなづき》のころ、にわかに都遷《うつ》り侍りき。いと思いの外《ほか》なりし事なり。

と、はじめて、

たやすく改まるべくもあらねば、これを、世の人安からす憂へあへる、実《まこと》にことわりにもすぎたり。（簡単に変わることなどあるはずもないのだから、これを世の中の人は不安に思い、心配しあったのも当然すぎることだった）

と、大きな社会変動の予兆ととらえる人びとが多かったことを伝えている。彼自身が、そのように感じたのだ。そして、〈その時、おのづから事の便りありて〉（わざわざでなく、便宜があり）、長明は実際に福原を訪ね、京より狭く、内裏は山の中というありさまを告げ、また風俗の変化に武士の世への移りゆきを嘆いている。

道のほとりを見れば、車に乗るべきは馬に乗り、衣冠《いくわん》・布衣《ほい》なるべきは多く直垂《ひたたれ》を着たり。都の手ぶりたちまちに改まりて、ただ鄙《ひな》びた武士《もののふ》にことならず。世の乱るる瑞相《ずゐさう》と書きけるもしるく、日を経《へ》つつ世の中浮き立ちて、人の心もをさまらず、民の愁《うれ》へつひに空しからざりければ、同じき年の冬、なほこの京に帰り給ひにき。されど、こぼちわたせりし家どもは、いかになりにけるにか、ことぐ\もとの様《やう》にしも造らず。

平清盛の福原遷都は失敗に終わり、半年で都は京に戻った。都育ちの、いや、都を守る下鴨社の家に生まれた長明が、遷都を憂い、だが、都帰りを道理と見ずに、一度、移住に走った人びとの家はもとに戻らないことを告げている。鴨長明の筆は、源氏の挙兵にふれることなく、だが、大きな世の移りゆく姿を適確に記している。清盛の世への非難の調子は、さらに高くなってゆく。

伝へ聞く、いにしへの賢き御世には、あはれみをもちて、国を治め給ふ。すなはち、殿《との》に茅《かや》をふきても、軒をだにととのへず。煙のともしきを見給ふ時は、限りある貢物《みつぎもの》をさへゆるされき。これ、民を恵み、世を助け給ふによりてなり。今の世の中の有様、昔になぞらへて知りぬべし。

『方丈記』の擱筆が、そこに記されているとおり齢六〇とすれば、鴨長明は一一五三年の生まれで、福原遷都は二八歳のことになる。彼は『方丈記』で、このころを振り返り、度重なる天変地異を総じて〈ただごとにあらず。さるべき物のさとしかなとぞ疑ひ侍りし〉と記し、福原遷都を挟んで、都の風俗は旧に復さなかったことを強く嘆いている。下鴨神社の跡取りたることを諦め、極楽浄土への往生祈願にそっぽを向いた人にも、相次ぐ厄災は神仏の諭告かと疑ってみざるをえなかった。他方、都の生活が地方からの物資に支えられて成り立っているということ、中国であろうと日本であろうと、律令制下の官僚であれば誰しもが承知していて当然のことが、この時期、都の鎮護を司る神社の息子の遺した筆にだけ示されていることにも、思いをいたしてみるべきだろう。▼4

人もいうように、鴨長明『方丈記』は、あからさまなほど慶滋保胤「池亭記」を踏まえている。保胤「池亭記」が前半で京の東西を眺めわたし、人びとが争って郊外に移り住み、都の内側が日々、衰微してゆく様子を描いていることを承け、その前半で都を襲う災害をつぶさに並べ、そして後半で閑居の様子を語る構成からしてそうである。同じく白居易の閑適の精神を踏まえても、権門に仕えることを拒み、ひたすら生死の余執からの離脱を願い、極楽往生にはそっぽを向く精神もまるでちがう。そこに日本の中古から中世への文化の転換の一つの相が覗いている。それを論じる前に、うたの中世への転換を見ておきたい。

もう一つ、一一八〇年、源氏の挙兵で平家が滅び、紆余曲折を経てだが、一一八六年、藤原兼実が摂政の座に就き、法皇逝去後には朝廷を牛耳り、頼朝に征夷大将軍を宣下したこと、兼実は後鳥羽天皇との対立が深刻化し、失脚したが、『玉葉』は書き続けられたことを言い添えておきたい。そののち、兼実の孫にあたる道家《みちいえ》の子、教実《のりざね》、良実《よしざね》、実経《さねつね》が鎌倉幕府の摂関になり、それぞれ九条家、二条家、一条家を立て、五摂家をなした。『玉葉』は、九条家に写本が伝えられた。武がものをいう時代が訪れても、政《まつりごと》の執行には典礼（有職故実）の記録が不可欠だったのである。

第八章　中世の自然観

源頼朝によって、鎌倉幕府が開かれたといっても、朝廷と荘園、公領はそのまま存続し、院政と武家政権との駆け引きが続いた。二度に亘る元寇（一二七四、八一年）を天候を利して撃退したものの、武士層の恩賞に対する不満が残り、承久の乱（一二二一年）ののち、北条氏が権力を掌握すると「御成敗式目」（一二三二年）を制定、武家と公家の分離がなされた。

皇統が大覚寺統・持明院統に分裂していたことに絡んで、一三三三年、後醍醐天皇が鎌倉幕府を倒して建武の新政を実施した。だが、足利尊氏《たかうじ》の離反にあい、一三三八年、大和吉野で、南朝政権を樹立した。南北両朝を統合の核として全国の大小勢力が相争う南北朝時代に入る。後醍醐の周辺では、「無礼講」と呼ばれる放埓に流れる宴が繰り返されたという。身分の卑しい者が勢いを揮う時代、それが二条河原の落書にいう「下剋上」である。これには、中国から訪れた禅僧が外典として、朱子学を運んだことも一役かったらしい。中国では、五代十国の争乱で貴族層が崩壊し、士大夫が政務を取り仕切る時代に入っていることが伝えられ、新たな世の到来の気風を呼んだ。[1] だが、科挙抜きゆえに忠義しか頼るものがない。

それに対して、同じく南朝方の参謀・北畠親房《きたばたけちかふさ》が著した『神皇正統記』は、神代から後村上天皇の即位までの年代記のかたちをとり、儒学思想に立ち、皇統が一種類の「姓」であることの事実を「徳」

の表れとして強調、「仁政」をもって正統のシルシとする。崇仏に走った天皇には批判が加えられ、政治の良しあしで天皇の運も決まるという考えには、『孟子』の影響もうかがわれる。さまざまな党派的な立場がそれぞれの己れの「道」の正しさを説くことを相対化して揶揄し、事実性をもってマコトとする精神に立つ。南朝の正統性を明らかにするための論法であり、歴史解釈にご都合主義はまぬがれないが、また『神皇正統記』がこの時代に影響力をもった形跡はないが、のち、江戸時代に山鹿素行が易姓革命の起こらなかった日本こそ「中朝」であると説く尊王思想の歴史書『中朝事実』（一六六九）に受けつがれ、水戸藩などの南朝正統論を育てたことは無視しえない。

中世においては、一方で夢見などに関心が集まる傾向が強まりはするが、他方で、事実性が押し出される。絵画や彫塑に及べば、鎌倉時代の人物画や仏像彫刻に写実性が顕著になることはすでに定説。むろん、仏像のそれは近代的な写実とは異なり、仏の観念を現世の衆生に届けるための手段であった。古代から今日まで、観念論や神秘主義と細部のリアリズムとは、さまざまに結ぼれながら展開してきた。文章を含めて、その結ぼれ方に注目すべきだろう。

一、中世のうたと散文

ざわめく日本列島

足利将軍家による政権は、義満が京都室町に御所《ごしょ》を設けたことから室町幕府とも呼ばれるが、その権力は小さく、各地の守護を統括するかたちだった。その間、乱世の到来の不安が拡がるなかで、ひたすら阿弥陀仏に帰依し、称名念仏に打ち込むことで、それがはたせると説く日本独自の浄土宗（法然）、浄土真宗（親鸞）が興り、また天台宗の堕落を説いて『法華経』の底に三千世界の総てを救済する秘密があると説く日蓮が起こした日蓮宗が拡がった。それらは天台宗に発する「厭離穢土」の考えが歿後の極楽往生を祈願する浄土教系思想へ展開したものだが、比叡山は、朝廷及び幕府にはたらきかけ、これらの鎌倉新仏教を弾圧し、それぞれの教祖は法難を受けた。

そのような宗派間の角逐とは別に、そもそも、この世に迷う衆生に仏性が宿っており、仏に荘厳されて「草木国土」の総てが成仏するという教えが、日本の天台宗では、木石が自ら発心するという考えに転じられていた。また、煩悩を覚えることにこそ発心の機縁があると説く教えが「煩悩即菩提」、この世に迷う現身そのものが仏身であるとする短絡した考えを拡げていた。それら修行の否定につながりかねない考えは、仏教の本来ではないとし、それを克服する途を探る動きも起こった。栄西と道元が相次いで中国・南宋にわたり、黄檗《おうばく》、曹洞の二つの禅宗宗派が招来されたことに端的に示される。

中国の南宗禅では、悟りを得ようとすることより、己が身内の本性（仏性）を見極めること（見性）に重きが置かれ、常住坐臥がこれ修行とされていたが、宋代には儒・仏・道の三教のあいだに互いに競合し、それぞれの根本体系を整えなおす動きが生じていた。そのなかで、道元は、生死へのこだわりから抜け出すことこそが本来の悟りと学んだと想われる。ひたすら座禅に打ち込むことが尊いと説き、また権力と距離を置く姿勢をとった。おそらくは、北方を金におさえられ、江南に下がった南宋で、儒学および道教とともに禅宗も皇帝を支える姿を見て、反面教師としたものと想われる。

仏教研究者、宇井伯寿、中村元、田村芳朗らは、中国仏教が客観的道理を説く傾向が強いのに対し、道元や日蓮らは主体的な菩薩行を説いたことを特徴としてあげていた。対比すれば、そのようにいえるだろうが、それをもって日本的仏教の特徴と括ることにはいささか躊躇せざるをえない。中国仏教の場合、道教や儒学に対抗して布教してゆくために、末法の世の到来など、いわば客観的認識を述べる必要があった。だが、道元にせよ、日蓮にせよ、阿弥陀仏にすがって歿後の極楽浄土に成仏することを願う考えが流行しているなかで、それぞれ新たに布教するために、主体的な信行を強調する必要があったと想えるからだ。つまり、それらには歴史的条件がはたらいている。

南北朝から室町時代にかけて、南宋から禅宗僧侶が盛んに到来するようになるが、彼らは積極的に権力にはたらきかけた。また日本からも修行に出かける僧も絶えなかった。室町幕府も新たな世界観として、また武士の精神修養として禅宗を積極的に迎えた。五山の禅僧たちは、禅林の経営に巧みで、朱子学を「外典」として出版するなどした。他方、戦乱期に力をつけた堺などの商人も、中国・明代の出版物を翻刻するなどしたため、日本における出版文化のもとはこのとき築かれた。茶の湯など簡素をモットーとする禅林の文化が拡がり、また、民間向けの読み物も出まわりはじめる。権力が分散して競いあう乱世は、民間の商工業を発達させずにはおかない。

他方、民間演芸に基盤をもち、神楽などと融合した能・狂言が将軍家お抱えの芸能となり、連歌が諸大名の趣味として歓ばれるなど、武家を媒介にして、王朝の雅と民間の俗の文化との距離が縮まり、融合してゆくのも、この時期の特徴である。のち、江戸時代に、宗匠（家元）制度によって、俳諧連歌とともに、茶の湯や瓶花などが富裕層の趣味として定着し、婦女子の稽古ごとにもなってゆく。

室町幕府の権力争いから、力をつけた全国各地の大小の守護大名が二手に分かれて戦う応仁の乱（一四六七〜七七年）が起こり、全国各地の争乱に拡大して戦国乱世となる。各大名は自分の領地の生産力をつけるために、新田開発や鉱山開発などに力を入れ、また商業の発展が促された。文字通り地方分権的な戦国の世、築城や堤防の構築、武器や農耕具の改良の工夫が進み、自然の効果的な改作へと道がつけられていった。耕作に牛馬が用いられ、耕地面積が著しく拡大してゆくのもこの時代である。

室町時代以降盛んになる絵入のお伽草紙類は、芽生えて間もない出版事業が民間の説話を掬い採って、リテラシーが向上した庶民向けの読物として刊行したもの。わたしは背後に語りものに接近した宋代の志怪小説の盛行があると見ている。中身は人物の逸話、神仏の不思議譚、動物報恩譚など多種多彩。そのうち、庶民を主人公にする立身出世譚の多くは、「わらしべ長者」の物語がよく示すように、個人の努力ではなく、才覚も含めて幸運に恵まれてのものである。背後に乱世の風潮があり、「自ずから然り」の「自然《しぜん》」が明日はどうなるとも知れないいのち、運まかせの意味に傾斜していったことと表裏する関係にあろう（第三章二節を参照）。また、戦国時代の回想を女性が口語体で語るものや、戦国武士が生《なま》な荒い言葉を記しつけたものなども生じ、江戸時代の民衆の読み物の多様化につながっていった。▼2

平清盛の福原遷都を起点にとるなら、そののち、ほぼ四世紀にわたって、大小の権力が興亡を繰り返し、仏教界は揺れに揺れつづけ、民衆のざわめきは、北海道を除く日本列島の隅ずみにまで響きわたっていった。その「俗」の発露の発端は、院政期に「今様」と呼ばれた歌謡にうかがうことができるだろう。

過渡期としての院政期

うたの中世への動きを大きくとらえようとすれば、若いときから当代の巷間に流行する民間歌謡、「今様」に打ち込んだ後白河上皇が集成したとされる『梁塵秘抄《りょうじんひしょう》』（治承年間一一八〇年代推定）に目を配らないわけにはいかない。まとめたのは、清盛によって幽閉されたのちのことだろうか。

　春のはじめの歌枕　霞たなびく吉野山　鶯　佐保姫　翁草　花を見捨てて　帰る雁〔一三〕

早春の景物を物尽《づく》しでうたう。佐保姫は、古来、平城京の東、薄衣のような春霞をまとった佐保山を春の女神に見立ててうたにうたわれてきた。オキナグサは長い白い毛をもつ果実が集まって白髪頭に見えるところからいう。早春なら花のはずだが、ここは若い女性に白髪の翁をとりあわせて夫婦に見立てている。最後は、平安時代の女性歌人、伊勢のうた〈春霞立つを見捨てて行く雁は　花なき里に住みやならへる〉（『古今和歌集』三一）を踏まえ、北へ帰る雁で、きれいにまとめている。

節《ふし》の様《やう》がるは　木の節　萱《かや》の節　山葵《わさび》の蓼《たで》の節　峰には山伏　谷には鹿の子臥《ふし》　翁の美女《びんでう》婚《ま》り得
ぬ独《ひと》り臥　〔三八二〕

もう一つ、物づくしの歌を引いた。〈様がる〉は様子が面白いという意味で、〈山葵の蓼の節〉は、山葵の根の節くれた様子や蓼の茎の節を重ねたのだろう。ここにも翁と若い女の取り合わせが見える。いささか卑猥な遊び気分が匂う。このころ、笑いを誘う定型になっていたと見てよい。庶民は景物をことば遊びにして楽しんでいた。

西山通りに来る樵夫《きこり》　を背を並べてさぞ渡る　桂川　しりなる樵夫は新樵夫な　波に折られて尻
杖捨てて　かいもとるめり　〔三八五〕

〈を背〉の「を」は美称の接頭語。〈しりなる〉はしんがりの。〈新樵夫〉は新米の樵で、〈波に折られて〉以下は、波にもまれて転び、尻に突いていた杖を捨てて、もがいているさまを笑う。西山は都の西で、桂川が流れ、やがて淀川と合流する。このころには、嵯峨より南の下流域を呼んでいたらしい。上流は清滝川、嵐山付近は大堰（井）川と呼ばれ、早くから天井川となり、流れが速く、洪水をよく引き起こした。樵たちは、木を伐り終われば、住まいに帰る。あとは筏師の仕事となる（第六章二節を参照）。自然の景物は、ある規範で縛られなければ、自ずから庶民の生業とともにうたわれる。

淡路の門渡る特牛《ことい》こそ　角を並べて渡るなれ　しりなる牝牛の産む特牛　背《せ》斑《まだら》　小牝牛は今ぞ行
く　〔三九〇〕

このうたは、長く牛が船で瀬戸内海を渡っている場面と説かれてきたが、それでは仔牛の勇んだ姿が腑に落ちない。〈特牛〉は宮廷用の薬をまかなう典薬寮の牧場に飼われている乳牛で、いまの阪急、淡路駅近くにあった淀川の河口に近い川門の光景と五味文彦『梁塵秘抄のうたと絵』（文春新書、二〇〇二）が解説している。牛乳（醍醐）も、貴族の薬のうちだった。五味文彦は先の樵夫の歌と牛の歌は、ふたつとも遊女にゆかりの土地のもので、遊女のうたとしている。謡曲「江口」に登場する江口（神崎）の遊女もよく知られる。淡路は江口の直近。このふたつの歌は、よく似ている。口の端にのぼせて歌い憶えているうちに、ちがう場所で替え歌ができるのだろう。

『梁塵秘抄』の歌は、多くが七五調や八五調の四句でできているが、もうひとつ目立つのが道行歌謡で、これは都の寺社巡りが多い。一番長い歌を引いてみる。

いづれか清水へ参る道　京極くだりに五条まで　石橋よ東の橋詰　四つ棟六波羅堂　愛宕寺大仏
深井とか　それをうち過ぎて八坂寺　一段上りて見おろせば　主典大夫《さくわんだいふ》が仁王堂　塔の下　天
降《くだり》末社　南をうち見れば　手水棚手水とか　御前に参りて恭敬礼拝して見下ろせば　この滝は
様がる滝の興がる滝の水　〔三一四〕

京の都、洛中のどこからか京極大路に出て、五条大路まで南に下がると、賀茂川に石橋（清水橋）がかかっている。それを渡って、四つの棟でできている堂々たる六波羅堂に出、いくつもの寺院や雲居寺の大仏を過ぎて八坂の法観寺の塔のところに登って見下ろすと、主典大夫（律令の四等官にあたる）のつくった仁王堂や祇園社の末社、牛王社が見える。南を見ると手水棚があるので、手を清め、清水寺の観音様にお参りして、また見下ろすと、音羽の滝があってすばらしい、すばらしいと終わる。神仏へ近づく道行歌謡を、当時、盛んだった観音信仰の聖地、清水寺へ参詣する道案内に仕立て、滝で閉じている。次つぎに通り過ぎる地名を並べ、リズムにのせて道物尽くしの気分でうたう行文は、記紀歌謡から見られる。のちには、謡曲にも浄瑠璃にも用いられ、近松門左衛門の心中物で、掛け言葉をちりばめた絢爛たる七五調の道行文は、多くの人びとに読みつがれた。明治に登場した「気笛一声新橋を」出て、東海道を京都までの駅名を歌いこむ大和田建樹の『鉄道唱歌』も長く歌われた。演歌調の歌謡曲には、時代が下るとご当地ソングが多くなるが、古代から現代まで日本人は旅をしながら景物を読み込む歌謡が好きなようだ。

鵜飼はいとほしや　万劫年経《まんごふとしふ》る亀殺し　又鵜の首を結《ゆ》ひ　現世はかくてもありぬべし　後生我が身をいかにせん　〔三五五〕

鵜飼は亀を殺して鵜の餌にし、鮎などの漁をして暮らす人。都の人がよく目にする殺生を業とする人の代表である。能の名作『鵜飼』のなかでも、成仏できずに、この世とあの世の境を迷うしかない。殺生を咎《とが》とする仏教の考えが浸み込んでいる。なかには、こんな歌もある。

狂言綺語の誤ちは　仏を讃《ほ》むるを種として　あらき言葉も如何なるも　第一義とかにぞ帰るなる　〔二二二〕

〈第一義〉は、最も大切なもの。〈あらき言葉〉は、洗練されない生《なま》なことば。このように狂言綺語の過ちを犯してうたいつづけ、興がること自体に言及し、それでも根源的なものにつながろうとするのが、「今様」の念願かもしれない。

後白河は、皇位継承とは無縁で気楽な立場にあったせいか、若いときから喉を何度も傷めるほど今様に狂い、端下者や遊女との遊びぶりは異常なほどだったという。芸能全般に堪能で、また寺社のことにも熱心だった。それこそが民心をひとつに統《す》べる極意と心得ていたかどうか。それは定かでない。『梁塵秘抄』の名は、兼好法師『徒然草』第一四段に見える。兼好法師は、その率直で清らかな情趣を愛でている。『論語』の『詩経』評にならったか。とすれば、〈詩三百、思邪無〉を邪なところがない、と読んでいたことになる。「邪なところがあってはならない」と読む朱熹の解釈は、まだ、おそらくは兼好にまで届いていなかっただろう。

だが、江戸時代には、一八世紀末に後白河が歌について解説し、自分とのかかわりを述べた『梁塵秘抄口伝集』〈巻第一〇〉だけが塙保己一《はなわほきいち》の収集した『群書類従』に収められた。他の部分は失われたと考えられていた。再発見は、二〇世紀まで待たなければならなかったが、「今様」は、長く大きな力を発揮しつづけていた。まるで永遠に響きつづける歌声のように。

和歌の新風

一一八八年、慈円が編んだ『早率露胆百首』(『楚忽第一百首』とも)は、せいぜい『阿毘達磨倶舎論《あびだつまくしゃろん》』を学んだ程度の幼年の僧に仮託して、ことばを練らずに即興的な思いつきを繰り出す歌集を試みている。

春駒
みごもりにつのぐむあしをはむ　駒のかげさかさまになれるこの世か　〔一二〕

月
秋の月あまねきかげをながめてぞ　ちしまのえぞもあはれしるらむ　〔五〇〕

虫

なれにしもおとらぬものをわれやどせ　よもぎがそまの虫のあるじよ　〔五二〕

春駒のうた。子を孕んで変調をきたした牝馬が芽吹いた葦を食べるのを見たという。そういうことはあるかもしれないと想ってみても、そうでなくとも、影は逆さまに映るだろう。世の変乱をいう含意ばかりが先に立っているように想われる。月のうたは、秋月の光には、千島の蝦夷もあわれを知ることだろうというが、和歌に蝦夷を詠むことはまずなかった。題材に珍しさを選ぼうとする意趣が表立っていよう。虫のうた。ヨモギの茂る荒れ地に棲む虫にも劣らぬものを自分にも、と願うのは、虫の鳴く声を、神か仏か主がいると見込んでの頼みごとと聞いたものか。題材にも趣向にも、うたわれたことのない題材を織り込む工夫が先に立って練れていない。賤《しず》山がつに身を寄せた風情のうたも多い。それゆえに未熟な僧に仮託したことが知れる。

先に『万葉集』に、歌謡を天ツ神や貴人に仮託する編集の思想を見ておいたし、白居易の漢詩にも、『文華秀麗集』（八一八）で、巨勢識人が嵯峨天皇の「長門怨」に和した詩を、一人寝をかこつ女の身になってつくっていたことにもふれた。紀貫之『土佐日記』が、和文の歌日記を綴るために、女の作者に仮託する態度を見せてもいた。だが、慈円の態度は、それらと異なり、構えることなく、その場の興にまかせて、多くのうたを次から次へと作ってゆくための身分の低い地下の者への仮託である。慈円に心酔していた藤原定家は、それに和して翌年春、『奉和無動寺法印早率露胆百首』『重奉和早率百首』などを詠んでいる。定家の私家集『拾遺愚草』（一二一六～三三）は、慈円、寂蓮、定家らのうたが〈達磨歌つまりは、うたの新奇を求める動きの一端〉と非難されたことを隠していない。このような判じものめいたうたが、禅宗の元祖とされるボディー・ダールマに託して「達磨うた」、禅問答のようにわけのわからぬうたと、『古今和歌集』の正統に立つ人びとから難じられた。

藤原俊頼《としより》の歌論書『俊頼髄脳』（一一一三推定）が『古今和歌集』を手本に掲げ、俊成も『古来風体抄』（一一九七、一二〇一）で〈歌の本躰には、ただ古今集を仰ぎ信ずべき事なり〉と説いて、『古今和歌集』の機知と余情を組み合わせ、常套を破る情趣を「珍しい」として好んだ。その嗜好は、俊成を師と仰いでうたの腕をあげた後鳥羽院にも受けつがれ、それこそが新しい勅撰和歌集を『新古今和歌集』と名づけた理由と推測される。後鳥羽院が『古今和歌集』成立から三百年後にあたる元久二年（一二〇五）三月のうちに、未完成は承知のうえで、第八巻目の勅撰和歌集の撰進の終わりを祝う竟宴をあえて開いたことも、その企図をよく示していると想われる。その『新古今和歌集』の「新」には新風の意味が強くこめられていた。

後鳥羽院は、うたについての議論を盛んにし、さまざまな趣向の歌合など新しい試みを繰り返した。うたを「三体」に詠み分けよ、と命じて、建仁二年（一二〇二）三月二〇日に歌会を催したことなど最たるものだった。春・夏について「太く大きに」（高体）、秋・冬については「細く乾び」（痩体）、そして恋と旅については「艶に優しく」（艶体）詠めというものだった。上皇に藤原家隆、藤原定家、寂蓮、慈円、九条良経、鴨長明が加わったこの歌会をもとに『三体和歌集』が編まれるが、おそらくは新たな勅撰和歌集の撰者にふさわしい力量の者を選ぶための試みだった。

中国の詩では五言律詩、七言律詩、七言絶句の三つのスタイルを「三体」という。後鳥羽院のいう「三体」のうち、「太く大きに」は、おそらくは鍾嶸『詩品』が、三世紀への転換期、魏の五言詩の骨のある気高さを高く評価したことを承けて日本流に転換し、壮大さや気高さ、あるいは神々しさに通じる情趣を求めるものだったと想う。「細く乾び」は『古今和歌集』（雑歌）に顕著な「翁うた」あたりを指標にした枯れた境地や閑寂味を指し、「艶に優しく」は、俊成の求めた優艶さを思ってよいだろう。

いずれにしても、後鳥羽院が和歌を総覧する立場にいることを誇示することで、「天下の治君」たらんとしたことは疑えない。すでに朝廷祭祀の主宰者たることで、国家統治の要の位置を示すことはかなわなくなっていたし、朝廷の儀礼も摂関家に握られて久しい。それに代えて、和歌を総覧する権威を興し、さしあたり、鎌倉幕府第三代将軍・源実朝を取り込むことには成功した。

のち、一九三〇年代に、そのことをもって、後鳥羽院をコトダマの幸《さきわ》う国の伝統を復活させたとばかりに「美の総覧者」と賛美する者が出る。芸術至上主義に立って古典復興を目指す己れの立場を、アルプスの南、陽光豊かなローマ古典時代に憧れたゲーテらのロマン主義に擬して「日本浪曼派」を名乗った保田與重郎である。すでに芸術にはモダニズム諸派の波が押し寄せていたから、当時から、そのアナクロニズムを笑う批評家はいた。たとえば美術評論に活躍した土方定一《ひじかた》は、ある座談会で『日本浪漫派』の同人に向かって正面から批判している。保田與重郎がロマンティック・イロニイの逆説を駆使はしたが、しかし、それは、禅林のわび、さびや幽玄の文化こそ日本人の自然美観の核心部のように語る流れに棹さすものだった。▼3 彼の出世作「日本の橋」（一九三六）が名も知れない、わびしい橋の風情を謳うエッセイだったことを思ってみればよい。「日本浪漫派」は、名のりと内実がちがっていたのである。その意味で、院政期から中世、戦国乱世にかけての価値観の混乱と変貌をどのようにとらえ、日本文化史に位置づけるか、それが日本人の自然観をめぐっても焦点の一つになる。

うたの新風を求める機運は、一方では、歌材も趣向も「今様」など地下の平俗ぶりに惹かれ、他方では、自然にふれずに自然を詠む、本歌取り、本説取りなどと呼ばれる、いわば想像上の実験に向かった。いずれにしても、『古今和歌集』の精神を本体としつつ、その規範を破ることを目指すという微妙な均衡の上で歌風が揺れつつ、戻りつした。

平安中期に類題和歌集『古今和歌六帖』の編纂も行われ、院政期には、四季、恋、雑の百題を詠む『堀河百首』が現れ、題詠が確立したとされる。それは和歌から和歌を、屏風絵や物語から和歌を生むところへ向かった。すでにその傾向は『古今和歌集』にも見えてはいたが、俊成撰『千載和歌集』

（一一八七）あたりにあふれている。一一九三年秋から催された左大将藤原良経邸で催された歌合（『六百番歌合』）で判者をつとめた俊成は『源氏物語』を踏まえたうたを好んで勝にした。
後鳥羽院には、たとえば、次のような歌が知られる。

　をのこども詩を作りて歌に合はせ侍りしに、水郷春望といふことを
見渡せば山本霞む水無瀬川　夕べは秋となに思ひけむ　〔『新古今』巻一・春歌上・三六〕

殿上人たちが詩歌合わせをしたとき（元久詩歌合）、「水郷の春望」という題に寄せ、春の朝霞という縁語を夕に転じただけで、夕べの風情は秋に限るという通念を破ってみせた。新奇を歓ぶ精神は、人の意表に出ることである。「水郷春望」という題を与えられ、漢詩と取り組む官人たちは、まずは杜牧の詩「江南春望」を、また南朝・宋の謝霊運の長詩「登池上楼」〈池塘生春草、園柳変鳴禽〉（池塘春草を生じ、園柳鳴禽変す）あたりを踏まえようとしていたことだろう。唐の詩人、崔涂に「春夕」〈水流花謝両無情、送尽東風過楚城〉（水流れ花も散る無情の時節、春風の名残を南方の楚城へ見送ったの意）があるが、行く春を惜しむ詩でまるで趣がちがう。だが、考えてみると、三夕のうたなど寂しさをうたうことに傾く流行がなければ、このうたの面白さは成り立たない。
　また、たとえば藤原定家の文治二（一一八六）年の西行勧進による二見浦百首中、よく知られた次のうたを想えばよい。

見渡せば花も紅葉もなかりけり　浦の苫屋の秋の夕暮　〔『新古今』秋上、三六三〕

『源氏物語』〈明石〉中、花や紅葉の盛りと比べて、〈ただそこはかとなく茂れる陰どもなまめかしき

に〉を踏まえ、その侘しき風情をうたっていることは誰の目にも明らかだが、うら寂しさを〈花も紅葉もなかりけり〉と強く断案して見せるのは新しい趣向だった。このような工夫も、規範を外れる試みを重ねて育まれたものにちがいない。もう一首、定家のうたを本歌とあわせて引く。

苦しくも降り来る雨か神《みわ》の崎　狭野《さの》の渡りに家もあらなくに　〔『万葉集』巻三、二六五〕
駒とめて袖打ち払ふ陰もなし　佐野のわたりの雪の夕暮れ　〔『新古今』巻六冬六七一〕

〈佐野〉を蝶番にして、別世界を開く転換の鮮やかさは誰にも否定できない。が、転換の鮮やかさこそが見どころで、本歌と比興の関係にある。先の強い断案とはちがって、寒中苦行のうたなら別だが、白一色に転じてしまって、どこに風情があるのか。このうたにまで「寂び」を読むのは、当代の流行に惑わされているからではないか。

藤原定家とその評価
藤原定家の繊細さは、色調にも発揮される。

雲さえて峯の初雪ふりぬれば　有明のほかに月ぞ残れる

この定家「韻歌百二十八首」中のうたを引いて、堀田善衛『定家明月記私抄』（一九八六）は、次のようにいう。

よくもかくまでに、雲さえて、峯の初雪、有明の、月と、白色、あるいは蒼白の色を重ねあわせて、あるいは重ねあわせるだけで一首の歌を構成しえたものと感歎せざるをえず、薄墨の朦朧たる背景に音階、あるいは音程を半音程度にしか違わぬ白の色を組み合せて配し、音の無い、しかもなお一つのはじめもおわりもない音楽を構えて出していること、それは実におどろくべき才能であり、かつそれ自体で一つの文化をさえ呈出しえているのである。[4]

この鑑賞は驚嘆に値しよう。おそらくここには、十二単《じゅうにひとえ》ならぬ、二〇世紀前半の西洋音楽界が生んだ一二音階が念頭に置かれている。堀田善衛は、これをステファヌ・マラルメの象徴詩を引き合いに出して称賛している。実景に対する実感によるのではなく、一種の幻影を描いていることを見破っているとはいえよう。

堀田善衛は、だが、後鳥羽院に対する藤原定家と鴨長明の態度の背離を、また定家の厳しいことばの芸の極限が意味のないものであるといい、その虚構性と天皇制の虚構性との相即をもいわずにいられない。その姿勢の誠実さは疑えない。だが、堀田善衛も、というべきだろうか。定家のうたの虚構性をフランス象徴主義の精神と比肩するものと見ている。今日、定家のうたは、しばしば「象徴主義的」ないし「幻想的」と称される。だが、定家は、どこにも見えるはずのない観念を幻視しているわけではないし、精神の高みや深みを狙う意図もない。すなわち、幽玄の、また象徴の原義から大きく外れる。愛の象徴をバラとするように、抽象的観念を具体物で示すのが象徴主義《サンボリスム》の本義である。

堀田善衛の筆を、そのような迷路に導いたのは、二〇世紀日本の象徴主義理解の浅さだけではない。彼が藤原定家に一種の芸術至上主義を読み取ったからだ。よく知られる藤原定家『明月記』の〔治承四年（一一八〇）九月〕条。

世上乱逆追討耳ニ満ツト雖モ、之ヲ注セズ。紅旗征戎吾ガ事ニ非ズ

（世上乱逆追討、雖満耳不注之。紅旗征戎非吾事）

これは、白居易の律詩「劉十九同宿時准寇初破」（劉十九歳と同宿せし時、寇の下にあることを初めて破る）の冒頭句を踏まえたものである。「寇の下」は官吏のこと。

紅旗破賊非吾事　黄紙除書無我名
（朝廷の旗に従い賊軍を破る武勲とは無縁の身、戦に臨む任官の命を受けたわけでもない、の意）

軍事とは無縁の態度を決めこみ、訪ねてきた劉青年と酒を呑み、碁を打っていたと嘯いている。先の『明月記』一節から、軍事ないし政治に超然たる藤原定家の姿勢を見る解釈が拡がっているらしい。これも堀田善衛が『定家明月記私抄』などで、戦時下にこの条に出会い、愕然としたと語ったことから拡がったものである。

福原遷都は、この年五月のこと。それ以前から騒然たる情勢が続いていたので、九月に特別なことが起きたわけではない。たまたま目にした『白氏文集』「劉十九同宿時准寇初破」を、騒がしい世の中に生きる我が身に引き寄せてみたという程度のことではないか。この部分、後年の書入れではないか、との推測もなされているが（辻彦三郎『藤原定家明月記の研究』一九七七）、それがいつの筆になるにせよ、定家にとっては、公家として和歌の道を歩むことで朝廷に仕える覚悟を述べたまでであろう。中世の公家の歌道を政《まつりごと》と切り離して考えるのは、近代の立場にほかならない。堀田善衛の場合は、総力戦下の日本の現実に窒息しそうな気分に、この一句が芸術至上主義のように映ったのだ。

定家が後鳥羽院の歌所に仕えたことも、源実朝にも応接したことも、あるいは歌会にまつわることをことこまかに記した『明月記』を清書して遺したこともまた、新たな「日記の家」と「和歌の家」

とを兼ねた、いわば文化官僚家を興そうとする「野心」の現れと見てよい。

世の権力の推移は、朝廷儀礼も和歌も取りしきる家を必要とせず、それには成功しなかった。だが、定家は中世の教養の中心的な媒介者となった連歌師たちの崇拝を集め、やがて御子左《みこひだりけ》家は「古今伝授」の家になっていった。それによって『古今和歌集』について議論することは、のち、室町時代に連歌師、宗祇が藤原定家の家筋を引く東常縁《とうつねより》より伝授を受け、講演などを行うまで、秘されていたに等しい。


藤原定家自身は、源実朝に献上した『近代秀歌』では、俊成の「余情優艶」を「余情妖艶の体」に転じた。紀貫之ではなく、在原業平のうたぶりが念頭に置かれていると見てよい。ある人物から和歌の添削を求められ、その返書をまとめた『毎月抄』では「有心体」を説いていた。「有心」は一般には「無心」の逆で、いい意味では思慮深いこと、悪い意味では、含むところがあることをいう。定家の場合は、それを転用して、情趣の深いことに用いている。その深さは、時期により重心移動はあっても、御簾の奥にほの見える女の色香にたとえられるような、はかなげで妖艶という微妙な雰囲気を醸し出す趣向と見てよいと思う。その微妙さは、あるいは本歌の情調を転じることの鮮やかさは、実際にうたをよく勉強し、抜群の技巧を身に着けてこそ醸し出すことができるもので、それゆえ、定家は超絶技巧こそが歌道によく通じるとばかりに突き進み、かつ、それを誇る態度を隠さなかった。

『後鳥羽院御口伝』は、定家のうたぶりを、〈優しくえみえみとあるように見ゆる姿、まことに有り難く見ゆ。道に達したる様など殊勝なり〉(優美で妖艶な体は、実に希有のもので、うたの達人のさまがある)と賞賛しながら、本人の態度には厳しい見方をしている。

〈定家は左右なきものなり。さしも殊勝なりし父の詠だにも、あさあさとおもいたりしうえは、まして余人の歌沙汰にも及ばず〉(定家は困った奴だ。あれほど優れた父の歌でさえ、まあまあの程度に思っているのだから、ましてやそれ以外の歌人の歌など、問題にもしない)。〈歌見知りたる景気ゆゆしげなりき。

ただ引汲の心になりぬれば、鹿をもて馬とせしがごとし。傍若無人、ことわりも過ぎたりき〉（うたの知識で自分に適うものはないという態度はゆゆしきものだ。論争になれば、鹿を馬だと言い張るような具合で、傍若無人、理屈も度が過ぎている）ともいう。

『後鳥羽院御口伝』がいつ成ったにせよ、そこに記された上皇の定家に対する思いは、和歌所やその周辺の歌人たちの反応を踏まえて戒めの言を連ねたものと見てよい。その上皇の思いは、彼らに、おそらくは和歌所に精勤した鴨長明にも伝わっていただろう。

その鴨長明の歌論書『無名抄』〈歌仙を立つべからざるの由教訓のこと〉の段に引く、かつて、琵琶の師匠、中原有安が長明を諭したことばを借りるなら、定家は〈歌はよく心すべき道なり〉、慢心や増長を生みやすく、用心しなくてはならない道をことさらに踏み外していたのである。外れてなお、許されたのは、一途に一芸に打ち込む姿勢を「数寄」として尊ぶ風潮があったゆえだろう。

定家が俊成の「余情優艶」から業平《なりひら》ぶりに向かったことは、俊成『古来風体抄』にいう「歌の本体には、ただ古今集を仰ぎ信ずべき事なり」からも外れていた。俊成は、しかし、『新古今和歌集』の選者から外れており、承久元年（一二〇四）に歿していた。勅撰和歌集の撰を御子左家が継いでゆけるかどうか、その成否は、ひとり定家にかかっていた。定家には、それ以外の生き方は考えられなかった。定家は、鴨長明の『無名抄』にも『方丈記』にも目を通したにちがいないが、鴨長明など眼中にないという態度をとりつづけた。彼にとって長明は、所詮は旧派に属する歌人だった。

鴨長明の歌論書『無名抄』には、問答体の長い断章「近代の歌体」（近代古体事）が置かれている。『古今和歌集』正統を引く俊恵法師にうたを学んだ長明は、我意や趣向を露骨に表に出すことを避け、あくまでことばのつなげ方によって情趣を醸し出す作法、すなわち長明なりにとらえた「幽玄の体」を説いている。新奇を求めても、もう、かなりのことがなされており、なかなかめずらしい節がえられないため、むしろ「古風」に帰って「幽玄の体」を学ぼうとするところに生じた傾向と考えている。「幽玄」は、古くからの漢語で、モノやコトの奥に隠れた本源をいう。

『古今和歌集』真名序にいう〈或事神異に関り、或興幽玄に入る〉（或事関神異、或興入幽玄）を踏まえ、長明は「古風」に帰ることのようにとらえたのであろう。先にそれを『万葉集』の高市黒人、山部赤人のうたに探っておいた。それが、紀貫之が赤人を最上位に置いた理由でもあっただろう。

俊恵の歌会では古歌の精神を新しい趣向に転じることこそがうたの道と説かれていたが、それによって、歌意が不明瞭に陥る弊害を「達磨うた」、いわば当世風の歌病として非難し、長明は〈詮はただ余情、姿に見えぬ景気なるべし〉と心得、やたらに真似するものではないと結論を下す。〈景気〉は情景が醸す風情、情感のこと。

「達磨うた」は、『新古今和歌集』の編纂に向かう動きが活発になると、問題にされなくなったという見解もあるようだが、そうではあるまい。『無名抄』が、そこだけスタイルを変え、問答体を用いているのは、「達磨うた」が当代の歌人たちにとって最大の問題だったからである。後鳥羽院の和歌所を抜け出し、大原付近に身を隠していたあいだにも、長明は歌人とのつきあいを絶ったわけではない。それを痛く感じていたにちがいない。なお、長明が、和歌所を抜け出したのは、後鳥羽院に対する叛逆ではない。抜け出したのちも、長明は後鳥羽院に感謝の念を告げ、うたを送りつづけ、愛用の手製の琵琶まで献上している。のちにふれる。

鴨長明『無名抄』は、『方丈記』ほどではないが、かなり読まれた。そのせいばかりではないが、『古今和歌集』の和歌こそ正統とする評価は二〇世紀への転換期まで長く続いた。『古今和歌集』が「花も実もある」とたとえられるのに対し、『新古今和歌集』は長いあいだ、「花に過ぎたもの」、華々しいが実がないとされていた。荷田《かだ》在満《ありまろ》『国歌八論』（一七四二）が逆襲に出て、その「華」を賛美し、それを承けて本居宣長『あしわけ小船』（一七五八以前）が『古今和歌集』『後撰和歌集』『拾遺和歌集』の三代集を学んで、はじめて『新古今和歌集』のよき歌には花も実もそなわっていることがわかると論じたのがせいぜいだった。

しき嶋のやまとごゝろを人とはゞ　朝日にゝほふ山ざくら花

その宣長の六一歳のときの自賛のうたも、匂い立つ麗しさを目がけて詠まれているが、肝心の「やまとごころ」の実が隠されてしまっているのではないか。もう一人、江戸後期には、その鈴屋《すずのや》門下の石原正明『尾張廼家苞《おわりのいえづと》』（一八一九）が『新古今和歌集』のうたの余情余韻や多様さを認めている。江戸時代に『新古今和歌集』の価値を認めたのは、わずかにこれら「国学」に属する三人だけである。[5]『新古今和歌集』が、とりわけ定家のうたぶりが、象徴主義に擬されて評価が高まるのは、二〇世紀への転換期をまたなければならない。それについては第九章にゆずる。

鴨長明

ちなみに長明歿後、鎌倉中期の『続歌仙落書』（作者未詳）は、長明の歌風を〈比興を先として、またあはれなるさまなり。潯陽《じんよう》江頭に、琵琶の曲に昔語りを聞く心地なり〉と記している。「潯陽」は、いまの江西省、揚子江南岸九江市付近の地名。「比興」は漢詩の技法で、対比による面白さをいい、それが先に立つが、それでいて、哀調を帯び、白居易『琵琶行』のように落魄の人生を偲ばせるという意味である。よく鴨長明のうたぶりを言いあてていると思う。

長明のうたぶりを高く評価したのは藤原俊成だったにちがいない。『新古今和歌集』より長明のうたを引く。

松島や潮くむ海人の秋の袖　月は物思ふならひのみかは〔秋上・四〇一〕

このうたは、もの思う人の袖に月宿るという宮廷社会の恋をうたう常套を海辺で働く者の袖にも宿ると転じたところがめずらしいとされたのだろう。その転換は、零細な生活民に近く暮らし、自らの身も彼らに寄せて想う長明の境涯が呼び寄せたものといえよう。本歌取りとも本説取りともいわれないが、このうたから、『源氏物語』〔須磨〕で光源氏が藤壷へ贈ったうた、

松島の海人の苫屋もいかならむ　須磨の浦人しほたるるころ

を想うことは許されよう。このうたはまた、建仁元（一二〇一）年八月一五日夜、後鳥羽院主催の撰歌合では、「海辺秋月」の題のもとで、二条院讃岐の、

松島やをしまのあまも心あらば　月にや今宵袖ぬらすらむ

と番《つがい》にされ、判者・俊成は長明のうたを〈殊によろし〉とし、勝にしている。

その夜の撰歌合では、長明の次のうたが五番で藤原定家と番にされた。

夜もすがら独りみ山の真木の葉に　くもるもすめる有明の月

「くもるもすめる」が〈もともよし〉（最も優れている）と評価され、勝にされている。曇りのち澄む、が穏当な解だろうが、なお、澄まぬはずはないという思いの強さが語勢に感じられる。このうたは『新古今和歌集』にも採られた（雑上・一五二三）。おそらくは機知に訴えつつ、情感を醸す長明のうたぶ

りが俊成の嗜好によくあっていた。

『無名抄』は、部立てをし、うたを撰び、短評を付す撰述形式をとる藤原俊成『古来風体抄』や定家の『近代秀歌』（承元三年、一二〇九。のち改編）とは異なり、多くの逸話を並べながら、和歌の手ほどきを説いてゆく形をとる。藤原俊頼の『俊頼髄脳』（永久元年、一一一三頃）に発し、平安後期の公家で六条家流の歌人、藤原清輔『袋草紙』（保元年間、一一五六～五九頃）、また当代の著名な歌人をめぐる風刺的な戯文を連ねる『歌仙落書』（作者不詳）に連なるもの。鴨長明が後鳥羽院の和歌所を抜け出してのち、つらつらと自身の和歌の道の歩みを顧みながら、手控えの類をまとめたことは確実だろう。ただし、長明が実際に、さまざまな歌語りの場で見聞した逸話にコメントを付すかたちをとっていること、彼が俊恵にならって、ことばの配列の工夫こそがうたの生き死にを決めると説くのと同様、そのエピソードのつなげ方に工夫がなされていることが大きな特徴である。実際の見聞の撰述、配列の工夫ともに『方丈記』と共通する。

〔鳰《にほ》の浮巣〕の段は「水鳥が馴れて近い（所に）」という題に対して、源三位《げんざんみ》頼政《よりまさ》こと、源頼政が詠んだ〈子を思ふ鳰の浮巣のゆられきて捨てじとすれや水隠《みがく》れもせぬ〉といううたをめぐるもの。鳰（カイツブリ）の浮巣が揺られて寄ってきた、子を捨てまいとする一心か、水に潜らなかった、という意味だが、絶えず水に潜ることで知られるカイツブリの、子を思う心に目をとめたところがめずらしいとされ、歌合では勝になった。が、このうたを見た祐盛《ゆうじょう》法師が次のように評したという。

　このうたの作者は、カイツブリの浮巣の様子をよくわかっておられないのだろう、カイツブリは海の満ち干を知っており、巣のなかに葦の茎を通し、しかも、その茎のまわりをひろげるので、巣は潮の満ち干にあわせて上下する、だから、その巣は風に揺られて漂ったり、波にさらわれたりせず、人に取られたりするようなこともない。そのことを知っている人が歌合の席にいなかったのだろう。それで勝となったまでのこと、言うかいもないようなことだ、と。ここでは、カイツブリの巣が流れ寄ってきたと嘘のつくり話をすることが「僻事《ひがごと》」とされている。『無名抄』のこの段は、漢詩と同じで、和歌でも「つくりごとはいけない」という原理を教えているのだが、いわば鳥の生態観察めいたことを採りあげている。それもカイツブリの巣のしくみへの関心である。名所を詠むことをめぐる〈名所を取る様〉の段では、よく故実にちなむこととともに山水（庭）をつくるように、その「眺望」を彷彿とさせるようにうたうことを要点にあげている。鴨長明は琵琶を手製し、庵を自分で建てもした。事物のしくみへの関心に並外れたものがあった。

〈ますほのすすき〉の段では、数寄が説かれていることはよく知られる。雨の降る日に、ある人のもとに同好の士が集まり、故事について語り出したついでに、「ますほのとというすすき」とは、どのようなものをいうのかといいあっていると、ある老人が「渡辺《わたのべ》という所に、このことを知る聖がいると聞いたことがある」とぼんやりしたことを言い出した。登蓮法師が、それを聞いて、黙ってしまい、そして、いきなり、その家の主人に「蓑と笠をしばらくお借りしたい」といったので、主人は奇妙に思いながらも蓑笠を出してくると、登蓮《とうれん》法師はみなの話を聞くのもやめ、蓑をつけ、藁沓を履いて急いで出かけようとする。奇妙に思ったみんなが、理由を尋ねると「ふだんから疑問に思っていたことを知っている人がいると聞いては、その人を尋ねずにはいられない」との答え。びっくりして「そうかもしれないが、雨がやんでからお出かけなさい」と忠告すると、

「いで、はかなきことをものたまうかな、命はわれも人も、雨の晴れ間など待つべきことかは。何事も今静かに」とだけ言い捨てて、往《い》にけり。いみじかりける数寄者《すきしゃ》なりかし（「そんなつまらないことをおっしゃいますな。命はわたしでも人も、雨の晴れ間など待ってくれるものだろうか。何ごとも今はお静かに」とだけ言い捨てて、出かけていった。たいそうな数寄者であることよ）

と述べ、そして登蓮法師は願ったとおり、その聖を訪ねあて、問うて訊いた答えを大切にして人にもしゃべらなかったと一旦、結ぶ。そのあとは、その話が登蓮法師の弟子に伝えられ、あるいは長明が登蓮から聞いたのだろうか、そこははっきりしないが、実は、よく似たことばに「ますほのすすき」「まそのすすき」「まそうとすすき」と三種類があること、そのそれぞれについて説明がなされ、そして次のことばで結んでいる。

これ、古集などに確かに見えたることとなけれど、和歌の習い、かようの古言《ふること》を用いるも、また世の常のことなり。人あまねく知らず。みだりに説くべからず
（この三種のすすきのことなど、古い本にはっきり書いてあることではないけれど、和歌の習慣では、このような古語を用いるのもよくあること。このことは広く知られていることではない。めったに口にすべきではない）

三種のすすきについて明かしておきながら、みだりに言いふらすものではないと釘をさしている。意味のわからない古語について知りたいという切なる願いがあってこそ知りえたこと、伝えられたことであり、それを自分も大切にしているという気持を伝えている。秘伝が生まれ、口伝される、その根のところを指し示す段のように思う。
「命はわれも人も、雨の晴れ間など待つべきことかは」については、寿命というものは、いつ尽きるものとも知れないものだという解釈でよいが、ここで無常は、ふつういわれる諦念とは逆に、登蓮という法師に切迫感を生んでいる。長明の現場報告の筆は、登蓮法師が一旦、黙りこんだことを書いている。それは登蓮の内部から湧きあがる衝迫と世の規範との葛藤を示している。会衆への礼儀をそっちのけにして駆け出したのは、衝迫の方が勝ったゆえである。それを〈いみじかりける数寄者〉と長

明は称える。

〈数寄者〉の「数寄」（数奇とも）は「好き」の当て字で、風雅の道、すなわち芸道、とくに和歌の道に執心する者を指していうことばだが、長明が称える「数寄」は「物好きにもほどがあろう」と論す世間の規範を蹴とばす一途さのこと。三種のすすきの秘伝を明かすことと引き換えに、世の規範を抜け出す意欲の「自由」を説いているのだ。

『無名抄』〈思い余る頃、自然に歌よまるること〉（思余比自然に歌詠まるる事）は、歌を詠みなれない女性がたいそうつらい心から詠んだうたをあげ、自然にわき出るようなうたこそがうたの道にかなっていると説いている。このあたりが『無名抄』における和歌の本質論にあたる。

そしてのち、鴨長明の仏教説話集『発心集』〈巻六の九、宝日上人、和歌を詠じて行とする事〉には〈数奇というは……常に心を澄まして、世の濁りにしまぬを事とすれば、おのずから生滅のことわりも顕はれ、名利の余就つきぬべし。これ、出離解脱の門出に侍《はべ》るべし〉とある。〈数寄〉に徹することによってこそ、〈世の濁り〉〈名利の余就〉からの〈出離解脱〉の道がひらけるというのだ。長明が心のうちから湧き出すうたを称え、世の常識的規範から外れる「数寄」の「自由」、すなわち「自らよし」とする態度を説くのは「出離解脱」を求める心と一筋につながっている。それは自ずから然りを意味する「自然」とぴったり重なっている。この環境的自然と己れの意欲の自然を重ねて自然発生性を尊重し、世の規範を逸脱することをよしとする「数寄」の精神が中世の自然観の一つの極点をなす。

ただし、『方丈記』には〈人をはぐくめば、心、恩愛につかわる。世にしたがえば、身、くるし。したがわねば、狂せるに似たり〉とある。人を育てるなら、心が恩愛にとらわれる、世の規範に従えば、苦しいし、従わなければ、狂人扱いされるという。これはその後半の次の一節に響いてゆく。

只、糸竹、花月を友とせんにはしかじ。人の奴たるものは、賞罰はなはだしく、恩顧あつきを先にす。さらにはぐくみあわれむと、安く静かなるとをば願わず。ただ、わが身を奴婢《ぬひ》とするには しかず。いかが奴婢とするとならば、もし、なすべき事あれば、すなわち、おのが身を使う。

〈糸竹〉は琴など弦楽器と笛・笙《しょう》など吹奏楽器を併せていう語で、長明は琵琶をよくした。ここでは人に使われる身分を〈奴〉と称している。奴隷に同じで人に所有される身と感じるという。先の引用と併せ、親子、君臣の情に囚われることから自由になり、数寄の道を貫くことが、名利を捨て、生死にこだわる心からも逸脱する唯一の途だと説いていることになる。

実際、後鳥羽院がかけた厚情に応えることなく、和歌所を抜け出した長明を、和歌所の事務を取り仕切る開闔《かいこう》役を勤めた源家長は、日記に、〈うつし心ならずさへおぼ〔え〕侍りし〉（気が狂ったのかとさえ思えた）と記している。これは後日の回想である。後鳥羽院が下鴨社の末寺の禰宜にしてやろうというせっかくの提案を、下鴨社の禰宜にしてやるという「最初の約束とはちがう」といって長明が断ったというのは、伝聞による家長の憶測にすぎない。いま、入り組んだ事情には立ちいらず、長明は、上皇の恩顧と血筋が切れた下鴨社との板挟みになったとだけいっておく（拙著『鴨長明―自由のこころ』を参照されたい）。

『方丈記』では、上皇の恩顧に左右される自分の心が嫌になった自分を語っている。人に使われる身は、もっともっと恩顧をあてにし、心の安静を願わなくなる。どうせ、使われるなら、自分で自分の身を使うに越したことはない。『発心集』にも、他人を頼れは、その人の意のままになるという意味のことばを散見する。名利を離れ、自分の迷いから自由になることを求める心を発揮することは、主従の関係を結ぶことを専らとする当代の規範を逸脱することであり、世の常識からは狂人扱いされることを覚悟しなくてはならなかった。

『方丈記』

『方丈記』が後世に残した響きは、あまりに大きい。ほとんど端が見えないほどだ。いま、冒頭と途中の景物賛歌の文体、災害のルポルタージュ、そして「不請阿弥陀仏」の精神の三項目にまとめて述べる（修辞に富み、韻文的要素もあるが、詩歌の部分を除いて、現行仮名遣いで記す）。

ゆく河の流れは絶えずして、しかも、もとの水にあらず。よどみに浮かぶうたかたは、かつ消え、かつ結びて、久しくとどまりたる例《ためし》なし。世の中にある人と栖《すみか》と、またかくのごとし。……

日本人なら、誰もが習い憶え、いつでも口ずさむことのできる『方丈記』の冒頭である。その前半には、平安末期、京の都を天変地異が襲い、人びとが逃げ惑うさまがリアルに描かれていることもよく知られる。

〈世の中にある人と栖と、またかくのごとし〉を承けて、次のようにある。

たましきの都のうちに、棟《むね》をならべ、甍《いらか》を争える、高き、いやしき人の住いは、世々を経て尽きせぬ物なれど、これをまことかと尋ぬれば、昔ありし家はまれなり。或は去年焼けて今年作れり。或は大家《おほいえ》ほろびて小家《こいえ》となる。

傍線部が対句をなしている。対句的表現が『方丈記』にあふれていることは、いまさらいうまでもないが、このあとに、〈住む人も是《これ》に同じ〉として、この条と横並びの関係にある文が続き、この条と大きな対をつくっている。漢詩でいえば「対偶」にあたる。なお、「たましきの」は「玉を敷いたように美しく立派な」の意味で枕詞のような役割をはたすと説明されるが、ここでは尋常とは逆に、見た目はそうでも内実は、と逆説的な効果を導いている。

先の〈よどみに浮かぶうたかたは、かつ消え、かつ結びて〉は、やや離れているが、〈朝に死に夕に生るゝならひ〉が呼応している。ここで死ぬことを先に立てているのは、『方丈記』前半の基調低音をつくるためでもあろう。ふつうは「朝に生まれ、夕に死ぬ」で、遠くは『白氏文集』〔巻五 効陶潜体詩〕（其十一）に〈早に出でて朝市に向かへるに、暮れには已に下泉に帰す〉（早出向朝市　暮已帰下泉）とあった。近くは源信『往生要集』上に〈朝に生まれて暮に死す〉とある。このような逆転を、そ知らぬ顔でやってのけるところが長明にある。規範をものともしない意志と底を通じるが、駢儷体を自在にこなし、かつ典拠の踏まえ方が自由なのだ。ここに初めて対句、対偶を自在にこなして駢儷体を日本化した和漢混交文が登場した。

『方丈記』の後半、長明が日野山中に結んだ方丈の庵から眺める景物について述べたところを見てみよう。


もし、夜しずかなれば、窓の月に故人をしのび（①）、猿の声に袖をうるおす（②）。くさむらの蛍は、遠く槙のかがり火にまがい（③）、暁の雨は、おのづから木の葉吹く嵐に似たり（④）。山鳥のほろ〳〵と鳴くを聞きても、父か母か疑い（⑤）、峰の鹿《かせぎ》の近く馴れたるにつけても、世に遠ざかるほどを知る（⑥）。

①—②、③—④、⑤—⑥が対句をなしている。①は『白氏文集』巻十四〔八月十五日夜、禁中独直、対月憶元九〕中の一句を踏まえる。

三五夜中新月色　二千里外故人心

②は『古楽府』(巴东三峡歌)中、
猿鳴三声涙沾裳

③は『堀川院百首』(康和四年、一一〇二頃)より、
難波江の草葉にすだく蛍をば　蘆間の船のかがりとや見む

④は、西行『山家集』より、
時雨かと寝覚めの床に聞こゆるは　嵐にたへぬ木の葉なりけり

⑤は『行基菩薩遺戒』より、
山鳥のほろほろと鳴く聞けば　父か母かとぞ思ふ

そして、⑥は『山家集』より次のうたを織り込んでいる。
山深み馴るるかせぎのけぢかさに　世に遠ざかるぞ知らるる

『無名抄』〈新古の歌〉の段では〈古歌を盗む〉際には「盗んだ」先がはっきりわかるようにすべきと述べられている。それゆえ一点ずつに絞った。もちろん、それは、当代の歌人たちにとって、である。『方丈記』で、これほどまでに和歌を踏まえた語句が重ねられているのは、ここだけだが、あまり際立たないように工夫しながら、技巧をこらしている。長明流の超絶技巧というべきかもしれない。

このようにして『方丈記』は、新たな日本語の散文を開発した。長明の自筆と記した紙がそえられていた古い写本から推察して、祖稿も漢文を書き下すときの習慣にしたがい、漢字カタカナ交じりで

記されていたであろう。その底には、書き言葉である漢文と話し言葉である日本語との「中間言語」にあたる記述のスタイルを創出する意志がひそんでいたと考えてよい。それは、中国語の記述言語としての散文と韻文（詩）のいわば中間文体というべき駢文体にあたる日本語の記述を工夫するものであり、和漢混交文と呼ばれてきた。が、その一部では、掛詞や縁語など和歌の技巧を用いる物語の和文体とも橋をかけている。そのしくみは、漢文書き下し体を底辺に置き、上辺の左端に和文体、右端に駢儷体漢文を置く四角形を想ってみればよいだろう。

それはまさに、画期的な出来事だった。これがつくられていなければ、『平家物語』冒頭の〈祇園精舎の鐘の声、諸行無常の響きあり。娑羅双樹の花の色、盛者必衰の理をあらわす。おごれる人も久しからず、唯春の夜の夢のごとし。たけき者も遂にはほろびぬ、偏に風の前の塵に同じ〉はなかったといってもよい。『平家物語』は、琵琶の語りにのせるためにうたの修辞技巧法も駆使されており、『方丈記』の大小の対句的表現を駆使する調子も、さまざまな筆記を引く際の枠組として応用しやすかったにちがいない。そして、それゆえ調子をつけて読みあげられる『太平記』にも、さらには能や浄瑠璃の詞章などにもそれぞれ工夫が重ねられてゆくことになる。なお、わたしは平曲は、平家一門に回向を手向けるために比叡山の琵琶法師あたりから、かなり、早くから自然発生的に、各断章が語られていたと推測している。そのことと平曲系であれ、校本系であれ、テクストが整えられることとは全く別のことである。

自然観は、『方丈記』後半、とりわけ次のようにあるところにかかわる。わかりやすいように分かち書きにする。

春は藤波を見る。紫雲のごとくして、西方ににおふ。
夏は郭公《ほととぎす》を聞く。語らうごとに、死出の山路を契る。

秋はひぐらしの声耳に満てり。うつせみの世を悲しむほど聞こゆ。
冬は雪をあはれぶ。積もり消ゆるさま、罪障にたとえつべし。

これは『白氏文集』〈巻四三　草堂記〉に「春は……」「夏は……」と隠棲の住まいの周囲、その景色の四季の移ろいをうたう条、及びそれを踏まえた慶滋保胤「池亭記」の同様の条を承けている。〈春は〉は、紫の藤波が西に匂うといういっているにすぎないが、〈谷しげゝれど、にしは晴れたり。観念のたよりなきにしもあらず〉と言いおいて、この一文があるので、「藤波」を「紫雲」に見立て、「紫雲」を縁語のようにして、西方浄土の観念と結びつけていることはまちがいない。が、その観念が、すなわち日想観や極楽往生の思想を意味するわけではない。

〈夏は〉は、ホトトギスの声を聞くたび、〈死出の山路〉の案内に立ってくれるよう約束するという意味である。ホトトギスは、田植えの時期を知らせる鳥として、「四手の田長《たおさ》」とも呼ばれた。が、「四手」が「死出」に通じるところから、冥土へ案内する鳥として、うたにうたわれていたことを踏まえているが、長明には、人間以外のものと約束するという発想がある。『新古今和歌集』に採られた長明のうたに、次のものがある。

袖にしも月かかれとは契りおかず　涙はしるやうつの山ごえ　〈巻末一〇、九八三〉

思わずこぼした涙が袖にかかり、それに月が映ろうとは。月とそんな約束などしていなかったのに。それを涙は知っているのか、宇津の山路で……、というほどの意味。宇津の山は、『伊勢物語』に「もの心細く」なる心地が述べられ、歌枕として知られる。天地鳥獣草木がみなこころをもち、声をあげ、うたをうたうという中国古典の精神、それを踏まえた『古今和歌集』序からの流れを汲む意識が生んだものかもしれない。

だが、鴨長明自身が万物と心を通わせることができると考えていたわけではない。『方丈記』の終わりの段近くに、次のようにある。

魚は水にあかず。魚にあらざれば、その心を知らず。鳥は林を願う。鳥にあらざれば其の心知らず。閑居の気味も又同じ。住まずして誰かさとらむ。

『荘子』〈外篇第十七の二　秋魚〉中の最後の一節を踏まえている。荘子が「魚が水面に出てゆうゆうと泳いでいる。あれが魚の楽しみだ」といったことに対して、梁の宰相、恵子が問うた。〈子、魚にあらず、いずくんぞ魚の楽しみを知らん〉と。『発心集』〈巻八　仁和寺西尾上人依我執焼身事〉にも〈惣《すべ》て人の心の中、たやすく余所《よそ》にはかりがたき物なり〉として、「魚にあらざれば、水の楽を知らず」の言を引いている。万物と心を通わす境地とはほど遠い。

もとの話には、その先がある。恵子のその問いに対して、荘子は「あなたはわたしではない。それなのに、わたしが魚の心がわからないなどと、どうしてわかるのかね」と答えた。恵子は、勢いこんでいった。「そう、わたしはあなたではない。だから、あなたのことはわからない。あなたは魚ではない。だから、魚のことがわかるはずがないではないか」。荘子は、またいった。「おおもとに立ち返ってみよう。あなたがわたしに、あなたに魚の心がどうしてわかるのか、と尋ねたとき、すでにあなたは、わたしが魚のことをわかるかどうか知っていた。わたしも川のほとりで魚の楽しみを知っていたのだよ」と。相手の理屈を逆手にとって裏返す荘子の弁証法など長明は無視して、魚の楽しみは魚でなければわからない、という恵子の理屈の方を選んでいる。万物と心を通わすことなどとうていできないが、約束することはできるという考えらしい。

「秋は」も、「ひぐらし」と「うつせみ」(現身)を縁語のように結び、「冬は」も、雪も罪も「積もり消ゆる」ものとする漢詩や和歌の修辞技法を応用したもの。四季の景色のいずれも仏教の教えと深く関連させて説きながら、しかし、ズボラを決めることを隠そうとしない。

若《も》し念仏物うく、読経まめならぬ時は、みずから休み、身ずからおこたる。さまたぐる人もなく、また恥ずべき人もなし。

ここでも「自ら」が大切にされ、それを妨げるのは、他者の存在だという考えを通している。そもそも、長明の方丈の庵は『白氏文集』(巻五)「病暇中、南亭閑望」詩中の次の一節によるものだろう。

閑意不在遠　小亭方丈間(閑適は　遠くにあるものでなく、方丈の小亭で充分)

そして、『白氏文集』巻六「遺懐」の詩にいう、

寓心身骸中　寓性方寸内　(心を身体の内に寓し、性をその心の内に寓す)

の境地、物も名も心を煩わせるものに過ぎないと知ってからは、身は窮しても、心ははなはだ泰然自若としているという詩を地でいったのは、ひとり長明だけではなかったか。それに比べれば、定家「文集百首」などもまるで借り物にすぎない。

『方丈記』前半の京の都を襲う厄災を記す文章は、日本文芸史上はじめてのリアルなタッチの現場報告的な文章であり、『平家物語』諸本や『源平盛衰記』などにも引かれ、それが江戸前期の明暦の大

火を題材にした浅井了意の『むさしあぶみ』（一六六七）にまで及ぶことは、すでに定説であろう。ただし、『むさしあぶみ』の場合は、明暦の大火で罹災し、すべてを失い、出家した楽斎房が旅で旧友に語るという物語の設定がなされている。日本のルポルタージュは戯作のなかでこなされ、江戸後期には式亭三馬『浮世風呂』（一八〇九～一三）に及ぶ。

『方丈記』より、安元三年（一一七六）四月二八日に京の都を嘗めつくした大火の条を引く。

いんじ安元三年四月二十八日かとよ。風激しく吹きて、静かならざりし夜、戌の時ばかり、都の東南より火いできて、西北に至る。果ては朱雀門、大極殿、大学寮、民部省などまで移りて、一夜のうちに灰燼となりにき。火もとは、樋口富小路とかや。舞人を宿せる仮屋よりいできたりけるとなん。吹き迷ふ風に、とかく移り行くほどに、扇をひろげたるが如く末広になりぬ。遠き家は煙にむせび、近き辺りはひたすら炎を地に吹きつけたり。空には、灰を吹き立てたれば、火の光に映じて、あまねく紅なるなかに、風に堪えず、吹き切られたる炎、飛ぶが如くして、一、二町を超えつつ移り行く。

まず、出来事の概略を記し、実際、目の当たりにした光景を描写し、中空の様子に及び、そののちに人の様子を書く。この構成は、次の治承四年（一一八〇）四月末の辻風の様子を描く際にも用いられている。観察的文章には、人びとの行動など対象の動きを描くこと、また視点の移動が伴うことを忘れてはならない。なお、当時の公家の日記類に、出火もとを書いたものはないと堀田善衛『方丈記私記』（一九七一）にある。

ただリアルな描写というのなら、文〔詩〕については南朝・梁の劉勰『文心雕龍』〔物色〕篇にあった。絵では、五世紀末、謝赫の画論『古画品録』に説く「六法」のうち、「伝移模写」があった。

のち、たとえば鳥の死骸を傍らに置いて精確に写す「臨模」は、理想にしろ、空想にしろ、考えたことを描く「写意」に対して「写生」とも呼ばれ、後の二つも画の基礎練習であることは変わらない。どちらも背後に「気」が固まって万物がなるという観念がある。

遠近は、陰影と俯観図法を用いたから、観る方は画面を一望するのでなければ、視点を左右に、あるいは近くから遠く、またその逆と移してゆくことになる。それに意識的なら、文章の視点移動も誰にでもできたはずのことだった。むろん、巧拙は別である。

鴨長明『無名抄』は、うたで眺望を彷彿させるように述べるのに、作庭を想い浮かべるとよいと述べていた。彼が庵に庭を造ったとは想えないが、今日、平安末期とされる橘俊綱《としつな》編『前栽《せんざい》秘抄』（のち『作庭記』）などにも目を通していたかもしれない。このような描写法も、文章構成法に意識的な人によってこそ開発されたのである。

絵画の遠近法について付言しておくと、そののち、北宋の画家・郭熙《かくき》は高遠（仰角視）、平遠（水平視）、深遠（俯瞰視）の「三遠の法」を唱えた。室町時代に南宋でさまざまな山水画の技法を学んで帰った雪舟は、実景を写実した「真景」も遺している。

生死を離れる

鎌倉中期の教訓説話集『十訓抄』（編者未詳）は、鴨長明が大原で出家したことを告げ、『方丈記』にも言及し、〈終に籠居してやみにけり。世をも人をも恨みけるほどならば、かくこそ、あらまほしけれ〉という。後鳥羽院和歌所を抜け出した長明を誹った源家長とは逆に、長明の姿勢の徹底ぶりを称賛して結んでいる。『十訓抄』はいう。

ふかき恨の心のやみはしばしの迷なりけれど、此思をしるべにて、まことの道に入《いる》と云《いう》こそ、生

死・涅槃と同じく、煩悩菩提一也けることわり、たがわざりけりと覚ゆれ

心の闇はしばらくのあいだの迷いだが、それをシルシとして仏道に入ったことこそ、煩悩と悟りはひとつのものという道理がまちがっていないことがわかるという。心の迷いがあるからこそ、それを払拭しようとして仏道に入るということが、ここでは、煩悩がすなわち菩提、煩悩と悟りとが同じこと見なされている。『十訓抄』の長明についての条の全体は、この「煩悩即菩提」の教えを導きだすために、一方的な立場から記されているといってよい。

『方丈記』の長明は、この「煩悩即菩提」の考えとは無縁だった。極楽浄土への往生祈願とも、「草木悉皆成仏」とも無縁だった。己れの生き死にこだわることこそが迷いの根本と見定めていたからである。彼にとって悟りとは、「生死の余執」を離れるというその一事にかかっていた。

平安後期から鎌倉・室町時代にかけて、日本の仏教信仰は実に錯雑とした状態にあった。末法思想の拡がるなかで、新たな動きがさまざまに出てきたからである。少し整理しておく。平安前期に天台における密教（台密）を大成した安然は、「草木も発心する」（成仏を願う）と説いた。万物は仏性を具えているはずだから、という論理である。たとえば真言宗のうち、『理趣経』の説く煩悩即菩提の「即」の論理を推し進めたものである。そこから、衆生のありのままの姿こそ悟りの表れとする「煩悩即菩提」「生死即涅槃」などが唱えられるに到った。『十訓抄』の考えはこれによる。

それに対して、中国天台宗の祖である智顗の著した禅の指南書、摩訶止観を受けとった寂心や源信によって極楽を観想し、歿後の往生を祈願する行法が展開した。藤原俊成が摩訶止観に打ち込み、多くの釈経歌を詠んだのもその習いである。ここにも「涅槃即菩提」がはたらいた可能性もあろう。「涅槃」は、もともと「消えること」を意味し、一方で煩悩の消えた悟りの境地を意味し、他方では釈迦の入寂を意味するからである。

これは、阿弥陀仏こそ、現世の苦の世界を生きる三千世界の衆生を極楽浄土へ導き救う唯一の仏として崇める風潮を盛んにしていった。その行には、観想と称名の二つの念仏があったこと、また念仏聖たちによって日想観と称名念仏が民間に拡がったこと、そして鎌倉初期に法然の浄土宗、親鸞の浄土真宗、日蓮の日蓮宗という日本独自の仏教が民間に拡がり、比叡山が朝廷に訴え、念仏専修が禁じられたことなどは、すでに述べた。

また、臨終に際し、阿弥陀如来が観音・勢至の二菩薩を従え、大勢の仏たちや天神天女を引き連れて迎えにくるという聖衆来迎の信仰も拡がった。もともとは『観無量寿経』に九品（種類）に分けられ、現世でなした善行により、迎えにくる仏の数がちがうと説かれている。

平安中期の横川の僧、寂照は、『日本往生極楽記』を編んだ寂心に弟子入りし、『往生要集』を編んだ源信からも教えを受け、唐（実際は宋）に渡って霊験を現し、円通大師の名を得、往生に際して、仏のお迎えの楽《がく》の音を聞いたと伝えられる。寂照は、もと三河博士こと大江定基《さだもと》。名古屋に連れていった愛人の遺骸が腐ってゆくのを見て発心したという奇譚で知られる（『今昔物語集』一九巻第二話など）。彼が日本に送ってきたとされるうたは、次のようなものである。

笙歌遥聞孤雲上聖衆来迎落日前
雲の上にはるかに楽の音すなり　人や聞くらんひが耳かもし

天上で楽を笙奏で、歌をうたうのは天人・天女で、仏を観たとは記されていない。楽の音は空耳だろうか、と問うている。聖衆来迎を確信しているわけではない。「笙の音を歌が孤雲の上から聞こえてきて、落日前に聖衆に迎えられた」という詞書も、いつ、つくられたものとも知れない。

寂照のうたを、いま、鴨長明『発心集』〔巻二　第四話〕より引いたが、藤原清輔『袋草子』〔上〕、『宝物集』〔七〕、『平家物語』〔大原行幸〕など異伝が多く、それより早く鳥羽天皇の頃に成立したとされる藤原基俊《もととし》撰の和漢の詩歌集『新撰朗詠集』〔下・僧〕では、慶滋保胤の作としているという▼6。つまり、その伝説は平安後期から俄かに拡がったもので、その逸話あたりから、仏が迎えに来るという説が拡がり、来迎図も描かれはじめたと推察されよう。

そのほかにも、一二〇六年、後鳥羽上皇から栂尾の地を下賜された明恵が高山寺を開き、『華厳経』と真言密教との統一をはかる教え（華厳密教とも）を説いている。『華厳経』は、珠珠無碍、一つの珠が無数の他の珠の影を宿し、互いに他の総てを映しあう美しい図像で、一即多、多即一の論理を説く。これが密教と結びつくと神秘色の強い荘厳な、しかも融通無碍の世界が説かれることになる。明恵は教団を組織せず、釈迦を父と仰ぎ、自ら遺子と称したとされる。これも仏道の本質を感得した（はずの）己れを、比喩を用いて融通無碍に語る方便であろう。

『明恵上人伝記』なる本に、西行について次のようにある。〈西行法師常に来りて物語して云はく、「我歌を詠むは、遥かに尋常に異なり。花・ほととぎす・月・雪、すべて万物の興に向ひても、凡所有相皆是虚妄なること、眼に遮り耳に満てり。又詠み出すところの言句は、皆是真言にあらずや。花を詠めども実《げ》に花と思ふことなく、月を詠ずれども実に月と思はず。只此の如くして縁に随ひ興に随ひ詠み置くところなり。（中略）此の歌即ち是如来の真の形体なり。されば一首詠み出でては一体の仏像を造る思ひをなし、一句を思ひ続けては秘密の真言を唱ふるに同じ。我此の歌によりて法を得ることあり。もしここに至らずして妄《みだ》りに人此の道を学ばば、邪路に入るべし」と〉云々。

途中〈凡所有相、皆是虚妄〉は『金剛経』（金剛般若波羅蜜経）の一節で、「凡そ相有る所、皆是虚妄なり」（およそ姿・形あるものは、すべて虚妄）の意味。〈一切有為法、如夢幻泡影、如露亦如電、応作如是観〉（一切の有為の法、夢幻泡影の如し、露の如く亦た電の如し、応《まさ》に是《か》くの如く観を作《な》すべし）とともに、その核心をなす教えとされる。西行は、万物の醸す興にしたがい、その虚妄を詠む和歌の総てが真言となり、如来の真の形となるよう、一体の仏像をつくるつもりでうたうといつも説いていたというのだが、心の行方はわからないと迷いも隠さずうたった西行のことばとは想えない。和歌は、もともと狂言綺語。とりわけ西行の和歌は興に即して放胆に投げ出すようにうたう。それにコトヨセて、西行の和歌の有難さを明恵ないしは明恵周辺が語ったのだろう。

ねかはくは花のしたにて春しなん　そのきさらきのもちつきのころ〈山家集〉

生前に詠んだこのうたのとおり、西行は、文治六年陰暦二月一六日（一一九〇年三月三一日）、釈尊涅槃の日に入寂したとされる。あまりに見事な最期に人びとが驚嘆したゆえ、ないしはこのうたに付会した伝説とも想われる。西行は次第に真言宗への傾倒を深くしていった。あるいは空海の説く「即身成仏」、生きながら仏になることを断食によって果たしたとも推測されよう。

若き日の鴨長明は、入日を拝み、極楽往生を祈願する信仰が拡がるなかで、西行にならって、月に心を寄せる心をうたっていた。後鳥羽院の和歌所を抜け出したのち、長明は、大原で天台宗の僧侶になったと想われるが、『方丈記』の庵には〈阿弥陀仏の絵像を安置し、そばに普賢をかき〔掛け〕、前に法花〔華〕経を置けり〉と記している。少なくとも『法華経』専修ではない。

『方丈記』の最後、仏の教えは日野山中の閑居への執着を断てという、が、心は、これに応えるすべをもたないことを長明は隠さずに記している。そして、こうある。

只、かたはらに舌根をやといて、不請阿弥陀仏、両三遍申してやみぬ。

〈不請阿弥陀仏〉」は長く「不請の」と読まれてきた。それでも、無理やり舌を動かして、というのだから、心より望んで唱えているわけでないことは誰にもわかる。自らの心の至らぬところを卑下して、このように記したとは、明治期、浄土真宗の僧侶、織田得能の解である（『仏教大辞典』一九一七）。仏教といえば、ひたすら極楽往生を願うことと決めてかかる立場からの裁断である。が、それ以来、「往生への躊躇」や「生悟り」のように解釈され、そこに長明の人間臭さを見る人もいた。

〈不請阿弥陀仏〉は、「不請の」と読んでも、「欣求浄土」思想にとっては不逞の語句である。だからといって、堀田善衛『方丈記私記』が「不請（の）阿弥陀仏」の一語をもって、〈仏教までが、全否定をされた〉と説くのも言い過ぎだろう。最近の五味文彦『鴨長明伝』（二〇一三）は「不請阿弥陀仏」と六遍唱えたといい、長明はまだ往生を望む境地にはなく、新たな修行、すなわち鎌倉下向への意欲と結びつけている。なるほどとは思うが、さらなる修行を誓うのなら、型どおり、念仏を唱えておいてもよいようにも思う。

『方丈記』を成した年の秋、長明は鎌倉まで赴いた。飛鳥井《あすかい》（藤原）雅経《まさつね》に実朝にうたの指南をと、もちかけたれたのがきっかけだろうといわれる。飛鳥井雅経は頼朝から猶子《ゆうし》（名目上の息子）として迎えられ、後鳥羽院の和歌所の寄人になり、『新古今和歌集』の撰者として活躍、定家が実朝に『近代秀歌』を献上する機縁を結んだ人である。長明は、機会があれば、新都の様子も見てみたいと思っていたことだろう。もっとも、長明にとっては、朝廷のあるところが都であり、鎌倉を都とする考えはなかっただろうが。

『吾妻鑑《あづまかがみ》』には、長明が源頼朝を回向するうたを法華堂の柱に書きつけたとある。

草も木も靡《なびき》し秋の霜消えて　空しき苔を払ふ山風

草木もなびかせるほどの勢力をふるった猛き武将にも回向を手向けるのが僧侶のつとめではあろう。

が、このうたに荒涼とした嘘寒さを覚えるのはわたしだけではないはずだ。長明は実朝と面談しても『古今和歌集』からの流れを説くのがせいぜいだったと思われる。飛鳥井雅経の思惑は別にして、長明の方には、いまさら人に仕える気などさらさらなかった。生活の糧は別で得ていたと想う。鴨長明は独り庵を結んでも、田畑を耕したわけではない。パトロンめいた人がおり、『無名抄』も『方丈記』も、いってみれば、その代償だったにちがいない。

わたしは長明の〈不請阿弥陀仏〉の一語を、ずっと空念仏を唱えて責めをふさいだと考えてきた。極楽往生を望む心をさもしいと思っていたゆえ、と書いたこともある。仏教の悟りの意味を名利や生死の余執を離れることに求めた長明は、極楽浄土への成仏の願いには訝しい思いを抱いていた。長明が禅宗の影響を受けたと考えるわけでも、専修念仏の禁止令に便乗したなどというつもりもない。とりわけ、『阿弥陀経』が説く極楽、弥陀仏が蓮の花の上に鎮座し、金銀宝玉が輝き、四季の別なく快い風が吹き、花が咲き乱れる極楽浄土を観想し、そこへの往生を目的にすることは、仏教の本来の姿ではないと思っていたにちがいないと想う。長明が〈不請阿弥陀仏〉と不逞の語句を六遍唱えたのは、誰が極楽往生などを祈願するものかと嘯いてみせた、というところではないか。

だが、鴨長明は『発心集』で、極楽浄土への成仏の話、阿弥陀仏による救済の説話を多く集めている。それをどう解くかが問われよう。

それらは、すべて奇譚ゆえに口伝えにされ、巷間に流布する一話一話である。序には、発心にも強弱や浅薄があるという言や〈短き心を顧みて、殊更に深き法を求めず〉という言がある。長明に教訓を垂れるつもりなど毛頭なく、その眼目は、名利や恩愛を離れること、生死を離れること、極楽へ往生する願いなどさまざまな発心のありようや、逆に発心せずに無常の輪廻に入ったままの人びとの心、名利や妄執に狂ったまま終わる心などを繰りひろげて対比し、そもそも人はなぜ、発心するのか、その根方を見極めることにあったと考えてよい。それは、専ら念仏観想による極楽往生を説く慶滋保胤

（寂心）『日本往生極楽記』や源信『往生要集』などを相対化する企てだったとも、それゆえにこそ、『発心集』と名づけられたともいえるだろう。

長明が、仏教にまつわる巷説類の手控を、いつからはじめたのか、それを知る手立てはない。後鳥羽院の和歌所へ出仕する以前から着手していたのかもしれないし、あるいは、父親に死なれ、いいようもないはかなさに見舞われたころにまで遡るかも知れない。世を捨てた聖のような生活に入ってからは、なにしろ、時間はあり余るほどあった人である。日野山中に庵を結んでからも、蟬丸の跡を訪ねたり、猿丸太夫の墓へ参ったり、遠出することも度たびだった。

それらの巷説を、しかし、『発心集』に編みはじめたのは、自ら山に籠る小隠の態度を撰び、『無名抄』で自らの信じた和歌の道を説き、『方丈記』で、自らの境涯をまとめたのち、いよいよ、そもそも発心とは何なのか、その根方とでもいうべきところを見極めにかかったからではなかったか。

『発心集』巻三〈第四話　樵夫独覚の事〉は、季節による木々の変化は、いずれも木枯らしに枯葉を吹き散らせるようになるまでの営みにすぎないと世の無常を悟った樵の父子が発心する話が拾われている。俄かに発心する話が多いなかでも印象深い。

巻四〈第八話　ある人、臨終にものいはざる遺恨の事〉は、遺言の中身にこだわったまま苦しみ悶えて息絶えた知人の臨終に長明が立ちあったことを書いている。とにもかくにも煩悩を去り、心落ち着けて穏やか死を迎えさせてやることこそが大切と強く感じるようになったことを告げていよう。次の〈第九話　武州入間河沈水の事〉では、関東の武蔵の国の入間川の洪水に見舞われた付近の村の官首（村長）から、そのさまをつぶさに聞いた話を載せている。その話を聞いたのが、いつ、どこであったのかは別にして、『方丈記』では、かつての京の都の災害の見聞をつぶさに記した長明は、都を守護する神職の子に生まれたという意識をも捨て、といえば言い過ぎかもしれないが、全国各地に零細な生を営む人びとの心の救済に一挙に意識をひろげて、その救済に心を砕いていったことはまちがいなかろう。

〔巻六　第一三話〕で、聖が深山の奥に独り隠れ棲む女を知り、再び、訪ねたが女が跡形もなく消えたことを知って〈人の心同じからねば、その行いもさまざまなれど、女の身にてかかる棲《すまひ》思い立ちけん、おぼろの道心にあらざるべし〉という。そして、そのきっぱりとした不退転の覚悟に感じ入った聖、すなわち長明の長い祈りのことばに移ってゆく。その一節を引く。〈経に説けるが如くは、我ら弥陀仏を念じて、仏の願力に乗じて必ず極楽に生きるべきことを、六方恒沙《ごうしゃ》の諸々の仏、舌をのべて三千界におおひて、これ、まことなりと証明し給う。仏と仏とは、何のおぼつかなきことかはおわします。ただ、我らが疑いを絶たんがためにこそ侍らめ〉。〈六方〉は東西南北上下、〈恒沙〉は無限の数をいい、すべての仏たちが賛同なさると断じている。〈六方恒沙の諸々の仏〉という語は、『阿弥陀経』そのものにはないが、日本で『阿弥陀経』を引用する際にしばしば用いられる語という。〈仏と仏とは〉以下、諸仏のあいだにはっきりしないことなどなく、諸仏は、みな我らの疑いを絶つためにいらっしゃるのだととってよい。〈仏の願力に乗じて〉は、他力本願に近いが、鴨長明は、極楽浄土への往生祈願を不退転の覚悟で保持しつづけることを強調しており、それが諸仏の一致した願いであるとまとめている。当時において、独自の仏教思想といってよい。

さらに引く。〈下品下生の人を説くには、「四重五逆を作る悪人なれども、命終の時、善知識の進めにあひて、十度『南無阿弥陀仏』と申さば、猛火忽ちに滅して蓮台にのぼる」と説けり。……ただ、ねんごろに弥陀の悲願を頼み、口に名号を唱へ、心に往生を願ふこと深くは、十人ながら必ず極楽に生まるべし〉。

この条は、『観無量寿経』の一節を踏まえたもので、先にふれた東大寺三論宗の永観が「念仏宗」を起こすにあたって『往生拾因』（一一〇三）に抜いた部分である。鴨長明は、日本における称名念仏の起こりも、よくとらえていたのだろう。この長い行文の途中には、他にも『法華経』などの経典、また『往生要集』や『宝物集』などを踏まえたところが指摘されている。その意味で『方丈記』の手法が活かされている。『阿弥陀経』を中心とした諸宗兼修の構えといってよい。そのような兼修の構えは、たとえば親鸞にもある。その「唯信鈔文意」は阿弥陀仏の讃であることに疑いないが、仏性すなわち如来が「微塵世界」に満ちて、海も「草木国土」もことごとく成仏すると説いている。ここには菩薩に荘厳されて海陸が歓喜に騒ぎ立つ『華厳経』のイメージが映っていよう。

それにしても、〔巻六　一三話〕の後半は、あまりに見事である。ほとんど経文になっている。その結末は、文章を工夫する興が昂じたゆえかもしれないとさえ思えてくるほどだが、『発心集』は、実質的にここで終わっている。それよりあとの巻は糊口をしのぐために編んだようにも想えてくる。とはいっても、先の〔巻六 第一三話〕の念仏聖が説く『阿弥陀経』を中心とした極楽往生祈願の教えは、あくまで念仏聖に仮託されたものであり、鴨長明その人の考えと断じるのは早計という見方もなりたとう。

今日、鴨長明の歿年は建保四年閏六月八日ころと確定している。長明が生前、月を勢至菩薩として賛嘆する「月講式」の漢文の式文（声明《しょうみょう》）を法然門下の禅寂（大原如蓮房）に依頼しており、それが長明の五七日（三五日の忌）に読まれたことが、その跋文に記されていたからである（一九四一年判明）。勢至菩薩は、阿弥陀三尊の右脇侍で、知恵の菩薩、法然はその化身と伝えられていた。長明も最晩年には『発心集』〔巻六〕の卓尾の通り、称名念仏に帰依したという推測もなされようが、入寂に際して「月講式」の声明を請うたのであれば、〈不請阿弥陀仏〉の心は保ったままだったともいえよう。なぜなら、己が魂の行方を月に託したからである。

鴨長明は、末法の世を生きた。末法の世に『古今和歌集』を継ぐ和歌の道を『無名抄』に記し、末法の世に驚き慌てる衆生のさまを記し、また閑居に自足する精神の贅沢を『方丈記』に記し、そして衆生の魂の行方をどこに求めるべきかを『発心集』に探った。
そして、後鳥羽院が鎌倉幕府との関係を安定させ、「治天の君」として権勢を誇っていた時期のうちに歿した。建保七年一月二七日（一二一九年二月一三日）、源実朝が暗殺されることも、承久三年（一二二一）、後鳥羽上皇が討幕の兵を挙げて敗れた承久の乱も知ることはなかった。

中世紀行文

命は天運にまかせて、惜しまず、いとわず。身は浮雲になずらえて、頼まず、全しとせず。一期の楽しみは、うたたねの枕の上にきわまり、生涯の望みは、折り折りの美景に残れり。

これは『方丈記』流布本系の諸本に遺る一節である。典拠を限定しすぎるというそしりを受けるのを承知上でいう。〈命は天運にまかせ〉は『白氏文集』〔巻六 歳暮〕中の、〈已に時運の去るにまかせ〉〔已任時命去〕、あるいは〔達理〕中の〈我命を如何ともする無し〉〔我無奈命何〕を踏まえ、〈身は浮雲に〉は〔題玉泉寺〕中〈悠悠、浮雲の身〉〔悠悠浮雲身〕を、また〈うたたね〉は、詩「春眠」あたりを踏まえたと見ておく。〈一期の楽しみ〉以下は、本文の行文の趣旨を逸脱している。後世の書入れと見てよいが、『方丈記』が『白氏文集』をよく踏まえていることを充分、承知した人の仕業《しわざ》である。

鴨長明の散文の著作が、ほぼ同時代から着目され、学ばれたことは際立っている。和漢混交文の創始についての意味については、すでにふれておいた。『方丈記』の波紋は、まず、いわゆる中世紀行文に及ぶ。鎌倉幕府が開かれ（一一八五）、京都との行き来が盛んになると、公務ではない旅の記録が盛んになる。『海道記』（一二二三年頃推定）、『東関紀行』（一二四二年頃推定）、阿仏尼『十六夜日記』（一二八三年頃推定）などが遺されている。ジャンル意識も進展した。

『海道記』は、対句を駆使する漢文の四六駢儷体の調子を取り入れた和漢混交文で、江戸時代には『長明海道記』という名の版本も出ていた。が、記事の内容は長明歿後である。『東関紀行』（一二四二年頃推定）も長明作とされていたが、漢語を減らした和漢混淆文で、和歌をちりばめ、かつ和漢の故事をひきつつ展開し、漢文脈と和文脈の使い分けがある。ともに作者未詳、日次《ひなみ》記の体裁をとるものではない。ともに大坂の儒者、尾崎雅嘉《まさよし》が『群書一覧』（一八〇二）〔紀行類〕で訂正し、別の作者を想定している。[▼7] なお、阿仏尼『十六夜日記』は、藤原為家《ためいえ》が所領争いの訴訟を起こし、側室の阿仏尼が鎌倉へ出向いた記録で、前半が京から鎌倉への紀行文、後半が鎌倉滞在記である。

『海道記』は、いわば身を〈用無き者〉と思いなした人の東下りで、『伊勢物語』を踏まえるところも多いが、禅宗への帰依が語られており、目指すのは色の道ではない。お伴を引き連れた一行なら別だが、一人旅には、中国戦国時代に楚王から放逐された屈原が漁師に嘲られたような屈辱を受けることもあることや、家郷を懐かしむ思いが興ることなども記し、あたかも紀行文の定型を示すかのようである。今日では、貞応二年（一二二三）頃の作と推定されている。

都人が旅中、普段は見ない地方の農民の営みに目をとめるのは自然だが、養蚕を生業とする農家に目をやり、子供が働いていることに感心している。長明ならいまさらめいて、そのようなことを書きはしない。もっと官位の高い人の筆だろう。鳴海の浜では、蟹が隠れ場を求めて逃げまどい、かえって人馬に踏まれるさまに生き物の家への執着のあさましさを見る。江尻の海岸では、漁師と魚の命をめぐる営みに思いをいたし、樵や商人の渡世もみな等しく命を保つために命をすり減らすことは同じだと思う。海松《みる》や海月《くらげ》が漂うさまを、無常の「浮世」に警告を発し、自分をいましめているかのようにも感じる。このように名所旧跡を離れ、何でもない生き物や人びとの営みを見ては、仏道を歩む者の心懐が綴られてゆく。鎌倉の賑わいを見て帰路につくが、西方浄土ならぬ東への旅こそが仏道修行と説いて閉じているのは、逆説の趣向か、あるいは新しき世を開く鎌倉幕府に希望を託す人だったか。

『東関紀行』は冒頭近くに〈身は朝市に在りて心は隠遁にある謂《いわれ》あり〉という。『白氏文集』〈巻五効陶潜体詩（其十二）〉冒頭にいう〈早出向朝市　暮已帰下泉〉を踏まえた、いわば市中の隠者とでもいうべき態度の表明である。慶滋保胤「池亭記」にも〈身ハ朝ニ在リテ志ハ隠ニアルヲ以テナリ〉（以身在朝志在隠也）とあり、すでに常套句だった。

いわゆる中世の日記及び紀行文には、歌枕や名所旧跡を訪ね、和歌の伝統に連なろうとする態度を示すものが多い。富士山はいうにおよばず、宇津の山は、『伊勢物語』に「もの心細く」なる心地が述べられたのち、〈修行者にあひたり〉と記されて以来、『海道記』では実際に修行者と出会い、『東関紀行』も業平が修行者に出会った一節を踏まえ、『十六夜日記』は、山伏に出会ったことを、まるで業平の昔の再現のように歓んでいる。

名所旧跡を訪ねるのは同じでも、『東関紀行』には、それらが荒れて滅びゆくこと、鎌倉幕府の御家人、梶原景時《かげとき》の墓所さえ忘れ去られてゆくだろうことを嘆くような調子が前に出る傾きがある。また名所と知りつつ、そこを訪ねない態度も見える。

〈いそぐ心にのみさそわれて、大磯、絵島、もろこしが原など、聞ゆる所《ところ》を、見とゞむるひまもなくて打過ぬるこそ、心ならずおぼゆれ〉。早く鎌倉を訪れたい一心で、というのが理由だが、急ぐ旅ではない。『海道記』が大磯や絵島（江の島）の奇勝を存分に楽しんでいるのと対照的だが、『海道記』も「もろこしが原」（現・唐ケ原）に立ち寄っていない。高麗からの渡来民が祖先を祀った高麗寺という山寺があった。『更級日記』に、そこに大和撫子が咲くのを人びとが面白がるとあるのは、それゆえである。室町時代には廃寺に近かったといわれるが、鎌倉時代に、すでに寺は荒れていたのだろうか。江戸時代に再建され、それゆえ明治維新期の廃仏毀釈にあい、高麗神社だけ残して寺院などは取り潰された。名所旧跡は、のちのちまで歴史の波間に浮きつ沈みつする。

鴨長明の名を冠せられた散文作品がもうひとつある。鴨長明の時代から、ほぼ百年を隔てた兼好法師（卜部兼好《うらべかねよし》）の『徒然草』（一三三〇年前後か）に、鴨長明『四季物語』の名が見える。だが、今日知られる『四季物語』には、長明歿後の出来事について記載があり、やはり鴨長明に仮託された作品と考えられている。

二、室町時代の変貌

戦乱と賑わいと

北海道を除く日本列島の様相は、室町時代に大きな変貌を開始した。幕府の力は小さく、諸大名や寺社が荘園領地を抱えて勢力をふるった。鎌倉時代から二毛作、牛馬耕、水車が普及し、肥料の投入などによる農業生産力の向上は、自立的な農民の成長を促し、郷村制が成立していた。室町時代に入ると、中国経由で虫害や旱魃に強いベトナム産の「占城米」（「大唐米」と呼ばれた）も拡がった。灌漑工事や治水事業などが活発化し、新開地が低湿地帯にも及んだ。工人も王朝経済から自立し、日用品や農具、織物などの生産が各地に普及した。胡麻、桑、楮《こうぞ》、手工業原料の栽培も進み、一六世紀に入ると帆布用に木綿の生産も三河地方からはじまった。枇杷・梨・柿・瓜などの果実類が各地の特産品として流通しはじめたのも、このころからである。応仁の乱を前後する時期から各地に製陶業も発達を見せはじめる。中国・明に向けた輸出品として、堺、山口、博多の貿易港の近郊で織物業が発達を見せ、京都・西陣では明から輸入した生糸による西陣織の生産がはじまった。

寺社の建設が地方に及び、宮大工の集団も育ってゆく。室町後期には、戦国大名が競って城郭や都市改造、軍船の建設を活発化したため、林業も飛躍的に発達した。京都・鎌倉の五山に出版が起こり、堺などの商人も手掛けるようになってゆく。紙漉き業も各地に拡がる。交通が活発になり、各地で定期市が開かれ、特定商品を扱う問屋や卸売市場も生まれ、都市には見世棚をもった常設の店舗が並びはじめ、「連雀商人」と呼ばれる行商も盛んになった。公家や寺社から独占権や関税の免除など特権を得て市を開く座は解体され、戦国大名が自営を許可する楽市楽座に向かった。

公家、武家、武士や商人たちのあいだの垣根が低くなり、戦乱に明け暮れるようになると、京都が戦火に見舞われたことで多くの知識人が地方の守護大名のもとへ身を寄せた。僧侶はさかんに系列の寺院をめぐった。連歌が盛んになり、地下の連歌師も宗匠として諸国の大名に招かれ、和歌などの教養を運んだ、能楽、茶道、華道、庭園、建築など、禅林の生活文化の影の濃い足利義政の北山、義満の東山を中心にした文化が地方に波及し、次第に庶民にも浸透してゆく。日本全域に及ぶ文化総体の大変革期だった。そして、その間に実に多くの旅の見聞記が遺された。応仁の乱のあいだにも紀行文が残っている。

景と心の多彩化

和漢に通じた当代きっての学者で、摂政・関白まで官位を昇りつめた一条兼良が、応仁の乱を奈良に避けて一〇年を過ごしたあいだの文明五年（一四七三）、数え七二歳で美濃に息子と息女を訪ねる旅の見聞記に『藤河の記』がある。しばらく岐阜・鏡島《かがしま》に留まり、連歌百韻を巻き、漢詩の批評をし、猿楽を楽しみ、付近を見物したりする。争乱の世といっても、物騒なのは武士のあいだだけらしい。

江口の鵜飼について人の話を聞いて、うたを二首つくったのち、初めて江口で鵜飼を見たとある。兼良が七〇歳を超えるまで鵜飼を見たことがなかったのは意外な気もする。

鵜の魚を取る姿、鵜飼の手縄を扱う体など、今日初めて見侍れば、言の葉にも述べがたく、哀れとも覚え、又興を催すものなり。

この「哀れ」は、呑みこんだ鮎を吐き出させられる鵜に覚えたものだろう。都人にとって鵜飼は、いわば野趣に興じる場だが、哀れがつきもの。その場で、かがり火にかけて篝《かがり》焼にした鮎を食う。

とりあへぬ夜川の鮎の篝焼　珍《めずら》とも見つ哀《あはれ》とも見つ

このうただけが体験によるもの。こちらは、鮎のいわば姿焼きが珍しくも哀れをさそうというだけのことで、兼良の思いが鵜匠の殺生に向かうことはない。中世には、仏の教えとは別に、事実や事物に即した観察がせり上がってくると感じられる。

一条兼良による『日本書紀纂疏《さんそ》』（一四五五頃）は神代紀の注釈だが、たとえば〈顕露《けんろ》の事とは人道なり。幽冥の事とは神道なり。二道はなお昼夜陰陽のごとし。二にして一なり。人《ひと》顕明の地にて悪をなせば、すなわち帝皇これを誅《ちゅう》し、幽冥のうちに悪をなせば、すなわち鬼神これを罰す。善をなして福をうることもまたこれと同じ。神事とはすなわち冥府の事なり〉（原文漢文）とある。現実社会で悪を行うなら、それは天皇が処罰し、神道に外れたことを行うなら、鬼神がそれを罰すると述べている。このような、あの世とこの世の関係の新しい解釈、概念操作は、景物の観察の即物性や事実性を直視する態度が生まずにはおかなかったものといえよう。

中世紀行文を代表する宗祇の『白河紀行』（一四六八）、『筑紫道記《つくしみちのき》』（一四八〇）はよく知られる。文明一二年（一四八〇）六月、西国の雄、大内政弘の誘いを受けて山口に滞在した宗祇は、九州に渡り、二〇日には大宰府跡を訪ね、付近の大堤など天智天皇の事跡に思いをめぐらした。ちなみに『筑紫道ついえ記』に〈すべて国家を守る人は、唯民の費《ついえ》を思ふべき事とぞと覚ゆ〉とある。また〈只常なるものは山川土石のみなり〉の感を強くした。夕刻に博多に着き、浄土宗、龍宮寺に宿を世話してもらい、翌日には志賀島に渡った。

寺に帰りて、此所たち給う住吉の御社に参《まいり》てみれば、粗垣《あらがき》の廻《めぐ》り遥かにして、連なれる松の木立神またさびたり。楼門半ばは破れて、社壇も全からず。いかにと問えば、此十《と》とせ余りの世中の乱故と言えるも悲し。神前の祈り此道の外の事なし。

〈此十とせ余りの世中の乱〉とは、応仁・文明の乱が筑前におよんで、大内氏同士の争乱になったもの。〈神前の祈り此道の外の事なし〉の〈此道〉は和歌の道。争乱の世なればこそ、神代からつづく和歌の道を守りとおすこと。それが宗祇の伝統主義である。

宗祇は、藤原定家の流れをくむ「和歌の家」、東《とう》氏（のち二条家）の九代目当主、東常縁《つねより》から、いわゆる古今伝授を受けたことでも知られる（一四七一）。その『両度聞書』（仮名序）に、大和歌の大和は〈大いに和らぐ〉こと、宇宙万物に和をおよぼすことを意味すると説かれている。宗祇の講義録『古今和歌集抄』（室町末期写本）には〈やまとうたというに大きに和ぐ義あり〉〈二神陰陽の和合に及ぼす義なり。尽《ことごと》く乾坤一切万物に及ぶ和なり。和歌これなり〉とあるという。伊邪那岐・伊邪那美のミトノマグワイにおよんだのは、講義ゆえに付会（こじつけ）が拡大したのだろう。

宗祇は和歌の根本義として、これを説いたのだが、江戸中期に神道談義に活躍した増穂残口『艶道通鑑』（神祇の恋）（一七一五）は、さらに拡大解釈し、この二神を日本民族の祖先神のように唱え、儒学と仏教を激しく排撃する際の根拠にした。

宗祇は筥崎《はこざき》では、付近のいわゆる千代の松原に分け入っている。

木のもとを見れば、五尺六尺一尺二尺、又は二葉の如く生《おふ》るなど、春の野の若草のごとし。幾《いく》万代《よろずよ》も絶《た》えざらんと見ゆるは、たゞ神明の陰なればなり。

松の末生に絶えざる生え変わりの実態を見、松原が姿を留めつづけていることを神の光の表れと述べている。そして、筑前の蓑芋《みのう》の浜辺では、次の思いを記している。

とぶ風激しく浪高うして、心細きに、小さき魚のこゝろよげに飛を見るに、是も又、波の下には我よりも大きなる魚の恐るゝ多からむと、見るに羨ましからず。また貝の殻の浪に従うを見れば、うち寄せ海に離るゝも愁《うれ》いなし。引かれて海に帰るも喜びなし。すべて生を受くる類《たぐひ》ほど悲しき物はなし。世はたゞ苦楽共に愁也。

感情をもたない生物の営みを突き放して観察し、それを貫くものに〈愁い〉を感じること、それを〈ことわり〉とし、それを知れば、〈羨ましとはたゞ此貝の殻をや言うべからん〉といい、身を失った「空貝《うつせがい》」のようになりたいものだとうたを詠む。

そして、次の段を〈はかなしごとに時移りて宗像に至りぬ〉と書き起こす。何でもない海岸で何ほどのことでもない観察をし、達観めいたことを記し、意味のない、どうでもよいことと一括し、宗像神社を訪ねる記事に移ってゆく。名所旧跡を訪ね、接待を受け、また神社を訪れる旅中に、片や千代の松原を留めつづける自然の営みを神の光の表れと思い、片や海岸の魚や貝の生の営みに愁いを覚える。宗祇は地下の出で、若くして相国寺の禅僧となった人、めでたい自然の生の営みには神の光を見るが、その底には、生を愁い、その苦を離れることが望まれているのだろう。中世紀行文に垣間見える、名所旧跡を外れた宗祇のいう〈はかなしごと〉、風俗や自然に対する即物的観察も、それぞれのしかたで中世的観念と結ぼれている。その結ぼれ方の歴史性に分け入ることが肝心だろう。

宗祇が中心になって撰んだ連歌集『新撰菟玖波《つくば》集』（一四九五）が知られる。とくに巻頭、宗祇と弟子の肖柏《しょうはく》、宗長の三人が応仁の乱がおさまった後、二五〇回忌の法要として、かつての後鳥羽院の離宮、水無瀬宮に奉納した「水無瀬三吟百韻」が名高い。連歌は付け合いで運ぶ。季節や人事など題材を転じ、変化をもたせるルールがあるが、いわばひとりひとりの即興の思いつきに総てがかかる。

雪ながら山本かすむ夕べかな　宗祇
行く水とほく梅にほふさと　肖柏
川風に一むら柳春見えて　宗長
舟さす音もしるきあけがた　宗祇

後鳥羽院の「見渡せば山本かすむ水無瀬川夕は秋となに思ひけむ」を踏まえて詠いだし、山裾から梅の花咲く里へ転じ、川柳へ、そして朝の人の営みに移りゆく変化の妙が、なるほど見事である。その終わりも見ておく。

けぶり長閑に見ゆるかり庵《いほ》　肖柏
いやしきも身ををさむるは有りつべし　宗祇
人におしなべ道ぞたゞしき　宗長

〈かり庵〉は農作業などのための仮小屋。人の営みから、卑しき身分のものでも身を修めることが必要と道徳へ転じ、そして世の在り方に一般化しておさめている。宗祇の連歌においては、『古今和歌集』〔序〕に記された詩歌の本道が遵守されていることがよくわかる。

山崎宗鑑が撰んだ室町時代後期の俳諧連歌撰集『新撰犬筑波集』も、その巻頭だけ、覗いておく。

霞の衣すそはぬれけり
佐保姫の春立ながら尿《しと》をして

霞の立ち込める山裾は露に濡れていた、と何事かふくんだ発句を受けて、立春の「立」をかけ、それは佐保姫の立ち小便、と春の女神として雅びやかにうたわれてきた佐保姫を、一挙にそこらの農婦と変わらぬ位置に引き落とす野卑な見立てで笑いをさそう。その付け句は山崎宗鑑によるもの。宗祇流の「雅」に対抗し、「俗」の俳諧味こそが連歌の行くべき道と主張している。これが俳諧連歌の方向を決定した。

山崎宗鑑とともに俳諧連歌の扉を押し開いた荒木田守武に『守武随筆』と呼ばれる書物がある。巷間の恋にまつわる笑い噺を部立てもせずに集めたもので、庶民の俗談のなかの笑いを掬いあげる姿勢が明らかだ。その守武の名は、一九世紀後半からヨーロッパに知られた。日本学者として著名なバジル・ホール・チェンバレンが次の一句を日本のハイクの代表として紹介したからだ。

落花枝に帰ると見れば胡蝶かな

ひらりと舞い落ちたはずの花が、おや、舞い上がり、枝に戻ったかと思った。が、よく見たら蝶だった。錯覚めいたところもあり、印象鮮やかな、これも見立て遊びである。生き物をふくめた自然の景物の見立ての幅が大いに拡がったのが中世だった。

刹那の即興

室町時代には、また、民間の小唄を編んだ『閑吟集』(一五一八)が編まれている。世の無常の観念が行きつくところまでいきついた様相を呈しているといわれるが、それは、いかなる意味においてか。自然観とともに尋ねてみたい。

〈仮名序〉に〈毛詩三百余篇になずらえ〉て、とある。〈真名序〉は〈それ謳歌の道たる、乾坤定まり剛柔成りしより以降、聖君の至徳、賢王の要道なり〉(夫謳歌之為道、自乾坤定剛柔成以降、聖君之至極、賢王之要道也)と初めて、途中、『詩経』〈大序〉より〈これを嗟嘆して足らざれば、これを詠歌す。これを詠歌して足らざれば、手の舞ひ足の踏むを知らざるなり。声において情を発し、声、文を成すを音という〉を引き、以下〈治世の音は安んじて以て楽しむ。その政に和すればなり。乱世の音は怨みて以て怒る。その政乖けばなり。得失を正し天地を動かし鬼神を感ぜせしむるは、詩より近きはなし。詩は志の之くところなり〉と続ける。ここまでは『古今和歌集』〈真名序〉と同じく中国詩論に倣って、自然発生性に立つ精神をうたっている。

だが、そのあとがちがう。風や雨の音を〈天地之小唄〉、流水や落葉の音を〈万物之小唄〉、仏教のお経を〈迦人之小唄也〉、中国古典籍をいう〈五典三墳、先生之小唄〉と並べて、最後を〈禽獣昆虫歌、自然之小唄者耶〉(禽獣昆虫の歌は自然の小唄はや)と結ぶ。ここには、生きとし、生けるものを超えて、天地万物人為を等しなみに並べ、〈自然〉の一語で総括する意識が覗いている。天地の根源性に随順する姿勢が、より深まったと言い換えてよい。そして、そのなかで僧侶も儒者も相対化されている。〈仮名序〉では〈ふじ〔富士〕の遠望をたよりに庵をむすびて十余歳〉の〈桑門〉と名乗っているが、世に隠れた僧侶であれば、己れも相対化していることになろう。仏教の「物我一如」の境地は、しばしば今日いう「自然」を対象化しえないといわれるが、万物も人の営みも等しなみに「自ずから然り」の一語にとらえて、そのなかに我をも突き放してみる態度を生んでいたというべきだろう。この態度を内面の深みに向かうとはいえまい。むしろ、逆ではないか。〈自ずから然り〉の「自然」にまかせきる心情は、一切の「諦め」と同義で、主体性の全き放棄となる。

世間《よのなか》は　ちろりに過ぐる　ちろりちろり
なにともなやなう　なにともなやなう　浮き世は風波の一葉よ
なにともなやなう　なにともなやなう　人生七十古来稀なり
ただ何事もかごとも　夢幻や水の泡　笹の葉に置く露の間に　あぢきなの世や
夢幻や　南無三宝
くすむ人には見られぬ　夢の夢の夢の世を　現《うつつ》がほして
なにせうぞ　くすんで　一期は夢よ　ただ狂へ

〈ただ狂へ〉は、刹那の興に即して、現実秩序への追随の逆、逸脱をこそよしとする姿勢の表明であろう。恒久性を求めようとしない、発心の契機にはならない無常観、刹那、刹那に明滅する情感がすべてに成り果てていることが如実に示されている。つまり、諦めによる脱俗は、必ずしも内部の沈潜に向かわない。

先に『梁塵秘抄』から〈狂言綺語の誤ちは　仏を讃《ほ》むるを種として　あらき言葉も如何なるも　第一義とかにぞ帰るなる〉といううたを引いておいた。〈第一義とかにぞ帰るなる〉とタテマエにすぎないと承知しながらタテマエにのっとってうたう心の裏には、すでに〈世間は　ちろりに過ぐる　ちろりちろり〉と言ってみたい心が覗いていたのではないか。

また『明恵上人伝』に、西行が常に口にしていたことばとして記されていた、万象の虚妄の興をまさに虚妄としてうたうことが仏の真言となり、如来の真の形を現出することになるという和歌の極意にもふれておいた。仏の真言が転がり出るか出ないかはわからないが、虚妄と承知で興に狂う心を〈一期は夢よ　ただ狂へ〉とうたってみることも、〈夢の夢の夢の世を　現がほして〉うたうことも、みな、薄皮一枚の表裏の関係でつながっているようにわたしには感じられる。

わたしは、世阿弥晩年の境地も、それとあまり変わらないと思う。猿楽師として観阿弥とともに将軍、足利義満の寵愛を受けたものの、世阿弥は義持には遠ざけられ、義教によって一四三四年、佐渡国に配流にあった。その理由は定かでないが、そのとき、演じたと想われる小唄曲舞《くせまい》が『金島書』（一四三六）と題されて伝えられている。

〈山はおのづから高く、海はおのづから深し〉と謡い出し、六月の佐渡島を巡りながらうたうのは、先に見た『梁塵秘抄』の道行歌謡と同じ構成だが、途中、〈げにや罪なくて、配所の月を見ることは、古人の望みなるものを、身にも心のあるやらん〉と、実際に配流にあった我が身でも、月を愛でる心はあるらしいとうたう。

これは、平安中期の公卿で、後一条天皇に側近として仕えた源顕基《あきもと》が常々語っていたという「咎なくて流罪とせられて、配所にて月を見ばや」という言を踏まえたもので、顕基が都をいっそ遠く離れ、うら淋しいところで月を愛でる風情を望むのは、宮廷生活の多忙と片苦しさをこぼしたにすぎないようなものだが、『江談抄』（一一〇四〜〇八）〔三の十五〕あたりに発して、『古事談』『発心抄』『平家物語』『徒然草』など、多くの古典に引かれている。うら寂しさへの好みが次第に共感を得ていったのだろう。だが、世阿弥は配流の身を嘆くのでなく、〈古人の望み〉も我が身に感得されるという。その「諦め」に徹して、佐渡の景物にふれてゆく境地は、案外、〈世間は　ちろりに過ぐる〉に近いのではないか。

その「配所の月」の一句を前ぶれのようにして、鎌倉時代後期の公卿で、持明院統に与して佐渡へ流された京極為兼と、後鳥羽上皇の息子で承久の乱に加担してやはり佐渡配流となった順徳院の配所を織り込みながら、最後は金山のある佐渡を愛でて終わる。京極為兼の社《やしろ》にふれるところで、一つの不思議として、都にては心待ちにして聞いた時鳥《ほととぎす》がこの国ではどこでもうるさいほどだが、為兼を祀る社《やしろ》では鳴かないと伝え、〈水に棲む蛙《かわず》まで、歌を詠むことまことなれば、時鳥も、同じ鳥類にて、などか心のなかるべきと覚えたり〉と挟んでいる。

小唄は、生きとし生ける物、みなうたをうたい、情をもつという教えを盛るのにふさわしい器といえよう。芸能者としての世阿弥は、それをよく心得、そして佐渡で、それを演じている。〈山はおのづから高く、海はおのづから深し〉の自ずからと、生きとし生ける物がみな自ずからうたをうたうのと同じ位相で融通無碍に合するしくみだろう。そして、その考えは、世阿弥においては、能「鵺《ぬえ》」に登場する〈中陰経云、仏成道、観見法界、草木国土、皆悉成仏〉の経文とも何ら変わるところはないだろう。心あるものはみな発心する（はずな）のだ。

『中陰経』は中国・五胡十六国時代に、死者を弔う民間道教の風習をもとに法要行事のためにつくられた偽経とされるが、極楽往生思想の拡がりとともに、このころ民間によく流布していたらしい。が、そのなかに「草木国土皆悉成仏」の文言はない。「草木国土皆悉成仏」は『涅槃経』に発するので、詞章は世阿弥のうろ憶えによる。

中世美学として、室町中期の天台宗の僧にして連歌師の心敬が説いた、侘び、寂び、閑寂枯淡の内に豊かなもの、美麗なものを感受する境地がいわれる。あるいは、その徹底として、冬枯れや老境の「冷え寂び」がいわれる。世阿弥『花鏡』にも「冷え」について言及がある。内部への沈潜、美麗なものの感受というのは、天然自然の底についての解釈者の側に前提があるからで、唐木順三『日本人の心の歴史―季節美観の変遷を中心に』（一九七〇、七二）は、このあたりの趣向の変転を丁寧に解きほぐして、道元『傘松道詠』から「礼拝」と題されたうたと結びつける。

冬草も見えぬ雪野のしらさぎは　おのがすがたに身をかくしけり

擬態能力の説明のようにもとられかねないこのうたは、「身」を消して、四囲に溶け込む姿をもって教えの方便としたものだろう。内面を消すこと、己れを環境的自然に開き切って、その天然自然の底にあるはずの根源的なものを観想するしくみをいうのではないか。そう考えれば、古来、冬景色の底に襟を正すような厳粛さを詠うことは行われてきたことに思いはおよぶ。西晋の詩人・陸機は寒行や冬の行軍をも詠い、詩「園葵」に〈厳霜に凝威あり〉、「従軍行」に〈寒冰《かんぴょう》は衝きあぐる波を結《こおら》す〉などの句が見える。また、南朝・梁の劉勰『文心雕龍』〔物色〕に〈霰雪垠《せんせつかぎ》りなきときには、衿粛《きんしゅく》の慮《うれ》い深し〉（霰雪無垠、衿粛之慮深）の一句があり、『文選』〔物色雪賦〕にも、南朝・宋の詩人・謝恵連「雪賦」から〈玄陰は凝《こご》りて、その潔きこと不昧《ふまい》なり〉（玄陰凝、不昧其潔）の一句が引かれている。〈玄陰〉は陰の気の極まりをいう。〈不昧〉は明瞭なこと。

道元

鎌倉時代以降、日本の仏教界は揺れに揺れていた。一旦、南宋から帰った明菴栄西《みょうあんようさい》が仏教の立て直しを決意し、文治三年（一一八七）に再び南宋へ赴き、インドまで赴こうとしたのは、何故だったか。彼自身奉じていた天台密教に対する疑いに発することに想いいたるはずである。インド行きは果たせず、なぜ、南宗禅を招来したのかを考えてみれば、よりはっきりしよう。

「厭離穢土」「極楽成仏」の願いは、念仏専修を生み、日想観などを盛んにし、さらには「煩悩即菩提」など、修行の否定につながりかねない考えの流行に対し、六祖、慧能が「解脱」に代えて、仏性そのものであるはずの人間の、自分自身の本性を見極める「見性成仏」を重んじる南宗禅を伝えようとし、栄西は日本の天台から排除された。源頼家に外護を求め、京都に、禅・天台・真言の三宗兼学の建仁寺を建立するのは建仁二（一二〇二）年のことである。
道元は、鴨長明『方丈記』が成った頃に出家し、おそらくは栄西と同様、台密と往生思想がかけちがったまま、ともに修行の否定に向かいかねない天台の流れに疑問をもち、栄西の門を叩いた。が、栄西はすぐに歿し、彼は、その高弟、明全とともに南宋に赴き、天童寺を振り出しに諸州の大寺院を遍歴した末、再び天童寺に帰り、天童如浄《てんどうにょじょう》とめぐりあった。

唐木順三『中世の文学』（一九五四）〔道元―中世芸術の根底〕は『正法眼蔵』〔梅華〕より、師、天童如浄が老梅樹の開花を画して即ち春を描いたと語る一節を引いて、老梅花と春の相即の関係を説いている。道元はいう。〈老梅樹の忽開華のとき、華開世界起なり。華開世界起の時節、すなはち春到なり〉「老梅樹の開花＝春の世界の到来」と、別個のものを等値とする関係の感得に注目し、〈先師古仏云く、本来面目生死無し、春は梅華に在りて画図に入る〉〔先師古仏云、本来面目無生死、春在梅華入画図〕の一句の意味を引き出している。梅花と春に象徴関係が成り立って、はじめて春が図におさまると説いたと考えてよい。それを道元は『正法眼蔵』〔法華転法華〕で、仏法にいう「心悟転法華」の教えと結びつけ、水なくして魚は生きることができず、空なくして鳥も生きることがかなわないこと、存在は場に保障されているという関係に展開していると唐木順三はいう。▼8

ここでは図において、存在（有）と世界（時と場）の相即、相互依存関係が成り立っていることが説かれている。贅言を承知でいえば、魚なくして水は成り立たないし、鳥なくして空もない関係である。諸存在は、それが保証されている本来の場でこそ本来の在り方で活きるということ、相即の論理を互いに依存し、保証しあう関係に転じることにより、個々の存在の生死を超える論理が獲得された。これが総ての核心であって、あとの因果や応報は、迷いの世界にいる衆生を救うためにする説法、末法だの易行だのは、中国で仏教を広めるための方便に過ぎない。道元は実際、そういう意味のことを述べている。

宋代は儒・仏・道にそれぞれ総合化か起こった時代である。宋学は道教のいう宇宙の根源を太極に改作することで儒学を革新した。禅宗、とりわけ、考案を中心とする臨済宗と対抗関係にあった曹洞宗に、存在と世界との相即の論理を一歩進める動きから、さらに一歩を推し進めて、存在と世界とが相互依存する関係性に置き直すことに達した。存在と世界とが、ともに活かし活かされる関係に転じたとき、生死を思い煩う心からの離脱を願うことからさえも離脱が遂げられたのである。

道元は、末法の世界観は易行により仏教を広めるための方便とし、それゆえ煩悩即菩提も極楽往生祈願も否定した。道元『正法眼蔵』が説いた「有即時」は、存在が時の流れと完全に一致してある境地、すなわち一切の内面性の放棄であり、そのとき、世界全体のはたらき、「全機」なるものが観取されるというもの。道元の講話「普勧坐禅儀」(一二二七)は、坐禅すれば〈身心自然《しんじんじねん》に脱落して本来の面目現前せん〉と言いおいて、〔正宗分〕(本文)に入る。その冒頭より引く。

夫《そ》れ、参禅は、静室《じょうしつ》宜《よろ》しく、飲食節《おんじきせつ》あり。諸縁を放捨し、万事を休息して、善悪《ぜんなく》を思わず、是非を管することなかれ。心意識の運転《うんでん》を停《や》め、念想観の測量《しきりょう》を止《や》めて、作仏を図《はか》ることなかれ。あに坐臥に拘《かか》わらんや。

静かな部屋で飲食を節制し、人との係りを断って、善悪や是非などを思惟することなく、心のはたらきを止め、観想したり、仏の姿を想い描くこともしない。それらは坐禅と無関係であるという。そのあとは座り方、姿勢、呼吸法に及んで、〈不思量底如何が思量せん、非思量、此れ乃ち坐禅の要術なり〉(いろいろと考えたり思ったりしない境地について思え。心に何も思わないこと、それが坐禅の要諦である)とまとめ、それこそが〈菩提を究尽《ぐうじん》するの修証《しゅしょう》なり〉(仏の境地そのものに至りつくことであり)、〈正法自ら現前し、昏散先ず僕落すること〉(世界の本来の在り方が自然に立ち現われ、迷いが消滅すること)

だと説いている。道元は無意識の底に降りて、深い悟りを得ようともいわない。その「只管打坐」の精神は、「悟り」の意味を転換した。南宋禅の六祖、恵能が禅の修行の方向を、いわば一瞬の「悟り」の境地を得ることよりも、己れが底に宿っている仏性を突き止める方向に振り向けたとするなら、道元が師事した宋代、曹洞宗の僧、天童如浄の説く「身心脱落」は、心の内に向かうことを捨て、ただただ己れの思念を消し去り、環境的自然に開き切ることを勧めるものだったのである。

それを道元は南宋で学んできた。北方の騎馬民族・金の圧迫を受けて江南に逃れた南宋では、金に対抗するため、儒・仏・道が鼎立して皇帝を支えるナショナリズムが渦巻いていた。だが、おそらく如浄は、これは仏教本来の姿ではないことを縷々、道元に説いたと想われる。道元は、南宋から渡来する禅僧たちとは異なり、時の権力からできるだけ、距離を置いた。その点では権門から離れることで、己が自由を確保しようとした鴨長明と似てはいる。鴨長明が〈生死の余執〉からの離脱を本願としたことと向きは同じだ。が、自然発生的な自由を求めることと、己の一切を放下する境地を求めることとは正反対である。その二つを両極とし、そのあいだに、その場の興に即する態度が拡がっていたと考えれば、わかりやすいだろう。

唐木順三『中世の文学』が「すき」「すさび」「さび」を、対象的自然との密着度が高まりゆく三段階のように考えたことは、一九三五年前後の美学＝芸術論に台頭した「中世美学」なるものの考察に期を画したが、その対象的自然との密着度を測る「中世美学」なるものが、禅林の生活文化のなかから生命原理主義の観念が切り出したものだった。それは大西克礼『万葉集の自然感情』などがよく示していた（本書第二章二節を参照）。それゆえ、唐木順三は、鴨長明の「すき」をディレッタンティズムとしたのである。だが、長明の数寄は、あくまで名利を離れ、生死の余執から逃れることの契機として考えられていた。「煩悩即菩提」や「草木悉皆成仏」の考えに対するものとみるなら、道元の説いた「有即時」と表裏する関係にあることがわかるだろう。唐木順三は、道元が示した日本人の自然観や美観の「根底」は、芭蕉へ展開したとするが、そのように考えるにしても、日本の神の光を尊び、機知の歓びをも好んだ連歌師、宗祇の媒介が欠かせないし、芭蕉の俳諧は臨済禅に学んだ契機が大きくはたらいている。

芭蕉の旅と俳諧

唐木順三『中世の文学』は、服部土芳《どほう》によって『三冊子《さんぞうし》』（元禄末年、一七〇四頃成立）にまとめられた芭蕉のことばのうち、〈松のことは、松に習え。竹のことは、竹に習え〉などが、己れの思念を否定する道元の思想に底を通じていると見るが、同じく『三冊子』に〈物の見えたるひかりいまだ心に消えざる中《うち》にいいとむべし〉とあるように、芭蕉のことばは、あくまでことばの芸、句作の技法にかかわるものである。道元の説く「只管打座」とともにある「不立文字」の精神からは遠いことを思うべきだろう。先まわりすることになるが、ここで、江戸元禄期に旅に暮らした芭蕉の俳諧の世界を覗いておくことにする。

地下の連歌師の活躍は、山崎宗鑑らことばあそびの要素の強い俳諧連歌を流行させ、あくまでも和歌の入り口として俳諧を考える松永貞徳の「貞門」、それを西山宗因が滑稽本位に切り替えた「談林」を経て、元禄期の蕉門俳諧へ展開した。芭蕉の旅は、多数の俳枕を生み、『野ざらし紀行』（貞亨二年、一六八五刊）から『おくの細道』（元禄七年、一六九四）にいたる俳諧紀行文もよく知られる。

貞亨四年、故郷伊賀への旅の途中、書き付けに残したものを編んだ『笈《おい》の小文』（歿後、宝永六年、一七〇九刊）の冒頭近く、「つゐ《ひ》に無能無芸にして此一筋に繫《つな》がる」には、西行のすぐあとに宗祇の名がある。宗祇のいわゆる「この道の外の事なし」が響いていよう。宗祇の前にあげられる西行については、芭蕉俳文中「伊勢参宮」に「光」の語が見え、そして西行が伊勢、二見浦で詠んだとされる、何事のおはしますをば知らねども　かたじけなさに涙こぼるゝ（『西行法師家集』）

のうたに、次の句をつけていることを想えばよい。

何の木の花とはしらず匂《にほひ》哉《かな》

『三冊子』にある〈物の見えたるひかり〉にも、宗祇のいう〈神の光〉が届いていよう。むろん、神・仏・道をやわらかく抱き込む信仰で、それらの距離、強弱の判断は評者によって異なろう。『笈の小文』の初め近くに、次のようにある。

抑々《そもそも》、道の日記というものは、紀氏《きし》・長明・阿仏の尼の文をふるい情を尽してより、余は皆俤《おもかげ》似通いて、其の糟粕《そうはく》を改むる事能《あた》わず。／まして浅智短才の筆に及《およぶ》べくもあらず。

〈紀氏〉は紀貫之『土佐日記』、〈阿仏尼〉は『十六夜日記』を指していると見てよいが、〈長明〉の名は、当時、長明作と考えられていた『海道記』『東関紀行』のどちらともとれる。前者には「身を用なき者」とし、後者には「市中の隠」の姿勢が見えていた。芭蕉が『おくの細道』の旅を終え、大津山中に滞在した折、鴨長明が庵を結んだ日野山に近いこともあり、『方丈記』の隠棲を想いつつ、『幻住庵記』を遺している。そして、ここにも先の〈ついに無能無芸にして此一筋に繋る〉が見える。旅に生きることと隠棲への共感とは、芭蕉においてひとつのことだった。現世に生きて現世を離脱する道である。

芭蕉が江戸市中から深川の草庵に移ったのは、延宝八年（一六八〇）冬のこと。そこで滑稽を旨とする談林俳諧を離れ、「さび」の方向を探りはじめることは定説である。川向うの臨川庵に参禅する日々を送ったといわれる。その臨川庵の境内の「芭蕉由緒の碑」に〈抑此《そもそもこの》臨川寺は、むかし仏頂禅師東都に錫をとどめ給ひし旧地也。その頃ばせを翁深川に世を遁れて、朝暮に来往ありし参禅の道場也とぞ〉とある。仏頂禅師は、中世に臨済宗の寺になっていた鹿島の根本寺が鹿島神宮の所領になっていたのを徳川幕府に訴訟を起こして復した人。訴訟のために江戸に出てきたとき、逗留したのが臨川庵である。そして芭蕉の「鹿島紀行」（一六八七）に根本寺に泊まったときの句がある。これらの記録に、まずまちがいはない。

宗祇は臨済宗相国寺の僧侶から連歌師の養子になった人である。臨済宗は唐代の開祖、臨済義玄《ぎげん》の弟子たちとの問答を中心にした『臨済録』が聖典視されるように、いわゆる禅問答を大切にする。形式論理を脱した思考法の訓練としてなされるもので、仏教に限らず、古代インドの修行法のひとつであり、菩提樹などの木陰で、今日まで続く。禅問答が常軌を逸したものなればこそ、機知に富んだ俳諧連歌の掛け合いに通じ、言葉遊びに徹した庶民の連歌へと流れ、江戸時代には、談林以降、和歌や物語の「雅」の世界に対し、「俗」の世間の流行に題材を求め、規範をズラすことによって生じる滑稽を歓ぶ庶民の遊びの芸に徹した。芭蕉はその典拠を漢詩や和歌を踏まえる方向に開きはしたが、俗に徹する規範から逸脱したわけではない。「不易流行」はそれゆえの言である。

梅若菜まりこの宿《しゅく》のとろゝ汁　（『猿蓑』）

〈梅〉は春の季題、「若菜」は春の葉菜。花に葉をとりあわせたので、〈とろろ〉の根菜で落ちをつけた句と読める。これに芭蕉晩年の弟子・許六《きょりく》が最初に芭蕉の許に訪れた折、持参した句から芭蕉が取り出した一句を寄せてみる。東海道は駿河の国、丸子（毬子）宿の隣、宇津峠の名物が〈十団子《とだんご》〉である。

宇津の山を過《すぎ》
十団子も小粒になりぬ秋の風（『韻塞』）

芭蕉は〈此句しほり有〉と評したと『去来抄』にある。十団子が小さくなったのは、世知辛《がら》い世の動きにほかならないが、それに、和歌で詠みつがれてきた宇津の山、そして、秋の風情をいう「秋の風」をとりあわる落差の妙、そこに生じる滑稽を拾ったとわたしは見る。とろろ汁も団子も、和歌には出てくるはずもない庶民の食い物である。

人の短をいふ事なかれ己が長をとく事なかれ
物いへば唇寒し秋の風（『芭蕉庵小文庫』）

この教訓も秋の風の風情も、ともに洒落のめされるためにあるといえば、極端に過ぎるとそしられようが、芭蕉が好んだ歌仙（三六句の連歌）も、俳諧の本義から外れるものではない。そこでは、禅味も狂禅に寄り、風狂に寄る。世俗のただなかで逸脱を楽しむのが、市中の隠であり、旅であり、俳諧なのだ。雅俗の折衷でも、中間でもない。

月日は百代《はくたい》の過客《かかく》にして、行《ゆき》かふ年も又旅人也。舟の上に生涯をうかべ、馬の口とらえて老をむかうる物は、日々旅にして旅を栖《すみか》とす。

よく知られた『おくのほそ道』（一七〇二刊）の序にあたる。月日の移り行きそのものを旅人に見立て、同じ所を往き来して一生を過ごす船頭、馬子ら卑しき者の生涯も旅人に見立てることからして俗と滑稽を孕んでいる。〈そぞろ神の物につきて心をくるわせ、道祖神のまねきにあいて、取るもの手につかず〉とは、落ち着かない、もの狂いのさまをいう。元禄二年三月二七日（一六八九年五月一六日）深川・芭蕉庵を出て、東北・北陸をまわった旅の記録とされているが、曾良がまとめたもの、芭蕉が推敲を重ねたものと異本が多く曾良の道中記録と比べて、虚構性も取沙汰され、また曾良が幕府探索方を務めていたともいわれるが、この際、措く。

五月雨を集めて早し最上川

山形・大石田に滞在中、四吟歌仙の発句として作ったこの句のもとは、「五月雨を集めて涼し最上川」で、最上川から吹く涼風を、五月雨を集めているからか、と転じる機知で賛じた土地誉めの挨拶だった。五月雨は長く降り続く梅雨をいい、『おくの細道』で「五月雨を集めて涼し」を「早し」に転じたことで、細かに降る雨でも集まれば、と飛躍に驚く含意が生じたとわたしは読む。平泉・中尊寺の「五月雨の降り残してや光堂」も、実際にはありえない見立ての機知の句である。自然の景物をあるがままに、ではない。故事来歴、本歌を踏まえて転じる機知は、『古今和歌集』以来の和歌の正統であり、俳諧連歌の滑稽味を品を下げずに、ほのかに含ませるところに芭蕉の真骨頂があろう。和歌の伝統は歌枕とされた土地の景物を文化の堆積とともに賞翫することをつくってきたが、芭蕉は、歌枕には新たな賞翫を加え、名もない土地の景物をも俳枕に転じた。つまりは和歌の本道から逸脱するところに活路を見出した俳諧連歌を、もう一度、うたの本道につなげなおしたといってもよい。

それゆえ、もし、世を辞すにあたって俳諧を残せば、己れの一生を洒落のめすことになる。元禄期には、そこまで放胆なことを思いつく人は、まだ、いなかったらしい。天明狂歌期あたりで盛んになるのではないか。芭蕉にも辞世の句はない。病中吟、

旅にやんで夢は枯野をかけ廻《めぐ》る　（『芭蕉翁行状記』）

も、旅に病めば誰しもが家郷を想うのに、夢のなかでさえ己れは、しかも枯野を、と呆れはてて見せる体だろう。

江戸後期の儒者、津阪東陽は芭蕉俳諧集に序文を寄せ、また晩年、一九世紀に入ってから、漢詩鑑賞の手引き書、『夜航余話』上下巻を刊行、その下巻で、俳諧は「卑賤卑俗の翫《もてあそび》」としながら、漢詩や和歌を踏まえるところもあるゆえ、芭蕉を別格扱いし、漢詩や和歌と比較して論じた。俗にあって雅と通じるところを読んでのことである。『夜航余話』は、明治期の漢詩隆盛のなかで翻刻され、かなり読まれたらしい。

第九章　江戸時代の自然観

江戸時代については、前期と中後期に分けて考察する。日本列島の改造の歴史を、古代の諸豪族による初発期、古代王権による第一期、中世諸大名による第二期とするなら、江戸前期は徳川幕府のもとで国内平和が回復し、幕藩体制が構築され、新たな産業のしくみが始動しはじめ、その第三期が幕を開ける時代といえよう。

徳川家康は、三河の土豪の出身で、今川義元のもとから戦国大名へ駆け上がり、豊臣秀吉歿後、関ケ原の役を征して、一六〇三年、後陽成天皇より征夷大将軍の任命を受け、江戸に幕府を開いた。大坂の陣を経て、一六〇五年には嫡男・秀忠を将軍職に就かせ、駿府で「大御所」として全国統治の施策を指揮した。皇室から全国の経営権を委託されるかたちだが、公家勢力を徹底的に政治から遠ざけ、度量衡を統一、全国交通網の整備を行い、諸国の管理を諸藩に委託する幕藩二重権力体制を築いた。

戦功に応じて、大名に直轄地を与える方式は戦国時代を通じて習慣化していたが、家康は、関ケ原の戦後処理で改易・減封を行い、大坂の役以後は、世嗣《よつぎ》断絶と幕法違反による改易が主になる。幕府の定める「武家諸法度」の改訂は、第八代・吉宗の享保令（一七一七年）まで重ねられた。要するに、幕府が「くに」と呼ばれる領地（幕末に藩と呼ばれるようになった）の管理権を付与する藩主（世襲制）の任命権を握るが、諸藩（大名が抱える武士集団）の内部にも、領地経営の仕方にも介入しないタテマエである。税は、標準を定めた米で諸藩を通じて納めさせ、「石高」に応じて諸藩に配分するシステムが採られた（石高制）。農・工・商の各集団にも法により解散権を握りながら、経営は任せる制度をとる。

この中央集権制と地方分権制を併せた国際的に類例を見ない二重権力体制により、幕府と諸藩のあいだに権力の均衡が保たれ、以降、二七〇年間ほど平和が続く。だが、平和の世が訪れたことにより、幕府も諸藩の武家・武士層にも消費が増大し、借財を石高制により増強した米問屋と金融商人の資本に頼らざるをえず、慢性的に財政難を抱えることになる。幕府は貨幣の増発によるインフレーションと消費の引き締め策を繰り返す。

徳川幕府は、キリシタンを禁圧し、神・儒・仏・陰陽道の四教併立の枠組を再建するが、中国で実質的には明代から科挙の柱になっていた朱子学を公認した。「天の理」に基づく道徳で世の秩序を築く考えである。だが、幕藩二重体制により、諸藩や民間では、情を含む「心即理」と「知行合一」を唱え、主体性を強く押し出す陽明学や、隋・唐の古詩を重んじる古文辞派の影響を受けた古学の流れが盛んになり、それらを兼修する「折衷派」も多かった。儒学の枠内だが、中国よりはるかに自由度の高い議論が展開した。

幕藩二重体制は、国際的に異例なほどのリテラシーの向上を促しもした。農・工・商の中間層以上には、読み書きの能力は必須であり、幕府と藩は、それぞれの法令の徹底化をはかるために読み書き能力の向上を促した。庶民層の識字率は向上してゆくが、教える方も習う方も自主性に任されていたため、庶民向けの刊行物が盛んになればなるほど、宛字や仮名遣いなど表記の規範は乱れた。もとは漢字の字引としてつくられた「節用集」、手紙の書き方の規範集だった「往来物」に和歌、物語、各種の読み物が掲載され、図入りのものを含めて多彩を極めて展開した。時代が進むほど、実用書も多く出まわった。

江戸前期から、中国・明代に多彩に開花した文化が大量に舶来し、また清代に入ると異民族支配に屈することを潔しとしない士大夫層が日本に亡命し、諸大名がこれを迎えた。これらも文化の多彩化や新しい技術の拡大にはたらいた。民衆のあいだでは、中世からの伝統主義も存続し、中国よりも多彩な文化が元禄期から花開いた。一八世紀への転換期からこれほど豊かで多彩な民衆文化が展開した類例は、国際的に見られない。

江戸前期の政治の安定により、農耕生産も順調に進み、技術も大幅に向上した。鉄製の農具、深耕用の備中鍬、脱穀用の千歯扱《こき》が工夫され、選別用の唐箕や千石どおし、灌漑用の踏車などが開発され、大規模水田の開発が進むとともに、しめ粕、油粕、糠などの金肥（金で買う肥料）も普及した。絹、木綿などの生産、金、銀、銅、鉄などの採掘、製錬などの技術も高まった。本草を含め、農業や産業一般、治水や土木技術の知識の普及書も出されるようになる。

明末の宋応星による産業技術書『天工開物』（一六三七）が流入し、貝原益軒『大和本草』（一七〇八）に引用され、一七七一年には、訓点、添え仮名つきの和刻本も出された。『易経』に発する「開物」思想は、環境的自然の内蔵物を人間が開発し、それを利する技術開発を促した。徐光啓『農政全書』（一六三九）を参照した宮崎安貞は諸国の古老を訪ねて教えを請い、それをまとめて『農業全書』（一六九七）を木版本として刊行。三都のほか各地の城下町に出版業が生まれ、それまで秘伝とされていた類の各種技能が公開されてゆくのがこの時代の特徴の一つである。

一、江戸前期

徳川幕藩体制

徳川家康は、天下を握ったのち、江戸の開発を中心に、日本列島のインフラストラクチュアの整備に着手した。田畑以外に港湾、主要な鉱山、交通・商業の要衝など全国六八ヵ国中、四七ヵ国に直轄地（明治期以降、天領と呼ばれる）を置いた。大名に参勤交代を行わせるためにも、五街道やその脇往還、また河川の交通網の整備を行った。水路では、一六〇六（慶長一一）年、京都の豪商、角倉了以《すみのくらりょうい》に命じて、富士川、天竜川の掘削、舟運施設の整備に当たらせた。角倉了以は京都・伏見間の水路も整え、南蛮貿易にも携わった経験から、木活字の開発や、カルタ類の制作も手がけた。

海路では一六一九（元和五）年、和泉国・堺の商人が紀州の富田浦の廻船を雇い、江戸へ回航させたのを皮切りに、多くの日用品が江戸に運び込まれるようになった。寛永期には菱垣廻船問屋が成立し、一六三四（寛永一一）年、幕府の命を受け、河村瑞賢《ずいけん》が新たに東廻り航路、翌年には西廻り航路を開発し、海運も発展した。

幕府は統一貨幣の発行も行い、金貨・銀貨・銭貨の相場を定めたが、実際には変動相場で取引され、両替商が繁盛、元禄期には商業に弾みがついた。夏の陣で荒れた大坂は諸大名の年貢米の集積地となり、各地に送られるしくみになったため、「天下の台所」と呼ばれるほど繁栄してゆく。諸大名は年貢米を大坂で換金し、その金を江戸などで使った。信用借りが行われ、世界で最初に先物取引が公認された。やがて、米問屋や金融業者が経済をコントロールするまでに台頭し、これが幕府財政を窮迫させるもとになった。

幕藩二重体制は、タテマエとして公地公民制を守り、諸大名は「領地」の管理・経営権を幕府から委任される関係であり、土地を所有するものではない*。大きな大名は、子に藩を与え、また孫にあたる藩もつくられ、最も多いときで、全国で二百五十余を数えることになる。

＊中国の「封建」は、周代の地方豪族の自治権の上に立つ制度をいい、ヨーロッパの“feudalism”は領主が領地内の全権を握るのがモデルである。それらとはまったく権力関係が異なる。明治期啓蒙思想が身分制をもって「封建制」と呼んで以来、四民の「職分」を「身分」制の意味でとる一種の歪みが生じ、ま

た一九二〇年代にはマルクス主義が資本制の前段階の意味で「封建制」を用いた。江戸時代に「四民」それぞれにつくられてきた制度を明治期の民法は家父長制、長子相続制に整備したが、それを指して旧弊な制度の意味でいうことも多く、第二次世界大戦後も概念の混乱が続いてきた。今日、「職分」が強調され、裏返し的に、まるで身分制がなかったかのような見解さえ現れている。

家康は、朱子学にのっとって、「士農工商」の四民を基本とする職業による身分（職分）制度を整えた。これにより、中世まで続いた奴隷に相当する「下人」身分はなくなったが、それは四民のあいだの移動、住居の移動も原則として認めないものだった。四民はそれぞれ、その内部に地位と富裕度のちがいをもち、下級武士より経済的に豊かな豪農・豪商はいくらでも存在した。それゆえ、ヨーロッパのクラス（階級）とも、士大夫がかなりの利権を握る中国ともアナロジーできない。武士は、城下町に居住し、大名から俸禄を受け、藩のために働く職業となった。下級武士の規定も扱いも藩ごとに細分化され、在村し、農村の管理にあたり、名字と帯刀を許される「郷士」もかなりの数に登る。郷士と農村富裕層、造り酒屋など事業家層、都市の商人層との縁戚関係は複雑を極める。

四民の下に位置する「穢多」は、古代朝廷の祭祀などにかかわる特殊な身分に発し、獣皮加工などを主な職業としたため、仏教の浸透により社会的差別を受けるようになったと推測される。鳥獣の狩猟を生業とするサンカなどとの混同も生じたようだ。「非人」は罪人とされた者の集団。ほかに鉱山労働者や港湾人足、旅芸人、視覚障害者の按摩など特殊な職業集団も認められていた。いずれも世襲制の長に免許を与えて経営させる方式が原則であり、幕府は法にふれれば、解散させる権限を握るが、大名の家臣団が合議制をとろうが、商人が「株仲間」をどのように運用しようが、内部には関与しない。各集団内のモメゴトは裁判で解決する。

それとは別に、村落や都市の界隈の地縁共同体は、神社を奉じる「氏子」集団を形成し、各家はいずれかの寺に属し、「檀家」と呼ばれた。キリスト教信仰を禁じる宗門改めに発して、各人は誕生から死亡まで、ほとんどが寺（ごく一部で神社）が管理する「宗門改帖」に記載され、出稼ぎや旅に出るときなどの記録が残る場合もある。庶民は、二重三重に管理されていたことになる。

それぞれに「家」の繁栄を目的とし、必ずしも血縁を重んじない。有力な「家」を中心に大家族を形成し、その庇護に入ることも頻繁に行われた。一八世紀に入ると、農村の中間層に「口減らし」を兼ね、都市への出稼ぎが盛んになるが、縁故に頼り、期間もまちまちだった。なかには才覚を認められ、都市に留まり、番頭などになる者も出た。

職分間の移動は各地で裁可を受けなければならなかったが、認可される主な理由は嫁入りと入り婿（養子）だった。それが抜け道となり、大名や有力な家臣は商人との貸借関係から縁組が次第に増え、一九世紀初頭では、大商人、二五〇家のうち四八家、約二〇%が武士の家系に数えられるという[1]。鎌倉後期に困窮した御家人の分限が売買され、また新田開発により士分が与えられるなど、中世から戦国時代にかけての諸慣例が藩政改革と産業の活発化に伴い、いわば復活する現象も見られる。養子縁組は形の上だけのことで、郷士株や幕府の御家人や旗本の株も金銭によって売買されるようになっていった。

江戸前期の文化

江戸前期の文化の第一の特徴は、神・儒・仏・陰陽道の四教併存体制が再構築され、幕藩二重権力体制と組み合わされ、秩序維持にはたらいたことであろう。神社神道は、京都の神道家、吉田兼倶《かねとも》が唱えた吉田神道が、神道を「根」、儒教を「枝葉」、仏教を「花実」とする三教一致論により、全国に大きな勢力を張った。伊勢神道は南北朝の争乱により南朝方が敗退して衰えたが、各地からの伊勢詣は行楽を兼ねて存続した。

儒学系については、五山に流入した宋学（新儒学）が朱子学系、陽明学系の対立を孕んで展開する。

五山の僧から儒者に転じた藤原惺窩《せいか》は、徳川家康の誘いを断り、幕府の顧問格に林羅山《らざん》を推したが、両派の根は同じと説いて、陽明学批判に走りがちな林羅山を牽制し、藩儒に朱王両学を兼修する態度も生じた。

惺窩が歿すると、羅山は天理にもとづく道徳を説く朱子学の大枠を守りながら、道徳の根本に「敬」、互いに敬うことをあげ、個人の魂の救済にかける仏教を排撃する姿勢を強めて、儒学と神道とを整合させる理論を組み立て、神道、王道、儒道、人道の根本は同一、神は心であり、理でもあると説いた。「理当心地神道」という。ここには「心即理」が成り立っている。情の宿る心と理を一致させるのは、惻隠の情を万物一体の仁の一端と説いた孟子から陸象山へ、そして王陽明へと受け継がれた論脈である。それもはたらき、林羅山は晩年、北宋の程顥の説いた理・気一体論に接近した。

吉田神道から分岐した吉川神道の流れを汲む山崎闇斎は、忠孝思想を中心にした朱子学、また陰陽道との統一を企て、天皇崇拝と君臣の道、「敬」を柱にして道徳色の強い垂加《すいか》神道を唱えた。

仏教は天台、真言、鎌倉仏教諸派も檀家制度により安定した基盤を得、武士の営む書院とともに僧侶による寺子屋が庶民の学習の基盤となった。新たな動きとしては、江戸中期に臨済宗の再興を図った白隠が出る。全体に他宗のことは与り知らぬ態度が固定した。陰陽道についてはのちに、わずかだが、ふれる機会があろう。

江戸前期の文化の第二の特徴は、平和の回復により戦乱期の文化が徳川政権の秩序の枠内で編み直され、民衆向けにも刊行されてゆくことである。小瀬甫庵《おぜほあん》による『太閤記』（一六二六）が典型的である。中期には『絵本太閤記』が町人層に流布した。戦乱期の女性の体験談を聞き書きして口語体でまとめた『おあむ物語』（一七一六頃推定）、『おきく物語』（一八三七）も刊行された。『雑兵《ぞうひょう》物語』（一八四六刊）も口語で記された兵法書である。

もう一つの特徴は、中国・明代の文物の流入である。明代には通俗日用類書と呼ばれる多彩な内容のものが出まわったが、完本はむしろ日本に残存していた。井原西鶴の一番弟子、北条団水も大いに参照している。白話小説『水滸伝』や陽明学に傾倒したことで知られる馮夢竜《ふうむりゅう》の撰になる笑話の集成『笑府』（一五七四～一六四五）などは、のち、翻訳、翻案され、江戸時代の文芸に大きな影を落とすことになる。正則の文語文に慣れた日本人の漢文読解力では白話は読みこなせない。が、助辞など抜かせば大意はわかる。

なお、一六四四年に清朝が統一国家を築くと、陽明学者で、小説家の馮夢竜が自害している。異民族支配に屈することを潔しとしない士大夫層のなかには、明の再興を志す者もあり、台湾に渡り鄭氏政権を立てた鄭成功《ていせいこう》が、日本人の母から生まれたことも手伝い、よく知られる。それらのなかから日本に亡命する人びとも出る。華南で明朝再興運動を支援した朱舜水《しゅしゅんすい》もその一人で、水戸藩第二代藩主・光圀の招きに応じて侍講し、光圀の伝統主義に立つ古典研究や文化財の保存など数々の文化事業に影響を与えたことは、今日、定説である（後述）。

また、公安派の詩人で、陶芸もよくした陳元贇《ちんげんぴん》は、深草の日蓮宗の僧、元政《げんせい》と意気投合し、漢詩の合著『元元唱和集』（一六七四）を編んでいる。それ以前、元政が舶来する『水滸伝』の購入を争って負けたことを友人あての書簡で残念がっているが、馮夢竜の編になる『李卓吾先生批評忠義水滸伝』だったのではないか。

一八世紀への転換期、元禄時代には上方町人文化が開花した。とりわけ、明代の士大夫で劇作家、劇団を率いて人気のあった李漁《りぎょ》（字は笠翁《りゅうおう》）の戯作者ぶりは早くから刺戟を与えたのではないだろうか。「内容、淫褻《いんせつ》を極める」と当代から非難を浴びており、露骨に性愛を扱う小説『肉布団』も彼の作ではないかと推測されていた。その戯曲論『閒情偶寄』などに見える「卑近な例をとって勧善懲悪を説く」という彼の劇作法は、戯曲（楽曲を伴うので戯曲と呼ぶ）を戯《たわむ》れワザと心得た者の言だが、近松門左衛門が受けついでいた。井原西鶴の好色ものにしても、「わやく太郎」を名のって、翻案ものに活躍した時期の上田秋成の浮世草紙にも響いていると想われる(「わやく」は、和訳と大阪ことばのはしゃぐをかけた地口)。

なお、歌学は、公家方のそれが堂上派を形成し、幕府には松永貞徳について俳諧を学んで、『源氏物語』の注釈書『湖月抄』(一六七三)などを著した北村季吟が息子・湖春とともに一六八九年に御歌方に就任した。が、その後、振るわず、中期には民間に賀茂真淵、本居宣長系など「国学」系諸派が展開した。後期には、香川景樹《かげき》が当代の語を用いて調べを重んじる歌論を張り、旧派や真淵門下の村田春海《はるみ》らから排撃を受けながらも桂園派を形成し、明治期には御歌所《おうたどころ》派に命脈を保った。

陽明学系の影

明代に興り、拡がった陽明学系儒学、また文章を秦・漢、詩を盛唐あるいは魏の古典に倣おうとする擬古を唱えた古文辞派の二つの動きは、対立を孕みつつ、直接・間接に、科挙制度のない幕藩体制下の日本の儒学にかなりの波紋を拡げた。

中江藤樹は、独学で儒学に取り組み、農村で私塾を開いて生活した人で、『翁問答』(一六四一)では〈人間尊卑の位に五だんあり〉と身分秩序を説いているが、〈農工商の三はおしなべて庶民のくらい〉としている。武士が別格だが、王陽明の著作『節庵方公墓表』にいう〈古は四民は業を異にして同じ道に立ち、その心を尽くすこと一なり〉(古者四民異業而同道、其尽心焉、一也)、春秋戦国時代までは、「四民」はいわば社会的分業であり、生活するという目的は同じだったと説いたことに触発されたものと推測される。中江藤樹は陽明学も学び、儒学の古典に帰ろうとする姿勢ももっていた。

その門下、熊沢蕃山は、陽明学に傾倒した備前国岡山藩主・池田光政《みつまさ》に抜擢され、藩政改革にあたった。一六四一年、各藩に先駆けて藩校「花畠教場」を開き、一六七〇年には日本初の庶民学校、「閑谷学校《しずたにがっこう》」も開校した。藩政改革に取り組み、一六五四年、備前平野を襲った洪水と大飢饉の教訓を活かして、零細農民の救済、治山・治水の土木事業により、下流域の土砂災害を軽減する措置を講じ、農業の保護育成に励んだ。当然、新田開発には反対した。新田は耕しやすい河川敷周辺に拡大する。一旦、洪水になれば、被害甚大は必須である。

だが、蕃山の藩政改革は家老たちと角逐を起こし、また朱子学を奉じ、陽明学を目の敵にする幕府の林羅山らから批難を浴びせられた。一六五七年には岡山藩から身を引き、京都に私塾を開くが、評判が高くなると京都からも追放された。晩年は蟄居《ちっきょ》、幽閉を繰り返し、『大学或問《わくもん》』（一六八七）などの著作を残したが、藩主の責務を説くとともに、貿易振興をいい、鎖国や参勤交代や兵農分離の批判など、徳川政権の根幹にかかわるところを鋭く批判している。『大学或問』は成立後、百年して刊行を見たが、寛政改革とぶつかり、発禁禁止処分を受けた。

伊藤仁斎は、京都の民間の私塾で儒学を講じて一生を終えた。詩文を当世風から古典に帰る方向を目指した明代の古文辞派の動きに刺戟を受けたと想われるが、経典の「古義」を明らかにすることを主張した。朱子学の「理」一元論に傾く「理・気」二元論を否定し、天地の間を満たしているものは一元の「気」であり、「理」はその法則と整理し、その運動によって万物が生成されるとした。天（世界の原理的存在）と天道（自然界）と人道（人間社会）を区分し、天の意思は不可知であり、ただ受容すべきもの、天道の展開は「気」の運動法則を通じて認識可能、人道の法則は人間固有の仁義（道徳）としてとらえよ、という。表立っては陽明学を否定するが、「古典」を最後は独力で読みぬくという態度に陽明学を学んだ跡は歴然としていよう。また『童子問』（歿後一七〇七刊）では、民間の「雑劇」の類を読み、さまざまな考えや情にふれることを奨励している。人情への関心が伺える。その目的は、しかし、どれにも偏らない「中庸」を得るためとされている。

仁斎は、天の「気」に人間の身体が感応することを理論づけることにも反対し、その二つはしくみがちがうとして切断して考える。このような志向は、宋代の理論に重きを置く医方に対して、江戸時代に興った「古方派」と呼ばれる薬功など実地の経験を重視する医療の流れと軌を一にしている。この実際の見聞や経験の結果を重んじる、いわば「実地主義」とでもいうべき態度は、「天理」に基づく道徳を説く朱子学への鋭い批判を孕んでいる。

朱子学の展開にも、朱子の学理を教科書とする中国とは微妙にズレるところがある。江戸前期に朱子学を奉じた藩儒を代表するのは、貝原益軒である。筑前黒田藩（福岡）で一時期、藩医を務め、『大和本草』（一七〇九）など本草書も編んだ。分類法は明朝の李時珍『本草綱目』に従っている。藩内をくまなく歩いた『筑前国続風土記』（一七〇九完成）や、『和州巡《めぐり》覧記』（一六九六）など多くの紀行文も、つとに指摘されているように、中世までの名所旧跡を訪ねる旅とは異なり、実地の見聞による地誌への関心、出会った出来事などの体験談を交えたもので、それを旅行の指南書のように読んだ人びとが多かった。総じて、実地見聞主義とでもいうべき傾向を示している。

貝原益軒の著書で徳川時代を通じて何度も刊行され、さらに明治期以降も活字化されて長く読みつがれたのは何といっても『養生訓』（一七一三）である。民衆むけに「漢文」読み下し体で書かれた書物で、庶民の日常生活に即して、飲食や気持のもちかたなどについて養生法を説いてゆく。その〔巻二「総論上」〕に〈人の元気は、もと是《これ》天地の万物を生ずる気なり、是《これ》人身の根本なり〉とある。〈養気の術つねに腰を正しくすえ、真気を丹田におさめあつめ、呼吸をしずめてあらくせず……〉〔同下〕ともいう。この〈真気〉に説明はないが、「元気」ないし「真気」は、古代の医書にいう「原気」と同じで、下腹（丹田）に溜まって身体活動の根本をなすものとされる。あるいは大宇宙から下って頭頂から丹田に降りるとされ、あるいは母体内で胎児が保っている「気」ともいう。これを身体の外へ逃がさないようにし、体内にめぐらす工夫が長寿の秘訣とされる。貝原益軒の養生法の基本は、これである。

ただし、〔巻四、飲酒〕では〈酒は少しのめば陽気を助け、血気をやはらげ、食気《しょうき》をめぐらし、愁いを去り……〉、〈巻五、五官〉では〈肛門は糞気の出る所〉などと自在に「気」を用いている。道教系の養生思想や医方のなかで、「気」の語は、そこに集まる部位につけて、「腹気」などと用いられることが多いが、益軒の用法は、もともとの「気」の観念からかなり離れており、「元気」の観念が薄まっている。ここに引いたうち、〈陽気〉は、もと『易経』〈乾坤〉などでは陰陽の陽の「気」をいうものである。また〈血気〉は『礼記』〈玉藻〉では「血」と「気」、すなわち血液と気息という意味で用いられている。道家思想を基礎にした『淮南子』でも、気象と人体を対応させて述べる条に〈耳目は日月なり、血気は風雨なり〉(耳目者日月也　血気者風雨也)と、「血気」は「血」と「気」の意味で用いられている。そして、「血気之精」は生物の意味で用いられている。「食気」は道教系養生思想では、まずは「却穀食気」を説く。すなわち穀物をとるのを控えめにして、「気」を食す、すなわち呼吸する意味で用いられる。『養生訓』に用いるような食欲増進の意味ではない。「糞気」にいたっては用例を知らない。

他方、儒学では、『孟子』〈公孫丑章句上〉にいう〈浩然之気〉は宇宙の根源とつながりをもっているようにも読めるが、『論語』〈李氏〉の「血気」は、今日、「血の気が多い」などと用いるのと同じ意味にとれる。『荀子』〈修身〉にも〈血気豪強〉などとあって、これをやわらげるようにせよと説いている。貝原益軒は、こちらの儒学系の用法を用いたのだろう。

このように見てくると、『養生訓』の〈陽気〉〈血気〉〈食気〉は、みな、もとの意味を離れて、いわば何でも「気」で説いていることになる。用語法は儒家のことばだが、道教系の養生思想や医方を参照し、自由に用いている。今日のわれわれの用法に近いと感じるが、このような益軒の「気」の用法が拡がったものとも考えられよう。

貝原益軒は最晩年、『大疑録』(一七一四)で朱子学を批判、「気」一元論ないしは「理・気」一体論を唱えた。徳川前期における現世主義、人情重視、実地主義の蔓延は、天地に満ちる「気」の観念を柔軟に変容させたといえよう。

二、江戸中後期

江戸中後期の文化

江戸中期にも、農業の生産量は増加しつづける。生産力の増大により、米が安くなると、武士と農民の生活は圧迫される。第八代将軍、徳川吉宗は幕府の財政安定を目標に享保の改革に着手し、倹約と増税、通貨の調整、風紀引き締めを行い、他方で「新田」開発を奨励し、武蔵野の全面開発など畑地が拡大した。とくに後期には商業資本を利用し、冥加金を献上させる策や、産業育成をはかる姿勢が目立つ。それに促され、諸藩が「殖産富国」策を採り、特産物の専売が拡大した。幕府も藩も、商品経済の隆盛の前に対応を迫られ、商業を抑制する伝統儒学の考えに転換を迫られたのである。江戸と上方を二つの中心として、全国に商品流通網が張り巡らされ、都市では、とくに江戸では「金さえあれば、何でも自由にできる」といわれるほど利便性は高くなっていった。

一七世紀後期に、関孝和《せきたかかず》が中国の天文学書を研究し、独自の和算を開発し、円周率など当代のヨーロッパの水準の高みに届いていたことは、よく知られる。だが、それは、同好の士のあいだで学ばれはしたが、趣味的なグループ以上にはならなかった。[▼2]「開物」思想も、造化のしくみと人間の思考を組みあわせて考察する三浦梅園、独自に『易経』の概念と取り組んだ皆川淇園《きえん》など、ごく少数の独創的な展開を生みはしたが、その継続発展は見られず、物事のしくみの原理的解明や新しい分類法の開拓には向かわなかった。むしろ、民間に知識の普及を図る方向が盛んになった。明の王圻《おうき》による図入りの類書『三才図会』を範にとった寺島良庵の『和漢三才図絵』（一七一三刊）も、民間の博物趣味に応え、それを促すものだったといえよう。のちには『日本山海名物図会』（一七九七刊）をまとめる。

これらは富裕町人、農民層の天然自然への興味を高めたことだろう。

吉宗の非公式のブレーンを務めた荻生徂徠は、朱熹のいう「実学」――『中庸章句』で、訓詁注釈に陥った儒学を「無用」とし、仏教と老荘思想を「寂滅」の教え、「無実」として退け、道徳で世の中を治める自身の立場を「実」とした――に代えて、幕府が直面する現実に即応するため、古典儒学の「経世済民」思想を蘇らせ、その弟子、太宰春台は『経済録』（一七二九）を著して、それを具体化した。だが、その『経済録拾遺』（一七四七）では、諸藩の「殖産富国」策に転じた。それをついだ海保青陵は諸藩に武士の金儲けを説いて歩いた。

高級武士は豪商層と嫁とりや入り婿などにより血縁関係を結び、在村の郷士など下級武士も城下の商人層と関係を結び、士・農・工・商の職分制度は抜け道が拡大していった。農村から大都市への縁故を頼った出稼ぎも恒常化してゆく。

「四民平等」は意識においても進行した。公家と武士の「雅」、民衆の「俗」の文化の境界は、流通の経路が異なるなど制度においてははっきりしていたが、町人層に謡曲を嗜む者、狂言を演じる者も出る（室町時代の狂言は、口語体対話形式だが、江戸時代に翻刻されたものしか残っていない）。民衆文化の隆盛は武家や武士層にも及び、三味線など町人の俗の文化に親しむ大名も出るなど、境界を跨ぐ現象がさまざまに見られる。

「開物」思想は、諸事に出典や起源を明示して論証する考証学の発展と連動していた。明末、清初に黄宗羲《こうそうぎ》が歴史全般、顧炎武《こえんぶ》が文章全般にわたって示した態度が先駆けとされる。そして、これを康熙・雍正・乾隆の三代にわたる皇帝の学問奨励策が後押しした。たとえば乾隆帝の勅命により漢籍叢書『四庫全書』が編まれている。この動きも日本に伝わり、各地の武家や武士、また江戸の戯作者のあいだで、ことばや風俗、事物起源をめぐる随筆、また文献の真偽を問い糺す態度が盛んになってゆく。これも好事家の集まりを頻繁にした。紀行文は地誌の案内記に変じ、詳細に及んだ。

江戸後期には、蘭学にも職分を越えたサークルがつくられ、なかには随筆（リポート）の提出を義務づけるものも見られるが、幕府の天文方や民間の医学を除けば、趣味の範囲を出なかった。これら民間の知的関心の拡がりを吸収し、組織する術を幕府も諸藩も持ちえなかった。能力を見込んで抜擢は行われたが、集書事業さえ、検校の職についた塙保己一の篤志によるものだった。幕府から土地を借りて和学講談所を開き、『群書類聚』の編纂がなされる。総じて幕藩二重体制が国家的統一事業への組織的な取り組みを阻んだといえよう。

「開物」思想の展開

徳川幕府は、一六八五年二月四日、中世を通じて八二三年間使用されてきた宣明《せんみよう》暦を改め、渋川春海《はるみ》が中国で元代から明末まで用いられていた授時暦（明代には大統暦）を研究し、中国地方や四国の各地の緯度・経度を計測して、その差異を算入した貞享《じようきよう》暦を採用した。暦と日蝕や月蝕など天の動きが合わないことが問題にされていたためである（なお、西洋では一五八二年一〇月にユリウス暦から、今日、用いられているグレゴリオ暦に改められた）。

さらに、八代将軍・徳川吉宗は、清朝の暦法（時憲暦）がイエズス会の宣教師による観測法を採用していることを知ると、改暦の準備を命じた。だが、彼が歿して、朝廷の陰陽家（土御門《つちみかど》家）に主導権が移ったため、一七七五年に改暦した宝暦暦の出来は悪く、すぐに修正が図られた。のち西洋天文学を取り入れた寛政暦（一七九七）、天保暦（一八四四）と改暦が重ねられる。

宝暦暦には、幕府と朝廷とのあいだに妙な関係が覗く。家康は朝廷を取り巻く公家勢力を徹底的に政治から退けたが、第五代将軍、綱吉は儀礼を重んじ、一六三八年、二四〇年間途絶えていた天皇の代替わりの儀式、大嘗祭を簡略なかたちで復活させた。が、大嘗祭はまた途絶えた。吉宗は、荷田春磨《あずままろ》ら「国学者」に命じて古式に整えさせ、一七三八年に大嘗祭を大々的に復活させた。また稲の収穫祭の新嘗祭も復活する。吉宗の場合、朝廷と大奥の関係など事情はいろいろと絡もうが、朝廷の権威を高めることを積極的に図ったと推測される。むろん、それによって諸藩に対する幕府の権威を高めるためである。この傾向は継続し、やがては倒幕勢力から大政奉還を迫られる結果になった。

吉宗は、享保元（一七一六）年に「享保の改革」に着手した。幕府財政の立て直しを主目的とするものだが、享楽的風潮の引き締め策として出版物の統制も行った（以降、井原西鶴の好色ものは浮世草子と呼ばれるようになる）。他方で、オランダ語の実用書の国内流通を許容した。吉宗に命じられ、オランダ語を学んだ野呂元丈は、オランダ通詞や江戸参府のオランダ人医師の協力を得て、レンベルトゥス・ドドネウス（レンベルト・ドドエンス）の本草書『クリュードベック』（一五五四）を『阿蘭陀本草和解』（一七五〇）に、またスコットランド出身でポーランドの博物学者、ヨハネス・ヨンストンの『鳥獣虫魚図譜』（一六五〇〜三二）を『阿蘭陀畜獣虫魚和解』（一六六〇）に、それぞれ抄訳し、吉宗に報告した。これらは日本における蘭学の出発点になった。

吉宗は、頭打ちになった水田開発に代えて武蔵野に畑作の開発にかかるなどしたほか、薬草の栽培、全国の調査、また野呂元丈とともにオランダ語を学んだ青木昆陽に飢饉対策作物として甘諸（サツマイモ）栽培研究を命じ、中国からの輸入に頼っていた砂糖のためのサトウキビ、朝鮮人参や菜種油などの商品作物の栽培、酪農も奨励した。これらは「開物」志向を助長し、諸藩の殖産興業に拍車をかけ、また博物学趣味を民間にまで広めることになった。

この時期は民間で、独創的な理論的追究もなされた。三浦梅園の主著とされる『玄語』（未完）は、おそらく原理論を含意し、根源に〈玄なる一元気〉を据えて、それを不可知とし、陰陽二対の展開で考える哲学原理により、宇宙万物の時・空とその認識の双方を、天・地・人のそれぞれの位相に展開するしくみで徹底的に論理化しようとするものである。北宋の周敦頤の著した『太極図説』が『易経』〈繋辞伝上〉にいう「太極－両儀－四象－八卦」を四層に展開する。この図像をもとに、「太極」を〈一元気〉なるものに置き換え、『老子』のいう「無極」を「不可知」と言い換え、四層を無限に展開してゆくような図に示している。というより、図像で考えている。その論理のしくみを彼は〈条理〉と呼ぶ。〈条〉は二股に開いた枝が幾層にも展開すること、〈理〉はコトワリで、筋目が整然とした論脈のこと。二項の要素の相互関係も、相互依存と相互対立の関係で考えられている。北宋の張載の「万物一体の仁」を緻密化したようなものだが、客体としての世界とその認識主体も二項をなしている考えているのは独創的といってよい（認識主体の位置も、客体の内外二項に転換してゆくようにわたしには読める）。

長い年月をかけたその考究が一段落したのは一七七五年、そののち一七七七年に和文書簡体の『多賀墨卿君にこたうる書』を残している。最初の〈習気の論〉では、人間のものの見方の〈習気〉、身についた癖として擬人法が批判されている。この人間の認識の癖に対する批判は、時代を遥かに抜いていよう。一節を引く。

古今明哲の輩も、この習気になやまされ、人を以て天地万物をぬりまわし、達観の眼は開きがたく候。其の習気とは、人は行く事をば足にてなし、拵《こしら》ゆる事をば手にてなすゆえ、運歩作用に手足の習気これあり。さる程に、蛇の足なく、魚の手なき、どうやら不自由に思われ候。天は足なくして日夜にめぐり、造化は手なくして華をさかせ、子を給わせ、魚をもつくり鳥をもつくり出し候。

三浦梅園は、その翌年、安永七年（一七七八）、五六歳のとき、一二名の門弟とともに長崎出島に赴いた書付が『帰山録草稿』としてまとめられている。長崎滞在中には天文学を学ぶかたわら、前野良沢のオランダ語研究や杉田玄白らの『解体新書』の翻訳にも寄与した通詞、吉雄《よしお》耕牛《こうぎゅう》らを何度も訪ね、蘭学の要諦を聞いたり、最新の医学の道具、顕微鏡に関心を示したりしたことが図とともに書きとめられている。翌年、梅園は吉雄耕牛から木製の三脚つき顕微鏡を贈られ、小動物や植物の組織の観察をはじめた。蘭学と朱子学の相違を気にかけていた梅園はオランダ通詞、松村元綱《げんこう》に話を聞き、蘭学も「畢竟、窮理の学なり」（理を窮める学問）と感得した。キリスト教の創造神の考えを度外視して、西洋の学問と朱子学の「天理」の考えで受けとめた最初の例といってよい。梅園には、藩儒として迎える誘いもかかったようだから、その思想は、ある程度は、知られていた。

皆川淇園『名疇《めいちゅう》』（一七八八）は、「開物」思想を『易経』諸伝中の諸語が孕んでいる内容に及ぼし、すなわち語のコンセプト（概念）を取り出して論じようとした。その志向は、のち、本居宣長の用語法への鋭い批判を孕む、弟の富士谷御杖《みつえ》の名辞論を生む。

このような独創的といってよい理論的追究は、しかし、学問を支える社会システムを欠いており、その評価は近現代になってからなされた。一九三〇年代後半に三枝博音が三浦梅園の『玄語』の論理のしくみをヘーゲル弁証法にアナロジーして紹介し、戦後には、東洋哲学の近代化の水準を示すもののように語られもした。概念を二項対立にして位相を換えて展開する構図はヘーゲル弁証法を考えたくなるが、絶対理性を根本に据え、その展開を歴史性において考察するヘーゲルの観念論と、根源的「一物」を不可知とし、時・空の構造に徹して歴史性を捨象する『玄語』とでは成り立ち方が異なっている。梅園の図像的思考では、主観と客観も二項対立的に相対化されている（その二項をともに見ている認識者の位置は組み込まれているのかいないのか、わたしには判然としないが）。哲学の近代性の指標をどのようにとるにせよ、西洋近代に類似的なものが出現していたことをもって近代性をいう傾きは長く続いた。あるいはいまも。何度もいうが、時代を卓越した独創的見解も、その歴史的条件における契機に規定されざるをえない。

その少しのち、逆に、「直耕」を人間の本来のあり方とし、四民上下や男女差別のない理想社会を説いた安藤昌益『自然真営道』(一部が一七五三に刊行)の「自然」も、天地の自ずからあるところをそのまま営め、という意味である。医療の一派の「気」の論理をヒントにした独自の「気」一元論に立つ陰陽五行説を唱え、自然、社会、人体の本来的な合一、万物の相互依存性を論じている。〈天地生ずれば人倫耕し、此外一天の私事為し〉の一句が流布しているが、「私事無し」でないと意味が通らない。これは貨幣の徳が説かれはじめた時期に、程顥の「万物一体の仁」の上に立ち、貨幣を呪うもので、尚古思想に徹している。〔巻第一〜二四　古書説妄失糾棄分〕では、儒教・仏教など既成思想の批判と天照大神と天皇制の尊重を説く。幕藩体制下に、この考えが普及したとはとうてい言い難い。一九二八年、左翼全盛期に狩野亨吉が発表するまで忘れられた思想家だった。

それに対して、農学の実用書では、豊後国(大分県)日田の出身の大蔵永常《ながつね》が九州・近畿・中国諸国の農業の実際にあたり、『農家益』(一八〇二)を手はじめに、『後篇』『続篇』を重ね、また専門分野別の著作も展開し、晩年には集大成『広益国産考』全八巻(一八四四)をまとめた。宮崎安貞『農業全書』を参照し、かつ、顕微鏡を用いた観察などから、それを批判する知識の蓄積的態度や各地方の特性への配慮などが特色とされる。▼3 これらは明治期にも、有隣堂の「勧農叢書」シリーズに翻刻された。

荻生徂徠から太宰春台へ

徳川吉宗による享保の改革は、幕府財政の再建を図ることを目的とし、倹約と統制、増税を行い、武士階級を保護するため、相対済《あいたいすまし》令などを発し、商人に打撃を与えたが、その反面、物価高騰に関しては商人の力を利用しなければならず、株仲間を公認し、これをコントロールすることによって物価を抑えようとした。貨幣の鋳造とともに、これは一定の効果を上げた。農政の安定政策としては豊凶にかかわらず、一定の額を徴収する定免法を採用して年貢を強化した。米価の調整は不振に終わり、年貢の増加は反発を招いた。越後紫雲寺潟や淀川河口などの新田開発、助郷《すけごう》制度の整備を行うなどさまざまな施策を試み、治水事業にも力を入れたが、一七一七年九月（享保二年八月一五日〜一八日）には、近畿から関東、東北にかけて台風による洪水に見舞われた。一七四二年八月二八日より九月一日（旧暦七月二七、二八、八月一日）にかけては、千曲川、信濃川が大氾濫を起こし、山崩れなども引き起こし、田畑の被害も大きく、松代藩の財政は困窮し、その影響は明治まで続いたといわれる。京都では鴨川、桂川が氾濫、淀川一帯、関東では利根川・荒川・多摩川が一斉に氾濫を起こし、これらの下流にあたる江戸は水浸しになり、大量の死者が出た。近世最大といわれる洪水被害である。江戸中期、各地方で山林および河川の中下流域に開墾事業が進んでいたことも、洪水の原因になり、かつ被害を大きくした理由である。

享保の改革は、むしろ、のちに影響を及ぼした。とくに株仲間を承認し、冥加金を徴収したことは、儒学の賤商思想に穴を空け、商業の存在価値を認めたことになる。商業資本による新田開発を許可し、土地の売買を認めるなどしたことも、公地公民のタテマエに穴を空け、郷士株の売買などを拡大する方向に導いた。老中、田沼意次の時代に株仲間を奨励し、商業を積極的に認める政策に引きつがれ、幕府役人と商人とのあいだに賄賂の横行を許すことにもなった。

吉宗の改革の根本の考え方には、荻生徂徠の進言と建策がはたらいていることは、この時代を専門とする歴史学者の大方の見るところだが、それがいわば儒学の経済倫理、賤商思想の根本に手をつけ、変革を促すものだったというところまでには解明されていないらしい。

徂徠は、伊藤仁斎の古義学を批判し、独自の古文辞学を拓いたとされる。徂徠は、当初は、ほとんど独学で儒学を勉強し、孔孟の教えを学ぶことに徹した。その姿勢は仁斎の流儀と同じである。『論語』の孔子の問答の部分は古代の口語体で記されている。それを読みこなすには、従来の日本流の読み癖を糺さなければならないと考え、柳沢吉保に抱えられると、清朝口語を長崎通詞から習い、白話小説も積極的に読み、返り読みを排する独自の訓読法を開発した。そのようにして彼は、仁斎を越えようとした。それゆえ、仁斎を受けついだところも多分にある。
伊藤仁斎『童子問』は、天道を実現する任にあたる者として〈一国の君〉をいう。これは、諸藩の大名を「君主」に見立てて、天命を聴いて経国済民にあたる天子の役割をいったものだろう。だが、徂徠は非公式とはいえ八代将軍のブレーンである。古の中国の「聖人」の役割を将軍にあて、幕府の権威を高めようとしたことになる。*

＊これを丸山眞男『日本政治思想史研究』（一九五二、改訂版一九八）が、いわば運を天にまかせる朱子学オポチュニズムに対して「作為」を押し立てる態度と論じたことは、よく知られる。朱熹が世に行われるべき道徳の根源を「理」に設定したとき、古の「聖人」の役割は希薄化し、その「理」は、いわば客観的な普遍理論のような様相を呈したといってよい。それに対して、徂徠は古典儒学の「聖人」による経国済民を押し出した。それは、はたして「自然」対「作為」という図式で割り切れるものだったか。丸山眞男がその図式で割り切ったのは、『日本政治思想史研究』の根本的モチーフが、講座派マルクス主義の歴史観に同調し、明治期天皇制を「絶対君主制」と見て、その形成過程を対象化するところにあったからだ。それゆえ、聖人の作為を説いた徂徠の主張を封建思想が近代化に向かう決定的転換として位置づけた。そして、荻生徂徠が徳川幕府の権威を高めるのと引き換えのようにして提案していた「経国済民」の中身の検討に向かわなかった。この影響は大きく、戦後の江戸中期以降の政治経済思想史や、「実学」の展開の内実についての解明を狂わせることになった。

だが、そもそも吉宗の改革は、幕府財政の安定を最大の目的にしており、実際の施策の指針が必要とされた。『徂徠先生答問書』〔上〕には次の一節を見出すことができる。

俗学者は、綱目にては道理よく分れ候と思い候え共《ども》、夫は実学と申《もおす》物にては無御座候。……其上綱目の議論は、印判にて押たるごとく、格定まり道理一定しておしかた極まり申《もおし》候。天地も活物に候。人も活物に候を、縄などにて縛りからげたるごとく見候は、誠に無用の学問にて、只人の利口を長じ候迄に御座候故、事実計《ばかり》の資治通鑑はるかに勝り申候。

〈綱目〉は、朱熹が司馬光編の中国の通史『資治通鑑』に付した解説を指している。そこで朱熹は『春秋』の名分論による道徳優位の〈道理〉を説いている。ここで〈実学と中物〉とは、朱熹のいう「実学」、世を治めるための道徳的実践の学を指しており、いつも型どおりのことばかりいって、活きものである天地自然も人間の実際が把握できない〈無用の学問〉と切って捨てている。『資治通鑑』そのものの方がはるかに勝るというのは、〈道理〉より、史実の方が役に立つという意味である。この朱子学批判は、徂徠自身の儒学が江戸前期からの貝原益軒らの天地自然と人間の活動の実地に向かう学問の動きに促されてきたことを示している。『徂徠先生答問書』は、一七二四年に刊行されている。この事実性と実用性を重視する徂徠の現実即応的態度は、さらにそれに拍車をかけた。*

*二〇世紀後半、江戸時代の「実学」研究をリードしてきた源了圓は、『徳川合理思想の系譜』（中公叢書、一九七二、『実学思想の系譜』講談社学術文庫、一九八〇）のなかで、その「実学」や「合理主義」のもとを朱子学としている。源了圓は、福沢諭吉『学問のすすめ』が冒頭近くでいう〈勤むべきは人間普通日用に近き実学なり〉の「実学」を指標にあげ、それへの接近の過程を解明するという。そこで「実学」としてあげられているのは「窮理」「地理」「歴史」「経済」「修身」の学である。たしかに朱熹は、水の循環のしくみをまとめたりはしたが、それは朱熹にとっては「天の気」のはたらきの対象把握であり、朱熹のいう「天の理」は道徳の基準である。いわば「修身」にしかあたらない。むしろ、明治啓蒙思想に朱子学、陽明学、徂徠学が果たした役割を、それぞれに問うべきだろう（第一〇章を参照）。

では、荻生徂徠は、経世済民の指針として何を提案したのか。徂徠の古文辞学は、『論語徴』（一七三七頃）で『論語』を読み替え、「利」の追及を人情のマコトと認め、貨幣の流通を「徳」として称えるなど、朱子学による経済倫理を根本から覆す思想だった。▼4

けだし民は生を営むを以て心とする者なり。其れ孰《いずれ》か利を欲せざらん。君子は天職を奉ずる者なり。その財を理《きわ》め、民をしてその生に安んぜしむ……ゆえに凡そ義と言う者は、利と対して言わずといえども、然も民を安んずるの仁に帰せざることの莫《な》きは、これが為めのゆえなり。ゆえに義は士君子の務むる所、利は民の務むるところなり。ゆえに人を喩《さと》すの道は、君子に於いては則ち義を以てし、小人に於いては則ち利を以てす。君子といえどもあに利を欲せざらん乎、小人と雖もあに義を悦ばざらん乎。務むるところの異なるなり。

君子も小人も、ともに利と義を歓ぶとし、だが、役割によってどちらをとるかがちがうのだという。引用冒頭〈けだし民は生を営むを以て心とする者なり〉には、王陽明『節庵方公墓表』にいう〈古者四民異業而同道、其盡心焉、一也〉が映っていると想うが、どうだろうか。そして、徂徠は朱熹以前、宋学の「学んで聖人に到る」も否定する。〈聖人の聡明睿智《えいち》の徳はこれを天に受く。豈に学んで至るべけんや〉（『弁名』）と。ここにおいて、朱子学が拠って立つ四民秩序の道徳の原理たる「理」は否定され、商業を社会の分業の一つとして位置づける思想が公然と登場している。*

＊徂徠学から朱子学に転じた大坂の儒者・片山北海の門下、尾藤二州は一七九一年、寛政の改革時の昌平黌教授となったが、それ以前、『正学指掌』附録（一七八四）で〈徂徠出て功利の説起こり〉云々と説いている。明治後期、『国民新聞』の論客として鳴らした山路愛山は、民友社の「拾弐文豪」シリーズ第三巻『荻生徂徠』（一八九三年九月）を著し、プロテスタント・メソジスト派を奉じる立場から、徂徠が「天理」を空無のように扱ったことを罵倒し、徂徠の思想をジェレミー・ベンタムの「最大多数の最大幸福」

を掲げる功利主義に照応すると見ている。彼らは、少なくとも、徂徠が功利を人情のマコトとして認めたことを見逃してはいなかった。そして、ここには山路愛山が、のち日露戦争後に、社会主義的傾向を強める経路も見えている。

荻生徂徠の経世済民の学を受け継いだ太宰春台の著『経済録』（一七二九）は「殖産興業」を説いたことで知られる。〔総論〕〔礼楽〕から〔天文〕に及び、〈天は活物なれば時に当たりて差無きこと能わず〉とあり、〈凡理《およそ》は死物の上にあるもの〉と述べて天災を怖れることの大事をいい、朱子学の「天理」を否定している。〔食貨〕では四民を分業論的に説いて、そのバランスが崩れてはならないとする。〈土より出づる程の利を遺さず取り尽す〉、土は〈無尽蔵〉ともいう。まさに「開物」思想といってよい。だが、山の木を伐れば、（保水力が衰え）川の水が涸れるとも説き、〈よきほど〉にせよとおさめている。その〔経済〕篇は、米価が高く安定することが士・農のみならず、商・工にも益があると説き、米の過剰には備蓄策を勧めている。また〈江戸の米価貴くなれば、海内皆貴くなる〉と全国規模の観点から、国防上にも利すると説いている。[5] 太宰春台も徂徠同様、徳川幕藩体制を堅持しながら全国経済を発展させることを志向していたが、その前途は決して楽観していない。

ところが、徂徠が歿した（一七二八年）のち、かなり経ってから刊行された『経済録拾遺』（一七四七）では、全国経営の観点は消え、たとえば〔食貨〕では殖産富国、〈国産専売〉など藩の商売を促す方向に転換している。* すでに享保以前、寛永年間から津和野藩や岩国領は紙の専売を、金沢藩も塩の独占販売を行っていた。[6] それを拡大助長する策である。

＊なお、徂徠の詩学は服部南郭が継承し、明代、古文辞派、李攀竜の撰とされる、盛唐期を中心に荘重な響きを重んじた『唐詩選』（一六世紀末頃）を四声のシルシつきや庶民向けにも絵入りなどさまざまに工夫して刊行し、南北朝ころから知られていた中・晩唐の詩を多く採る『三体詩』（一二五〇年代）を圧倒、今日にいたる日本人の漢詩趣味を決定した。このため、心情を率直に吐露する明の公安派から、清代に

起こった当代語を駆使する精霊派への流れは、江戸後期に菅茶山らが登場するまで切断された。中国において『唐詩選』は清代まで流行したが、『四庫全書総目提要』が商人による偽作と断定し、『三体詩』が、今日にいたる名詩撰の標準である。

そして、そのころ、民間の儒者、石田梅岩は、吉田神道などが広めた神・儒・仏の三教の根本は同じという説にのっとり、かつ、人の心身は一個の「小天地」であることをいい、天地万物の本質を「性」とし、万物に対して生動去来する「心」を、この「性」にしたがうようにして行動することが「善」であると説く。三教一致論により、アマテラスと大日如来への崇拝を「天道」とまとめる江戸中期にひろがった民間信仰に、朱子学の「性即理」、陽明学の「心即理」説を柔軟に織りこんで、民間にわかりやすく説いたものといってよい。そして、「私利私欲」ではなく、「天道」にしたがって実利を求めることを普遍的な道理とし、「商人には商人の道」があること、武士も町人も徳の実践においては対等と『都鄙問答』（一七三九）のなかで説いた。口語体の部分もかなり混じる。その私塾は女子にも門を開き、簾で男女席を仕切った絵が残っている。

老中、田沼意次のとき、賄賂が横行したことに対して儒者が憤激し、この石田梅岩の思想が幕府や諸藩の後ろ盾を得て、全国各地に急速にひろがり、絶頂期を迎えるのは、天明・寛政年間（一七八〇～九〇頃）とされる。徂徠とちがって、朱子学も活かしていたゆえである。一八二〇年前後で、石門心学を保護奨励した藩は七十四、奨励なしに普及したのは五十一藩を数える。全国で二百を越える藩があったときで、半数ほどの藩に拡がったことになる。[7] 朱子学や神道などへの偏りをもつ三派に分裂したとはいえ、「石門心学」と称され、全国各地に根づいていった。商人たちだけではなく、武家や武士層にも、利の追求の「自由」とともに、職分間の「平等」の意識が拡がってゆくのに大いに寄与した。

江戸後期の富国思想

幕府財政は享保の改革によって収入は増加したが、宝暦年間（一七五一〜六三）に頭打ちとなり、再び行き詰まり、年貢増徴策に対する反発が残った。一七七二（安永元）年、田沼意次が老中に就任すると、殖産興業を推進、株仲間を奨励し、運上・冥加金を徴収、銅・朝鮮人参・真鍮などの座を設けて幕府の専売とし、とくに清から金を得るために、減産期に入っていた銅の目減りを回復すべく、煎《いり》海鼠・鮑・鱶鰭など海産物の乾物（俵物）などにより、長崎貿易の拡大をはかった。▼8 また、印旛沼・手賀沼の干拓事業、蝦夷地開拓にも着手した。このインフレ策により、幕府財政は回復したが、江戸商人との結託が賄賂の疑惑を生み、また天明の大飢饉も重なって、百姓一揆や打ちこわしが頻発、世情は不安定となり、田沼は失脚した。

田沼政治攻撃の急先鋒に立った松平定信が一七八七（天明七）年に老中主座に就任すると、幕府財政の安定を目標に「寛政の改革」を推進した。緊縮財政に邁進、株仲間に解散を命じ、大名には「囲《かこい》米」（万一に備える貯蔵）を義務付け、旗本・御家人の借金を棒引きにしたり、金利を下げる棄《き》捐《えん》令を発し、また「旧里帰農令」を発して、江戸に流入した農民に出身地に帰るよう命じた。人足寄場の設置など社会福祉政策も行ったが、棄捐令を二度も発したことは、逆に札差の貸し渋りを生み、旗本は窮迫した。風紀の取り締まりも厳しく、戯作者・山東京伝を五〇日の手鎖の刑に処したのは、このときである（一七九一年）。幕府財政は再び悪化し、また民衆の離反を招いた。

だが、他方、「寛政異学の禁」は、儒学を離れて久しい旗本・御家人のあいだに、また庶民層にも朱子学を独学する機運を呼び起した。『経典余師《よし》』という名を冠した、平仮名で読みと意味を懇切に記した初学者向けの書物が、『四書之部』全十冊（一七八六）に始まり、『孝経之部』（一七八七）が続き、宋学（程朱学）の入門書『近思録』（一八四三）まで刊行され、素読独習に道を開いた本と当時から定評がついていた。版木が疲れ、刷りの悪い本も多く、版を重ねたことも、偽板も確認されるという。

そののちも、その様式を借りた本が明治初期まで陸続と刊行された。長野県の村役人などの地方の蔵書、その「貸借控帖」などの調査にあたってきた鈴木俊幸は、その学習熱が地域の指導層から拡がり、それらの発行部数は尋常ならざる数に及ぶという。また書籍の全国販売網の確立を指摘している。[9] 明治初期に民間から小学校設立の動きが起こるのも、この動きが下地になってのことだろう。

諸藩は特産物と商品作物の増産を進めるとともに、加工業を発展させた。特産品の会所を設け、地場産業を保護＝統制し、藩札（藩が発行する紙幣）を発行して専売会計を便利にするなど、全国市場に商品を流通させる工夫を重ねた。姫路の綿、徳島の染料、福井の生糸、布、綿、お茶などが藩札で決算された。これにより、領国間の直接取引も行われるようになった。長州・四国の製紙業、郡上・桐生の生糸、彦根の絹織物、亀岡・姫路の綿織物、福山の畳、野田・銚子・竜野の醤油、播磨の三木・伯耆の倉吉・越前の武生・越後の三条などの刃物、高松・鹿児島の砂糖など、各地で地場産業がこの時期に急速に発展を遂げた。[10]

本草学とオランダ博物学の双方を学んだ平賀源内が、その師や知人と協力して、一七五七年に江戸・湯島で物産会を開催、その成果をまとめた『物類品隲《ひんしつ》』（一七六三）を刊行。諸藩の鉱山開発など、いわば殖産事業家として活躍する。オランダ渡りの解剖学書『ターヘル・アナトミア』が前野良沢、杉田玄白らの手によって『解体新書』として一七七四年に刊行され、大槻玄沢ら蘭学の発展に寄与する人びとが登場することはよく知られる。これもいわば民間のグループの仕事である。篤志の人びとが共同して新たな知的事業に取り組むことに駆り立てる機運が渦巻いていたのだろう。

海保青陵は、宮津藩青山公の儒者を務めていたが、家禄を返上して、『論語』を講じ、漢文を教えて生活の資を得ながら、江戸と京都を往復、越後、金沢、高岡あたりを巡り、寛政の改革期から諸藩の困窮した高級武士や商家の財政立て直しに活躍した。〈徂徠学をのり超えて一新地を開き、天理に徴して字句の些細に拘らず、人情に本づき礼楽の末派に迷はない〉という自認が藩政をアドヴァイスする書簡の控えに見える（『綱目駁談』）。
その要点は〈天とは地球の外の空なる所〉といい、天帝も天意を擬人化したもの、〈聖人の天を祭《まつる》は、愚臣を安堵さする例〉にすぎず、したがって天も神も「理」、物事の筋目のことだという（石濱知行編『海保青陵集』）。「地球」という語を用いているから、蘭学の尻尾くらいは知っていただろう。この祭天を軽んじる考えは、すでに儒学のものではない。「唯理主義」とでもいうしかないが、当代は戦国乱世ではないので、「治国平天下」などを説くべきときではなく、日本の現状は〈売買をせねば一日も暮されず、金銀を賤む世にあらず、商売を笑ふ時にあらず〉（「海保青陵経済談」）という。それゆえ、その「理」は「利」に変じて、「国富第一」の「興利」となる。〈国の富というのは、土から産出するものの多いのをいう〉と開物思想の根本と結びつけ、地場産業を興して、隣国との交易を自由にすることを説く。武士に功利を勧めるためには、君臣の関係を市場と同じだという。〈古より君臣は市道といえり。君は臣へ知行をやりて働かす。臣は力を君に売りて米をとる。君は臣を買い、臣は君に売りて売り買いなり〉（「稽古談」）と。そして、〈孝悌愛なし。唯目《め》のこ算用なり〉（『海保儀平書』）と言い放つ。それが彼が「人情」にもとづくという際の「人情」の内実である。君臣関係も、親孝行も兄弟の親しみも、みな実際の銭金のやり取りに還元して考えていることになる。

つまりは、荻生徂徠が功利を「人情のマコト」と認めたことを引きつぎ、太宰春台の『経済余録』より「富国」第一主義を受けつぎ、当代日本の現状を察して、儒学の徳目のほぼすべてを棄てるところまで突き進んだといえよう。海保青陵の考えは、今日のことばで、徹底した「経済合理主義」と称されることが多いが、われわれのいう「経済」還元主義に陥ったわけではない。「経世済民」は“political economy”に相当する概念であり、太宰春台はそれを「経済」と短縮して用いた。海保青陵もその意味での「経済」すなわち、石高制を根本とする幕藩二重体制が商品市場の拡大によって不調に陥っていたがゆえに、あくまで藩の実利をあげる方策と君臣関係の在り方の根本を説いて、武士の経済倫理の変革を促したのである。その思想がいくら拡がっても、藩の経営が合理的になるだけであり、それによって石高制を基本とする幕藩体制が崩壊するわけではない。日本の国家全体の経営を説いたわけではないし、市場経済システムの原理を論じたわけでもない。その思想を私有財産制に基づく市民社会論とアナロジーすることもできない。

幕末に国体論議が俄かになるまで、江戸後期に日本の国家論を説いた人は、数少ない。一八世紀後半に、ロシアの南下の動きに備える国防論、『海国兵談』(一七九一刊、発禁)を説いた林子平も諸藩の富国策を説いたが、そのふたつは関連づけられていないといわれる。▼11 国家論を説いたのは、おそらく本多利明《としあき》、唯一人といって過言でない。

本多利明は江戸で、算学、天文、測量に関する私塾を営むかたわら、『西域物語』上下(一八〇一)で西洋諸国の事情を理想化して描き、貿易立国の理想を『経世秘策』(一八〇一刊)に説いた。後者は、ロシアの南下の動きに危機感を覚え、資源の豊かな北海道の開発を急務とし、西洋の天文・地理学と船舶による貿易を学ぶことの必要を訴えて終わる。西洋諸国の重商主義に相当する策を説いていることになる。その経世論は「自然治道之弁」(一七九五)にはじまるが、「自然地理学」の態度に該当する。といっても、地球を寒冷地と温暖地に分け、寒冷地に文明が発達するという程度のもので、それゆえ『西域物語』下では、日本の首都をロンドンやペテルスブルクと同じくらいの緯度のカムチャツカに移せ、と述べている。『経世秘策』には、明治維新後の福沢諭吉と政策上の共通点もあげられるが、福沢は本多利明の書物を知らなかったらしい。

本多利明に測量術を習った弟子たちは、諸藩に就職口があったらしい。蘭学は、幕府や藩で天文学や医療に携わる者以外にも、諸藩の新田開発や鉱山開発のための測量技術の向上に役立てられたことがわかる。だが、その経世策を受け継いだ者はいなかったようだ。本多利明『経世秘策』は、一九世紀末に地理学者の吉田東吾《とうご》がその著作のなかでふれ、二〇世紀に入って狩野亨吉が安藤昌益とともに探究の対象にするまで、ほとんど忘れられた存在だった。それに比して海保青陵の書物は、たとえば天保期に長州藩の藩政を指導した村田清風が若き日に学んだ跡があるという。▼[12] 藩の財政難の打開にかける人びとには知られた存在だったようだ。

もう一人、佐藤信淵《のぶひろ》が『混同秘策』（一八二三）で、平田篤胤の国学の立場から絶対主義統一国家論と世界征服論を提唱したことが知られる。これは「大東亜戦争」期に喧伝されたことがあるからだ。佐藤には、西洋天文学の知識をまとめた『鎔造《こうぞう》化育論』（一八二五頃）という書物もあるが、これは尾張藩でオランダ語翻訳に従事した吉野俊造（号は南皐《こう》）がまとめた天文学の概説書の知識を平田篤胤が万物の根源に想定する「産霊」の神意という観念によって練り直したもの。そののち、『経済要録』（一八二七）で、自分の経済学を用いるならば、たちまちにして物産を開発し、物流を豊かにし、その「国家の元気」を強く盛んにすると述べている。「国家」は藩のことだから、これは自分の経済学を売り込むために富国論に転じたらしい。「元気」は富につながる活力というほどの意味である。ところが、佐藤信淵は、アヘン戦争の実情を聞くに及んで態度を転換し、日清同盟論を唱えるに至る。

蘭学の影響は、江戸中後期の絵画にも及んだ。円山応挙は中国の俯瞰図法及び陰影法に、消失点による西洋の遠近法を併用し、独自の遠近法を達成していた。それは明治期にはよく知られていた。『太陽』臨時増刊「明治昭天子号」（一九一二年一〇月）は、明治天皇逝去を記念し、明治期の日本を総括する特集号だが、そのうち「明治美術小史」は、円山派について、そのように述べている。葛飾北斎が油絵のタッチを擬し、消失点をいくつも設けた版画や、遠近法を逆さに使って遊んでいたことも、今日では、よく知られている。一九世紀に入ると、油絵の技法は、秋田蘭画など地方にも普及する。蘭学はかなりの拡がりを見せ、洋学受容の地ならしをした。

高野長英や渡辺華山ら、いわば日本の近代化の道を探ろうとした人びとが一八三八年に「蛮社の獄」と呼ばれる事件に連座した。それと前後して、蘭方医学者、緒方洪庵《こうあん》が大坂に開いた適々斎塾（適塾）

に福沢諭吉ら明治期に洋学者として活躍する人びとが入門するのは、一八四〇年代後半に入ってからのこと。一八六二年に、幕府の洋書調所が、バタビヤのオランダ政庁機関紙から世界のニュースを抄訳して印刷刊行したのち、『官板海外新聞』と改称し、香港や上海から洋学の漢訳書が入りはじめる。それによって国際情勢や科学知識を学んだ人たちは、ほとんどが下級武士層で、幕末の転換期を潜り抜け、新時代が開けたときに真価を発揮しはじめる。そこに、それまでとは身分と世代の大きな断絶があった。明治期に科学＝技術をリードする人たちも、一八六〇年代に活動期に入っている。

二宮尊徳と鈴木牧之

海保青陵より三〇年くらいのち、貧農状態から身を起こし、小田原藩士の財政再建と荒れた田畑の回復、開墾事業に実績をあげた二宮尊徳（通称、金治郎）の自然観は、その代表的著作『三才報徳金毛録』（一八三四）に示されている。世界全体を「太極」とし、「我」がそれを目指すことを「道」と説く。その骨子は北宋の張載に学んだものではないだろうか。よく整った漢文で記され、かなり勉強したことをうかがわせる。そして、我欲を捨て、天道、天地自然の循環にそって生きることを、「至誠」「勤労」「分度」（分を守る倹約）、「推譲」（余剰を他に譲る）という四つの徳目にまとめて説いた。「報徳思想」と呼ばれるが、諸藩が殖産興業に走るなかで、武士の家が財政難に陥ったり、農村荒廃が進んだりすることを食い止める策として組み立てられたものであり、開発向けではない。

江戸後期から明治期を通じて、日本中央部の中間層（庄屋層、農村事業家層）にかなりの拡がりを見せ、明治後期には、岡田良平・一木喜徳郎ら文部・内務官僚の肝入りで報徳会が全国各地に組織され、展開しはじめる。それは農村に資本主義商品経済が浸透し、小作農が土地を離れ、農村が激しい再編を問われるなかで、自作農が互助的連携を図りながら、農作物の小規模商品生産者に変容してゆくための紐帯《ちゆうたい》の役割を果たした。

それとは別に、江戸末期の農民指導者で、千葉で農地整理などを指導した大原幽学という人がいる。放浪生活を重ねて、「性学」ないし「生理学」と名づける平易な教えを農民に説きはじめた。朱子学の影は薄く、神・儒・仏の三教を独自にないあわせたものとしか、いいようがない。九十九里浜の北部、長部村に招かれて振興に努力し、先祖から受け継いだ田畑を「先祖株」として持ち合い、それに応じて田畑を交換し、各家の田畑をまとめ、畦を整えなおし、耕作の利便性を高める方策を指導した。が、反感をもつ勢力と悶着がおきたところから、村役人に咎められ、訴訟に敗れ、組合は解散させられ、絶望して自害した。明治・大正期の農政学者で貴族院議員を歴任した田尻稲次郎が、その著作『幽学全書』として一九一一年、一九一七年の二度にわたってまとめなおし、刊行した。一九二〇年ころ、世界で最初に農民組合をはじめた人として社会主義者たちから称賛された。

江戸時代後期の越後の自然と生活を活写したことでよく知られる鈴木牧之《ぼくし》の『北越雪譜』（一八三七〜四二）の自然観を覗いておこう。その冒頭を引く。

○　地気《ちき》雪となる弁

凡《およそ》天より形を為して下す物、雨・雪・霰《あられ》・霙《みぞれ》・雹《ひよう》なり。露は地気の粒珠《りゆうしゆ》する所、霜は地気の凝結する所、冷気の強弱《つよきよわき》によりて其形を異にするのみ。地気天に上騰《のぼり》形を為して雨・雪・霰・霙・雹となれども、温気《あたゝかなるき》をうくれば水となる。

水は地の全体なれば元の地に皈《かえ》る。地中深ければかならず温気《あたゝかなるき》あり、地温なるを得て気を吐《はき》、天に向《むかい》て上騰《のぼる》事人の気息のごとく、昼夜片時も絶《たゆ》る事なし。天も又気を吐て地に下す。是《これ》天地の呼吸なり。人の呼《でるいき》と吸《ひくいき》とのごとし。天地呼吸して万物を生育《そだつる》なり。天地の呼吸常を失う時は暑《あつさ》寒《さむさ》時に応ぜず、大風大雨其余《よ》さま〴〵の天変あるは天地の病《やむ》なり。天に九ツの段あり。これを九天《きゆうてん》という。九段の内最《もつとも》地に近き所を太陰天といふ。太陰天と地との間に三ツの際《へだて》あり。天に近《ちかき》を熱際《ねつさい》といい、中を冷際といい、地に近を温際という。
天に温冷熱の三際あるは、人の肌は温《あたたか》に肉は冷《ひややか》臓腑は熱すると同じ道理なり。気中万物の生育悉《ことごと》く天地の気格に随うゆえなり。是余が発明にあらず諸書に散見したる古人の説なり。

「気」を水蒸気ととれば、科学的な説明に思われるだろうが、水の循環は朱熹が明らかにしていた。ただ、ここでは天地が「気」を互いに吐きあうと考えられている。「九天」は、もとは天の方位を中央と八方に分けるやり方だが、また天頂、天の一番高いところを指し、「九重」ともいうので、天に九段階あるという考えが生まれたものと想われる。寺島良安編『和漢三才図会』〔天部〕には「九重の天」も温・冷・熱の「三際」の説明もある。その最初に〈天は理なり、気なり〉と朱熹の説がかかげてあり、〔天象総評〕には、星も風雲も地より生じるとある。これなどを併せて、天地が「気」をたがいに吐きあうと考えたのではないか。

鈴木牧之は越後の縮み問屋の息子で、父親は俳諧も嗜んだというから、それなりの文化的環境はあっただろうが、知識人とはいえまい。山東京伝、曲亭馬琴らに刊行の世話をもちかけて断られ、結局、京伝の弟、京山のプロデュースによって刊行された。彼の知恵も手も加わっていよう。▼[13]『北越雪譜』がベストセラーになった背景には、地誌の案内記のブームがあった。

江戸後期の紀行文に、医師、橘南谿《たちばななんけい》が天明二年（一七八二）から同八年まで、断続して日本各地を巡歴した旅の見聞録『東西遊記』がある。実際は、『西遊記』『西遊記続編』『東遊記』『東遊記後編』の四篇が別々に刊行されたか、今日、西東二篇ずつをまとめて呼んでいる。「遊記」の語は、中国では旅の見聞録一般を意味し、名山名水に遊行し、その見聞を記すものが文芸の一ジャンルとして確立したのち、明代の『西遊記』など伝奇小説にも用いられるようになった。日本の「紀行」とは、いささか経緯が異なる。その『東西遊記』に、『近世畸人伝』（正篇、寛政二年、一七九〇刊）で知られる伴《ばん》蒿蹊《こうけい》（資芳）が寄せた序には、古記録はあっても古すぎてなきに等しく、中世の西行や能因については「紀行こまやかならず」といい、「後には宗祇法師あれど、是も名だたる所ばかりをあらあらにしるされたれば、其けしき明らかならず。まして土風、人情をや。わずかに熊野山中の小児が米をしらず、越後の雪に妖怪のあらはれしなどいへるたぐひのみぞ、僻境《へききょう》のおもむきをしるのよしにはありける」と言い置いて、本文の紹介に入っている。「土風」はローカルカラーのこと。つまりは詳しい地誌が望まれている。その『東西遊記』は、旅程にしたがった日次記ではなく、各地の案内記の体裁をとる。当初は『諸国奇談東遊記』などの名で、挿絵入りで板行され、人気を博した。江戸後期には、読者の紀行文に求めるものが大きく様変わりしたことが知れる。

尾張藩の本草学者だった菅江真澄《すがえますみ》が、脱藩して全国各地を歩き、本草の探索から地方風俗の観察記録というべき、おびただしい数の紀行随筆を天明年間から寛政期にかけてまとめたものにも同じ傾向がうかがえよう。このような地誌探索的な随筆は明治期にも連続してゆく（第一〇章二節を参照）。

日本の近世を通じて、ヨーロッパの学術の刺戟を受けた中国の開物思想が農業や軽工業・鉱山などの技術開発を発展させ、諸藩の殖産興業を盛んにし、公害を散発的に生み出すほどだった。それは藩財政や農村共同体の立て直しという反面ももっていた。そして、それは事物に関する考証や地誌探索的随筆を盛んにし、その機運は、明治期に機械技術の導入や実証的考察の下地になった。

他方、オランダ語を通したヨーロッパの学問受容も発展し、明治期の科学＝技術受容の基礎になるが、また観察や測量に役立ったが、趣味的な傾向に流れるところも多く、江戸時代の内に、それを組織的に継続的に蓄積発展させる素地も思考法も欠き、農業指導書を除けば、知識の体系的蓄積を欠き、科学思考を育てたとはいいにくい。近代への接近という観点から、開物思想と蘭学の両者を「実学」の展開と括ることはできない。

もう一つ、明治一〇年代に「国学」と呼ばれるようになる流れがある。とりわけ賀茂真淵の『万葉集』の研究、本居宣長の『古事記』や『源氏物語』の研究は、日本の文献学の基礎として尊重されるようになってゆく。それを次に見ておきたい。

本居宣長

徳川時代には、神道の根本を、儒・仏とは異なる「和」の論理、すなわち男女親和の「色道」に求める増穂残口『艶道通鑑《えんどうつがん》』（一七一六）が登場する。『艶道通鑑』は、「礼」を重んじて「和」を忘れた儒学隆盛を嫌い、日本すなわち和国の根本義に、「和」すなわち男女親和、夫婦和楽を置き、イザナギ・イザナミのミトノマグワイにその根本を求めて、古今の色恋のさまざまを面白おかしく談義する。それによって、神道興隆をなそうと目論むもので、全体は、どこまでが本気でどこまでが冗談なのかわからないような代物だが、儒・仏を激しく糾弾するその調子は〈破天荒な舌講調〉と評されている。

ただし、その冒頭で、男女親和の「色道」こそが人間の根本と説く際に、『易経』の一節に根拠を求めている。〈凡《およそ》人の道の起りは、夫婦よりぞ始まる。夫《それ》本覚の仏は形なく、法性《ほふしやう》の神に姿なし。則《すなわち》真如実相・陰陽不測にして、またみな天地の間に形あるものは、此神此仏の姿なり。今世に拝み敬う神仏は、父母ありて生れ出させ給うなれば、始成の仏・有覚の神と申奉る。すれば男女・夫婦の情を離れ給う事なし。易の序の卦の伝に曰、「天地あつて然後男女あり。男女あつて而夫婦あり」と。其後神も仏も出給うぞ〉云々。最初の方の〈真如実相・陰陽不測〉は『易経』〈繋辞伝上〉に〈陰陽不測之謂神〉（陰陽不測、これ神をいう）と見えることばで、仏教の本地仏の考えと一括りにしたものだが、釈迦はともかく、『易経』が、神が両親から生まれたなどと記すはずがない。日本の神話についても、イザナギ・イザナミのミトノマグワイが和をもって尊しとする精神を示すものと付会したのは宗祇にはじまること。

江戸前期に興った儒学や民衆のあいだの人情重視の風潮は、中期には一層高まり、また山鹿素行が日本こそ「中華」を唱えたことを皮切りのようにして、文化ナショナリズムもかなりの高まりを見せていた。

水戸光圀が、朱舜水の刺戟を受けたこともあり、八幡太郎義家を信仰する源氏の伝統を批判して、武士の淵源をヤマトタケルに求めるなど、いわば民族伝統主義の姿勢を強め（『西山随筆』）、仏教音韻学を学んでいた真言宗の僧、契沖に『万葉集』の研究を委嘱したことから、「国学」の流れが形成された。契沖による注釈書『万葉代匠記』（精選本、一六九〇）などを学んで王朝の典礼などを研究した荷田春満の門下から出た賀茂真淵は、作為のない自然の心情・態度こそ人間本来のあるべき姿とする「古道説」を唱え、『万葉集』のうたぶりを称賛して一派をなし、その流れを決定づけた。真淵は『万要集』をヤマトコトバに翻訳することに力を注ぎ、『国意解』などを著して、定家仮名遣いを訂正、規則もつくり、明治政府がこれを採用した。第二次世界大戦後に「歴史的仮名遣い」と呼ばれるようになった。本居宣長を『古事記』研究に誘い、宣長は門弟になった。

本居宣長は、元禄期の人情重視の風潮を受け、エロスの解放をうたわんばかりの、また、まるで西欧近代の言語芸術の理念と見まごうような考えを登場させた。『源氏物語』を論じた『紫文要領』（一七六三成立）に、次のようにある。

儒仏は人を教えみちびく道なれば、人情に違いてきびしく戒むることもまじりて、人の情《こころ》のままに行うことをば悪とし、情をおさえてつとむることを善とすること多し。物語はさようの教戒の書にあらねば、儒仏にいう善悪はあずからぬことにて、ただよし悪しとするところは、人情にかなうとかなわぬとの分かちなり。／儒は儒の立つるところの本意あり。仏は仏の立つるところの本意あり。物語は物語の立つるところの本意あり。それをかれとこれとをしいて引き合わせてとかくいうは、付会の説というものなり。歌・物語は歌・物語の立つるところの本意をもていうが正説というものなり。

和歌や物語が成りたつ根本は人情であって教戒ではない。ここには政治や道徳と和歌や物語を明確に切断しようとする意志が明確である。しかも歌は真情を「文」にのせて声に出すもの、物語は虚構を通して真情を伝えるものと、歌と物語のけじめもはっきりとつけている。その人情すなわち「物の哀れ」のうち、最も切実なものは不義の恋において現れると『紫文要領』はいう。

されば物の哀れを知ること、恋より深きはなし。／柏木の巻に、衛門の督、女三の宮の御事によりて病づき、ついにはかなくなりなんとするころの歌に、

今はとて燃えむ煙もむすぼほれ　たへぬ思ひのなほや残らん

宮の返し、

立ち添ひて消えやしなまし憂きことを　思ひ乱るる煙くらべに

この物語の中あまたの恋の中にも、ことに哀れ深し。(略)／されば物の哀れを知る人は、節義を守る人とても、折にふれ事によりては忍びがたきことあるなり。(略)／好色はかく人ごとにまぬがれがたきものなれば、その意味を知るゆえに、よき人は人の恋するをも深くとがめず、悪しき人は深くとがむるなり。

エロスの解放の大胆な主張のようにも見える。が、宣長は、この主張を繰り返したあげくに、次のようにいう。

色好むをいみじき事にして賞するにはあらず。物の哀れを知るを賞するなり。（略）柏木の衛門の督の好色によりて空しくなれるも、そのしわざを賞するにはあらず。身をいたずらになすほどの物思いの深き心のほどをあわれぶなり。

色恋は決してほめられたことではない。が、その悩み、情の深さこそが美しいのだと。この主張は、詩歌や物語に、感情の美の表出という政治や道徳から独立した独自の価値を認めよ、とする文芸の独立宣言のように見えるかもしれない。だが、中国伝来の「賢さ」、すなわち儒・仏の道徳に、人情すなわち「物の哀れ」を対置する宣長の本意は、文芸の独立宣言にあったわけではない。儒・仏批判の根拠を神道に求める日本ナショナズムは、政治や道徳から切断したはずの和歌に、逆に政治道徳の根本を求めてゆく。本居宣長『石上私淑言』（歿後一八一六刊）はいう。

わが御国は天照大御神の御国として、他国々にすぐれ、めでたく妙なる御国なれば、人の心もなすわざもいう言の葉も、ただ直《なお》く雅やかなるままにして、天の下は事なく穏やかに治まり来ぬれば、人の国のようにこちたくむつかしげなることは、つゆまじらずなむありける。／そもそも神は、人の国の仏・聖人などのたぐいにあらねば、世の常に思う道理をもてとかく思いはかるべきにあらず。神の御心はよきも悪しきも人の心にてはうかがいがたきことにて、この天地の内のあらゆることは、みなその神の御心より出でて、神のしたまうことなれば、人の思うとは違い、かの唐書の道理とははるかに異なることも多きぞかし。

ここでは、日本の神に対する一種の不可知論により、〈わが御国〉の始原への信仰が述べられ、〈唐書の道理〉を拒絶し、日本の「物の哀れ」の絶対化がはかられている。しばしば宣長は後期に神道に傾いたといわれるが、初めから傾いていた。

上田秋成とのいわゆる「日の神」論争においても、秋成が『古事記』と『日本書紀』の伝承のちがい、度外れて長命な天皇の存在、アマテラスオオミカミは日本の神であって、海外の民に信仰されているわけではないことをあげ、〈太古の事蹟の霊奇なる、誰か其理を窮むべき〉と、朱子学と『古事記』にこそマコトがあるとする宣長の説を串差しにした。それに対し、宣長は、アマテラスを信じる者にとってはアマテラスこそが普遍神であり、他を考えるのは信じていない証拠と、ウィリアム・ジェイムズのプラグマティズムにも似た信仰の主観主義の論理で押し通した。この宣長のアマテラス普遍神論は、のち、江戸後期に、山片蟠桃『夢の代』（一八二〇）のなかでも批判されることになる。

だが、中国も、もとは同じだったと宣長はいう。『詩経』の詩は〈わが御国の歌といささかも変わることなし。人の心のゆくえはいずこも同じことなるべければ、さもありぬべきことなりかし〉と。日本のうたにも〈賢《さか》しらだちたる教え〉が混じっていることは歴然としている。それをよく承知していながらの言である。

ただ、日本の朱子学も明代の陽明学系の影響を受け、人情のマコトを認める方向に傾いていた。宣長が朱子学を習った堀景山も、その晩年の『不尽言』に見る限り、人の天性の「自然」を強調し、武威を振りかざすことを批判している。朱熹は、金から圧されて江南に下がった南宋で、「覇王」の道を退ける「王道」を唱えた『孟子』の精神に立ち、忠孝を押し立てていたから、その精神を汲んだのである。その〈第五章　人情論〉では、〈人情のもっとも重く大事なるものは男女の慾なり〉とも説いているが、これは、〈聖人の第一に慎み畏れ給うところ〉、あなどってはならないという意味だった[▼14]。

宣長は、その部分を逆転し、人情のマコトを重んじる方向を一貫させたのである。本居宣長の文化ナショナリズムは、『古事記』という文献を唯一の拠点にし、かつ、それが多分にもっていた儒学や仏教の要素をことごとく切り捨て、また『源氏物語』に響きわたる読経や加持祈禱の声には耳をふさいでいる。「創造された伝統」にほかならない。

宣長は、また、考証学をヤマトコトバの語意の考察に展開し、考証随筆『玉勝間』（一七九三～）を書きつぎ、文献の真偽判断にもその力を発揮した。本居宣長が生涯をかけて取り組んだ『古事記』の注釈『古事記伝』（一七九八成立）は、その「神の国」たる日本を「高天原―葦原中国―黄泉国」と三層に分けている。『古事記伝』巻十七〔付録〕に収録された門人、服部中庸《なかつね》による『三大考』は、根源の〈一物〉を想定し、その三層を「天《あめ》（日に対応）―地《つち》―泉《よみ》（月に対応）」に言い換え、主に『古事記』本文によって、十個の図によって世界の成り立ちを説明している。服部中庸は、宋学を開いた周敦頤『太極図』を参照し、そこにいう「一気」に換えて、「一物」を対置したにちがいない。

平田篤胤

本居宣長の弟子を名のる一人の思想家が、これをさらに推し進め、『古事記』という一書にこだわることなく、『日本書紀』や祝詞、ときには孔子の儒学や仏教経典、西洋の天文学などをも援用しつつ、日本の神話こそが普遍的な原理を表していると主張する。平田篤胤である。その思想は、庶民層の自然観や生命観に寄り添ったもので、幕末に、神道崇拝の狂乱を呼び起すもとになった。

その思想の特色としては、現世を仮の世（「寓世《かりのよ》」）とし、「幽世《かくりよ》」こそが魂の本来の住処であると主張するなど、死後の世界ないしは幽冥界への関心の強さ、産霊の神を世界の始原に想定する神道観、現世で徳を行えば、死後、救済されるとする倫理観、宣長の文献注釈学に対して庶民の生活感情や民俗信仰に立脚しようとする姿勢、中国から渡ってきたキリスト教関連の文献からの影響、山崎闇斎による垂加神道との関係、そして、いっそう徹底した日本中心主義、神道至上主義などがあげられる。

平田篤胤の著述は、天地の初発《はじめ》以来、皇統が続き、物も事《わざ》もわが国は万国に優れていることなどを門人に説いた講義録『古道大意』（一八〇四、刊行は一八一一）あたりに出発する。これは北畠親房や山鹿素行にすでに見られた考えであり、本居宣長の著では『直毘霊《なおびのみたま》』あたりを学んだくらいだろうか。『霊能真柱《たまのみはしら》』（一八一三）では、『古事記』の本文を祝詞などによって入れ替え、「原《ウル》古事記」のようなものをつくりだしてゆく。

その特徴は第一に〈天之御中主神、高皇産霊神、神皇産霊神〉の三神が、まず大虚空《おおそら》にあったと説く点にある。『古事記』に始原の三神は「独神《ひとりがみ》」で「身を隠す」とあることを、これらは〈大虚空〉にいる神で、国土に出現しないという意味だと篤胤は解釈する。そして高皇産霊神は男神で〈顕事《あらわこと》〉を、神皇産霊神は女神で〈幽事《かみこと》〉を司るとし、この二神は、祝詞にいう神魯企《かむろぎ》、神魯美《かむろみ》にあたるとする。このように男女の対関係にある二神の産霊によって、最初の「一物」と神がみが生成《なれ》ると説く。その「一物」が天・地・泉の三つに分かれ、世界がかたちづくられるとする。

本居宣長は『くず花』（一八〇三刊行）で、産霊神によって、万物、万事が生《な》ると述べ、問答形式で記したその付録に、産霊神については、どんな神がつくったのかは伝えられていないのでわからないと語っているが、平田篤胤は日本神話を空虚からの宇宙生成論として組みなおしている。それゆえ、『旧約聖書』の創世記の影響が論じられてきた。篤胤は三十一歳のときに中国渡来のキリスト関係書物を、ノートをとって勉強しており、そのノートが「本教外編」（「本教自鞭策」）として残っている。

だが、それより前に、宋学の出発点になった周敦頤の『大極図』にいう〈無極にして大極〉を想うべきではないか。実際、篤胤は『大極図』を〈妄説〉〈小理〉と退けている。造化の神の観念は、『列子』に「造物者」の観念があり、キリスト教にいう造物主の観念も、漢訳聖書に「上帝」「天帝」と出てくるのは、道教ないし道家の観念で翻訳されたものだが、世界の外にあって、世界を創造した絶対神という観念は東洋の伝統観念のうちにはない。そして『霊能真柱』では、祝詞の神魯企、神魯美の対神に強くこだわっているため、天之御中主神がいわば宙に浮いたかたちになっている。のちには、その根源的な性格が強調されるようになるといわれる。

このようにして日本古代神話が、次つぎに編みなおされてゆく。正しい伝えか、そうでないかの判断は、もっぱら篤胤の恣意による。のちの『古史伝』（後述）冒頭にいう。〈まず天地世間のありさまをよく観て、腹に一つの神代の巻の出来たる上にて、神典を拝み読み〉云々と。これが平田篤胤の「方法」であり、『古事記』『日本書紀』、祝詞、神社の縁起などなどを付きあわせ、選び出した章句によって、その腹中にできた神代記一巻を記すのが、『霊能真柱』の構成である。そのようにして、誰も唱えなかった起源神話を編み出した。

『霊能真柱』の要点は、真道《まことのみち》を知って大倭心《やまとごころ》をしっかりと固めるためには、〈霊《たま》の行方の安定《しずまり》を知る〉ことこそが肝腎とし、人は死後、本居宣長のいうように「夜見」に行くのではなく、大国主神の支配する幽冥に行くのだと説く。この「幽冥」あるいは「冥府」とは、この国土にあって、しかし、生きている人間にはふつうは見えない世界のことだ。その理屈は、次のように述べられている。

黄泉に行ったまま帰らなかった神はいない。神の御霊は、天と往還することはあっても、宮に鎮まっているではないか。人は風、火、水、土の、いわば四つの元素――篤胤は、これを中国式の考えといわれるだろうが、風の神、火の神のように考えればよい、とことわっている――からなり、風と火は魂をなし、これは天に属する。肉体は水と土からなり、地に属する。どちらも黄泉に属するものはない。それゆえ穢れた黄泉に行くいわれはない。人は死後が不安なあまり、いろいろと思い悩むから、外国からきた考えの影響を受け、黄泉へゆくなどと考えるようになったのだという。外国式の考えとは、仏教によってもたらされた地獄のことである。「幽冥」あるいは「冥府」が見えない世界として、この国土にあるという証拠は、生きたまま、幽冥界に行って帰ってくる者がいるではないか、という一事につきる。平田篤胤が、あの世から帰った者として江戸で評判になった天狗小僧、寅吉をめぐる一部始終と、彼の見聞した山人たちについて『仙境異聞』上下五巻（一八二二）にまとめたこと、あるいは死後よみがえった人物にインタビューし、『勝五郎再生記』（一八二二）に構成したこともよく知られる。

しかし、そもそも、なぜ、〈霊の行方〉が問題だったのか。本居宣長は『答問録』（一八三五）で、人びとが死後、どんなふうになるのかを知りたいと思い、それゆえ、「安心」を儒学や仏教、道家に求めたりするが、そんな小さなことにこだわらないのが真実《まこと》の神道だと述べている。真実の神道とことわるのは、垂加神道が神道を信じれば、死後、魂が「日之少宮《ひのわかみや》」に生まれ変わると説いていたからだろう。

篤胤は、そんな態度だから、国学がダメになるといわんばかりに、この死後の霊の行方の問題に、かなり早くから取りくんでいた。ほぼ朱子の考えによって〈人の生死は陰陽二気の集散、死後、魂は天に、魄は地に帰る〉と説く新井白石の『鬼神論』（一八〇〇刊行）などに対して、『新鬼神論』（初稿一八〇五、刊行一八二〇）を記していた。だが、篤胤の大きな敵は儒学より仏教だった。徳川幕府のつくった檀家制度により、人びとは、みな寺に属していた。面白いのは、もともと「治心」「輪廻」の観念をふくむバラモン教の説を〈さしも悪《にく》むべき説もなきに〉、それを盗んで、釈迦がまちがった教えをつくったと篤胤が述べていることだ。たくさんの神々を祀るのも、輪廻転生を説くのも悪くはない。それなのに、釈迦が身分にかかわらず、誰でも解脱できるなどと説いたのがまちがいのもと、それで皆が歿後に極楽に行きたがるようになったといいたいらしい。

平田篤胤の最大の著作『古史伝』（一八一一～、三七巻。生存中には二八巻まで。あとは矢野玄道がまとめた）は〈此世は吾人《われひと》の善悪《よきあし》きを試み定め賜わむ為に、しばらく生《あれ》しめ給える寓世《かりのよ》にて、幽世《かくりよ》ぞ吾人の本世《もとつよ》〉という考えを核心とする。この世は仮の宿りは、まずは仏教の教えだろう。そして『古史伝』〈第二十三巻〉の後半に、こうある。〈徳行に苦しめる者、幽世に入りては永く大神の御《お》賞《ほめ》を賜わりて用いらる。是を真の福という。傲遊に耽りし者、幽世に入りては、永く大神の御罰を蒙りて棄て

ら る。是を真の殃《わざわい》という〉。この現世の行いがあの世で〈大神〉に裁かれるという考えのもとは、中世神道を大成し、「五百年来の大学者」「一天無双の才」と賞賛された室町中期の公卿、一条兼良による『日本書紀纂疏』の次の部分である。『霊能真柱』でも引かれていた。

〈顕露の事とは人道なり。幽冥の事とは神道なり。二道はなお昼夜陰陽のごとし。二にして一なり。人顕明の地にて悪をなせば、すなわち帝皇これを誅し、幽冥のうちに悪をなせば、すなわち鬼神これを罰す。善をなして福をうることもまたこれと同じ。神事とはすなわち冥府の事なり〉(原文は漢文)。

一条兼良は、現実社会で悪を行うなら、天皇が処罰し、神道に外れたことを行うなら、鬼神が罰するといっている。これは死んでのちの魂の話ではない。中世に摂政、関白、太政大臣を歴仕した兼良と、徳川後期の民間に生きた平田篤胤とは、生きていた世界がまるでちがう。死者の魂が境をへだてて、すぐそこにいるという考えは、位牌や仏壇に向かって、亡くなった肉親の魂に呼びかけたり、死者の霊魂が幽霊になって立ち現れることがあると思っていたり、あるいはさまざまな生活の道具さえお化けに変じるような怪異を歓ぶ江戸の庶民たちには、むしろ受け取りやすい考えだろう。生きているうちに徳行を積もうが、悪事を行おうが、現世では報いられないことなども彼らの常識だった。そのような民衆に向かって、死後の世界でこそ、〈大神〉によって正当な裁可が下されると説いている。〈大神〉とは『古事記』で国譲りしたのち、幽冥界を司る神となったと説かれている大国主神のこと。

仏教は地獄（ナラカ、naraka、奈落）に落ちたくなければ、生前に善行を積むべしと説く。日本の中世以降の仏教では、死後、人は三途の川を渡り、七日ごとに閻魔をはじめとする十王の七回の裁きを受け、最終的に罪の重いものは、罪の重さによってさまざまな地獄に落とされ、責め苦を受けて許されれば、この世の何かに生まれ変わると説く。篤胤は、これに替わる神道倫理を整えた。

面白いのは、冥界を司る唯一神、「大神」として大国主が想定されていることだ。絶対神による歿後の魂の救済と処罰という考えは、東洋のものではない。キリスト教が説く最後の審判の考えである。

もし、篤胤の考えにキリスト教がはたらいたとするなら、創造説や霊魂不滅説ではなく、この点ではないか。ここには仏教の懺悔による救済も、キリスト教の告白による贖罪もない。生前に徳をつまなければ、永遠に「大神」から罰せられるのだ。平田篤胤が「国学」の道を志す以前に庶民の間で苦労を重ね、庶民の信仰の様子をよく知っており、その層に受け入れられやすいように、新たな神代の創出を企て、倫理を組み立てたのである▼[15]。

さらに加えるなら、徳川幕府が編んだ『本朝通鑑』も水戸藩の『大日本史』も神武天皇から書き起こしているが、平田篤胤は、神代から推古天皇までを「歴史」として扱う態度をとる。『記』『紀』や祝詞、『古語拾遺』などから、独自の『古史徴』を編み、「開題記」に神代文字があったと論じ、姓氏録も新たに編みなおした。これは国分寺を立てた推古朝を神代に追いやり、その神代の「歴史」を再編する仕事だった。当時の学者のほとんどが、牽強付会、大山師と呼んだのも無理はない。

伊勢松坂の医者、本居宣長による「国学」の仕事は、いかに門弟を多く集めたとはいえ、民間のものだった。秋田藩士の子として生まれたとはいえ、どのような事情があったのか、よくわからないが、郷里を離れて、江戸で庶民の間に生活したのち、平田家の養子になったひとりの男が、宣長を凌ぐほどの新説を打ち立てた。こういうことが起こるのも、価値観の逆転を容易に許す江戸後期ならではのことだろう。後ろ盾をもたない「国学」においては、より自由だった。平田篤胤の説く「国学」の勢いが盛んになると、一八四一年、天保の改革に着手した幕府により、篤胤は江戸から秋田へ帰され、著述も禁止された。これも江戸時代ならではのことだ。

平田篤胤は、庶民の間に活きていた信仰を基盤に独自の宇宙生成論と神代記を編み、仏教に代わる生活倫理を立てた。おそらく、それが彼の歿後も信奉者を増やしつづけ、幕末にかけての神道信仰ブームにのって、神道の主流に躍り出た理由だろう。黒船騒ぎに動揺する心も、平田国学の「神国日本」の確固たる自信に吸い寄せられたと思われる。その神がかった国体論と現世を司るのは天皇でなければならないという主張は、幕末の水戸学とともに尊王攘夷運動を支えた。そして、明治初期には、新設の神祇官《じんぎ》の主流となった。廃仏毀釈運動の先頭に立ったのも、平田派の人たちだった。だが、民間に残る迷信の撲滅に向かった明治啓蒙主義の波は、次第に、民間からその思想を消していった。

ところが、ありうべき日本神話の神殿を組み立て直す夢を引きつぐ人が現れた。東京帝国大学法学部教授・筧克彦が明治天皇歿後に刊行した『古神道大義―皇国の根柢万邦の精華』（一九一二）がそれである（のち『続古神道大義』上下に再編集、一九一五）。そののち、ファナティックな天皇崇拝が高まる過程に筧克彦の著作が果たした役割は繰り返し論じてきたので、ここではふれない。もう一人、短歌雑誌『潮音』を率いた太田水穂が筧克彦より一段と強い生命原理主義の観点から、独白の創世神話を組み立てた『古事記の開顕　神々の夜明』（一九四四）が第二次世界大戦期に刊行されている。

その間、日中戦争期、一九三五年ころから神がかった国体論が勢いを増してゆくときに、平田篤胤の名は「国家神道の元祖」のように喧伝された。平田国学は、大国主神を、逆賊を平らげ、平和をもたらす武神として賞賛したからである。国語学者で、東北帝国大学教授を退官後、神宮皇学館大学学長を務めた山田孝雄《よしお》は『古史徴』を日本の神代へ肉薄するものと礼賛した（「解説」『古史徴開題記』岩波文庫、一九三六）。

折口信夫も平田篤胤の考究の態度を評価した（講演録「平田国学の伝統」一九四三）。それは、だが、筧克彦や山田孝雄らの「国家神道」に対し、民間の神道信仰を探った『仙境異聞』などに限ったものだった。▼16

第一〇章　日本近代の自然観

列強諸国に開国を迫られ、対応に汲々とする徳川幕府に対し、「尊皇攘夷」を掲げた倒幕運動が興ったが、長州藩はイギリス・フランス・オランダ・アメリカと、薩摩藩はイギリスと武力衝突を経験し、ともに開国方針に切り替え、土佐藩、肥前（鍋島）藩と手を組み、「王政復古」を掲げて明治新政府を樹立した。東京に皇居と中央官庁を移したのは維新、太政官を置いたのは復古だが、その実、明治元（一八六八）年五月、明治天皇の即位式には外国の外交官を招いて挙行し、大蔵・兵部・民部・宮内など古代律令国家制度の名称を復活させながらも、外務・工部などの新しい省も設けるなど、「復古」と近代化を組みあわせたものだった。一八七一（明治四）年夏には「廃藩置県」を行い、中央集権制に移行、当面は、旧大名を中央政府が任命する県知事に据え直した。これは漸進的な措置である。

一八七二年、一二月三日より新暦（グレゴリオ暦）に切り替え、一月一日とした。新暦への切り替えは、長く定着してきた生活行事の習慣や農事暦となかなかなじまず、民間では旧暦との併用が昭和戦前期まで続くことになる。

その直前、一一月末に出された太政官布告「徴兵告諭」の直接の目的は、国民皆兵制を敷くことを宣言するものだが、中央集権制への移行を古代の「郡県」制への復帰と呼び、同時に、武士身分の撤廃と四民平等を明示した。国民皆兵制の新設は、いわゆる「血税一揆」を、武士身分の撤廃は、西南戦争をはじめとする「不平士族の叛乱」を誘発した。

また一八七三年には、『日本書紀』にいう人皇・神武天皇の即位をもって日本国家の成立と決め、紀元節（建国記念日）を初めて定めた。西暦より六百年ほど長い歴史を誇る日本国家の伝統が近代国民国家の政府の手で刻みつけられたのである。だが、天武‐持統朝期につくられた神話の霧のなかに即位の日の記載はなく、紀日は二転した。

われわれは、前章で江戸時代の国学系思想が、とりわけ本居宣長が当代の「物の哀れ」を有史以前からの伝統と論じたことを見てきたが、以降も、明治期を通じて、いや、大正・昭和戦前戦中期、戦後期を通じて、欧米文明へのキャッチ・アップを急ぐ政策とそれが生み出す弊害への対策、「伝統」の呼び返しや新たな「伝統」形成がさまざまな立場から行われる場面を見てゆくことになる。

明治新政府は「殖産興業」「富国強兵」をスローガンに西洋の科学＝技術の移入をはかった。「殖産興業」は、江戸中後期に「開物思想」が諸藩に展開し、公害を引き起こすほど、弾みがついていた。「富国強兵」の旗は、それを列強諸国がしのぎを削る国際情勢のなかで、国民国家建設の目標に設定しなおしたものである。幕藩二重権力体制を解体し、税制は石高から金納に組み替え、資本主義経済建設に向かった。

工部省を率い、お雇い外国人技師を大量に雇い入れ、鉱工業の機械化を推進した伊藤博文は、初代内閣総理大臣の椅子に座ると、国法（the national law）を「憲法」と呼び（飛鳥時代の十七条憲法の名称を呼び返したもの）、その制定に向けて動き出すが、それより前に東京大学を大幅に再編し、帝国大学の創設にかかった。初代文部大臣には、イギリス、アメリカで経験を積んだ森有礼《ありのり》をあて、新しい教育制度の設計にあたらせた。それはいわば「科学技術立国」の道を拓く断行だった。省庁直属の主要な研究所を文部省の一元管理下に集め、国際的に類例のない「工科大学」を抱える「実学」本位の総合大学である。三年後には農商務省から「農科大学」を移管した（なお、ヨーロッパの総合大学は神学部を戴いてつくられてきたが、日本では、東京大学を設立したときから、それにあたる学部を欠いていた。東京大学・理学部は数学・物理及星学・生物学・化学・工芸学・地質学及採鉱学の六学科編制）。

官立の高等中学校（のち、高等学校）も六校を整えた。当初は帝国大学へ進むための本科と地方官僚の育成のための専門科を備えたもので、帝大とセットになっていた。森有礼は、この制度をいわば補完するために、教育者の育成には東京高等師範学校（のち、教育大を経て、筑波大学）、商科の指導層育成には高等商業学校（のち、東京高等商業学校を経て、一橋大学）を創設、その後、長きにわたる学問＝教育体制の基本骨格がつくられた。

「工科大学」は機械産業の育成と軍事力の機械化、「農科大学」は化学肥料による農産物の増産を導くためのものだった。工部省の廃止に伴い、鉄道建設を内閣直属とし、日露戦争前後には、私鉄を買収して国有化、全国に鉄道網を張り、また港湾を整備して、海外との、また国内の物資の輸送の利便性を飛躍的に高度化してゆく。

日本列島全土の機械力による開発は、生産高をあげる反面、インフレを招き、その対応策としてなされた「松方デフレ」は農民層を分解し、都市の膨張のきっかけとなった。

農商務省は資本制下で農業の育成を図るために換金作物を奨励、果樹などの花が田野を見違えるほどカラフルになっていったのは、農商務省官僚として中農育成を図った柳田國男が、のち『明治大正史第四巻　世相篇』（一九三一）に記すとおりである。日清戦争を経て、大国ロシアを相手にした日露戦争は、日清戦争時とは異なり、一部に反対運動を呼びはしたが、全国民を緊張に叩き込み、戦争目的のために私企業もジャーナリズムもフル回転した。その意味で、総力戦体制と呼べる。それは欧州大戦（第一時世界大戦）にヨーロッパ諸国がとった体制に先んじていた。ロシアの内戦状態に助けられ、かろうじて勝ちはしたが、多大な戦病死傷者を出しただけでなく、外国債の返済のために据え置かれた重税は、土地を手放して小作農になる農民を増加させ、男女とも日雇い肉体労働に従事することを強い、やがては都市の工場地帯に流れ出た。農村は自作農の自衛のために再編される。

増大するエネルギー消費に対応し、燃料は薪炭から石炭へ、また水力発電へと転換してゆくが、日清戦争後の軽工業の発展、日露戦争を前後する時期からの重化学工業の発展は、労働条件を悪化させ、男女の労働者の身体を痛めた。足尾銅山の排出するガスは周囲の山林を枯らし、廃液は渡良瀬川中下流域の作物を枯らし、水産物に被害を与えた。各地の軽工業地帯の煙突から流れる煤煙は「エネルギーの象徴」と謳われる反面、煤を降らせ、またセメント工場からは灰が降った。

家庭燃料や建築材のほか、産業、軍需用に皆伐方式の山林伐採が進み、都市の膨張も手伝い、洪水被害は増大の一途を辿った。日露戦争後に国家事業として国鉄経営と並ぶ予算を組み、洪水防止工事に着手、各地の河川の水路の付け替えや切れ目なく高堤防を築く方式が展開し、これも日本列島の風景を変化させた。

明治期の知識層の自然観に最も大きな変化を及ぼしたのは、ダーウィンの生物進化論と並んで自然の活動の根源をエネルギーとするエネルギー一元論が侵透していったことである。生物進化論は、とくにアメリカでは、社会有機体論に立つハーバート・スペンサーに代表される社会進化論と結びついて企業間の生き残りの思想として浸透した。日本の場合。生存闘争原理は生物個体を単位とする考えより、日清・日露の両戦争期に国民国家＝民族間の生き残りをかけた闘争の思想として浸み込んだことが大きな特徴である。エネルギー概念は、物理学におけるエネルギー一元論の興隆と、機械文明の進展に対抗するトマス・カーライルを淵源とするスピリチュアル・エナジーの観念が、ともに伝統的な「気」の概念で受けとめられ、「自然エネルギー」「生命エネルギー」という漠然とした観念を生み、さまざまな伝統思想と組み合わされ、二〇世紀への転換期から多彩な生命原理主義の潮流が展開する素地になった。

江戸時代の「開物」思想は、産業技術の開発を促す一方で、民間にも博物学趣味を広め、地誌の探索は奥地に及んでいたが、明治後期にはジョン・ラスキンの山岳美の礼賛、アルピニズムを加えて、自然愛好が拡がり、紀行文を変化させた。日清戦争期に日本は天然の活力の盛んな国と喧伝し、ナショナリズムの高揚に一役かった『日本風景論』の著者、志賀重昂は、衆議院議員となり、山林局長を経験したのち、日清戦争後には『河及湖沢』(一八九七)で「山林保護の伝統」を訴えてゆくことになる。

明治前期に行われた都市公園の設置は、上野の不忍の池周辺など、従来から町人の憩いの場として賑わっていた東叡山寛永寺の境内を国家が召し上げ、「公園」として開放しただけのことだった。そののち、国会図書館などが建てられる。他方、各地で城郭の取り壊しも行われた。徳川方についた藩への報復的な意味があったように想われる。

技術史では「東の足尾」に対比して「西の琵琶湖疏水」があげられることがある。観光都市として生き延びる道を選んだ京都で、舟運の便をはかるインクラインを含め、琵琶湖の水を引き込む疏水工事が第一期、一八九〇年、第二期、一九一二年に分けて完成した。景観保護に配慮した総合的開発の先駆として評価されている。

また、一九二〇年を前後して、各地の大名庭園の公園化などがはかられてゆく。大きなうねりが、いわば下からつくられていった結果といえるかもしれない。だが、一九二三年九月一日に起こった関東大震災からの復興の機運は、全国の都市にビルが立ち並ぶモダン化へ進んだ。「伝統と近代」が隣りあわせに「共存」する都市景観は、二〇世紀前半に確定したともいえよう。本章では、機械文明化と自然志向とが鬩ぎあいながら、屈折を孕んで展開する様子を見渡してみたい。

一、生物進化論とエネルギー一元論

国民国家の形成

明治新政府は、列強勢力が植民地再分割にしのぎを削る時代に独立国として生き残る戦略として「殖産興業」「富国強兵」を打ち出し、対外的には、徳川幕府が列強諸国と結んだ不平等条約を改正し。独立国家として対等の関係を結ぶことを目標に置いた。北海道、沖縄を新たに領土に組み込み、アイヌと琉球列島の住民を国民として抱え、同化政策をとった。

「殖産興業」は、江戸中後期に諸藩が取り組んだ課題だったが、国民国家建設には、石高制を廃止し、税（地租）を金納に切り替え、資本主義経済に切り替える措置が不可避だった。土地を私有財産とし、また国民皆兵制度を整える必要があった。江戸幕府が定めた「士・農・工・商・穢多・非人」の職分制度を撤廃し、職業選択を自由にする社会システムの大改革が矢継ぎ早に断行されていった。*

＊ナポレオンの国民軍の強さは幕末の武士層にはよく知られており、高杉晋作の奇兵隊が平等主義に徹していたのも、その知識によるものだろう。また身分制度の撤廃は、いわゆる「解放令」（一八七一）で宣せられていた。大蔵官僚時代の渋沢栄一の起草による。江戸中後期の平等意識は、幕末の混乱のなかで職分移動が一層容易になり、より強くなっていた。渋沢栄一は埼玉県で藍玉の製造販売を手掛ける豪農の出だが、少年時から儒学を習い、また剣術の稽古もしている。

この国民国家への統合を拒否する動きも起こった。一八七三（明治六）年に徴兵制を断行すると、西日本、とくに瀬戸内海沿岸の温暖な地域で、特産物の生産で潤っていた農民が反発、激しい一揆が起こり、大量の検挙者を出した。身体をもって税を払う「力役」を「血税」と称したため、生血を抜かれるなどの流言蜚語が飛び交ったことから「血税一揆」と呼ばれるが、地租改正や被差別部落の解放に反対するなど諸要因が絡んでおり、国民統合の方式に対する反発ととらえてよい。これは全国規模での地租引き下げ運動に続いてゆく。

新政府は幕藩体制下で俸禄（家禄）を受けていた層を「士族」として大量に抱え、中央・地方の官吏につける一方、平民への移動を促し、一八七六年、廃刀令を出して特権を剝奪、その夏、公債を発行して俸給廃止に踏み切った（秩禄処分）。公債を売却し、小規模事業を起こしたり、田畑を手に入れ、農民となって養蚕などに手を染めたりする人びとも多く、これは各地の殖産興業に拍車をかけることにつながった。*

＊一八七二年の「壬申戸籍」で、「士」と、より下級の「卒」を含め、全戸籍人口の六％弱。すでに、かなりの武士層が職分移動したとみられる。翌年の職業別統計では、農七九・二、工三・五％、商六・六％、雑業九・一％。

他方、政府方についた旧藩の地元でも待遇に不満をもつものが多く、いわゆる「不平士族の叛乱」を誘発した。その多くはすぐに鎮圧されたが、一八七六年、西郷隆盛を盟主とする西南戦争が南九州一帯に拡がったことはよく知られる。この規模が大きかったのは、大小さまざまな私立学校を創設して、士族の職を確保していたことが基盤となった。

政府は、国民皆学の方針を立て、一八七二年に「学制」を発し、全国を八区（翌年、七区に縮小）に区割り、大・高・中・小の学校をピラミッド状に配置する計画を打ち出し、漸次、内容を変更しつつ、実施に移してゆくが、それ以前から、民間の活力により、また士族の相互扶助の動きにより、全国各地に、寺院を借りるなど、さまざまな規模の私立学校の設立の動きが起こっていた。全体を見れば、幕府側につき、倒幕勢力と戦った旧藩の士族の再就職は不利で、彼らやその子弟は、自由民権運動の推進力の主力となり、また言論界や文芸界に活路を見出してゆくことになる。

科学技術の発展も政府主導で行われた。一八六九年九月一九日に横浜で官用通信が開始され、一八七二年には馬関海峡に海底線を敷設、翌七三年には東京長崎間が竣工し、通信網の全国化が進んでゆく。一八七〇年に設置された工部省は、欧米からお雇い外国人技師を多数採用し、炭鉱をはじめ、各種鉱山の内坑掘を盛んにし、運搬には、レールを敷いてトロッコを入れ、水の汲み出しに蒸気機関を導入するなど機械化を促進、九州や北海道に大規模炭鉱を開発し、飛躍的に生産量を増加させた。その反面、落盤、炭塵爆発などが相次ぎ、多くの人命が失われた。

一八七二年には、群馬県に富岡製糸場などの官営工場を開設し、軽工業の機械化のモデルを示した。同じ年、官営鉄道や汽船を発足させ、私立の電鉄とともに内外の交通網が発達した。工部省（一八七一〜八五）の予算総額の五〇％は鉄道の敷設に投入されているという（工部省解体後は内閣府直属。のち一九二〇年に鉄道省）。枕木をはじめ、木材消費量を飛躍的に増加させる要因にもなった。日露戦争後は、私鉄を買い上げ、国鉄に一元化、物資と旅客の輸送を担う国家の基幹産業として育成に力を入れていたことがよく分かる。生活の上で便利になる反面、鉄道は汚物をまき散らすため、沿線では嫌われた。

明治期には、市場取引が自由になり、商品販売網が張り巡らされ、江戸後期に引き続き、各地の穀物および特産品の生産高が伸びつづける。中期には大都市への人口集中がはじまり、建築材など木材消費が伸び、加えて、日清・日露の戦争期には、軍需木材が皆伐方式で切り出された。明治期に被害の大きかった洪水をあげてみる。いずれも台風の通過によるもの。

一八八〇年、岡山県高梁川、八五年、淀川、筑後川、八九年、十津川、筑後川、九二・九三年、岡山市、九六年、琵琶湖、利根川、一九〇七年、山梨、一〇年、関東一帯、一一年、南関東。この間の洪水被害の大きさは、都市の膨張と比例する。

この途中、一八九六年に、河川法が施行され、内務省管轄で治水事業が推進されることになった。水路の蛇行をなるべく直線化し、高堤防を連続して築き、雨水を早く河口に流す方式の大規模事業が各河川で行われてゆく。

日清戦争を機に絹糸や綿織物など軽工業が発達、日露戦争後には、中国市場の受容を睨んで、大工場化が進み、若い女工が人買い同然に集められるようになり、待遇は次第に悪化した。一九〇一年には官営八幡製鉄所が操業を開始、国家主導で重化学工業化が進み、産業構造がドラスティックに再編されてゆく。日清・日露戦争で増税がかかり、戦後も外国債返済のために据え置かれたため、土地を手放して小作農になるものも多く、農村の男女ともに肉体労働の出稼ぎに出ることが恒常化した。農芸化学は、農作物の生産をあけるために化学肥料を投入することを勧め、農業に資金が必要になったことも大きい。

帝国大学の創設

明治政府が早くから外国人技術者を雇い入れ、炭鉱や鉱山の内坑堀の機械化を進めていたことについては、三枝博音『現代日本文明史 第一四巻　技術史』（東洋経済新報社、一九四〇）吉田光邦『日本技術史研究』（学芸出版社、一九六二）など、詳細な研究が進められてきた。それは江戸中後期に諸藩が熱心に取り組んだ「開物」を機械により効果的に実現してゆくものとして積極的に取り組まれたことは想像に難くない。そして、それが西洋近代の近代科学的自然観、主客の対立を前提にした機械的唯物論を浸透させたかのように、とりわけ第二次世界大戦後の科学＝技術史では論じられてきた。だが、それは論者の近代科学＝技術観を基準にした了解にすぎない。

三浦梅園は、長崎のオランダ語通詞から「蘭学は畢竟窮理の学なり」と聞いて、それなりに納得したようだし、江戸中期に荻生徂徠の学統によってほとんど葬られた感のある朱子学が寛政の改革期に復活し、佐久間象山が大砲の実験を行うにあたって提出した「文久二年の上申書」は朱子学を学ぶものは、西洋の物理学を学ぶべきことを訴えていた。西洋のキリスト教の自然観も、自然哲学の法則も、朱子学の「天の理」と同等のものとして受け止めるなら、仮説を実験や観察によって確かめ、体系的に組み立てる近代科学の精神とは程遠い。なぜなら、朱子学にいう「天理」は道徳の源泉として信奉すべき普遍的真理として掲げられたものであり、天地自然の原理を検討し、考究すべき対象としていなかったからである。

では、明治期に西洋近代の科学＝技術は、いかに受け止められたのか。幕末に長州藩の命を受け、ロンドンに密航した長州五人組が工部省の、そして工学寮（工部大学校）の創立に尽力するなど、科学＝技術の先端を開いていたことはすでに述べておいた（第三章末尾を参照）。上海に電信施設がつくられるのは一八七一年とされるが、日本では、一歩先んじて、一八六九年九月一九日に横浜で官用通信が開始され、一八七二年には馬関海峡に海底線を敷設、翌七三年には東京－長崎間が竣工し、通信網の全国化が進んでゆく。

明治維新後、工部省のトップについた伊藤博文は、岩倉遣欧視察団に加わり、知見を広めた。岩倉使節団については、主に外交面について語られることが多いが、久米邦武編著『特命全権大使 米欧回覧実記』（全一〇〇巻、一八七八）を覗いてみただけで、いかに多くの科学＝技術の関連施設を見学しているか、即座に了解されよう。そして、『米欧回覧実記』が大部の著書であるにもかかわらず、刊行当時からしばらくは、かなりの読者をもっていたことも記しておかなくてはならないだろう。自由民権運動に活躍した植木枝盛なども熱心な読者の一人だった。▼1

伊藤博文は、政府内で要職を歴任し、さらに一八八二年、国家体制の研究のためヨーロッパを視察、ドイツ法哲学、フランス法制史を学んだローレンツ・フォン・シュタインをウィーンに訪ね、二ヵ月間にわたってシュタイン宅で、主にヨーロッパ先進国の国法および大学制度について講義を受けた。一八八五年一二月に初代、内閣総理大臣に就任するや帝国憲法の制定の準備にかかるかたわら、即座に、官僚や技術官僚（テクノクラート）の養成を主眼とする実学本位の帝国大学の創設（一八八六）に乗り出した。工部省を廃止し、工部大学校を帝国大学工科大学とし、土木工学科、造家学科、機械工学科、造船学科、電気工学科、採鉱及冶金学科、応用化学科の七学科で構成した（前年に東京大学理学部内につくられた工芸学科を吸収）。世界に先駆けて総合大学内に工学部を設置したことになる。

グラスゴーから招かれたヘンリー・ダイアーは工部大学校を指導したのち、一八八三年に帰国していたが、総合大学《ユニヴァーシティ》に「エンジニア」の学部を、という師、ウィリアム・ランキンの願いがここに実現したことになる。工科大学は工学博士を積極的に育て、授与してゆく。

そして、一八八九年には農科大学が農商務省から移管された。農商務省は早くからドイツ人のお雇い外国人を招いており、ドイツで化学と生物学とを結びつけた農芸化学が総合大学で行われはじめていた。それを導入したものと見てよい。▼2

このようにして、ヨーロッパの総合大学の基本編制から「神学部」にあたる学部を欠いた「法・医・理・文」に、「工」「農」を加えた国際的に類例のない学部編制の総合大学が発足した。* それぞれが「法科大学」のように単科大学の名をもつが、文部省の一元管理のもとに置かれ、独立性の強いコレッジの連合体とはほど遠いものであり、各分科学の推進よりも、国民国家建設、殖産興業、富国強兵の中核的な担い手、官僚とテクノクラートの養成を目的とし、実際、卒業生は各専門分野で先兵の役割を果たしてゆく。

＊この編制は、そののち、一九一九年に法学部から経済学部を分離独立、旧七帝大の範型となった。また、朝鮮の京城大、台湾の台北大学は現地の実情にあわせた、その縮小版となった。戦後、東京大学は、医学部から薬学部が独立（一九五八年）し、今日でも、七学部編制をとる。

中国で北京大学が商学部を加えた六学部編制で発足（一九一二年「大学令」）し、第二次大戦後、カイロ大学が工学部を設置したのは、ともに日本の制度を参照したもの。なお、第二次世界大戦後、欧米では神学部が文学部に移管されるなどし、また国際的に農学部も分離した。

実のところ、国際的に工学部にあたる学部が設置されるのは、一九七〇年代にITが隆盛してからである。それも手伝い、今日、帝国大学は「実学本位の先進的なものだった」と評されている。[3] だが、専門職業人の教育機関の様相が強く、基礎学問の総合的推進への配慮も、学理の深化発展の姿勢も欠いていたことは否めない。のち、内務大臣時代から青年を「教養訓化」する必要を唱えていた原敬が内閣総理大臣に就任した一九一八年ころから、「修養」に代わって「教養」（教え養う）の語が流行しはじめると、[4] 高等学校がその牙城のような様相を呈することになる。

天賦人権論

西周がオランダのライデン大学で自然法を朱子学により「性法」と受け取ったように、明治初期の啓蒙思想家たちは、キリスト教の神を「天」とし、自然権も朱・王学の観念で受け取った。だが、世代が下がるにしたがって、自由民権運動のなかに「エネルギー」概念が浸透してゆく様子が見える。

中村敬宇（正直）『自助論』（一八七〇）〔第一編序〉は、西洋諸国は人民が篤く「天道」を信じているから、〈人民自主之権〉をもち、それゆえに強国なのだと説いていた。彼はエッセイ「書西国立志編後」（一八七二）では、人民の〈天ヲ敬シ人ヲ愛スルノ心〉と記している、強国の理由が、キリスト教信仰とヒューマニズムに求められているのだが、そのすぐあとに〈己ニ克チ独ヲ慎ムノ工夫〉（克己慎独之工夫）が付け加えられている。これは王陽明思想の核心のひとつである。“self help”は、『西国立志編』と改題してベストセラーとなるが、「立志」もまた王陽明の「示弟立志説」で知られる語。幕末維新期に、陽明学がかなりの拡がりを見せたことは、自由民権運動のなかで、中国・四国地方に立志社が七つつくられることからも知れる。陽明学は「天」と「我」とが、国家＝社会の道徳規範などを挟まずに、直接、向かいあい、天地のすべてを心におさめることを説く。それゆえ、神から授かった個人の尊厳を重んじる傾向を孕んだ近代のキリスト教思想の受容装置《リセプター》としてはたらきやすかったと推察される。

たとえばドイツ・プロテスタンティズムの近代化の役割を果したたと評されるフリードリヒ・シュライアーマハーは『宗教講演』（一七九九、一八〇六、一八二一）で、宗教の本質を個人の心が神に一瞬うたれる経験にたとえ、個々人の感情と道徳の源と説き、歴史的には集団の信仰として現れると説いていた。* このシュライアーマハーの考えは、キリスト教に関心をもつ知識層に広く知られていた。

＊日本基督教会の指導者として知られる植村正久に「王陽明の『立志』」（『福音新報』一八九四五月二五日）があり、新渡戸稲造の『武士道』（英文、一九〇〇）が、武士道の淵源を神社神道、禅宗とともに陽明学をあげ、内村鑑三の『代表的日本人』（英文、一九〇八）が王陽明を東洋で最もイエス・キリストに近づいた人と称するのも、彼らが陽明学でキリスト教を受け止めたことを語っている。[5] また、植木枝盛もキリスト教宣教師の説教を陽明学を土台に受け止め、自由民権の活動家として活躍したことは、その著書に明らかである。[6]

福沢諭吉の『学問のすすめ』（初編、一八七二）冒頭に記された〈天は人の上に人を造らず、人の下に人を造らずと云へり〉は、あまりに有名だが、〈云へり〉とは、いったい、誰がいったのか、よくわからない。福沢の『西洋事情』（初編一八六六、巻之二）にはアメリカ独立宣言の紹介があり、『西洋事情』二編（一八七〇）は「英国人民の自由」を説くことからはじめている。『西洋事情』（二編巻ノ一「例言」では「リベルチ」を「自由」と翻訳し、だが〈未だ原語の意義を尽すに足らず〉、「我がまま勝手」の意味ではないと釘をさしたうえで、〈政事の自由は、其国の住人へ天道自然の通義〉と述べている。アメリカ独立宣言は、団結権も神によって保証されると説いており、イギリス自然権思想とを併せ、儒学一般で受け止めたと推測されよう。なお、福沢諭吉の思想には、晩年まで荻生徂徠を学んだ跡が指摘されている。

加藤弘之は、明治新政権内に、平田篤胤の神道や藤田東湖ら後期水戸学の神がかった国体論が温存されていることを鋭く批判し、人民の自由な権利の上にたつ国体を主張する『真政大意』（一八七二）や『国体新論』（一八七五）などを著したが、独立した個人を強く主張するもので、ことばつきに陽明学の影が映っている。自らのちに、共和主義に傾いていたと振り返っている。

そして、一八八一（明治一四）年から八三年にかけて、スペンサーの『社会静学』（一八五一）が松島剛訳『社会平権論』（一八八七）として刊行された。ベンタムの功利主義を鋭く批判し、〈人類ノ幸福ハ天意ナリト云フ天下ノ通理〉を主張して、「道義」(justice) にもとづく「共和政治」(republican government) を説くものだった。〈天意〉は“Divine Will”、〈天下ノ通理〉は“the admitted truth”の訳語である。まさに天賦人権論にほかならない。自由党を率いる板垣退助が、これこそ「民権の教科書」と称賛し、広く受けいれられた。〈天下の通理〉、〈道義〉をかかげていたことが、朱子学の「天理」が頭に染みついた知識層に広く受けいれられた最大の理由といってよい。先行していたルソー『社会契約論』（一七六二）の中江兆民訳『民約訳解』〔巻之一〕（一八八二）及び文語体訳（一八七四頃）を圧倒して、民権派のなかに共和制志向を育てたこともまちがいない。

ところが、加藤弘之は、明治一四年政変後に、自由党系の共和主義の主張がよりどころとする「天賦人権論」を妄想と切り捨て、『人権新説』（一八八二）を著し、ダーウィンやヘッケルの生物進化論を引きあいに出して、「生存競争」こそが人権を生み、社会を進歩発展させるもとであると主張した。〈余ハ物理ノ学科ニ係レル彼ノ進化主義ヲ以ッテ天賦人権主義ヲ駁撃セント欲ッスルナリ〉といい、自然科学の法則性、すなわち実験によって証明される「実理」を押し立て、人権は「天賦」のものと実証されていないから「妄想」だと退けた。ここでは、「物理」の語を「理学」の意味で用いている。加藤弘之はドイツ語に堪能で、実際のところ、『種の進化』も、ダーウィニズムをドイツで喧伝したエルンスト・ヘッケルによる翻訳で部分的には読んでいた。

当時の日本で、生物進化論は、一言でいえば「弱肉強食」の原理として受け止められていたが、加藤弘之は、ここで、生物進化論と国家＝社会の発展を直接、結び付けて説いている。ダーウィンは、生物個体の生存闘争を進化の根本原因と説いており、集団間の生存闘争は説いていない。異種の猛獣が群同士で闘ったりしないから当然である。人類は同種なのに、集団間で戦闘を繰り返してきた。

実際、日本は国家間の「弱肉強食」を実際に突きつけられ、幕末に列強諸国から不平等条約をのまされ、外国人居留地をあちこちに抱えていた。だが、それだけでなく、ハーバート・スペンサーの「最適者生存」の原理が浸透していた。ラマルクの生物進化論からダーウィン進化論に乗り換えたスペンサーの進化論も、生物個体に立脚するものだったが、その「最適者生存」の原理は、人種においても、宗教においても、何においても優れたものが勝ち残るとする「優生進化論」であり、国家＝社会の有機体論に立ち、優れた国家が勝ち残り、やがては世界連邦が形成されるという展望も説いていた。

要するに加藤弘之は、ダーウィンもヘッケルも生かじりのまま、キリスト教信仰をおおもとにする天賦人権論から、神の存在も、エネルギー保存則も、実験室で実証されていないものは信じるにたりないとするスペンサー流の「不可知論」と社会進化論に乗り換えたのである。

この加藤の『人権新説』に、イギリスで自然科学や法学などを広く学んで帰ってきた馬場辰猪が「天賦人権」を押し立て、食ってかかった。馬場辰猪は、路線上の対立から板垣退助と袂を分かち、『自由新聞』社から追いだされたばかりだった。スペンサー思想を巡る対立が根にあったと推測される。

馬場辰猪の演説「読加藤弘之君人権新説」（一八八二年一一月一一日）は、加藤弘之『人権新説』は自然科学の法則性が唯一絶対の普遍的な真理とすることに対して、馬場辰猪は仮説を立てて実証するのが学者の精神であり、進化論も仮説からはじまったもの、仮説を妄想と切りすてるのは学者のとるべき態度ではないと説く。そして、加藤弘之の西洋知識の杜撰さをさまざまについてゆく。進化論については、加藤弘之が「適者生存」にも「良正」のものと「不良正」のものがあると述べたり、ヨーロッパに比べて日本社会の遅れを極端に述べたりすることのご都合主義を暴いて、徹底的に論駁する。

このなかで馬場辰猪は、世界の根本を〈太陽の力〉に代表される〈自然力〉としている。〈自然力〉は、自然エネルギーの意味でよいだろう。ここにはエネルギー概念が受け止められてゆく過程も覗いている。

ただし、その説明には、理学にいう「元素無尽」の説――元素は変化しないもの、独立して永存するものであるという一九世紀に支配的な化学観――も援用されているので、一元論ではない。馬場辰猪の考えは、エネルギー一元論と元素の恒久性をあわせた「自然力」を根源に置き、それを「天」と称して「自然権」を展開するものだった。「自然の法則」に依拠する点では変わりなくとも、当代の科学知識が加藤弘之よりはるかに正確だった。

生物進化論の受容

加藤弘之『人権新説』は大きな論議をひきおこし、瞬く間に版をかさねた。あるいは、その論議がダーウィニズム流行の引き金として働いたかもしれない。

ダーウィンの思想は、ヨーロッパやアメリカにおいて、「人獣同祖」説としてキリスト教思想と激しい軋轢をおこした。だが、古代より、世界の外部に立つ絶対神の観念をもたず、「天地自然」や、世界の根源から湧いて出るかのような神がみや仏たちを崇める風習をもち、神・儒・仏・道が併存し、民間信仰とあわせて、それらが対立や習合をくりかえしてきた日本においては、西洋近代科学＝技術への志向が高まるなかで、格別な障壁に立ちふさがれることなく、ヨーロッパやアメリカ、またイスラーム圏よりも、はるかに広範に受けいれられていった。この進化論の日本の知識層への浸透の強さとその受容のしかたは、その後の自然観や世界観・人間観の全般に日本的な刻印を押すことになった。

この時期の進化論受容は、東京大学に招かれ、大森貝塚の発見者として知られるアメリカの動物学者、エドワード・シルヴェスター・モースの講義などにより一八七九年ころから本格化したといわれる。当時、生物進化論が他の自然科学より群を抜いて関心を集めたこと、にもかかわらず、ダーウィニズムが科学思想としてよりも人生論や社会論として広く流布したことが指摘されてきた。実際、その通りだが、ヨーロッパでは人獣同祖論が反発を受けたのに対して、日本でも、全く反撥がなかったわけではない。

洋学齧つて眼鏡ごしに人を睥睨《にらみ》付け、天晴ダーウィンと兄弟分の様な顔してハックスレーを朋友と吹聴せぬばかりは殊勝な男

作家、幸田露伴が、ごく初期に手がけた短編連作で、「和合楽」（一八九〇）と題して種々の「和合」を面白おかしく繰りひろげる教訓譚のパロディ・シリーズのうち、「師弟和合」の一節である。この一文は、生物進化論ブームに染まっていないことをもって主人公をほめあげている。当時のブームの様子と、それを醒めた眼で眺める人もいたことを示す好例といえよう。だが、そこではその理由は説かれていない。露伴の西洋科学＝技術についての素養が一般とは異なることはのちに述べるが、それとかかわりなく、儒学にいう「霊長」たる人間は「天地と三たり」の命題は江戸中後期の町人層にも広がっていた。どうしてサルと同類なものか、という反撥もあっておかしくはなかったのである。それにもかかわらず、生物進化論は拡がった。

『種の起源』では、まず品種改良が「人為選択」（artificial selection）として示され、それが自然にも起こることを「自然選択」と述べてゆく。日本では金魚や斑入り朝顔の品種改良が都市の町人たちにもよく知られていた。また動物園でしかサルの見られないヨーロッパと異なり、日本ではサルは賢い動物として人びとに馴染みがあったことは、人獣同祖説が受け入れやすかった条件に数えられよう。だが、何といっても江戸時代から続く博物学趣味の拡がりがあり、学生層には、明治前期に「窮理学」

ブームがあり、科学の学説を「天理」として受けとる科学信仰とでもいうべき傾向が拡がっていたことを考慮すべきだろう。

第二次世界大戦後の科学史家は、進化論が科学としてより人生論や社会論として拡がったことの理由として、モースが比喩を用いてわかりやすく説いたことやモースの講義筆記を石川千代松が『動物進化論』（一八八三）として訳出し、ダーウィンの『種の起源』の翻訳は一八九六年、立花銑三郎訳『生物始源』（一名『種源論』）を待たなければならなかったことなどをあげるが、当時の中学生以上の英語力があれば、ダーウィンやハクスリーの英語は読みこなせる。それらは学校の図書館にも、書生向けの貸本屋にも並んでいた。新式貸本屋、共益貸本社のカタログ（第二版、一八八七）を眺めてみると、全体の約二八％を英書部門が占め、そのうち「博物書類」一三タイトル中、『Descent of Man』（人間の祖先、一八六八）以下の八タイトルがダーウィンの著書であり、三タイトルがハクスリーのそれ。残る二タイトルは図鑑である。いかに生物進化論が知識層の関心を集めていたか、一目瞭然だろう。

そして、欧米でも生物進化論は人生論や社会論として拡がった。「最適者生存」の語はアメリカの企業家たちのあいだに、激しい競争社会に対する怖れをこめて用いられていたことは今日、定説だろう。[7] つまり、ダーウィニズムは国際的にスペンサーの社会進化論、ないしは、それに近い社会ダーウィニズムとともに拡がったのである。

加藤弘之は一八三六年の生まれ。馬場辰猪は一八五〇年生まれで、ほぼ一まわりちがう。馬場辰猪より二歳下で、大隈重信を助けて東京専門学校（のち、早稲田大学）の創立に尽力した法学者・小野梓《あずさ》の「教育論」（一八八四）を覗いておこう。一八八〇年、自由民権運動の学校教育への波及をおそれた政府が、「知育」偏重に対して「徳育」を重視せよ、という掛け声を発し、改正「教育令」により、修身科を首位教科とし、日本的儒教にもとづく天皇崇拝を柱に修身教科書の編纂、発行を行ったとき、小野梓は強く反発して、〈徳義の教育ハ是智育の一部分〉にすぎないと論じた。この知育主義は、専門的な知識や特定の職業に限られやすい人間の精神を、学問、芸術、宗教などに広く接して豊かに発達させ、全体的、調和的人間になることを目ざすヨーロッパの人文主義の精神に立つものではない。むしろ北宋の程伊川が唱えた「聖人学んで至る可し」——学問をもって聖人に達する——という考えに近いように思われる。

彼の「教育論」（一八八四）は、しかし、やや方向がちがう。まず文明は〈競争の効用〉だという。〈唯夫《ただそれ》教育は競争の力を養うを以つて其の目的とす〉と。この競争には、「人」とのそれ、「天然」とのそれ、「己《おのれ》の悪心」ないしは「邪心」とのそれの三種類あるという。第一の「人」との競争、すなわち社会的競争だが、小野梓はイギリスの功利主義を学んだ人。生物の生存闘争原理、「最適者生存」を社会に転用したスペンサーの社会進化論の影を見てよいだろう。ただ、「自然との競争」という表現は、ダーウィン『種の起源』があげる四つの生存闘争（struggle for existence）、すなわち環境との闘争、異種の個体間の闘争（ウサギとオオカミ）、異種の個体間の競争（ウサギを追うオオカミとキツネ）、同種の個体（メスをめぐるオス同士）間の闘争のうち、最初のそれを参照したものかもしれない。ダーウィン『種の起源』の場合は、激しい環境変化に耐え抜いて生き残った古生物を例示しているが、今日の総合進化論では、主に環境への適用（adaption）の意味で用いられる。

第二の「天然」との競争は、自然を改造し、文明を発展させることをいう。まるで江戸時代の「開物」思想が自然征服観に転じたようだ。三つ目の「己の悪心」ないしは「邪心」との競争は、克己心の養成のことで、これは教育論に普通のことだろう。

小野梓「教育論」より、一〇年ほどのち、北村透谷「明治文学管見」（一八九三年四月）は〈人間の種族は生存を競うの外に活動を起こすこと稀なり〉と述べ、「国民と思想」（同年七月）では何のことわりもなく、〈生存競争の国際的関係〉ということばを用いている。彼もまた生物進化論を生物個体のそれではなく、種や国家間の生存闘争の原理として受けとめた一人だった。それが日本における進化論受容の特徴の一つである。そして、透谷は、それに勝ち抜くには〈国民の生気〉を新たにつくりあげなければならないという。〈国民の元気〉の章は、それは〈一朝一夕に於て転移すべきものにあらず。其の源泉は隠れて深山幽谷の中にあり、之を索むれば更に深く地層の下にあり〉とはじまる。透谷は、すでに「内部生命論」（同年五月）を前後し、完全にキリスト教を離れ、エマソン流の超越的なスピリチュアリズムに乗り移り、さらにスピリッツを「生命」に置き換えていた。

エマソンはエッセイ「大霊」で、〈ある見知らぬエナジー〉（some alien energy）から幻影（the visions）が運ばれてくると述べている。透谷はスピリチュアル・エナジーを「元気」で受け止めたと考えてよい。だが、それはナショナリズムに染め上げられている。

そののちの「万物の声と詩人」（同年一〇月）には〈渠《かれ》を支配する引力の法は、即ち我を支配する引力の法なり。渠を支配する生命の法は、即ち我を支配する生命の法なり。渠と我との間に「自然」の前に立ちて甚《はなはだし》き相違あることなし。法は一なり。法に順うものとの関係も亦一なり〉とある。〈渠〉は宇宙。〈引力の法〉は「万有引力」。〈生命の法〉は集団間の生存闘争による進化論。これらと自然科学の法則と「元気」との折り合いをどうつけたのかは定かではない。北村透谷は翌一八九四年にエマソンについて論じた『エマルソン』を民友社から刊行、そこではエマソンの思想の根本を〈唯心的神秘的の哲理〉と端的に示し、それを〈吾人の上に臨める福音〉と述べている。その刊行を見て間もなく、自ら命を絶った。

家族国家論

帝国憲法公布のころ、帝国大学総長に就任した加藤弘之は、講演「国家生存の最大基礎に就て東西両洋の比較研究」（一八九〇、『加藤弘之講演全集』一九〇〇所収）は、立憲君主政体が当代日本にふさわしいことをいうために、〈皇室は臣民の宗家〉を掲げ、古代に族長のような位置にあった天皇の権力が徐々に下に降ろされてきたのが日本の国体であり、それを「進化」と説く。生物進化論と国家の発展段階とを安直に結びつけている。

「殉国の義」（同年）では〈忠孝一本、万邦無比の国体〉を説きはじめる。「忠」も「孝」も〈あるいは「臣民は王の赤子」という考えも〉、もとは中国にあった考えだが、易姓革命によって王朝が交代してきた中国とちがって、日本は一貫して一大家族、君主に対する忠と親に対する孝が矛盾しない（はず）というもの。江戸時代の山鹿素行が『中朝事実』（一六六九）で、中国と日本の歴史を比較し、「易姓革命は結局、臣が君を倒すことで、中国は中華の名に値しない。建国以来万世一系の日本こそ中華である」という意味のことを唱え、儒者のあいだに拡がっていたものである。そこで素行は〈天地創造の時代から最初の人皇登場までにおよそ二〇〇万年が経ち、最初の人皇から今日までに二三〇〇年が経ったにもかかわらず……皇統は一度も変わらなかった〉と述べている。

だが、加藤弘之が、この「進化」を古来の日本のあり方と説くのは、一八七二年、維新政府が、「人皇」とされている神武天皇の即位をもって日本の建国としたことを承けてのことだ。『日本書紀』は、ヤマト朝廷が律令制を整える際に、神代からの王権の正統性を示すために神話を編成したもので、神武以降の天皇にも存在したかどうか疑わしい名前と寿命が続く。今日、その虚構性を疑う専門家はいない。

そののち、一八八〇年、自由民権運動の学校教育への波及をおそれた政府が、「知育」偏重に対して「徳育」を重視せよ、という掛け声を発し、改正「教育令」により、修身科を尋常小学校の首位教科とし、皇室崇拝と日本的儒教を中心にすえて修身教科書の編纂、発行を行った。これに対して、民権派は「宗教教育の禁止」に反すると反発、政府・文部省は「神道は皇室の祖先崇拝であり、宗教ではない」という見解を発して乗り切っていった。* 加藤弘之は、それよりも一歩進んで、神道は「国民の祖先崇拝」へ転じたのである。これもそれまでに一度も唱えられたことはないものだった。

＊祖先崇拝は、世界のどこにも普遍的に認められ、民間信仰には、その色彩の強いものが多いが、祖先崇拝をもって柱にする宗教はなく、多くの宗教は、それをいわば黙認するかたちをとる。ところが、仏教は中国に入ったとき、祖先崇拝と結びつくことでひろがった。日本でも古代に皇室の祖先崇拝と結びついて展開し、中世には、民間の祖先崇拝との結びつきを強め、徳川幕府が檀家制度をとったため、各家の祖先崇拝のための宗教になった。儒学では、朱熹が『朱子語類』で各家の祖先崇拝を整えることをいい、明代から民間に浸透して祖先崇拝と結びついていったと考えられる。加藤弘之の天皇制すなわち族長政治の延長説には、帝国大学文科大学教授、久米邦武が「神道ハ祭天ノ古俗」（『史学雑誌』一八九二年一月号）で提出した、三種の神器を祀る天皇制は古代祭政一致政治の延長説を受けたところもあろう。その論文は、一八九二年、洋学派の田口卯吉が主宰する雑誌『史海』に転載した際、田口が挑発的な文章を添えたため、神道家の怒りを買い、久米邦武が辞職に追い込まれた。神道の原始性をいうか、長い歴史を誇るか、価値観により意見が別れていたが、加藤弘之は新たな「伝統」論を発明したのである。

ヤマト王権が正史として編んだ『日本書紀』巻第一〈神代〉には、また〈神武天皇紀〉以降も、皇室が祖先神とするアマテラスオオミカミの直系の天から下ったとする天ツ神と、諸国に散在する国ツ神を祖先神とする部族間のさまざまな角逐があちこちに刻まれている。平安初期に嵯峨天皇の命で編まれた『新撰姓氏録』（八一五）は、近畿地方の氏族構成をまとめたものだが、神武天皇の建国に従い、そののち皇室から別れた氏族（皇別）、それ以前から日本に居住していた氏族（神別）、その後に渡来した氏族（諸蕃）の三つに分類している。それぞれ、ごく大雑把にいえば三分の一ずつの割合である。「皇別」を一つの大きな部族集団と見なすとしても、残り三分の二の氏族は同族関係でなかったことを明確に示している。

加藤弘之の家族国家論は、ヤマト王権の神話とも、その氏族構成とも合致しない。つまりは、近代国民国家の形成にあわせた「伝統の発明」の典型である。さらには帝国大学憲法学教授、穂積八束によって、日本民族が「血統団体」であるとうたう『国民教育愛国心』（一八九七）も出され、修身の副読本のように用いられていった。冒頭、〈我が日本民族の固有の体制は血統団体たり。……吾人の祖先は即ち恐《おそれおお》くも我が天祖なり。天祖は国民の祖にして、皇室は国民の宗家たり〉と説いている。ただし、日本は新しく領土とした台湾の異民族にも、日本国籍を与える方策をとっており、この「血統団体」という考えは彼らを抱えこむのには適していないという理由を掲げて、哲学者の大西祝《はじめ》は反対論を出していた。このように一九世紀末から二〇世紀初頭にかけて、二〇世紀前半の日本の命運を決定するような思想が胚胎していた。

その前年には、一八九三年より日本で最初の社会学の講座を担当していた東京帝国大学文科大学教授、外山正一の哲学会における講演原稿をまとめた「人生の目的に関する我信界」（一八九六）が『哲学雑誌』に掲載された。イギリスのベンジャミン・キッド『社会進化論』（一八九四）を取りあげ、個人と社会の利害対立を超えるものとして宗教による制裁を説いていると政教分離の原則から批判し、国家、社会、自己の一体化がなしうる〈没自的な精神〉を日本人の特性として論じた。ベンジャミン・キッドの主張は、社会有機体論と社会進化論に立ち、集団維持のための自己犠牲をいとわない個人が多いほど集団間の生き残りに勝ちうる優れた集団とする原理を掲げ、最大多数の最大幸福を説く功利主義、社会主義、個人主義を批判する論陣を張る。スペンサーが最適者生存の原理を知ることによって利己心のほかに愛他心が生まれると説くのに対して、プロテスタンティズムによる愛他精神の涵養をもって、大英帝国の海外植民地政策の指針とするものだった。国内では階級闘争、国外では植民地独立運動が盛んになる情勢に対して、帝国本国の団結の指針を打ち出したものである。

それに対して、外山正一は、同じく社会有機体論に立つが、個人の死生は集団永続のための新陳代謝であり、人生すなわち人間性の〈仮相〉にすぎず、集団の死生こそが〈真相〉であると説いている。当時、日清戦争勝利の文明論的総括論議が盛んで、内容はまちまちでも近代化の成功にその原因を求める傾向が強かったのに対して、自己犠牲の精神を日本人の民族性の美点とする日本民族全体主義の極致ともいうべき主張が登場していた。

そののち、ドイツに留学し、動物学、とくに発生学で著名なアウグスト・ヴァイスマンに師事して、自然科学の仮説と実証を身に着けて帰った丘浅次郎が一九〇四年に、一般向けの『進化論講話』を刊行する。ダーウィンの観察にもとづく帰納法的な思考法を強調し、仮説を絶対視してはならないことなど自然科学の精神をよく説いているが、全体の基調は、仏教にいう「諸行無常」に立ち、生存闘争原理は国家や人種間、信仰や倫理にも及ぶといい、滅亡に向かう進化論である。ダーウィンのいう「進化」(evolution) は、退化や種の滅亡も含む漸進的変化をいうので、滅亡に向かう進化論があってもよいが、生物学上、一つの種である人類のあいだに「人種」を認めるのは、逸脱といわざるをえない。そこには、全体主義の倫理も覗いている。

団体生活を営む動物では、一個体の行為が全団体の滅亡を起す場合が最高度の悪で、一身を犠牲に供して全団体の危機を救ふことは善の理想的規範である。

丘浅次郎は、犠牲者を多く出したことで国際的にも知られた日露戦争終結に際して『中央公論』(一九〇五年一〇月号) に寄稿した「人類の生存競争」では、国家間の戦争を動物の〈団体と団体との競争〉にたとえ、〈全く猛獣同士の競争と異なることがない〉と非難している。猛獣同士が、集団と集団で闘うことなどありえない。人間は猛獣にも劣るというべきところではないか。

北村透谷は東京の築地に外国人居留地をもち、朝鮮半島情勢をめぐって緊張が高まっていたときに、先にあげた外山正一「人生の目的に関する我信界」は、日清戦争勝利ののちに、そして丘浅次郎は日露戦争が終結したときにと、それぞれことなる時代相を背景としているが、いずれも国家間に食うか食われるかの闘争が繰りひろげられていた国際情勢を映したものだった。日本における進化論受容の最大の特徴は、ここにあった。

二、自然志向の展開

宮崎湖処子『帰省』

帝国憲法発布の一八九〇年、宮崎湖処子が久しぶりに郷里へ帰り、その様子を綴った『帰省』は、徳富蘇峰の絶賛つきで民友社から刊行され、ベストセラーになった。徳富蘇峰はいう。〈帝国憲法は発布せられぬ。然れども彼等は明年の代議員が、此の不如意の世界如意の時世に変わらしむことを思わざるなり。新町村制の為に村長の競争は激しかりき、然れ共無事の日多き此里に、彼等は長君の誰彼を問わざりしなり〉と。中央の政治に無関心、地方政治の影響もたいしてはたらかない田舎の人びとの様子を書き、また、維新以来の士族の農民化、農民が養蚕という新しい産業を得たのはよいが、現金を手にし、驕奢に傾き、没落するものもかなり出るなど、維新以来の郷里の変貌ぶりをよく刻んで、著者は、それを農村の「都会化」の進行と見ている。

『帰省』は、福岡県の田舎から東京に出て六年、勉学を終えてある地位を得た青年が、父親の命日に帰郷した折の見聞と心懐を時系列にそって九つの断章に並べる。各断章、冒頭に陶淵明の漢詩を掲げ、故郷の山河、田園の情景を漢詩に馴染んだ筆で描写してゆく。

湖処子は、陶淵明の隠遁生活をうたった詩を読みなれた眼で、ワーズワースがイギリス湖畔地帯で暮らす日々に出会う感興を綴る詩に親しんでいた。そして『帰省』のなかに浦島太郎と並べて、長い年月を経て故郷に帰ることのたとえにリップヴァン・ウィンクルの伝説を用いている。湖処子は一九世紀前半のアメリカのエッセイスト、ワシントン・アーヴィングの『スケッチブック』(一八二〇)

にも目を通していたが、伝説類に関心を示すわけではない。風刺や機知を効かせてもいない。だが、誰も久しぶりに帰郷した見聞記を書くことなど試みていなかった。それほど激しい故郷の変貌に見舞われた人は国際的にも、そうはいなかったのだ。

帰郷前の故郷への思いを綴る第一〔帰思〕、帰郷の旅程を書く第二〔帰郷〕、郷里の幕末から当時にかけての変貌を書く第三〔吾郷〕、父親を中心に実家の人びとを書く第四〔吾家〕、周辺の人びとの様子を記す第五〔郷党〕、病で眼が見えなくなったままの許婚者を書く第六〔恋人〕、母親とともに山奥の母親の里を訪ねる第七〔山中〕、父親の命日の墓参を書く第八〔追懐〕、そして人びととの別れを書く第九〔離別〕。全編、懐郷の情が色濃く滲む。

とりわけ、第七〔山中〕では、緑濃い山奥の村落の暮しを「桃源郷」に見立てている。その母親の実家の主、すなわち作者の叔父にあたる人は、漢詩の掛け軸など尊重しているが、その実、文字が必要なことは妻に任せている非識字者で、知識も身につけずに暮らす者の幸福をうたう。全体が、名利を争う競争社会の都会―対―朴訥な人情に満ちた田舎、知識―対―自然という図式によって貫かれ、双方を比較している。

宮崎湖処子（本名、八重吉）は、一八六四年、福岡県に生まれ、中学を出て、一八八四年、東京専門学校（公式には一九二〇年より早稲田大学）に進学、在学中にキリスト教に入信し、開明的な立場の歴史家、田口卯吉に倣い、男女平等の恋愛観から日本における男尊女卑の恋愛史を綴った『日本情交之変遷』（晩声社、一八八七）を上梓、『帰省』で徳富蘇峰の絶賛を受け、『国民新聞』の記者となり、ワーズワースと陶淵明とを比較した『ヲルヅヲルス』（民友社、一八九三）などを上梓したのち、『国民新聞』を離れ、やがて牧師の生活に入った。

江戸中期から紀行随筆は地方の地誌と風俗の探索の色彩を強め、絵入りでこと細かくなり、また奥地の風俗紹介も盛んになっていた。北海道のアイヌの生活に人間らしさを見出し、親しんだことで知られる松浦武四郎は、明治中期まで大台ケ原など、本州の山岳紀行文を綴っている。明治前期には、漢文の山水風俗書、竹添進一郎（井々居士）『桟雲峡雨日記』三冊（一八七九）、本荘一行『近世名家遊記文鈔』三冊（一八八二）もある。つまり山水を愛でること、その詩文への親炙は江戸時代から地続きだった。

『帰省』と同じ年、こちらは小説だが、幸田露伴は人里離れた山奥で美女と一夜を過ごす怪談の傑作『縁外縁』（のち『対髑髏』一八九〇）を書いている。その前半は日光の冬山の紀行文といってよい。露伴は、ややのち、随筆「枕頭山水」（一八九三）も書いている。

そして一八九七年、民友社が『名家紀行文選』を刊行し、九九年には小島烏水『扇頭小景』田山花袋『南船北馬』、大橋乙羽『千山万水』と文芸家が着手、ほとんど山岳紀行文ラッシュの感がある。『帰省』を、この流れに置いて見ると、帰省にまつわる種々の思いが交錯するところが知的青年たちに広く受け入れられたと考えてよい。

『帰省』を、当時ものちも長く、小説として扱う向きはなかった。が、今日、小説のように扱う態度が拡がっている。もし、小説とするなら、この年、『国民之友』に掲載された森鷗外『舞姫』と並んで、日本の私小説の嚆矢としなくてはならないはずである。これは、おそらく、柳田泉「解説」（『明治文学全集57』筑摩書房、一九七〇）が、〈見聞録風〉といいながら、この作品に「詩情の高まり」を見て、〈詩化された故郷の詩化された物語〉とまとめたことが響いているらしい。湖処子がのち、実際の故郷、三奈木《みなぎ》は〈淫風の盛んな、醜悪な風俗の村落〉と語ったことにより、柳田泉は故郷が現実のものではなく、〈詩人的ロマンチシズムで純化され、浄化された故郷〉と評している。そののち、たとえば島崎藤村『家』（一九一〇）や正宗白鳥「入江のほとり」（一九一五）が、語り手の久しぶりの帰郷の思いを差し挟んでいるが、これほど情感をこめた自然描写は見られない。なお、島崎藤村『家』は、信州・馬込の旧家が解体し、都会に出た兄弟親族が冠婚葬祭のときにしか顔をあわさなくなっている状態を背景にしているのに比して、正宗白鳥「入江のほとり」は、瀬戸内海の明るい風光の海辺に暮らす大家族が集う様子を書き、その点だけとっても対照的な作風である。

『帰省』は、西洋のロマン主義の抒情を吹き込んだと評されるが、その自然観は、エホバの神の風によって季節が巡るとし、また人類の起源をアダムとイヴとする記述も見え、キリスト者のそれである。その箇所には、いかにも異質な世界観が挿入されている感がある。おそらく湖処子は、東洋の天（＝上帝）の観念とエホバとを重ねて受け取っていよう。

宮崎湖処子の『ヲルヅヲルス』は、都会を忌避し、田園に隠遁した詩を書いた共通項でワーズワースと陶淵明を比較し、ワーズワースの生活を理想的なピューリタンのように評し、陶淵明には他者を顧みる思想はないとしている。入信して間もない青年としては、いたしかたないところもあろうが、キリスト教の自然観と自然の背後に神秘を感じるワーズワースの世界とは同居しえない。詩人として活躍していた時期のワーズワースが、詩「ティンターン修道院から数マイル」（一七九八）に「万有の生命」（life of things）をうたい、「カッコウへ」（一八〇二）では、その鳴き声に自然の背後に潜む神秘を聴きとっている。それらがキリスト教から「虚しい信仰」（vain Credo）と排撃されることは覚悟の上だった。彼がキリスト教に帰るのは、最晩年のことである。また、陶淵明が農民の日常生活に即して、理想郷を書いた「桃下源記」が、己れ一人のためのものであるはずはない。

その『ヲルヅヲルス』について、柳田泉は〈陶淵明の詩は、淵明一個の詩で、その風狂は他人に関しない、おのれを忘れられれば忘れられるほどよい。ヲルヅヲルスの詩はそうはいかない。あるがままの人生自然を写しつつも、神に対する責任がある。かれが詩人として存在する以上、同じ仲間の人間仲間を浄くし、好くし、幸福にする責任がある〉といい、〈考えてみれば、これこそ実に東洋の詩と西洋の詩との分かれ目なのではないか。詩が神から来ると、西洋ではいう。東洋では個々の天才である〉とまとめている。明治期の文学全般によく通じた柳田泉にして、絶対的超越神の崇高さに感じ入るキリスト教ロマンティシズムと、自然の奥処からインスピレーションを得る神秘主義との区別もついていなかった。いや、それは明治期の精神によく馴染んでいたゆえに、というべきかもしれない。ここには、日本人の自然観を考える上で無視してはならない陥穽が口を空けている。

宮崎湖処子は、キリスト者の道を歩みながら、陶淵明の詩を土台にワーズワースに心酔していた。いかにも、明治の人らしい。けれども、明治中期の自然志向、自然愛好の底に大きくはたらいていたのは、ジャン゠ジャック・ルソーの思想ではないか。ルソーの日本への紹介は、明治前期に『社会契約論』（一七六二）の中江兆民によってなされていたが、先にふれたようにスペンサー流の社会有機体論にとって代わられていた。それとは別に、森鷗外は『告白』（*Les Confessions*、歿後の刊行）のドイツ語訳からの抄訳『懺悔記』（一八九一）を雑誌掲載した。だが、ルソーの名は、『社会契約論』がフランス革命にはたした役割とともに、次第に「自然に帰れ」という標語によって語られることが多くなってゆく。木下尚江が自分が社会主義者になった理由を明かす『懺悔』（一八九七）の、ある一章を突然、「自然に帰れ」という叫びで結んでいる。

「自然に帰れ」はジャン゠ジャック・ルソー『人間不平等起源論』（一七五五）で、原始的個人に平等を想定していることから呼び出された標語だが、それが人口に膾炙しすぎたため、そのすぐあとに〈原始状態へは戻れない〉と述べていることが逆に強調されるきらいがある。『社会契約論』には〈初期のローマ人が田園生活を愛好していたことはよく知られている〉、〈彼は耕作と軍務とを自由に結びつけ、技術、手工業、陰謀、財産、奴隷制を、いわば都市へ追放したのである。／その結果、ローマの有名な人物は、ことごとく田園に住んで、土地を耕していたので、人々は、共和国の支柱となる人物を、田園にしか求めないのが習わしとなった〉とある。[8] ルソー『告白』（一七八二、歿後の刊行）にも、都市‐対‐農村の対比が彼の思想には強く根づいていたのは確かである。[9] 田舎暮らしの気楽さと享楽を称える箇所は多い。産業革命の足音を聞くか聞かないうちに、都市‐対‐農村の対比が彼の思想には強く根づいていたのは確かである。

一九世紀ヨーロッパの自然志向は、博物学（natural history）の高揚に向かった。とりわけ産業革命の進展に伴う森林伐採など環境破壊の進展に対して、自然環境全体への科学的関心が高まり、それゆえ科学志向も「自然主義」（naturalism）と呼ばれる。イポリット・テーヌの実証科学への志向の波に便乗したエミール・ゾラもエッセイ「実験小説」（一八八〇）で「自然主義」を名のった。自然科学が台頭すれば、キリスト教も巻き返しに出る。だが、イギリスやアメリカの知識層には、神が六日間で世界を創造したことやノアの箱舟の話は、いわば神話として扱い、自然の背後に、その創造者である絶対的超越神の存在を認める自然神論が高まっていた。二〇世紀への転換にかけては、キリスト教普遍主義に対して、文化ナショナリズムが高まり、多神教の民族宗教や伝説が喜ばれ、スピリチュアリズムも拡がる。宗教・科学・芸術の絡まりは、いよいよ錯雑としてゆく。その動きを受け取る日本の知識人には、その上、さまざまな伝統観念がはたらく。自然志向も錯綜してゆかざるをえない。

志賀重昂『日本風景論』

志賀重昂は、民友社とともに鋭く政府批判を展開した「国粋保存主義」を名のる正教社の論客。維新期に佐幕方についた岡崎藩の藩儒の長男に生まれ、東京大学予備門から札幌農学校に転じ（五期生）、卒業後は職を転々、海軍兵学校の練習船・筑波に乗って南洋諸島を見てまわり、帝国主義支配が植民地の景観を破壊することに対して『南洋時事』（一八八七）で警鐘を鳴らして、東京専門学校の地理学者として注目を集めていた。その彼が日清戦争期のナショナリズムの高揚のただなかに送り出した『日本風景論』は、たちまちベストセラーになった。その年一二月に再版、翌年三月に三版を重ねているという。[10] エディションを変えるごとに表紙を変え、内容を補綴し、とくに三版まではかなりの改稿があるという。一八九六年、八版で販元を替え、一九〇三年、一五版でも販元と定価を五〇銭から九〇銭に変えた。クロース装（二種）を刊行して終わっている。

地質学の知識と日本古典の詩文を取り混ぜ、日本の気候、海流、動植物が変化に富み、水蒸気の多い多様な景観をつくっていること、その風景美が朝鮮、支那に勝ると称賛し、ことに火山の活動が活発なこと、火山岩が雄壮な風景をつくっていることを力説する。

文章は明治期普通文の名調子で知られる。当時の普通文は、漢文書き下し体から漢語や返り読みを減らしたものをいうが、漢文調のリズムを残している。刊行後すぐに、博文館『少年世界』(一八九五年一〇月後半号)は「文壇の三名士」として徳富蘇峰、正教社の三宅雪嶺とともに志賀重昂の名をあげている。当時は「論壇」と「文壇」を分けていない。分けるようになるのは、言語芸術を意味する狭い意味の「文学」が広く定着する一九一〇年前後から。

引用されている詩歌、文章、図版には江戸時代のものが多い。江戸中期から地方の風物の探索が盛んになっていたから材料は豊富にある。『日本風景論』について、その科学性と伝統的知識との関係は、それを評価する人の教養によって、相当の開きが見える。志賀重昂の水蒸気の礼賛は、儒学系にいう宇宙に漲る「気」、とくに『孟子』にいう「浩然の気」が集まるゆえに日本は神国であるとうたった幕末、水戸藩の藩儒、藤田東湖の漢詩「和文天祥正気歌」(文天祥正気歌に和す)の冒頭を彷彿とさせる。

天地正大の気、粋然として神州に鍾《あつま》る。秀でては　不二の嶽となり、巍巍《ぎぎ》として、千秋に聳《そび》ゆ。
注ぎては大瀛《だいえい》の水となり、洋洋として八洲を環《めぐ》る。
(天地正大気、粋然鍾神州。秀為不二嶽、巍巍聳千秋。注為大瀛水、洋洋環八洲。)

〈粋然〉は純粋なさま。〈不二〉は富士。〈大瀛〉は大海。この漢詩も、そしてこれが和している南宋の文天祥が元軍に捕らえられ、獄中でつくったという「正気歌」も、当時の知識人たちの教養の範囲だった。その冒頭も引いておく。

天地に正気有り、雑然として流形を賦《う》く。下りては則ち河嶽と為り、上りては則ち日星と為る。人に於ては浩然と曰い、沛乎として蒼冥に塞《み》つ。
（天地有正気　雑然賦流形　下則為河嶽　上則為日星　於人曰浩然　沛乎塞蒼冥）

『日本風景論』の〔一二〕日本の火山『名山』の標準〉では、まず、春日潜庵《かすがせんあん》という明治初期の陽明学者の言より、〈能《よ》く大極の妙を悟り、胸中に造化を融会する〉を引き、〈人性を点化し、高邁にし、神聖にするもの実に山岳に過ぐるなく〉云々という。この〈胸中に造化を融会する〉は、天地自然を混融会得するという意味で、陽明学では胸中に全宇宙を納めるといった。「点化」は新たにすること。山岳を胸のなかに呑みこむことによって高邁にして神聖な人格を得ようというのである。そして、この条は、のちにこう受けられている。〈人間に在りて自然の大活力を認識せんと欲せば、之れを看破するに過ぐるなしとす、請う往きて火山に登臨せんか〉。▼11

〈活力〉はエネルギーの訳語。「浩然の気」が「自然のエネルギー」に翻訳され、自然の偉大なエネルギーが活発に活動しているのを認識したいと思うなら、火山に登ってそれに接するのが一番というのだ。自然のエネルギーが活発に現れているからこそ、日本の風景は素晴らしい。度重なる火山活動の被害を憂うるより、そのエネルギーを我が物にせよ、と勇ましい。環境決定論に立ち、「自然のエネルギー」が日本列島に満ちていること、その〈男性的〉な美をうたうことで、国民の活発さを論じているのが最大の特徴である。志賀重昂は「自然のエネルギー」という科学知識をもって、戦時のナショナリズムの高揚に与する姿勢を示していたのである。これがいわれてこなかったのが、むしろ不思議である。ナショナリズムを鼓吹しても、徳川譜代の藩儒の子は天皇崇拝をうたわない。

しばしば『日本風景論』には科学知識に誤りがあるといわれるが、ディテールはともかく、日本に火山が多いことをもって風景美が朝鮮、支那に勝る▼12というのは、地理学者としては勇み足が過ぎる。中国にも巨大火山地帯は多いし、朝鮮と中国の国境をつくる白頭山（中国では長白山）は、標高二七〇〇メートルの巨大な火山で、一六〇〇年ころの大噴火は記録に残っている。ただし、専門家の調査は行われていなかった。本格的な調査を最初に行ったのは、一九三四年に今西錦司を隊長に京都帝大白頭山遠征隊が編成され、日本で初めて未調査地の観測や採集を伴う組織的探検が朝鮮側から、しかも冬季に行われた。翌年、一月七日に最高峰の登頂に成功した。

今日、『日本風景論』には、チェンバレンとW・H・メーソンの共著『*Handbook for Travellers in Japan*』（John Murray, 1894）（アーネスト・サトウ『*Handbook for Japan in Central & North- ern Japan*』1884の改訂版）やジョン・ラバック『自然美とわれわれの棲む世界の驚異』（一八九二）などからの孫引きが指摘されている。

そして〈登山の気風を興作すべし〉などの章を設け、若者を登山に誘っている。本人は山歩きを好んでしていたわけではないという。横浜山の手教会牧師、ウォルター・ウェストンらによってアルピニズムが導入され、その機運を先取りするものだった。翌年、ウェストンの『日本アルプス　登山と探検』（一八九六）がイギリスで刊行される。

実際、『日本風景論』は、日本人登山家たちを育てる役割を果たした。一九〇五年に山岳会が創設され、翌年、機関誌『山岳』が創刊される。その創立メンバーでもあり、山岳紀行文に活躍する小島烏《う》水《すい》らが『日本風景論』に感激したことを回想している。彼らは、のち、志賀重昂を日本山岳会の名誉会員にした。

アルピニズムは、博物学にも及んだ。植物目録や三好学・牧野富太郎共編の『日本高山植物図譜』二巻（一九〇七、〇九）が出て、地方の庄屋層の子弟の植物採集と標本づくりが本格化する。昆虫採集はそれを追いかけるかたちだった。鳥羽源蔵『昆虫標本製作法』（一八九八）がその啓蒙書だった（第三章〔二つの理学〕)。

ラスキンの受容へ

『日本風景論』の書評で、地理学者でもあった内村鑑三は志賀重昂を「日本のラスキン」と称したが、[13] ヨーロッパのアルプスの美をうたい〈美を自然に読む〉眼を文明世界に開いた人として、また自然を科学する目をあわせもつ人として、ラスキンと志賀重昂に共通点を見たのである。札幌農学校の後輩ということも手伝っていたかもしれない。そして内村鑑三のその書評は、日本の作家たちのあいだにラスキン・ブームが起こる一つのきっかけになったかもしれない。

ジョン・ラスキンが自然美を謳歌した『近代画家論』〔第一巻〕(一九四三)は、二〇世紀への転換期の日本にかなりの影響を与えた。とりわけジョゼフ・ターナーの画面いっぱいにいわば神秘的な趣をたたえた空をひろげる絵画において、巻雲などは高層に、うろこ雲などは中層に、雨雲などは低層にと三層(ある部分では五層)に分けて観察されていることなど、自然科学的な「真実」(truth)を求める態度によっていることを強調するものだった。

そのころラスキンは、キリスト教会の権威を認めず、聖書だけを信じる福音派の立場をとっていたが、次第に懐疑を強め、一八五八年にイタリアのトリノでキリスト教と決別し、『近代画家論』第五巻(一八六〇)以降は、無神論とのあいだを揺れ動いたとされている。[14] その間、自然の背後に神の力を想定する自然神論の立場から自然の美観のみならず、物質的な恩恵をも訴える文章も多く残している。彼がキリスト教信仰から離脱するに至るには、ギリシャ神話のもつ神秘性に深い関心を寄せたことを見逃すべきではないだろう。

ヨーロッパの場合、絶対的超越神を信奉する宗教が支配的であった中世を潜って、ギリシャ古典を尊重するルネッサンス運動のなかにも「自然愛好」は満ちている。科学革命の起点を一二世紀に見る科学史の見解が有力になっているが、一二世紀の北イタリアの絵画では、神に祝福された小麦畑の収穫の歓びを描く絵画などに並んで、深い森の奥にギリシャ神話のニンフたちが現れる絵画も現れる（一九九二年。ミラノ、スフォルツェスコ城企画展）。そしてイタリア・ルネッサンスのみならず、フランス・ルネッサンス美術にも、ニンフは満ちている。ことわるまでもなく、ニンフは山や川、森や谷に宿り、これらを守るギリシャ神話の精霊である。ディオニーソスの周辺にも群がり、女性の性愛の象徴にもなる。ルネッサンスをキリスト教の精神支配に対する人間性の解放とし、科学革命の起源という面を強調するなら、ヨーロッパにおける人間による自然支配の起源という見方も成り立つが、自然の神秘の復活にもはたらいたことを忘れてはなるまい。

やがてラスキンは、産業革命が一段落したのち、トマス・カーライルが人間の手足も社会の組織も経済も機械のようになってしまったことを嘆き、「機械の時代」を告発し、宇宙の普遍的な生命エネルギーの現れである人間の精神力の復活を訴えたあとをついで、建築労働者の生命力の結晶としての美を称え、オクスフォード大学の教授の地位についたまま、有用労働の価値にもとづく独自の経済学を開発しつつ、労働運動との提携を深めてゆくことになる。その弟子のなかから、自然の美を守り、民衆の生活に美をもたらすには、社会主義に進むしかないと訴えたウィリアム・モリスが出る。

カーライルより四〇歳年下で、ラスキンの弟子にあたるウィリアム・モリスは、若くして詩人として認められていたが、その後、アーツ・クラフツ運動を推進したことにより、今日では、ヴィクトリア朝期のイギリス人の趣味を一変した人物と評価されている。彼はイギリスではじめてマルクス主義者を名のった。名のりはしても、『資本論』が経済を説いたところは読んでいない、歴史について書いたところに感動したといったと伝えられる。これは、交換価値をめぐる経済学より、師・ラスキンが説いた有用価値についての経済学を尊重するという意味だったと想われる。

その彼が一八八三年、母校オクスフォード大学のラッセル・クラブで行った講演「金持ち支配下の芸術」は、自ら社会主義の道を歩んでいることを明かし、その思想の必然性を説いたことで知られる。冒頭近く、彼は、こう訴えている。

最初に、お願いしなくてはならないのは、芸術という言葉をわれわれが芸術作品として意識する絵画・彫刻や建築をこえ、すべての日常生活用品の色や形にまでひろげ、いや、それだけでなく、耕地や牧草地の管理、都市や道路などのあらゆる種類の管理に至るまで、要するに、われわれの生活をとりまく外部環境のすべての様子にまでひろげてほしいということです（引用者による訳）。

モリスは、人びとの芸術概念に変更を迫っていた。それを切り口に、社会主義運動が人びとの生活の仕方を変えることを目指すものであり、中産階級の動き方によって、その展開が変わることにもふれてゆく。そして、ここで彼のいう「外部環境」は、人間の技術と地球環境の関係にまでひろがるものだった。

近頃のわれわれを取り巻く外部環境は、いったいどうなっているのでしょう。われわれの後に続く人々に、この地球に何をしてくれたのかと訊かれたら、どんな類の説明ができるというのでしょう。われわれの先祖たちは何千年ものあいだ、争いや無頓着や利己主義を続けてきたにもかかわらず、まだ美しいまま、地球をわれわれに手渡してくれたというのに。▼15

山林保護の伝統論へ

話を志賀重昂に戻す。彼は一八九六年に政界にかかわり、翌年には松隈内閣の農商務省山林局長、九七年には第一次大隈重信内閣の外務省勅任参与官となり南鳥島の領有に尽力、秋の内閣総辞職で下野して、伊藤博文の立憲政友会に入り、二回衆議院議員に当選している。こう書くと、名士となって、体制派に転向した感がある。が、農商務省山林局長のときには内閣批判をやって懲戒免職にあってい るから反骨精神は保っていたのだろう。体制に与したことは、とくに山林局長の椅子に座ったことは、彼の視座を変えた。

志賀重昂は政界を退いたのち、政教社から『山水叢書　河及湖沢』(一九一〇)を刊行する。日本をはじめ、世界各地の河川、湖沢が文明文化に果たしてきた役割を語る。〔一〇河の破壊〕では、日本における古代からの山林保護の伝統を論じている。嵯峨天皇期の太政官府(八八一年)を引いて、日本には古代から山林保護の思想があり、水源保護のおふれが出されつづけてきたことを強調する。日本では、古代から都の造営などのために山林を伐採し、禿山をつくり、山からの急流は中流に天井川をつくり、大雨のたびに洪水の被害を繰り返してきた。庶民は水源の木の根を掘り返した。油分が多く、燃やすのによかったからだ。だからこそ、為政者たちは植林を勧め、水源保護のおふれを出しつづけてきたのである。ちなみに江戸幕府が水害防止のため初めて治山法令を発令したのは、一六六〇年四月、山城、大和、伊賀三ヵ国に対してだった。それでも大水害は跡を絶たなかった。

そして、志賀重昂は、山・川・森を治めることを国土経営の基本にすえる教えを説いた熊沢蕃山の晩年の著書『集義外書』(一六七九)を絶賛している。熊沢蕃山の岡山藩での活躍は〔第八章一節〕でふれたが、彼は新田開発を抑えた。江戸中期に新田開発が盛んになり、大洪水に見舞われる度に、儒者たちは蕃山の言を思いだしたはずだ。だが、熊沢蕃山は幕府の林羅山からは睨まれ、藩内でも立場が悪くなって、所払いにされた人である。志賀重昂のいう山林保護の伝統は、いわばそれが踏みにじられてきた伝統でもあった。なお、一八九一年六月、博文館より政治＝経済学関係の論考シリーズ「日本全書」が刊行されたが、その内に『熊沢蕃山事蹟考』が見える。

『山水叢書　河及湖沢』も再三、重版を見たといわれる。単に山岳紀行文ブームが盛んになっていたからでも、伝統の美風を懐かしむためではない。そこでは、山林の保水量など数値まで出している（その計量がどれほど正確なものなのか、今日の水準と比べる能力をわたしはもっていない）。志賀重昂が学んだ地理学は、イギリスのそれであり、産業革命により、山林伐採が進み、植林や自然保護をふくむナチュラリズム、博物学の蓄積があった。そして、早くから人文地理学への傾きも示していた。

明治日本でも、洪水被害が相次いだことは先に述べた。禿山が増え、洪水が多発した。また足尾銅山は、江戸時代に銅山としてにぎわったが、生産量が落ち、国有化されていたが、払い下げを受けた古河資本が大鉱脈を掘り当て、日本最大の銅山として輸出にも貢献、殖産興業の旗頭だった。そこから出る排気、排煙が付近の山林を枯らし、排水による汚染が渡良瀬川の中流域まで及び、魚貝類や付近の田畑にまで被害が拡がっていた。政教社は、早くから、この鉱毒問題にとりくんでいた。志賀重昂『山水叢書　河及湖沢』は、そのような現状に対して「伝統の美風」を訴えたのである。

国会議員の職を辞して鉱毒被害を訴える先頭に立った田中正造は、渡良瀬川の流域一帯の洪水被害を調査し、洪水によって下流域の土地の栄養が保障されること、河口付近の漁猟にもそれがおよぶこと、その自然循環を明らかにした（「流毒の根元を途絶し、天産を復すべし」『警世』第二号、一九一一年九月）。もちろん、鉱毒によって、それがまったく逆になったことをいうためである。田中正造の場合は、このころまで、山村をあずかる庄屋層に下流域への影響をたえず念頭におく知恵が伝承されていたことが背景にあろう。それは「自然の恵み」とともに「自然のしくみの壊れやすさ」をも、よくわきまえていた知恵である。鉱毒反対運動が栃木・茨城両県の県会議員層をふくんで展開しえたのは、その知恵が「伝統の力」として働いたからだといえよう。

殖産興業、富国強兵をスローガンにした明治政府は古河資本を守り、溜池に沈殿させ、鉱毒を中下流域に流さない方式で、事態を乗り切った。この事件の加害責任が古河鉱業にあると認められたのは、一九七四年のこと。「百年訴訟」と呼ばれる。熊本県八代湾の水俣病の加害責任がようやく旧日本窒素肥料に認められるようになった後のことだった。

ちなみに、一八九七年（明治三〇）は「百姓一揆の大流行」とまでいわれるほど多くの小作争議が勃発した。小作人たちは自己の生活と小作権を守るため組織を結成してゆく。この時期から大正期にかけての農民運動には「反資本」の旗が高く掲げられている。一口に小作争議というが、個々のケースでは、庄屋層が、どちらにつくかが決定的な役割をはたす場合を散見する。

しかし、山林破壊を抑止する「伝統」の知恵は、資本家や工場管理者には無視され、政府は、一九〇一年、官営八幡製鉄所を創設し、日露戦争後には鉄道を国営化し、重化学工業化の道を突き進んでいった。洪水に備える堤防は高くしても、自然の恵みと同時に自然のもろさをも教える伝統的な知恵は、その後の日本から失せていった。

なお、山林皆伐方式への反省は、一九二〇年代にドイツ式のナチュラリズム——針葉樹を縞状に伐採し、空き地に自然に針葉樹が育つのを待つ方式——の試行に入るが、日本の樹相では雑木が生い茂ってしまうため、なかなかうまくいかなかったという。むろん、需要は伸びる一方だったが、樺太や満洲など海外植民地があったためにパルプ材などは補給できた。間伐材の利用などに転じて、日本式ナチュラリズムが定着するのは、第二次世界大戦後のことだと、四手井綱英の名著『日本の森林—国有林を荒廃させるもの』（中公新書、一九七四、復刻版一九九九）は記している。

四手井綱英は「里山」を学術用語にし、また広める役割を果たした人だが、日本の自然環境に適応した林業方式が軌道にのったころ、日本の山林には人手が入らなくなったことは否めない。山は荒れ、また枯れ、山林荒廃が拡がった。山桜の美しい季節が終わると、緑を濃くした山には藤の花がたわわに咲き、匂う。人の腕ほどもある太さの藤蔓は、花の終わった桜の巨木に巻きついている。やがてはそれを枯れさせ、倒すに至るだろう。今日では山に竹林が広がっている。「再生可能エネルギー」の一つにバイオ・マスの果たす役割が強調されるようになり、林業の見直しが進められるようになった。

三、二つのエナジー

生命エネルギー論

日本では、民族国家間の闘争を生物進化論を基礎に論じる傾向が強かったが、エネルギー概念の受容にも著しい特徴がある。たとえば国木田独歩の小説「運命論者」（一九〇三）は〈自然界は原因結果の理法以外には働かない〉ものと信じ、人間の力以上のもの、すなわち運命をも〈自然の力〉と断じる青年を登場させている。この「自然力」は「自然エネルギー」の訳語と見てよい。だが、これを若い世代への自然科学思想、物理学の世界で台頭していたエネルギー一元論の浸透を示していると即断すべきではない。なぜなら、当時、エネルギー概念には、もう一つ、トマス・カーライルが工業革命による「機械の時代」の到来に対して宇宙に鳴り響くスピリチュアル・エナジーを突き出したことの影が射していた。

カーライルはスピリチュアル・エナジーの表れを、歴史を築いた人びとに見て、「英雄」と呼ぶ。その『英雄及び英雄崇拝』（一八四二）は、日本の二〇世紀への転換期に、幾人もの人びとが競うようにして翻訳刊行した。カーライルと親交があったアメリカの超越論哲学者、ラルフ・ウォルド・エマソンの著作にも、それは顕著にうかがえる。そして、ジョン・ラスキン『近代画家論』〔第一巻〕には、自然の背後に潜む神の力が称賛されていたが、『建築の七燈』（一八四九）では、建築美を生む労働者の「真の生命」（true life）が称賛される。

国木田独歩の読書傾向からいえば、西洋ではエマソンの著作、東洋では王陽明から受けた影響が強いと推察される。[16] つまり、宇宙に鳴りわたるスピリチュアル・エナジーの観念は伝統的な「気」の概念で受け止められ、それを発する著者の立場に立ち入ってみなければ、物理学のエネルギー一元論と区別のつかないような「自然力」の語が実は飛び交っていた。

伝統的な「気」と自然科学のエネルギーとの折り合いに工夫した人もいる。明六社の結成に加わり、他方で漢学者の集まりである洋々社を結成し、長く文部省編輯局長として『古事類苑』の編集を建議し、また教科書の編集や教育制度の確立に尽力した西村茂樹である。彼は伊藤博文内閣による文部省改組を機に退職したのち、日清・日露の戦間期に『自識録』(一九〇〇)を記している。最初に〈宇宙間唯一ノ元気アルノミ〉と「気」一元論を打ち出し、〔第二章〕に、その「気」の内に「精」と「質」があり、「精」は〈万物ノ霊ヲ作リ〉、その〈質ハ万物ノ形ヲ作ル、形成リテ力之ニ寓ス〉という。「元気」を唯一の原理とし、その下に「精」(spirit)と「質」(matter)を置く三項の構図で、「質」が「形」をつくり、これに「力」(energy)が宿ると考えている。〔第三章〕に〈身死スル時ハ、心ハ宇宙ノ大霊ニ還リ、形ハ宇宙ノ大質ニ帰ス〉とある。[17]「身」において「霊」と「質」は統一されている。総じて、霊と質の二元論を「元気」で統一することにより、いわば唯物論と唯心論の対立の解消を図っていることがわかる。東洋思想と西洋思想を組み合わせ、新たな概念編制をつくるアイデアだが、エネルギー一元論の台頭を受け、エネルギーの概念をふたつに割り、おおもとの「元気」と形而下の「物理力」に配当している。

夏目漱石の『それから』(一九〇九)の代助が西洋文明の道を急ぐ日本を牛の真似をする蛙にたとえて、「いまに腹が裂けるよ」と述べたセリフもよく知られる。だが、「現代日本の開化」(一九一一)で漱石は〈どんなに皮相上滑りでも涙を飲んで〉従うしかないと説いていた。〈元来人間の命とか生とか称するものは〉〈活力の示現とか進行とか持続とか評するより外に致し方のないもの〉と語っている。[18]この〈活力〉がエネルギーの訳語であることは言を俟たない。のちの東京高等工業学校における講演「おはなし」(一九一四)で、この条にふれて“energy”と英語を用いている。

わたしは、このエナジーにも、トマス・カーライルの思想の影が認められると思う。イギリス一九世紀後期、中世の英雄叙事詩が関心を集めたことにも、カーライル『英雄及び英雄崇拝』（一八四一）の影は射していた。日本では、「修養」の時代を迎えた時期から、この本はブームだった。漱石はイギリス滞在中にカーライル博物館を訪ね、また「幻影の楯」（一九〇五）という英雄叙事詩の真似事を残してもいる。

　そして、先の〈持続〉には、しばしば漱石が講演で引用するベルクソン『時間と自由』（『意識に直接与えられたものについての試論』一八八九）のキイ・ワード“durée”（間断のない意識の流れ）が匂う。ベルクソンは『創造的進化』（一九〇七）で、それを精神世界と物質世界の双方の底に流れる「生命エネルギー」と呼んで、その跳躍こそが世界を創造的に進化させる原動力と説いた。だが、漱石は『創造的進化』に触れた痕跡を残していない。それゆえ、ここではベルクソンの生命エネルギーは論外に置くしかない。

　漱石が「現代日本の開化」で根本的に問うていたのは、開化が外発的か、内発的か、という問題ではなかった。どちらにせよ、従うべきことだった。漱石は人間の「活力」の発現には「義務」と「道楽」の二面があるという。ともに文明開化によって満たされるようになったはずなのに、「生存の苦痛」が減じていない。それを漱石は〈開化のパラドックス〉という。[19] それこそが漱石が問題にしたかったことだった。だが、欲望が満たされれば、さらなる欲望を生むことは、いつでもどこでも変わりない。欲望が再生産されれば、満たされない欲望に苦しむことになることも同じである。それを漱石はパラドックスと考えた。いわば「開化」の幻想に囚われていたことになる。漱石は、やはりカーライルの宇宙に鳴り響くエナジーの幻影を脳裡に宿していたのではないか。

　漱石が晩年、「則天去私」を座右の銘としたことはよく知られる。漢語の「私」は、元来、「我」と使い分けられ、「公」の義に対して私利私欲を意味する。中国では、そのタテマエは、いまでも変わらない。漱石は「天」の定めた道に従い、西洋から押し寄せる「生活欲」の更新の風潮から自由になろうとした。そこまではよい。それは、しかし、朱子学の「理」をぶら下げた「天」ではない。漱石が早くから馴染んでいた『老子道徳経』の、あるいは日本の「天道」思想に近いものだろう。が、それ以上、その「天」の一字を眺めていても、それが何か、わからない。わたしにだけでなく、漱石にも、よくわからなかったと思ってよいのではないか。二〇世紀の転換期を少し広くとってみても、日本の「天」は、そんな状態に置かれていた。そう思うよりない。

そのとき、「天」の道義と、エネルギーこそが〈元来人間の命とか生とか称するもの〉の根底にあるという人生観とのディレンマから、漱石の前に、自分で自分の行いに責任をとる主体という観念が転がり出た。それが「私の個人主義」(一九一四)にいう「道義上の個人主義」の意味である。同じ自裁でも、『虞美人草』(一九〇七)で、「我の女」とした藤尾を自裁させたのとは、ちがう意味が出てきた。その「天」の道義に従って自らを裁くこと。『こゝろ』(一九一四)の先生は、友人を裏切った自らを裁いた。それが漱石にとって、自らそのなかを歩いて来て辿り着いた「明治の精神」だった。

自然観の新局面

偶然のことだが、幸田露伴『努力論』(一九一二年七月)が刊行されて間もなく、明治は終焉した。瞬く間に増刷を重ね、当時のベストセラーにして昭和期を通じてロングセラーになった。修養ブームのただなか、日常細事への「気ばたらき」が肝心と説くなど修養雑誌に連載された記事に新稿を加えたもので、儒学の「日々新なり」の観念によって〈自己の革新〉を説く。そして、その努力によって〈世が進歩する〉と、儒学とはまったく無縁な社会進歩史観を披歴している。刊行に際して書きおろされた一章〈進潮退潮〉では、道教的な〈一気流行〉の観念に立ち、生存競争説は全体の一部分だけを見る人間の浅知恵とダーウィニズムを退け、太陽熱により、植物が光合成によって葉緑素をつくりだすこと、それを動物が食べ、栄養にしていることなど自然科学の知識を駆使し、すべての〈現象は本《もと》これただ力の移動の相《すがた》〉と説いて、〈宇宙の大動力〉による生々活動、その盛衰が循環する世界観が開陳されている。地球がいつ大隕石と衝突するかわからないともいうが、中国伝統思想と当代のエネルギー一元論とを組みあわせ、統合した一種のエコロジカルな思想といってよい。中国伝統の「気」の観念については〔説気山下語〕の章で〈物体の発する微分子の如きものを称すると解してさしつかえない〉と原子論的に解釈している。ただし、〈力不滅〉説、すなわちエネルギー保存則を吟味して、科学は〈圏内の説〉であること、その分野の枠内に限った真理であることを、非ユークリッド幾何学などを引きあいに出して指摘し、宇宙はその組みたてが壊れれば死滅するしかないという。だが、まだまだ活動期にあると述べて議論は落ち着く。[20] 物質にせよ、エネルギーにせよ、物理法則を表現する科学の系（システム）の差とするアインシュタインの特殊相対性理論（一九〇五）を借りたような、いや、さらに、古代人には古代人なりの真理があったと各時代の水準を歴史的に相対化し、現代から解釈する思考法が如実に示されている。

　露伴は作家を志す以前、数え一六歳の一八八二年八月、工部省電信局修技学校（本校）に入学し、三年間、電信学校に通い、多くのイギリス人教師が英語で技術の教育にあたっており、科学基礎論も習ったにちがいない。『工部省沿革』（一八八九）によれば、修技生は一八七三年に六〇〇人近くが入学。以降、毎年五、六〇名から二〇〇名を超える入学者がいる。入学といっても自費通学して、三ヵ月で振り落とされ、在校生には日給が支給された。この年は青年八〇名、幼年二〇名（一八八〇年に設置）が入学し、それぞれ一八〇名、四五名が在校している。＊ 毎年、八割が卒業している。露伴は翌年、本局で実習し、その翌年、八四年に北海道・余市の分局に勤務についた。だが、坪内逍遥『小説神髄』（一八八五〜八六）を読んで発奮し（同調したわけではない）、矢も盾もたまらず、東京に帰り、文芸の道に邁進し、尾崎紅葉と並ぶ明治の文豪の地位を築いていった。

＊大阪に小規模な分校があった。電信局修技学校は工部省の廃止に伴い、八六年に逓信省に移管され、「電

信修技学校」と改称。翌八七年に「東京電信学校」(高等専門程度、修業年限二年、徴兵猶予の特典付きで卒業後の奉職義務三年)が設置された。

なお、アインシュタインの特殊相対性理論は、発表間もなく、日本でも各界の話題となった。地球上に住むわれわれが慣性運動していることは、ガリレオの時代から分かっていたが、ニュートンは、それを組み入れるのに、それと関わりなく成り立つ、いわば形而上の時間・空間の座標系を数理上のモノサシに設定し、物体間の引力と斥力による運動を計算してみせた。それに対して、アインシュタインは光の速度を一定とするモノサシに用いることにより、慣性運動する観察主体の側がそれぞれにもつ時間・空間の成り立ちを相互に比較する方向に発想を転換した。だが、たとえば仏教雑誌では、自然科学では観察主体の位置により観測誤差が生じることと同じように扱われ、一挙に真理に到達する仏教の方が優れていると論じられたりしていた。

日本の哲学界で最も鋭い反応は、西田幾多郎が「現代の哲学」(一九一六)に、特殊相対性理論では、観察の方法が時間、空間の概念を変えていると記したことだろう。アインシュタインが一般相対性理論(一九一四～一六)を提示したのち、アメリカの物理学者、バーシー・ブリッジマンが『現代物理学の論理』(一九二七)で科学における操作主義(operationism)を提案する以前のことである。一般相対性理論では、質量が同じでも重力場のちがいにより、重さが異なること、言い換えると、物体の動かしにくさの度合いをいう慣性質料(inertial mass)と万有引力による物体の重さをいう重力質料(gravitational mass)とは、等価だが、異なる概念として示されている。つまり、定義の仕方、どのようなモノサシを用いるか(操作)が概念を決めているのだ。

二〇世紀への転換期、哲学の関心が意識のはたらきに向かい、意識を断片化することなく、その連続性においてとらえるべきことがウィリアム・ジェイムズらによっていわれはじめた。現象学では、主体の意識の外に立つことなく、意識の流れの連続性(持続)において対象をとらえるには直観によるしかないとされた。時間、空間が、どのように意識に映るかなど、西田幾多郎は、概念と方法との関連に敏感になっていたにちがいない。

ウィリアム・ジェイムズは、意識の底には「生命の流れ」があると論じていたが、論文「純粋経験の世界」（一九〇四）は、意識が対象に囚われたまま、自分は、いま、何をしているかなど、自分に帰らない状態を「純粋経験（pure experience）」（非反省的意識〔nonrefrective consciousness〕）が連想や記憶想起などに連続してゆくさまに着目し、その多様なありかたを述べたものだった。実際のところ、ウィリアム・ジェイムズが「純粋経験論」でやってみせているように、次から次へと移り変る意識をその連続するままに記述できるのは、純粋経験のさなかにおいてではなく、意識をその連続性においてとらえるように意識して回想することによってである。つまり意識の状態をそれとして把握する方法、意識に対する意識の在り方が問題になる。

意識が何かに囚われ、自分に帰らない純粋経験も、また人から自分がどう思われているか、などの自意識も、古今東西、普遍的な意識の現象だが、それらが切り分けて論じられることにより、二〇世紀の科学と芸術と宗教とにまたがる新たな地平が拓かれていった。自然観の問題としては、環境的自然と向きあう意識の在り方のさまざまが問題になってくる。技術的に変革するための対象として、自然の仕組みを分析し、それを貫く法則性を体系的につかむことや、対象に囚われたまま、うっとりと一体化してその美を鑑賞したり、その気分さながらに再現してみせたり、内面におこる歪んだ意識を対象の歪みとして画面に表現したり、などなどの方法と概念が人間の知的操作（＝技術）としてとらえかえされる時代に入ったのである。

ウィリアム・ジェイムズのいう「純粋経験」にヒントを得て、西田幾多郎は『善の研究』（一九〇七）において、外界と一体化した意識の状態を意識の本質的状態と規定し、自意識を消して全人類と一体化する境地をヒューマニズム、心の底を流れている普遍的生命と一体化する境地を宗教の本質と論じていた。のちに、それは、人間の行動と切り離して心理だけを問題にする心理主義と反省され、やがて西田幾多郎においても、行為を促すエネルギーの問題が追究されるようになってゆくが、いまは、そこまでに留めるしかない。むしろ、この概念の組み換えについての西田幾多郎の先鋭な問題意識は、戸坂潤や梯明秀、三木清ら左派系を含め、いわゆる京都学派の隅々にまで浸透していったことをいっておきたい。たとえば、生存闘争を種の進化の主要要因と説いたダーウィニズムに対して、今西錦司は生存闘争を回避し、テリトリーを分ける「棲み分け」理論を提唱した。それについても西田哲学の影響が議論されてきたが、学説の表面よりも、概念の転換という方法意識がその根幹に響いていることを考慮すべきではないかとわたしは思う。

伝統の見直しと生の息吹

日露戦争を前後して、もう一つ、自然観の新局面と呼ぶべき大きな転換が起こっていた。明治中期、地方都市の変貌は、かつての田園や自然のなかでの暮らしへの郷愁を呼び起したが、一九〇五年九月五日に各地でおこったポーツマス条約締結反対の民衆暴動の余燼がおさまると、この年の暮ころから、ジャーナリズムに「元禄風」流行を告げる記事を散見するようになる。人びとは太平楽の世を想い描き、着物に江戸小紋が流行した。それはウィリアム・モリスの唱える「生活の芸術化」の理念、またアール・ヌーボーの導入とともにあった。

江戸時代の小紋は、実のところ、ジャカルタから輸入されたジャワ更紗のデザインから生まれたものである。インドや北欧などからも集められたという。日本から注文が出されもしただろう。そう考えると、日露戦争後の江戸小紋の呼びかえしとアール・ヌーボーの導入は、その根をひとつにしていたことになる。われわれは、ここでも東西文化の交流が反復し、複合している構図を思い知らされる。

ウィリアム・モリスの思想の紹介は、堺利彦によって明治後期に先鞭が付けられていたが。彼がイギリスではじめてマルクス主義者を名乗ったことが知れていたのだろう。大逆事件以降、日本が国際連盟の常任理事国となり、抑え込んでいた社会主義思想が一定程度解禁になる一九二〇年頃まで、その名をあまり見ない。だが、その「生活の芸術化」の理念が染みとおっていった先は生命主義の思潮と相まって、ほとんど果て知らずの感がある。

一九一二年、『早稲田文学』二月号、相馬御風「生を味わう心」は〈此頃の文壇でよく生活の芸術化と云う事が云われて居る。「自己の生活そのものを芸術品とすること」が新らしい文芸の行き方であるように云われて居る。それと同時に「自分の気分のうちに此の現実を浸潤せしめ、自分の気分のままに現実を支配せんと欲する一念」が、それ等の文芸を産むもののように云われて居る〉と述べている。

実際、日露戦争後の都会の変貌は著しかった。信用第一に暖簾《のれん》を守る商売に代わって、生き馬の目を抜くような競争社会が到来した。功利主義が大手を振ってまかりとおる世になったと嘆く声が飛び交った。たとえば東京・日本橋に育った谷崎潤一郎は出世作「刺青」（一九一〇）を次のようにはじめている。〈其れはまだ人々が「愚《おろか》」と云う貴い徳を持って居て、世の中が今のように激しく軋《きし》み合わない時分であった〉と。そして、女の肌を美しく飾ることに文字通り「懸命」になり、女の犠牲になっても悔いることのない入れ墨師の〈「愚」と云う貴い徳〉を繰りひろげて見せる。享楽に打ちこみ、世の倫理秩序から脱落することをよしとするデカダンスの姿勢である。

永井荷風『日和下駄』（一九一七刊）は、一九一四年夏から一年余り『三田文学』に書きつがれたものだが、東京の地形まで変える都市開発に憤り、下町の路地裏にひそむ民衆の哀歓に美を求めたこともよく知られている。日本画家たちが、江戸の風情が残るのは、上野の不忍の池付近だけになってしまったと嘆きもした（『中央美術』一九一七年二月号、小特集「名勝地保護問題」）。

同じ頃の永井荷風の随筆「矢はずぐさ」（一九一六）には、日本の「私小説」の淵源のことが綴られてもいるが、芸妓・八重次と結婚して暮らした日々を回想し、父親の遺した江戸中後期の和文漢文の書物として館柳湾《たちりゅうわん》篇の漢詩文集『林園月令』、大枝流芳撰『雅遊漫録』、岩崎常正編録『草木育種《そうもくそだてぐさ》』、中島信義（春郊）著『庭造秘伝鈔』（築山庭造法、古今秘伝）、『日本家居秘用』（不詳）をあげ、八重次が、それらを読んで、いかに身の回りの家具や工芸品を整えたかが語られ、また家の庭木の様子を語るところがある。日本の生活芸術の豊かさを開陳しているように読める。『日和下駄』とは表裏の関係にあろう。

『日和下駄』はフランスの詩人、シャルル・ボードレールが散文詩集『パリの憂愁』（一八六九）で「貧乏人の生活のうちにこそ美がある」と述べていたことの応用といってよい。だが、前近代のうちから江戸の路地裏に三味線の音が流れていたようなことは、パリの下町にはなかった。類するものといえば、せいぜいと特定の街角で、いわゆる「ジプシー」が奏でるバイオリンの音色だろうが、ボードレールは『悪の華』（一八五七）に「ジプシー」を登場させても楽器にはふれていない。二〇世紀への転換期、パリでは、民謡調を取り入れた都会風の歌謡が流行するが、そして、日本の詩人たちはそれを敏感に受けとめたが、江戸時代のうちに、田舎の俚謡に対する俗謡や小唄が流行した日本の方が遥かに早く、実際、詩人たちはそれを土台に新民謡をつくったのだった。

*「民謡」の語は、ドイツ語「フォルクスリート」（Volksfide）の翻訳語として明治後期に上田敏や森鷗外によって用いられはじめたが、それに相当する概念は、中国語の「歌」、とりわけ『詩経』で地方の歌謡をいう「風」に発し、日本でも古代から連綿として受けつがれてきた（第六章三節を参照）。日本の場合、農村の歌謡（俚謡）が中世後期から遊郭で一定程度洗練され、「俗謡」と呼ばれ、江戸時代には都市の流行歌がそれぞれの調子により、また時期により、「小唄」（端唄もほぼ同じ）、「都都逸」などと呼び分けられるようになっていた。「俚謡」「俗謡」と「民謡」の混用は昭和戦前期を通じて続き、「民謡」に統一されるのは昭和戦後期のこと。ヨーロッパを基準に、「民謡」概念が近代の産物であるかのようにいうのは、

語彙と概念を混同した俗説である。[21]

そしてそれには、心の底から自然にわきあがる生命の発露という意味が与えられ、のちにいわゆる情操教育のもとになった。自然発生性への信頼、ないしは拝跪とでもいうべき姿勢が伴っていたのである。その考えを最も端的に示すのが、詩人・北原白秋が文部省唱歌に対抗する「童謡」の理念として述べた「童謡復興」（一九二一）である。〈子供心は洋の東西を問わぬ〉が、明治維新後の改革は〈泰西文明の外形のみを模倣するに急〉であったとして、いう。

> お陰で日本の子供は自由を失い、活気を失い、詩情を失い、その生まれた郷土のにおいさえも忘れて了《しま》った。こましゃくれて来た。偽善的な大人くさい子供になって了った。功利的になった。かなり物質的になった。不純な平俗な凡物に仕上げられて了った。五六歳まではまだそうでない。彼等が小学に通い出すようになると、殆んどが同じ一様な鋳型《いがた》にはめ込まれて、どれもこれも大人くさい皺面《しわつら》の黴《かび》の生えた頭になって了しまう。全く教育が悪いのだ。[22]

この核心にあるのは「童心」という観念である。純粋無垢な幼児の心、それこそが「未生以前」に、そして大自然の根源につながる通路とされている。このように天より与えられた「性命」の無垢の現れを示すものとして「童心」という語を用いたのは、中国・明末の思想家、李卓吾をおいてほかにない。幕末には牢獄のなかで吉田松陰が親しみ、明治期では官吏をやめて一八八九年、新聞『日本』を創刊した陸羯南《くがかつなん》が、その思想の革新性を称揚したのが知れるくらいだが、日清、日露の両戦間期から修養ブームのなかで陽明学が復活し、李卓吾の思想もかなり知られるようになっていたと推察される。

詩人の叡知はその研ぎ澄ました感覚を通じて万象の生命、その個々の真の本質を一に直観する。

真にその生命の光焔《こうえん》を直観し得る詩人でなければ真に傑《すぐ》れた詩人とはいえないであろう。▼23

白秋「童謡私観」（一九二六）の一節である。天真爛漫、原始的素朴、単純、そして肉体的官能性こそが、いわば「生命」の本来の姿として考えられている。それゆえ子供の「遊びの炎」のなかにこそ、生命の本源の姿があるとされる。このようなプリミティヴィズムが児童のための良質な芸術創出を旗印にした鈴木三重吉の『赤い鳥』などの活動を支えていた。

その『赤い鳥』の創刊二年目にあたる一九一八年から童話「お月様の唄」を連載したのは、豊島与志雄である。お城から抜け出した王子が、白樫《しろかし》の森が切り倒され、畑にされてゆくのを目にし、彼が母のように慕う森の精の化身は、文明の自然破壊に対して警告を語る。豊島与志雄はまた、キツネやタヌキ、サルなど野生の生き物や悪魔や天狗などが人間と心を通わす童話の数かずを重ねた。芥川龍之介、菊池寛、有島武郎、北原白秋らが活躍した『赤い鳥』にあっては、むしろ異色である。のちに「ごん狐」（一九三二）などで知られる新美南吉らが登場する基盤を開拓したのは、『赤い鳥』に限っていえば豊島与志雄だった。

『赤い鳥』の洗練されたハイカラ趣味の裏には、科学＝技術による物質文明の発展に国家の命運をかける支配層に対して、生命の根源からの回復を願い、神秘にむかう衝動が秘められていた。文部省唱歌に対抗する「童謡」運動は、小学校の教師たちの支持を集め、全国の子供たちのあいだにひろがり、後のちまで懐かしみ親しまれた。北原白秋の「童心」の理念は、彼自身が多くの作詞をした「新民謡」はもちろん、さまざまな郷土色の息吹を言葉のない詩のように尊重する柳宗悦らの民芸運動とも気脈を通じるものだったことも見えやすいだろう。

こうした競争社会の到来や自然破壊に対する反発や抵抗の動きは、文部省内にもリアクションを生み、一九二〇年を前後して、民衆の生活のなかに娯楽や余暇を位置づけるとともに、加賀百万石の伝統的な大名庭園、兼六園などを国の名勝に指定する新たな動きを呼び出さずにはおかなかった。
そして、「生活の芸術化」の合言葉は、やがて、光度をあげた東芝の電球が、まぶしく部屋の隅々まで照らすようになった時期、宮廷の御簾《みす》の向こうに、ほの見える貴婦人の影をゆする蠟燭の灯や江戸時代の旅籠《はたご》の行燈などの陰影美を礼讃する谷崎潤一郎の名随筆、『陰影礼賛』（一九三四）を生む。
このような動きは必ずしも、柳田國男のいう「常民」の暮らしへの郷愁ではない。震災後の文芸から、北原白秋とともに童謡や民謡運動に活躍した野口雨情《うじょう》の「船頭小唄」を引いておこう。

己《おれ》は河原の枯れ芒／同じお前も枯れ芒／どうせ二人は／この世では／花の咲かない枯れ芒

競争社会から脱落して生きる庶民の暮らしが郷愁を誘う。こうして徳川時代の小唄、端唄にはらまれていたデカダンスの心情表現は、情調を重んじる象徴詩の技法と西洋音楽の旋法によって練りなおされ、ふたたび民衆のもとへ送りかえされ、長く口の端にのぼせられることになる。
一九三〇年代、巷《ちまた》では「野崎小唄」（今中楓渓作詞、大村能章作曲、東海林太郎歌、ポリドール・レコード、一九三五）が流行した。

野崎参りは屋形船でまゐろ／どこを向いても菜の花ざかり／粋な日傘にゃ　蝶々もとまる／呼んで見ようか　土手の人。

大衆のあいだに不安が忍びよる時期、ジャズの喧噪に代えて、この退嬰的ともいえるほどののどかな俗謡調は、題名に「小唄」とつき、二番に「お染久松」が出てくることから知れるように、江戸時代の大坂の民衆の野遊びや川遊び——浮世絵に満ちている——の憩い、近世都市の太平楽な心情を甦らせていた。「野崎小唄」は、江戸時代の都市の町人文化を下敷きにし、その太平楽をうたうことによって深い危機の時代に直面する大衆の心を慰撫するものだった。

第一一章　「自然を愛する民族」説の由来

日本科学史は文化総体における科学の位置を明らかにする姿勢を早くから見せていた。そして、近代以降に「芸術」に組み込まれたジャンルに、自然観照の態度、情緒的自然観、象徴的ないし没入的自然観を見て、日本人の自然観の特質としていた（第一章を参照）。

たしかに日本人は古代から和歌や物語に自然の情景を描いてきた。また、中世の禅林の生活文化は、対象的「自然」に自らを開き切り、それと、あるいはその本質たる「気」と一体化する境地を理想にしていた。だが、それをもって、「日本人の自然観」の本質とすることができるだろうか。それらは、天地自然に接した情動やその認識と伝統芸術の表現規範とのあいだに横たわるギャップを跨ぎ越し、一部の趣味の世界を取り出して「日本文化」の代表のように扱っているのではないか。それらは対象的自然を技術で改作しながら営まれてきた長い生活の歴史を無視し、かつ、それが逆に多くの人びとに被害を与えてきた歴史的事実を度外視する態度であることは誰もが気づくはずだ。なぜ、そのようなことが起こったのか。

吉田光邦『日本の科学史』（第一章ノート）に掲げられた日本文学史を参照する限り、土居光知『文学序説』（一九二二）と和辻哲郎『日本古代文化史』（一九二〇）とが、昭和戦後期の「日本人即ち自然を愛する民族」説の根方にあったと想われる。が、それらに先行して、「自然を愛する民族」説を唱えた人がいた。東京帝国大学助教授・藤岡作太郎が既成の国文学史を一新する意気ごみでまとめた『国文学史講話』（東京開成館、一九〇八年三月）は、その〔総論〕で、日本人の国民性の特徴として〈団結心の強さ〉と並べて、西洋とも中国とも異なる日本人の独自性として〈自然に対する積極的な愛〉をあげている。それまでに、それこそが日本文学の、また日本文化の大きな特質と論じられたことはなかった。

平安中期のいわゆる「国風」文化においても、中国の才を日本の実情にあわせて用いることが「大和魂」ないし「大和心」といわれ、江戸時代には「和魂漢才」と定式化され漠然と広がっていたらしい。それらは日本文化の独自性を主張することにはならない。日本文化の独自性を主張したのは、中世の連歌師、宗祇が「古今伝授」を受け、歌学書『古今和歌集両度聞書』の〔仮名序〕に、大和歌の大和は〈大いに和らぐ〉ことを意味し、宇宙万物に和をおよぼすと論じたことを嚆矢とすべきだろうが、それとても、『詩経』〔大序〕が詩の効用として、夫婦の円満なことを世の秩序の代表例にあげていたことを、「大和」の語に付会（こじつけ）したものにほかならなかった。そののち、江戸中期に神道談義に活躍した増穂残口が『艶道通鑑』〔神祇の恋〕で、日本人は伊邪那岐・伊邪那美の二神を日本民族の祖先神として戴くと唱え、儒学と仏教を激しく排撃する際の根拠にした。平田篤胤は、その二神をカムロギ・カムロミに置き換えたが、宇宙万物の和を日本文化の精髄と説いたわけではない。中国の儒・仏思想に対抗して、日本人の素直な心や率直な情の発露を尊ぶ「国学」の流れにも、天地自然への親愛の情をもってヤマト心とする説は浮かび出てこなかった。

日本の民衆の自然の風物を愛する趣味は、明治期に活躍したフランスやイギリスのジャポニズムを牽引した美術品コレクターらの批評のなかに散見する。たとえば、フランスのルイ・ゴンスの大著『日本美術』（一八八三）の序文は、自国の装飾美術を復興させる意図を明らかにして、日本文化の紹介から入っている。ヴィクトリア朝期のイギリスの美術に最も重要な役割を果したといわれるThe

Art Journal (London, 1881～92) の編集長を務めたマーカス・ボーン・ヒュイシュは、その著『日本とその美術』(一八八九) において、日本の民衆の生活の自然とのかかわりと美術との関係を考察している。それらの海外からの視線、とりわけ工芸や浮世絵などの評価が、日本の民衆の文化についての意識を転換させる刺戟としてはたらいたことは否めない。だが、ヘーゲル美学の形象の立場を示し、仏教美術の発掘を進めるフェノロサがルイ・ゴンスの姿勢を批判し (The Japan Weekly Mail 1884,July12)、また岡倉天心が英文の『東洋の理想―日本美術を中心に』(一九〇三) で、東洋の伝統的な「気」の観念の現われを示す技法を受け継いだ中世の山水画、雪村や雪舟に日本美術の精髄を説き、いわば対抗軸も形成されていた。

そして何よりも、日本文化総体の特徴、ないしは日本人の民族性 (国民性) についての議論が、日本人即ち「自然を愛する民族」説に傾くことは、殖産興業・富国強兵の掛け声のもとで、国民国家形成を急いだ明治前期にも、中期の武張った時期にも、ありえなかった。教育勅語を発したのちの文部省が「理科」の教科目標に〈天然物を愛する心を養う〉ことをあげていたように、それは目指すべき目標の一つだった。それが国民性の一つのように謳われはじめるのは、日露戦争にかろうじてではあってても勝利したのち、あらためて日本の進路が問われ、セルフ・イメージも問い直されるようになった機運のなかでのことである。

一、「自然を愛する民族」説の誕生

芳賀矢一『国民性十論』

芳賀矢一『国民性十論』(冨山房、一九〇七年一二月) は、初刊の翌年一月再版　八月訂正三版と版を重ね、のち、一九二七年版もある。かなり流布したと見てよい。そのタイトルの通り、日本人の国民性の特徴として次の一〇項目をあげている。一、忠君愛国、二、祖先を崇び、家名を重んず、三、現世的、実際的、四、草木を愛し、自然を喜ぶ、五、楽天洒楽、六、淡白瀟洒、七、繊麗繊巧、八、清浄潔白、九、礼節作法、十、温和寛恕。

　これら一〇項目が、徳目であることは一目瞭然で、実際、本文にも「美徳」などの語が見える。教訓書のスタイルである。その〔結語〕では、長所の裏は短所、また国際舞台に躍り出た過渡期にある日本では、これらの美徳が危機に瀕している現象をあげて警告を発することも忘れていない。

〔三、現世的、実際的〕で、〈万世一系の古い国で、保守の気性はありながら、実際役に立つ事は何事でも採用する〉と「実際主義」の一面をいい、昔の「和魂漢才」もその含意だといい、そうでなくては、〈生存競争の世には立ち行かれぬ〉と述べ、[1]それを承けて、〔四、草木を愛し、自然を喜ぶ〕は〈気候は温和である。山川は秀麗である。花紅葉四季折々の風景は誠にうつくしい。こういう国土の住民が現生活に執着するのは自然である〉とはじまり、〈現世を愛し人生生活を楽しむ国民が天地山川を愛し自然にあこがれるのも当然である〉という。[2]〔四〕のタイトルにいう〈自然を喜ぶ〉の〈自然〉は、伝統的な「あるがまま」の意味である。

　そして、西洋文化が北方であるのに対し、〈東洋諸国の民は……天の福徳を得て居るといってよろしい。殊に我日本人が花鳥風月に親しむことは吾人の生活のいずれの方面に於いても見られる〉と述べて、衣食住の実際が天然物に親しく接していること、『源氏物語』など文芸でも天然を愛しむ情に満ちていることを例証してゆく。

　ここでは、すべての徳目について感情の表出を拾いあげて例証している。これは、生活のなかに天然物を取り入れ、また文芸に天地自然への情愛が満ちていることをもって、日本人即ち「自然を愛する民族」とする、のちのちまで続くご都合主義の論調の祖型といってもよい。だが、日本人は現世主義だから恵まれた自然環境を満喫するという俗論が、その後の論者に引きつがれたわけではない。のちの「日本人即ち自然を愛する民族」説にとっては、いわばその先駆けとなった旧世代の論議と見てよい。

ここで、このような論議がなされるようになった背景をあらためてまとめておこう。およそ四つの歴史的条件が重なっていよう。第一に、日露戦争の勝利によるナショナリズムの高揚があり、第二に、若い知識層の自然志向が高まり、文部省も理科の教科目標として「天然を愛する心を養う」をうたっていた。そして、それと裏腹の関係をなすものとして、第三に、日清・日露戦争期とそれに引き続く自然破壊の進行があり、山林保護の伝統もいわれていた。第四に「日本文学史」という文化ナショナリズムに立脚した学の枠組みが整っており、古典の見直しが進む機運にあったことがあげられる。

芳賀矢一の場合は、彼に特有の理由もあった。彼はその『国文学十講』（一八九九）で、これまでの「日本文学史」が「文学」を「学問」（実際には日本流の人文学）の意味で用いていたが、自分は「美文学」の意味で用いると宣言した。感情表現をもって美とするカント流の考えにのっとり、「美文学」すなわち文字で記された言語芸術に絞りこむ狭義の「文学」の立場を打ち出したものである。「美文学」（言語芸術）は、ドイツ語の“schöne Literatur”の訳語として定着した語で、“Wissenschaft Literatur”（知ないし理文学）の対義語である。わたしの印象にすぎないが、ドイツでも一九世紀半ばころから分類が明確になったようだ。

だが、そのような狭義の「文学」では、日本人の精神史から、知性や道徳の面が欠けてしまう。ヨーロッパの各国文学史は、各国の人文学（the humanities）の歴史を意味し、それぞれの国民性を明らかにし、かつ、それを涵養する役割をもつ。芳賀矢一がいわば、その広義の「文学史家」の役割を担うべく、国民性論をまとめようとしたのが、『国民性十論』だったと考えてみてもよい。だが、すでに感情中心に傾いた彼の「文学」観は、知性の特質をあげることなく、感情に傾いた「美徳」を多くあげ、かつ、その例証に感情表現をあげることになった。

このような事態を生んだ背景には、日本人の精神史を扱う人文学は、帝国大学文科大学（のち、文学部）の編制が示すように哲学・史学・文学に三分類されていたことがある。ヨーロッパの人文学を導入し、実証主義に立つ文献学が主流になってはいたが、そもそもの編制がヨーロッパのそれとはまったく異なるものだった。ヨーロッパの人文学は、キリスト教神学に対して人間に関する自国語の文献を対象にする。だが、日本では、日本神話と神道思想がその一角を占める。かつ、自国語以外の漢文の書物、かつての学問、儒学も仏・道も、近代になって一八八〇年代に「宗教」の位置を与えられたが、それらも編入された。東洋哲学として研究対象にされただけでなく、日本で記された優れた著作を意味する「日本文学」に組み入れられ、学ぶべき対象とされたのである。

制度の上では、一八七〇年の「大学規則」では、ヨーロッパの総合大学の基幹をなす神学部に相当する皇学と漢学を担う「教科」が予定されていたが、東京大学が設立されたとき、それを欠いていた。文部省内部で漢学派と皇学派が激しく対立し、その隙を縫って洋学派が主導権を握ったためと推察される。初代綜理・加藤弘之の二度の建議により、一八八二年に、いわばそれに代わる「古典講習科」（修養年限三年）が創設されたが、帝国大学の設立に伴い、それが文科大学に編入され、やがて解消されたという経緯がある。▼3

二つの「**日本文学**」

近代ナショナリズムが新たな「伝統」を創出したり、すでにあった部族や民族の風習を近代的に再編制したりすることは、今日では常識になっていよう。もともと「伝統」（tradition）という語は、ヨーロッパ語でも中国語でも、長いあいだ、主に古い家系の血筋および習俗を意味する語として用いられ、新しい風潮に与する側からは、古い因習を意味する語として否定的に用いられてきたものである。その「伝統」観念を国民みんなのものに再編したものが近代の文化ナショナリズムである。

一九世紀ヨーロッパ各国では、自国語（national language）の標準規範の策定とその教育を中心に、平均的な学力を身に着ける国民教育が推進され、中世以来、神聖ローマ帝国の「国語」としてキリスト教圏の知識人の共通語だったラテン語に替えて、自国語で記された「人文学」の精髄を身につけることが次代を担うエリートに不可欠の課題とされた。神のことばは諸派に分かれているとはいえ、各国共通だが、人間について記された著作にこそ、国民性が認められたからである。*

＊デジデリウス・エラスムスによってキリスト教『聖書』のテクスト・クリティックがなされたことが「人文学」のはじまりとされる。『聖書』を神聖なことばとして扱うのでなく、人間が写した写本として扱ったからである。「文学史」の教科書に、教会の神父や牧師の説教なども載るが、レトリックの観点からである。いわゆるキリスト教文学は、人間の感情の表現として扱われる。『聖書』がいかに各国文学に影響を与えたかについて何冊もの著作を遺したイギスのリチャード・モールトンは、その『世界文学』〔一九一一〕の〔第一章〕で「世界文学」の「聖典」としてユダヤ教、キリスト教の聖書をあげるが、その本質は神学にあり、各国語に翻訳され、文学の味わいは消えていると述べている。『聖書』の「詩篇」や「黙示録」を芸術として扱う立場は個人としてはありうるが、制度として今日でも保証されていない。

ヨーロッパ語の近代における“literature”の広義は著述一般（writings）、中義が人文系の優れた著作（belles-lettles, polite literature）であり、一九世紀半ばから二〇世紀初頭にかけて、中義のなかから、文字で記された言語芸術作品（literary art）が分化した。その中義が「文学史」（history of literature）として網まれ、国民性を涵養する手段にされた。この編制の基本は、いまも変わらない。

日本でも中国でも、文献一般を「文学」と呼ぶことはない。広義の「文学」が大学の文学部に用いられる。「哲学」「史学」「文学」の「文学」の教科は、外国語のそれと日本のそれとに分かれ、日本のそれは「哲」「史」の知的文学に対して、文字で記された言語芸術を意味する狭義をいい、広義の「文学」との混同を避けて、しばしば「美文学」ないし「純文学」の語が用いられた。* 外国「文学」の教科は、理論上は諸国の「人文学」が対象になるはずだが、次第に狭義が中心になっていった。「比較文学」の場合には、広義と狭義のそれぞれが成り立つ。広義は「比較文化」と呼び分けることもある。

＊文字で書かれた言語芸術、狭義の「文学」概念の定着は、一九一〇年頃とみてよい。英語“fine art”の広義は“liberal art”と重なるが、その中義（今日いう「芸術」一般）の訳語としても「芸術」及び「美術」の語が、明治後期には並行して用いられていた。が、絵画・彫刻に限定する狭義の「美術」（フランス・アカデミズムの一科名、“beaux-arts）が一九一〇年、文部省主催の美術展で用いられ、狭義の「文学」は、それと横並びの位置におかれた。

なお、この「純文学」は、のち一九二〇年代に「文壇小説」に対してつくられた「大衆文学」の対義語ではない。一九二〇年代半ば、大衆文化（mass culture）の幕開けの時期に、「文壇小説」に対して時代小説を主とし、探偵小説を加えた「大衆文学」が勃興した。一九三五年ころ、当代ユーモア小説などを加え、「芸術小説」（「いわゆる純文学」ともいわれた）に対して娯楽性の強いジャンルを意味する概念となったが、新聞小説などは、その中間が狙われた。第二次大戦後には、シリアスな題材を、肩の凝らないストーリーで展開する「中間小説」が定着したが、一九六〇年を前後する時期に、文芸批評界でそれを無視して「純文学」対「大衆文学」の図式が定着した。

ヨーロッパの列強諸国の“literature”は、せいぜい一二世紀ころまでしか遡れないのに対し、日本では古代から、しかも、「神代」からつづく「伝統」が形成されたことが著しい特色である。そして、ヨーロッパ人文学との相違は大きくは三点ある。

その第一は、国語（national language）に限定するヨーロッパの基準を無視し、また「国学」の和文主義をも無視して、漢文および日本化した漢文を掲載していること。第二は、西洋人文学の範囲を超えて、神話も宗教書も範囲に入れていることである。第三は、ヨーロッパでは長く“polite literature”から排除されていた“popular literature”が当初より組み入れられていたことである。順に述べてゆく。

今日でも、「日本文学史」年表の初めには例外なく、最初に『古事記』『日本書紀』『風土記』の名があがっている。『古事記』は、皇統に伝わる神話の書で、日本化した漢文で書かれている。『日本書紀』は神話と歴史の書で、地の文は、当時の正則の中国語で記されている。『風土記』は地誌の書で、各地の神話も掲載しているが、それぞれ漢文の日本化の度合いはまちまちである（第五章を参照）。神話一般は、古代人の想像力の産物であり、今日のわれわれにとっては想像力の産物という意味でフィクションの一種に映る。だが、当代の人びとには信仰の対象である神や神がみをめぐるものである。したがって言語芸術ジャンルに属さない。そのような性格を踏まえ、古代人の観念や美感を探るのは、近現代の学術ジャンルでいえば、宗教学や神話学、ないしは文化人類学の仕事である。

また、今日の「日本文学史年表」のほとんどが日蓮『立正安国論』（一二六〇）や道元『正法眼蔵』（一三世紀中期）など仏教書をあげ、また新井白石のものや頼山陽『日本外史』などをあげるのが普通だろう。これらは日本の精神文化史には欠かせない書物と判断されるゆえであろう。しかし、もし、宗教書も含め、日本で最も古い書物をあげるとするなら、聖徳太子による『三経義疏』（伝六一一～六一五）が筆頭に来るはずである。そうしないのは『三経義疏』の由来に疑いを掛けてというより、教育勅語により皇国史観が打ち出された時期に「日本文学史」の編纂が開始されたことが最も大きな理由だろう。

日本で最初の「日本文学史」を名のる三上参次・高津鍬三郎合著『日本文学史』上下巻（金港堂、一八九〇）がその枠組を決定したといってよい。同じ時期、エリートの卵と位置づけられた中学生向けの「日本文学」、とくに暗誦のための教科書類はさまざまに刊行されているが、「国学」流に漢文を排した和文主義のものもある。散文の「日本文学全集」と「日本歌学全集」に二分し、注釈を付けた「全集」が編まれるなど、まだ混沌としていた。

この『日本文学史』がこのような編制をとった理由の二つ目は密接に関連しており、最も大きな理由は、古代の建国神話をナショナル・アイデンティティの柱にしたゆえである。*

＊上巻（ないしは鎌倉時代まで）を担当した高津鍬三郎と、下巻（ないしは、上巻の鎌倉時代以降）を担当した三上参次とのあいだで、その理念に揺れが見られる。〔総論〕には、国学者流に和文主義はとらず、漢文を重んじて参照するとあるが、別項に漢文は本文に引用しないともいう。上巻で、高津は作品としては、『古事記』『日本書紀』の歌謡からはじめている。ただし、〔第二篇　奈良朝の文学〕の文体例に、『続日本紀』より宣命二篇を漢文、詔勅二篇を訓述体、また『古事記』より神話三篇、『出雲国風土記』より国引き神話を訓述体で載せている（原文は崩れた漢文）。それに対して、下巻では、歴史書を重視し、また新井白石の漢文の著書を収載している。

漢文の書物を入れる理由は、要するに、時代によって濃淡の差はあれ、前近代の日本人の読み書きが二重言語状態（バイ・リテラシー）だったからである。また漢文リテラシーがなければ、ヨーロッパ語を読みこなすことは出来なかった。なぜなら、一九世紀半ばの香港や上海で英語と中国語が互いに翻訳語となったこと、それを受容し、また日本流に改作することを通して、西洋文化の受容も行われてきたからである。

それゆえ、明治初期から中学校以上の国語に漢文が組み込まれた。これには文部省内の漢学派の力、失業武士の救済策なども絡まっているが、大学の入試には漢文と英語が必須だった。高等学校で英語、ドイツ語、フランス語のどれかを選択する。中学校は英語も必修。最低限、トリリテラシーが戦前期までの知識人には要求された。一八九〇年代には英語学習熱に加えて、日本古典とともに漢文学習のブームが起こり、明治期を通して、歴史上、どの時代よりも漢詩が盛んだった。ただし、日清戦争期に漢文の時間数は増えるが、暗誦と作文が必須科目から外されたため、書く力は格段に落ちる。

そして、三上参次らの『日本文学史』は、民衆文芸を加えている。西欧の人文学は、他国に誇るべき優れた著作とされ、イギリスの大学で小説類を含めた自国「文学史」の教育が始まるのは二〇世紀に入ってからである。しかも、長く民衆文芸は排除されていた。探偵小説などまで大学で研究対象とするのは、第二次大戦後のことである。

日本ではじめて「日本文学」という概念を提出した福地桜痴（「日本文学の不振を嘆ず」一八七五）は、幕末から何度もイギリスやフランスに派遣され、ヨーロッパ語の概念内容を抜群に把握していた人だが、そのなかに、山東京伝、式亭三馬らの戯作をあげている。日本では、西欧より早くに民衆文化が発達し、一八世紀への転換期から近松門左衛門の浄瑠璃、井原西鶴の小説、芭蕉の俳諧などが盛んで、多彩な読み物が民間にあふれていた。これらを掬いあげたのは、明治前中期の知識層の多くが下級武士で、彼らがそれらに馴染んでいたこと、また西欧の国民文学の勃興の機運をキャッチしてのことであろう。イギリスではチャールズ・ディケンズらの小説が国民文学のようにいわれ、ドイツの『グリム童話』（一八一二）も英訳版（一八二五）が普及していた。

そののち、明治後期にヨーロッパ近代の言語ナショナリズムと狭義の言語芸術の概念が拡がるにつれ、その機運に乗って編まれたのが、先にあげた芳賀矢一『国文学十講』（一八九九）だった。それは、文部省が主催する公立の中等、及び高等校の教員向けの講義をまとめたもので、参考書類の紹介も兼ねており、和文主義をとるので、概して「国学」系統のものが多い。日本の精神文化史には、近代以降も、この「国学」という前近代につくられた文化ナショナリズムの影が色濃く射していることが、ヨーロッパに見られない大きな特徴である。

そこでは『栄華物語』や『大鏡』など四鏡、各章に表題をもつ物語形式で編まれた歴史叙述（historiography）を「歴史物語」、『太平記』などを「軍記物語」と呼んで編入している。日本の古典のうち、漢文を軽視ないし無視して、「和文学」（日本語作品）に限ると、和歌、物語の類だけでは、全体が痩せてしまうからでもあろうが、ここに散文の歴史叙述を「美文学」と呼ぶことがはじまった。

だが、物語形式をとり、感情表現が未分化なまま展開する歴史叙述を感情表現に引き寄せて評価することになり、無理が生じることは否めない。歴史学では、今日でも歴史叙述の一種として扱っている。*

＊また「説話」は、口頭伝承一般をいう用法がふつうだが、ドイツ留学から帰った芳賀矢一は、時と場所を特定する歴史叙述の構えをとる『今昔物語』を日本の「説話文学」と呼ぶことも創始した。さらにいえば、芳賀矢一は国学の系譜、とりわけ本居宣長が文献の真偽を見分けたことをもって、日本流の文献学のように喧伝した。ドイツの歴史学における文献実証主義は、ヘーゲルの理念的な歴史論を批判したレオポルト・フォン・ランケにはじまるといってよいが、彼は歴史を動かす原動力をモラリッシェ・エネルギーに求めていた。その意味ではイデオロギー性を免れない。宣長の文献批判は、徂徠流の古文辞学に学びながら、独自の日本神道の伝統を読み込む態度を伴うもので、つまりは前近代のナショナリズムに染まっている。芳賀矢一は、それをも引きついだかたちである。彼がヨーロッパの近代概念と安直にアナロジーして提唱した、これら三つの概念は、今日にまで及ぶ混乱を引き起こすもとになった。▼4

こうして日本で「文学」という場合、日本の精神文化史の全般をいう広義（日本流の人文学）と、文字で記された言語芸術、詩・小説・戯曲（および感情表現を主体にした随筆）をいう狭義とが混在する状態がつくられた。それは今日まで変わらない。他方で漢文だけを「文学」と呼ぶ伝統的風習も漢文の先生たちには長く保持されていた。

そのような錯雑とした状態に対して、藤岡作太郎『国文学史講話』は、広義の「文学」概念（英語では中義）に立ち、漢文作品も歴史叙述も入れ、そのなかの感情表現を重んじる言語芸術的要素を「純文学」（「美文学」と同義）と呼んで尊重する態度をとった。これは上記の二つの概念の併存状態を解決する一つの策であり、津田左右吉『文学に現われたる我が国民思想の研究』（一九一八～二一）シリーズも、精神文化全般を扱い、やはり「純文学」を尊重する立場をとっている。これが、そののちの「日本文学史」の行き方になった。ただし、津田のいう国民思想は平民主義、民衆史観の立場をとり、上代の『古事記』『日本書紀』『風土記』は、中央官僚の漢学によるものとして、重んじていない。

藤岡作太郎『国文学史講話』

藤岡作太郎『国文学史講話』の刊行は、芳賀矢一『国民性十論』に遅れること三ヵ月、その構えと内容からして、参照してはいないだろう。単独に編まれ、簡潔にまとめられた「日本文学」の通史のうちでは、戦後も読まれつがれたものの一つである。一九二六年に版を重ね、一九四六年、岩波書店から復刻された。その麻生磯次の解説は、絵画など文化総体への目配りが利いていることを最大の特色としている。

その〈総論〉は、第一章を〈団結心と家族制〉と題し、〈日本国民の最大の特色は団結の強固なるにあり〉といい、〈万世不滅の皇統〉のもとに組織された〈日本の社会は一の大なる家族〉とうたいあげる。▼5 これは、大国ロシアを相手に、かろうじてではあっても勝利した日露戦争後の気風を受けたものだが、帝国憲法公布のころ、帝国大学総長に就任した加藤弘之の天皇を国民の父親に見立てる家族国家論を忠実になぞっている。藤岡作太郎は一八七〇年の生まれで、二〇歳前後に憲法公布と教育勅語を受け、家族国家論もそのころから、身につけていたと推測される。

次の〈第二章　自然の愛〉では、まず〈日本の風土は国民の慈母なり、地味豊穣にして、河海に魚貝の利多く、生活をして自由ならしむるが上に、優美穏和なる山川は常に瞼上に愛を湛《たた》うる如し〉であるとはじめ、日本の民族性は、もともと、かなり〈自由〉で〈積極的〉で激しい感情の表出をもっていたこと、〈悲憤の情時には火の如く燃ゆることありといえども、概するに凛質猛烈ならずして穏健に、執着せずして洒脱なるも、また外国の風物が漸次に養い来れるものならんか〉という。いわば粗放な原始的な人びとが道・儒・仏の中国文化に感化されて洗練され、次第に穏健で洒脱な性格が付与されてきたという大きなストーリーを提示し、それを検討してゆくかたちをとる。▼6 そして、〈西洋人は人間を本とし、東洋人は自然を重んず〉とし、東洋人一般は自然の〈威力に屈従せる〉に対して、日本文化の特長として、自然に〈親昵《しんねい》す〉といい、国民性として〈先天的に自然の愛〉があり、〈わが国民は積極的なり、楽天的なり、生々として活動して、人生の力を無限に発展せしめんとす〉という▼7。

これは、民族性をその住環境によるとする決定論で、フランスのイポリット・テーヌが『イギリス文学史』〔第一巻〕(一八六三)〔序文〕に提示した実証主義ないし科学的と称された文芸批評の方法──それぞれの作家を人種(民族)・環境(風土と社会)・時代(race, milieu et moment)の三要素に還元して解明する──を受け、日本民族の気質(temperament)を、〔第一章〕で政治的秩序面、〔第二章〕で環境に対するそれにまとめていることになる。〈地味豊穣にして〉以下は、明治期の地理学で、比較的温暖・多湿で食料となる動植物が豊富な気候風土がいわれてきたことを承けている。だが、藤岡はそれに終始することなく、さまざまな中国文化の受容の仕方を見ている。日本における〈固有の積極主義〉と中国の〈消極主義〉とが〈衝突〉する相と〈融合せんと〉してきた相の二つを認め、それらを検討する姿勢をとっている。それゆえ、これが藤岡の日本文化論の特徴の一つをなす。

そして今後は〈国民の本性を基礎として、これを彩るに東西両洋の思想を折衷したるものなるべし〉という。さらに〈西洋の活動主義〉を取入れ、その調和を図るという主張である。〈自然と人生とは〈一物の二面〉、便宜の為に二分するが、これを〈理会すれば、渾然たる一体なり。健全なる思想は二者を分ってしかも分たざるところに存すべし〉といい、もって進むべき国文学の途とする。〈理会〉は「理解会得」の意。自国にせよ、他国にせよ、文学史(＝人文学史)は、その国民性を示すものとされる。

それは、一九世紀西欧にナショナリズムが盛んになり、「文学史」が編まれはじめたときからの目的で、それを正面から受けとり、かつ種々の中国から伝来した思想文化の影を検討して、今後の進むべき指針を示した、初めての「日本文学史」の登場であった。「自然を愛する」を国民の美徳の一〇のうちの一に数えた芳賀矢一『国民性十論』に対して、民族気質を、政治的側面と自然観の側面に分け、かつ歴史的展開に意を注いでいるところに、単に国民性の十分の一対二分の一という比例関係に止まらない学術上の姿勢の顕著なちがいが認められる。この姿勢がのちの「自然を愛する民族」説の基調をつくったといって過言ではない。

藤岡が、自由で闊達な気風と激しい感情の表出をいう背景には、日露戦争終結に際して、一九〇五年九月五日に日比谷暴動が起こり、一九〇六年三月にも東京市電の値上げ反対集会が荒れ、足尾銅山、別子銅山、三菱長崎造船所などでストライキが続発し、相次いで暴動騒ぎが起きたことも映っていよう。藤岡はまた、日露戦争後のリベラリズム、女性解放運動を受けて、女性の手になる平安朝物語を高く評価し、『源氏物語』には身勝手な男性貴族を批判する点を指摘し、日本を代表する文芸とためらいなく称賛する。これも、それまでの日本人の著した「日本文学史」には見られない特徴である。*

＊三上参次・高津鍬三郎合著『日本文学史』（一八九〇）も、芳賀矢一『国文学十講』（一八九九）も、いわゆる平安朝の女房文学の価値、とりわけ『源氏物語』の価値を高く称賛しつつも、しかし、その柔弱な文体や道徳的欠陥に言及している。『源氏物語』を手放しで称賛したのは、「日本文学史」では、総ての文献にわたってリズムなど言語芸術の要素を見出そうとする態度をとる、W・G・アストンの英文のそれ（一八九八）が嚆矢である。▼8

のち、日中戦争期、対米英戦争期には国粋主義が高まっても、不義密通の物語である『源氏物語』に読み耽れば、「国賊」扱いされた。それゆえ、平安朝の「国風文化」の称賛が広く定着するのは、第二次世界大戦後のことである。

藤岡は『源氏物語』の構成を高く評価する反面、清少納言『枕草子』の即興性とは比べものにならないと、藤原定家以来、二つを対照的に評価する流れには反対しているが、芭蕉の俳諧は別で、その即興の多様性、「不易流行」の美の原則、「さび・しをり」、禅の思想、晩年における〈涸淡〉の境地などを適確に評している。そのリベラリズムは、徳川時代の勃興する商人階層を中心とする民衆のための著作を「平民文学」として高く評価する点にも示されている。これらの特徴を「日本文学史」の展開のなかで明らかにしたい。

なぜ、山部赤人だったのか

藤岡作太郎は〈太古　第三章　太古より奈良朝の終まで〉で、『万葉集』〈叙景の詠〉と題して、山部赤人の〈あめつちの　分かれし時ゆ　神さびて　高く尊き　駿河なる　富士の高嶺を　天の原　ふりさけ見れば　渡る日の　影もかくろひ　照る月の　光も見えず　白雲の　いゆきはばかり　時じくぞ雪は降りける　語りつぎ　言ひつぎ行かむ　富士の高嶺は〉の途中、〈渡る日の〉より引いて、〈わが国の叙景詩にては雄偉なるが中なる雄偉なるものと称せらる〉といい、しかし、これはむしろ柿本人麻呂の独断場、赤人の特色とはいえないとし、赤人については〈景によりて情を寄せ、いわゆる情景併せ得たるもの〉、〈よく自己を没却して、自然と瞑合し、山川と同化する〉とし、よく知られた次のうたを引く（表記は藤岡の原典のまま）。

田子の浦ゆうち出て見れば、真白にぞ富士の高根に雪はふりける。〔巻三－三一八〕
和歌浦に潮みちくれば潟をなみ、葦辺をさして鶴《たず》鳴き渡る。〔巻六－九一九〕

そしていう。〈啻《ただ》に単純なる叙景のみに止まらず、景によりて情を寄せ、いわゆる情景併せたるものまた少なからず〉[▼9]と。これだけではわかりにくいが、次のうたもあげている。

故太政大臣《おほきおほまへつきみ》藤原家の山池《しまのいけ》を詠める歌一首

古へのふるき堤は年深み、池のなぎさに水草生ひにけり。〔巻一－三七八〕

淡海公、すなわち平城京初期に権勢を振るった藤原不比等の亡き後、屋敷跡が荒れ果てていることをうたい、言外に懐旧の情を滲ませるもの。藤岡は、田子の浦のうたも、富士山に雄大で清らかな感情を覚える余情表現と見ているのだ。

余情は、「正述直叙」に対する「寄物陳思」として『万葉集』の相聞の部立にある。〈古へのふるき堤〉は、そこにあって思いを触発するもので、置き換えられない。懐旧の情の譬喩ではない。だが、〈和歌浦に〉のうたに余情を読みとるのは、やや無理な気がする。藤岡は、赤人が潮が満ちてきて干潟がなくなった鶴の気持になってうたっているととり、それを〈自然と瞑合し〉と論理化したと、ここでは考えておく。

藤岡が、それを日本固有の表現の開拓と論じているのはなぜか。柿本人麻呂や山上憶良のように中国の詩の影響下にうたをつくる態度を脱した日本に固有の表現の開拓と見、もって、自然に親しむ日本人の伝統的心性の表現とするからである。

柿本人麻呂が、とくに宮廷歌人として詠んだ長歌は、対句表現を多用する。漢詩文の駢儷体を踏まえたものと推定される。また『人麻呂歌集』に多く収められている「略体歌」は助詞や用言の活用語尾をなるべく省いている。賀茂真淵が漢詩を念頭において「詩体」と呼んだとおり、漢詩の日本化を試みたものと考えてよい。

山上憶良は遣唐使として長安に赴き、晩年の「好去好来歌（遣唐使を送る）」（『万葉集』八九四）のように、漢詩をつくったのちに和歌に翻訳したものと想われるうたもあり、また儒・仏・道それぞれの思想の色濃いうたもつくっている。わたしは、彼らの漢詩との格闘がヤマトコトバの記述にもたらしたものは、はかりしれないほど大きいと考えている。[10] 藤岡作太郎が山部赤人のうたに漢詩の影響を脱していることを称賛したのは、『古今和歌集』〈仮名序〉における紀貫之が赤人を絶賛していることも念頭においていただろう。が、日本民族の独自性を見出したいという願い、この時期の文化ナショナリズが強くはたらいていると思う。

藤岡作太郎は『万葉集』の山部赤人の短歌に〈いわゆる情景併せ得たる〉ないしは〈よく自己を没却して、自然と瞑合し、山川と同化する〉態度を見出し、固有の表現の開拓と説いたが、奇しくも同じ一九〇八年、中国で近代文芸批評を創始した王国維は『人間《じんかん》詞話』のなかで、五代や宋代の漢詩に主客の「境界」（異なる領域が重なるところの意）の表現を見て、それを中国固有の伝統と論じた。[11] 日本と中国で、ほぼ同時に、情と景を重ねる描写がそれぞれの固有の伝統と論じられたのである。「境界」は、客観としての「景」と主観の「情」とに跨る表現という意味である。王国維は、上海で日本語を学び、東京物理学校（東京理科大の前身）に留学して物理学を学んで病を得て中国へ帰国し、「紅楼夢評論」など近代学術の推進に活躍した（所収『静庵文集』一九〇五）。中国と日本で、同じ年に、よく似た「伝統の発明」、厳密には伝統の再解釈が行われたことは面白い。王国維のリテラシーから、ドイツ感情移入美学（後述）を受けとったものと考えてよい。

景と情の〈境界〉は、藤岡のいう〈景によりて情を寄せ、いわゆる情景併せ得たるもの〉とほぼ同じ意味だが、藤岡はそれを〈自然と瞑合し、山川と同化する〉と言い換えており、その点で、少しニュアンスがちがう。時代も藤岡の方が古くからの伝統と見ている。

『古今和歌集』の編者たちも藤原俊成も、劉勰『文心雕龍』〈物色〉が「余情」に価値を置いていることは承知していたにちがいないが、『古今和歌集』〈序文〉に『文心雕龍』の影をはじめて指摘したのは、藤岡作太郎『国文学史講話』よりのち、一九二〇年代に民間の哲学者として活躍した土田杏村の「国文学の哲学的研究」シリーズの第二巻『文学の発生』（一九二八）〈第八章「批評文学の発生と其の源泉」だろう。そのとき、土田杏村は、『詩品』に「純粋芸術主義」を、『文心雕龍』に「道徳主義」を見て、その折衷のように論じた。しかも、それは国文学界にも歌壇の主流にも受けとめられることなく、かろうじて短歌雑誌『潮音』の歌人、太田青丘に承けつがれただけだった。二〇世紀への転換期から一九三〇年代にかけて、その双方の関心が象徴主義へ、中世美学へと向かったからである。

そもそも前近代に、「芸術」は技芸一般を意味し、美を目的とするものに限定する習慣はなかった。政治も道徳も美も未分化のまま進展してきた。駢儷体の技巧に偏る詩文を糺すのに、劉勰は華麗な駢儷体で、真・善・美が一体の詩文の道こそが正道ということを『文心雕龍』に説いてみせた。何も道徳に傾いたわけではない。それを近代の立場から美と道徳に勝手に切り分け、『古今和歌集』〈序文〉に情趣の主張のみを読み取ることも、美と道徳を折衷しているということも倒錯というべきであろう。要素がいくつからなろうと一は一である。どれかに偏ろうと、分裂しているわけではない。

藤岡作太郎の場合、ドイツ感情移入美学の受容は定かではない。わたしは『国文学史講話』に序文を寄せている西田幾多郎が『善の研究』（一九〇八）で、ウィリアム・ジェイムズのいう「純粋経験」(pure experience)――意識が何かにとらわれたまま自分に帰らない状態――を意識の本来のありかたとして、〈主客同一〉と論じたことを受けていると考えてきた。ただし、ウィリアム・ジェイムズのいうのは、次から次へと連想が運んだり、回想にふけったりと移りゆく「意識の流れ」(stream of consciousness)のことだ。が、西田幾多郎の場合は、赤ん坊が母親と一体となっている意識の状態や、崖にへばりついて必死になっている状態、また芸術家が一心不乱に制作している状態などと並べて、禅の悟りの境地を〈永遠の真生命〉と一体化する欲求、人間が宗教へ向かう根本的欲求と論じ、多即一の論理で、それらの本質的同一性を論じるもの。両者にはかなりのちがいがある。藤岡の〈自然と瞑合し、山川と同化する〉主客合一のアイデアは、感情移入美学によるものかもしれない。再考すべきであろう。

自然との暝合の意味

藤岡作太郎『国文学史講話』は、平安時代の和歌は、情趣に傾いたとし、〈中世 新古今時代〉の章で、『新古今和歌集』について、『千載和歌集』とさして変化はないとしながらも、〈主観的抒情のみを主とせる古今の旧風に、客観的叙景の新潮を加味し、以て客主交錯、景情一致の趣を得んとつとめたるところ、正に新古今の最大特色なるべし[▼12]〉と論じている。ここに山部赤人が開拓した表現の後継を見ている。そして、次の二首をあげている。

忘らるゝ身を知る袖のむらさめに、つれなく山の月はいでけり。　後鳥羽上皇
春の夜の夢のうき橋とだえして、峯に別るゝ横雲の空。　定　家

後鳥羽院のうたは「建仁二年五月仙洞影供歌合」に出したもので、題は「遭不逢恋」。恋人に忘れられた身の袖の涙を無情にも照らす月の光を詠んでいる。なるほど、景情併せて成り立っている。だが、藤岡は、定家には厳しい。〈藤原定家は最も辞句の修飾に重きを置ける歌人なり〉といい、朴訥で俗語も用いる西行と両極端をなすとしながら、とくに恋歌は〈真意の漠然として捕え難きを以て、感情の深刻痛切なるが為と過信したるものにあらざるなきか〉と疑問を投げている。定家は『古今和歌集』の紀貫之らの精神より、業平や小野小町のうた振りを好み、そこはかとない情趣を醸す「幽艶」を追求し、それを情のこもった「有心」と称して超絶技巧に走っていった。藤岡作太郎は、それを難じている。〈真意の漠然として捕え難き〉表現を情感の深さと勘違いしているというのだ。

古典和歌の見直しは明治前期からはじまっていた。和歌の世界では、長く『古今和歌集』が「花も実もある」と称されて手本にされ、『新古今和歌集』は「花ばかり」となじられてきたことは先にふ

れた（第八章一節）。だが、東京帝国大学国文科で藤岡作太郎とも交友のあった塩井雨江は、ヨーロッパのロマン主義文芸が精神の高みに向かい、暗示や象徴性を獲得してゆく過程に触発されたと想われるが、『新古今集詳解』（一八九七〜一九〇八）をまとめ、『新古今和歌集』を表現技巧の頂点と評価した。藤岡作太郎の評価も同様で当然、塩井雨江の仕事を参照していたと想われる。

ところが、藤岡は定家の表現技巧の極みを評価しない。散文では『源氏物語』の構成を評価し、『枕草子』の即興的表現を比較にならないという。そういいつつ、しかし、芭蕉俳諧の即興性、象徴性は高く評価する。それらを併せ考えると、藤岡作太郎のいう我が国の固有の表現は、〈自然と暝合〉した〈真意の漠然として捕え難き〉象徴表現ということになろう。

二〇世紀への転換期、ヨーロッパ詩の新しい動きを敏感に受け取った上田敏がその翻訳に取り組み、『海潮音』（一九〇五年一〇月）を編んだことはよく知られる。その範囲は、かなり緩やかで、ロマン主義以降（ポスト・ロマンティシズム）と目されるマイナー・ポエットの詩をもふくむものだった。その〈序〉では〈象徴の用は、これが助《たすけ》を藉《か》りて詩人の観想に類似したる一の心状を読者に与うるに在りて、必ずしも同一の概念を伝えむと勉むるにあらず。されば静かに象徴詩を味《あじわ》う者は、自己の感興に応じて、詩人も未《いま》だ説き及ぼさざる言語道断の妙趣を翫賞《がんしよう》し得可《うべ》し〉▼13、詩のことばから立ち昇る、詩人自ら説明できないような「妙趣」を味わうことこそ鑑賞の要と述べていた。かなり漠然としている。ヨーロッパでも象徴主義は、ロマン主義後期の、キリスト教およびブルジョワ社会の秩序に叛逆するデカダンス（退廃）の風潮とないまぜになって展開していた。

日本では、蒲原有明が第一詩集『草わかば』（一九〇二）や『独弦哀歌』（一九〇三）で、神話や宗教世界に題材を求め、第三詩集『春鳥集』（一九〇五）〈自序〉では、日本語表現の可能性を拓き、五官の官能を交錯させて〈近代の幽致〉を表現すべきと主張した。そして、〈元禄期には芭蕉出でて、雋《せつ》句に玄致を寓《ことよ》せ、凡《ぼん》を錬《ね》りて霊を得たり〉と述べていた。〈玄致〉とは宇宙の根源というほどの意味である。そして、蒲原有明の象徴詩が高度な達成に至ったとされる『有明集』（一九〇八）では、仏教用語を織りまぜつつ、神秘的な「生命」賛歌の大輪の花が開く。

これは薄田泣菫が古語や雅語を駆使して幽雅な象徴詩の世界をつくる『暮笛集』（一八九九）や『白羊宮』（一九〇六）、河合酔茗が神話から「叙事詩」をつくる『無弦弓』（一九〇一）、『塔影』（一九〇五）などと並ぶ動きだった。詩誌『白百合』も日本象徴詩の成立にはかなりの役割を果たした。創刊同人の岩野泡鳴は佐保姫など日本神話を題材にとり、また、ステファヌ・マラルメから詩想を借りたような詩を詩集『闇の盃盤』（一九〇五）にまとめた。

それらは美術界の二つの動きと併行してもいた。一つはヨーロッパの民族主義の勃興による歴史画などに刺戟をうけた日本の画壇が日本神話を題材にとる動きと連なっていた。

もう一つは、岡倉天心が日清、日露と立て続けに戦争を行った日本の好戦的なイメージを払拭すべく、東洋と日本の精神の穏やかな深さを訴える英文の著書『東洋の理想―日本美術を中心に』（ロンドン、一九〇三）が宇宙の「気」を“Spirits”＝“universal life”と訳し、それを具現する山水画の伝統を押し立て、東洋的ロマン主義を名のったが、それを当代に推進する橋本雅邦らの画風を「暗示」の語を用いて説明していたことである。なお、岡倉天心は続いて『日本の目覚め』（ニューヨーク・ロンドン、一九〇四）、『茶の本』（ニューヨーク、一九〇六）の二著を出した。[14]

つまり、このように暗示や象徴表現の礼賛が渦巻くなかで、藤岡作太郎は日本固有の伝統表現を探り、〈自然と瞑合〉した〈真意の漠然として捕え難き〉象徴表現の開拓者として、山部赤人をあげ、それを情の深さと勘違いした定家の超絶技巧は批判していたのである。この藤岡による定家の超絶技巧への批判は、しかし、受け入れられなかった。

そののち、本居宣長の流れを尊重する佐佐木信綱は、その著『定家歌集』（一九一〇）で、定家の歌を〈意味をはなれたる情感配合の間に一種の趣ありて、今日の所謂象徴詩の端を為せるかと思はるゝものあり〉と評した。[15] 信綱は、藤原俊成が唱えた「余情」を重んじる幽艶体ではなく、定家の超絶技巧に走る、いわば「実のない」幽艶体を、当世風の評価に近づけたのである。[16]* 藤原定家のうたぶりを象徴主義とする評価は、ここにはじまる。

＊実は、その前年、国学院大学の学生だった時期の折口信夫が「和歌批判の範疇」（一九〇九）で、情趣、情調を醸し出すところを狙う主観・客観の〈融合した者〉を〈絶対表現〉ないし〈象徴〉と呼び、かつ、それを定家の音律重視の傾向と短絡させて論じていた。[17]

象徴主義とは何か

上田敏がまとめた訳詩集『海潮音』には、ポスト・ロマンティシズムのマイナー・ポエットの詩をかなり含んでいた。岡倉天心『東洋の理想―日本美術を中心に』が雪舟らの山水画の伝統的な「気」の観念を「宇宙の生命」と読み替え、その具象化と論じたとき、それを東洋的ロマンティシズムと呼んだ。また佐佐木信綱『定家歌集』が定家のうたぶりを〈象徴詩の一端〉と論じてしまった。「象徴詩」ないし「象徴主義」は、日本ではなかなかうまく捉えられなかった。いや、今日でもその混乱は続いている。

それにはしかし、無理からぬところがある。一方で、バラを愛の象徴とするような表現は、ヨーロッパでは中世以来のものであり、ロマン主義芸術のなかに満ちている。ロマン主義の延長といえばいえる。そして、ゲーオア・ブランデス『十九世紀文学主潮』（一八七二～九〇）が「ロマン主義」対「自然主義」の図式で一九世紀ヨーロッパ文芸を見渡し、ノルウェーの劇作家、ヘンリク・イプセンの戯曲『人形の家』（一八七九）など、うわべを装うブルジョワ社会の虚偽を暴く傾向を加え、ゾラの「自然主義」の概念を拡張し、その図式が二〇世紀への転換期に国際的に広がっていた。上田敏が博文館の『太陽』臨時増刊『十九世紀』（一九〇〇）に寄せた「文芸史」（のち「一九世紀文芸史」）も、この図式に立って整理していた。そして、「自然主義」の側からも、象徴主義は「自然主義」の一種という主張が登場する。

ヨーロッパ一九世紀末の文芸では、イプセンが、撃ち落とされ、野生に帰ることのできない野鴨を象徴的に用いた『野鴨』（一八八四）あたりから象徴主義の作風に進み、フランスの作家、ジョリス＝カルル・ユイスマンスがペシミズムを深め、人工楽園の世界を『さかしま』（一八八四）に書き、ドイツのゲアハルト・ハウプトマンが民間伝承に題材をとるメルヘン調の『沈鐘』（一八九七）を書くなどしていた（戸張筑風・泉鏡花訳、一九〇八）。あるいは神秘的象徴主義に立つベルギーのフランス語圏の詩人で劇作家のモーリス・メーテルランクの演劇が台頭しはじめていた。

その傾向を、ドイツの批評家、ヨハネス・フォルケルトが『美学上の時事問題』（一八九五）の〈自然主義〉の章で、デカダンスをふくむ象徴主義の人びとは〈自然主義は陳腐になった〉というが、自然の〈深秘なる内性の暴露に向かう『後自然主義』（Nachnaturalismus）は、自然の神秘に向かう象徴主義と本質を同じくし〉ているといい、「自然主義」の概念を「後自然主義」や象徴主義にまで拡張した。これを森鷗外が『審美新説』として翻訳紹介した（『めさまし草』一八九八～九九年に連載、刊行一九〇〇）。

その反響は、岩野泡鳴『神秘的半獣主義』（一九〇六）や田山花袋「象徴主義」（一九〇七）などに如実にうかがえる。これまで「自然主義」ないしその変種のようにみなされてきた作家たちのあいだに象徴主義の受容が拡がっていた。こうして、一九世紀西欧文芸を総括する「ロマン主義」対「自然主義」図式は実際上、過去のものになっていた。

それ以上に困難なことは、東洋には「象徴」という概念がなかったことである。何故か。ヨーロッパで「象徴」（symbol）は、語源をギリシャ語の割符に発し、バラを「愛」の象徴とするように、形をもたない（見えない）観念を（見える）具体物に、一対一の関係で示すことをいう。東アジアにも古代から神仏の像のように、その表現はあった。が、概念としては分岐せず、長寿のシンボルを「鶴は千年、亀は万年」のように対句の形をとって用いられもする。今日では「シンボル」は、かなり細分化して研究されているが、当時の修辞技法をいう語では、アレゴリーに相当する「寓」(和語「ことよせ」)しかなかった。

それゆえ、「象徴」の語は、名作の模写に代えて、構図やタッチに個性を出す写実主義を称揚するフランスの美術評論、ウージェーヌ・ベロン『*L'Esthétique*』(1878)を『維氏《ゆうし》美学』(一八八三〜八四)として翻訳するにあたって、中江兆民が新たに造語したものだった。何かの「徴」(シルシ)としての「象」(カタチ)の意味である。そこでは、しかし、「象徴」は「原始信仰」の偶像など、芸術的価値の低いものと見られている。それと対照的に、アーネスト・フェノロサの『美術真説』(一八八二)は、作者の観念と制作物との関係を説くヘーゲル『美学講義』にのっとって、イデアリズム(観念論、理想主義)ないしロマン主義の立場から美術(芸術一般)の在り方を説くが、原始美術の偶像を「象徴」と見る点では同じだった。ところが、二〇世紀の転換期に「象徴」の価値に劇的な逆転が起こった。

ギリシャ神話など多神教は、キリスト教が邪教として排除し、ルネッサンス以降もタテマエとしては芸術の枠内でのみ鑑賞されてきた。が、民族独立運動の高揚に伴い、民族宗教が謳いあげられるようになり、とりわけ、アイルランド独立運動の先頭に立ったロンドンの詩人たちは、ウィリアム・ブレイクの遺した秘教的な詩画を発掘、賞賛し、また、自然の背後に秘められた神秘や「万物の生命」(life of things)をうたうウィリアム・ワーズワースの詩などを積極的に再評価した。

そのグループの一人、アーサー・シモンズ『文芸における象徴主義運動』(一八九九)は、パリの詩人たちとの交友を通じて、キリスト教やブルジョワ的秩序に反逆するデカダンスの喧騒にまみれていた象徴主義の系譜を、「象徴表現」を意識的に用いる運動と定義して分離し、とりわけマラルメの詩を高く掲げた。

シモンズは、その〔序文〕で、機械文明に反対する姿勢を強め、キリスト教信仰を離れたスピリチュアルな「宇宙の生命エネルギー」（universal vital energy）の世界原理を押し立てたトマス・カーライルがドイツの哲学者に仮託した自伝的な『衣装哲学』（一八三一）の〔第三章〕に、「永遠」（infinite）という神聖な見えないものを具体物で示すことを「象徴」と呼んでいる用法を採用した。そして文芸において象徴を意識的に用いる流れを象徴主義と呼び、「一種の宗教」（a kind of religion）と呼んだ。それは、マラルメがロンドン講演「リヒャルト・ヴァーグナー――フランス詩人の夢」（一八八五）で、天に記された民話のような寓話をこの地上に引きおろし、民衆のなかに眠っているものを呼び起こすような詩に「ほとんど一つの宗教」（presque un culte）の意味を与えたいという願いを語ったのを承けたものだった。

＊フランスのデカダンスを代表するシャルル・ボードレールの詩集『悪の華』（一八五七）中の詩「万物照応」（correspondence）に〈自然はひとつの神殿（temple）〉であり、〈香りと色と響きがこたえあう〉〈象徴の森〉（des forêts de symbols）とあり、諸感覚の配置複合によってそれを開示する試みを行っていた。これはオカルティスト、エリファス・レヴィが『高等魔術の教理と祭儀――教理篇』（一八五五）で説いた神秘的な世界観にヒントを得たもの。ポール・ヴェルレーヌが何よりもニュアンスを重視する「詩法」（一八八二）を発表、マラルメに師事したギリシャ出身の詩人、ジャン・モレアスが抽象的観念にイメージを与えることを「象徴」と呼ぶエッセイ、「象徴主義」（一八八六）を発表してもいた。ポール・ヴェルレーヌは、意味を離れた音律の技巧を洗練させもした。だが、どれもデカダンスの喧噪に紛れて、当時から指標とされていたわけではない。アルチュール・ランボーの詩句、「おお、季節よ、城よ、どんな心が無傷でおられよう?」（Ô saisons ô châteaux, Quelle âme est sans défauts ?）は、動くものを季節、動かないものを城に象徴させるが、ランボーには母音のそれぞれに色感を寄せる詩もある。

そして、ロンドンの詩人たちと交友し、故郷ベンガルに帰ったラビンドラナス・タゴールは、生命原理主義に立ち、ヒンドゥーの神秘的信仰を謳いあげる詩集『ギータンジャリ』（英訳版、一九〇九）で、一九一三年にアジア人で初めてノーベル文学賞を受賞する。とりわけ日本では注目を集めることになる。

このようにして、精神の無限の自由を求めるロマン主義の展開の上に、芸術は自らを、この地上における至高の価値を実現するものと宣言するに至ったのである。民族宗教の信条や博物学によるさまざまな自然の神秘の開示、また人類学による未開社会の研究の進展とも手を携えながら展開した。それは、カントが『判断力批判』で神から授けられた理性による「真」「善」の判断と普遍性をもたない感情による「美」の判断を切り分けたことに発する西洋近代美学のタテマエ上の芸術規範を瞬く間に突き崩してゆく。

そして、「宇宙の生命」ないし、スピリチュアルな「生命エネルギー」という普遍原理に立つ象徴主義は、表現に個々人のその場その場の感覚や意識を重んじる傾向を拡げ、外界の印象を再現しようとする印象主義、内面の歪んだ感情を歪んだままに外景に投影する表現主義など、二〇世紀初期のアーリイ・モダニズムから第一次世界大戦後のシュルレアリスムなどの諸派に分岐し、日用品のデザインにまで進出し、二〇世紀を通して国際的に展開してきたのである。

結局のところ、ヨーロッパ象徴主義とその展開の多様性を包み込むためには、マラルメの晩年の詩論「詩の危機」中の〈純粋な著作の中では語り手としての詩人は消え失せ、語に主導権を渡さなければならない〉や〈どの花束にも不在の、馥郁たる花のイデーそのものが音楽的に立ち現われてくる〉などの命題から、伝達を目的とした現実再現的な芸術とは別の、ある純粋なイデーを開示する別世界をつくることを指標として採用するしかないだろう。

マラルメがギリシャ神話やインド民話などを探り、翻訳もし、そして、地上に立ち昇る国家や教会などの蜃気楼にとって代わる、ある絶対性をもつ詩が民衆の上に君臨する祭典を、この地上に実現することを夢見ていたことは知られていた。たとえ今日のわれわれが、いよいよ、それを確信するに至っているにしても＊、である。

＊二一世紀に入って刊行されたプレイヤード版『マラルメ全集』II（二〇〇三）には、マラルメが、参列者にバラバラにした詩篇を配り、その日によって偶然つくられる歌がうたわれるような、教会のミサを擬した儀式を、秘密裡に、だが、本気で考えていたことを示すメモが収録されている。

日本の場合、蒲原有明にはじまる象徴詩人たちの芭蕉礼賛の波は、三木露風のエッセイ「芭蕉」（一九一二、詩集『白き手の猟人』一九一四所収）あたりから、芭蕉俳諧を宇宙の生命を開示する象徴表現と見る論調に転じてゆく。種田山頭火や尾崎放哉も加わった新傾向俳句を率いた荻原井泉水は、たとえば『我が小き泉より』（交蘭社、一九二四）中「新しき俳句の使命」で、次のように説いている。

> 自然の内部に私は凡ての概念に曇らされない本源的なものとして大きな生命を見る。我々人間の生活は此の大きな生命の分派に外ならない。而して我々の生命が此の根源たる生命との交融を感ずる所に、自然に対しての憧憬親和を覚ゆるのである。▼18

第二次世界大戦後もだいぶたった『詩と人生』（一九七五）では、次のように変奏されている。

> 花のうつくしさははかないものである。はかないが故にうつくしいのだ。造花がいかに真に迫って作られていようとも、造花にはほんとうの美しさはない。生命というものがないからである。我々自分自分の生命がはかないものであることを感ずるゆえに、はかない美しさに生命を感じるのである。

> やがて死ぬけしきも見えず蟬の声　　芭蕉▼19

このような、われわれの耳にもよく馴染んだ評言の底に、一つの思いが流れつづけていたと考えてよい。この波は、一九三〇年代には、芭蕉の伝統主義を遡り、中世の禅林の文化をもって、日本の象徴主義と論じる動きに変じてゆく。それについては次章で見てゆくことにし、二〇世紀への転換期、文芸の自然描写は、どこに向かおうとしていたか、それを探ってみたい。

二、自然のスケッチ

叙景の変容

日本で最初に「叙景」の語を用いたのは、正岡子規が「我邦に短篇韻文の起りし所以を論ず」（一八九二）の中で、といわれる。これをもって客体を「写生」する態度がはじまったかのように未だにいわれているらしい。叙景とは風景を叙すること以外ではなく、その概念は遥か昔、『文心雕龍』に示されていた。景は初めから外部の景色であった。では、そこで正岡子規が何を主張したのか。少し長くなるが厭わず引用する。

公卿の翻弄物となりたるが為に長篇韻文は全く跡を絶ち短篇韻文のみ流行したるに相違なしと雖《いえ》ども猶《なお》此外に短篇韻文を成立せしめたる一大原因ありて存するなり。何ぞや曰く我邦の韻文は叙事よりも叙情を主とせり。叙情よりも叙景を主とせり。語を換へて言はば錯雑にして変化多き人間社会の現象を模写せずして専ら簡単にして静黙なる天然《ナーチュア》を模写せしが為なり。更に語を換えて曰わば吾人々間が就する客観的万象が直接に吾人の心理に生じたる表象を取りて、ここに山光水色若しくは花木竹草の如き幾多の長時間に微妙の変動を成して外部に生じたる客観的の事実関係等を以て材料となさずして偏《ひとえに》主観的に有りて善悪混淆する無数の観念の分析、又は其観念が表象を取りて、これに極めて僅少の理想を加え以て一首の韻文を構造するに過ぎざりしを以てなり(短歌にして人情を写す者は只恋歌等の一部分に過ぎず)[20]。

ここで〈客観的万象が直接に吾人の心理に生じたる表象〉とは、「景」の心に映ずるもののこと。その景とは〈山光水色若しくは花木竹草の如き幾多の長時間に微妙の変動を成して外部に生じたる客観的の事実関係等〉である。歌人の観念に生じる諸々ではなく、対象的事物から受ける「印象」を詠えということに尽きている。実際、子規は印象を短歌にし、俳句にした。それについては何度も論じてきた(次章では、子規の芭蕉論をとりあげる)。

二〇世紀への転換期、『明星』の人気に対して叙景歌を運動として展開したのは、落合直文と尾上柴舟の二人である。二人の共編により、一九〇二年に刊行された撰歌集『叙景詩』の冒頭に掲げられた落合直文「『叙景詩』とは何ぞや」はいう。

詩と画と、其極地に於ては、乃ち一なり。自然の景趣に対して、揮灑《きれい》縦横し、朝霞夕煙、風雲竹樹、悉く《ことごと》取て、片絹隻紙の間に寓せしめ、而して、神秘の影、おのずから、其中に動き、観者をして、血の湧くを覚え、聴者をして、肉の踊るを感ぜしむるもの、これ画の至れるところにして、また、時に極《きわま》れる処なり。学んでここに至る、豈《あに》、他あらむや、ただ自然に従て、之を写すに在り。写して、人意を挿まざるに在り。竊《ひそ》かに訝《いぶか》る、今時の詩に志すもの、ただ、浅薄なる理想を詠じ、卑近なる希望をうたい、下劣の情を攄べ、猥雑の愛を説き、つとめて、自然に遠ざからむと期し、而して、真正の時、以て、得べしとなす謬《あやま》れるの甚しきにあらずや[21]。

ここでは景物の〈神秘の影、おのずから、其中に動き、観者をして、血の湧くを覚え〉せしむることが画の理想、すなわち「気韻生動」を感じせしめることをもって短歌の理想として掲げている。子規のいうのとはだいぶちがうが、どちらも対象的「自然」を客体として措定し、それをうたえとはいっていない。落合直文は、今様の七五調を借り、また「ガラス」など外来語にカタカナを用いて新体詩を推進した人である。

いま、尾上柴舟のうたを歌集『静夜』（一九〇七）から一首だけ引く。

しづやかに月は照りたり天地《あめつち》の　心とこしへ動かぬがごと▼22

引いたのは、ここに月光に照らされた〈天地の心〉が登場するからである。落合直文「『叙景詩』とは何ぞや」にいう〈神秘の影〉は、「天意」という「神秘」をうたうところに向かい、叙景歌の歌人、尾上柴舟はすでに哲学詩人の異名をとっていた。

子規「我邦に短篇韻文の起りし所以を論ず」では〈天然〉の語が用いられ、落合直文「『叙景詩』とは何ぞや」では〈自然〉の語が用いられ、その間に「自然」の語の使用頻度が増えていることを想わせるが、歌人は歌語「天地」を用い続けた。

国木田独歩の場合

散文ではどうか。国木田独歩『武蔵野』（一九〇一）所収の「忘れえぬ人々」（一八九八）の最後近くに登場する「同情」の語に目を向けてみよう。

「……僕は今夜のような晩に独り夜更て灯に向っていると此生の孤立を感じて堪え難いほどの哀

情を催《もよ》おして来る。その時僕の主我の角がぼきり折れて了って、何だか人懐かしくなって来る。色々の古い事や友の上を考えだす。其時油然《ゆぜん》として僕の心に浮んで来るのは即ち此等の人人である」[23]。

〈此等の人人〉とは、語り手が旅の途中などで見かけてきた、自然のなかで一人、絵を描いている人びとらを指している。独歩の〈主我〉は、ラルフ・ウォルド・エマーソンの〈宇宙の大霊〉に向かう志向を陽明学によって受け止めたしくみで考えられるような気宇壮大なものだった[24]。その〈主我の角がぼきり折れ〉、人恋しくなるという。〈油然として〉は「思わず知らず」の意味。モノローグは続く。

「皆な是此生《これこの》を天の一方地の一角に享《う》けて悠々たる行路を辿り、相携《たずさ》えて無窮の天に帰る者ではないか、というような感が心の底から起って来て我知らず涙が頬をつたうことがある。其時は実に我もなければ他もない、ただ誰れも彼れも懐かしくって忍ばれて来る。／「僕は其時ほど心の平穏を感ずることはない、其時ほど自由を感ずることはない、其時ほど名利競争の俗念消えて総《すべ》ての物に対する同情の念の深い時はない」。

この〈総ての物に対する同情〉は、いわば自我を消して、景から受ける印象と景への感情移入の双方に橋をかけ、万物、万人に「同化」する、すなわち己れを普遍に開く心情によるものだった。〈総ての物に対する同情〉とは、いいかえれば、万物と同化する心情というくらいの意味だが、当時もいまも熟した言い方とはいえない。これは、どこから来たか。

森鷗外が親炙したエドゥアルト・フォン・ハルトマンが『美の哲学』〔第一巻〕（一八八七）〔美の概念〕で、美を主観のはたらきによるものとし、五官の感官の受けとる「実情」（実感に同じ）と想像による

「仮情」（仮構した感情）に分け、さらにそれらを、受動的な「反応」（reaction、印象）と対象に同化する「同応」（sympathy、共感）に分け、四肢のしくみで説いた。その第一部を森鷗外は「審美論」と題して『柵《しがらみ》草紙』に断続的に翻訳連載した（一八九二年一〇月～翌年六月）。そこでは、その「同応仮情」（想像上の同化で投影）が〈おのが情況を客中に移して、おのが覚ゆる所を客の情況の直に映じ来たるものとおもへり〉と説明されている。▼25 この〈情況〉は感情の状態のこと。鷗外は、のち、全体の要約を大村西崖と共著『審美綱領』上下巻（一八九九）を刊行する。

おそらく、独歩の「同情」は、この「同応仮情」を短縮したものだろう。そこまで独歩が考えていたかどうかは別にして、対象から感じた心情を対象の心情と同一と感じることであって、相手の身を想いやって感じる、いわゆる感情移入ではない。* 感情移入美学以前である。

＊そののち、テオドール・リップスに代表されるドイツ感情移入美学は、対象への共感を感情移入（Emphasis）とし、それによって相手が理解できるとする。それゆえ、倫理の問題と密接に関連して展開する。誤解が生じるのは、生じる側の判断に限界があるからとされ、普遍性の獲得が目指されることになる。すなわち全知全能の神に近づく人格の形成に向かう。リップスの感情移入美学は、そもそも人格主義と一体のものとして展開されていたと考えてよい。ドイツ感情移入美学の受容は二〇世紀への転換期からはじまっていたが、阿部次郎がリップス『美学』の祖述を一九一七年に、独自の立場も加味して『人格主義』を一九二二年に、ともに岩波書店から刊行する。各人が人格を高めることによってこそ、社会改良がなされるという考えである。折から第一次大戦後の階級闘争の高揚期にさしかかった時期にあたり、経済的搾取の実態を見ず、また争議行動を認めないブルジョワ思想の代表のように攻撃を受けることになる。ここでは、感情移入美学受容以前の客観と主観、対象的自然と向き合う自己の問題が、どのような新しい文芸を拓いていたかに着目する。

『武蔵野』中「小春」（一九〇〇）では、独歩がフランス印象派に学ぶ画家を訪ね、自然のスケッチを試みていたことが示されている。そこには、ワーズワースの詩「ティンターン修道院から数マイル離れてつづった作」（一七八九）が翻訳されている。都会で暮らしたのち、ワイ河の河畔に戻り、自然の風光に接しての感慨をつづるもので、途中、〈瞑想静思の極に到れば我実に一呼吸の機微に万有の生命と触着するを感じたりき〉とある。[26]〈万有の生命〉は"life of things"の訳語である。

独歩「小春」は〈今や落日、大洋、清風、蒼天、人心を一貫して流動する所のものを感得したり〉という一節に圏点を付し、そして、ワーズワースの詩は自然の写実などではなく、〈たゞ自然其物の表象変化を観て其真髄の美感を詠じた〉ものだという。独歩は、自然の「真髄」、すなわち本質が現象したものを〈表象変化〉といい、自然の生命の動きをとらえることに向かったのである。つまり国木田独歩『武蔵野』における「情景」描写は、「自然の生命」の象徴表現へと道を拓くものだった。『武蔵野』巻頭に置かれた「武蔵野」（もと「今の武蔵野」一八九九）は、東京郊外の雑木林で「自分の見て感じた処《ところ》」を案内記風にまとめたもの。一〇月下旬、〈武蔵野一面が一種の沈静に入る。空気が一段澄みわたる。遠い物音が聞える〉の後の一節を引く。

> 鳥の羽音、囀《さえず》る声。風のそよぐ、鳴る、うそぶく、叫ぶ声。叢《くさむら》の蔭、林の奥にすだく虫の音。空車《からぐるま》 荷車の林を廻《めぐ》り、坂を下り、野路を横ぎる響。蹄《ひづめ》で落葉を蹴散らす音、これは騎兵演習の斥候か、さなくば夫婦連れで遠乗に出かけた外国人である。（略）遠く響く砲声。隣の林でだしぬけに起る銃音《つつおと》。自分が一度犬をつれ、近処の林を訪《おとな》い、切株に腰をかけて書《ほん》を読んで居ると、突然林の奥で物の落ちたような音がした。足もとに臥《ね》て居た犬が耳を立ててきっと其方を見詰《みつ》めた。それぎりで有った。多分栗が落ちたのであろう、武蔵野には栗樹《くり》も随分多いから。／若《も》し夫《そ》れ時雨《しぐれ》の音に至《いたっ》てはこれほど幽寂のものはない。[27]

ここには、〈自分〉が出てくるが、その感情らしい感情は書かれていない。ただひたすら自然のなかに聞こえる音を感受している。それでいて、体言止め、用言現在形、「〜た」「〜であろう」を折りまぜ、変化とリズムをつけている。いわば芸術的な散文をつくる意識がうかがえる。こうして雑木林のなかでのさまざまな音の楽しみ方を案内し、そしていう。

　秋の中ごろから冬の初、試みに中野あたり、或は渋谷、世田ヶ谷、又は小金井の奥の林を訪《おとの》うて、暫く座《すわっ》て散歩の疲《つかれ》を休めて見よ。此等の物音、忽《たちま》ち起り、忽ち止み、次第に近づき、次第に遠ざかり、頭上の木の葉風なきに落ちて微かな音をし、其も止《や》んだ時、自然の静粛を感じ、永遠《エタルニテー》の呼吸身に迫るを覚ゆるであろう。

　ここでは我が身にまつわる喜怒哀楽の情はさっぱり捨てられ、その意味では、いわば自分を消して、感覚を開き、ひたすら聞こえてくる音の感受に徹している。それは、自然の〈永遠の呼吸〉を感受するためだった。その感覚の歓びが「美」とされるのである。これは、理性による判断を離れた「感情」表現という近代芸術の定義を逸脱している。その意識状態は、夏には〈林という林、梢という梢、草葉の末に至るまでが、光と熱とに溶けて、まどろんで、怠《なま》けて、うつらうつらとして酔《よう》て居る〉[28]と書かれている。この自然の〈永遠の呼吸〉の感受や、うっとりする意識が詩趣の頂点をなす。

　エマソンの超越論哲学を受容し、宇宙に満ちている「生命」と自身の心の奥処に秘められた「内部生命」とのつながりを宣言した北村透谷「内部生命論」(一八九三)あたりを先き駆けとして[29]、トマス・カーライル、ジョン・ラスキンの系譜にいう普遍的生命、「自然の生命」「宇宙の生命」(Universal Life)の観念を受容した表現は、このあたりにはじまる。そして、それは、自然の観念のみならず、自然の描写にも、いや、文芸全体に大きな変革をもたらすものだった。

イワン・セルゲーヴィチ・ツルゲーネフの短篇集『猟人日記』（一八五二、増補版八〇）は、ロシアの農奴解放の引き金になったことでよく知られるが、彼は一八四八年革命前後のパリ滞在中、外光派の画家たちが光と風の動きを写していることを学んだ。美術用語でいえば、石膏デッサンなどと異なり、瞬時の光景や姿態を描くタイムリー・スケッチ（timely sketch）にあたるが、文章では、景色が時々刻々、変化する様子を書くことになる。『猟人日記』中の短篇「あいびき」（一八五八）は全体が回想で、とくに語り手が白樺林のなかに座り、光景が時々刻々変化する様子を描く際に、ロシア語の過去形（完了体）が続く。二葉亭四迷は、その初訳（一八八八）に際し、果敢に音調、文体を映すことに挑み、「？」や「！」の記号類も導入したが、次つぎに継起する事象を述べるのに用いる完了の助動詞「たり」が口語化した「〜た」を繰り返して用いた。そして、それを連載中の『浮雲』（一八八七〜八九）の一部にも用いた＊。

＊小説では、会話は口語だが、地の文は「なり、たり」文末が伝統的規範だったので、第二次世界大戦後、この二葉亭の実験が小説における言文一致体の嚆矢のようにいわれた。だが、明治末期から大正期にかけて拡がった言文一致体とは、一般文章において、漢文書き下しから漢語や慣例の返り読みを減らした明治期普通文の文末「なり、たり」を「だ、である」に改めることだった。ただし、小学校の作文教育では「です、ます」が先行していた▼30。

だが、「〜た」止めは、体言止めとともに、江戸時代の笑話などにはじまり、庶民が書きつけ類に用いてきたもの。いかにもくだけ過ぎて品がない。斎藤緑雨は「煙管《きせる》を持った煙草を丸めた雁首《がんくび》へ入れた火をつけた吸った煙《けぶり》を吹いた」（「小説八宗」一八八九）と文体模写でからかった。二葉亭は自分でも不細工に感じたのだろう、「片恋」「めぐりあい」（のち「奇遇」）とともに翻訳集『かた恋』（一八九六）に収録する際、改訳し、文末に現在形を多く混ぜ、リズム感をもたせ、芸術的な文体に工夫した。独歩は印象派から学んだ自然描写に、『かた恋』収録の「あいびき」で白樺林の一点に座して、光景が移りゆくさまを描く文章の翻訳体を応用したのである。[*]

＊この時期の国木田独歩の文章を、明治期知識人の科学崇拝、「想世界」の喪失とし、客観描写による自然主義に道を拓いたものと批判的に評価する立場が戦後批評の主流にあった（中村光夫『言葉の芸術』講談社、一九六五など）。己れの理念も想念も消して、自然の背後の息吹きを感受しようとする独歩の態度と、客体を客観的に描くこととが混同されていたのである。また、柄谷行人『近代日本文学の起源』講談社、一九八〇）は、主客が分立した近代的な「風景の成立」と論じ、国木田独歩の文章で一点消失の遠近法が初めて成立したと例証しているが、文章だから時間も経過するし、視点も動く。逆に、「今の武蔵野」では、歩きながら景物が変化するさまを描写しようとする試みもしている。五官で感じとる感覚をいかに文章に表現するか、そのさまざまが試みられているのだ。建物や人工物を除いた自然の風景を一点消失法で絵画に描くことの方が困難であることを思うべきだろう。▼31

徳富蘆花の場合

明治後期に追究されたのは、空間的把握ではなく、むしろ時々刻々の光景の変化の方だった。徳富蘆花は比較的早くから伊香保温泉への紀行文などに、ジョン・ラスキンの山岳風景の描写を真似ていたが、国木田独歩から「自然の日記」を書くことを勧められ、「自然に対する五分時」という題名のもとにいくつものスケッチを試みている。その一〈此頃の富士の曙〉（明治三一年一月記）は〈心あらん人に見せたきは此頃の富士の曙《あけぼの》〉とはじまり、逗子の浜に立って、富士を望むところからはじめている。〈海も山も未《いま》だ睡《ねむ》れるなり〉は暗喩だが、次のようにつづく。

唯一抹《ただいちまつ》、薔薇《しょうび》色の光あり。富士の巓《いただき》を距《さ》る弓杖許《ゆんづえばか》りして、横に棚引く。……富士は今睡《ねむり》より醒《さ》めんとすなり。今醒めぬ。▼32

この景観の変化を伝える描写には、「私」の意識はもちろん、一切の「内面」が消えている。ただひたすらな印象の描写であり、その意味での「透明な文体」が出現している。しかも「言文一致」体ではない。文末には現在形及び、文法用語でいう完了の「ぬ」が多用される。そして、〈今醒めぬ〉は次のようにつづく。

> 見よ。嶺の東の一角、薔薇《ばら》色なりしを。請う瞬《またゝか》ずして見よ。今富士の巓《いただき》にかゝりし紅霞《こうか》は、見る〳〵が内に富士の暁闇《あかつきやみ》を追い下ろし行《ゆ》くなり。……富士は薄紅《うすくれない》に醒めぬ。

途中、まるで読者が語り手のすぐ隣にいるかのように、〈見よ〉〈請う、見よ〉などと呼びかけが入る。これは眼前の光景の描写に切迫度を加え、読者の想像のまなざしに移動を誘いかけつつ、移りゆく光景を繰りひろげるための工夫である。だが、いわゆる描写に終始するものではない。ときに、〈自分が眼には、暁は此の両岸の鶏声の間から川面に湧き上《のぼ》って来る様に思われた〉〔三　利根の秋暁〕などと感想も入る。また、〔二〇　春の悲哀〕は、次のように締めくくられる。

> 自然は春に於いてまさしく慈母なり。人は自然と溶け合い、自然の懐《ふところ》に抱《いだ》かれて、限りある人生を哀み、限りなき永遠を慕う。即ち慈母の懐に抱かれて、一種甘える如《ごと》き悲哀を感ずるなり。▼[33]

大自然の霊気に身をまかせ、刻々と移りかわる印象を描くことは、自意識を消して、ひたすら眼前に生起することどもを報告することである。そのただなかに自意識が戻ると、母なる自然に抱かれて、〈一種甘える如き悲哀〉を覚えるというしくみである。

実はラスキンも『近代画家論』〔第一巻〕に、朝陽を浴びて、山岳が明るんでゆく変化をスケッチしているが、実景の印象の描写とそれに対する感想が構文の基本形をなす、「景」＋「情」の伝統的規範を活かし、蘆花のようにさまざまに工夫するわけではない。これらは、情景の描写に徹した散文のスケッチをもって一篇の文芸作品たらしめようとした作品群である。徳冨蘆花『自然と人生』は、かなりの長きにわたって小学校高学年からの作文の模範にされた。

『自然と人生』〔湘南雑筆〕の連作中、〔四〇　秋晩の佳日〕には、より感覚に即し、陰影あざやかに描く文章を見いだすことができる。ほとんどマネ以降の印象派を想わせるところがあろう。

夕方また今朝富士を見し川辺の砂に立って、夕日を見る。日はまさに鳴鶴《なきづる》の右に落ちむとして、白光爛々として眼見るに堪えず。鳴鶴は夕日に負《そむ》いて闇《くら》く、石垣も黒し。其《その》石垣の根に、一艘の船あり。檣《ほばしら》の中程に捲《まき》たる帆を懸《か》けたるが黒々と日に劃《かく》せられ、檣頭《しょうとう》より三二條斜めに垂れたる帆綱は、日を受くる側に於て金色をなせり。[34]

同じ頃、島崎藤村が詩人から小説家への転身の途中、ラスキンにならって雲の観察をつづけるうちに、〈天地の呼応する様子〉に目を開かれたと書いている。その観察記録の随筆「雲」（一九〇〇）の一節を引く。

盛夏は陽気のきわまれる時にして万有化育の絶頂。日近く、熱多く、地上より蒸発する水分の豊かにして直射する光の力ある、天地はまさに奮闘と鋭意と活動の舞台なり、生殖と競争の世界なり。

これは、熱、水分、光など理科の知識によって成りたっており、〈生殖と競争の世界〉には、ダーウィンの「自然選択」説が映っている。山深い信州、馬籠《まごめ》に生まれ、それこそ「自然に恵まれた」環境に育った島崎藤村が自然科学的観察によって、はじめて自然が生きて活動する様子に目をひらかれたと感じ、その感じを文章に示す工夫をしていることもわかる。だが、先の国木田独歩や徳富蘆花のスケッチと比べてみるとき、どちらがいわば裸眼による「自然の観察記録」で、どちらが知識による説明か、一目瞭然だろう。ここには、知識と観察、感受と表現のあいだに横たわる、われわれが考えてみなくてはならない問題が集約的に現れていよう。ただし、藤村の雲の観察記録のほとんどが、ここに引用したような理科の用語が頻出する文章で書かれているわけではない。

普遍的生命の表現へ

そののち、北原白秋の第一詩集『邪宗門』（一九〇九）〔例言〕の一つは〈予が象徴詩は情緒の諧楽と感覚の印象とを主とす〉とはじまる。〈諧楽〉は音楽のハーモニーの意。ここには〈情緒〉に〈感覚の印象〉が加えられている。そして、実際、太陽が緑色に見えたなら、緑色に描いてもよいという意味のことを宣言した高村光太郎「緑色の太陽」（一九一〇）などによって、個々人は五官の感覚（視・聴・嗅・触・味）を通して世界像を獲得するという認識が拡がった。一般向けのハウトウもの、『通俗新文章問答』（著者名なし、新潮社、一九一三）も〈文明が進むと共に、人間の神経が繊細になり感覚が鋭くなったという事実と、個性を求める結果、より個性的な、より確実な感覚を重んずる傾向と、二つが相合《あいがっ》して、新しい文芸に於いては感覚が重んぜられてきたのである〉と述べている。

一般に、外界から受けた五官の感覚の刺戟は、中枢神経で統一され、対象の映像（印象）を形づくる。それは何がしかの感情を引き起こす。つまり、その映像には対象と感情とが絡んでいる。その映像のあるがままを、絵画にせよ、言語にせよ、物質的な形象に再現しようとするなら、その表現も対象と感情との絡んだものになる。言語による場合は、「景＋情」となる。

このような印象（感覚—意識）とその表現とについて、一般に成り立つことを、王国維『人間詞話』は〈景と情の境界〉といい、それを漢詩の伝統と論じ、藤岡作太郎『国文学史講話』は、〈自然との瞑合〉といい、山部赤人以降の和歌の伝統的表現と論じた。その内実は、感情移入美学以前にエドゥアルト・ハルトマン『美の哲学』が展開した一般論の段階のものである。ハルトマン『美の哲学』は、印象によって引き起こされる感情のリアクションを受動的印象と能動的投影の二種に分類していた。あくまで受動的印象のままを再現しようとすれば印象主義になるし、感情のままを表出しようとすれば表現主義になる。むろん、そこには表現を構成する実践的技術がかかわる。

ところが、二〇世紀の転換期に、世界の根源に、神でも物質でもなく、普遍的生命（universal life、しばしば「宇宙の生命」）を想定する観念が浮上した。世界は「生命エネルギー」なるものが動かしているという世界観である。その力動を感受する歓びもあれば、普遍的生命から疎外されていると感じて、孤独感に陥ることもある。その二極のあいだで感情とその表現は揺れる。そして、印象主義も表現主義も普遍的生命の表現として括られる。いや、いかなる方法をとろうと、そのように総括しうることになる。

それは、キリスト教圏においては、絶対的超越神が普遍的生命に置き換えられることを意味する。アメリカのプラグマティズムを含む、いわゆるヴァイタリズムの流れに相当するが、その淵源は、工業革命によって人間の手足も社会も機械のようになってしまったことを歎き、人間の精神力の回復を、普遍的な精神的エナジーに求めるトマス・カーライルの思想に発すると見てよい。ただし、キリスト教信仰と物理学のエネルギー一元論との関係が複雑に絡む。ベルクソン『創造的進化』のように物質と精神の双方に跨って生命エネルギーが原理として措定されることもある。それとは別に、レフ・トルストイのように神への信仰に支えられた生命（生活）を「神は生命である」と等値する考えもある。▼[35]

それは同時に、多神教が生んだ古典の総てを象徴主義と見なす動きを伴っていた。フランス人宣教師で日本の音楽界に積極的にかかわっていたノエル・ペリは、「特殊なる原始的戯曲」（『能楽』一九一三年七月）で、神仏崇拝の宗教芸能、能楽をギリシャ古典劇と比肩するものとして、〈表象主義《サンボリズム》〉と論じている。「表象」と「象徴」とは、長く混用されていた。能楽が象徴主義といわれるようになったのは、それからである。とりわけ、死者の霊が登場して語る夢幻能など、神秘世界の具体化にほかならない。つまりは日本の古典の全体の意味が象徴主義として新たに解釈されなおしたのである。

日本の場合、一九一〇年の大逆事件により、権力が社会主義勢力を抑え込んだため、地上の現実と魂の救済と求める疼きは「生命主義」の思潮を拡大させた。それも神・儒・仏・道の伝統思想で受けとめられ、逆に、それら伝統思想を「生命主義」的に解釈するため、日本における「生命主義」は多彩を極めた。一例だけあげる。徳冨蘆花『みみずのたわこと』（一九一三）中「食はれるもの」（一九一二）に次のようにある。

> 優勝劣敗は天理である。弱肉強食は自然である。宇宙は生命のやりとりである。……畢竟宇宙は是環《これわ》、生命は共通、強い者も弱い、弱い者も強い、死ぬるものが生き、生きるものが死に、勝つ者が負け、負ける者が勝ち、食う者が食われ、食われる者が却って食う。般若心経に所謂《いわゆる》、不増不滅不生不滅不垢《ふく》不浄、宇宙の本体は正に此である。▼36

〈優勝劣敗は天理である。弱肉強食は自然である〉は、もちろんダーウィンの生物進化論による。それが『般若心経』（般若波羅蜜多心経）の一節と組みあわされている。『般若心経』の〈不生不滅〉は本来は、生まれることも滅することもないという意味で、いわば生命の否定である。〈不垢不浄〉とあわせて、現象のすべてを否認することばで、「色即是空」と同じだ。それを物理学の「エネルギー保存則」によって、全宇宙における「生命保存の法則」とでもいうべき考えに転換している。当時の民間哲学の代表例の一つと見てよい。

明治期から昭和戦前期まで「生」や「生命」の語を用いてそれを世界原理と措定する考えを明確に示している人びとを、便宜的に分野別に列挙する（論証ずみのものに限る）。

北村透谷・岡倉天心・高山樗牛・木下尚江らを先駆者として、哲学で代表するのは、西田幾多郎・和辻哲郎・土田杏村・谷川徹三、思想一般では、筧克彦・田中智学・大杉榮・賀川豊彦・平塚らいてう・倉田百三・福来友吉・川村理助（教育）・岡本かの子（仏教思想）、高群逸枝（女性史）・文芸では、国木田独歩・徳冨蘆花・島崎藤村・岩野泡鳴・有島武郎・武者小路實篤・柳宗悦・島村抱月・金子筑水・相馬御風・片上伸（一時期）、文芸批評では、生田長江・中沢臨川・厨川白村・大西克礼・松浦一（国学者）、詩人では、蒲原有明・小川未明・北原白秋・三木露風・高村光太郎・神原泰・萩原朔太郎・室生犀星・白鳥省吾・中原中也・三好達治、歌人では、太田水穂・若山牧水・前田夕暮・斎藤茂吉・折口信夫、俳人では荻原井泉水、高浜虚子（一九三〇年より）。資生堂の社長で芸術写真家としても活躍した福原有信もその一人だった。[37]

その飛沫を浴びた形跡のある人は、ほとんど枚挙に限りがない。たとえば宮沢賢治は全体としては法華経と自然科学のあいだに跨る思想を展開しているが、その詩「春と修羅」の宇宙を貫いて流れる〈有機交流電灯〉は生命原理を示しているし、そのエネルギー概念は有機的に傾いている。[38]

「生命」原理をはっきり排除する考えもある。日本の前近代医学の変遷を文化全体の動きのなかでとらえた『日本医学史』（一九〇四）をまとめ、日本医学史の泰斗と目される富士川游は、「修養」の季節のなかで、浄土真宗の教えを『金剛心』（一九一六）に説いていた。その〈業種ト因縁〉の章では、学問の上からいうと、生物は形こそちがえ、みな同じく〈宇宙にみちて居る〉〈元素〉の組み合わせから成るもので、それゆえ、みな〈宇宙の妙法の下に支配さるべきもの〉であるとし、次の〈弥陀の誓願〉の章では〈煩悩具足の凡夫〉は〈流転の生死を離れること〉も出来ず、〈自力にて修行できぬ下根のもの〉ゆえ、〈必ず絶対無限の力の支配を受けねばならぬ〉という浄土教系の教えが重ねられ、阿弥陀仏へ帰一する心を説いている。その他、新カント派の「真・善・美の調和」の理想を知りつつも（「大正八年度の文芸界」一九二〇）、その実、「真・善・美」を相対化して、短篇の形式的均整に賭けた芥川龍之介、人情ヒューマニズムとでもいうべき思想で世の現実をわたる菊池寛のような人は、そもそも原理的な考えをとらない。作家、広津和郎には客観的事実に立ち、一切の観念を受けつけないような態度があった。

普遍的な生命原理に立つ思想は、当然、普遍主義を標榜する。そのなかに、日本の天皇こそ、「宇宙大生命」の現われとする考えが登場する。筧克彦、田中智学、西田幾多郎らに顕著である。ただし、立場がそれぞれにちがう。田中智学は国際連盟が結成され、帝国主義が終焉したという時代認識の上でそれを唱えた。筧克彦『皇国精神講話』（一九三〇）は皇道派青年将校たちに教科書のように読まれた。西田幾多郎『日本文化の問題』（一九四〇）は、それゆえ、天皇を権力闘争＝帝国主義戦争によって汚してはならないと説いている。第二次大戦後の生命原理主義については、第一二章でふれる。

三、「自然を愛する民族」説の展開

土居光知『文学序説』

吉田光邦『日本の科学史』〔第一章　自然と人間―古代より王朝までの精神像〕は、記紀歌謡などから中世短歌に至るまでを追っているが、その〈ノート〉にあげている参考書目のうち、日本人の自然観に関連の深いものは、和辻哲郎『日本古代文化』〔初版、一九二〇〕と土居光知『文学序説』〔一九二二〕であろう。ともに改訂を重ね、戦後も復刊され、長く読まれた。* 土居光知『文学序説』〔自然の愛の発達〉の章は、『英語青年』一九一八年九月号に寄稿したもので、こちらから先に述べることにする。

＊『文学序説』増訂版（一九二七）では、巻頭に西欧の神話学や無文字社会の儀礼や習俗の研究成果を援用し、神代記に見える歌謡と舞踏や劇との関係を論じた〈原始時代の文学〉の章を置き、大幅に再編、
その後、第二次世界大戦後には細部を補綴した再訂版（一九四九）、『著作集5』（一九七七）も復刊された。

土居光知『文学序説』は〈国民文学と世界的文学〉の章で、イギリス文学史に学んで、自国語で書かれた狭義の「文学」に限る立場を表明している。〈日本文学の展開〉の章では、ヨーロッパ一八〜一九世紀を通じて定式化された「抒情詩」「叙事詩」、それらを総合した「劇詩」（drama）の三段階論を柔軟に日本の古典文芸に適用し、その三段階が各ジャンルに繰り返されると理論的に整理し、文献の探索と批判、作者の事績の追求に傾きがちな国文学研究に新鮮な息吹を吹き込んだ。

その〈自然の愛の発達〉の章は、古代歌謡に見られる自然に対する態度が感覚的、装飾的なものから、『万葉集』中期ころに、自然の情趣の表現に進みゆくことに特徴を見、平安時代には観察と情趣が細やかになってゆくこと、中世の厭世観に発するうたは、とくに西行に見られるように自然に対する愛が寂しさに終始することなどを論じている。それに比して、西洋の自然美は、ギリシャ神話などでは女性の官能美の連想によっていること、中世には人間愛と自然への愛が対立していたこと、フランスのジャン＝ジャック・ルソー、イギリスのワーズワースらロマンティシズムにおいて、その二つを一致させ、〈生命の源泉〉〈自由な心〉に帰る精神を見出している。

西洋のロマンティシズムに無限の自由を求める精神を見るのは常識に属するが、〈生命の源泉〉へ帰る動きを見るのは、土居光知自身、イギリス一九世紀の生命原理主義に立つ批評の流れに親炙し、文芸批評の方法を身に着けたからである。『文学序説』の後半、イギリス文芸批評のうちから、「生命エネルギー」を世界原理として考えていたトマス・カーライルやその系譜に連なるウィリアム・ペイ

ターに力を注いでいるところに、それがうかがえる。＊

＊〈原始時代の文学〉中〈上代の舞台〉の項で、「トキジクの香の実」の説話を生命樹伝説の名残りと見ている。これは西欧宗教学にいうアニミズムと永生を願う道教の考えを安直に結びつけるもので、〈日本文学の展開〉の章にも、文学は〈生命の源泉に帰り行かんとする〉[39]という考えが容易に拾える。

自然の情趣をうたうところに「自然への愛」を見出すのは、藤岡作太郎『国文学史講話』以来のことだが、土居光知は、山部赤人を〈精神的な自然の発見者〉とし、『万葉集』巻六の次のようなうたをあげ、そのうたを〈清新幽玄〉と評している。[40]

ぬばたまの夜のふけゆけば久木生《ひさきお》ふる　清き川原に千鳥しば鳴く　〔九二五〕

「久木」は、今日も不詳だが、夜の気配の底に感じられるものを詠っていると見てよいだろう。土居光知のいう〈清新幽玄〉は、清らかな漠たる気配というほどの意味だろうが、「幽玄」が隠されている根源の意味で古くから用いられてきた漢語であることを彼が知らないはずはない。次のうたもあげている。

吾背子《わがせこ》に見せむと思ひし梅の花　それとも見えず雪の降れれば　〔一四二六〕

雪の向こうに咲いている梅の花に想いを向けている。「いま、見えていないもの」を想像することを〈精神的な自然〉と称しているようだ。

そして『万葉集』における恋愛詩人の自然詩人への変容、〈奈良朝の中程から詩人は恋愛の情を自然の中に移入して歌うことを好むようになった〉と述べている。ここに、感情移入美学を和歌のコトヨセや余情の技法の説明に発展させているのが明らかだろう。

和歌では恋情を除けば、「述懐」「述志」の要素が後景に退く傾向が見えるが。『古今和歌集』の場合、それに代わって情感とは無縁な「機知」が歓ばれた。土居光知は、この「機知」を和歌の構成法に置き換えてしまう。〔日本文学の展開〕の章では、和歌が実感吐露から叙情の構成意識に向かう発展をとらえている。この着観は鋭いが、和歌においては、「機知」が滑稽に傾き、俳諧連歌から俳諧に向かう流れが等閑視され、情趣一辺倒になってしまうきらいがある。また、題詠が盛んになり、秋月と恋のように定型化された情趣の下で新奇さが競いあわれ、うたからうたをつくり、物語からうたをつくるような、いわゆる本歌取りや本説取りが盛んになる。そのとき、うたは、定家がそうであったように、いわばことばの構成の技巧に走り、自然の景物はその道具と化してゆく。「機知」は、民衆の日常に題材を求める俳諧に展開し、都市の発展とともに都市とその近郊の俗の場に景物が求められ、いわゆる「自然」との接触は旅に求められ、その情趣は風物詩のようなかたちをとることになる。前近代のうちに、多種多様の紀行随筆が書かれ、読まれた国はほかにはあるまい。リテラシーを身に着けた民衆の増大がそれを支えていたことはいうまでもない。

土居光知は、和歌の抒情の構成法を論じる視座を据え、〔日本文学の展開〕の章で、その構成意識が『蜻蛉日記』『紫式部日記』『和泉式部日記』などの「日記文学」を生むと行論を進めた。これが「日記文学」ということばが用いられた嚆矢らしい。官による宮廷行事や日々の出来事の記録である「日記」とは異なり、内面性の表出をもって「文学」と呼んでいることは明らかである。つまり土居光知は、西欧近代の狭義の「文学」とその分析方法を用いて、文化的基盤の異なる日本の古典の言語作品の分析を独創的に進めたのである。

〔原始時代の文学〕の章は、歌謡、舞踏、演劇について、当代の文化人類学の所見と比較して想像を豊かに繰り広げて楽しいが、〔日本文学の展開〕の章〔伝説及び叙事文学〕では、記紀神話を「天ツ神」

を祖先神とするヤマト民族による征服譚と読み、「国ツ神」を自然神や半獣神など精霊一般とし、〈アニミズム〉と言い換え、そのあいだの関係を探る姿勢を見せている。またスサノオにしてもオオクニヌシにしても天ツ神から追放された英雄とし、〈日本の英雄神が自由な、強烈な意志を有する個性でない〉[41] ことを指摘し、日本神話の性格を〈非常に国家的、政治的〉としている。ヘーゲル『美学講義』が説くホメーロス作と伝えられてきたギリシャ神話の英雄像や他の地域の神話の英雄像との比較が行われている。これはイギリスで一九世紀後期からアーサー王伝説など中世叙事詩への関心が高まったことを受けていよう。だが、スサノオは天ツ神、オオクニヌシは国ツ神であり、ギリシャ神話の英雄とは設定がちがう（第六章一節を参照）。

そして、土居光知は、民族性としては〈温和な気候、豊穣な土地に於いて自給自足する農業の民〉を前提にして、国や家の観念を持たない遊牧狩猟民や隠者たちの個人の自由・平等思想と対比することを勧め、かつ、神話伝説の骨格が崇神から雄略のあいだにつくられ、大化の頃に編集されたという推察の上に立ち、記紀神話から〈政治的中心と宗教的中心の一致が円満に、完全に行われたことが感ぜられる〉として、〈外来の文化の消化〉によって日本文化の発展があったことを忘れるべきでないと、国粋主義に傾かないよう警告している。意図はよくわかるが、『記』『紀』の神話間の齟齬や編集過程に考えが及んでいない。これらは、総じて当代の伝承研究の歴史的限界であろう。

さらに〈多くの民族の叙事文学《エポス》は韻文であるが我国のそれは主として散文である〉ことを、芸術的衝動より王権の政治的意図が勝っているゆえと判断している。が、そもそも神話を〈叙事文学〉と規定することから問わなくてはならないだろう。より大きくは当時の人類学における芸術および宗教概念の歴史的国際的相対化を行い、考察しなおすべき課題であろう。

具体的には、聖徳太子の十七条憲法に見られる「和」の思想や山上憶良の「令反感情歌《まどへるこころをかへさしむるうた》」（八〇〇）に〈儒仏の精神を融合した〉ような教えを読み取り、もって〈日本固有の精神〉としている。[42]

仏教崇拝をめぐって、有力な豪族のあいだに争闘が起こったことは『日本書紀』にも明確に記されている。十七条憲法〔一〕に掲げられた〈和を以て貴しと為し〉云々に、儒学の影響を見るなら、儒者が五経の第一にあげる『詩経』〔大序〕にいう〈治世之音安以楽、其政和〉あたりだろうか。今日では、蘇我氏の横暴を抑える意図が読み取られている。[43]

そして、ヤマト王権で、大化の改新以降、十七条憲法がどれほど遵守されるべきものとされていたか、と疑問も残る。天武‐持統朝期に神・儒・仏・道四教兼修体制が固められた。兼修の態度は、内部に序列を生むし、一方で習合、他方で相互反撥を起こしてきた。文化史の今日から再考すべき課題は多い。みな自然観の考察に跳ね返る。土居光知『文学序説』は広く読まれ、それとしてあげられていなくとも、その影響は今日までかなり浸透していると想われるので、克服すべき歴史的な限界をあげておいた。

二つの谺

折口信夫「短歌本質成立の時代—万葉集以後の歌風の見わたし」（一九二六）は、古代の和歌における抒情の展開を論じたものだが、その〔二　奈良朝の短歌〕は、山部赤人の作風について述べるところからはじまる。〈真に「美」の意識を持っていた事の明らかに認められるのは、赤人の作品にはじまると言える。「美」の発見、——其は大した事である〉。だが、〈赤人の個性を出す事が出来た時は、既に其以前に示して居た伝統の風姿や、気魄を失うていた。自然を人間化し、平凡な人間の感情を与えている〉という。[44] そして赤人のうたを『万葉集』〔巻八〕から三首をあげ、それを〈文学意識が露出し過ぎて居る〉という。自然に向かおうとする〈情熱〉より、〈機智〉〈知性〉で自然の一部を切り取り、感情に染めてしまうという意味である。山部赤人のうたに〈精神的自然〉をいう土居光知の見解を変奏したものといえよう。折口は、一人称の問題を考察する際、土居光知『文学序説』を引用しているので、読んでいることは確実である。

折口信夫は、それが〈教養ある階級の普遍の趣味に叶う〉方法だという。のちに「余情」と「機智」を貴んだ『古今和歌集』の行き方になるという含意である。自然に向かう〈情熱〉、〈伝統の風姿や、気魄〉については、赤人の次のうたをあげていう。

> ぬばたまの夜のふけゆけば楸《ヒサギ》生ふる清き川原に、千鳥しば鳴く
> みよし野の象《きさ》山の際《ま》の木梢《こぬれ》には　こゝだもさわぐ鳥のこゑかも
>
> 等に見えた観照と、静かな律に捲きこんだ清純な気魄の力は何処へ行ったのか。前のは黒人の模倣であり、後のは人麻呂を慕ってはいながら、独立した心境を拓いている。

前のうたのヒサギを折口は〈楸〉（キササゲ）としている。そのあとのところで「ぬばたまの」のうたを〈此瞑想・沈思と言った独坐深夜の幽情〉と評している。「叙事詩の発生」（一九二六）〈九〉では、高市黒人のうた〈何処《イツク》にか　船泊《ハ》てすらむ。安礼《アレノ》崎　漕ぎ廻《タ》み行きし棚《タナ》なし小舟〉（『万葉集』巻一―五八）を〈瞑想的な寂けさで、而しかも博大な心〉と評している。出ていった船の帰ってこない夕暮の情景をうたったと想えるが、なぜか、昼に見た情景を夜に想い返しているととっている。歌人・釈迢空は、その出発期に普遍的生命を概念として示す傾向に鋭く反発し、斎藤茂吉らを激しく批判、その幽かな息づきを実感のレヴェルでうたうことを蕉門の「しほり」を借りて、「しをり」と呼んで、その道を歩んできた。▼45 第二次世界大戦後、折口信夫は、短歌における生命原理主義の発生のしくみを次のように説いている。北原白秋の歌集校訂本に寄せた「『桐の花』追ひ書き」（一九四八）より。

客観と主観とに融通境が開けて、幽かに生きる我が価値の増大する為、対象たる自然又は無生物が、我とおなじ生活意識を持って動くように見える。白秋の場合は、抒情から叙景に迫り、茂吉の方は、叙景をつきつめて抒情の境涯に入ったことになるのである。▼46

ここでは、その概念化のしくみを〈我が価値の増大〉により、〈我とおなじ生活意識を持って動くように見える〉とまとめている。白秋と茂吉のどちらにも主観の投影を見ていたのである。それとは異なり、〈客観と主観とに融通境が開け〉たところに、『万葉集』における、とりわけ山部赤人による「美の発見」にありうべき抒情の発生を見ていたことになる。

土居光知は「機知」を構成法の展開に見たが、折口信夫は俳諧精神の発展に見て、「日本文学発想法の一面—誹諧文学と隠者文学と」（一九三五、加筆して『日本文学の発生　序説』〔一九四七〕に所収）に、世の規範を逸脱した者たちが、いかに日本の前近代の文芸を切り拓いてきたかを考察している。世の秩序を逸脱したという意味での日本のデカダンス、ないしはアウトサイダーの果たした人びとの役割を掘り起こしたものである。

土居光知『文学序説』の、もう一つの謬は、「日記文学」なるジャンル概念の発明にかかわり、つくり物語や随筆のみならず、古典のノンフィクション・ジャンルともいうべき、「日記文学」研究を盛んにしたことであろう。池田亀鑑によってそれは、「自照文学」と呼ばれ、彼の『宮廷女流日記文学』（一九二七）を生むことになる。池田亀鑑は、そこで、作者が直接、思いを述べる「心境小説」の盛行から着眼したと語っており、「日記文学」なるものは、新しく発明された「ジャンル」であることが明白である。歌日記と物語の中間形態にはさまざまがあること、男性の作者のものもあり、期間もさまざまで、『紫式部日記』は書き付けのままで一つの作品に構成する意識が見えないことなど、第七章一節で述べておいた。*

＊歌日記と物語の中間形態のものには、さまざまがあり、一つに括るのは無理があるが、南北朝時代の日野名子《めいし》の『竹むきが記』で途絶える。

「心境小説」は、志賀直哉「城崎にて」（一九一七）のように、語り手＝作家がそれとして造型されない、エッセイ形式のものをいう。当初はヨーロッパ起源の「私小説」とは認められないと非難されたが、やがて「私小説」の特殊型と見なされるようになっていった。なお、永井荷風はエッセイ「矢はずぐさ」（一九一六）の冒頭近くで、世界文学における「私小説」の起源を、ゲーテが二五歳で新しい青年像を刻んだ『若きウェルテルの悩み』（一七七四）などに、日本においては、尾崎紅葉「青葡萄」（一八九八）、森田草平『煤煙』（一九〇一〇～一三）、小栗風葉「耽溺」（一九〇九）をあげている。森鷗外『舞姫』（一八九〇）からあげるべきだろうが、これが文壇の常識だった。

ところが、一九三五年、小林秀雄「私小説論」から再燃した「私小説」論議のなかで、舟橋聖一が「私小説とテーマ小説に就いて」（『新潮』一九三五年一〇月号）で、池田亀鑑の説を逆用し、「今日の私小説」は「平安女流日記文学」の〈尾をひいている〉と述べた。これが引き金になり、ジャンルも歴史も超えた、分厚い「私小説伝統」なるものが語られるようになっていった。一人称視点で語るノン・フィクションなら、紀行文や自伝、日記や心覚えの書き付けの類まで、諸外国にも、いくらでもあるのに。ジャンル概念の変転に無頓着な議論はあとをたたない。▼47

和辻哲郎『日本古代文化』

和辻哲郎『日本古代文化』は、初版（一九二〇）、改訂版（一九二五）、昭和十四年改訂版（一九三九）、新版（一九五一）と何度も改訂を重ねた。そもそもが仏教を受容する以前の日本文化を探ろうとして企てられた書だが、とくに〈第一章　上代史概観〉は、初版から改訂版、一九三九年まで、大筋は変わらないが、周辺学説への対応が迫られ、構成も細部の内容も変転著しい。ここでは、第二次世界大戦後の吉田光邦『日本科学史』の古代文化論などに、かなりの影響を与えた書という観点から、かなりの部数の刊行を見たと想えることもあり、一九三九年版を指標にとり、必要に応じて諸版に言及することにする。

その〔第一章「上代史概観」一日本民族の由来〕で、日本民族は、さまざまな地域から移住してきた民族の混血によるという明治期に唱えられた説に立ち、石器時代から大きな人種変化を経ずに縄文式文化が漸次、弥生式文化に移行したとする。先の土居光知の説よりもかなり早くに、民族意識の形成がなされたと推測している。温和な気候に育まれ、〈平和な生活に馴れ〉、〈本来菜魚食人種としの温和な性情〉、〈淡白な意欲、刹那的にのみ烈しい感情という風な、凶暴でない心を造り出したことであろう〉と説き、そして〈温和なこの国土の気候は、彼らの衝動を温和にし彼らの願望を調和的ならしめたであろう〉という。[48]

これは藤岡作太郎の環境決定論をそのまま引き継ぎ、『風土』（一九三五）で説かれる日本人の民族性は、すでにここで固められていたといってよい。ただし、〈暴王の烈しい征服欲や酒池肉林のあくどい享楽欲を以て特性づけられている古代支那人、或は荒涼たる大陸の原野を馳駆するのがその快楽であるらしい凶暴な外蛮諸族〉との対比において語られていること、また、アイヌは同系から別れた別民族とし、その〈母地を占領して住居したものではない〉ことを強調する。そして、四世紀後半、日本の朝鮮半島への進出と朝鮮人の渡来を古代における民族移動の大きな動きのなかに置いて捉え、いわば国際的に民族融合が進んだという面を押し出している。

南朝鮮との民族融合説は、日本の古墳時代の遺跡と三国時代の朝鮮遺跡、土器の酷似していることなどから、一九一〇年の日韓併合を前後する時期に、鳥居龍蔵が石器時代からの〈同じ民族的色彩〉を唱えたこと（「朝鮮の有史以前」など。『有史以前の日本』一九一八）を参照したものと想われるが、この基調には、第一次世界大戦が終わり、日本が国際連合の常任理事国になり、国際協調路線をとった時代の雰囲気も映っていよう。

だが、早くから東北アジア一帯の考古学調査を手掛けていた鳥居龍蔵は、アイヌ（の祖先）を日本列島の先住民とし、朝鮮半島から弥生文化をもった「固有日本人」が移住し、アイヌを中部・東北へ追いやり、そののち、朝鮮半島から金属器をもった人びとが移住し、アイヌをさらに北方へ追いやったとし、当時の京都帝大考古学教授、浜田耕作の縄文—弥生同源説には一貫して反対しつづけていた（「古代の日本民族」など。同前）。

実際、さらにヤマト朝廷の全国統一には蝦夷討伐がかかわり、その後も引き続いて行われたことは動かしようがない。これらを、和辻哲郎はほとんど眼中に置いていない。

和辻哲郎は、日清・日露と立て続けに戦争を行った日本に尚武の機運が高まったことに背を向け、第一高等学校の生徒の頃には神秘的な霊の力を力説する青年だった。哲学の実質的な仕事としては『ニイチェ研究』（一九一三）に出発したといってよい。その全体は、フレデリック・ニーチェの仕事こそ、哲学の名に値するとし、変転極まりないその軌跡を、「いま、ここ」の現在が普遍に通じることを論じた「永遠回帰」の観念を中心に体系化し、ベルクソン『創造的進化』やメーテルランクの先駆者として位置づける試みだった。ニーチェの「永遠のいま」は、実際のところ、エネルギー保存則にふれて着想されたもの。それは遺稿集『権力への意志』〔断片一〇六三〕に〈エネルギー恒存の原理は永遠回帰を要請する〉とあることに明かである。和辻哲郎はそれを、自ら身につけた生命原理主義に引きつけて解釈したのである[▼49]。

そして彼は、ニーチェ『善悪の彼岸』（一八八六）が、ギリシャ神話中に、太陽神・アポロンの理性とは逆の、ディオニーソス的な暗い情念の迸りを発見したことにうたれ、その情念の迸りを鎌倉時代の運慶や快慶の仏像彫刻に見いだし、さらに奈良時代の仏像彫刻に美にかける古代人の情熱を探った『古寺巡礼』（一九一九）を著し、かなりの評判をとった。それは日本文化の底に普遍に通じるものが潜んでいるという信念に導かれたものだった。その基調は『日本古代文化』にも認められる。古代の神話作者を理性の鍛えられていない、すなわち道徳を踏み外すところの多い、〈善悪の彼岸〉に立つ〈自然児〉と形容し、その〈無邪気な朗らかさ〉を称賛している。

和辻哲郎は『日本古代文化』の最終章、〔第五章　上代の宗教、道徳、美術〕の〔一　信仰と神話〕の最後を、いま、〈憲法の条文や教育勅語として存する〉〈皇室尊崇の宗教〉は、〈その内容が上代のそれといかに甚だしく異なっているかに就いて、何人もその眼を閉ずべきでない〉と結んでいる[50]。一九一〇年に日韓併合を果たし、第一次世界大戦に参戦した日本の天皇崇拝が古代からいかに変容してきたか、その経緯に目を向けさせるところに眼目があった。

そして、『日本古代文化』は、改稿の度に、温和な風土に馴染んだ温和な民族性が強調されていった。たとえば、一九二〇年版では〈ヤマト朝廷が勢力拡張や謀反鎮圧のために、熊襲、出雲、東国等に兵を送ったことは、歴史的事実にちがいない[51]〉としていたが、三九年の改訂版では、その文を削り、神武東征も史実とは限らないとし、古墳時代ののち、ヤマト朝廷が関東、北陸に進出したことを指摘した歴史学者、原勝郎の説に新たに応接する部分を挿入し、だが、そこが〈蝦夷地かどうかは別にして[52]〉といい、ともあれ、地方氏族の神社信仰を認め、宮廷がそれを総攬するかたちにもっていったこと、つまりは皇室の神聖な力による祭祀、その円満な全国統一の仕方に重心を移している[53]（〔第一章五　国家統一と考古学的証跡〕）。

この日本民族の平和的性格を説く見解は、日中戦争から「大東亜戦争」期にかけて、心を傷めていた人びとの共感を誘ったにちがいないし、それゆえ、かなりの影響を残したと想われる。そして、その姿勢が第二次世界大戦後、津田左右吉とともに和辻哲郎が象徴天皇制を指示する見解を打ち出すことにつながってゆく。

津田左右吉の逆を行く

和辻哲郎『日本古代文化』は、津田左右吉が『神代史の新しい研究』（一九一三）で、『日本書紀』『古事記』のテクスト・クリティックを行い、その神話伝承類は詞章として成り立っていたものではなく、中国思想を身に着けたヤマト朝廷の政治エリート層が文章化したものと決めつけたことに対し、もとの話がなにもないところに、まるで空想で神話をつくることはできないゆえ、〈皇室尊皇の宗教〉の色濃い『古事記』神代史が編まれる以前の伝承類があったはずと考え、『古事記』〈序文〉で太安万侶が古くなり、読み難いところが多くあるという「先代旧辞」が、六世紀までの古墳時代に編まれた神話伝承を伝えるもので、しかもそれはいくつかあり、そのうち、配列などに優れたものを当代語に翻訳したのが『古事記』だとしている（第三章〈古事記の芸術的価値〉）。『日本書紀』〈武烈帝紀〉などは〈暴王の烈しい征服欲や酒池肉林のあくどい享楽欲を以て特性づけられている古代支那人の性格〉を映した中国流の作法を渡来系官人が借りた異質な部分とし、これを論じ分けている。それは〈想像力の産物〉であり、その記述の細部に場面展開上のご都合主義的な食い違いがあることを指摘しつつも、その表現の具体性や各説話の主題と、とりわけ調子の変化の見事さをいい、その芸術性を高く評価する。

津田左右吉は『日本書紀』を「正史」として扱う国家体制側と、『古事記』を神典として奉じる「国学」系の学統に対し、それが神話にすぎないこと、文献の書き手の政治イデオロギーを考慮しなくてはならないこと、その二点から論陣を張った。それがのちにつくられた神話であり、事実でないことを強調し、古代律令制完成期の統治体制及び史官の政治イデオロギーに還元する態度に出たのは、彼の文献批判が官僚制の発達した近代の歴史文書などをめぐる実証主義に学んだもので、当然ながら、ウィルヘルム・ディルタイ流の解釈学以前である。日本の上代における神話伝承類を編む側の素材の採集の態度、及びその編集の思想の吟味に欠けていたことは否めない。そこに、大化改新以前に収集された文献記録があり、そこには中国文化に染まる以前の日本民族の信仰を探ることができるのではないか、と考える余地が生まれたのである。

『古事記』〈序文〉にいう「帝紀」は、各天皇の事績の年代記と推測されるが、「先代旧辞」ないし「本辞」は皇室が保持していた伝承類と考えてよい。[*] そこで和辻のような解釈が生まれたのである。

＊『古事記』序の成立について、そこに書かれている日付を疑う向きも古くからあるが、それなら、なぜ、そのときになって上表文が描かれなければならなかったのか、に満足のゆく答えを用意しなくてはならない。序文に推古天皇の命により聖徳太子と蘇我馬子が著したとある『先代旧事本紀』については、九世紀前半あたりに物部氏に連なる者によって再編された書物であると推定されているが、平安遷都をきっかけとして、氏族の整理が図られるなかで、宮廷祭祀の掌握権をめぐる中臣と忌部との角逐に対して、忌部氏の側から『古事拾遺』の提出が認められたことなどの動きを承けて、物部氏が飛鳥朝以来の皇室への貢献をまとめるために、『日本書紀』推古二八（六二〇）年の記載にことよせて、捏造したという推測が一応は立つだろう。

『古事記』が、「先代旧辞」のうちの優れたものの当代語訳かどうか、それを詮議する手立てはない。『古事記』は南北朝期にいわば発見された書物で、実際は江戸の国学、とくに本居宣長が、その価値を称揚して神道家の尊重するところになったものである。和辻哲郎の場合は、津田とは逆に、とくに『古事記』を想像力の産物として評価し、物語の具体性や詞章の展開が曲折に富み、芸術的であると主張する。『古事記』は歌謡を多くふくんでいるが、散文であり、その全体を芸術の一形態として古代の「叙事詩」と同列に扱うことは一種の錯誤である。古代の官人層にも、伝承の物語の面白さや語り口などに優劣の判断ははたらこうが、その基準がどこにあったかは定かでない。そもそも神話は信仰の対象をめぐる伝承であり、近代的な意味での芸術として記されたものではない。その点を考慮せずに、編んだ側の芸術的構成の能力を評価することはできない。和辻の場合は専ら現代人の芸術観、とりわけニーチェに学んだ一種のプリミティヴィズムによっている。

和辻哲郎の神話＝芸術観の大枠は、途中でホメーロスの『イーリアス』と比較し、叙事詩としての成熟度が低いという批評が出てくることからわかるように、ホメーロスの作品を最高の叙事詩とし、英雄時代を叙事詩発生の時代、民族精神の黎明期と称えたヘーゲル『美術講義』を参照していよう。『美術講義』〈第二部〉では、古典ギリシャ彫刻が、制作主体の観念と制作物の形態のバランスがよく取れた「芸術らしい芸術」とし、「古典芸術」以前の「原始芸術」として、古代エジプト彫刻などオリエントの偶像を「象徴主義」と呼び、観念が過剰で形態がグロテスクに陥っているとする。またロマン主義およびキリスト教芸術では観念が形態を超えようとしていると評し、やがて「芸術の終焉」につながる動きを見る。

そこには、ヨーハン・ヨーアヒム・ヴィンケルマン『絵画および彫刻におけるギリシア美術の模倣に関する考察』（一七五五）が、バロック・ロココなどの無秩序に向かう当代の趣味を「自然の模倣」と呼び、それに「古典の模倣」を対置したことが影を落としていよう。ギリシャ古典のもつ「高貴な単純と静かな偉大さ」(eine edle Einfalt, und eine stille Größe) を掲げたもので、ラオコーン (Gruppo del Laocoonte) 像に見られるように、内面の激しい苦悶を包み込んでなお、という意味である。[54] 放埒で放恣に流れる「自然」に対して、それを包む「理性」を称賛する構図が伺える。

ヘーゲルも『美学講義』〈第一部第一篇三章〉で、〈美は本質的に渾然不可分の統一体であり、融通無碍の静安なる完成態である〉[55] としている。そしてホメーロス作と伝えられる『イーリアス』などに活躍する、神と人間の中間に設定されたヘラクレイトスに代表される「英雄」を、一切秩序の外へはみ出す「自由」の精神を体現する者と見る。封建制の君主に仕える騎士の内でも秩序の外へ自身の自由意志で逸脱する者を見出し、「英雄」とする。

和辻はそれにならっているが、神がみと英雄と人間との区別も、ギリシャ神話と『古事記』とではちがう。ギリシャ神話で神がみは死なない。が、『古事記』の神がみは死ぬ。高天原から地上を治めるために降りたアメワカヒコは、復命せず、様子を探りに遣わされた雉を射た矢をタカミムスヒに返されて死ぬ。あるいは、日向に降臨した天照大神の孫・ニニギノミコトがコノハナサクヤヒメだけを選ぶ神婚説話では、神がみとその子孫との寿命がくらべられており、神がみは寿命は長くとも、やがては死ぬことが想定されている。ギリシャ神話と比較するなら、神話世界の根本的な成り立ち方のちがいから問うべきだろう。*

＊次に記紀神話を「叙事詩」と呼んだのは、高木市之助で「日本文学に於ける叙事詩時代」（一九三三、『吉野の鮎』一九四一）では、神話の全体と民謡とをはっきり区別しているが、「倭健命と浪漫精神」（一九三九）では、「英雄時代」論を展開している。そこに参照されているのはイギリス一九世紀後半から二〇世紀への転換機にかけて、文芸批評家たちのあいだで、アーサー王伝説など中世文芸への関心が高まり、社会身分が階級的に未分化だった時代に、英雄を神のように敬う作品（韻文）が書かれたこと、また、それらの伝承をもとにした作品が『イーリアス』のような堂々たる物語詩になっていないのは、ヘロドトスのような天才的な詩人が出なかったからだなどの論議である。ちょうど、多神教信仰や秘教的信仰にもとづく詩に関心が集まり、再評価の機運が興り、アーサー・シモンズにより象徴主義詩論が書かれるようになる時期と重なる。そして、この「英雄時代」にあたる時代が日本にあったか、なかったか、戦後も論議された。

『古事記』のヤマトタケルの東征神話は、各地の地祇ともいうべき自然の神がみの化身との闘争に傷つき破れ、悲劇に終わる。それは、なぜなのか。それがいつ、成ったにせよ、温和な自然に育まれた温和な性情の人びとが、このような神話を語り伝えたこと自体に和辻哲郎は口をつぐんでいるといわざるをえない。長い蝦夷討伐の歴史を含め、民族精神の瞬時の激情の迸りとすますことはできそうにない。

和辻哲郎は、個々の服属王権の祭祀の用具が銅鐸や銅鉾から鉄器に移行することなどを見届けているが、鉄器の普及は田地の開拓とともに部族間の戦闘も増加させたにちがいない。神話と歴史との双方に跨る考察が必要だろう。とりわけ『播磨国風土記』『出雲風土記』で活躍するオオナムチに代表される国ツ神にまつわる神話伝承は「国占め」、土地を占拠するための部族間の戦闘が絶えなかったことを語っている。また、水路を開き、新しく田をつくる「国作り」の土木事業を率いた豪族の首長の影も色濃い。「国ツ神」の伝承は神話化されているが、実際の族長を神として書いたものだろうということは、たとえば鳥居龍蔵も述べていた（『人類学上より見たる我が上代の文化』一九二五）。

さらにいえば、ヨーロッパ語圏における原始的信仰の研究は、一九～二〇世紀を通じて、多く植民地の狩猟採集民を対象とし、農耕・牧畜の都市文明と対比するスキームによっている。そもそも、古代ギリシャを文明の端緒に据えて考えられてきたことが大きい。それに対して、東アジアにおいては、温暖・多湿な気候条件により、多様な食料の確保が比較的容易であり、稲作を営む以前から集落定住型の生活が営まれていたと考えてよい。農耕以前を「野蛮」（savage）とするスキームを変換すべきではないか（第三章一節を参照）。

本居宣長は『古事記』のオオクニヌシの国引き神話との関係で『出雲風土記』にふれているが、津田左右吉も土居光知も和辻哲郎も、それぞれ示唆に富む論考を遺したが、『風土記』には踏み込むことなく、『古事記』『日本書紀』の編集の思想のちがいにも考察は及んでいなかった。昭和戦前期において、『風土記』や神社の縁起にまで探索の手を拡げ、『記』『紀』神話の編集の思想の核心が大化改新による「唯神」の思想の樹立による「宗教改革」にあったことを明確に突き出したのは折口信夫である。その諸論考は、中臣と物部の勢力争いが『記・紀』の編集に影を投げていたことをも示唆していた▼56（なお、第二次世界大戦後、日本神話と歴史を跨いだ論考については、本書〔第六章一〕で、石母田正のそれを検討しておいた）。

長谷川如是閑『日本的性格』のこと

「日本精神」をめぐる論議が盛んになった時期、和辻哲郎より一まわり上の世代の評論家・長谷川如是閑は「日本的性格の再検討」（一九三五）を記し、のち、補筆して『日本的性格』（一九三八）の〈第一章〉とした。その論調を土居光知『文学序説』、和辻哲郎『日本の古代文化』と比較するために、ごく簡単に見ておきたい。

『日本的性格』は〈本居宣長の言うごとく、「かくあるべき理」によらずに、まず「かくある」ことを明らかにする〉立場を明らかにした上で、民族的性格とは〈その民族が長期間生活し来たった、社会形態――自然的、政治的、経済的等等の環境――の成果としての心理的、道徳的傾向にほかならない〉[57]とし、自然環境還元主義とは異なるイデオロギー論的考察の姿勢を示し、その観念形態の歴史的変遷を追うかたちをとる。だが、日本人は〈東洋人としてはむしろ異数のもの〉といい、〈異民族や異宗教に対して極めて寛大〉で、心的態度において〈自然的であり、現実的〉であるとし、それを「近代的」と称し、もって根本的性格とし、その歴史的ヴァリエイションを追うような姿勢が感じられる。その点は差し引いても、時代の悪気流に対して後退戦の姿勢を示した著書としては、三枝博音『日本の思想文化』と双璧をなす書といえよう。[*]

＊なお、この時期、九鬼周造の講演録「日本的性格」（一九三七年『思想』二月号）が〈日本的性格として日本文化の中に含まれている自然、意気、諦念の三契機が相即融合する貌〉[58]を要領よくまとめている。ここでは、「日本的なるもの」にせよ、「日本的性格」にせよ、日本の国民性が改めて問われていた時期の一例として掲げるに留める。

長谷川如是閑は、上代においては、〈わが国に最初に成立した政治形態が、もはや民族対立を完全に排除した、同族中心による統一であった〉[59]と述べ、出雲の国譲り神話や天智朝の唐との交渉をもって例証としている。古代国家建設過程におけるアイヌ討伐戦を見ず、また『古事記』におけるヤマトタケルの出雲討伐などを消してしまい、神話と歴史が区別されることなく民族的性格が語られるのは、和辻哲郎『日本古代文化』と同一歩調をとっていることになる。そして、日本人の民族性に〈自然的であり、現実的〉な態度を見る。芳賀矢一『国民性十論』（一九〇七）を引き継いでいる感もある。長谷川如是閑は一八七五年生まれで、陸羯南の率いる『日本新聞社』でジャーナリストとして活動しはじめた時期に『国民性十論』に出あっていよう。

上代から〈全国民的な性格〉を帯びていたことを強調し、その姿勢が朝廷貴族に認められるという。*それは推古朝における国分寺の建設や曾我氏の専横に対する藤原鎌足と中大兄皇子のクーデターの画期的意義をもって語られる。そして、のち、それが武門貴族にも受けつがれたことを日本のアリストクラシーの特色としている。ここでは、古代における「国民」内部の階層的構成は度外視され、また武家の政治がアリストクラシーといえるかどうか、歴史的変容の過程が問題になろう。

＊加藤周一『日本文学史序説　上』（一九七五）〔第一章　『万葉集』の時代〕は、上代の宮廷官人層は例外として、民衆―加藤は「大衆」と称する―の歌謡や和歌に、いわゆる原始宗教の呪術や仏教の浸透を否定し、自然的・現実的な性格を論じているのが際立った特徴だが、この論調と軌を一にしている。

『日本的性格』の〔二　日本文明の伝統的特徴〕では、観念より、感覚〔感覚・感情・情操〕に制約される「生活の文明」と規定している。▼60 これもあるいは、戦後に、情緒的自然観をもって日本人の自然観の特徴とする考えが拡がるのを支えたかもしれない。ただし、〔八　日本文化と自然〕の章では、自然と現実の尊重が、単純・質素をもってよしとする態度を生み、それは建築によく表れているといいう。ただし、造園については、〈全部的に自然を鑑賞するという大ざっぱなところがない〉、〈自然を一つの形式に化して、それを局部的に見るという趣味〉を指摘し、盆栽趣味などに及ぶ。それが妥当な見解かどうかは別として、このようにジャンルのちがいを踏まえる姿勢は、戦前期の日本文化論のなかにあって、むしろ出色といってよい。が、それぞれの規範の成り立ちを問わず、一定の観念傾向にまとめてしまうのは、総論の書とはいえ、イデオロギー論の立場に徹し切れていないのではないか。

　都会文明が発達し、洗練されても、〈趣味が没自然のそれに流れる〉と難じ、〈原始人的の森林恐怖観からいつまでも離れ得ないで、森林の幽邃《ゆうすい》、深遠をただ神秘的に、または妖魔的に感ずるにすぎない〉と述べ、山の英雄として酒呑童子が活躍する例をあげている。▼[61] 面白い論点だが、「没自然」にも、さまざまな用い方があったことか知れる。

　また〔九　日本におけるルネサンス〕では、日本の中世において教権が強大化しなかった現象と江戸時代における〈人文主義〉の勃興を中心に論じ、すでに江戸時代のうちに、〈農業経済がもはや封建国家の財政を負担する能力〉を失い、〈市民社会的のそれに推移する道程に入って〉いたと見ている。▼[62] この点、長谷川如是閑『日本的性格』は、三枝博音『日本の思想文化』や丸山眞男『日本政治思想史研究』よりも突出した内在的近代化論だった。

　だが、たとえ〈農業経済がもはや封建国家の財政を負担する能力〉を失っていたとしても、幕藩二重権力という国家体制が存続する限り、国民国家＝市民社会の形成には向かいようがない。ここは権力構造との関係を度外視し、経済＝社会還元主義に陥っているといわざるをえない。

　そして、江戸時代に〈人文主義〉の勃興を見る見方は、一九六〇年を前後する時期の中村幸彦「近世儒者の文学観」（一九五八）の内在的近代化論などに継承されるともいえる。▼[63] つまり、長谷川如是閑『日本的性格』は、戦前・戦後の日本文化論の連続性を探る上で、さまざまに見逃しえない諸点を孕んでいることになろう。

第一二章　寺田寅彦「日本人の自然観」

辻哲夫『日本の科学思想』（一九七三）は、アインシュタインの相対性理論の衝撃を受け、科学の方法論・認識論への関心をもった科学者の一人として寺田寅彦をあげていた。その〔第一〇章　科学〕で、西周にはじまり、西田幾多郎を経て田辺元『科学概論』（一九一八）に至る「科学」概念の変遷を概観したのち、〔第一一章　技術〕で、寺田寅彦の未完の草稿『物理学序説』にふれて、彼が田辺元の科学批判に不満を覚え、物理学の〈哲学的の思索〉の必要性に迫られ、独自の探究の途に発ったことを示唆している。[▼1]田辺元『科学概論』は、一言でいえば、ドイツ観念論系哲学の立場から唯物論系科学論を裁断する傾向が強い。

寺田寅彦といえば、「天災は忘れた頃にやってくる」の名言で知られる。一九九五年一月の阪神淡路大震災ののちにも取り出されたが、二〇一一年三月、東日本大震災に伴う大津波で福島第一原子力発電所の事故が引き起こされ、その後遺症に苦しんでいる今日、一層、強い警句として響く。ただし、そのことばは寺田寅彦の著作にはない。中谷宇吉郎の随筆「天災は忘れた頃来る」（一九五五）は、〈今日は二百二十日だが、九月一日の関東大震災記念日や、二百十日から、この日にかけては、寅彦先生の名言「天災は忘れた頃来る」という言葉が、いくつかの新聞に必ず引用されることになっている〉と前置きし、寺田寅彦「天災と国防」（一九三四）に、その趣旨のことが書いてあること、だが、ことばとしては彼の随想のどれにも見えないこと、しかし、談話のなかで度たび耳にしたので、自分が紹介したものが拡がったと説明している。[2]

寺田寅彦は大正～昭和戦前期に、物理化学・生物学から社会全般、金平糖の角《つの》やガス灯のしくみなど身近なことにも科学の目をはたらかせ、科学啓蒙にも努めた。中谷宇吉郎は、それにならって科学随筆にも力を注いだ。今日では、「等身大の科学」「新しい博物学」「文理融合（文理連携）の学問」を提唱している池内了も、寺田寅彦の仕事に学んだところが大きいという。池内了『寺田寅彦と現代―等身大の科学を求めて』（みすず書房、二〇〇五）は、寺田寅彦「二十世紀の預言」（一九〇一）を、ほぼ百年後から振り返るところからはじめて、〔寺田寅彦が提唱した新しい科学〕〔技術と戦争を巡って〕〔科学・科学者・科学教育〕〔自然災害の科学〕〔科学と芸術〕〔寅彦と宇吉郎、そして現代〕の七章で構成し、寺田寅彦が社会や文芸の在り方とあわせて自然を考える総合的な視野をそなえていたことなど、今日の科学の現状を踏まえたさまざまな観点から、彼の仕事の全体を再評価している。

いま、一例だけとりあげるが、〔寺田寅彦が提唱した新しい科学〕の章の最後に、寺田寅彦が「無題〔一三四〕」（一九三五年一〇月）で、外敵の攻撃を受けやすい目立つ色彩をもつ動物は、むしろそれに強い個体が生き延びることを示すもの述べていることについて、池内了は、これを今日のハンディキャップ仮説に相当するものであるとし、その鋭い洞察力に感嘆している。[3]

ハンディキャップ仮説の典型的な例としては、ライオンなどに対してガゼルが挑発するかのような飛び跳ね（ストッティング）をするのは、同じ群の他の個体より運動能力の高いことをアピールするため、とする説があげられる。これはダーウィンが生存闘争（struggle）――ウサギとオオカミ――とも、競争（competition）――ウサギを追うオオカミとキツネ――とも呼ばなかったもので、種間の生存闘争（ライオンとガゼル）に際して、同一種の個体間の生き残りをかけた競争にあたる。このハンディキャップ仮説を性選択（sexsual selection）にも適用すると、オスが何らかの適応能力の高さをメスにアピールするものとなろう。性選択にも自然選択原理がはたらいていることになる。

ダーウィンは、個体の生き残りには不利と思われるクジャクのオスの派手で長い尾羽根などについて、メスにアピールするためとし、性選択——同一種内のオス同士の競争ないし闘争——には、自然選択原理とは異なる原理がはたらくと考えていた。自然選択説は、いま、生き残っている種が生き残っているという結果解釈のトートロジー（同語反復）に過ぎないという批判に対して、ダーウィンは、どこまで意図してかわからないが、性選択という別の原理も組み込んでいることをもって、自分の考えはトートロジー（同一原理の循環）ではないと応じていた。今日では、進化の要因の多様性を認める総合説がとられており、ダーウィンが太古の地球環境の激変に対して古生物が生き残った例をあげていた「環境との闘争」は、北極に棲む動物は、種を越えて内臓を包む脂肪が厚い例などをあげて、ほとんど適応（adaptation）で説明される。それでも、突然変異の結果、生き残っているものが生き残っているという結果解釈を出ることはない。

それに対して、先の寺田寅彦の議論は、適応能力を環境ストレスに対する耐性の高さの獲得と考えていたことになる。一種の「獲得形質」遺伝説である。二一世紀に入って、環境ストレスに対するホルモン分泌など、あくまでも細胞レヴェルでのことだが、「獲得形質」遺伝の研究（エピジェネティックス）が進んでいる。もし、そこからブレイクスルーがつくられるなら、寺田寅彦は極めて早い時期に、環境ストレスを介在させた理論仮説を提唱していたことになる。彼のアイデアには、さまざまな可能性を拓く要素を秘めているにちがいない。

本章では、〔二〕で、寺田寅彦のエッセイ「日本人の自然観」（一九三五）をとりあげ、彼の科学の方法論や認識論について考察する。そこでは自然との交渉の仕方に俳句など文芸とかかわらせて論じられているところから、〔二〕では、俳句関連のエッセイをピック・アップし、情緒的自然観との関係を探ってみたい。またエッセイ「日本人の自然観」では自然と人間との関係を包括する「全機制」

という考え方が提出されている。「全機制」は、彼の歿後、「日本的科学」を提唱してかなりの影響力をもち、第二次世界大戦期に文部大臣をつとめた橋田邦彦が、その鍵をなす概念に用いていた。それとの関連性を〔三〕で考察する。

一、その意義と歴史性

その意義

寺田寅彦「日本人の自然観」は『岩波講座　東洋思潮』第九巻『東洋思想の諸問題　第二』（一九三五年一〇月）として刊行された。寅彦はこの年一二月の大晦日、五七歳で歿しており、最晩年の著作となった。その〈緒言〉で「日本人」の範囲を日清戦争以前、言い換えると一八九五年の台湾併合以前に絞るなど、前提にすべきことどもにふれたのち、〈日本の自然〉〈日本人の日常生活〉〈日本人の精神生活〉の三節を展開し、〈結語〉におよぶ。総合的視野に立つ極めて妥当な構成である。それぞれの項目について、われわれが見解を打ち出すことに躊躇しがちな概略をよくまとめてある。

まず、日本列島の自然環境の特質を〈気候学的・地形学的・生物学的その他あらゆる方面から見ても時間的ならびに空間的にきわめて多様多彩な分化のあらゆる段階を具備し、そうした多彩の要素のスペクトラ〔分光—引用者、以下同様〕が、およそ考え得らるべき多種多様な結合をなしてわが邦土を色どっており、しかもその色彩は時々刻々に変化して自然の舞台を絶え間なく活動させているのである〉といい、総じて、その温和さと自然災害の過酷さの二面をあげ、〈自然の充分な恩恵を甘受すると同時に自然に対する反逆を断念し、自然に順応するための経験的知識を集収し蓄積することをつとめて来た。この民族的な知恵もたしかに一種のワイスハイト〔高等な智慧〕であり学問である。しかし、分析的な科学とは類型を異にした学問である〉といい、自然環境のちがいを無視した分析的な西洋科学技術の導入への警告がつづく[▼4]。つまり、日本の自然環境に適した科学を強く訴えている。

それゆえ、このエッセイは、第二次世界大戦後にも、科学技術の発展が問題になるたびに持ち出されてきた。わたしは、中学生のころから「日本の自然に適した科学」ということばが教壇の上から発せられるのを何度も耳にしてきた。そして、それには必ずといってよいほど寺田寅彦の名が添えられていたように憶う。政府が原子力の平和利用を訴えたときにも、水俣病が大きな問題となり、いわゆる「公害」が人びとの意識に昇ってきたときにも、同じだった。その意味では、寺田寅彦「日本人の自然観」は、第二次世界大戦後の「日本人の自然観」論の基調の一つをつくったといっても過言ではないはずのものだった。が、案外、忘れられているところもあった。それゆえ、自然観を語るときに、日本の自然の比較的温和なことが常套句のように繰り返され、自然災害の過酷さの指摘は回避される傾向があったことは否めない。

自然環境自体がその二面をもつこと自体は、古代から平均気温などの変化はあっても、さほど変化していない。それは、前近代まで積み重ねられてきた古記録がよく語っている。とすれば、日本人が自然のしくみに根本的な問いを発しなかった原因は、自然条件に帰すべきことではない。寺田寅彦の言のとおり、過酷な自然災害にも順応することに知恵を傾けてきたゆえ、になろう。江戸中後期に開物思想が展開し、公害か頻発したことなどを考えれば、現実対応的に新しい傾向に飛びつきやすい傾向も指摘できるだろう。それはまず、四教兼修・併存状態を基盤にし、せいぜいそれらの相互矛盾を調整する工夫を試みるくらいだったことに求められよう。

だが、どんなに優れた著作でも歴史の制約は免れがたい。寺田寅彦「日本人の自然観」は、たとえば日本の自然の厳しさを「厳父」に、温和さを「慈母」にたとえている。今日、それを「古臭い」と感じる若い人びとも増えていることだろう。だが、それは、当代までの家族像の規範にのっとった、わかりやすいたとえにすぎない。

また、たとえば、どれほど和服が日本の風土に適しているか、を述べた条《くだり》がある。男女ともに洋装が普及しつつあったときに、むしろ和服の利点を述べている。第二次大戦後に国際的にひろがった、さまざまな民族衣装への関心も手伝い、今日では、いわゆる洋服の類にも、一九三〇年代とは比べものにならないくらい工夫が重ねられてきたので、その意味が分かりにくくなっているかもしれない。第二次世界大戦後、「環境に適した」が一つの合言葉としてはたらき、繊維業界や今日いうアパレル産業のリーダーたちにも、この寺田寅彦の警鐘が届いていたかもしれない。

実際、寺田寅彦は、より広く、科学の眼が日本人の生活文化に届いていないことも指摘している。この点は、衣料だけでなく、歴史学などにおいても、二〇世紀後半にだいぶ進んできてはいるが、自然科学の立場からのそれではない。専門分化の弊害も生じていることは否めない。

他方、第二次大戦後、とくに自然科学者のなかに、寺田寅彦「日本人の自然観」に苦い顔をしたり、まったく無視すべきものと考えたりする人もいたはずなのだ。そこに、寺田寅彦「日本人の自然観」を問いなおす理由の一つがある。その理由は、のちに明らかにするが、むろん、それは寺田寅彦一人に責任を帰すべきことではないし、その反発のしかたをあわせて吟味すべきことであることはいうまでもない。

先に、どんなに優れた著作でも、歴史的限界があるといった。その歴史性に着目するなら、今日のわれわれが日本人の自然観をめぐって考察する際の課題も浮かびあがってくるはずである。その点に踏み込んでみたい。

その歴史性

寺田寅彦「日本人の自然観」〔緒言〕には次のような条がある。

われわれは通例便宜上自然と人間とを対立させ両方別々の存在のように考える。これが現代の科学的方法の長所であると同時に短所である。この両者は実は合して一つの有機体を構成しているのであって究極的には独立に切り離して考えることのできないものである。人類もあらゆる植物や動物と同様に長い長い歳月の間に自然のふところにはぐくまれてその環境に適応するように育て上げられて来たものであって、あらゆる環境の特異性はその中に育って来たものにたとえわずかでもなんらか固有の印銘を残しているであろうと思われる。▼5

ここには、自然と人間のかかわりの対立的な面と、適応し、規定される面をもつことを「有機体」としてとらえる考え方が示されている。「有機体」の語を、ただ密接に関連しあっているとか、相互に規定しあう関係をいう便宜に用いているのではなく、「生命体」の意味で用いている。しかも、その人間を一つの「民族」と見ている。このように自然と人間のかかわりを「対立と適応」の複合とし、それを一個の「生命体」として見る見方は、おそらく、寺田寅彦が発明した考えである。やがて明らかにする。

そして〈日本人の先祖がどこに生まれどこから渡って来たかは別問題として、有史以来二千有余年この土地に土着してしまった日本人がたとえいかなる遺伝的記憶をもっているとしても、その上層を大部分掩蔽《えんぺい》するだけの経験の収穫をこの日本の環境から受け取り、それにできるだけしっくり適応するように努力しまた少なくも部分的にはそれに成効して来たものであることには疑いがないであろうと思われる〉と述べている。

ここで寺田寅彦は一九世紀西欧に実証主義の波にのって台頭した環境や体質に還元する、いわゆる「決定論」を退け、生物進化論における「適応」概念を人間の集団的努力に転換し、前面に出している。「記憶の遺伝」の考え方にも配慮し、それを考慮しなくともよいという態度を示している。「記憶の遺伝」は、一九世紀後半、ドイツの生物学界に君臨したエルンスト・ヘッケルが一般向けの著書『生命の不可思議』（一九〇四、後藤格次訳、大日本文明教会編〔上下〕一九一四）で「個体発生は系統発生を繰り返す」、言い換えると、胎児のうちに、生物が辿ってきた種の進化の過程を辿るという説と、感覚の記憶が蓄えられ、知覚になるというベルクソン『物質と記憶』の説とが重ねられて、拡がったと見られるが、*寺田寅彦は、それにさらに、自然環境との関係を含めて、民族を一つの生命体として見る見方を加え、それらをいわば一挙に排除している。

＊たとえば、日本人の祖先の主流が南方から琉球など南島づたいに渡来したことを確信していた折口信夫の著作集『古代研究（民俗学篇1）』（一九二八）中「妣が国へ・常世へ―異郷意識の起伏」（一九一七）〔一〕には、異郷への思いが語られるなかに、〈十年前、熊野に旅して、光り充つ真昼の海に突き出た大王个《が》崎の尽端に立った時、遥かな波路の果に、わが魂のふるさとのある様な気がしてならなかった。此をはかない詩人気どりの感傷と卑下する気には、今以てなれない。此は是、嘗ては祖々の胸を煽り立てた懐郷心《のすたるじい》の、間歇遺伝《あたいずむ》として、現れたものではなかろうか〉という一節が見える。ここでは隔世遺伝が間歇泉にたとえられており、「民族の記憶」に、さらに潜在的記憶の突然の噴出という考えか重ねられている。マルセル・プルーストが『失われた時を求めて』（一九一三〜二七）のなかで、「ケルト神話のウサギが突然、巣穴から飛び出してくるように」とたとえた潜在的記憶の突然の噴出というよく知られる一節があるが、プルーストは、ベルクソンが『物質と記憶』（一八九六）で説かなかった現象を述べたと自負していたらしい。▼6

寺田寅彦「物理学と感覚」（一九一七）は、人間の対象認識が五官の感覚の総合によるものであることをいい、

物質界に関する普遍的な知識を成立させるには第一に吾人の直接の感覚すなわち主観的の標準を

いったん放棄して自分以外の物質界自身に標準を移す必要がある。これが現代物理的科学にみなぎりわたっている非人間的自然観の根元である。▼7

と、当代物理学の感覚離れを指摘し、その例として、著名なドイツの理論物理学者、マックス・プランクが感覚を離れた物理法則性の世界を打ち立てる方向を主張していることをあげ、自分は、エルンスト・マッハが唱えた感覚即実在論に近いと述べている。物理学におけるさまざまな感覚の扱い方を見渡し、自身の立場の位置を提示しているが、それをいう際に、マッハのいう感覚を通して把握される「世界」とは「世界像」のことだと考えればよいという意味のことを言い添えている。この賢明さにも感心させられる。

だが、寺田寅彦は、そこで、不思議なこともいっている。

仰向けた茶わんとうつ向けた同じ茶わんとが同一物である事を自得するまでにはかなりな経験を重ねなければならぬ。吾人《ごじん》普通の感官を備えた人間がこのような相違に気のつかぬのは遺伝や長い間の経験によって、外界の標準を外界に置いて非常に複雑な修練と無意識的の推理を経て来た結果にほかならぬのであろう。▼8

仰向けた茶碗と伏せた茶碗の二枚の写真を見せられて、それが同一物かどうか、すぐには分からない、ということが想定されているらしい。異なる直接経験（純粋経験）が重ねられ、知覚（認識）に至る過程を想定するベルクソン流の認識論（『意識に直接与えられたものについての試論』〔『時間と自由』とも。一八八九〕をかみ砕いた結果らしい。寺田寅彦が「時間」をいう場合も、時計の時間ではなく、意識にとってのそれであり、彼が現象学的時間を参照していることはまちがいない。

だが、このたとえはいただけない。実際の経験では、人類が器物を生産しはじめたときから、同一物が仰向けにも、うつ向けにもなる立体であることを知っており、知覚のうえで、知らない茶碗を異なる角度から写した二枚の写真を別々に見せられるようなことは起こらない。どれほど凡庸な猫でも、初めて与えられたエサ入れが、次にやってきたときに伏せてあろうと、同じ器であることは分かる。

寺田寅彦は、類似のこととして、絵画や陰影や透視図法の例を持ち出しているが、知覚と、観る者に遠近や立体の錯覚を起こさせる平面図法の習得とはまったく別の話である。* 遠近図法を知らない民族も、習得していない子供も、遠近の知覚をもっているということが忘れられている。寺田寅彦は短歌や俳句の実作者だったから、文芸における表現法をよく承知しながら、知覚の実際に立つ限り、新しい現実の見方を創造する点では科学も芸術も同じだと論じてしまう。ここに理論上の危うさが忍びこむ。これについては、のちに論じる。

＊なお、自然の眺望を描くのに中国画では早くから俯瞰図法と陰影法が発達していた。一八世紀の円山応挙がそれとともに透視図法も駆使したことは今日、よく知られるし、北斎は消失点をいくつもつくるなど、透視図法と自在に戯れていた。漢詩でも風景を俯瞰するものは、白居易のそれなどよく知られる。鴨長明『無名抄』は、和歌で眺望を彷彿させるようにうたう工夫作庭の要領にたとえている。一時期、西洋近代に展開した透視図法とその文芸への応用をもって、あたかも近代化のように説く風潮が拡がったが、荒涼たる自然を背景に人間の肖像を前面に押し出していることをもって人間主義の開始を告げる絵画のようにいわれたレオナルド・ダ・ヴィンチの「モナ・リザ」（La Gioconda、ルーブルのそれ）は、洗ってみたら、その背景には、緑豊かな森がひろがり、最近では、それは東洋の風景であることがいわれ、かつ光と陰とによる「空気遠近法」（air perspective）と呼ばれる手法は、東洋の陰影法を学んだものという説も出されている。実際のところ、人工の建物や街路ではない、実際の自然の光景を描くには透視図法は向かず、一九世紀後半、ロシアのナチュラリスト（自然派）の画家のなかには、写真を覗き眼鏡

で視ながら描く人もいた。

繰り返すが、寺田寅彦「日本人の自然観」では、「記憶の遺伝」の考え方を考慮しなくともよいという態度を示しており、それらを破棄したと見ることができる。遡ると「春六題」（一九二二）〔五〕に〈生命の物理的説明とは生命を抹殺《まっさつ》する事ではなくて、逆に「物質の中に瀰漫《びまん》する生命」を発見する事でなければならない〉[9]という命題が登場する。物質還元主義には同調し、しかし、その内に「生命」が満ちているという説である。極めてユニークなものとすべきだろう。

二〇世紀への転換期に、ハンス・ドリーシュがウニの卵割実験から、受精卵には予め器官に育つ要素が備わっているとする前成説を完全に否定し、生命は物質以外のエンテレヒー（アリストテレスの「エンテレケイア」を借りたもの）によるというネオ・ヴァイタリズム（新生気論）を唱え、一九二〇年代のイギリスや日本で拡がっていた（第四章二節を参照）。一九二〇年代には、細胞分裂が進むにつれて器官のもとが形成されるとする後成説が支持されるようになってゆくが、日本の生物学者にとって、無機世界と有機世界の結び目は長く悩ましい問題だった。寺田寅彦がいう〈物質の中に瀰漫する生命〉という観念は、これを一挙に解決するアイディアといえる。

また、寺田寅彦「沓掛より」（一九三三）は、カマキリのやカゲロウの雄が交尾したのちに死を迎える現象に〈種族の保存上必要な天然の経済理法〉[10]を見ている。エルンスト・ヘッケルは、生物の世界全体を「生命エネルギー」の循環する有機体のシステムとして想定し、その「オイコロギー」（家計学）により、生物学諸分野の統合を企てていた。今日のエコロジーの祖型とされるが、寺田寅彦のいう〈天然の経済理法〉の語には、その匂いも漂っている。ヘッケルは唯物論者だが、モネラという無核細胞を想定し、無機世界と有機世界の連続性も考えていた。ドリーシュの新生気論とは相容れないが、先の〈物質の中に瀰漫する生命〉という寺田寅彦の考えは、あるいは、唯物論と生気論の対立を解決するために考えられたものだったかもしれない。一種の物活論といえよう。

寺田寅彦は、二〇世紀前半に日本の知識層に拡がっていた自然観や生命観のなかから、自身の判断により取捨選択し、さまざまな局面に、実にユニークな見解を提示しつつ、「日本人の自然観」を構成していたことが了解されよう。

自然と人間のかかわり

寺田寅彦「日本人の自然観」は、先にも見たとおり、日本の自然環境の多様性、とくに『厳父』と「慈母」の二面性にふれたのち、次のように述べている。

このような自然の多様性と活動性とは、そうした環境の中に保育されて来た国民にいかなる影響を及ぼすであろうか、ということはあまり多言を費やさずとも明白なことであろう。複雑な環境の変化に適応せんとする不断の意識的ないし無意識的努力はその環境に対する観察の精微と敏《びん》捷《しょう》を招致し養成するわけである。同時にまた自然の驚異の奥行きと神秘の深さに対する感覚を助長する結果にもなるはずである。自然の神秘とその威力を知ることが深ければ深いほど人間は自然に対して従順になり、自然に逆らう代わりに自然を師として学び、自然自身の太古以来の経験をわが物として自然の環境に適応するように務めるであろう。前にも述べたとおり大自然は慈母であると同時に厳父である。厳父の厳訓に服することは慈母の慈愛に甘えるのと同等にわれわれの生活の安寧を保証するために必要なことである。

人間の力で自然を克服せんとする努力が西洋における科学の発達を促した。何ゆえに東洋の文化国日本にどうしてそれと同じような科学が同じ歩調で進歩しなかったかという問題はなかなか複雑な問題であるが、その差別の原因をなす多様な因子の中の少なくも一つとしては、上記のごとき日本の自然の特異性が関与しているのではないかと想像される。▼11

日本人の民族性として〈自然に対して随順〉の姿勢をあげているが、少なくとも明治国家建設期、殖産興業、富国強兵を掛け声とする武張った時代にはいわれていなかったことである。前章で見た「自然を愛する民族」説の浸透の結果、関東大震災にも人災の要素を指摘し、「自然随順」の姿勢をあるべき姿として唱える傾向が拡大していた。

寺田寅彦「日本人の自然観」は、次に、科学が日本人の生活文化に届いていないことを指摘したのち、食・衣・住の順に日常生活の様態を概括し、精神生活としては、自然崇拝的な「神道」の保持と、仏教が風土に適合的であったゆえに拡がったことをいい、そして〈祖先から日本人の日常における自然との交渉は今の科学の目から見ても非常に合理的なもの〉であること、〈その合理性を「発見」し「証明」する役目が将来の科学者に残された仕事の分野ではないか〉と大きな課題をあげている。[12]

ここでいう生活の〈合理性〉は、自然環境によく適応してきたという意味であり、その適応の仕方を探るべきだという提言である。その判断基準は環境適応的かどうかということに置かれている。これは、人間の側から自然環境を「失調」させるような交渉の仕方はなかったのか、という問いを呼び起こさざるを得ない。

すでに二〇世紀前半、日本においても、アジアに先駆けて、いわゆる第二次産業、軽・重の工業が発展し、とりわけ第一次世界大戦期には貿易黒字に転じ、国際資本主義経済システムの一角を確実に占めるに至っていた。それゆえに一九二九年秋に発する金融恐慌に巻き込まれ、とくに豊作貧乏と重なった農村は目を覆いたくなるほどの窮状を呈した。

第一次世界大戦期には、キリスト教文化圏の危機意識から、ゲーテの唱えた生物の形態変化を文化圏の栄枯盛衰に変奏したオズワルト・シュペングラー『西洋の没落―世界史の形態学の素描』（第一巻一九一八、第二巻一九二二）が刊行され、第一次世界大戦後のドイツにジャーナリストとして取材にいった室伏高信が自ら設立した出版社から一九二六年、自著『亜細亜主義』とともに村松正俊訳で四冊本にして刊行した。室伏高信は、それ以前、近代文明批判を展開し、「機械の論理」（『改造』一九二四年一〇月号）などで工業化社会に反対し、「農主工従へ」（『改造』一九二五年三月号）などで、工業労働者を革命の主体とするカール・マルクスの思想を批判し、重農主義を唱えるなど、論壇の第一線で活躍、『文明の没落』（一九二三）、『土に還る』（一九二四）などが広く読まれていた。そして、一九三〇年からはじまる農村の疲弊窮乏を背景に、国家改造が訴えられ、一九三二年の五・一五事件が起こる。別動隊を率いた橘孝三郎の『日本愛国革新本義』（一九三二）は、東洋の自然の賛美と天皇制下の農本主義共同体論を唱えていた。その主張は一定の拡がりをもったと想われ、次第に東洋の精神文化の優位が唱えられてゆく。五・一五事件については「手段はよくないが、被告らの気持はわかる」というのが大方の反応で、その五年後、一九三六年の二・二六事件が、規模も衝撃も異なるとはいえ、恐ろしがられたのと対照的である。二・二六事件に連座した北一輝が国家社会主義を唱えていたことはよく知られる。

このような大きな思潮のうねりのなかにおいてみると、寺田寅彦が日本人の伝統的な生活の合理性をいい、その研究を課題とすべきと訴えたのは、静かな警告であったと考えられよう。ただし、寺田寅彦「日本人の自然観」にいう「神道」や「仏教」の内実についても、また儒学系や道教系思想のはたした役割にふれていないことにも問題が残る。これについては、のちに論じる。

全機的有機体日本

寺田寅彦「日本人の自然観」〔日本人の精神生活〕の章には、次の条がある。

日本人の精神生活の諸現象の中で、何よりも明瞭《めいりよう》に、日本の自然、日本人の自然観、あるいは日本の自然と人とを引きくるめた一つの全機的な有機体の諸現象を要約し、またそれを支配する諸方則を記録したと見られるものは日本の文学や諸芸術であろう。[13]

そして、『古事記』『日本書紀』の神話などから古典の文芸作品にふれたのち、〈最も代表的なものは短歌と俳句〉といい、〈日本の自然と日本人との包含によって生じた全機的有機体日本が最も雄弁にそれ自身を物語る声のレコードとして見ることのできるものである〉という。〈西洋人の詩にも漢詩にも、そうした傾向のものがいくらかはあるかもしれないが、浅学な私の知る範囲内では、外国の詩には自我と外界との対立がいつもあまりに明白に立っており、そこから理屈《フィロソフィー》が生まれたり教訓《モラール》が組み立てられたりする。万葉の短歌や蕉門《しょうもん》の俳句におけるがごとく人と自然との渾然《こんぜん》として融合したものを見いだすことは私にははなはだ困難なように思われるのである〉と述べる。[14]

「全機」は、中国・宋代の禅宗の書に確認できる語で、日本では道元『正法眼蔵』に〈全機〉の巻がある。一切の作用ないしは、その契機をいい、「全機現」は、すべてのはたらきの現れを意味する。

寺田寅彦は、その前年、「天災と国防」（一九三四）で、〈文明の進歩のために生じた対自然関係の著しい変化がある。それは人間の団体、なかんずくいわゆる国家あるいは国民と称するものの有機的結合が進化し、その内部機構の分化が著しく進展して来たために、その有機系のある一部の損害が系全体に対してははなはだしく有害な影響を及ぼす可能性が多くなり、時には一小部分の傷害が全系統に致命的となりうる恐れがあるようになったということである〉といい、送電線を〈一国の神経であり血管である〉とたとえている。[15]が、先の〈全機的有機体日本〉は、それとはちがう。認識における主客の相対的関係でも、フランスのオーギュスト・コントやエミール・デュルケーム、イギリスのハーバート・スペンサーらの社会有機体論でも、シュペングラーのように文化圏を生命体にたとえるものでもない。一つの民族と自然と交渉の仕方総体を有機体（生命体）と見るものである。これは寺田寅彦の独創的見解である。宇宙有機体論を一地域に限定しようなものと考えればわかりやすいだろう。*

*なお、「天災と国防」では、日本列島の先住民をアイヌとし、文明の進歩以前、バラバラの村落に居住する段階としている。明治期に日本列島の先住民として「石器時代人」を想定し、大正期には、解剖学者で人類学者でもあった小金井良精が骨の形質から、その子孫をアイヌとする説を唱え、それが有力視されていたことが背景にあろう。

寺田寅彦「日本人の自然観」の直前には、スコットランドのジョン・バードン・サンダソン・ホールデンが『生物学の哲学的基礎』（一九三二、山県春次、稲生晋吾共訳、弘文堂、一九四一）で、呼吸の生理学から個体と全自然との相互作用を有機的関連とし、「生命」の合法則性を説いている。*それを参照した可能性もあろう。が、繰り返すが、寺田寅彦の場合は、日本の自然環境と民族集団との関係の総体をいっている。

*のち、ホールデン『生物学の哲学的基礎』を参照して、西田幾多郎「生命」（未完、一九四五）が個体における生と死の絶対矛盾が環境（場所）という「大きな生命」における自己同一性をもつと説くことになる。哲学的な生態系論ともいえようが、一定程度、閉じた生息環境（ニッチ）を想定しているわけではない。

イギリスの植物生態学者で、外部環境と生物界の関係を研究したアーサー・ジョージ・タンズリー「植生の概念や用語の使用と乱用」（一九三五）が、生物同士の関係を擬人化していう“community”に代えて生態系（ecosystem）の用語を提唱したのは、今日よく知られているが、これは物質循環をいうためだった。なお、食物連鎖を生命エネルギー循環システムのように考えたのは、アメリカで森林監督官を長くつとめたのち、ウィスコンシン大学で狩猟管理学を教えたアルド・レオポルドの遺著『沙の国の暦』（一九四九）である。そこでは、人間の活動による砂漠化の進行に対して「大地の権利」を守るべきという主張がなされており、のち、アメリカの環境保護運動で高く評価されることになる。特定のエコ・システムにおいて、物質は循環するが、エネルギーはシステム外とのやりとりになる。

それに対して、日本の短歌や俳句を〈人と自然との渾然として融合した〉ものと見る見方は、寺田寅彦に固有のものではない（その起源については前章で述べた）。総じていえば、寺田寅彦「日本人の自然観」は、二〇世紀への転換期からの各分野の動きをほどよく受け取りつつ、独創的な観点から、それらを統合したものだった。

ここに先の〈物質の中に瀰漫する生命〉という寺田寅彦のアイデアを呼び出してみると、いささか奇妙なことになろう。もし、そうだとすれば、世界全体が「有機体」なのであり、日本列島の自然と日本民族の交渉の仕方だけが「有機体」をなしているわけではない。西洋においても、主客の対立は認識に関してのことであり、本質的には生じないことになりはしないだろうか。いや、それゆえにこそ、対象認識も含めて一切のはたらきが通い合っているという意味で、〈有機体日本〉の上に、「全機的」が付されたのかもしれない。このあたり、寺田寅彦はユニークなアイデアを散発しても、それを体系的にまとめていないので、いまのわたしには判断をつける材料が見つからない。

一神教は、なぜ生まれたか

寺田寅彦「日本人の自然観」は、その〈結語〉で、いわゆる漱石山脈として知られる交友をもった和辻哲郎が一九三五年に刊行した『風土』に言及している。和辻哲郎『風土』は、とりわけ気候と生活類型、人間の気質の類型とを関連づけて論じるが、「風土」を、それぞれの文化圏の生活主体の契機（モメント）として組み込む企図が明らかである。寺田寅彦が自然と人間の交渉を〈全機的有機体〉として考えているのに一脈通じるかもしれない。

和辻は、そこで、アジアからヨーロッパにいたる地域を、南アジアを中心とするモンスーン地帯、西アジアの砂漠地帯、ヨーロッパの牧場地帯の三つに分け、モンスーン地帯には「受容的忍従的」生き方と「汎神論的」世界観が、砂漠地帯には団結と服従を重んじる「戦闘的」な生き方が、牧場地帯には自然のなかに法則を見いだす「合理的」生き方が生まれたとする。日本人はモンスーン地帯の受容的忍従的生き方を基調とするが、四季の変化が激しいために、激情と淡泊なあきらめがまじりあっていると見る。これが『日本古代文化』の補正をはかりながら固められた見解であることは、前章で述べた。

和辻のいう西洋的合理性は、超越的絶対神によって授けられた理性の運用のことであり、寺田寅彦のいう日本人の生活の「合理性」は、自然環境によく適応してきたという意味である。ふたりの用いる「合理性」の意味がちがう。

寺田寅彦「日本人の自然観」〈日本人の精神生活〉の章の冒頭近く、〈日本のような多彩にして変幻きわまりなき自然をもつ国で八百万《やおよろず》の神々が生まれ崇拝され続けて来たのは当然のことであろう。山も川も木も一つ一つが神であり人でもあるのである〉[16]とある。八百万の神がみは、『古事記』『日本書紀』では高天原にいるとされる。山や川や竈や便所など、この世のあちこちにいて人間を禍から守ってくれる神を祀り、信仰する民間信仰とを同一視していることになろう。

そして、ここではそれと対比して、〈一神教は砂漠地帯で発生する〉という俗説が持ち出されている。これは、実証主義の立場から、イエス・キリストを「優れた人間」の地位に引きずり降したことで知られる、フランスのエルネスト・ルナンが述べたとされている説だが、ナイル河流域に発展した古代エジプト文明も多神教だった。紀元前一四世紀に、アメンホテプ四世の政策で一神教化が企てられた（アマルナ革命）。古代エジプトでは、王は、すなわち神であったが、とりわけ死後の魂の行方が問題とされ、それには多くの神がみが関与していた。アマルナ革命は、多神教を信仰する神官たちに対して、自らの宗教的権威を絶対化するためだったと推測されている。だが、それは失敗した。王の宗教的権威は各地ないしは諸部族の信仰を統合し、その上に立つことによって保証されることを読み違えていたからである。

この政策に加担した人びとは、多神教の復活のなかで迫害され、エジプトを逃れた。それがユダヤ教（＝民族）のはじまりと説いた人がいる。最晩年のジクムント・フロイトである（『モーゼと一神教』一九三九）。ユダヤ人が迫害を受けたのはラムセス二世の治世のとき、とされていたのを、六〇年ほど遡らせ、ユダヤ人は、もとはエジプト人だったと説いたのである。積極的キリスト教を掲げたナチスが、ユダヤ人の迫害に走った時期のことであり、フロイト説は、それを考慮に入れなくてはならないが、アメンホテプ四世のアマルナ革命を引き金にして、ユダヤ教の絶対的超越神の考えが生まれたことは確実だろう。それは、ディアスポラ（父祖の地からの離散）の状態におかれたユダヤ民族のアイデンティティを支えた。逆に、それゆえに生活習慣に儀礼的規範を強め、強固な信仰に鍛えられたのである。『創世記』〔第五日目〕の神のことば「産めよ、増えよ、地に満ちて地を従わせ、すべての生き物を支配せよ」は、歴史的背景を考えれば、エジプトのファラオの絶対権力に対抗する含意があると見てよい。神話中にも、モーゼがファラオと競い合い、勝ちをおさめる挿話が見られる。そして、この神の約束は、ノアの洪水ののちにも繰り返される。

つまり、一神教は砂漠という地理条件に規定されて生じたものではなく、自然崇拝より生まれる神格の多彩性も地形の複雑さに理由を求められるものではない。多くの部族を統一するためにその信仰をストーリーに編めば、神の多彩さは増える。宗教的権威を担いで組織される祭政一致権力の内実に踏み込まないと、古代王権のそれぞれの特殊性を論じることはできない。多くの神がみを率いる神を想定する信仰や、善神が悪神に最終的に勝利するストーリーによって構成されるゾロアスター教の神話を一神教の一種とみなすのは、キリスト教を基準においた宗教進化論によって生じた説とすべきだろう。神話には、他に、神がみの序列をはっきりつけたり、伝承されるうちにヴァリエイションができて曖昧になったものなどさまざまある。が、それらのちがいを超えて、人文科学では、神話と古代王権の関係の考察は不可欠である。

自然環境、生活文化と精神文化の全体について、広く国際的に見渡し、簡潔に論じるのは至難のわざである。学説の流行や歴史的限界もつきまとう。一般にわかりやすく説く際には俗説を利用する結果に陥ることも免れがたい。それらの吟味は、後世の者に委ねられている。

このころ、「神道」と「仏教」、その関係を曖昧にしたまま、日本人の精神生活を論じる風潮がひろまっていたのもたしかである。『風土』と同じ一九三五年に刊行された和辻哲郎『続　日本精神史研究』の〈日本文化の重層性〉の章では、祖先崇拝や神社崇拝と仏教とが〈重層的に統一〉されたものを、「日本民族」が〈世界史的使命〉を遂行するための〈重大な生の契機〉[17]と論じている。この時期、すでに「日本民族」の〈世界史的使命〉という考えが生まれていたことがわかる。

それが民間信仰の問題だとしても、神仏習合がどのように形成されたかという問題や、中世における新たな日本流の仏教運動の展開、江戸時代の職分制度におけるそれ、幕末から明治前期の廃仏毀釈が挫折し、だが、神社の国家管理が進んだのちの日本の民間の信仰意識をよく整理することなく、概括することは極めてむつかしい。とりあえず、ここでは、寺田寅彦と和辻哲郎という比較的親しい間柄でも差がでていたということを確認しておけばよいだろう。

和辻哲郎と寺田寅彦は、ともに「八百万の神々」を「汎神論」のように考える点では似ている。だが、アジアの多神教は、西欧でいう神性が遍在する「汎神論」(panteism) ではない。日本神話の八百万も、中国の古代道教と同様、ヤマト王権が各地の部族の信仰をまとめるために、莫大な数を意味する語をもって語ったものと考えてよいだろう。

西欧の「汎神論」の考え方のひとつは、古代イオニアのタレースらがもっていたとされる、万物に宿る霊がそれを動かすという考え、物体がひとりでに動くとする物活論の系譜のおおもとに位置するものである。もうひとつは、スピノザに代表される、神を自然の在り方やはたらきそのものと同一視する考えである。これは当代には無神論と断罪された。唯物論者、エルンスト・ヘッケルは一般向けの『宇宙の謎』（一八九九）のなかで、スピノザの汎神論を〈上品な無神論〉と呼んでいる。絶対的超越神の観念が支配的なヨーロッパにおいて、汎神論は長く、そのような位置に置かれていた。寺田寅彦や和辻哲郎のような当代第一級の知識人でも、東西の「神」の概念のちがいにいささか鈍感だったといわざるをえない。

二、科学と芸術

寺田寅彦の俳句論

寺田寅彦は、日本の自然に「厳父」と「慈母」の両面を見、また人間と自然とのかかわりに「対立」と「適応」の二面を見ていた。その関係の総体を、ひとつの生命体と見て、〈全機的有機体〉と呼び、それが和歌や俳諧に示されているという。ここで、寺田寅彦「俳諧の本質的概論」（一九三二）に立ち寄っておく。俳句は、とりあわせの文芸であること、また三六句からなる芭蕉歌仙の役割を強調する点に際立った特色をもっている。要点のみ摘出するが、わりと早くに、次の一節が見える。

一方において記紀万葉以来の詩に現われた民族的国民的に固有な人世観世界観の変遷を追跡して行くと、無垢《むく》な原始的な祖先日本人の思想が外来の宗教や哲学の影響を受けて漸々に変わって行く様子がうかがわれるのであるが、この方面から見ても蕉門俳諧の完成期における作品の中には神儒仏はもちろん、老荘に至るまでのあらゆる思想がことごとく融合して一団となっているように見える。▼18

寺田寅彦にも〈記紀万葉以来の詩に現われた民族的国民的に固有な人世観世界観〉という観念があった。が、芭蕉俳諧に、すべての東洋思想が融合している点で、日本思想のひとつの完成体を見ているところが眼目である。

俳諧はわが国の文化の諸相を貫ぬく風雅の精神の発現の一相である。風雅という文字の文献的起原は何であろうとも、日本古来のいわゆる風雅の精神の根本的要素は、心の拘束されない自由な状態であると思われる。思無邪《おもいよこしまなし》であり、浩然《こうぜん》の気であり、涅槃《ねはん》であり天国である。忙中に閑ある余裕の態度であり、死生の境に立って認識をあやまらない心持ちである。「風雅の誠をせめよ」というは、私《わたくし》を去った止水明鏡の心をもって物の実相本情に観入し、松のことは松に、竹のことは竹に聞いて、いわゆる格物致知の認識の大道から自然に誠意正心の門に入ることをすすめたものとも見られるのである。この点で風雅の精神は一面においてはまた自然科学の精神にも通うところがあると言わなければならない。かくのごとく格を定め理を知る境界からさらに進んで格を忘れ理を忘るる域に達するを風雅の極致としたものである。▼19

〈思無邪〉は、『論語』〈為政〉に見える『詩経』を評したことばで、朱熹は「詩には邪なところがあってはならない」と読んだが、日本では江戸前期の伊藤仁斎以来、「民衆の歌に邪なところはない」と解釈されてきた。〈浩然の気〉は『孟子』中の語で、天地の間に漲る気、ないし人間の内より発する気で、正しく養えば天地の間に満ちるものとされる。〈格物致知〉は、『礼記』〈大学篇〉（のち『大学』）の一節「致知在格物、物格而知至」に由来し、宋学において『易経』〈説卦伝〉にいう「窮理」と結びつけられ、正確な知識を獲得することの意味で用いられたが、朱子学では道徳の根源である「天理」を知ることにされた。これらについては再三、見てきた。

「風雅の誠をせめよ」は、服部土芳《とほう》の芭蕉随聞記『三冊子』（一七七六刊）中、「つねに風雅の誠を責《せめ》悟《さと》りて、今なす処俳諧にかへるべし〉をふまえたことばで、寺田寅彦は、それを儒・仏にわたる道理を極める精神とまとめ、しかも型（規範）から入って型を抜ける自由の精神を見、その〈格を忘れ理を忘るる域に達する〉ことを〈風雅の極致〉、理想の境地と解釈している。なお、〈自然科学の精神にも通うところがあると言わなければならない〉は、次の一節につながる。

さび、しおり、おもかげ、余情等種々な符号で現わされたものはすべて対象の表層における識《しき》閾《いき》よりも以下に潜在する真実の相貌《そうぼう》であって、しかも、それは散文的な言葉では言い現わすことができなくてほんとうの純粋の意味での詩によってのみ現わされうるものである。饒舌《じょうぜつ》よりはむしろ沈黙によって現わされうるものを十七字の幻術によってきわめていきいきと表現しようというのが俳諧の使命である。

事物の表層の認識を突き抜けて潜在層をとらえることにおいて、俳句と自然科学の精神は同じ、と述べている。これは寺田寅彦独自の見解である。〈識閾よりも以下〉、すなわち認識の届かないところは、一方に顕微鏡の発達があり、他方に深層心理学が意識の階層性を説く唯識を支える役割をはたしたことがはたらいていると推測するが、寅彦には、ふたつの方向が一致しうるという楽観的な見通しがあったのだろうか。また彼は、いう。

この幻術の秘訣《ひけつ》はどこにあるかと言えば、それは象徴の暗示によって読者の連想の活動を刺激するという修辞学的の方法によるほかはない。この方法が西欧で自覚的にもっぱら行なわれこれが本来の詩というものの本質であるとして高調されるに至ったのは比較的新しいことであり、そういう思想の余波として仏国などで俳諧が研究され模倣されるようになったようである。しかしこの方法の極度に発達したものがすでに芭蕉晩年の俳諧において見いだされるのである。▼20

この条は、日本の俳句研究に打ち込んだフランス人、ポール＝ルイ・クーシューの『アジアの賢人と詩人』（一九一六）とルネ・モーブランのエッセイ「フランスの俳諧」（一九二三）を参照している。〈象徴の暗示〉を言い換えると、次のようになる。

最も卑近な言葉をもって言い現わせば、恒久なる時空の世界をその具体的なる一断面を捕えて表現せよ、ということである。本体を表現するに現象をもってせよ、潜在的なる容器に顕在的なる物象を盛れというのである。本情といい風情《ふぜい》というもまた同じことである。▼21

これはヨーロッパ象徴主義の核心をよくとらえた理解である（象徴主義文芸およびその受容については、第一〇章で述べた）。また、先の一節で、寺田寅彦がフランス象徴詩に通じる点を芭蕉晩年の境地に限っていることも注目してよいかもしれない。〈蕉門俳諧の完成期における作品の中には神儒仏はもちろん、老荘に至るまでのあらゆる思想がことごとく融合して一団となっているように見える〉という条と対応しよう。芭蕉の「軽み」を融通無碍の自在さととらえていることになる。芭蕉の境地の変化を辿れば、また異なる局面も見えようが、全体としてひとまずは、芭蕉の世界をよく総合的に捉えた、円熟の域に達した見解といえよう。

中世美学礼賛の合唱のなかで

寺田寅彦「俳諧の本質的概論」は、小宮豊隆と語りあったこと、また太田水穂『芭蕉俳諧の根本問題』（一九二六）などを参照したことを冒頭で述べている。太田水穂は歌誌『潮音』を率いる歌人で、同郷の岩波茂雄と相談し、幸田露伴を顧問格に頼み、俳句界から沼波瓊音《ぬなみけいおん》を招き、小宮豊隆、安倍能成、阿部次郎、和辻哲郎を集めて、一九二〇年に芭蕉研究会を主催して座談会を『潮音』に連載、発句が終わると歌仙にも取り組み、一九二四年から岩波書店から『芭蕉俳句研究』のシリーズが刊行された。太田水穂自らまとめたのが『芭蕉俳諧の根本問題』。現象即本質をいう東洋的観念論とでもいうべき天台本覚思想や『華厳経』にいう一つの珠に他の総ての珠が映る図像をもって、多即一、一即多を説く「珠珠無碍」を駆使して、とりわけ芭蕉後期の句境を「宇宙大生命」の象徴主義と論じている。寺田寅彦は、それを参照しつつ、いわば二〇世紀への転換期のヨーロッパで拡がった象徴主義の理解に戻して〈恒久なる時空の世界をその具体的なる一断面を捕えて表現せよ〉と論じたことになる。

ただし、ヨーロッパ象徴主義はモダニズ諸派に分岐して展開する。とりわけ第一次世界大戦後のシュルレアリスムでは、フロイト理論を借りて、芸術は、無意識領域の生命エネルギーの発現と理論化されてゆく傾向も見える（マン・レイ「光り輝く時代」一九三三など）。その点では、日本の芭蕉礼賛の動きと一脈通じるところがあるが、日本ではそれが「日本的なるもの」の礼賛になっていった。寺田寅彦「日本人の自然観」が著された一九三五年には、中世歌論や世阿弥の「幽玄」、千利休のわび茶の精神、また西行、宗祇の精神を元禄期に受けついだ芭蕉の「さび」などをクローズ・アップし、「わび、さび」や「幽玄」を中世美学とし、「日本的なるもの」として賞賛する傾向が美学、芸術論のアカデミアで頂点を迎えていた。蒲原有明に発し、太田水穂の見解をふくめ、荻原井泉水あたりまで芭蕉評価の変遷のあらましは、前章で辿っておいた。

そののち、佐藤春夫「『風流』論」（一九二四）を経て、萩原朔太郎が『日本詩人』一九二六年一一月号に掲載した三つのエッセイのうちの一つ、「象徴の本質」で、ヨーロッパの前衛詩人たちが俳句を手本にしていることをキャッチして、〈世界に誇るべき日本の象徴詩▼22〉を宣言し、他の一つ「日本詩歌の象徴主義」では『万葉集』以来の和歌の流れを象徴主義の展開と論じ、『新古今和歌集』を極みと見る。彼は、この考えの細部を修正し、『詩の原理』（一九二八）にまとめる。国文学界にも大筋で同調する風巻景次郎『新古今時代』（一九三二）などから拡がった傾向である。たとえば、岩波書店の雑誌『思想』一九三五年四月号の特輯「東洋の思想と芸術」は、全九本のうちの五本が日本文化論で、そのうちの四本、久松真一「禅」（未完）、小幡重一《おばたじゅういち》「日本の言語及び音楽の特殊性」、竹内敏雄「世阿弥に於ける『幽玄』の美的意識」、小宮豊隆「瓶花に就いて」が中世美学に関心を注いでいる。「瓶花に就いて」は、池坊の華道の奥義を紹介、盆栽と同じで宇宙の姿を凝縮した姿を示す精神によるものと説いている▼[23]（第二章二節でふれた大西克礼『幽玄とあはれ』（一九三九）も、その流れにある）。

芭蕉の〈風雅の精神〉を称揚する寺田寅彦の「俳諧の本質的概論」も、この流れのなかにあることはある。ただ、「芸術」の語は用いても、それを一度も「文学」と呼んでいない。寺田寅彦の世代あたりまでは、江戸時代、「文学」は藩儒を呼ぶ名であったこと、漢詩文は「文学」と呼んでも、和歌も物語も、まして庶民の親しむ下賤なものとされてきた俳諧など、とうてい「文学」と呼ばれなかったことをよく承知していたにちがいない。「芸術」の語は頻出するが、前近代では技芸一般を意味し、その意味では、ギリシャ語「テクネ」(techne) のラテン語の訳語「アルス」(ars) に相当することくらいは承知して用いているだろう。あるいは、世の価値観を「真」「善」「美」に切り分け、その「美」を受け持つ近代的な狭い「芸術」観には囚われていなかったといえるかもしれない。前近代の精神文化を、「真」「善」「美」が未分化で、それら諸要素が融通無碍に自由に流通しあうような関係でとらえているからこそ、〈自然科学の精神にも通うところがあると言わなければならない〉という強い言いまわしも、〈蕉門俳諧の完成期における作品の中には神儒仏はもちろん、老荘に至るまでのあらゆる思想がことごとく融合して一団となっているように見える〉という見解も生まれえたのだろう。

このように考えてくると、寺田寅彦のいう「全機的」も、道元のそれに限定して考えることなく、より、柔軟に融通無碍の境地のようにとらえた方がよいかもしれない。というのも、芭蕉が接近したのは臨済禅であり、道元の「只管打坐《しかんたざ》」（ただひたすら坐禅にうちこむことこそが修行である）の精神からは遠いように思われるからである。

誰が芭蕉と道元を結んだのか？

寺田寅彦がどのようにして「全機」という考えを学んだか、それが問われる。「全機」は、もともとは臨済禅でも用いた。寺田寅彦が臨済に、よく通じていたなら、何の問題もないが、日本では曹洞宗の道元、『正法眼蔵』と結びつけて考えられているので気になるのだ。「奥の細道」で芭蕉は永平寺の末寺、天龍寺に古い知己を訪ね、永平寺にも立ち寄っているが、曹洞宗との縁を感じさせるものではない。夏目漱石がついた釈宗演も臨済宗である。『吾輩は猫である』（一九〇五〜〇七）には〈天地と我に恁麼《いんも》の交渉がある〉（いかなる交渉があるか）などと、禅宗のことばがちょっと顔を出す程度だが、『夢十夜』（一九〇八）〈第二夜〉にも、『門』（一九一〇）にも禅宗が絡む。が、漱石自身、まともに禅宗の話をしたくないらしい。『こゝろ』（一九一四）は罪の意識が中心だから、『歎異抄』がらみで浄土真宗改革派の清沢満之らの思想がとりあげられている。清沢満之も一時、禅門を潜ったことがあるが、『こゝろ』にも、禅宗の影はみえない。

管見の限り、蒲原有明『春鳥集』〈自序〉以降、寺田寅彦「俳諧の本質的概念」までに、芭蕉礼賛の波間に道元の影は浮かんでこない。そうなると、誰がいつ、芭蕉俳諧と道元とを結びつけて論じたのか、尋ねてみたくなる。

正岡子規である。その「芭蕉雑談」（一八九四）に「古池や」の句を論じて、芭蕉が漢語を用いるなどの試みののち、新風を起こそうとして、もやもやと考えているうちに放心状態に陥ったところ、〈窓外の古池に躍蛙《やくあ》の音あり。自らつぶやくともなく、人の語るともなく、「蛙飛びこむ水の音」という一句は芭蕉の耳に響きたり〉と、まるで見てきたようなことをいう。

其蕉風（俗に「正風」という）を起せしは、実に此時《この》に在りしなり。或《あるい》は云う、此句は芭蕉が禅学の上に工夫を開き、大悟徹底せし時の作なりと。その事、甚《はなは》だ疑うべしと雖《いえど》も、この説を為す所以《ゆえん》の者、亦《また》偶然に非《あら》ず。蓋《けだ》し其俳諧の上に於て始めて眼を開きたるは、禅学の上に眼を開きたると其趣《おもむき》相似たり。参禅は諸縁を放捨し、万事を休息し、善悪を思わず、是非に管《かん》する莫《な》く、心、意識の運転を停《と》め、念想観の測量を止《や》めて、作仏を図《はか》ること莫《なか》れとあり。蕉風の俳諧も亦此意に外ならず、妄想を絶ち、名利を斥け、可否に関せず、巧拙を顧みず、心を虚にし、懐《おもい》を平《たいらか》にし、佳句を得んと執着すること無くして、始めて佳句を得べし。古池の一句は此《かく》の如くして得たる第一句にして、恰《あたか》も参禅日あり、一朝頓悟《とんご》せし者と其間髪を容れざるなり。▼24

〈参禅は〉以下は、道元『普《ふ》勧《かん》坐禅儀』（一二二七）〔正宗分〕（本文）の冒頭の一文の抄録である（第八章二節で覗いておいた）。〈一朝頓悟〉は、ある朝、ふっと、悟ること。

子規が道元に詳しかったわけでも、尊敬していたわけでもなく、松山の下級武士のあいだでは、いわば常識のように言われていたことなのだろう。あるいはうろ覚えかもしれない。

芭蕉が深川の庵で、心を空っぽにしていたとき、古池に蛙が飛び込む水音が聞こえた。そして、「蛙飛びこむ水の音」という一句が聞こえたので、それをそのまま放り出したようなものだという。ふっと、悟りの境地に入ることをいう「頓悟」に似た境地から生まれた句だという。悟りは、意識が飛んで、この世を逸脱した境地をいう。坐禅でそれを体験するひとは三秒くらいのあいだともいう。さまざまな段階があり、赤や青の光が見えたりもするが、生理学的には、複式呼吸を繰り返すので、脳内が過酸素状態になる場合に起こる意識現象に類する。だが、深い悟りでは、意識がこの世に帰ってきたとき、世界が一新され、輝いて見えるともいわれ、神秘体験の数かずが語られることになる。類似の生理的現象も、どのように言語化するかで大きな差が生じる。だが、道元は悟りや見性が目的ではなく、坐禅によって心を開き切ることを唱えていた。

正岡子規「芭蕉雑談」は、先の文のあと、〈雀はちうくヽ、鴉はかあくヽ、柳は緑、花は紅というもの禅家の真理〉とある。どうということもない事実そのままが禅家の真理なのだからと、このあたり、からかい気味だが、〈古池の句は単に聴官より感じ来れる知覚神経の報告に過ぎずして、其間毫も自家の主観的思想、形体的運動を雑《まじ》えざるのみならず、而《しか》も此知覚の作用は一瞬時、一刹那に止まりしを以て、此句は殆んど空間の延長をも、時間の継続をも有せざるなり。是《こ》れ此句の最簡単なる所以にして、却て模倣し難き所以なり〉と述べている。

「古池や」の句は、名句だ、神秘だと騒がれるようなものではない、ただ「あるがまま」を詠んだだけと述べている。正岡子規「芭蕉雑談」の前半は、俳諧が平民のものなので、芭蕉は宗匠のように崇拝されすぎているといい、たくさん駄句もあると指摘している。それで、しばしば子規は芭蕉を批判したかのように受け取られているが、そうではない。芭蕉は〈滑稽と諧謔を以て生命としたる俳諧の世界に生まれて、周囲の群動に制御、瞞着せられず、能《よ》く文学上の活眼を開き、一家の新機軸を出だし、此等老健雄邁の俳句をものして、厳然頭角を現わせし〉人であり、〈実に文学上の破天荒と謂いつべし〉と絶賛しているのだ。[25] ただし、それは、子規が考える「文学」、すなわち近代芸術の方向に限り、また彼の好んだ豪壮な気合を漲らせた句を中心にして述べられている。

「芭蕉雑談」は、後半に入って、「夏草や兵《つはもの》どもが夢のあと」「五月雨をあつめて早し最上川」など、〈勇壮な句〉からはじめて、さまざまな句の味わいを鑑賞してゆく。繰り返すが、正岡子規は「叙景」の語を用いたときから、印象に近い〈表象〉という語を用いていた。「芭蕉雑談」の後半では、俳句は構えてつくることなく、いわば即興で放り出すもので、のちに一句一句の面白さ、味わいを自分で批評し、鑑賞たえられるものに整えなおしもするということを説いている。「叙事文」（一九〇〇）でも、読者の関心を集めるように焦点を絞ることが肝心という。子規は「写生」という語をほとんど用いていない。「写生」を連発したのは高浜虚子である。

なお、「古池や」の句は、「古池や蛙」とくれば鳴き声を想うのが和歌の常套で、それを「飛び込む水の音」に転じたところに滑稽味があるという解釈が行われている。それが正解だと思う。芭蕉は滑稽や諧謔を歓ぶことばの芸というコードから外れたわけではなく、雅な和歌のルールを転じるところに生じる意外性やおかしみを狙った句が多い。「夏草や」の句も「兵どもが」までは夏草の盛んな様子を猛き武者どもの勢いとを重ねておいて、一挙に合戦の跡地に転じる落差に妙があろう。五月雨の句も情景として読まず、しょぼふる雨も集まれば豪壮な流れとなる、という機知をひそめた句だとわたしは思う。

だが、正岡子規「芭蕉雑談」は〈発句は文学なり、連俳は文学に非ず[26]〉と、芭蕉が好んだ歌仙は、近代的な言語芸術の意味でいう「文学」ではないと切って捨てた。子規は、俳諧を「文学」すなわち言語芸術に高めようとし、ことば遊びの要素の強い連句を批判した。子規は、芭蕉俳諧が多分に孕む滑稽味を捨て、蕉門に僅かに見える「俳句」の語を押し立て、皆が笑うを含意する「諧」の字を捨て、呼び方も変えた。

それに対して、寺田寅彦「俳諧の本質的概論」は、俳諧を「文学」と呼んでいないことは先に見ておいた。滑稽味に代えて、連句こそ付けあいの妙味、モンタージュの面白さが発揮できるという。寺田寅彦が子規の「芭蕉雑談」を読んでいるのは確実で、あるいは、『普勧坐禅儀』を覗き、そののち、『正法眼蔵』か『正法眼蔵随聞記』にふれたかもしれない。そういう想像に誘われる。

なお、寺田寅彦「俳諧の本質的概論」中、〈てにはは日本語に特有なものである。「わが国はてにはの国[27]」である〉とある。「てには」は「てにをは」に同じ。漢文に付して訓読の助けにした符号を「をこと点」とも呼んだ。「わが国はてにには第一の国」は、本居宣長がいわゆる係助詞のはたらきを論じた「紐鏡」（一七七一）や「詞の玉緒」（一七七九）あたりを踏まえていようが、〈西洋の言語学者らはだれもこのおそるべき利器の威力を知らない。短歌でもそうであるが、俳句においてこの利器はいっそうその巧妙な機能を発揮する。てにはは器械のギアーでありベアリングである。これあってはじめて運転が可能になる〉と続く。いま、贅言を重ねるゆとりはないが、日本語が格運用で成り立つことをよくとらえた名言、とだけ述べて、寺田寅彦から一旦、離れることにする。

三、全機性論をめぐって

橋田邦彦の「日本的科学」

明治後期にはじまる芭蕉俳諧を日本の象徴表現として再評価する流れは、中世美学をもって「日本的なるもの」として礼賛する文化ナショナリズムの高揚に行きついていた。とはいえ、それは、国体明徴運動が国会に持ち込まれ、天皇主権論が公認され、一九三〇年ころから盛んになった「神ながらの道」など、「日本精神」高揚の声と併行しつつ、それに対抗する意味ももっていた。天皇主権論は、一九一一年の天皇機関説論争で機関説（国家主権論、国家そのものが主権とする考え）が官僚、知識人層に支持され、むしろ大正デモクラシーの機運が盛り上がるきっかけになり、それまでは公には否定されていた。この時期、天皇主権論への切り換えが、さして問題にならなかったのは、教育勅語あたりから尋常小学校の首位科目に修身をすえ、若年層から皇室崇拝が浸透していった結果である。

これ以降、自然科学と人文・社会科学の双方に股をかけ、日本の思想文化を総合的にとらえようとする寺田寅彦「日本人の自然観」のもっていた姿勢は、二つの方向に展開してゆく。その一つは、江戸時代からの知識層の西洋科学受容と庶民層の自然観を芭蕉俳諧に代表させ、ふたつながらを見渡す三枝博音『日本の思想文化』（一九三七）に代表されよう。ただし、三枝博音がそのふたつをかみ合わせていたわけではない。

第二次世界大戦期には、もう一つの方向が顕著になった。生理学者、橋田邦彦の『科学の日本的把握』（教学新書7　目黒書店、一九三九）や『全体と全機』（教学新書16　目黒書店、一九四一）に示されている「行としての科学」、主体的な行為として科学する心がつかむ「日本的科学」である。橋田邦彦は、実験生理学を提唱した『生理学要綱』（一九二三）などでは、「生命」は物質に還元しえないものと説き、ドリーシュのいう「生命の合目的性」「全体的関係性」（Ganzheit-bezogenheit）に賛意を示している。〈真の自然とは吾々に対立する「自然」ではなく、吾々がその中に入って居る自然、言い換えれば世界全体のこと〉だという。

その意味では、寺田寅彦「日本人の自然観」にいう〈全機的有機体〉論とほぼ同じ立場に立ち、西洋科学よりも優れた「日本的科学」の特長とし、それを「主客未分」、「物心一如」、「知行合一」などの語で置き換えてゆく。橋田の場合、前のふたつは禅宗、最後は王陽明のモットーの一つ。

そして橋田邦彦は、日中戦争期から「大東亜戦争期」の自然科学界をリードしてゆくことになった。鳥取の漢方医の次男に生まれた橋田邦彦は、他方で、中江藤樹の陽明学から道元の研究へ打ち込み、『正法眼蔵釋意』第一～三巻（一九三九～四四）の仕事もある。彼は学生に尊敬する人を問われて、アインシュタイン、寺田寅彦、西田幾多郎をあげたという。▼28 おそらくは、西田幾多郎がウィリアム・ジェイムズのいう「純粋経験」を独自に解釈し、心の底に流れている（はずの）「永遠の真生命」と一体化する境地を宗教の根源と説いたことに感動したのだろう。西田幾多郎が若いときから学んだのは臨済禅であり、「全機」の語は用いない。

橋田は、一九四〇年、第二次近衛文麿内閣の文部大臣に就任、一九四一年一〇月の東條内閣にも留任したまま、敗戦を迎えた。ＧＨＱよりＡ級戦犯容疑者指名を受け、服毒自殺したことはよく知られる。享年、数え六三。

橋田邦彦の「日本的科学」は、彼の薫陶を受け、戦後の実験生理学の畑で活躍した人もいるが、世間からは忘れられた。寺田寅彦についても、「天災は忘れたころにやってくる」は、名言として新聞の紙面に踊っても、また「日本人の自然観」が「環境に適した科学」を訴えていたことが思いだされることはあっても、その「全機的有機体」論が浮上したわけではない。村上陽一郎『日本近代科学の歩み』も中山茂『パラダイムと科学革命の歴史』も寺田寅彦にふれていない。池内了『寺田寅彦と現代』も、寺田寅彦の科学エッセイに複雑系の探究など今日の科学の展開につながる芽を見出しても、日本文化すなわち「全機的有機体論」を高く評価しようというのではない。

辻哲夫『日本の科学思想』（第二章　技術　行としての科学）の項は、橋田邦彦について〈真の自然とは吾々に対立する「自然」ではなく、吾々がその中に入って居る自然、言い換えれば世界全体のこと〉ということばを引き、自然のあるがままの「道」に従うことをいう仏教的な「行」の立場を〈技術論を軸にした科学批判〉、〈医方の思惟構造が、学問論として再現されえた〉ものと述べ、〈科学の本性ともいえる法則認識の構造、とくに論理的、体系的な概念構成を、ほとんど何も説明していないところに〉〈日本的科学論の挫折〉を見ている。[29] 寺田寅彦のいう「全機的有機体としての日本」と橋田邦彦の「全機性」論とは、どのような違いがあるのだろうか。

アインシュタイン・ショックにより、科学を研究主体の活動性においてとらえ返し、科学的認識のあり方を根本から問い直そうとする態度が生じていた。現象学の流れにおいては、意識を断片化せず、その連続性においてとらえるには、直観によるしかないことがいわれ、現象の外に立たずに、対象と向きあう主体における意識をいかに論理的に構成するかという問題がつきまとう時代に入っていた。

ウィリアム・ジェイムズのいう「純粋経験」は、意識が対象に囚われ、我に帰らないことをいう普遍的な意識現象だが、それがそれとして論じられることによって、二〇世紀の科学と芸術と宗教とにまたがる新たな地平が拓かれていた。そして、対象的自然を貫く法則性を体系性においてつかむこと自体が概念と方法による人間の知的操作（＝技術）の問題になる時代に入っていた。ベルクソン『創造的進化』は、純粋経験の連続性をフィルムの一コマ一コマにたとえたが、それをヒントに、物体の運動を分解写真に投影する技術が開発された。これは科学的認識方法の開発のひとつといってよい。

　寺田寅彦「映画時代」（一九三〇）は、映画の面白さは俳諧連句のつけあいの運びがヒントになろうといい、「映画の世界像」（一九三二）は、すべての人間は誰もが〈三次元の空間の幾何学に一次元の時間を加えた運動学的《カイネマティカル》の世界を構成し、更にこれに質量あるいは力の観念を付加した力学的の世界像を構成〉して生活していると述べている。[30]〈カイネマティカル〉（キネマティカル）は動きのある、という意味で、この〈力〉は、質量に対比しているので、エネルギーだろう。つまり、生活の時空を四次元時空という幾何学的水準に翻訳し、さらに質量ないしエネルギーの実感を加えて説明していることになる。そしてフィルムの生む幻想的世界への没入、すなわちファンタジー、ないしは今日にいうヴァーチュアル・リアリティの世界に話題を移してゆく。つまりは、どれも、いわゆる科学的客観的な法則性の把握の話には結びついてゆかない。だが、意識の流れと科学的認識との関連はついている。寺田寅彦は、日本人の対象的自然と主体の関係を全機的有機体として把握する点は、橋田邦彦と同じでも、それが適応的かどうかを問う学の姿勢を保持していた。そこでは判断基準に何を用いるかが不可避に問われ、そこに理論が介在することになる。

　橋田邦彦が「科学する心」を訴え、対象のあるがままをつかむと説いたこと、その態度自体がまちがっていたわけではない。医学や生理学は、医療と直結していることはまちがいないし、しかも生命と物質の概念も、その関係も揺れに揺れていた。江戸時代初期から日本に伝わり、次第に盛んになった古医方は、実際に即して薬の効能に徹する。いわば人体実験の経験的蓄積が尊重されていた。実験主義は、経典（キャノン）からの離脱を意味するが、それを学問すなわち「真理」の構築の放棄や批判といってよいかどうか。それは東アジアでは、どのように進行したか。近代「科学」には発展しなかったことは確かである。

他方、中国大陸で、兵士が大量に傷つき倒れてゆく時期、医療に直結する研究に臨む者に、とくに学生を指導する立場にある者のなかで、宗教的観念が肥大化しても、それを非難するにはあたらないだろう。問題は、その二つを短絡して、文化ナショナリズムを謳歌したことに尽きるとわたしは思う。

その陥穽

橋田邦彦の「日本的科学」の問題は、それらをどのように構成するか、に関心が向かわずに、むしろ「主客未分」「物心一如」、「知行合一」などの経典のことばを「真理」として掲げたところにあろう。意識が対象にとらわれたまま我に帰らない状態、すなわち純粋経験は、いつの時代にも誰にでもある普遍的な意識現象であり、それを西田幾多郎のしたように「主客未分」ということばで置き換えるところまではよい。置き換えたときに、伝統思想のモットーも意味が変わっているということにさえ、注意すれば、と条件をつけておこう。〈真の自然とは吾々に対立する「自然」ではなく、吾々がその中に入って居る自然、言い換えれば世界全体のこと〉だということも認めなくてはならない。自然に包まれている主体の活動は、環境的自然から自由になれるはずがない。われわれは環境的自然に包まれてあるという認識が、すなわち「対象への没入」を意味するわけではない。対象に規定されて在ることを知ることだ。

対象のあるがままを意識に映すといっても、実際は、感情の動きを伴う。たとえば台風や竜巻を観察して、畏怖や脅威を感じたり、逆に自分も猛々しくありたいと思うこともあろう。その感情を消すという点に限れば、「無心」に向かおうとする仏教の修行も、物理的な現象を客観的に見ることも同じである。だが、われわれは「没入」したままでいられない。我の意識に帰れば、「純粋経験」にも解釈や感情が伴う。その解釈に際して、どのような理念に従うのか、分析にどのような図式を用いるのか、が問われる。

橋田邦彦には、その問いが欠けていた。欠けていなければ。禅宗でいう自意識を消した明鏡止水の心境において、世界の全体像をすっかり映し出し、それによって個々の事物を対象世界の全体性において相対化して把握するという新たな認識論の方向を示してみせることくらいはできたはずである。

大きな力をもつ台風や竜巻も、感情を消してみれば、空気の運動にすぎない。大きな力をもつのは、その運動が渦巻いているためである。水にも渦巻が起こり、船を飲み込んだりする。流体があるしくみをつくると、とてつもない力を発揮することがあるということくらいは直観的にわかる。小学生でも、その力を「エネルギー」と呼ぶかもしれない。ところが、エネルギーは、もともと閉鎖系においてしか考えられてこなかった。開放系におけるエネルギーの運動の問題と、どのように取り組むかは、一九世紀の半ばにエネルギー概念が統一され、熱力学という学問体系が成立して以来、課題とされてきたともいえるし、台風や竜巻が開放系におけるエネルギーの運動であり、条件によっては、「自然」に、渦巻きというひとつの組織をつくり、しかし、それはやがてほどけて消えてしまうということは、初めからわかっていたともいえる。

だが、それをひとつの理論体系にするには、イリヤ・プリゴジンが周囲の環境のなかに包まれながら、物質とエネルギーを交換しつつ、ひとつのシステムをなして存在する「散逸構造」（dissipative structure）という概念を立てなければ到達できなかった。さらには、それを「自己組織化」（self-organization）現象としてとらえることが必要だった。それには理論闘争も必要だったし、長い時間がかかった。いまだに肝心なところをレトリックで切り抜けているという批判がついてまわっている。

そのように概念とその操作が問われる場面に、橋田邦彦の場合には、人間が自然に包まれて生きているということから、自然のあるがままに従う生き方という倫理が一挙に顔を出している。これは短絡である。そして、それは「主客未分」や「物心一如」を観察の態度の根本に置く限り、それを観察主体の概念操作を介在させて考える現代科学においては、日本的独自性を主張したことにはならない。直近では、ホールデン『生物学の哲学的基礎』が示した考え方であった。

「日本的なるもの」の歴史性

橋田邦彦とともに「日本的科学」を標榜した前田隆一の『日本科学論』（一九四四）はいう。

日本的科学とは、日本人が日本人本来の立場の自覚に立って、自己本来のものの感じ方、考え方を十二分に発揮しつつ創って行くところの科学である。

第一章で引いた村上陽一郎『日本近代科学の歩み』は、この前田隆一の言を引きながら、〈前田氏の言うような意味での「日本的」科学が樹立される可能性は、元来ないのではないか〉▼31と述べている。その通りだろう。

これは「日本人」をどのように考えるかによって、意見の中身は異なるだろうが、「日本人」をどのように定義しようと、その〈本来のものの感じ方、考え方〉など、どこにも想定することなどできはしない。日本固有の信仰とされる神道も、中国の道・儒・仏の介在なしには成り立たなかった。もし、ありうるとすれば、それらの組み合わせ方を探るしかない。

寺田寅彦「俳諧の本質的概念」が〈蕉門俳諧の完成期における作品の中には神儒仏はもちろん、老荘に至るまでのあらゆる思想がことごとく融合して一団となっているように見える〉と述べていたのは、その独自性を示唆していたともいえよう。そのような文脈で「全機」の語が用いられていたとも考えうるだろう。

「全機」など禅宗の概念を用いることが日本的だとする考えは、禅宗の修行がそれを生んだ中国より、日本での方が盛んになったこと、その相対的独自性をいうものである。仏教の拡がり全般にいえると思うが、それには、気候風土のはたらきより、政権の政策との関連の方が強い。禅宗も足利幕府、武家政権下に展開し、徳川政権下にも武士層に支えられたという歴史の問題がからんでいる。

禅宗は中国で独自に展開し、宋代に盛んになった。宋代から続々と日本にやってきた禅僧たちは、南北朝期には南朝にも関与したが、室町武家政権に新しい宗教として歓迎された。それゆえ全国に禅林を展開しえたし、出版を盛んにし、外典として宋学も伝えた。禅宗は「行住座臥がこれ修行」とするので、僧侶は経典を誦《よ》まなくとも禅林の経営に携わればよいという事情も、それにははたらいているが、日本の禅宗は、中国とは時の権力や他の教えとの関係がちがっていた。

だが、南宋にも権力につかえるのは仏教本来のありかたではないと考える僧侶はいた。道元の師も仏教の本来に帰ろうとする志向をもっていた。それを受けついだ道元は、中国でつくられた末法の考えもそれによる易行も一時の方便と退け、権力とも一定の距離をとった。

その後、武士の信仰として保持された禅宗は、明治維新期の廃仏毀釈にも反対する中心的役割を果たし、日清戦争を前後する時期に迎える修養の季節、宗教新時代にも中心的位置にあった。鈴木大拙、西田幾多郎、夏目漱石らが相次いで座ったのは、そのハシリである。西田幾多郎が禅宗の修行をしていたからこそ、ウイリアム・ジェイムズの提出した純粋経験の概念を禅宗に引き寄せて解釈したのである。だが、その解釈は、主体の活動性の要素を欠いていた。それに気づいたときから西田の苦闘がはじまった。つまり、宗教の興隆にしても、日本に独自の哲学の形成にしても、歴史的条件の考察を抜きに語ることはできない。

さらにいえば、寺田寅彦や橋田邦彦の時代に、中世美学をもって「日本的なるもの」とする考えが起こってこなければ、誰も禅宗の修行法をもって「日本的」などとは、言い出さなかったはずである。

つまり、寺田寅彦も、そのような歴史のなかにおいて、日本人の民族性のうちに、日本の自然の多様性とそれとかかわる人間性のすべてをこめて、「全機」と呼び、それを象徴するものとして芭蕉俳諧を論じていたのである。逆にいえば、その意味で彼のいう「全機」性は、物理化学から生物学、また俳諧を中心に芸術諸ジャンルにわたる多様な分野にまたがる性格を帯びており、また、その各分野に観察対象の多様性と観察主体の方法的態度が込められていた。その意味で、複雑系の先駆と呼んでよい思考法である。

全機的有機体論の危うさ

だが、それには大きな矛盾が、ふたつ顔をのぞかせている。そのひとつは、日本の自然の多様性を保ったまま総合しようとする態度は、西田幾多郎の用いる「包む」の論理に似ているが、その自然環境によく適応してきたいう点には保留すべきところがある。すでに足尾銅山の鉱毒問題が引き起こされていた。それが、日本の自然に適応しない近代西洋の自然科学の無理な運用だったことは、寺田寅彦自身、よく知っていたはずだ。それゆえにこそ彼は、自然環境に適した科学を強く訴えていたのではないか。彼は、西洋近代の科学＝技術の大規模な導入以前、近世後期に「公害」がかなりの程度発生していたことは知らなかったにちがいないが、われわれは関心を、その原因にも向けるべきだろう。

もうひとつの大きな欠陥は、その「全機的有機体日本」にある。寺田寅彦は、次のようにいっていた。〈蕉門俳諧の完成期における作品の中には神儒仏はもちろん、老荘に至るまでのあらゆる思想がことごとく融合して一団となっているように見える〉と。彼は、芭蕉晩年の俳諧に「全機的有機体日本」の表現を見出だしていた。それは、ごく一部をもって全体の代表と見なす象徴の論理によっている。しかも、寺田寅彦のいう「全機的有機体日本」は、儒学・仏・道の東洋思想に日本の神道を加えた思想の融合物（アマルガム）を指している。融合物とは、それぞれの多様な要素が溶け合い、矛盾・

葛藤を起さない状態を指していよう。それは、しかし、雅俗の境界に融通無碍に遊ぶことばの芸に熟達した者がそれぞれ原理の異なる教えのあいだを出入り自由に往き来しうるようになった境地を指していうのであって、もとの教えそのものが溶けあうわけではない。つまりは、自然環境への適応論と同様、多分野に跨って鋭い考察を続けてきた寺田寅彦が抱いていた、かくありたいという理想を投影しているといわざるをえない。

いま、芭蕉晩年の句境が〈神儒仏はもちろん、老荘に至るまでのあらゆる思想〉の融合物かどうか、問おうとは思わない。アマルガムではないと言い切るには、各要素の「融合」の具合を一つ一つ検証しなくてはならないが、それぞれの要素をそれぞれ勝手に「融合」させた日本文化論の横行に辟易しているわたしは、逆に、日本文化は神・儒・仏・道が兼修され、習合と対立を繰り返してきた様相に立ち入ってみてきたつもりである。もちろんそうすることが、ありうべき人文科学の方法と考えるゆえである。

その方法を文・理に跨らせる場合でも、融合させて「合金」にしてしまうのでは、複雑系を志向するそもそもの意味が失われてしまうように思われてならない。それは芸と学とのあいだにもいえることで、ある種の芸とある種の学のあいだに通うところを見出だしえても、表現と認識の決定的なちがいを跨ぎこすことはできない。学の分野の話と活動の本質規定の話とでは、まるで水準が異なるが、どちらも区別と関連づけという論理操作にかかわることに変りはない。

第一三章　敗戦後から今日へ

一九四五年八月一五日、陸海軍が連合国軍に「無条件降伏」することが「玉音放送」で知らされた（調印は九月二日）。二〇世紀の総力戦に敗れた国民にとって、それは全面降伏に等しい意味をもった。すぐに日本国政府が占領政策に協力する姿勢を示し、連合国総司令部（ＧＨＱ・ＳＣＡＰ）は、日本政府の存続・育成に方針を切り替えた。その政府の姿勢は、一時でも「聖戦貫徹」を胸に刻んだ人びとにとっては、国家そのものが滅んだに等しかった。

太宰治の戯曲『冬の花火』（一九四六年五月）の冒頭、二九歳の女教師・和枝はいう。「負けたと言うけれども、あたしは、そうじゃないと思うわ。ほろんだのよ。滅亡しちゃったのよ。日本の国の隅《すみ》から隅まで占領されて、あたしたちは、ひとり残らず捕虜なのに、それをまあ、恥かしいとも思わずに（後略）」▼1。

アメリカがポツダム宣言を日本に受諾させるために、内々に立憲君主制の存続を約束していたことも、天皇が退位して出家し、京都の寺院に隠居する用意を近衛文麿が万端を整えていたことなども、みな後から少しずつ知れたことだった。

戦時期、西洋の「数学」的思考に対して東洋の「精神」を掲げる長篇『旅愁』（未完）を書きつづけた横光利一は、一九四七年一二月三〇日、まるで日本の敗戦に縊れるようにして逝った。川端康成は盟友の死に捧げる弔辞を次のようにはじめている。〈ここに君とも、まことに君とも、生と死とに別れる時に遭った。君を敬慕し哀惜する人々は、君のなきがらを前にして、僕に長生きさせよと言う。これも君が情愛の声と僕の骨に沁みる。国破れてこのかた一入《ひとしお》木枯にさらされる僕の骨は、君という支えさえ奪われて、寒天に砕けるようである〉。そして〈僕は日本の山河を魂として君の後を生きてゆく〉と結んだ▼2。

杜甫「春望」の冒頭句、〈国破れて山河あり〉（国破山河在）を踏まえていることは自ずと知れる。だが、ここに〈城《じょう》春にして草木深し〉（城春草木深）の思いは響かない。木枯らしが骨身に染みる、とはじめた弔辞の読み手は、それを予め切断している。国破れて山河もなかったからである。安禄山の変に敗れた首都・長安の春の眺めと、この首都・東京の冬枯れの光景は、余りにちがっていた。

広島、長崎の惨状は、いうに及ばず、焼夷弾は山野にも降った。焼け出された人びとも多く、海外から兵士と「外地」滞在者の引き揚げも陸続と続き、身体にも心にも傷を負ったものが多かった。人びとには、まず自らと近親者の生存の確認、衣食住の確保が問われていた。窮乏生活に喘ぐ人びとの救援のための物資と兵士を載せたアメリカ軍のジープが日本の町や村を走りまわった。

だが、敗戦に打ちひしがれた国民に投入されたのは救援物資だけではなかった。建築家、上田篤『日本のすまい』（一九七四）に、こんな一節がある。

> 私は、いまでも敗戦直後にみた、あるアメリカのニュース映画のことを忘れることができない。それは、空襲によって焼土と化した日本の都市を、えんえんと映しだしたものであった。木と紙でできた日本の町は、いずれも、数発の焼夷弾であっけなく焼野原となってしまった。そのなかで、わずかにめだつのは、くずれた土蔵、ななめにかたむいた電柱、ひきさかれた看板ぐらいで、あとは、るいるいとどこまでもつづく瓦礫の山である。そのとき、画面にスーパーインポーズさ

れた字幕が、私の目に焼きついてはなれなかった。それは「科学なきものの最期」と題されていた。／科学なきものの最期――なんという惨めな、敗戦国・日本の都市にたいする断罪の表現であろう。それが当時の日本にたいする世界の評価であった。かんがえようによれば、日本文化にとって、それは敗戦以上にショック、いな屈辱ではなかったか。▼3

圧倒的軍事力の差を思い知らされた国民に、それは単に物量の差ではなく、科学＝技術力の差であることを思い知らせるキャンペーンが張られていた。

あるときわたしは、戦時期、対日戦争に臨むアメリカ軍兵士に対して行われた教育映画を観せてもらう機会があった。それは日本人を奇妙な祭りをする短軀の野蛮人として描き、だが、戦闘には命を捨ててかかる凶暴さをもちあわせており、油断は禁物というトーンで貫かれていた。極東の未開国を西洋キリスト教文明が感化するという姿勢は、占領政策にも貫かれていた。多くの牧師が日本に訪れもした。しばらくして総司令部の言語部門の主任についたキング・ホール大尉が、それを文明度の証と考え、ローマ字の使用をジャーナリズムに義務づけようとしたことにも、その姿勢は明らかだった。▼4

アメリカは、すぐにソ連と対峙する極東戦略を担うべく、日本政府の育成を進めてゆく。憲法草案が総司令部より示され、民主主義と自由の国、アメリカの核の傘の下で、象徴天皇制を奉じて、アメリカ文明へのキャッチ・アップに勤しむことが日本の国是として定着した。

第二次大戦後、国際的に「アポカリプス」（終末論）が拡がった。とくに日本人には想像が届きにくいが、アメリカ軍の原爆投下から、『聖書』にいう「世界の破滅」（ハルマゲドン）に向かっていることを想った人は少なくなかったはずだ。傾向のちがいとうねりの幅はちがうが、終末論は日本でも長く続き、マンガなどを通して青少年層にも浸透している。それ自体が大きなテーマだが、表裏する動きが二つあげられる。

その一つは、神に見放された人間存在を出発点とする実存主義（existentialism）が、第二次大戦後のパリで、ジャン＝ポール・サルトルによって、観念的な本質を措定しない存在を基盤とする考えに拡張されたこと。キリスト教の基盤をもたない日本では、敗戦後の精神的基盤の上に、ことのほかひろがった。

もう一つは、キリスト教圏に生命への畏敬の念が拡がり、日本では戦中期から連続する流れがそれと交錯すること。本章第一節では、その敗戦期の諸相を追い、また、民族の「自然」と「歴史」を融合したような思考が敗戦を跨いで存続した様子をうかがってみたい。

第二節では、一九六四年の東京オリンピックを前後する時期の文化ナショナリズムの高まりのなかで、再び中世美学が復活する動きと、それに対するリアクションに着目し、またそののち、今日まで、生命主義の諸相がポスト・ヒューマニズムなどとさまざまに輻輳しながら展開してきた様子を探る。生命と自然観とを密接に関係づけて論じた宗教学者の一つの達成を示す仕事として、磯部忠正『「無常」の構造―幽《かみ》の世界』（講談社現代新書、一九七六）に着目する。

第三節では、今日のわれわれが抱えている自然科学および科学＝技術の新たな局面について概括し、考えを深めるべき、諸点を指摘し、最後に本書の企図に照らして、至りついた結論をまとめてみたい。

一、実存主義と生命主義

実存主義の転換

二〇世紀への転換期からのキリスト教思想は、自然神論に基づき、自然科学をも包含する方向をもつ自由神学の傾斜を強くしたが、第一次大戦期には、ヨーロッパでは魂と地上の救済をキリスト教信仰にかける動き、アメリカでは原理主義復活のリアクションも生まれた。福音主義を徹底し、イエス・

キリストだけをこの世の支配者と見なし、人間の思考の一切を超えることを目指すドイツのカール・バルトの神学は、ナチズムの民族主義に対峙した。バルトは絶対的超越神から見放された人間存在という考えに出発するゼーレン・キルケゴールやカール・ヤスパースの実存主義にも、反キリスト教を鮮明にしたニーチェの哲学にも関心を向けていた。

ところが、第二次世界大戦の直後、一九四五年一〇月のパリで、ジャン゠ポール・サルトルが講演「実存主義はヒューマニズムである」の冒頭、〈存在は本質に先行する〉(l'existence précède l'essence)という命題を掲げ、世界を創造した絶対的超越神のみならず、プラトンのように、あるいはドイツ観念論のように本質的観念を想定する思想全般に対して、この地上における人間存在そのものに立つ思想を実存主義と呼んで、従来の意味を転換した。サルトルは唯物論に接近し、「マルクス主義の飛び地を埋める」方向へと歩み出すことになる。

この新たな規定による実存主義は、とりわけ日本の知識層に、急速に、漠然としたかたちで拡がった。戦時期に盛んだった「宇宙大生命」の現れとしての天皇観や「民族の生命」の大合唱が、敗戦とともに、忌まわしい精神主義として排斥され、生の深みや大きな生命より、この地上に生きること、生存そのものを問う姿勢が強かったからである。その様子を文芸作品に辿ってみる。

「生きて行くことは案外むずかしくないのかも知れない。」……「ともかく、みんなこうして生きている以上は、戦争で敗けようが、国がなくなろうが、生きていけることはたしかだな。」▼5

武田泰淳《たいじゅん》の「蝮《まむし》のすゑ」(一九四七)は、主人公の、このつぶやきにはじまる。戦争に負ければ、国がなくなれば、生きてゆくことはできないと思いつめていた心がほどけて、とにもかくにも生きているという実感が戻る。このようにして上海で敗戦にあったひとりの日本人が、まず選んだのは代書屋だった。それは自分のことばさえ、つまりは自身の肉体以外の一切のよりどころを失い、「外地」をさまよう日本人の姿のアレゴリー（寓意）といってよい。彼は、いわば存在のゼロ地点から、自身の生を歩みはじめる。その次の一歩は、ある女と関係を結ぶことだった。一歩ごとにつくられてゆく関係の網目。それに絡めとられ、彼が日本へ帰るまでの物語が展開する。

梅崎春生《はるお》は、戦争末期の極限的な状況に追いつめられた心理を書いた「桜島」（一九四六）で、一躍、戦後派作家の代表的存在となった。戦場を舞台にとる「日の果て」（一九四七）の主人公は、部隊の全滅を予想しながら、なぜ、自分は部隊にとどまっているのかと自問する。

あるのは生きているか殺されるかという冷たい事実だけだ。善とか悪はない。真実とは一つしかないのだ。それは内奥の声だ。生きたいという希求だ。自分のために生きるのが、唯一の真実だ。爾余《じよ》の行動は感傷に過ぎない。[6]

そして、主人公は独り、部隊を抜けだす。一九三八年の倉田百三が善悪などを超えた絶対的価値を「民族の生命」に求め、同年暮の「日本主義文化宣言」で〈国家の独立と、名誉と、使命のために生命を捨てて戦う国民即兵士は天皇の名を呼んで死ぬのである〉[7]と言い切ったのに対して、一九四七年の梅崎春生は、絶対的な価値は個人のいのちしかないと言い切っている。同じ年の「蜆《しじみ》」（一九四七）では、満員列車のなかで、ある男の口から〈日本人の幸福の総量は極限されてんだ。一人が幸福になれば、その量だけ誰かが不幸になっているのだ〉[8]と、パイの分け前を取り合うゲーム論にも似た、乾いて冷たい感慨が漏らされる。舞台と状況はちがうが、それらを語る男たちの思いは、生物である以上、生存という一事が大事、あらゆる思想は感傷のようなものにすぎないとされる。

坂口安吾のエッセイ「堕落論」（一九四六）は、敗戦による虚脱の淵から抜けだしたとたん、戦時中の倫理をかなぐり捨て、生きることのみに懸命な世相を前にしていう。

人間は生き、人間は堕ちる。そのこと以外の中に人間を救う便利な近道はない。[9]

お国のためにいのちを捧げる覚悟で戦地へおもむいた人びとが敗戦後、帰還して、闇屋になるのも、戦争「未亡人」の心に新しい恋が芽ばえるのも、それが人間の自然というもの、それでよいと安吾はいう。田村泰次郎「肉体の門」（一九四七）など、身ひとつでたくましく世渡りする女たちに共感を寄せる風俗小説があふれたのも、同じ心情によるものだろう。ただし、安吾は「堕落論」に、こうも記している。

この戦争をやった者は誰であるか、東條であり軍部であるか。そうでもあるが、然し又、日本を貫く巨大な生物、歴史のぬきさしならぬ意志であったに相違ない。[10]

直前には〈政治の場合に於て、歴史は個をつなぎ合わせたものではなく、個を没入せしめた別個の巨大な生物となって誕生し〉云々とある。戦争期に日本の国家や民族がひとつの巨大な生物となって、身を震わせて闘い、ついに断末魔の叫びをあげるのを聞く思いだったのだろう。「民族の生命」の観念、その生成発展史観は敗戦を跨いで、安吾の身内に生き延びていたらしい。

連続と転換と

一九四〇年に設置された神祇院の編になる『神社本義』（一九四四）には次のようにあった。

代々天皇にまつろい奉って、忠孝の美徳を発揮し、かくて無窮に絶ゆることなき君民一致の比類なき一大家族国家、その国家の生命が、生々発展しつづけている。これが我が国体の精華である。

これは、生成する歴史観すなわち歴史主義と、民族生命体＝家族国家論とを一挙に結びつけたものだが、このときはじめて公に登場した。その二つを結びつけたのは、世界の原理としての「生命」という観念だった。敗戦を跨いで、この思想も活き延びていたのである。

関連して、阿部知二が回想「退路と進路」（一九五八）で、中国侵略戦争に対して漠とした嫌悪を覚えながらも、〈天災地変のようなもので、どうすることもできないもの〉と感じていたため、〈ファシズムや戦争に抵抗する力のありか〉を見定める〈思考力〉をもたない〈一個の自由主義〉に過ぎなかったと率直に自己批判していることにふれておきたい。[11] このエッセイは、竹内好「近代の超克」（一九五九）〔第三章「十二月八日」の意味〕に紹介され、比較的知られている。日本知識人の主体性がいわば「自然と一体化」していることを負の方向として論じる一つのモメントとしてはたらいた可能性がある。

阿部知二はハーマン・メルヴィル『白鯨』（一八五一）などの翻訳にも活躍し、欧米のリベラルな思想にも通じていたが、戦時期、『文學界』グループに属し、勝ち戦に便乗して「闇を追う光明の戦」（『婦人公論』一九四二年七月号）では、〈無限の発展の可能性を包蔵するところの新世界創造の時機の到来を呼号し、〈わが民族に与えられたこの使命は元より歴史の始原のときから明らかになっていたことではあるが、同胞は今更にこの偉大な自己発見の感動に打たれている〉と、神武の「八紘一宇」の精神を世界平和の実現を使命としてきたと読み替える皇国史観も披歴しつつ、主体的に戦争に関わる姿勢を示している。南方徴用作家として派遣されたインドネシアでは、多元主義的な「大東亜共栄圏」実現のための文化政策に携わり、その体験記『火の島　ジャワ・バリ島の記』（一九四四）でも、その姿勢は一貫している。

これらからは、三木清らが加わった『文學界』グループに拡がっていた歴史主義、すなわち歴史生成論に寄りかかるようにして「大東亜戦争」に積極的にかかわっていき、敗戦後の虚脱のなかでは、己れがかかわった歴史の運行が、しかし〈天災地変のようなもので、どうすることもできないもの〉だったかのように変じたことが推測されよう。[12] 戦前・戦中期の阿部知二が生命原理主義を抱き込んでいたかどうかは判然としないが、己れを巻き込んで「自ずから」進行する「生成的歴史」が歴史観として流行していたことを把握できず、むしろ歴史を自然現象に喩えてしまう心性が覗いている。その心性において、歴史は、しばしば「大河」に喩えられる。積極的に掉さすか、流れに身をまかせるか、あるいは茫然と眺めるだけか、それ以外に選択の余地はなくなる。

和辻哲郎は敗戦後、一九四六年「人倫の世界史的反省─序説」（『思想』三・四月合併号）に、〈太平洋戦争の敗北によって近代日本の担っていた世界史的地位は壊滅した〉と書かなければならなかった。〈平和国家を建設し、文化的に新しい発展を企図すべき現在の地位に於いて、何よりも先ず必要なのは、世界史の明らかなる認識の下に我々の国家や民族性や文化を反省することである〉と。

そして、和辻は『鎖国─日本の悲劇』（一九五〇）を書く。その〈序説〉には、戦争期の日本について、〈その欠点は一口に言えば科学精神の欠如であろう。合理的な思索を蔑視して偏狭な狂信に動いた人々が、日本民族を現在の悲境に導き入れた〉とある。まずは、まっとうな反省ではあろう。だが、〈そういうことの起こり得た背後には、直観的な事実にのみ信頼を置き、推理力による把握を重んじないという民族の性向が控えている。推理力によって確実に認識せられ得ることに対してさえも、やってみなくてはわからないと感ずるのがこの民族の癖である。それが浅ましい狂信のはびこる温床であった〉[13] 云々とつづく。一九三〇年代から主にディルタイから学んだ「歴史主義」、「自ら生成する歴史」のエネルギーが多くの知識人をとらえていたことはまちがいなくいえる。それが歴史を超えた〈民族の癖〉かどうか。そして、「科学精神」と、かつて和辻哲郎が『続日本精神史』（一九三五）で説いた仏教と神道の重層構造をもつ「日本精神」の「基層」論とは、どのように関連がついていたのか。それらの疑問が頭をもたげてくる。だが、ここではそれを提示しておくに留めたい。

やはり一九四六年、津田左右吉は「建国の事情と万世一系の思想」（『世界』四月号）という象徴天皇制論を発表し、和辻哲郎も「国体変更論について佐々木博士の教を乞う」（一九四七）や「国民統合の象徴」（一九四八）などで、〈明治以前においては天皇は久しく統治権の総覧者ではなかった〉こと、藤原政権時代をふくめば〈ほとんど千年近い間、短期間の例外を除いて〉権力の座になかったことを歴史的事実として強調したのだった。

ここには明治期以降、皇室が〈統治権の総覧者〉になったことが、日本が武張った進路へ進んだという和辻哲郎の若いときからの呪詛の声が響いていよう。だが、古代祭祀国家の長について以来、皇室が儀式を摂関家に握られ、武力を武家に握られても、皇室が権力を権力たらしめる権威の源としてはたらきつづけてきたことは否定しえない。『日本古代文化』において、蝦夷討伐をほとんど無視していたのと同じく、平和主義の立場から、権力とそれを保証する権威を切断する論理操作がはたらいているといわざるをえない。

津田や和辻による象徴天皇制の「合理化」の論理には、昭和戦中期に、天皇と権力を結びつける皇国思想に対して、西田幾多郎が『日本文化の問題』（一九四〇）で説いた、権力と皇室を切断する論理がはたらいていると見てよいと思う。

西田は民族の「生生発展」をキイワードに、日本の「歴史的生命」なるものを論じていた。「歴史的生命」とは、普遍的な「生命」（宇宙生命）が歴史のうちに自らを表したもの、歴史を動かす根本的なものをいい、歴史の現実、すなわち権力争いの場を超えたものとする。「宇宙生命」の歴史へのあらわれとしての「歴史的生命」と「歴史の主体」すなわち権力という二つの水準に「歴史」を分けて考え、日本では「天皇」ないしは「皇室」が「歴史的生命」を具現し、そこに日本文化の独自性があるという論理だった。

この天皇ないし皇室が「宇宙大生命」なる普遍原理を体現するという「論理」は、筧克彦の神がかった天皇主義と同じしくみであり、先の『神社本義』の一節とぴったり重なっている。筧克彦は、その普遍性による異文化同化論をとるのに対して、西田はそれとはちがった。

最も戒《いま》しむべきは、日本を主体化することでなければならないと考える。それは皇道の覇道化に過ぎない、それは皇道を帝国主義化することに外ならない。[14]

皇室は歴史の主体たる権力と無関係に存続してきたものであり、他国への侵略行為は、そのような性格をもつ日本の皇統を汚すことになるという独自の平和主義天皇制論である。これが日中戦争の進行とともに強まった言論弾圧の壁を唯一突破し、侵略戦争に反対しうる論理であったことはまちがいない。西田は、もう一点、感情に流されず、時局に知性で立ち向かうことを訴えてもいる。いま、それ以上、戦時の時局との関係に踏み込まないが、歴史観としては、歴史主義の一種であり、好戦的態度も非戦的態度も、「大東亜共栄圏」を多元主義的に解釈しようが、帝国主義的に解釈しようが、そのどれをも民族の「生命」と「歴史」とを融合し、呑み込んでしまう「論理」にほかならない。

和辻哲郎は一九三四年、『人間の学としての倫理学』を刊行した。それは信仰をも人間の営みとしてとらえる日本の人文学の宣言としての意味をもっていた。彼が戦後、改訂した『倫理学』上下（一九四九）は、しかし、すでに指摘されてきたように、変革の契機を欠いていることは否めない。それは、なぜなのか。その営みを彼の時代のなかに置き直し、その理由を探ることこそが思想史のとるべき態度だとわたしは思う。
僕は、僕の指や、爪を、ほんとうに僕の指や爪なのか、たしかめてみたいつもりで書きだしただけで、おおかた平凡なことばかりだ。

一九五二年、詩人、金子光晴は詩集『人間の悲劇』の〈序〉に記している。わが身の一部を自らのものかどうかを疑う精神状態は、当代の精神病理学では分裂病の症状のひとつに数えられていた。が、ここに記された、自分のからだは、本当に自分のものか、という疑念は、精神の病のせいではない。ここに突き出された、わが実存に対する懐疑は、個々人の生命をそっくり国家にさしだすことが求められた季節が終わりを告げたのち、反転して、自分のいのちを絶対視する季節の訪れに対しても疑問を突き付けるものだった。

同じ年に刊行された福永武彦『風土』(一九五二)は、戦中、戦後を背景として、複数の世代にまたがる人物たちの愛と絶望と孤独と、そして芸術と風土性をめぐる長篇小説だが、その終わりの方で、娘を愛することを生きがいにしてきた一人の女性が、こんなふうにつぶやく。

しかし生きるというのは自分のために生きることだ。わたしはいま自分のために生きる、それが本当の生きかたなのだ。(中略)生きるということがどんなことなのか、知りもしないで、それでもやはり生きていた。(中略)今はわたしは悲しみも苦しみも知り、それを知ることで一層よく生きることが出来る筈《はず》なのだ。[15]

ただ生きるのではなく、「本当の生き方」があることに気づいた人びとが、自己実現や自分探しの旅にふたたび三度《みたび》、出発した。だが、「本当の自己」、あるいは「生きがい」とはいったい何か。結局のところ、生命感の充実ということにつきるのではないか。

一九五〇年代には、戦後の混乱期を抜け出し、日常性が回復するにしたがい、その手触りにためらいといぶかしさを覚え、まるで不思議なものを撫でまわすかのような小説が現れた。庄野潤三の短篇小説「プールサイド小景」（一九五四）は、手に入れたはずの日常の安定が、実は夫婦がとりつくろっているだけの、見せかけのものでしかないこと、安定した家庭や職場の日常の底に破滅にむかう危機が口をあけていることを書いている。混乱期を懸命に生きてきた人びとが、相対的な安定感の中に、ふと覚える空虚感を象徴的な手法で書いたものだった。吉行淳之介は「鳥獣虫魚」（一九五九）で、若い勤め人の見なれたはずの日常世界のすべての景物が脱色し、人びとも車や電車なども、鳥や獣や虫や魚に変形してしまう世界を書いた。

これら「第三の新人」と呼ばれた作家たちの作風をめぐって「私小説」是非論が起こり、日本には市民社会を客観的に描く近代小説が育たなかったともいわれた。小説論における近代化主義である。それは、しかし、詩・歌・句、小説の先端が、いち早く感覚や意識のリアリズムに乗り移ったために起こったことだった。

近代化主義は、一国の精神文化は西欧型の発展段階を辿るはずだという想定に立つ。背後には、社会の発展段階論がある。一九世紀半ばに、国際的に類例を見ない幕藩二重権力体制から、国民国家建設に乗り出し、行政指導で工業革命に突き進み、市民社会が成熟を見ないうちに、そのまま大衆化した社会をそっくり総力戦に動員した歴史の展開さえつかみきれないまま、戦中期の神がかった天皇主義を基準にして、近代天皇制を絶対主義や専制政治のように理論化した講座派歴史観が戦後民主主義に立つ進歩派知識人に根強かったためである。

その傍らでは、子供の感情の自発性や情操教育の重要性が説かれ、芸術の鑑賞と制作が「人格を豊かにする」と語られつづけた。だが、それが人格の底に普遍的な「大きな生命」や「深い生命」を想定する思想に発したものだったことはすっかり忘れられていた。

生命主義の国際的展開

ドイツ人の医師で、半生をアフリカで医療事業に捧げたアルベルト・シュヴァイツァーは、一九五二年度のノーベル平和賞を受賞し、その授賞講演で、世界平和を呼びかけ、原爆という狂気を抱えた危機に対して、人類が理性をもって対処すべきことを説いた。それは唯一の被爆国である日本には、ことのほかよく届いた。

シュヴァイツァーは、ドイツの牧師の息子として育ったが、ドイツとの国境近いフランスのストラスブール大学哲学科と神学科でイエスの伝記に実証主義の立場から独自の解釈をほどこす研究を重ねたのち、後半生を人命の救援に捧げるため、アフリカ赤道地帯、フランス領コンゴ（現ガボン共和国）、ランバレネで医療事業に従事した。パイプ・オルガンの制作者、奏者としても一流の腕前で、ヨーロッパ各地で演奏会を開いて資金調達を行い、第二次大戦中も当地で苦難に耐えた。人類愛に生きる当代最高の偉人として、日本の子供たちの崇拝を集めた。

シュヴァイツァーは、人間中心主義と決別していた。合理的な思考の行きつく先に、人間中心主義を脱し、すべての〈生命への畏敬〉の念、全生命と一体化して生きる生き方が突きだされてくるのだと彼はいう。それは未開地で生活し、現地の人びとが密林で生活してゆくために必要な信念——キリスト教文明国では原始信仰とか迷信とか呼ばれるもの——にふれたことによって、はじめて獲得された境地だった。講演「文明と倫理」（一九二三）では〈生への畏敬は最高法廷である。その命ずるところは、それが愚行（Torheit）と見え、あるいは無益と見えるときでも、その意義をもっている〉と明言している。[16] 動植物の抹殺なしに生きてゆけない現実に対しては、人間が抹殺する生命に対して、責任を引きうけてゆくべきだと説く。自ら〈倫理的神秘主義〉を名のる世界観は、第一次世界大戦後、いよいよ終末へ向かう世界の危機と現世主義にそまってゆくキリスト教の危機に際して、その救済を企てるものだったともいえよう。

第二次大戦後、欧米の知識人が関心を寄せた書物のひとつに、フランスで古生物学、地質学、人類学などを研究し、カトリック司祭も勤めたピエール・ティヤール・ド・シャルダンの『現象としての人間』(一九五五)がある。その「プロローグ」より引く。

思考の特質と生物学的な固有性とによって、われわれは自分の体験に対してじっさいにひらかれている宇宙を全部のこらず見わたすことができる一中心、独特な位置におかれている。展望の中心である人間は、同時に宇宙構造の中枢でもある。(中略)人間は弱小であり、個々まちまちであり、停滞しているというこの三重の幻想がわれわれの見方からぬぐいさられるなら、人間は、さきに述べたように、宇宙進化の中心的な位置を容易に占めることになろう。すなわち人間の発生史そのものが宇宙の発生史の頂点を飾る、進化の時々刻々の頂点に立つことができよう。/人間は人類なくしては自己を完全に見つめることはできないし、人類は生命なくしては考えられない。また生命は宇宙なくしては考えられないだろう。以上のことから本書の本質的な構想が生まれている。生命の準備段階、生命、思考力というこの三つの段階が唯一の、まったく連続した軌道、現象としての人間の曲線を、過去において描き、未来(高次な生命!)にむかって進めようとしている。[17]

ティヤール・ド・シャルダンの考える宇宙進化の全過程は、生物の誕生以前が〈生命の準備段階〉と論じられている。宇宙を進化させるエネルギーは、物質性に向かうベクトルと精神性に向かうベクトルをもつとし、後者によって人間の精神が産み出されると説かれる。彼の場合、後者の裏には、神の世界創造力が透かし見える。これは、自然科学とキリスト教神学の双方のしくみをよく知りながら、双方から外れたところに築かれた「生命」中心の思想であり、謙虚な態度で選びとられた人間中心主義でもある。背後には、第二次大戦という現実、人間が人間の手で、自ら、かつてなかった惨劇を招いたことが、そして原水爆の脅威によって、地球上のあらゆる生命を宙づりにする冷たい世界戦争があった。

エピローグは、〈人間は、長いあいだ信じられてきたように、宇宙の静止した中心〔つまり進化のうごきにかかわりをもたない宇宙の中心〕ではなく、進化の軸であり、その矢印の先端であると考える方が、もっと理想的なことであろう〉と閉じられている。人間は、一切の精神的な営みを総合しうる存在へと自らを進化させなくてはならないというのが結論である。いわば一種の「超人」の思想であり、人間が神に近づく道のようにも想える。

『現象としての人間』の英語版に付されたジュリアン・ソレル・ハクスリーの〔序〕はティヤール・ド・シャルダンが古生物学、地質学の研究ののち、司祭の地位につく以前、一九一二年に、進化論への関心を抱いたのはベルクソン『創造的進化』に触発されたゆえ、と紹介している。ジュリアン・ハクスリーとティヤール・ド・シャルダンとは、人類の未来に対する大きな危機感と、それを解決する使命感とを共有し、温かな交流をつづけていたことが知れる。ジュリアン・ハクスリーは、第二次大戦後に、進化の先端に立つ人間こそが、生物と社会の生存に責任をもつべきだとする立場から、新総合進化論を提案し、またユネスコを舞台に平和運動にも活躍、ジョセフ・ニーダムがユネスコの創立委員に加わる機縁をつくりもした。

日本でも、敗戦を跨いで、生命原理主義は活きつづけた。歌人、吉野秀雄が一九四四年八月、愛妻を看取った際の「彼岸」と題する連作十三首は、敗戦の年に刊行された歌集『寒蟬集』（一九四五）

に収められ、歌壇で話題になった。うち、三首を引く。

真命《まいのち》の極《きは》みに堪へてししむらを　敢《あへ》てゆだねしわぎも子あはれ
これやこの一期のいのち炎《ほむら》立ち　せよと迫りし吾妹《わぎも》よ吾妹
ひしがれてあいろをわかず堕地獄の　やぶれかぶれに五体震はす

〈ししむら〉は肉体。〈わぎも〉はわが妻。〈ひしがれてあいろをわかず〉は、おしつぶされ、なにもかもわからなくなって。吉野秀雄は、ここで〈真命〉を根源的な生命につながる、妻のこの命という意味で用いている。古典詩歌から現代小説まで幅広く文芸評論に活躍した山本健吉は、この三首を抜きだし、次のように評している。〈これほど厳粛なものとしてよまれた男女交合の歌は、ほかにないのです。しかも、そこには、そのことをおぼめかし、美化して歌おうとする配慮の一点の余地もないのです。その命の合体の一瞬に、いささかの享楽的要素もないのです。なにか根源の生命への欲求、愛憐の情の極致ともいうべきものに促された、せっぱつまった一つの行為であり、それゆえそれはこのうえもなく厳粛なのです〉と。▼18 山本健吉は極限的な性愛のかたちをうたううたに籠められた「真命」の含意をたしかに受けとっていた。

そして、谷川徹三は『生の哲学』（角川書店、一九四七）を刊行する。ドイツの「生の哲学」を彼なりにやわらかくまとめた書物で、敗戦後の時局に置いてみれば、反時代的な姿勢に映るが、生命主義の命脈をそれなりに示している。

二、輻輳する歩み

敗戦を越えて

一九五二年、サンフランシスコ条約が締結され（いわゆる「片面講和」）日本が独立国家として再出発をとげたころから日本文化論が盛んになる。わび、さびや幽玄を中心とする中世美学もまた、敗戦を超えた。茶の湯や生け花が伝統文化の中心の一つと見なされ、裏千家や池の坊などに代表される家元制度により、中産階級の子女のお稽古事の場で宗匠の口から拡がりを獲得してゆく。

文芸批評家の唐木順三が近現代に対する批判精神をこめて、『中世の文学』（一九五五）、『千利休』（一九五八）、『無常』（一九五九）、『無用者の系譜』（一九六〇）などをたてつづけに刊行、「中世の再発見」とも「反時代的」とも呼ばれた。『中世の文学』は、中世美学を「数寄」「すさ（荒）び」「幽玄」の三段階に分け、それぞれ鴨長明、兼好法師『徒然草』、世阿弥の芸能論と道元の思想に代表させ、発展段階として論じるが、中世美学の底に道元の「有即時」、季節とともに移ろいゆく存在に理想形を見出し、日本中世文化の基底に置いた。そして唐木順三は、さらに季節感の表出の変容を古代から精緻に辿り直す『日本人の心の歴史―季節美感の変遷を中心に』上下（一九七〇、七二）をまとめた（第八章二節で『中世の文学』にふれた）。

一九六四年の東京オリンピック開催を前後する文化ナショナリズムの高まりのなかで、中世美学の礼賛の動きは助長された。日本文化フォーラム編『日本的なるもの』（新潮社、一九六四）で、哲学者の高坂正顕の基調報告「日本的なるもの―その系譜と構造」は、日本の歴史を古代、中世、そして近世・近代の三つの時代に区切り、それぞれの時代の文化の特徴を芸術性、宗教性、政治性に求める仮説を提出している。そのうちの中世を仏教哲学者の西谷啓治が担当。高坂も西谷も、第二次大戦期の彼らの言動の反省に立ってだろう、文化主義に徹して、近世・近代を「政治の時代」と批判し、歴史に一貫したものを探る論議では、情緒性、芸術性、宗教性に焦点を当てる。その論議の最後近く、西谷啓治は、茶人、千利休の「わび、さび」好みには秀吉の豪華絢爛好みに対する批判が読みとれるという意味のことを述べている。

リアクションの諸相

このような論議がなされていることに対して、国際的に前衛美術に活躍した岡本太郎は、民族の「伝統」観念を近代の発明によるものと鋭く指摘した。

「伝統」「伝統」と鬼の首でも取ったような気になっているこの言葉自体、トラディションの翻訳として明治後半に作られた新造語にすぎません。（略）伝統という言葉が明治時代に作られたように、内容も明治官僚によって急ごしらえされた。圧倒的な西欧化に対抗するものとして、またその近代的体系に対応して。[19]

『日本の伝統』角川文庫版（一九六四）に編入された「伝統論の新しい展開」の一節である。近代日本の「伝統」意識は、西欧の近代文明の流入に対する国粋主義の反動であり、それゆえに〈日本主義も不自然なひずみをもって、陰性でしぶい裏側の文化をおしたてた〉と述べている。この「明治官僚」は、岡倉天心を指している。ただし、岡倉天心の『東洋の理想』も『茶の本』も、彼が宮仕えをやめたのちに書かれたものだったが。それはともかく、近代ナショナリズムによって伝統が新たに組織される諸現象を指摘するエリック・ホブズボーム、テレンス・レンジャー共編『伝統の発明』（一九八三）を先取りする見解だった。

岡本太郎は、原始的な「生命」の息吹を礼賛し、それを「日本の伝統」に見出す見解を説いて、ひときわ異才を放っていた。敗戦後間もなく、既成のアヴァンギャルドに対して、矛盾対立する両極端をその激しい緊張のまま抱えこむところにこそ、生命の本質があり、生命の充実があるとする「対極主義」(『画文集　アヴァンギャルド』一九四八)を主張し、国際画家として活躍を開始した。「曼陀羅頌」(『神秘日本』一九六四)に、彼の考える究極の芸術は「生命の神秘」の顕現に「絶対」の価値を置くものと宣言されている。その生命主義象徴論に立つ芸術至上主義は、自ら認めるように限りなく宗教に近い。野放図にも無防備にも見える彼の思想は、だが、案外、よく鍛えられている。

岡本太郎は、両親・岡本一平、かの子とともに一九二九年暮れにパリに渡り、ひとり残って画の勉強をしながら、大学で人類学者、マルセル・モースの講義を聴き、またシュルレアリスムから秘教的な革命思想に進んだジョルジュ・バタイユの秘密結社にも近づいていた。バタイユは、中南米などの「原始」的な宗教儀礼を研究し、そこに絶対的な矛盾対立を超える聖なる制度を透視した。岡本太郎は戦時期に帰国して応召し、中国の戦場で、生死に引き裂かれる経験に生命感の充実を覚えたのではないだろうか。そして『日本の伝統』(一九五六)で、クマを殺し、かつクマの霊を敬い、愛するアイヌの熊祭りを人類学的な見地から論じたのも、パリで学んだことの応用だった。

そして、真の「民族の伝統」を創造し、「民族の生命力」の在りかを探り(『日本の伝統』一九五六)、まず縄文土器にそれを見いだした。

> 縄文式文化のたくましい、魔術的、神秘的な力が、地底の熱と光のように、歴史の深みから私たちを照らし、あたためる。このような過去をもった民族の情熱、生命力が枯れつくすことはありえないはずだ。民族への信頼感である▼20(『私の現代芸術』一九六三)。

そして、東北の「オシラの魂」、沖縄のウタキ、密教の胎蔵界曼陀羅にも、近代社会の圧力に抗して活きつづける「民族の底の奥ふかいエネルギー」（『沖縄文化―忘れられた日本』一九六一）を発見してゆく。『原色の呪文』（一九六八）では、ひとつの日本文化観がまとめられる。

勤勉で、無邪気で、好奇心の強い日本民族は、その後さまざまの文化を学びとり、見事に自分のものにした。あらゆる文化形式の、歴史的にも食いちがういくつもの層がぶつかりあい、積み重っている。まことに奇妙な、世界でも稀《まれ》にみる複合文化だ。その惰性と混乱の渦の下で、しかしマギレもなく生きている、日本独特の、きよらかな生命感がある。▼21

岡本太郎のいう〈あらゆる文化形式の、歴史的にも食いちがういくつもの層がぶつかりあい、積み重っている〉という日本文化のとらえ方は、これまでに提出されたどんな日本文化の重層性論よりも精確というべきだろう。だが、彼は、さらにその底に、日本独特の「きよらかな生命感」が、まるで地下水脈のように流れつづけていることを幻視している。その「きよらか」なイメージの淵源を辿れば、新暦四月の五、六日ころを「万物ここに至って皆潔斎《けっさい》なり」とする古い中国の節句の行事に行きつくはずだ。

岡本太郎は、「伝統とは創造である」（『日本の伝統』）と宣言してから、日本民族の伝統の根を探る旅に出、近代社会の圧力に抗して活きつづける根源的な神秘、「民族の生命力」の奥ふかいエネルギーという観念によって、もうひとつの「伝統」を創造してみせたのである。その思考のかたちは、日本民族こそが普遍性を体現していると主張した戦時期のウルトラ・ナショナリズム――たとえば井上哲次郎は「神ながらの道」の別名として「清明心」をあげていた――を裏返しにした感があろう。その普遍性をもつ民族伝統の底も、戦時期に根をもっていたといっては言いすぎだろうか。

大正・昭和戦前期の歴史性を刻印された生命主義を深く反省した作家もいる。一九三〇年代後半に活躍した作家、高見順の戦後の詩集『樹木派』（一九四八）は、結核療養中のノートに書きつけた平易な散文脈の詩をまとめたもので、病ゆえの生命憧憬、それもみずみずしさを誇る植物の生命への賛歌が連なる。たとえば、次のように。

新緑
そのとき／窓から／庭を見て／いきもののいのちに／いきなり触れた▼22

一九五二年、四五歳のときに強度の神経失調に見舞われて執筆不能に陥った高見順は、〈私にとって詩は生命の表現でありそして生命の養いであることを知らされた〉と『わが埋葬』（一九六三）の自筆年譜に記している。そして『この神のへど』（一九五四）、『都に夜のある如く』（一九五五）、『生命の樹』（一九五八）と神経症にかかった知識人の男性が生命感の回復をかけて若い女性と交渉をもつ小説を連作、あたかも自らを実験材料にして、そのことの持つ倫理的な意味を探ったのち、大作『いやな感じ』（一九六四）と取り組んだ。高見順が「『いやな感じ』を終って」（『文學界』一九六三年九月号）に〈私が生きてきた昭和という時代と、その時代を生きた人間を書きたいという私の願いのひとつの現われである〉と記しているとおり、大杉栄が「生の拡充」（一九一三）などで説いた、個人が自分の生命感の充実を求めて生きることこそが自我の拡充、一切の権力からの自由と解放の闘いの根本をなすという信念を抱いた一人の若者を主人公＝語り手に設定し、彼が直感的に覚える「いやな感じ」を逃れようともがき、「いやな感じ」のなかに生命感の充実を覚える倒錯した心情が昭和戦前・戦中期の激動のなかで悲惨な結末を迎えるまでを追う。彼の考えと無頼な行動によくマッチしたヤクザな隠語を駆使する饒舌体にのせて、舞台を東京、朝鮮半島、北海道、上海と転々と移しながら、階級と国家と革命と民族の観念が屈折に屈折を重ねる道行を辿る傑作である。いや、日本の戦前期の生命主義が悲惨な結果を迎えたことを確かに刻みつけた記念碑というべきであろう。

一九三〇年代にシュルレアリスムなど狭義のモダニズム詩をリードした西脇順三郎は第二次大戦後には、いわば「東洋回帰」の姿勢を見せ、その流れに『易経』や老荘、また道教的神仙思想などに親炙し、かつ俳諧の諧謔により、「永遠の生命」の観念と戯れ遊ぶ融通無碍の詩風を拓いていった。彼の生涯の詩作を貫く「永遠の旅人」のイメージは、詩集『鹿門』（一九七〇）中にもうかがえる。そのなかの詩「アポカリプス」には、それしかできない己れにあきれはて、なお、そうするしかないと観念した詩人の表情が覗いている。

ああ
生物は永遠の中に生れ
永遠の中に死んでゆく
ただそれだけであると
いうことは
人間の唯一の栄光で
生物の唯一の哀愁だ
永遠は瞬間の中にしか
啓示されないと意識するとき
黄色い水仙をつむ指先が
ふるえる
野原には

無色の鶏が歩いている
モロフの杏の花も
おののく／／（一行アキ）
この青ざめた
コンクリートの野原を
さまよう脳髄の戦慄は
生物の宿命の哀愁だ[23]

この黙示録はタイトルの示すように、終末論の一種なのだろう。ここから、自らにとりついて、打ち切りたいのに打ち切れない「永劫の旅人」の「永遠の生命」に対するひそやかな復讐の企ての気味さえ感じられる。〈モロフの杏〉は、この詩人だけの隠語に近く、わたしにはまだ解けていない。

ポスト・ヒューマニズムへ

一九六八年は、明治百年にあたり、高度経済成長の上げ潮に乗って、明治維新から近代化に邁進した日本の歩みを振り返る論調が盛んになった。この年、一九六〇年に池田勇人内閣が策定した所得倍増計画のもと、日本の国民総生産（ＧＮＰ）が世界第二位となり、テレビなど家電製品やマイ・カーなどの保有が平均化し、一億総中流意識が拡がってゆく時期である。

だが、一九七〇年を前後する時期をターニングポイントに、日本の生命主義思想は、とりわけ原爆や公害の被害に対して、エコロジカルな「大きな生命」の営みをもって応えようとする営みを生み出していた。石牟礼道子は、母性原理主義の立場から松代湾で漁業を営む人びとに寄り添い、化学工業に依存して暮らす街に水俣病が浸透してゆく過程をつぶさに追い、そして戦後日本の政治＝社会の総体を告発する『苦海浄土―わが水俣病』（講談社、一九六九）を書いた。

国際的な動きとしては、ここで、分子生物学の進展を基礎に、フランスのジャック・ルシアン・モノーが『偶然と必然―今日の生物学の自然哲学についての試論』（一九七〇）で、自然観の根底を揺さぶるような提起を行ったこと、そしてそれに対する日本での反応にふれておきたい。ジャック・モノーは、第二次大戦期にはパルチザンに加わり、戦後は、反共産党系の社会主義の立場をとり、ソ連系唯物論の教条主義の圧力に抗する立場を堅持していた。タンパク質生成の遺伝子レヴェルでの制御機構に取りくみ、一九六一年に共同研究者とともにノーベル生理学医学賞を受け、一九六八年、フランスの「五月革命」にもかなりの役割を演じた。

『偶然と必然』は、クレムリン官僚制の教科書を金科玉条のように振りかざす勢力と対峙してきた科学者としての経験に根ざしたもので、遺伝に関する分子論と情報コード理論が生物学の基礎理論たりうるということを確信し、ミクロ・レヴェルの生物学に立って、「法則性の科学」に対して、いかなる変更を加えうるか、という課題に正面から挑んだものである。キリスト教に発する人間中心主義の限界を明確にし、またマルクス主義の唯物弁証法を真っ向から批判した。西欧近代文明の総体の根幹に、法則を探究し、その法則に縛られ、その法則の前に、かつての宗教のように人びとを跪《ひざまず》かせる「科学」の姿を見いだし、それを告発したのである。そこでは、分子レヴェルの機械論――物質の物理的性格を超えるように見える生物の微視的なしくみも、ミクロ・レヴェルの物質の物理的性質によって解明しうるという立場――を拠点に、それまでの生物学説を「生気論」(vitalismes) と「アニミズム」(animismes) とに二分し、それらをともに退ける。「生気論」とは、物質以外の生命のもとになる何か、典型的にはスピリッツの類を想定する理論の系譜をいい、「アニミズム」とは、物質そのものに生成の働きを認める理論の系譜と定義している。キリスト教神学にのっとり、絶対的超越神が世界を創造し、その運行を司るとする思考法、すなわちニュートンの自然観、またカントを批判して「自然の生命」の観念を肥大化させたヘーゲル、シェリングなどの哲学も、みな、「アニミズム」に括られる。モノーは、個体レヴェルの選択（selection）の必然性は認めているので、個体レヴェルにおいて発展してきた生物学のすべてを相手どって展開する議論は、レヴェルを無視していることになるのだが、その結論をまとめると、次のようになろう。

すべての生命は遺伝子の無方向な突然変異（偶然）とその選択（必然）の結果であり、人類は、この広大な宇宙にあって、偶然によって出現した、ごくまれで、しかも孤立した、運命づけられても義務づけられてもいない存在であり、それゆえ自ら、自らの価値を選びとっていかなければならない。

このジャック・モノーの主張に応える動きは、日本にも起こった。原子爆弾の下につりさげられた世界に進行する環境汚染の問題は、日本の第一次戦後派を代表する作家のひとり、野間宏にとっては、人類の生存自体が二重三重の危機にみまわれていると感じられた。野間宏の社会矛盾に対する鋭い問題意識と、その活動は国際的にもよく知られていたが、彼は一九七〇年代には、貧民救済の宗教家としての親鸞の思想や、被差別部落の青年の冤罪事件をめぐる狭山裁判に取りくみ、「第三世界」の小説の紹介にも尽力し、さらに原子力発電、環境汚染、地球温暖化へと関心の幅を拡げていた。そして当代の矛盾の核心を、現代文明が招来する「人間と自然との乖離」による「人類の生存の危機状況」としてまとめ、警鐘を鳴らしていた。野間宏「現代の王国と奈落」（一九七五）は、モノーが西欧近代に対してラディカル（根源的）な問いを発していること、生命活動に属する知の一切を確保するために、近代ヨーロッパの知の体系を「抽象の王国」と名づけ、その死滅を宣言し、人間を生物系のうちに位置づけ、「知識の倫理」を守っていることに深い共感を示している。

野間宏は、分子生物学の時代の到来に逸早く鋭い反応を示したものの、なおマルクス主義科学をも摘発するモノーの姿勢に戸惑いを隠せなかった。彼は、とくにモノーが「アニミズム」としてマルクス主義の唯物弁証法をも排除していることは容認できなかった。唯物弁証法は量子力学に「反物質」を措定し、実際それにあたるものの存在が確認されてもいたので、野間宏はその有効性に疑いを持てなかった。モノーの側からいえば、「法則」や「必然」の砦に立てこもる、学を守ろうしたことになる。

また、作家・大庭みな子は原爆を生み出した人間の欲望をテーマに、その被害者たちの意識のうちにも渦巻く生命衝動の諸相を植物イメージに形象化する『浦島草』（一九七七）から『王女の涙』（一九八八）へ、ポスト・ヒューマニズム的生命原理主義へ傾斜を強めた『三面川』（一九八六）を挟んで展開した。

磯部忠正『「無常」の構造』のことなど

このような新たな動きとは別に、いや、その促しを受けてのことかもしれないが、一九七〇年代に宗教学の見地から、日本人の伝統的「実存」観、死生観を論じた書物に「大きな自然のいのちのリズム」という観念が登場する。学習院院長を勤めた磯部忠正は『「無常」の構造―幽神の世界』（講談社新書、一九七六）で、絶対的唯一神と自我の理性を原理とする西洋文化と対比し、日本人の生き方は神中心でも人間中心でもなく、「自然」中心であると説いている。

その「自然」は「自ずから然り」であると同時に、自然界の形而上的観念にあたるような「幽《かみ》」との連続性が説かれ、〈人間をも含めて動いている自然のいのちのリズム〉と等値に置かれ、それに身を任せる「無私」の態度、〈無常観を基礎とした諦念〉を括りだしている。▼24 それは〈宇宙に遍《あまね》く存在する大生命すなわち仏意ないしは仏性〉▼25 とも言い換えられ、「無私」は客観的には「真相」の把握へ、主体的には「自由無碍」の境地の体得に向かうとされる。

その特徴の第一は、宗教観において、石田英一郎『文化人類学ノート』（河出文庫、一九五五）にいう「父権的・遊牧的・上天神的信仰圏」に対する「母権的・農耕的・大地母神的信仰圏」の定住農耕生活が育んだ「南方的＝植物的な自然」、すなわち生命循環の信仰が民族的特性の根源に据えられているといい、それとルーマニア出身の宗教学者、ミルチャ（ミヒャエル）・エリアーデの説く宗教観などとの近似性も論じられている。石田英一郎のいう「父権的・遊牧的・上天神的信仰」は、ユーラシア大陸北方の騎馬民族のそれを対象としたもので、実際は種々雑多な征服民族の祭祀儀礼を併存させ、その上に君臨するしくみである。中国における漢民族の「天」の観念は、早くから「南方的＝植物的な自然」に属するはずの道教信仰と習合し、多様な天神地祇への信仰を形成していた。

特徴の第二は、西洋の宗教概念におけるそれとは相当のちがいが見える日本の「神」観念の多様性を指摘し、富士谷御杖の「幽」の観念を手掛かりに、日本において融通無碍に変転した自然界の形而上学にあたるものを析出しようとしていることに求められよう。それによって、道元のいう「山河大地」、芭蕉の「造化」、良寛の「天真」を遥かにしのびつつ、神道系と仏教系思想、また陽明学にいう「気」の「生々已む能わざる」活動性などの諸観念を生命原理主義をベースに緩やかに統合している。

むろん、その指標とされる「宇宙大生命」に類する観念は、西洋一九世紀後半に宇宙の動因として想定された二つのエネルギー概念――スピリチュアルな、また計量しうる熱力学のそれ――を種々の伝統思想で受けとめ、かつ、伝統概念を組み替えて形成されたものであり、それを指標に前史へ遡り、まとめようとすると、あちこちに生じる歴史的概念の齟齬を緩和調節し、それこそ融通無碍な渾融状態の「構造」をつくることになる。著者自身、それが〈学問的概念になりえていない〉とことわっているのは、その自覚の率直な表白にほかならない。

生命原理主義の眼鏡から眺めれば、その日本的祖型と映る諸観念も漠然と雑居していたわけではない。天武朝以降、神・儒・仏・道（陰陽道）の四教併存体制が敷かれ、歴史的に組み替えられる過程を通して、それぞれの系譜と兼修の態度、対抗関係をもちながら展開してきたのであり、それらの相互関係が組み替えられるなかで個々の思想が展開してきた様子を明らかにする作業が不可欠であろう。

磯部忠正が神の形而上と形而下の連続性を指摘する日本に特有の「幽」の観念も、漢語として古くから「幽玄」などに用いられてきた。老荘思想においては「天地」は自ずから生成するものとされ、その根源が「玄」とされていた。その「幽」と、たとえば陽明学にいう「気」の「生々已む能わざる」活動性とが、どのような結ぼれを起こしてきたかを探れば、生命原理主義の受容装置としてはたらいた諸観念の関係がより明確になるだろう。が、少なくとも富士谷御杖において、それが認められるとはわたしには思えない。

そして、生命原理主義の息は長く尾を引いている。昭和モダニズム期に左翼同伴者として登場し、その国際感覚と天理教とカトリックに培われた神への畏敬の念に立つ独特のヒューマニズムで戦後、かなりの人気を保ってきた芹沢光治良は、『人間の生命』（一九九一）で、当代の国際情勢を見渡しながらその信条を率直に開陳している。その語り手「僕」は、諸宗教の神は人間の観念の産物にすぎないといい、「大自然の力」「大自然の親神」を崇拝している。そして万物が生命を宿しており、心を通じることができるという考えをはっきり記している。〈いのちは（中略）この家、この椅子、あらゆる家具にあって……みんな生きてるのだよ〉[26]と。

「お手本なき時代」とその後

情報社会化が本格的に進展しはじめた一九七〇年代の終わり、アメリカの経済学者から「ジャパン・アズ・ナンバー・ワン」の掛け声がかかり、日本的経営が賛美された。日本特殊性論（日本文化はそもそもユニーク）が満開期を迎え、一九七九年に首相に就任した大平芳正は、翌年の年頭挨拶で「お手本なき時代」を宣言。これは再び「日本的なるもの」探しが開始される合図になった。そして「緑と自然に包まれ、安らぎに満ち、郷土愛とみずみずしい人間関係が脈打つ地域生活圏が全国的に展開され、大都市、地方都市、農山漁村のそれぞれの地域の自主性と個性を生かしつつ、均衡のとれた多彩な国土を形成しなければならない」と、その年、「田園都市国家構想」と呼ばれるヴィジョンを打ち出した。だが、大平正芳は急逝、ヴィジョンは実現に向かわなかった。

一九八四年、第二次中曾根内閣のときには、「日本がここまで来られたのは福沢諭吉先生のお蔭」とばかり、一万円札の肖像に聖徳太子に替わって福沢諭吉が登場した。日本の近代化＝西洋化のシンボルである。

一九八五年、プラザ合意直後の日本は円高不況と称される深刻な不況に陥った。そして、いわゆるバブル経済が頂点にさしかかるころ、一九九〇年『中央公論』四月号は特集「行詰った近代西欧を超える視点」という特集を組んだ。西欧中心主義が終わりを遂げたという認識に立ち、当時の論客の意見を並べている。それぞれが思い描く日本文化の特質をもって世界に冠たる所以を説き、それを伸ばせ、という提言が多い。たとえば渡部昇一のいう「生なり」は、生成り木綿などを例にとり、自然をあるがままに受け入れるというほどの意味である。この特集自体に見逃し難いものがあるわけではないが、この時期の気分をかなりよく映している。いわば「お手本なき時代」の宣言に対する回答といってもよい。*

＊勝田吉太郎（京都大学教授）「ヒューマニズムからの脱却を」、伊東俊太郎（国際日本文化研究センター教授）「〝人間革命〟を招来する東洋の遺産」、佐伯彰一（文芸評論家）「一神教の彼方へ」、加藤栄一（筑波大学教授）「和主義（ワイズム）の提唱」、渡部昇一（上智大学教授）「『生なり』文化の可能性」、木内信胤《のぶたね》（世界経済調査会会長）「アメリカ的帝国主義の終焉」、西尾幹二（電気通信大学教授）「人文系学問に救済はあるのか」、中村攝《おさむ》（作曲家）「ポスト・フォルム音楽の時代」、村松剛《たけし》（筑波大学教授）「知的傲岸の時代への反省」。このなかで、伊東俊太郎一人が第二次世界大戦期の「近代の超克」論を蒸し返す

ことに警戒する言を発している。

このように見てくると、生産力の向上にかけ、自然破壊を続けるか、それとも自然保護にまわるか、という選択の帰路に立たされたまま、長期的ヴィジョンを欠いたまま、そのときどきの景気に振りまわされてきた日本の政治と思想のジグザグが歴然としよう。そのジグザグした歩みの記憶も、バブル経済が弾けたのち、「失われた二〇年」のあいだに、失われたらしいが。

そして、二〇一一年三月一一日、東日本を襲った大地震に伴う津波によって福島第一原子力発電所の事故が引き起こされた。それは、増大する一方のエネルギー資源の確保を目的に掲げて各地に建設された原子力発電所のひとつである。その裏には、日本人の原子力に対するアレルギーを払拭したいというアメリカの思惑もはたらいていたことが今日では明らかにされている。

二一世紀への転換期に、ナショナリズムの高まりは、全世界に拡がり、国益第一主義を剝き出しにすることが平然と横行している。国内世論もそれに煽りを受けないわけはない。文化ナショナリズムの動きと密接に関係する、日本人の自然観が、迷走に迷走を重ねているのも、無理はないように思えてくる、だが、そうであればこそ、学は、その立て直しをはかるべきだろう。最後まで手探りを続けよう。

三、自然観を開く

開放系と自己組織化

科学者たちは「自然の客観性」を観察する立場から、生物は生存と繁殖という（小さな）目的をもっていると仮定し、その目的を実現するように設計された機械という比喩を用いて説明してきた。二〇世紀後半の分子生物学の歩みは、そのミクロ・レヴェルの解明に向かい、一九六八年に木村資生《もとお》が説いた、遺伝子の生き残りは偶然に左右され、生存に有利なものが生き残るとは限らないという「中立説」は、かなりの論議を引き起こした。が、その後、国際的に広く認められるようになっていった。突然変異によって生じた遺伝子のうち、たまたま幸運にめぐまれたものだけが生き残っているというわけだ。これで、モノーが残した遺伝子が選択される「必然性」も排除され、自然の背後に「知性」を想定することなど出来なくなった。分子のランダムな運動が平均値をもつというのともちがう。まったく偶然にまかせるような「でたらめな設計」をする「知性」を想定することなどできない。いや、それはまだ早計だろう。

モノーは、分子レヴェルの「設計」にプログラムという語を用いている。コンピュータの内蔵プログラムのようなものを想定しているのだが、生物の分子レヴェルの偶然性は内蔵プログラムに乱数表が組みこまれていることにあたる。乱数表を組みこんだ創造主、神は、人間に試練を与えるために、この世を不条理につくったと考える人が出てくる可能性もあるだろう。ジャック・モノーは、あくまでもミクロ・レヴェルについて偶然性と必然性を指摘し、それによって、法則性が貫いているとする「必然性の王国」への信奉を打ち破った。が、この議論では「ミクロ・レヴェルはともかく、マクロ・レヴェルには法則性が貫いているではないか」と主張する人には応えようがない。環境に適応する組織やはたらきを備えている種が生き残ることと両立するからだ。

次には、ミクロ・レヴェルとマクロ・レヴェルの関係が問われる。だが、遺伝子、組織、器官、個体、個体群などのさまざまなレヴェルの相互の関連が解明されるのは、ずいぶん先のことになると専門家たちはいう。分子生物学では、たとえばヒト・ゲノムの長さが一メートルを超えるほどの長大なもので、その全体のしくみとはたらきの解明にはなかなか手が届きそうにないという躊躇いを感じている研究者も多いらしい。他方で、細胞レヴェルで起こった変質が遺伝することがあるということも徐々にだが、確かめられている（エピジェネティックス）。それらの関係は、まだ解明の途上にある。

それにもかかわらず、人類の自由と責任についてなら、ミクロ・レヴェルの議論と切りはなして論じることはできる。

一九七〇年ころ、チリの生物学者、ウンベルト・マトゥラーナとフランシスコ・バレーラが「生命の有機構成（organization）とは何か」を問い、組織の構成要素（element）を外から借りることなく、組織内で生産し、かつ、外界との境界をも自らつくりだす体構築の円環（cycle）的しくみを「オートポイエーシス」（autopoiesis、自己創出）と呼んだ。機械は、その部品を自ら造ることができないが、生物はいわば自身の部品を内側で、体表面をも内側から作り出すことをもって特徴づけたことが注目を浴びた。

だが、その活動（維持・体構築・運動）に必要な物質とエネルギーを外から取り入れ、代謝（metabolism）を行う開放系システムの特性を円環的と論じてしまうことに疑問符を付すのはわたしだけではないはずだ。たとえば真核細胞の場合、その内部は小器官、ＤＮＡ、タンパク質などなどが階層をなしている。何をもって機械の部品にあたる構成要素とするのか。言い換えれば、外から取り入れた養分（nutriment）がどこまで変換されれば、構成要素と呼ぶのか。それがサイクルをなしているのなら、閉じていることになる。養分を外部から取り入れることのできない生命体は死ぬしかない。わたしには、生命体のはたらきを自律的なものと論じる物活論を、構成要素とそれを取り囲む外郭との実体に翻訳してみせただけで、理論としても破綻しているように思えてしまうのだが。

二〇世紀後半の物理学に起こった大きな変化の一つは、孤立系ないし閉鎖系で考える枠を打ち破り、自然環境と物質およびエネルギーをやり取りする開放系（open system）で考える方向が、ベルギーのイリヤ・プリゴジンらのグループによって拓かれ、それがいわば、自然が自発的に展開する自然哲学に新しい動きをつくりだしたことである。プリゴジンのグループは、開放系において、定常状態を保つ「散逸構造」の研究を進め、「自己組織化」の概念――一定の条件のもとでは、物質がシステムをつくることがある――を提出した。台風や竜巻など、太陽エネルギーのもとで、一定の条件がそろえば、あるしくみをもった運動が一定期間、持続することを考えればよい。そのとき、プリゴジンは、これまで安定した定常状態と認識されてきた現象のすべてが一時的な持続に過ぎないという考えに転換していた。自然の恒久的な持続という考えが捨てられ、一切が時間とともに変化する相（dimension）で考えられていたのである。自然観におけるシステムの概念を転換したといってもよい。

そのシステムは、「物体」（objecta〔material〕body）――固定した質量（mass）をもつ「実体」（entity）――間のしくみとは考えられていない。すでに二〇世紀への転換期に興った量子力学（quantum mechanics）は、古代から物質（matter）の最小単位となる実体として想定された「原子」（atom）という概念を捨てていた。今日、原子核とその周りをまわるモデルで考えられている電子、中性子、陽子は、まず、理論的に存在するはずのものとして措定された概念である。一九世紀後期に物理化学界を覆ったエネルギー一元論（energetics）――エネルギーこそが宇宙を動かしている本体（principal thing）という考え――によって、アトムの仮説性が露わにされていたとき、すでにイギリスでその存在（existence）が確実視された電子は、今日においても、容積（volume）を持たず、荷電と揺らぎ（spin）の性質をもつ存在であり、「実体」（body）とは呼ばれていない。

同じ「散逸構造」でも、太陽からのエネルギーを受けて、気流が発生することによる竜巻などより、水流が安定していれば、障壁にぶつかってできる渦の方がはるかに安定している。それは経験からでも容易に判断されるが、一時的に安定した構造が出現するためには諸条件が揃わなくてはならない。それが判明しないうちは、その現象は「たまたま出来る」とされる。この場合には、「偶然」と「必然」は、科学者の認識能力によって分けられることになる。

プリゴジンは、『存在から生成へ』（一九八〇）では、生成進化する世界像を提起し、科学史家、イザベル・スタンジェールとの共著『混沌からの秩序』（一九八四）では、秩序（コスモス）を前提としてきた近代科学に対して、秩序は、その構成要素が混沌とした状態（カオス）のなかに相互関係が生じることによって形づくられ、それが崩壊すれば再び混沌に戻ると述べた。『確実性の終焉―時間、混沌、そして自然の新しい法則』（一九九七）では、ある物理現象が生じるためには多くの要因がはたらきあうという意味での複雑性とともに、観察者の方法的態度によって概念操作が行われることをあわせて論じ、いまや〈決定論的世界観と、偶然性だけからなる恣意的世界とのあいだに横たわる中間的な記述世界が出現しつつある〉と説いている。ここでいう複雑性は、対象となるシステムを形づくる要素が複数に跨るというだけではなく、観察者の側の概念をはじめとする論理操作との関係が同時に問われるという意味を含んでいる。

複雑系の自然学

現代フランスの哲学者で、映画批評など多彩な分野で活躍したエドガール・モランは、パリの国立科学研究所（CNRS）の主任研究員を務め、人間存在に関する総合的研究、人間の思考を縛ってきた様ざまな規定（コード）を対象化し、それを超える思考様式を探究する「方法」と題する五冊のシリーズ研究を進めた。『自然の自然』（一九七七）、『生命の生命』（一九八〇）、『認識の認識』（一九八六）など「方法」と題するシリーズに、驚くほど浩瀚な学識を開陳して、概念と論理の操作を大胆に転換し、思考の近代からの脱出を促し、現代思想の臨界点に接近するような仕事を展開した。*

＊モラン『生命の生命』の紹介とコメントは拙著『生命観の探究』第一二章を参照されたい。その生物すなわち「生きた機械」論に、ドイツの生物学者、ヤーコプ・フォン・ユクスキュルが提唱した、動物の種に固有の知覚に限定された環境世界とそこにおける主体的な活動を考察する「環世界」論の方法上の有効性が活かせないものか、など提言している。

そのシリーズの最初に位置する『自然の自然』では、ノーバート・ウィナーが通信技術と自動制御装置を組み合わせて開発したサイバネティクス理論、それを取り入れたベルタランフィの『一般システム論』（一九六八）などを批判的に継承してシステムの概念を前面に出し、プリゴジンが「散逸構造」論から生成する宇宙論へ展開したことなどを縦横に取り入れ、「フィシス」（生成する自然）を基盤とし、物理学・生物学・人類‐社会学・人間の観念へと発展する構図で新しい世界像を大胆に展開する。たとえば、熱力学をめぐって、ルートヴィッヒ・ボルツマンが、ミクロ・レヴェルでの分子の運動のランダムさの度合いをマクロ・レヴェルでの確率統計上の数値に置き換えうること（第二法則）、いわば二つの学のシステム間に翻訳関係が成り立つことを示し、のちの統計力学という新たな学の基礎を築いたことを、モランは秩序思考に破れ目を開いたと評価する。また量子力学の展開は、古代から物質の最小単位とされてきた「原子」の概念を組み変え、理論的な仮定による階層システムに移行したことを新次元の概念システムへの飛躍と評価する。また数かずの銀河（宇宙）が膨張運動していることをエドウィン・ハッブルが発見したことからは、破局的危機のなかに偶然、要素同士の邂逅が生じ、相互関係がつくられ、それらがシステムを形成し、かつ、崩壊してゆく同時並行的な過程を想定している。多中心主義（多元論）を採るので、宇宙の始原に一回限りの爆発を想定するビッグ・バン仮説は一元論的な発想と一蹴される。モランの側に立つなら、ビッグ・バン仮説は宇宙を孤立系と見なしていることを付け加えてよいはずだ。

モランのいう要素還元主義を超える複雑性のシステム論は、組織を構成する要素の相互に、敵対、競合、相補の諸関係が成り立つことをメタレヴェルで考える思考法であり、それを築くための思考実験を繰り広げる。秩序と無秩序、生成と崩壊など、同一水準の対義的概念の相互性や、各要素は組織をなすことによってはじめて要素としての意味をもつことなど、レヴェルの異なる概念の相互性を弁証法的思考を徹底させて展開する論理のパフォーマンスは、スリリングな魅力に満ちている。その相互性は、さまざまな水準に三つ以上の概念が循環するサイクルを設定し――たとえば、「秩序」と「無秩序」のあいだに「組織」を介在させ、「秩序」と「無秩序」が「組織」をめぐる概念であることを示す——、それをまとめて止める論理装置を「バックル」と呼んで、概念がタガを外れて散乱や錯乱するを防ぐ工夫をしているのが特徴だろう。「バックル」は、その限りでは円環システムをつくるが、全体は、その位相（水準）が次つぎに変わるので螺旋構造で考えられている。

その全体は、一切の超越者（神）の介在を抜きに、その意味での「自然主義」に徹し、秩序と無秩序を内にはらむことによってこそ組織形成がなされ、形態変化が生じることなどを論理的な根拠に、地球を「自己組織化する機械」と見なし、生物や社会を「自ら生成する機械」、「生命」を「生きている機械」として描きだしてゆく。そこでは、近代科学の諸概念や思考方法を根本から転倒することに力を注ぎ、情報工学と分子生物学の相互浸透を鋭く批判しつつ、だが、それを契機に「自己生成」し、「自己再生」するシステムを「生きている機械」と規定しうる新次元が開かれたとする。

バレーラのオートポイエーシス論を参照しつつも、だが、構成要素ではなく、化学変化やエネルギー変換などのはたらきにこそ生命の本質を見るフランスの哲学者、アンリ・アトランの見解を容れて、その限界を超えてゆく。自然が生成展開する過程に現れる、諸要素が対立、競合、相補する関係をメタレヴェルで統合する論理構成が諸学説に対してもとられている。概念や思考方法を原義的な「パラダイム」にかかわると強調しているのは、古代ギリシャの物活論の系譜とデカルトの動物‐機械論にはじまる機械論の系譜とをともに批判的に統合し、新たな自然哲学の論理システムを構築する壮大な思考実験だからである。諸思想を批判的に取り込む論理操作には、わたしにはいささかアクロバティックに感じられるところがないわけでもない。が、学の総合化に向かう複雑系の科学にとっても、その方法的態度には参照すべきところが多々あることはまちがいない。

われわれの能力と感受性の多くは、時を選ばず使える一般的知性の個々の現われというよりは、太古の環境が投げかけた問題に対する特殊な適応なのである。[27]

自然観の変貌のなかで

このように述べて、これまで独創的であること、すなわち創造性や個性に価値をおいてきた芸術の領域についても、たとえば人類に共通する視覚の特性という観点から解きほぐしてゆこうとする書物がある。地球規模の問題の浮上が地球規模での思考をうながしている。ジョン・D・バロウ『宇宙のたくらみ』(一九九五)がそれである。〈宇宙の構造――その法則、その環境、その天文学的相貌――が、われわれの思考や美的好みや事物の本質に関する見解に、どのような思いがけない方法で刻印を残しているかを探索〉することを課題に掲げ、「宇宙的環境決定論」の立場から、生物としての人間が、天体としての地球という生存の条件に適応することによって、生き延びるために不可欠のものとして身につけてきた能力を明らかにしてゆく。

その〔第二章三節「小さな惑星の保護と管理」〕には〈宇宙的環境決定論〉という副題がついている。環境決定論の一種だが、イポリット・テーヌの説いた、芸術作品を人種(民族)・環境(風土と社会構造)・時代に還元するのとは次元がちがう。人間の五官のひとつひとつの能力にしたがって感受性も、根本のところでは宇宙と地球環境に深く規定されていることをさまざまな角度から説いてゆく。とりわけ〔第四章　天と地〕では、天体としての地球と生物の生存条件との関係を深く論じている。太古において人類が生物として生命を維持するのに不可欠だった普遍的(および潜在的)な能力、また後天的な文化の習得による能力の区別を、この著者はよくわきまえている。このようにして自然科学と人文社会科学や芸術のあいだに橋をかけるような仕事が自然科学の側からなされている。

ただし、彼もまた、複雑な文化的活動にも先天的にプログラミングされた潜在能力があることの証拠として、アメリカの言語学者、ノーム・チョムスキーの「普遍文法」仮説をあげている。チョムスキー仮説が「科学的な客観性」を重んじる人びとに、しばしば便利に引用されるのは、生体外に形づくられる文化を生命体のしくみにもとづくものとして語るのに都合がよいからだろう。だが、それは順序が逆だ。人間の生得的な言語能力としての「普遍文法」という仮説が提出されたことによって、生物生理学説と人間が自らの体の外につくりだし、蓄積する文化を安易に結ぶ議論が盛んになったのである。アメリカの言語学者の半数近くが信奉しているといわれ、一時期は「普遍文法」を担う遺伝子があるとか、アフリカに生まれた人類の遠い祖先の言語文法の型が人類が地球上に散らばってゆくあいだに枝別れして、現在のそれぞれの言語の文法になったという突飛な説まで現れた。

そのチョムスキー仮説も、脳とコンピュータの内蔵プログラムとアナロジーしてつくられたものだった。信号で通信する能力は、動物でも知られているが、その動物の能力にも、生得的なはたらきと学習して体得するコード（規範）とがある。

時計は生命体を真似てつくられた機械ではない。だから、「体内時計」という比喩が用いられても倒錯は起こりにくい。だが、生物のしくみをモデルとして考えられた機械、とくにコンピュータの内蔵プログラムをモデルにして、逆に生物のしくみを説明することは、ヒトの形に似せて木や布でつくったカカシから、逆にヒトは木や布で出来ていると説明するのと同じである。コンピュータの中国語訳が「電脳」と聞いたときには、うまい訳だな、と感心した。が、驚くべきことに、この日本で、いつのまにか人間の脳をまるでPCのように考える逆転が広まっている気配さえ感じられる。ロボットや人工知能への関心の高まりは、一種の技術万能主義（テクノクラシー）への傾斜も匂う*。科学理論もコスト・パフォーマンスに見合う技術として実用化されなければ価値が認められない風潮も同じである。

＊なお、テクノクラシーは一九三〇年代のアメリカで台頭したのが知られるが、第一次大戦期のドイツに起こったものが最初である。金融・流通・科学＝技術・労働問題の近代的諸矛盾の総てをテクノクラートこそが解決しうるという考えで、第一次大戦期、総力戦期のドイツでは、一定程度有効性を発揮した。一九三〇年代のアメリカの場合は、一定期間の総エネルギー量に目算を立てるプロジェクトが伴っていたことが著しい特徴である。▼28

生物の種によってひとつの感覚の受容範囲が限定されること、音についても聞きとれる周波数の範囲がちがうことはよく知られる。それを真似てつくられた自動制御装置のセンサーは、目的に応じて、フィルターを掛け、イン・プットされる情報を必要な範囲に制限する。その際、必要な音の領域外が「ノイズ」（騒音）と呼ばれる。その必要、不必要の範囲を決めるのは、そのプロジェクトの目的である。「ノイズ」は、本来は、人間の耳が聞いてしまう「意味のない」音を意味する語だが、それをカットするのは耳の役割ではない。そのとき、聞きのがしていた音が、あとで意味をもつ音として想起される場合もあるし、聞こえないはずの幻聴を聞く場合もある。それに比べて、目的を限定した機械では、はじめからノイズはカットされる。その意味で、機械では感覚器官と中枢神経は連動していない。にもかかわらず、いまだにそのはたらきが解明されていない人間の脳とアナロジーされる。これは機械の神秘化につながり、逆に、脳と機械とのアナロジーが横行する。

今日では、感覚器官の発達以前から運動器官が活動することが明確にされているため、中枢神経のはたらきが自律性をもつと考える研究者がはかなりいる。だが、そのしくみが、そして、それがつくられる過程が解明されれば、人間の知性についての疑問が解けたと満足するのは唯物論者だけに留まる。では、それを誰が設計したのか、という問いを発する人びとに対しては、根本的な世界観、自然観の相違を言い立てるしかない。その根本的対立を避けるには、そのような知性の存在を信じるか、信じないかは、問わないことにしようと提案するしか術はない。それがかつてキリスト教圏で、トマス・ハクスリーが編み出した「懐疑論」(skepticism) という名の知恵だった。

アメリカでは科学博物館などがダーウィン展を強力に推進しているが、「生物進化論は生物発生の謎に答えられない」という批判も強い。アメリカで、キリスト教創造説が根強いのは、進化論の浸透に対して一九二〇年代から原理主義の巻き返しが繰り返されてきたからだが、もうひとつの理由としては、すべての権利が神によって与えられていると「独立宣言」(一七七六) にうたわれていることを加えてもよい。少年少女たちは、物心つくとすぐに、これを暗誦するほど叩きこまれる。生物は、自然の設計した機械という考えと生きた自動機械という考えとは親和性が強く、また自然の背後に、神の知性を認める考えとも容易に結びつく。

序章でもふれたが、アメリカでは、「生物は、ある知性によって設計されている (intelligent design, ID)」という考えが打ちだされた。二〇〇五年一一月に公表されたオハイオ州立大学の調査では、アメリカの全国民の五四%が創造説を支持し、公立学校でIDの考え方を教えることを支持する人が五〇%におよんだという。創造説支持者のほとんどがID説を許容していることになる。これに、「神が創りたもうた自然を大切にしよう」と教会が自然保護運動に乗り出したことも働いたかもしれない(その後のID説の支持率と教会の動きについて、わたしはフォローしていない。以下も同様)。

フランスでは、二〇〇五年一〇月末、国立科学研究センター (Centre National de la Recherche Scientifique, CNRS) の女性研究員が、TVのインタヴューに答えて、IDに似た「新創造説」を信奉していると表明したことが、『ル・モンド』などで書きたてられた。二〇〇六年秋にも記事が出た。CNRSはエドワール・モランが主任研究員を勤めていたところだが、ヨーロッパでは創造説信奉者の率は、アメリカよりはるかに少ないことは確実だ。

イギリスでBBC放送が一九九九年に行ったアンケートでは、聖職者でも天地創造説を聖書に書いてあるとおりと信じている人は、ごく僅かだったという。プロテスタントが大多数の北欧圏では、早くから脱宗教の機運が強い。二〇〇六年夏には、スペインでもキリスト教を信じる人びとが五〇％を割ったと伝えられた。ただし、カトリックの強いポーランドの知識人は、わたしの数少ないインタヴューによれば、ほぼＩＤ説を当然のように考えている。ヨーロッパも一様ではない。

だが、たとえ、教会に行かない人びとが増えても、「人を殺してはいけない」、「嘘をついてはいけない」など道徳のおおもとがキリスト教の教義にあることは変わらない。それゆえ、神から授けられた人間の生命を、ほかならぬ人間が抹殺する行為は、たとえ法律にもとづく死刑であっても「野蛮」な行為と見なされているわけだし、知能も神から授けられたものである以上、人間に近い知能をもつ動物を捕食するような習慣も同じである。後者については、その判断基準の根拠は定かでないが。これがわれわれの活きている現代世界の偽らざる実情である。つまり、知性に関することも、長く深い信仰の歴史と結びついており、感情も伴うし、知性だけで解決できる問題ではない。だが、他方、歴史的条件により、信仰も変化している。異文化間の交渉にも、この両面がかかわりつづけていることは看過できないし、また、すべきではない。

「人間は自然の一部であり、その生活は……自然系の本来の機能に依存している」こと、「文明は自然に根ざしている」ことをうたい、「自然の適正な保護」を訴える「世界自然憲章」（一九八二）は、そのころのザイール（Zaïre、現・コンゴ民主共和国、République democratique du Congo）に国立公園をつくる計画の相談を受けた国連当局が、その土地の人びとの間に活きているシャーマニズムを研究し、「人間は自然の一部」であるという考えかたを尊重すべきだという意見をまとめたのがきっかけになり、生まれたものだ。人間が人間の利益を優先させることなく、「あらゆる生命形態は固有のものであり、人間にとって価値があるか否かにかかわらず尊重されるべきものである」という「生命への畏敬」の念は、国際的に共有しうるものだ。

人びとが共有しえないのは、生命が何に由来するか、生命の範囲をどこまでとするか、についての考えである。そこでは「生命とは何か」という問いそのものをカッコに入れる戦略が必要となる。「生命」とは何かを問うな、ではない。これまでの幾多の答えについて、共通性と差異を見分け、自らの答えを、そこに位置づけることが肝心だろう。自己相対化を抜きにして、新たな、いいかえればポスト・ヒューマニズム（脱「人間中心主義＝自然征服観」）の「生命」本位の思想を築けるはずがないのである。▼29

生きる自由と環境への責任

生命の問題は、根本的には、人間の自然からの自由と自然環境への責任の問題である。人間が自然の一部でありながら、同時に自然の法則性から自由でありうるということ、そのような矛盾を本質的にそなえた存在であるということに帰着する。人間が自らその自由を行使し、他の生物を道づれにしながら死滅への道を歩みつつあることを知りながら、それでも、その歩みをやめようとしないのも、それゆえである。人間がその自由を自ら処理できなくなっているのである。しかし、それは袋小路でも何でもない。そもそも人間の特性なのであり、それは、いつの時代も変わらない。地球環境問題に対しては、人間の欲望の肥大化に歯止めをかけよ、と訴えるより、人間が自由を行使する欲望の向きを人類が生き延びることへと振りむけることの方が有効だろう。その際、他の生物の生存が、また、それを保証する環境が不可欠であるということを言いそえることだけが、ポスト・ヒューマニズムの原理である。

「自然」も「生命」も、その規定も範囲もさまざまに議論しうる。そして、どのような自然観も生命観も容易に、そして直接、実感に変じうる。そこに生命観や自然観のもつ危険な力がある。どんな自己本位の行いも、普遍的な「生命」と結びついたものと考えられ、感じられるなら、正当化される。自然と生命をめぐる人間の自由と責任をはたすために肝要なのは、次のようなことだろう。

・自然は、生命は、何に由来するのか、をめぐって対立を起こさないこと。いっさいの原理主義を排除すること。
・ミクロ／細胞／組織／個体／集団（家族・共同体）／国家（民族）／地域／人類／生物／自然環境を切り分け、それぞれのレヴェルを混同しない。アナロジーや比喩などのレトリックによる思考と論理の落とし穴に気をつけ、短絡を起こさないようにすること。
・諸宗教、自然科学、人文社会科学のあらゆる知恵から、共通点を探り、認識や行動の原理を一歩ずつ高めてゆくこと。

これらが生命原理主義の歴史が教えてくれることである。生命観は、ありとあらゆる人間の環境的自然に対する行為と思考の扇の要をつくっており、それについて考えることは、すべての実践と観念を統一的にとらえる契機になりうる。いつの時代も人間は、自分の、また人びとの魂とこの地上の救済をかけて、生きる自由を行使してきた。それが時に極端に走り、時に放埒に流れようとも、それらひとつひとつを反省することができれば、人間の生きる自由と自然環境に対する責任を、よく鍛えてゆくことができるはずである。

それには、自分の信仰や専門から半身をのりだし、あらゆる宗教と自然科学、社会科学、人文科学などを等しく見渡し、自分の足場を相対化し、価値観のすりあわせを行う国際協働作業のネットワークに加わる多くの知性が必要だろう。

日本文化史の再編へ

生命観の探究を自然観に開いても、このわたしの結論は、さして変わるものではない。本書の序章の冒頭近くに引いた、ジョセフ・ニーダムが『史記』から拾い出した『関尹子』という書物の言――知りはしても、その知識を必ずしも必ずしも実践にうつさないことが望ましい――を活かせるかどうかは、ひとえに、われわれの各自が、いま、どこにいるか、その相対的な位置を測りうるか否かにかかっている。

漂流をつづける日本人の自然観に、われわれの現在位置を教えてくれる船長など、どこにもいない。第二次世界大戦後、日本人の自然観をめぐって問題にされてきたのは、自然に対する科学的な見方が伝統的につくられてこなかったことだった。それゆえ明治期以降、欧米のそれを学んだが、自然科学的思考が育つことなく、職人的な技術偏重から抜け出せないことだった。その原因として、対象的自然環境が客観的に捉えられることなく、情緒に流される傾向が指摘された。しかし、その指摘のほとんどは、文芸作品とそれを構成する技芸として論じられてきたことを、逆に、制作主体の情動や認識に還元して考える論者の側の倒錯によるところが大きかった。

それは、二〇世紀前半の日本で台頭した、観念的に想定された「普遍的な生命」の原理で主客の関係を統一して論じる、さまざまな生命原理主義の論調に引きずられていた。西欧の生命原理主義を、伝統思想を受容装置として受け取り、かつ、さまざまな伝統思想を普遍的な生命原理で論理化する思考の回路が、それとして対象化できず、そこから抜け出すことができなかった。その日本的生命主義のなかには、できるだけ中国思想の影、とりわけ儒学の影を排除し、「純粋日本」を抽出して、日本民族のアイデンティティとする近代ナショナリズムによる伝統観も育っていた。その典型が、工業化社会の進展や近代戦争の進展に対して、博物学の拡がりや自然環境破壊や環境汚染への危機感を背景にして唱えられた日本人すなわち「自然を愛する民族」説だった。それゆえ、それは古代からの文芸を手掛かりにした訴えだった。

だが、それが科学的思考を阻害する情緒的自然観のように受けとめられた。文芸もまた、情動や認識を土台にしているとはいえ、他の一切の行為と同様、表現の規範に規定される口ワザや手ワザの一つなのであり、それゆえ、その歴史は、自然観から相対的に独自の軌跡を描いて展開してきたということすら、忘れられていた。

戦後思想のなかには、戦前期の生命原理主義から抜け出せないだけでなく、戦後的に変奏することも繰り返された。丸山眞男「歴史意識の古層」がそれを代表しよう。それは、丸山眞男の意図や契機を超えて、以外に広く浸透していた。それをわたしは気づかされた。

ところが、一九七〇年代に、地球自然の枯渇と地球環境危機の進行に直面し、西欧の近代科学が、人間中心主義に基づく自然征服観に立つ唯物論的機械論であると批判が行われるようになると、戦後思想の主流の見解は裏返しにされ、かつては近代科学の発展を阻んできたとされていた情緒的自然観、ないしは天人合一論的な自然観が、自然と一体化する伝統的自然観として見直されるようになった。そこでは、昭和戦前期の生命主義の礼賛の一つの結束点、中世の「わび、さび」や「幽玄」を「日本的なるもの」とする論調が呼び戻されもした。

あるいは、英語を基準に日本語の特徴を取り出し、それを日本人の心性と論じるドナルド・キーンの説や、あるいは西洋近代に盛んになった自然征服観をユダヤ＝キリスト教の狭義に還元するリン・ホワイトの説やらが参照され、一九八〇年代に台頭した日本特殊性論の影もはたらき、短絡に短絡が重なった俗論が流布した。

日本人の自然観を明らかにするには、その核をなす「日本人」および「自然」の概念の今日に至る変容の過程を明確にする作業が必須だが、そのどちらにもバイアスのかかった見解が流布している。「日本人」に関しては、今日の遺伝学の成果を組み入れて、あらためてまとめなおした。西欧近現代がつくってきた「野蛮ないし野性‐対‐文明」の図式は、東アジアの古代に関して修正を要するのではないか、という提案も行った。

「自然」概念については、明治期に英語“nature”の翻訳語として定着した「自然」概念を探る柳父章『翻訳の思想──自然とNATURE』の試みは、英語“nature”の多義性を等閑視し、かつ翻訳語の成立事情に踏み込むことなく、すなわち伝統概念が組み換えられてきた過程への観点を欠き、一義的に近代科学に立脚した「自然」観なるものを想定する議論であり、しかも、その近代科学観が著者の思い込みによる恣意的なものであることを明確にせざるをえなかった。つまりは柳父章の試みに学びつつ、それを徹底させ、氏の見解に全面的な改訂を施した。

日本人の自然観を振り返る仕事のなかには、それに影響を与えつづけてきた中国の自然観についてジョセフ・ニーダムの大著『中国の科学と文明』をはじめとする仕事が参照されてもいた。それは二〇世紀前半のヨーロッパに台頭した有機的宇宙進化論の立場、その前近代のかたちを道教の宇宙観を取り込んだ宋学、とりわけ朱子学に探るものだった。それは、機械的唯物論を近代的科学思想と考えてきた戦後思想に転換を迫る科学観である。だが、その論調には、齟齬も孕んだ変化もある。その点に注意しつつ、日本人の自然観の古代からの変容の過程を探るために前提として不可欠になる中国における自然観の変化をまとめなおしてみた。朱子学が近代科学に発展しえなかった理由について、朱子学自体のしくみに分け入り、対比して陽明学系思想の「心」が情を抱き込んでいることや「四民」の観念のちがいを明らかにしえたと思う。これは、江戸時代の儒学系思想の見直しつながった。

つまり、二〇世紀後半の日本人の自然観を問い直すことが、二〇世紀前半の自然哲学や自然科学、自然観の国際的な進展の総体を見渡し、また、伝統的自然観の諸相をあらためて読み直すことに直結した。わたしは長く、日本の二〇世紀への転換期に立ち上がってくる生命原理主義思潮を、国際的な生命原理主義の受容と転換の諸相において捉え直し、かつ、生命観全般のなかで相対化する作業を手探りしてきたが、それは自然観一般に拡張する必要を感じながらのものだった。とりわけ、産業革命以降、一九世紀後半の西洋で浮上したエネルギー概念は、熱工学を中心に自然科学の再編を促したが、それは、他方で人間の諸力にも読み換えられ、いわゆるヴァイタリズムの根幹にもあることが明らかになるにつれ、自然科学と人文系思想、文芸文化をあわせ、総合的視野に立つことの重要性を痛いほど感じるようになった。

学術分野の編制が組み替えられる過程に踏みこむには、いわゆるパラダイム・シフト論を批判的に検討して応用し、一七世紀科学革命についてのさまざまな見解についても、わたしなりに整理し、それによって、キリスト教神学といわゆる機械論の系譜、また自然権・自然法の思想との関連も再考したと思う。

日本人の自然観については、古代からの列島改造の歴史を権力構造の変化と関連させて辿りなおし、各時代の精神文化の特徴を浮き彫りにすることに力を注いだ。上古においては、『日本書紀』『古事記』『風土記』のそれぞれの編集の思想のちがいに着目し、王権の土木工事や原始野蛮との闘いに着目して、これまでの「英雄」像を読み替える道を拓き、また天武朝期に神・儒・仏・陰陽道の四教兼修体制がつくられたことにより、それらの諸思想が『万葉集』の自然観にもはたらいている様子を垣間見ておいた。王朝文化期については、『古今和歌集』〔序文〕が中国詩論を踏まえて、うたの自然発生性に依拠したものであること、貴族層の生活文化も観念も極端に農事から遊離していること、和歌が実景を離れてゆく経緯を改めて辿りなおした。

中世では、揺れる仏教界から零れ出た鴨長明『方丈記』が日本文芸史の上にはたした大きな役割をクローズ・アップし、長明の自然発生性に依拠して「自由」を求めるこころと、道元の「有即時」の観念、季節の廻りに心の総てを開き切る放下の姿勢とを両極に据え、そのあいだに、刹那の逸脱に向かう小唄などの傾向や、「わび・さび」や「幽玄」の諸相がたゆたう構図を提示した。また江戸中期について、速水融が提示した「勤勉革命」の現象に、幕藩二重権力体制のもとで荻生徂徠系の思想が果たした役割を示しえたと思う。いわゆる「実学」は、主に「開物」思想の展開であること、それらが公害の頻発につながったこと、しかし、幕藩体制と石高制に変革を迫るような性格のものではなかったことを明確にしえたと思う。近現代については、エネルギー工学による機械技術の発展期に、それに対するリアクションとして、日本人すなわち「自然を愛する民族」説が浮上したこと、それが生命原理主義思想の展開と結びついていたことを焦点にまとめた。

文理に跨る、その意味での複雑系、ないしは諸ジャンルに跨る探究を国際的な視野に立って行う必要を痛いほど感じてきたゆえの作業である。幸い文理に跨る研究の機運は、村上陽一郎や池内了らの先学によって促されている。以前から取り組まなくては、と思いながら、なかなか手をつけられなかった寺田寅彦の仕事の一端にふれえたのも、その促しにしたがったまでのこと。その意味では本書の歴史性も明らかであろう。

総じて、漂流に漂流を重ねる「日本人の自然観」を繋ぎとめ、一つでも多く新たな敷石に取り換えることを企図した。国際性と学際性に目配りした科学=技術の展開をふくむ日本文化史を再建することが、文・理系双方の学にとって必要不可欠である。それは、昭和戦後期の日本科学史の展開が如実に語っていた。そのためには、物質文化と精神文化とを相互に規定する関係において捉えなおし、また、精神文化の特殊な領域として広義の芸術があるという関係から再把握することが必要だった。

古代から今日に至る日本人の自然観について、俗論と短絡に満ちた「学説」の数かずに訂正を迫るためには、文・理の学問が未分化な状態から、それらが分岐してのちの展開を見渡し、概念編制が組み替えられてきた歴史の再構築を心掛けた。一時代の概念編制は、その時代の思想を読み解く鍵であり、その組み換えの過程の分析こそが言説の歴史性を明るみに出すからである。文化史の再建には、概念編制と各領域間の関係を整えなおすことを避けては通れない。

たとえば文芸は、情動や認識を土台にするが、広義の芸術の特殊な一領域をなし、表現も享受も、それぞれの時代の規範に規定される。個々の作品の文芸=文化史上の位置の解明が文芸=文化史の再編を促し、その再編が進めば、個々の作品の歴史的意味がより明らかになるという関係にある。作品が読まれ、批評されてきた歴史は、今日にまで続き、われわれを規定している。規定しているものの正体を明らかにすることにより、己れを縛っているものから解放への途が拓ける。

そのような考えに立って、先学の議論の蓄積を整理し、それぞれを一歩でも超えることを心して、新たな提案を随所でなした。すでに論じたことは、参照を期待して、折りたたんで記すに留め、飛び石状に渡した。だが、異分野間に敷石を拡げるには、自ら折々の課題と論脈にそって、磨いたつもりの敷石も、エッジを調節するために削りなおさなくてはならないところが多々あった。削りなおしてみれば、その奥から、また別の紋様が浮かび出てきて、驚かされることも少なくなかった。

いまだ四通の大通りにはほど遠く、粗削りのままの隘路も残っていよう。ここに切り拓いた回廊を一人でも多くの人に巡ってもらえることを願ってやまない。それによって、地ならしも進み、次第に幹線道路が整い、新たなバイパスもつくられてゆくにちがいない。いまは、それを祈るばかりである。

あとがき

結局のところ、わたしの意識の底に潜んでいるのは、人間の生存権の問題なのだと思う。『日本の「文学」概念』（一九九七）を、わたしはジャン゠ポール・サルトルの「飢えたる赤子にとって、文学は役に立つか」という問いを掲げてはじめている。その問いは性急に過ぎると退けながら。だが、それを最初に刻んでおきたかったのだ。二〇世紀への転換期に、神でも物質あるいはエネルギーでもなく（論者によってはそれらと同等のものとして）、普遍的「生命」という観念を原理に立てる思潮が国際的に浮上したとき、それが日本で、伝統的な各種の自然生成論で受け止められ、多様に展開したのは、急激な機械化と競争社会の到来により「生存権」の問題が先鋭に突き出されていたからだった。

その生命原理主義を、生命観一般のなかにおいて問いなおす仕事を『生命観の探究―重層する危機のなかで』（二〇〇七）にまとめたときにも、わたしは、その序章を日本国憲法の「基本的人権」の条文について、その文章が日本語になっていないと指摘することからはじめている。それらは常に「それで、おまえは、いま、何をしているのだ」という問いを突きつけてくる。いま、思えば、わたし自身がその問いを回避しがちなことをよく知っているがゆえに、そうしたにちがいない。

今日、人間が自然の恒久性に手をかけている現実の進行に対して、わたし自身に何ができるとも思えないが、それでも人間は人間以外の生物と地球環境に依存してしか生きられないことに変りはない。

そして、そのような認識が国際的なコンセンサスを得たのは、一九七〇年代を通じてであり、それ以前の自然観も根強く残っているし、その認識が生んだ混乱もいまだに尾を引いている。つまり、今日、日本人の生存権をめぐる問題は、かつて産業構造のドラスティックな転換の時期とも、国家の戦争に総動員がかかったときとも、ステージを換えている。「それで、おまえは、いま、何をしている」と掲げてきた問いに少しでも答えるためには、今日のステージに立って、日本人の自然環境とのつきあい方とその観念を整理し直すこと、それを文化史家の急務と心得たからにほかならない。

第一級と目される先学の仕事を手掛かりに、個々人の生活を規定する生活文化（国家＝社会制度と産業技術）と精神文化（宗教・思想）の相互性、精神文化の一環を成すが、それぞれの規範を負った芸術諸ジャンルの関連を整え、前近代には中国文明の展開との類似と差異、近現代には欧米の科学・思想を伝統基盤で受け取るゆえに独自の発展を遂げてきた軌跡を整理することに心を砕いた。

一つ心残りは、佐竹昭広「自然観の祖型」のなかで出会った、井上洋治神父の問いに答えを見いだせていないことである。カトリックの瞑想は、自分の心との対話なのに、なぜ、日本人は自然を観るのか。これでは、山を見るたびに、その問いが甦ってきそうなので、少し考えておきたい。

一九九九年の夏の終わりから七ヵ月間、エジプトに滞在した折、わたしはコプトの修道院を訪問する機会に恵まれた。コプトは、十字架というシンボルができかかったころの名残をとどめたまま、主流から離れた古い教派である。砂漠の民の襲撃に備える高い尖塔は、早くもビザンティン様式の到来を予言していた。そこは観光客をみだりに入れることなく、ひっそりとした聖なる空間を保っていた。中庭からは、室内で瞑想している修道士の姿も仄見えた。オアシスの一つで彼らが営む農園に囲まれているから、花の咲く中庭には鳥が訪れていた。目を瞑っても、鼻は風が運んでくる微かな花の香を感じ、耳には鳥の囀りが届くことだろう。しばらく佇むうち、わたしの気分の遠くの方が、ある感覚に誘われた。魂の平安のなかで、エホバの神とともにいる歓びを、たとえ瞬間でも味わえることが彼らの「至福」なのだ、と。ここは、太古のキリスト教徒が精神のアタラクシア（平安）を得るためにつくったパラダイスなのだと直観した。それは気の遠くなるほどの時を超えて受けつがれてきた願いにちがいなかった。まちがっていないと思う。

それを思い返してみると、「己が心を見つめよ」は、神とともにある至福に浸ることより、「回心」（悔い改め）と深く結びついた教えによるものに思えてくる。ユダヤ教その他に取り囲まれて出発したキリスト教のなかで、信者に悔い改めを訴え、洗礼を施したバプテスマのヨハネを『旧約』の圏内におけるイエスの先行者としたことにも思い至る。

それも、いつかどこかで習った解釈の一つにすぎないが、日本において、それと比較しうるのは、禅宗の見性だろう。だが、禅宗に限らず、禅はふつう目を瞑るようだ。半眼の方がよいともいう。半ば、外部に開いておけ、ということだろう。それにしても、日本人が自分と向き合おうとするとき、自然を観るのは、なぜか、また、わからなくなる。

たとえば中里介山の『大菩薩峠』で、旅の絵師・白雲が海外へ出る船を建造する駒井能登守に向かって、「多くの場合、人間は海よりも山を見て、人生を悲しみたくなる」といっていた。どっしり動かぬ山と対峙していると、我が身の卑小さが感じられるということなら、わかる気がする。しかし、逆に、絶えず寄せては返す波に心を放って、大自然の力動を感得する人もいるだろう。このあたり、考えていると、とりとめもなくなりそうだ。自然感には、宗教とも科学とも切れた茫漠たる領域が拡がっている。それを確かめて、ひとまず愚考を打ち切ろう。

『近代の超克―その戦前・戦中・戦後』（二〇一五）をまとめたところで、作品社顧問の高木有氏から、次は「日本の精神史」という課題をもらっていた。率直にいって、ひるむところがあった。その前に、長く取りくんできた生命観の探究を自然観に開くことに挑んでみなくては、と思っていた。それには三つの契機がはたらいている、一つは「近代の超克」思想の淵源を、イギリスの産業革命が一段落した一八三〇年前後に、トマス・カーライルが、人間の手足も社会のしくみも「機械化」した時代ととらえ、それを告発したことに見届けたが、彼はそこで「機械」に対する「人間らしさ」の徴を、宇宙のスピリチュアル・エナジーを受け取って生きることに求めていた。それ以前の西欧における自然と人間の関係に遡り、東洋との比較を試みておきたかった。関連して、「気」の観念について、ジョセフ・ニーダムが、どのように扱っていたか、知っておきたかった。もう一つは、『資本論』の補注から、カール・マルクスが「批判的技術史」の構想をもっていたことを戸坂潤の著作に教えられ、江戸時代の公害問題と絡めて、いわゆる「実学」思想について考えてみたかった。

カーライルの「時の徴」(一八二九)というエッセイが「機械論」批判のいわば嚆矢であり、かつ「機械論」の定義の形成に大きな役割を果たしたのではないか、という仮説と、そのスピチュアル・エナジーがいとも容易に「生命エネルギー」に言い換えられていったこととの認識は変わらない。だが、本書では、そこでカーライルがデカルトやニュートンらの信仰をよくつかんで、その系譜を追っていることなどに踏み込み、ヨーロッパにおけるキリスト教信仰と機械論の関係を再考してみた。

カール・マルクスが「自然」の概念を「人間にとっての自然」に置き換えたことは、よく知られる。マルクス主義運動がエネルギー問題に取り組まなかったことなどは、『近代の超克』で論じておいたので、本書では触れなかった。あるいはマルクスが構想していた「批判的技術史」にはエネルギー問題が浮上していたかもしれない。だが、それは知るよしもない。

本書の序章、第一章、第二章に登場していただいた自然科学系、人文科学系の方々、加藤尚武、渡辺正雄、村上陽一郎、池内了、大野晋、源了圓、柳父章ら各氏をはじめとする多くの方々は、研究会にお招きしたり、席を同じくしたり、直接、教示を受けたりした間柄である。わたしにとっては全く同時代の学を扱い、整理を試みたことになる。新たな論脈にそって知見を加え、旧著の欠陥を補綴することに力を注いだゆえである。そのほか、先学、同世代、後進をもふくめて多くの方々から受けてきた示唆は枚挙に暇がない。内外で講演の機会を得て、課題をもらい、質疑を受けて補ったところも多い。すでに一般向きの本のなかで論じたことは大幅に折りたたんで要点を述べるにとどめたが、「常識」のように流布している見解のさまざまについて、議論を省くわけにはいかず、結局、大部の書物になった。高木有氏には、いつにも増して、ご面倒をおかけした。長いあいだのご厚情に対し、感謝の念は筆舌に尽くしがたい。

率直にいって、一書に編むのに、これほど苦労したことはない。古代から今日まで、日本人の自然観の変遷について、国際的な視野に立ち、文・理に跨り、俗論を破る見解を、わたしなりにまとめるところまで、ようやく漕ぎつけられたか、というのが偽らざる実感である。呻吟の跡も滲んでいようが、努力の方向に免じてお許し願いたい。校正の方にも引用文をはじめ、丁寧に見ていただいた。御礼、申しあげる。

潜む課題はまだまだ浮かび出てこよう。余命幾ばくかは知るよしもないが、さらなる探究に向かうしかない。読者諸氏には、せめて本書の企図を汲んでいただき、至らない点については、ご寛容のほどをお願いするしかない。

二〇一八年八月　涼風至　　京都西山の麓にて　　　　著者識

注

序章

▼1 ジョセフ・ニーダム「人間生命の地球環境」木幡和江訳、中山茂・松本滋・牛山輝代編『ジョセフ・ニーダムの世界』日本地域社会研究所、一九八八、50頁。

▼2 ニーダム『中国の科学と文明3』思想史下、東畑精一・薮内清監修、思索社、一九七四、494頁。訳文は噛み砕いた。

▼3 資料：GLOBAL NOTE　出典：IEA。

▼4 鈴木貞美『生命観の探究―重層する危機のなかで』作品社、二〇〇七、第二章4を参照。（以下、『生命観の探究』と略称）

▼5 同前第一〇章4を参照。

▼6 『竹村民郎著作集Ⅳ』三元社、二〇一三、第一部「1920-30年代、帝国主義の危機と天皇主義サンディカリズム」を参照。

▼7 鈴木貞美『「文藝春秋」の戦争―昭和戦前期リベラリズムの帰趨』筑摩選書、二〇一六、第五章1を参照。（以下、『文藝春秋の戦争』）

▼8 『安藤昌益全集8』安藤昌益研究会、一九八四、140頁。

▼9 『日本思想大系44』岩波書店、一九七〇。391頁。

▼10 同前244頁。

▼11 鈴木貞美『「日記」と「随筆」―ジャンル概念の日本史』臨川書店、二〇一六及び『日記で読む日本文化史』平凡社新書、二〇一六、第二章を参照。（以下、『日記と随筆』『日記で読む日本文化史』）

▼12 『日本語の「常識」を問う』平凡社新書、二〇一一、序章を参照。（以下『日本語の「常識」を問う』）

第一章

▼1 鈴木貞美『近代の超克―その戦前・戦中・戦後』作品社、二〇一五、序章2を参照。（以下『近代の超克』）

▼2 三枝博音『日本の思想文化』中公文庫、一九六七、260頁を参照。

▼3 和辻哲郎『日本古代文化』岩波書店、一九三九、11頁〜。

▼4 吉田光邦『日本科学史』講談社学術文庫、一九八七、218頁。
▼5 杉本勲編『体系日本史叢書19 科学史』山川出版社、一九六七、10頁。
▼6 寺崎昌男『東京大学の歴史』講談社学術文庫、二〇〇七、237頁。
▼7 ニーダム『中国の科学と文明2』思想史上、一九七四、344。頁。同『3』思想史下、前掲書549、550頁。
▼8 鈴木貞美『生命観の探究』101頁～を参照。
▼9 M. Masterman,'The Nature of a Paradigm': I. Lakatos & Musrgave ed., Criticism and the Growth of Knowledge, Cambridge Univ. Press, 1970, p.59。米本昌平『独学の時代』NTT出版、二〇〇二、163頁を参照。
▼10 "General Scholium" @wikipedia, 31 July 2017.
▼11 村上陽一郎『科学者とは何か』新潮選書、一九九四、野家啓一『パラダイムとは何か―クーンの科学史革命』講談社学術文庫、二〇〇八を参照。
▼12 バートランド・ラッセル『宗教から科学へ』津田元一郎訳、荒地出版社、一九七三、49頁～を参照。
▼13 C・P・スノー『二つの文化と科学革命』松井巻之助訳、みすず書房、二〇一一、1～128頁。「解説」の訳者は増田珠子。
▼14 池内了『科学の限界』ちくま新書、二〇一二、36頁。
▼15 関根秀雄編訳『モンテーニュ随想録集』角川文庫、一九五一、40頁。

第二章

▼1 『新・岩波講座　哲学5』岩波書店、一九八五、348～349頁。
▼2 同前350頁。
▼3 大野晋『日本語の年輪』新潮文庫、一九六六、11～12頁。
▼4 『新・岩波講座　哲学5』前掲書359頁。
▼5 古田武彦『邪馬壹国の論理―古代に真実を求めて』古代史コレクション4、ミネルヴァ書房、二〇一〇を参照。
▼6 『相良亨著作集6』ぺりかん社、一九六六、86頁。
▼7 柳父章『翻訳の思想―自然とNATURE』ちくま学芸文庫、一九九五、94頁。（以下、『翻訳の思想』）
▼8 前45頁。
▼9 同前54頁。

▼10 鈴木貞美『生命観の探究』第一章6を参照。
▼11 津田左右吉『文学に現われたる我が国民思想の研究1』岩波文庫、一九七七、17頁、50頁。71頁。
▼12 同前45頁、183頁、187頁、188頁。
▼13 同前94頁。
▼14 『新・岩波講座　哲学5』前掲書352頁。
▼15 同前353頁〜。
▼16 同前356頁。
▼17 『高橋和巳全集15』河出書房新社、一九七八、79〜80頁。
▼18 同前319頁、321頁。
▼19 鈴木貞美「高橋和巳に誘われ—『悲の器』『堕落』「六朝美文論」とその周辺」、太田代志朗・田中寛共編『高橋和巳の文学と思想—その〈志〉と〈憂愁〉の彼方に』コールサック社、二〇一八を参照。
▼20 『新・岩波講座　哲学5』前掲書360頁。
▼21 鈴木貞美『生命観の探究』第六章を参照。
▼22 『佐竹昭広集5』岩波書店、二〇一〇、16頁。
▼23 大西克礼『幽玄とあはれ』岩波書店、一九三八、5頁〜、117頁、125頁。151頁。
▼24 大西克礼『万葉集の自然感情』岩波書店、一九四三、205頁。
▼25 同前256頁。
▼26 鈴木貞美『日本人の生命観—神、恋、倫理』中公新書、二〇〇八、第一章二、三節を参照。
▼27 鈴木貞美『生命観の探究』第一章2を参照。なお、『問わず語り』中の「せいめい」は安倍晴明のこと。
▼28 『相良亨著作集6』前掲書41頁。
▼29 同前56頁〜。
▼30 同前126頁。
▼31 同前158頁。
▼32 同前182〜186頁。
▼33 同前232頁。
▼34 鈴木貞美『日記で読む日本文化史』182頁〜を参照。

▼35　『相良亨著作集6』前掲書41頁。
▼36　同前148頁。

第三章

▼1　第二章注3に同じ。
▼2　森浩一「風土記と考古学」、上田正昭編『日本古代文化の探究　風土記』社会思想社、一九七五、126頁を参照。
▼3　鈴木貞美『「死者の書」の謎―折口信夫とその時代』作品社、二〇一七を参照。（以下、『「死者の書」の謎』）
▼4　森岡健二「訳語形成期におけるロブシャイド英華字典の影響」（日本における近代化の諸問題）」『文科系学会連合研究論文集』一九六八を参照。
▼5　『日本国語大辞典』第二版、小学館、二〇〇三を参照
▼6　興膳宏『中国の文学理論』筑摩書房、一九八八、7～8頁。鈴木貞美『日本の「文学」概念』作品社、第Ⅱ章2 iiiを参照。（以下、『日本の「文学」概念』）
▼7　鈴木貞美『日本の「文学」概念』第Ⅳ2を参照。
▼8　山田慶兒「知的鎖国と知的開国」『中国医学の思想的風土』（潮出版社、一九九五）を参照。
▼9　「自由」の概念の歴史的変遷については、宮村治雄『日本政治思想史―「自由」の観念を軸として』放送大学教育振興会、二〇〇五、鈴木貞美『自由の壁』集英社新書、二〇〇九、同「明治期日本の啓蒙思想における『自由・平等』―福沢諭吉、西周、加藤弘之をめぐって」（『日本研究40』二〇〇九年一〇月）を参照。
▼10　柳父章『翻訳の思想』前掲書89頁。
▼11　板倉聖宣・木村東作・八木江里『長岡半太郎伝』朝日新聞社、一九七三を参照。
▼12　大高泉「明治の理科教科書と『理科』の出現」筑波大学図書館報『つくばね』二〇〇一、一二、二一。
▼13　飯田賢一「解説」『日本近代思想大系14』岩波書店、一九八九、474～476頁を参照。"The Fairy-lad of Science" シリーズの刊行年を訂正し、バックレーについて補った。
▼14　柳父章『翻訳の思想』前掲書、109頁。
▼15　埴谷雄高『ドストエフスキイ―その生涯と作品』（NHKブックス、一九六五）〈第八章〉を参照。
▼16　『鷗外全集21』岩波書店、一九七六、54～55頁。
▼17　鈴木貞美『入門 日本近現代文芸史』平凡社新書、二〇一三、第二章二を参照。

▼18 八耳俊文「漢訳西学書『博物通書』と「電気」の定着」『青山学院女子短期大学紀要』一九九二を参照。

▼19 *Complete Dictionary of Scientific Biography*, CR, 2008 Charles Scribner's Sonsを参照。

▼20 鈴木貞美「エネルギーの文化史へ」『エネルギーを考える—学の融合と拡散』作品社、二〇一三を参照。

第四章

▼1 ヴァディム・エリセーエフ「シルク・ロードへの新旧の道」（*Approaches Old and New to the Silk Roads*）『シルク・ロード文化と交易のハイウェイ』（*Reprint The Silk Roads: Highways of Culture and Commerce.* Paris,: Berghahn Books, 2000）。ヴァレリー・ハンセン『シルク・ロード新しい歴史』（*The Silk Road: A New History*, Oxford University Press, 2012）、鈴木貞美「日本近現代におけるシルク・ロード国際戦略と学術の動き」（全国大学国語国文学会機関誌『文学・語学』第214号、二〇一五年一二月）を参照。

▼2 藪内清『中国の科学文明』前掲書5頁。

▼3 同前38頁。

▼4 同前32頁。

▼5 同前29頁。

▼6 同前32頁、38頁。

▼7 同前31頁～54頁。

▼8 同前55～60頁。

▼9 同前69～80頁。

▼10 ジョセフ・ニーダム『文明の滴定』橋本敬造訳、法政大学出版、一九七四、226頁。

▼11 『ジョセフ・ニーダムの世界』前掲書194頁。

▼12 ジョセフ・ニーダム『文明の滴定』前掲書126頁。

▼13 『ジョセフ・ニーダムの世界』前掲書77頁。

▼14 同前76頁。

▼15 天理国際シンポジウム「人間生命の宇宙環境」同前35頁（英文タイトル記載なし）

▼16 ジョセフ・ニーダム『文明の滴定』橋本敬造訳、法政大学出版局、一九七四、45頁。

▼17 ニーダム『中国の科学と文明3』前掲書〔第一六章（f）〕を参照。

▼18 同前547頁〜。
▼19 ニーダム『中国の科学と文明2』前掲書69頁〜。
▼20 牛山輝代編訳『ニーダム・コレクション』ちくま学芸文庫、二〇〇九、110頁。
▼21 同前117頁。
▼22 ニーダム『中国の科学と文明2』前掲書29頁。
▼23 『ジョセフ・ニーダムの世界』前掲書82〜83頁。
▼24 鈴木貞美『生命観の探究』368〜371頁、同『近代の超克—その戦前・戦中・戦後』作品社、二〇一五、序章69〜70頁を参照。(以下、『近代の超克』)
▼25 ニーダム『中国の科学と文明3』前掲書576〜580頁。
▼26 同前598頁。
▼27 『ジョセフ・ニーダムの世界』前掲書220頁。
▼28 同前222頁。
▼29 同前226頁。
▼30 『科学体系1』大鐙閣、一九二一、3〜4頁。
▼31 大塚常樹『宮沢賢治—心象の宇宙論』朝文社、二〇〇三、30頁を参照、
▼32 鈴木貞美『宮沢賢治—氾濫する生命』左右社、二〇一三、290〜291頁を参照。(以下、『宮沢賢治』)
▼33 中山茂「ジョセフ・ニーダム論」『ジョセフ・ニーダムの世界』前掲書308頁を参照。
▼34 『ジョセフ・ニーダムの世界』前掲書、231頁、242頁。
▼35 同前14〜15頁。
▼36 同前29頁。
▼37 コリングウッド『自然の観念』みすず書房、一九七四、15頁、24頁。
▼38 同前257頁。
▼39 同前264頁。
▼40 弓削達『「生活の世界歴史4 素顔のローマ人」』新装版、河出書房新社、一九八〇、82頁、78頁。
▼41 フレデリック・クレインス『江戸時代における機械論的身体観の受容』臨川書店、二〇〇六を参照。
▼42 ルドウィヒ・ベルタランフィ『生命-有機体論の考察』長野敬・飯島衛訳、みすず書房、一九五四、2頁。鈴木

▼43 貞美『生命観の探究』第二章七節を参照。
▼44 鈴木貞美『生命観の探究』第一章一節を参照。
▼45 ルソー『エミール　上』今野一雄訳、岩波文庫、一九六二、23頁。
▼46 『モンテーニュ随想録抄』関根秀雄訳、角川文庫、一九五一、214～216頁。
鈴木貞美『生命観の探究』166頁～を参照。

第五章
▼1 水野杏紀・平木康平「『周書秘奥營造宅経』訳注Ⅰ、Ⅱ」大阪府立大学人文学会『人文学論集』二〇一一、29号、二〇一二、30号を参照。
▼2 李達嘉「從抑商到重商：思想與政策的考察」（台湾『中央研究院近代史研究所集刊』第八二期、二〇一四を参照。
▼3 鄧紅「『自然』の意味について―王充の「自然」論を中心に」（鈴木貞美、劉建輝編『東アジアにおける近代諸概念の成立――近代東亜諸概念的成立』国際日本文化研究センター、二〇一二年三月）を参照。
▼4 鄧紅「日本の王充論著目録および内容提要」（『大分県立芸術文化短期大学研究紀要43』二〇〇五年）、および大久保隆郎『王充思想の諸相』汲古書院、二〇一〇、第一章、終章を参照。
▼5 服部正明「インドの自然観」『新・岩波講座 哲学5』前掲書を参照。
▼6 鈴木貞美『「日記」と「随筆」』第二章一節を参照。
▼7 劉岸偉『明末の文人 李卓吾―中国にとって思想とは何か』（中公新書、一九九四）を参照。
▼8 同前73～74頁。

第六章
▼1 『異邦人のまなざし8 神』国際日本文化研究センター、二〇一三、非売品、監修、白幡洋三郎、文、鈴木貞美「日本の神がみ」を参照。
▼2 黒田日出男『龍の棲む日本』岩波新書、二〇〇三、189頁～を参照。
▼3 寒川旭『地震の日本史―大地は何を語るのか』中公新書、二〇一一を参照。
▼4 遠藤慶太「『日本書紀』の分註」『日本書紀の形成と諸資料』塙書房、二〇一五を参照。
▼5 『折口信夫全集2』中央公論社、一九九五、35頁、37頁を参照。

▼6 鈴木貞美『日記で読む日本文化史』第一章を参照。
▼7 鈴木貞美『日本の「文学」概念』V章2節を参照。
▼8 鈴木貞美『日本の文化ナショナリズム』平凡社、二〇〇五、75〜79頁を参照。
▼9 和辻哲郎『日本古代文化』岩波書店、一九二〇、417頁。
▼10 同前12頁。
▼11 同前75〜76頁。
▼12 同一九三九年版、72頁。79頁。
▼13 鈴木貞美「和辻哲郎の哲学観、生命観、芸術観―『ニイチェ研究』をめぐって」『日本研究』38集、二〇〇八年九月を参照。
▼14 石母田正『神話と文学』岩波現代文庫、二〇〇〇、285頁。
▼15 同前285〜286頁。
▼16 同前134頁。
▼17 同前125頁。
▼18 『折口信夫全集1』中央公論社、一九九五、127頁〜。
▼19 鈴木貞美『「死者の書」の謎』41頁〜を参照。
▼20 石母田正『神話と文学』前掲書、124〜125頁。
▼21 伊藤清司「風土記と中国地誌―『出雲国風土記』の薬物を中心に」(上田正昭編『日本古代文化の探究　風土記』社会思想社、一九七五)を参照。
▼22 小島憲之『上代日本文学と中国文学 上』塙書房、一九六二、〈第四篇、風土記の述作〉では『常陸国風土記』に『漢書』〈地理志〉を参照した可能性を指摘している。
▼23 鈴木貞美『「日記」と「随筆」』第一章を参照
▼24 『古典文学大系2』岩波書店、一九五八、40〜41頁
▼25 鈴木貞美『鴨長明―自由のこころ』ちくま新書、二〇一六、第二章を参照。
▼26 森浩一「風土記と考古学」前掲98〜99頁を参照
▼27 石母田正『日本の古代国家』岩波文庫、二〇一七、86頁を参照。
▼28 国土省近畿地方整備局web「巨椋池のみちくさトリビア」〈田上山の伐採〉二〇一七年一一月閲覧。ただし、荒

廃は、鎌倉時代以降に進んだ可能性を示唆する調査報告もある。『あの遺跡は今？⑧』滋賀県文化財保護協会、二〇〇九年二月二三日、20頁。「田上山、はげ山化は鎌倉以降？　文化財保護協が調査」『京都新聞』二〇一一年一二月二〇日

▼29　三上参次・高津鍬三郎合著『日本文学史 上』金港堂、一八九〇、137頁。
▼30　日野龍夫『本居宣長集』新潮日本古典集成、新潮社、一九八三、46頁頭注二、84頁頭注一、404頁頭注一、鈴木貞美『日本の「文学」概念』368頁を参照。
▼31　『折口信夫全集9』中央公論社、一九六六、151頁。白川静『初期万葉論』中公文庫、二〇〇二、第二章を参照
▼32　白川静『初期万葉論』前掲書24頁
▼33　鈴木貞美『「死者の書」の謎』208頁を参照

第七章
▼1　鈴木貞美『日記で読む日本文化史』第一章を参照。
▼2　同前。
▼3　古橋信孝『平安期日記文学総説 一人称の成立と展開』臨川書店、二〇一八を参照。
▼4　鈴木貞美『鴨長明―自由のこころ』を参照。

第八章
▼1　兵藤裕己『語醍醐天皇』岩波新書、二〇一八を参照。
▼2　鈴木貞美『日本語の「常識」』第三章を参照。
▼3　鈴木貞美『近代の超克』334頁を参照。
▼4　堀田善衛『定家明月記私抄（全）』新潮社、一九九三、17〜18頁。
▼5　岩井茂樹「『幽玄』と『象徴』―『新古今和歌集』の評価をめぐって」（岩井茂樹・鈴木貞美共編『わび・さび・幽玄―「日本的なるもの」への道程』水声社、二〇〇六）を参照。
▼6　浅見和彦・伊東玉美訳注『新版 発心集 上』、角川ソフィア文庫、二〇〇四、235頁 補注32を参照。
▼7　鈴木貞美『「日記」と「随筆」』第二章を参照。
▼8　唐木順三『中世の文学』筑摩叢書、一九六五、173〜176頁。

第九章

▼1　歴史学研究会編『明治維新と地主制』岩波書店、一九五六、210～212頁を参照。
▼2　中山茂『近世日本の科学思想』講談社学術文庫、一九九三、第三章を参照。
▼3　飯田謙一「解説」『日本近代思想大系14』前掲書440～442頁を参照。
▼4　曾暁霞『日本における近代経済倫理思想の形成―荻生 徂徠から渋沢栄一まで』（中国広東外国語大学日本学研究学院博士学位取得論文、二〇一一）第三章を参照。
▼5　山口直樹「太宰春台における経世論の転回」『経済論叢』（二〇一三、186－3、田中秀夫教授記念号）を参照。
▼6　吉永昭『近世の専売制度』吉川弘文堂、一九七三を参照。
▼7　石川謙『石門心学史の研究』岩波書店、一九三八を参照。
▼8　大野瑞男『江戸幕府財政史論』吉川弘文館、一九九六を参照。
▼9　鈴木俊幸『江戸の読書熱―自学する読者と書籍流通』平凡社、二〇〇七を参照。
▼10　速水融、宮本又郎『経済社会の成立：17－18世紀』岩波書店、一九八八を参照。
▼11　塚谷晃弘「本多利明」『日本思想大系44・多利明・海保青陵』岩波書店、一九七〇を参照。
▼12　塚谷晃弘「江戸後期における経世家の二つの型」同前を参照。
▼13　鈴木貞美『生命観の探究』第八章五節を参照。
▼14　同前、第一四章一二節
▼15　同前、第一四章一三節を参照。
▼16　鈴木貞美『「死者の書」の謎』67頁を参照。

第一〇章

▼1　鈴木貞美『日記で読む日本文化史』第五章を参照。
▼2　鈴木貞美「日本の帝国大学制度―概念編制史研究の立場から」酒井哲哉、松田利彦編『帝国と高等学校―東アジアの文脈から』国際日本文化研究センター、二〇一三を参照。
▼3　天野郁夫『大学の誕生―帝国大学の時代 上』中公新書、二〇〇九を参照。
▼4　原敬『地方自治と青年団体』〔緒言〕（一九〇六）。総合研究大学院大学文化科学研究科、久里文子さんより教示

を受けた。
▼5 鈴木貞美『生命観の探究』第四章を参照。
▼6 同前、及び『日記で読む日本文化史』第五章を参照。
▼7 ピーター・ボウラー『進化思想の歴史』（上下）鈴木善次・他訳、朝日選書、一九八七、鈴木貞美『生命観の探究』第二章を参照。
▼8 『ルソー全集5』作田啓一訳、白水社、一九七九、222頁。
▼9 中間眞司「J．J．ルソーの思想の原点『里山』」『九州森林研究』六四号、二〇一一年三月を参照。
▼10 皆川完一「解題」『覆刻 日本山岳名著』日本山岳会企画編集、大修館書店、一九七五を参照。
▼11 『志賀重昂全集4』志賀重昂全集刊行会、一九二八、51頁、53頁。
▼12 同前48頁。
▼13 川勝平太「明治日本の社会思想とラスキン（I）」（『ラスキン文庫たより』第29号（一九九五）、『自然の美・生活の美―ジョン・ラスキンと近代日本展』（Ruskin in Japan 1890-1940）カタログ（一九九七）を参照。
▼14 ジョージ・P・ランドウ『ラスキン―眼差しの哲学者』（Ruskin, 1985）横山千晶訳、日本経済評論社、二〇一〇年、96頁、150～152頁を参照。
▼15 from the Willam Morris Internet Archive: Works, 1883.
▼16 鈴木貞美『日記で読む日本文化史』、第六章を参照。
▼17 『明治文学全集80』筑摩書房、一九七四、18頁。
▼18 『漱石全集16』岩波書店、一九九五、421頁。
▼19 『漱石全集25』岩波書店、一九九六、73頁。
▼20 『露伴全集28』岩波書店、一九五四、64頁。
▼21 鈴木貞美「『民謡』の収集をめぐって―概念史研究の立場から」鈴木貞美・劉建輝共編『近代東アジアにおける鍵概念―民族、国家、民族主義』国際日本文化研究センター、二〇一一を参照。
▼22 『白秋全集20』岩波書店、一九八五、28頁。鈴木貞美『生命観の探究』前掲書、第八章二節を参照。
▼23 同前60頁。

第一一章

▼1 芳賀矢一『国民性十論』冨山房、一九〇八、88～89頁。

▼2 同前91頁～。

▼3 鈴木貞美『日本の「文学」概念』第V章2、同『「日本文学」の成立』作品社、二〇〇九、第一章を参照（以下、『「日本文学」の成立』）。

▼4 鈴木貞美『「日記」と「随筆」』第二章一節を参照。

▼5 藤岡作太郎『国文学史講話』岩波書店、一九四六、4～6頁。

▼6 同前16頁。

▼7 同前23～26頁。

▼8 鈴木貞美『日本の「文学」概念』第Ⅷ章、同『「日本文学」の成立』第四章を参照。

▼9 藤岡作太郎『国文学史講話』前掲書、56～57頁。

▼10 鈴木貞美『日本語の「常識」を問う』第一章一三、一四節を参照。

▼11 羅鋼「『人間詞話』是如何成為国学経典的?」、方維規主編『思想与方法』—近代中国的文化政治与知識建構』（北京大学出版社、二〇一五）を参照。

▼12 藤岡作太郎『国文学史講話』前掲書、153～158頁。

▼13 『上田敏全集1』教育出版センター、一九七八、27頁。

▼14 鈴木貞美『生命観の探究』第五章五節を参照。

▼15 佐佐木信綱『定家歌集』、一九一〇、24頁。

▼16 岩井茂樹「『幽玄』と『象徴』—『新古今和歌集』の評価をめぐって」（岩井茂樹・鈴木貞美共編『わび・さび・幽玄—「日本的なるもの」への道程』水声社、二〇〇六）を参照。

▼17 鈴木貞美『「死者の書」の謎』第四章を参照。

▼18 荻原井泉水『我が小き泉より』交蘭社、一九二四、38頁。

▼19 荻原井泉水『詩と人生』（新装版）潮文社、一九九七、10～12頁

▼20 『早稲田文学』一八九二年一〇月号、4～5頁

▼21 金子薫園・尾上柴舟『叙景詩』新声社、一九〇二、3～4頁

▼22 『明治文学全集63』筑摩書房、一九六三、132頁。

▼23　国木田独歩『武蔵野』民友社、一九〇一、復刻版日本近代文学館、一九八四、259～206頁。
▼24　鈴木貞美『日記で読む日本文化史』第六章を参照。
▼25　『鷗外全集21』岩波書店、一九七六、121～123頁。
▼26　国木田独歩『武蔵野』前掲書、293頁。
▼27　同前12頁。
▼28　同前29頁。
▼29　鈴木貞美『生命観の探究』第五章一節を参照。
▼30　鈴木貞美『日本語の常識を問う』第四章、同『日記でよむ日本文化史』第五章を参照。
▼31　鈴木貞美『「日本文学」の成立』第三章を参照。
▼32　徳冨蘆花『自然と人生』民友社、一九〇〇、復刻版、日本近代文学館、一九八四、67～68頁。
▼33　同前91頁。
▼34　同前370～371頁。
▼35　鈴木貞美『近代の超克―その戦前・戦中・戦後』作品社、二〇一五、第一章を参照。
▼36　『明治文学全集42』筑摩書房、一九六六、333頁。
▼37　戸矢理衣奈『銀座と資生堂』新潮社、二〇一二を参照。
▼38　鈴木貞美『宮沢賢治』第六章を参照。
▼39　土居光知『文学序説』前掲書123頁。
▼40　同前226頁。
▼41　同前73頁～。
▼42　同前82頁。
▼43　千田稔『平城京遷都―女帝・皇后と「ヤマトの時代」』中公新書、二〇〇八、57～60頁を参照。
▼44　『昭和文学全集4』小学館、一九九八、217頁～。
▼45　鈴木貞美『死者の書の謎』前掲書、第四章を参照。
▼46　『折口信夫全集30』中央公論社、一九九七、97頁。
▼47　鈴木貞美『「日記」と「随筆」』前掲書、序章一を参照。
▼48　和辻哲郎『日本古代文化』岩波書店、一九三九、12～13頁。

▼49 鈴木貞美「和辻哲郎の哲学観、生命観、芸術観―『ニイチェ研究』をめぐって」『日本研究』38集、二〇〇八年九月を参照。
▼50 和辻哲郎『日本古代文化』前掲書、388頁。一九二〇年版、427～428頁。
▼51 同前、一九二〇年版、78頁。
▼52 同前、一九三九年版、72頁。
▼53 Kleine Schriften, Vorreden, Entwürfe. Zweite Auflage. herausgeben von Walther Rehm, Berlin (Walter de Gruyter) 2002.S.34。島田了「ヴィンケルマンが目指したもの―『ギリシア美術模倣論』について」『言語と文化』(愛知大学) 二〇号、二〇〇九年一月を参照。
▼54 竹内敏雄訳、『ヘーゲル全集18c』岩波書店、一九六二、603頁。
▼55 鈴木貞美『「死者の書」の謎』前掲書、第二章を参照。
▼56 『近代日本思想体系15 長谷川如是閑集』筑摩書房、一九七六、5頁。
▼57 同前8頁。
▼58 『九鬼周造全集3』岩波書店、一九八一、394頁。
▼59 『近代日本思想体系15 長谷川如是閑集』前掲書、9頁。
▼60 同前19頁～。
▼61 同前77～78頁。
▼62 同前82頁。
▼63 鈴木貞美『日本の「文学」概念』第Ⅲ章2節を参照。

第一二章

▼1 辻哲夫『日本の科学思想』前掲書197頁。
▼2 『中谷宇吉郎随筆集』岩波文庫、一九八八、270～271頁。
▼3 池内了『寺田寅彦と現代―等身大の科学を求めて』みすず書房、二〇〇五、64頁。
▼4 『寺田寅彦随筆集5』岩波文庫、一九四八、236～237頁。
▼5 同前224頁。
▼6 鈴木貞美『「死者の書」の謎』前掲書82頁を参照。

▼7 『寺田寅彦随筆集1』岩波文庫、一九四七、98頁。
▼8 同前99頁。
▼9 同前200頁。
▼10 『寺田寅彦随筆集4』岩波文庫、一九四八、211頁。
▼11 『寺田寅彦随筆集5』前掲書236～237頁。
▼12 同前246頁。
▼13 同前。
▼14 同前247頁。
▼15 同前56頁～。
▼16 同前246頁。
▼17 『和辻哲郎全集4』岩波書店、一九六二、318頁。
▼18 『寺田寅彦随筆集3』岩波文庫、一九四八、256頁。
▼19 同前257頁。
▼20 同前299～300頁。
▼21 同前291頁。
▼22 『萩原朔太郎全集8』筑摩書房、一九七六、26頁。
▼23 鈴木貞美『「死者の書」の謎』第六章を参照
▼24 正岡子規『獺祭書屋俳話・芭蕉雑談』岩波文庫、二〇一六、169頁
▼25 同前196頁。
▼26 同前216頁。
▼27 『寺田寅彦随筆集3』前掲書265頁。
▼28 『追憶の橋田邦彦』東京大学医学部同窓会編、鷹書房、一九九七を参照。
▼29 辻哲夫『日本の科学思想』前掲書206～212頁。
▼30 『寺田寅彦随筆集3』前掲書133頁。
▼31 村上陽一郎『日本近代科学の歩み』前掲書178頁。

第一三章

▼1 『太宰治全集8』筑摩書房、一九七六、361頁。
▼2 『川端康成全集34』新潮社、一九八二、48頁～。
▼3 上田篤『日本のすまい』岩波新書、一九七四、123～124頁。
▼4 鈴木貞美『生命観の探究』前掲書757～758頁を参照。
▼5 『武田泰淳全集2』筑摩書房、一九七一、54頁。
▼6 『梅崎春生全集1』沖積社、一九八四、83頁。
▼7 倉田百三『日本主義文化宣言』人文書院、一九三九、260頁。
▼8 『梅崎春生全集1』前掲書212頁。
▼9 『坂口安吾全集4』筑摩書房、一九九八、59頁。
▼10 同前53頁。
▼11 『竹内好全集8』筑摩書房、一九八〇、29頁。
▼12 鈴木貞美『文藝春秋の戦争』「『文学界』グループの戦争」を参照。
▼13 『和辻哲郎全集15』岩波書店、一九六三、15頁。
▼14 『西田幾多郎全集12』岩波書店、341頁。
▼15 『福永武彦全集1』新潮社、一九八六、472～473頁。
▼16 Albert Schweitzer, *Civilization and ethics*,trans. By John Paull Naish, London: A& C. Black, 1923.
▼17 シャルダン『現象としての人間』美田稔訳、みすず書房、一九六四年、22頁。
▼18 『生命観の探究』第八章七節を参照。
▼19 『岡本太郎著作集4』講談社、一九八〇、177頁。
▼20 『岡本太郎著作集3』講談社、一九八〇、104頁。
▼21 同前301～302頁。
▼22 『高見順全集12』勁草書房、一九七一、18頁。
▼23 『西脇順三郎全集2』、筑摩書房、一九七一、636頁。
▼24 磯部忠正『「無常」の構造―幽神の世界』講談社現代新書、一九七六、4頁。
▼25 同前111頁。

▼26 芹沢光治良『人間の生命』新潮社、一九九一、58頁。
▼27 ジャン・D・バロウ『宇宙のたくらみ』菅谷暁訳、みすず書房、二〇〇三。3頁。
▼28 鈴木貞美『近代の超克』第一章6を参照。
▼29 同前、第一二章六を参照。

バラモン教 Brahmanism…71, 273, 306, 518
汎神論 pantheism…90, 93, 97, 215, 655, 657
ヒトコトヌシ(一言主)…341-, 344
表現主義 expressionism…32, 601, 615
琵琶湖疏水…526
ヒンドゥー Hindu…72, 269, 274-, 278, 304, 306, 601
ファシズム fascism…11, 685
風水…191, 198, 248, 375
風土…35, 40-, 75, 107, 304, 329, 389, 588-, 629, 643, 650, 675, 689, 715
不可知論 agnosticism…207, 223, 284, 286, 485, 491-, 513, 536
複雑系の科学 complex systems science…55, 76, 670, 676, 712, 714, 726
武家〔一政権〕・武士…20, 33, 67, 111, 164-, 170, 321, 402, 405-, 408, 411-, 456, 476-, 480-, 484, 488-, 494, 500, 502-, 506, 511, 522, 527-, 534, 584-, 636, 665, 675, 687
藤原京(新益)…309, 315, 347-
物活論 hylozoism…68, 215, 218, 223, 226, 233, 648, 657, 710, 714
物質文化 material culture…68, 72, 726
フツヌシ(経津主)…302-
プラグマティズム Pragmatism…514, 615
プリミティヴィズム primitivism 原始志向…69, 572, 630
プロテスタンティズム Protestantism・プロテスタント Protestant…17, 169, 182-, 498, 534, 544, 717
文化と文明 culture and civilization…137-
文学 literature(広義/狭義)…50, 589, 581-, 586
文献学 philology…52, 214, 320, 322, 510, 580, 586
分子生物学 molecular biology…53, 55, 69, 220, 701, 703, 708-, 714
文人画…32, 102
編集の思想 thought of edition…95, 124, 128, 298, 307, 318-, 322, 417, 630, 634
方位磁石 compass…34, 188, 190-, 280
望遠鏡 telescope…201-, 281
法家…245, 248-
方技・方術 arts…191, 198-
方便(仏教の)…66, 96, 216, 273, 276, 445, 466-, 675
封建〔一制〕・feudalism…31, 37, 133, 196, 200, 207, 235-, 247, 250, 288, 326, 471, 479, 496, 632, 637
ポスト・ヒューマニズム…681, 701, 704, 707, 720
盆栽…73, 397, 411, 636
本草…127, 189, 191, 197, 199, 202, 276, 290, 331, 478, 486, 491, 502, 509
本地垂迹…278, 307, 481
煩悩即菩提・煩悩即涅槃…97, 119, 122429, 443, 466, 468-,

〔ま行〕

摩訶止観…97, 269, 443
マルクス主義 Marxism…17, 31, 175, 210, 480, 496, 556, 569, 682, 702-, 731
万葉仮名〔一方式〕…84-, 298, 310, 351, 361, 372, 375, 387
水俣病…11, 29, 40, 559, 642, 701
民衆 people〔一文化 opular culture〕…22, 32, 94, 163, 230, 278, 280, 290, 294-, 298-, 355, 412, 477, 482, 486, 489, 501, 511, 519, 556, 568-, 573-, 576-, 564, 585-, 590, 600, 601, 621, 636, 659
民衆史観…94, 586
民族主義 → ナショナリズム
民謡 fork song…247, 258, 316, 329, 334, 350, 355, 378, 570, 572-, 633
無機物 inorganic…68, 210, 230, 235, 260, 264
無私…116, 118, 120-, 254, 704
無心…97, 119-, 424, 672
ムスヒ(産霊)…80, 84, 93, 95, 97
明治維新 Meiji restoration…22, 37, 39-, 42, 54, 134, 143, 150-,154, 186, 454, 504, 531, 571, 675, 701
モダニズム modernism(芸術の)…419, 601, 699, 706
モナド monad…203, 209

526, 540, 577-, 605, 648
天道思想…111, 118-, 126, 192, 264-, 300, 485, 496, 500, 506, 533-, 564
天動説 Geocentrism…46, 229, 231, 234
天皇制(古代・近代・象徴)…31, 323, 326, 422, 494, 496, 543, 621, 630, 680, 687-, 690
天文学 astronomy…32, 38, 54, 102, 194, 197, 199, 239, 488, 490, 492, 504-, 515, 715
天文台 astronomical observatory…194, 198
道家思想 Intelligent Taoism…5, 72, 83, 112, 114, 204, 207, 243-, 248, 251-, 255-, 258, 262, 272, 275, 283, 363, 393, 396, 407, 481, 487, 516, 518
道教 Taoism〔一思想〕…66-, 72, 109, 154, 182, 196-, 199, 206, 245, 249-, 259, 261-, 274-, 269-, 287, 289-, 292, 308, 313-, 358-, 366, 371, 375, 389, 396, 410, 464, 468, 481, 487, 516, 564, 620, 651, 657, 699, 705, 724
統計力学 statistical mechanics…13, 15, 55, 227, 713
道士 Taoist…199, 251, 276
陶磁器 china and porcelain・陶芸・陶業…19, 36, 162, 289, 455, 483
東大寺…34, 309, 348, 398, 401, 450
動力学 dynamics…209
都市国家(ポリス πόλις)…137, 201, 212, 327
奴隷 slave…74, 135, 200, 228, 325, 433, 480, 550

〔な行〕

ナショナリズム 民族主義 nationalism…6, 9-, 86, 144, 160, 377, 386, 469, 511, 514, 526, 541, 551, 553, 589-, 586-, 588, 668, 672, 681, 698, 708, 722
ナチス・ナチズム Nazism…18, 138, 231, 234, 656, 682
南画…32, 56, 181
日蓮宗…409, 444, 483
日記文学…384, 621, 625-
ニニギノミコト(瓊瓊杵尊・邇邇芸命)…105, 146-, 303-, 319, 339, 343, 633
日本科学史…25, 29-, 39-, 56, 77, 539, 575, 726
日本的なるもの・日本的性格・日本的科学…32, 102, 107, 636-, 662, 668-, 672, 674-, 695, 706, 723
熱力学 thermodynamics…53, 185-, 199, 225, 227, 673, 705, 713
涅槃 ニルヴァーナ nirvana…61, 97, 443, 446,
念仏〔一観想・一専修・一聖・称名一〕…119, 122, 276, 320, 399-, 402, 428, 440, 444, 447-, 466
ノイズ noise(雑音)…10, 12-, 717
脳科学 brain science・神経科学 neuroscience…12, 14
能・能楽・謡曲…414-, 438, 456, 489, 616
農業暦(農事暦)agricultural calendar…67, 142, 242, 299, 388, 522
祝詞・呪言(のりと)…72, 314, 358, 515-, 520

〔は行〕

バイオ・テクノロジー bio-technology…4, 6, 10-,
俳諧〔一連歌〕・俳句…24, 30, 32, 66-, 100-,120, 124, 589, 411, 461, 470, 472, 473-, 484, 508, 585 589, 595, 602, 621, 625, 658-, 699
幕藩(二重権力)体制…17, 21, 33, 122, 128, 242, 476-, 481, 484, 490, 494, 499, 503-, 523, 528, 637, 690, 725
博物学・自然史 natural history〔一趣味〕…32, 49, 52, 102, 127, 151, 157-, 167, 173, 175, 180, 183, 189, 209, 219, 488-, 491, 502, 525, 538, 551, 554, 559, 601, 639, 722
半猟半耕…130, 140
美学・芸術論 esrhetic…32, 59, 62, 100-, 104, 107-, 123, 174, 405, 469, 592-, 598, 601, 607, 615, 620, 661-, 668, 675, 681, 694-
美術 fine art…37, 74-, 419, 536, 576-, 582, 596, 599, 610, 629, 696
美文学 Shöne Literatureと理文学 Wissenschaft Literatur…75, 88, 589, 581-, 585-,
パラダイム(範式)paradigm…29, 44-, 51, 53-, 185-, 714, 725

セントラル・ドグマ central dogma…55, 125, 128
禅林…107, 122, 278, 411, 419, 456, 469, 575, 603, 675
宋学・新儒学 neo-Confucianism…118, 126, 138, 158, 204, 206, 210, 263, 283-, 296, 297, 468, 481, 498, 501, 515-, 659, 675, 724
総合大学 university…41-, 52-, 198-, 523, 532, 580
装飾 ornament…36-, 72, 576, 619
創造 creation〔—主 the creator〕〔—説 creationism〕…3, 16, 33, 40, 42, 46, 48, 89, 99, 100, 123, 125, 154, 156, 167, 176, 181, 201, 203, 213-, 217, 229, 232, 238, 254, 272, 306, 308, 310, 313, 493, 516 520, 542, 551, 563, 682, 685, 692,702, 709, 715, 718
造物主…59, 86, 125, 127, 154, 222, 516
相対性理論 Relativitätstheorie, theory of relativity…44, 208, 565-, 638
草木国土悉皆成仏…96-, 410, 451, 464
ゾロアスター教…244, 656
相対性理論 Relativitätstheorie, theory of relativity…44, 208, 564-, 637
草木国土悉皆成仏…96-, 409, 450, 464

〔た行〕
大衆 mass〔—社会・—文化〕…18, 109, 573, 582, 636, 690
大嘗祭・新嘗祭…481, 490
大乗仏教・部派(小乗)仏教…269, 273, 275-, 282
代数学 algebra…47, 197
大名…20-, 67, 411, 455-, 476, 478-, 489, 496, 501, 522, 526, 573,
タカミムスヒ(高皇産霊・高御産巣日)・カミムスヒ(神皇産霊・神産巣日)…3, 5, 339, 633
タケミカヅチ(武甕槌・建御雷)…302-, 316
多元世界 plural world…189
多神教 polytheism…16, 54, 57, 182, 214, 223, 228, 230, 232, 305, 551, 599, 616, 633, 635, 637
田上山(たなかみやま)…348
知情意 mind, heart and will・知と情 mind and heart…15, 238, 288
地動説 heliocentric system theory…33, 46. 229-
地理学 geometry…47, 52, 147, 484, 504, 551, 554-, 559, 588,
茶の湯(茶道)tea selemony…42, 411, 456, 695
中央集権制 centralized system…133, 188, 191, 200, 207, 210, 249-, 283, 292, 326, 330, 348, 476, 522
中世美学(わび・さび・幽玄)…32, 101, 107, 419, 465, 469, 593, 661-, 668. 675, 681, 695-, 723, 725
超越的絶対神 transcendental absolute God…9,40, 48, 74, 91,100, 103, 125,128, 154, 182, 190, 196, 208, 210, 214, 216-, 219, 222, 230-, 238, 242, 259, 551, 555, 615, 655-, 658, 682, 702, 725
帝国大学・東京大学…41-, 53, 88, 141, 166, 171, 173, 320-, 521, 523-, 530-, 537, 541, 543-, 551, 574, 580, 588, 595
帝国主義 Imperialism…133. 618, 688, 707
デカダンス decadence…569, 573, 595, 598-, 625
デザイン design…36-, 568, 601
電気 electricity…5, 11, 19, 47, 131, 170, 182-, 207, 209, 326, 532, 707
天球儀 celestial globe…192-, 281
電子 electron…13, 48, 131, 184, 208-, 215, 225-, 711
天人合一論・天人相関論…37-, 126, 189,196, 207, 242-, 245, 265, 723
天台宗…97, 275, 301, 369, 373, 409-, 443, 446, 465
天台本覚論…80, 96-, 119, 122, 287, 510, 662
天地〔—自然〕…82-, 86-, 104-, 108-, 111-, 115, 118-, 122, 125-,130, 151, 153, 156, 159-, 168-, 173, 180, 192, 207, 242, 243, 245, 251-, 260-, 264-, 283-, 290, 296, 298-, 303, 308, 400, 312-, 319, 334, 336, 347, 358-, 365-, 377-, 389-, 396-, 438, 462, 485-, 492, 494, 497, 500, 506-, 510, 513, 515, 517, 531, 533, 537-, 542, 552-, 575-, 578, 605, 613, 659, 664, 705, 717
天然…7, 11, 86-, 89-, 131, 152, 156, 158, 171-, 181, 243-, 255-, 261, 264, 360, 347, 366, 374, 390, 464-,

職分 social position of occupation…133, 479, 481, 489-, 500, 527-, 637
シルク・ロード Silk-road…190
進化 evolution〔一論〕…4-, 9, 42-, 80, 91-, 131, 138, 142, 157, 165, 189, 204-, 207-, 210, 215-, 525, 527, 535-, 538-, 541-, 544-, 561, 563, 568, 616, 640, 644-, 656, 692-, 712, 718, 724
人格主義 personalism…62, 607
新カント派 neo-Kantian…100, 618
人工選択 artificial selection…88, 538
人工知能 artificial intelligence AI…6, 716
真言宗・真言密教…80, 123, 278, 275, 269, 369, 443, 445-, 466, 482, 511
神仙〔一思想〕…109, 249, 251, 259, 314, 316, 699
神道…72, 119, 122, 128, 242, 300, 321, 325, 363, 366, 389, 457-, 481-, 500, 510, 513, 515, 518-, 534, 542-, 576, 580, 586, 630, 650-, 657, 674, 676, 687, 705
人文学 the humanities…50, 75, 165, 579-, 588, 656, 688
人文主義 humanism…21, 58, 540, 657
身体 body〔一活動〕…12, 27, 68-, 72, 136, 138, 198, 231-, 233, 235, 238, 242, 259, 262-, 276-, 290, 292, 299, 315, 353, 362, 397, 486, 525, 527, 679
人類学…52, 77, 130, 136-, 141-, 188, 315, 583, 601, 621-, 634, 653, 692, 697
随筆…281, 384, 489-, 509, 515, 547-, 569, 573, 586, 613, 621, 625, 638-,
数学 mathematic…32, 41, 47, 52, 102, 166-, 171, 193, 197, 199, 201-, 207, 219, 230-, 239, 524
数式 numerical formula…55, 201-
スコラ学 scholasticism…46
スサノオ(素戔男・素戔嗚・須佐之男)…146, 301, 311-, 316, 322, 339, 343, 352, 622
スピリチュアル・エナジー spiritual energy…26, 206, 403, 541, 525, 561, 600, 705, 731
生化学 biochemistry…208, 210
生活の芸術化…568-, 573
生活文化 culture of everyday life…68, 74, 107, 278, 456, 469, 575, 643, 650, 656, 729
正教社…351-
精神文化 spiritual culture…68-, 72, 158, 584, 586-, 651, 656, 663, 690, 726 729
性選択 sexual selection…639-
生物学 biology…44, 48-, 52-, 55, 69, 167, 173, 189, 202, 208, 218-, 223, 232, 239, 524, 532, 545, 639, 641, 645, 648, 676, 692-, 703-, 710, 712-
西洋化=近代化 Westernization = modernizasion〔一図式〕…39, 707
生産力 productivity〔一主義〕…7, 15, 17-, 21, 282, 411, 455, 488, 707
生態系 ecological system〔一破壊〕…4-, 10, 653
生存闘争 struggle for existence…89, 157, 525, 536, 540-, 545, 568, 639
生命エネルギー vital energy…230, 561, 563, 565, 601, 615, 619, 647, 653, 662, 731
生命科学…5, 9
生命主義(生命原理主義) Life-centrism…56, 96, 103, 107,128, 175, 179, 181,469, 521, 525, 569, 616-, 624, 628, 655, 681, 685, 693, 696-, 701, 703, 705-, 721-, 728
生命体 → 有機体
石門心学…119, 500
節気…65, 193-, 389
絶対君主〔一制absolute monarchy〕…31, 134, 235, 496
禅(ヨーガ)…259, 278-, 397, 443, 590, 593
禅宗・南宋禅…65, 97, 103, 107, 122, 278, 275, 278-, 289, 291-, 398, 401, 408, 410-, 417, 448, 453, 466, 468, 664-, 669, 673, 674-, 729
禅林…107, 122, 419, 456, 459, 469, 575, 603
仙術…197, 199, 276, 281
専制 despotism〔一君主・一政治〕…31, 57, 60, 134, 235, 306, 326-, 690
全体主義 totalitarianism…545
全機…468, 640, 651-, 654, 658, 663-, 668-, 674-

484, 489, 494, 498-, 522, 724
賤商…20, 495
社会科学 social science…37, 39, 44, 668, 715, 721
社会学 sociology…45, 52, 239, 544, 712
社会主義 socialism〔キリスト教一〕…6、169, 175, 178, 210, 238, 499, 507, 544, 550, 556-, 569, 616, 702
弱肉強食…89, 535-, 616
写実〔一主義 realism〕…123, 409, 442, 599, 608
ジャイナ教 Jainisn…27, 71, 273, 306
ジャータカ Jataka…273
シャーマニズム shamanism…142, 283, 314, 317, 719
宗教学 theology…53, 71, 77, 306, 588, 620, 681, 705
修辞(レトリック)rhetoric〔一学〕…23-, 53, 60, 106, 335, 351, 357, 385, 398-, 434, 437, 440, 581, 599, 661, 673, 721
朱子学(程朱学)…22, 27, 33, 101-, 116-, 125, 128, 158, 166-, 189, 203-, 206-, 242, 283, 285-, 290-, 408, 411, 477, 479, 481-, 485, 493, 496-, 507, 514, 530-, 533, 535, 564, 569, 724
重商主義 mercantilism…20, 200, 504
重農主義 physiocracy…250, 289, 651
儒学 Confucianism…15, 20, 27, 66, 7313, 95, 109, 117, 125-,128, 163,189, 203-, 242, 251, 258-, 262-, 275-, 269-, 282-, 285, 292-, 297, 300-, 364, 368-, 371, 408, 410, 458, 477, 481-, 484-, 487-, 495-, 501, 503, 510-, 514-, 518, 527, 534, 538, 543, 552, 564, 576, 580, 624, 651, 676, 722.724
修験道…96, 278, 342
手工業 handicraft, manufacturing…188, 201, 289, 455, 550
呪術・魔術 magic…57, 70-, 76, 93, 97, 199, 359, 361, 375, 636, 697
狩猟 hunting〔一採集〕…67, 74, 138-, 145, 480, 622, 634, 653
情景…56, 60, 62, 335, 426, 546, 575, 590, 592, 608, 613, 624, 667
象徴 symbol…56, 60-, 96, 201, 246, 306, 312, 327, 336, 338, 361, 385, 392, 397, 467, 525, 556, 573, 575, 595-, 599-, 616, 629, 660, 668, 675-, 690, 697
象徴主義(表徴主義)symbolism…177-, 181, 419, 422, 427, 593, 595-, 600, 608, 614, 616, 632-, 661-,
象徴天皇制…629, 680, 687
浄土教〔一系〕…30, 132, 275, 280. 282, 289, 400-, 618
浄土宗…406, 444, 457
浄土真宗…30, 152, 428, 444, 447, 617, 664
情趣・情緒・情調 sentiment・atmosphere・mood …24, 29-, 32-, 37, 39, 56-, 63, 65, 67, 69, 123, 392, 416, 418, 424-, 530, 573, 575, 588, 594, 597, 614, 619-, 636, 640, 695, 722-
情動 affection…14, 26, 56, 101, 376, 398, 575, 722, 726
情操 sentiment〔一教育〕…571, 636, 690
情報 information…13-, 229, 702, 717
情報革命 information revolution・情報社会…13, 706
情報工学 information technology, IT, computer science…7, 19, 42, 53, 55, 533, 714
称名念仏 → 念仏
縄文〔一時代・一人・一文化〕…137-, 144-, 315, 627-, 697
庄屋…506, 554, 559-
浄瑠璃…415, 437, 585
職人 artisan…18, 30, 32, 74, 190, 199, 201, 213, 387, 722
植民地 colony〔一主義 colonialism〕…18, 40, 71, 133, 138, 143, 163, 271, 527, 544, 551, 540, 634
叙景 description of scenery…364, 590, 594, 603-, 625, 666
叙事詩 epic…51, 75, 107, 305-, 322-, 326, 563, 596, 619, 622, 630-
抒情 lyricism〔一詩 lyric poetry〕…75, 100, 102, 379, 549, 594, 619, 621, 623, 625

21, 46, 48-, 131, 175, 184, 199, 230, 550-, 556, 559, 561, 615, 690, 731
考古学 archeology…245, 298, 477, 628-
考証〔清朝一学〕…207, 259, 281, 297, 317, 322, 489, 509, 515
古学〔一派〕・古義学…242, 495
国学…85, 95, 120, 125, 160, 241, 322, 387, 427, 484, 491, 505, 510-, 518, 520-, 523, 576, 582-, 617, 630-
国司・受領…95, 326-, 330-, 333-, 383, 385-, 391
国粋主義 chauvinism…33, 599, 622, 696
国体 national polity…504, 521, 534-, 542, 668, 687
国民国家 nation state…7, 31, 48, 133-, 150, 163, 432, 523, 525,527, 532, 543, 577, 637, 690
石高〔一制〕…21-, 33, 52, 301, 477, 503, 524, 527
国風〔一文化・一暗黒時代〕…101, 378, 379, 386-, 576, 589
国家社会主義 state-socialism…18
寓・ことよせ・alegoly…595, 599, 603
孤立系 isolated system・閉鎖系 closed system…185, 211, 710, 713
コノハナサクヤヒメ(木花開耶姫・木花之佐久夜毘売)…105, 109, 113, 633
古墳〔一時代・一文化〕…140-, 147, 349, 247, 515, 322, 327, 344, 627, 629-
古文辞派…296, 477, 484-, 495
古文辞学(徂徠の)…126, 247, 586, 242
暦 calendar〔一法・一算〕…43, 65, 67, 142, 188, 191-, 197-242, 249, 299, ,313, 333, 375, 388-, 490, 522, 688
コンピュータ computer…13, 55, 709, 716

〔さ行〕
再生(産)可能エネルギー renewable energy…10, 560
サイバネティックス cybernetics…13, 44, 712
山水…87, 119, 396, 430, 548, 577, 596-
山水画…377, 396, 442,
山林荒廃…19, 560
四季(四時)four seasons…66, 97-, 112, 199, 244, 274, 372, 389-, 419, 439-, 448, 578, 655
自然神論(理神論)deism theory…48-,167, 181, 219, 223, 551, 682
自然科学 natural science…14, 34, 37, 41, 44, 48-, 52, 56, 80, 88-, 91-, 101-, 128, 151, 167-, 171, 173-, 176, 180, 182-, 197, 219, 284, 297, 535-, 538, 541, 545, 551, 555, 561-, 564, 566, 614, 617, 643, 659-, 663, 668-, 676, 681, 692, 715, 721, 724, 731
自然主義 naturalism…90-, 100, 131, 158, 173-, 177-, 551, 591-, 598, 611, 714
自然征服観 notion of Natural couquest…15, 17, 29, 540, 720, 723
自然選択・自然淘汰 natural selection…8-, 88-, 91, 538, 614, 638
自然哲学 natural philosophy…14, 30, 47, 52, 99, 156-, 170, 193, 196, 203, 212, 214-, 219, 224, 234, 228, 530, 702, 710, 714, 724
自然の恒久性 permanence of nature…3, 4, 10-, 389, 728
自然発生(性)spontaneous…99, 219-, 336, 432, 437, 462, 469, 571, 725
自然美…57, 60, 73, 96, 419, 555, 619
自然法 low of nature…12, 166, 180, 196, 231, 234-, 234, 533, 725
士大夫…20, 73, 162, 198, 251, 279-, 282, 287-, 294, 296, 397, 408, 478, 480, 483
実学…22, 33, 39, 77, 101-, 126, 128, 164-, 169-, 489, 496-, 509, 531, 533, 725, 731
実景 real scene…34, 68, 101, 381, 388, 392, 422, 443, 613, 725
実験 experiment〔一科学〕…5, 11, 176,179, 184-, 191, 195, 197, 199, 201-, 207, 210, 219-, 221, 223-, 227, 229, 419, 530-, 535-, 610, 648, 669, 680
実験主義 experimentalism…176, 223
実証主義 positivism〔文献一〕…50, 54, 75, 136, 176-, 260, 580, 586, 588, 630, 644, 691
四民〔一平等〕…20, 133, 250, 292, 309, 342, 479-,

588, 627, 634, 641, 654, 675
幾何学 geometry…6, 193, 197, 199, 201-, 230, 242, 565, 671
機械論 Mechanism…42-, 45, 56, 81, 102, 156, 203, 210-, 215-, 219, 222-, 230-, 702, 714, 723, 725, 731
気質 temperament…136, 157, 588-, 654,
気息〔プシケー・プラーナ・プネウマ〕…142, 204, 220, 222-, 372, 487, 507
機知 witness…35, 63-, 100-, 265, 379-, 418, 429, 470, 472, 474, 547, 621, 625, 667
帰納 induction〔一法・一主義〕…49, 91, 229, 545
情緒・情調 mood, atmosphere〔気分一〕…24, 29-, 33-, 37, 39, 56-, 60, 63, 65, 67, 123, 573, 575, 597, 614, 640, 695, 722
漁撈 fishing…139-
教会 church…237, 555
キリスト教 Christianity〔一神学〕…3, 9, 17, 26-, 40-, 47, 52, 60, 71, 79, 90-, 123, 125, 154, 156, 161-, 164, 177, 194, 196, 201, 204, 208, 210, 212-, 216, 219, 224, 230, 232-, 235, 238, 242-, 266, 295, 305, 480, 493, 515-, 520, 530, 533-, 536, 541, 547, 549-,555-, 580-, 595, 599-, 615, 632, 650, 656, 680-, 702, 717-, 725, 730-
窮理〔一熱〕…27, 41, 43, 117, 168-, 207, 286, 493, 497, 530, 538, 659
巨人伝説 Giant tradition…335
近代科学 modern sciences…22, 29-, 34, 37-, 40, 42-, 46, 50, 56, 102, 189, 196, 199-, 206-, 212, 218-, 234, 243, 287, 530-, 537, 670, 674, 711, 714, 723-
勤勉革命 Industrous Revolution…21, 725
寓話 fable…273, 339-, 600
国造(くにのみやっこ)…149, 298, 303, 326, 330-,
クローン clone…4, 9
黒船〔一ショック〕…39, 165, 169, 301, 520
郡県〔一制〕decentralization of power…133, 249-, 326, 522
計画経済 planned economy・統制経済 controlled economy…18
経験主義哲学 empiricism…11-, 176, 227,
芸術 art…30, 37, 56-, 59-, 70-,73-, 94, 100-, 107-, 128, 142,169,179-, 211-, 230, 323, 419, 422-, 469, 511, 540, 551, 557, 567, 572, 575, 583-, 593, 597, 599,601, 609, 617, 622, 632, 639, 647, 652, 658, 662-, 670, 676, 689-, 695-, 715, 726, 729
芸術至上主義 artistic supremacy…419, 697
芸術のための芸術 l'art pour l'art…59
経絡(けいらく)…198, 290
下克上(げこくじょう)…201, 498
言語芸術 linguistic art…51, 65, 67, 75, 305, 322, 325, 589, 581-, 586-, 610, 630-, 667
原子 atom(粒子)〔一核 nucleus・一説 atomism〕…10, 12-, 43, 189, 196, 199-, 203, 208-, 212, 215, 223-, 242, 565-, 713
原子力 atomic power〔一エネルギー・一爆弾・一発電〕…8-, 11-, 638, 642, 703, 708
兼修 leaning plural doctrines〔四教一〕…112, 114, 123, 128, 281, 359, 362, 366, 369, 371, 451, 477, 482, 623, 642, 677, 705, 725
元素 element…31, 92, 185, 196, 204, 221, 224-, 517, 537, 617
原始・野蛮 savage〔一芸術 primitive art〕…40, 61, 77, 97, 336, 543, 550, 572, 588, 599, 616, 619-, 637, 658, 696
原始宗教 primitive religion…40, 60, 129, 142, 299-, 310, 599, 634, 636, 691, 697
建築 architecture…74-, 181, 280, 282, 456, 525, 529, 556-, 561, 636, 680
遣唐使…105,114, 194, 279, 308, 335, 369, 371, 373, 382, 391, 591
顕微鏡 microscope…168, 202, 493-, 660
公安派…296, 483
航海術…67
公害 pollution…509, 523, 676, 701, 725, 731
工学部・工科大学(帝国大学の) faculty of engineering…41-, 53, 523-, 532-
工業革命, 産業革命 Industrial Revolution…17-,

演繹 deduction…229
王権神授説 divine right of kings theory…134, 235
オオクニヌシ(大国主)…302, 317, 320, 323-, 326-, 332, 339, 342-, 622, 634
オモイカネ(思金)…339
陰陽 おんみょう〔―師・―道・―寮〕…127, 375, 481-, 487, 490-, 705, 725
怨霊 vengeful ghost…127, 375

〔か行〕

懐疑論 sckeptism…717
階級・階層 class〔―闘争・中産―etc〕…10, 18, 20, 31,71, 54, 94, 133, 176, 207-, 238, 294, 480, 544, 557, 590, 607, 624, 636, 695
階層構造・階層性 hierarchy…209-, 227, 271, 660, 710, 713
概念編制(構成)conceptual system…50, 52, 57, 76, 562, 670, 726
概念操作 operation of concept…153, 457, 673, 712
開物〔―思想〕…31, 39, 118, 126, 219, 266, 478, 488-, 491, 493, 499, 509, 523, 525, 530, 540, 642
開放系 open system…55, 195, 211, 673, 708, 710
科学革命 Scientific Revolution…29, 45-, 48, 50, 53, 79, 196, 199, 201, 216, 229, 242, 355-, 555-, 670, 725
科学=技術 science and technology〔―史〕…3-, 6, 10-, 18, 30, 37, 39. 41, 53, 55, 162, 169, 171, 185, 194, 197-, 200
科学史(一般)history of science…28, 44-, 48, 54-, 201, 203, 556, 711
科学者 scientist…5, 11, 41, 49, 174, 185, 201, 638-, 643, 650, 702, 708, 711
科挙…124, 128, 161-, 207, 263, 278, 280-, 283, 288-, 408, 477, 484
核 nuclear〔―実験・―武装・原子―〕…8-, 12-, 195, 680, 711
格物〔―窮理・―致知〕…27, 156, 168-, 207, 284, 286, 659
鹿島神宮・香取神宮…301-, 319, 472
花鳥風月…57, 98, 100-, 578
カトリック catholic…9, 47, 105, 125, 154, 229, 236, 692, 706, 719, 729
可能世界 possible world…207
貨幣 money…74, 477, 479, 494, 468
技術官僚(テクノクラート)…4, 190, 531, 717
紙と印刷 paper…34, 188, 190-,372, 499
火薬 gun powder…34, 150, 191, 199, 280
歌謡 song…34, 51, 95, 98, 148, 207, 247, 258, 307, 316-, 323, 334, 347-,353-,361, 412, 414-, 417, 464, 570, 584, 618-, 621, 630, 636
感情移入 emphasis〔―美学〕…62, 107, 592-, 603, 606-, 615. 620
環境問題 environmental problem〔―汚染・―破壊・―保護〕…4, 7, 10-, 15, 18, 26, 29, 43, 115, 551, 557, 653, 703, 720-,
環境決定論 environmental determinism…41, 75, 177, 236, 553, 588, 627, 715
環境的自然・自然環境 natural environment…12, 49, 68, 70, 157, 197, 432, 469-, 478, 540, 551, 560, 567, 578, 614, 635, 640-, 644, 653, 655-, 670, 672-, 676, 609, 710, 720-
還元主義 reductionism…17, 101, 107, 176, 186, 203, 210, 218, 223, 503, 635, 637, 648, 713
観察・観測 observation…13, 55, 192-, 202, 281, 490, 554, 566
惟神(かむながら)…325, 357-, 547, 698
寛政の改革…498 501, 530, 561-
官僚制 bureaucracy…196, 199-, 207, 216, 280, 283, 288, 338, 640, 702
気〔一―・元―・原―〕…73, 83, 118, 125-, 151, 168, 183-, 196, 198, 202, 204-, 220, 223, 242, 248, 255-, 261, 264-, 272-, 276-, 283-, 290, 291, 381, 396, 466, 485-, 491-, 494, 497, 507-, 515, 518, 525, 561-, 564-, 575, 577, 596-, 605, 659, 705
気候〔―風土〕・気象 weather…33, 35, 40-, 46, 67, 75, 107, 139, 143, 168, 324, 329, 381, 552-, 578,

事項索引（便宜のため、項目をまとめて立てる場合がある）

〔あ行〕

ID説（intelligent Design theory）…9, 718-
アイヌ〔—語〕…135-, 139, 141, 143-, 147, 149-, 527, 547, 627-, 635, 653
県主（あがたぬし）…149, 324, 338
足尾銅山〔—鉱毒事件〕…8, 525-, 559, 589, 674
アトム → 原子
アメノウズメ（天鈿女）…303, 345
アメノヒボコ（天日槍）…332, 343
アメノミナカヌシ（天之御中主）…93, 398
アーサー王伝説 Arthurian legend…54, 633
アニミズム animism…93, 128, 142, 269, 620, 622, 703-
阿弥陀〔—如来・—仏〕…31, 152, 274, 282, 399, 401, 402, 428-, 434, 444, 446-,448, 450-, 618
イエズス会〔—宣教師, Jesuit〕…32, 42, 154, 161-, 194, 197, 203, 390, 490
医学・医療 medical science, medicine〔—史・実験—・民間—〕…11, 30-, 41, 52-, 91, 102, 157, 170-, 174, 197-, 206, 222, 233, 245, 276, 290, 331, 486, 504-, 532, 617, 669, 671-, 702
医学者, 医師・医者 medical practitioner…20-, 137, 176, 183, 222, 233, 491, 493-, 691
生け花・瓶花・華道…42, 56, 296, 413, 456, 663-, 695
イザナギ（伊弉諾・伊邪那岐）・イザナミ（伊弉冉・伊邪那美）…301-, 310-, 314-, 510
出雲〔—神話〕…303-, 311-, 315-, 319, 323, 327, 329, 331, 338-, 343, 629, 635
イスラーム Islam・ムスリム Muslim・回族…3, 9, 40, 71, 192, 194, 195, 214, 274, 306
伊勢〔—神宮・—神道・—国風土記・—詣〕…113, 115, 119, 304, 313, 325, 359, 481
一神教 monotheism…143, 216, 223, 296, 654-, 707
遺伝子・DNA・ゲノム…144, 702-, 709-, 716
稲〔—作〕…139-, 144-, 148, 242, 299, 311, 361 491, 634
医方・古医方…198-, 485, 487, 670-
印象 impression…58, 61, 67, 115, 681
印象〔—主義・—派〕Impressionisme…601, 603, 606-, 610-, 615, 666
陰陽 いんよう〔—五行・—思想〕…20, 37-, 83, 125, 127, 196-, 203, 207, 242, 245, 248, 253, 259-, 267, 283, 286-, 300-, 318, 333, 358, 369, 389, 457-, 491, 494, 510, 518-
ヴァイタリズム（ヴィタリスム）vitalism…26, 107, 210, 221, 232, 615, 648, 724
ヴェーダ Veda…71-, 269-, 274, 306
宇宙進化論 cosmogony…80, 131, 205, 212, 215-, 219, 692
宇宙（大）生命・普遍的生命 universal life…96, 107, 128, 567, 597, 600-, 609, 614-. 618, 624, 645, 662, 682, 687-, 702, 705, 720
宇宙有機体論 space organicism…189, 203, 206, 215-, 219, 633
映画 cinema…671, 679-, 712
英雄 heros〔—時代・—叙事詩〕…60, 107, 305-, 317-, 322-, 338, 561, 563, 622, 632-, 637, 725
易姓革命…197, 245, 247, 409, 515
蝦夷（えぞ・えみし）135-, 147, 149-, 304, 318, 323, 325, 328, 330, 369, 397, 416, 501, 628, 632, 687
エートス ethos…17, 39
エネルギー一元論（還元主義）energetic…165, 525, 527, 537, 562, 565, 615, 711
エネルギー概念 concept of energy…19, 26, 151, 165, 185-, 525, 537, 561-, 617, 673, 705, 724
エネルギー工学 energy technology・熱工学 thermo-technology…9, 13, 19, 725
エネルギー革命 energy revolution…13
エネルギー保存則 law of conservation of mechanical energy…536, 556, 565, 616-, 628
エピジェネティックス epigenetics…640, 709

レオポルド, アルド Leopold, Aldo（1886-1948）
『砂の国の暦』*Sand Country Almanac*（1949）…653
レオナルド・ダ・ヴィンチ Leonardo da Vinci（1452-1519）…74, 199, 204, 647
レディ,フランチェスコ Redi,Francesco（1626-97）…220
レーニン, ニコライ Lenin, Nikolay（1870-1924）
『唯物論と経験批判論』*Materializm i empiriokrititsizm*（1909）…226
列子 レッシ（春秋戦国時代推定）…154, 252, 256-, 516
魯迅 ロ・ジン（1881-1936）…165
老子／『老子（道徳経）』ロウ・シ・ドウトクキョウ（春秋時代）…3, 5, 72, 82, 110, 113, 168, 204, 242, 248, 252-, 257-, 278, 281, 295, 362, 492, 564
『呂氏春秋』ロシシュンジュウ（戦国後期）…193, 250, 262-
ロック, ジョン Locke, John（1632-1704）…12, 212, 218, 235
『市民政府についての第二論文』*Second Treatise on Civil Government*（1680s）…235
『統治二論』*Two Treatises of Government*,（1690）…235
ロブシャイド, ウィリアム Lobscheid, William（1822-93）
『英華辞典』（*An English and Chinese dictionary, with the Punti and Mandarin pronounciation*, vol.3, 4vols, Hongkong：Daily Press 1868）…155-, 166, 175-, 182, 184-
ローマ・クラブ Club of Rome
『成長の限界』*The Limits to Growth*（1972）…6

〔ワ行〕

ワーズワース, ウィリアム Wordsworth, William（1770-1850）…174, 546-. 549-, 599, 608, 619
「ティンターン修道院から数マイル離れてつづった作」Line Composed a few miles above Tnntern Abbey（1789）…608

〔付〕日本人の英文著書

内村鑑三 うちむら・かんぞう（1861-1930）
『代表的日本人』*Representative Men of Japan*（1908）…534,
岡倉天心 おかくら・てんしん（1863-1913）
『東洋の理想―日本美術を中心に』*The Ideals of the East-with special reference to the art of Japan*（London,1903）…96, 577, 596-, 696
『日本の目覚め』*The Awakening of Japan*,（London,NewYork,1904）…596
『茶の本』The Book of Tea（NewYork,1906）…596, 696
新渡戸稲造 にとべ・いなぞう（1862-1933）
『武士道』*Bushido: The Soul of Japan*（1900）…534

William(1872-1970)…11
『宗教と科学』*Religion and Sciecne*(1935)…49, 234
ラバック, ジョン Lubbock, John(1834-1913)
『自然美とわれわれの棲む世界の驚異』*The Beauties of Nature and the Wonders of the World We Live in*(1893)…554
ラ・メトリイ, ジュリアン・オフォロイ・ド La Metrie, Julian Offroy de(1709-51)…233-
『魂の自然史』*L'histoire naturelle de l'ame*(1745)…233-
『人間機械論』*L'hommemachine*(1747)…233
ラマルク, シェバリエ・ド Lamarck, J. B. P. A. de Monet, Chevalier de(1744-1829)…536
『ラーマーヤナ』Rāmāyana…306
ランキン, ウィリアム Rankine, William John Macquorn(1820-72)…185-, 532
ランケ, レオポルド・フォン Ranke, Leopold von(1795-1886)…586
ランボー, アルチュール Rimbaud, Jean-Nicolas Arthur(1854-91)…600
陸機 リクキ(262-304)…360, 466
陸九淵 リク・キュウエン 象山(1139-92)…27
『リグ・ヴェーダ』Rigveda(BC1200〜1000推定)…
李贄 リ・シ〔卓吾〕(1527-1602)…294-, 483, 571
李時珍 リ・ジチン(1518-93)…290
『理趣経』リシュキョウ 般若波羅蜜多理趣百五十頌不空訳(763〜771)…443
リッチ, マテオ Ricci, Matteo 利瑪竇(1552-1610)…32
「坤輿万国全図」(明朝末)…161
リップス, テオドール Lipps, Theodor(1851-1914)…62, 607
『美学』*Ästhetik*(1903-1906)…62, 607
『倫理学概論』Die ethischen Grundfragen：Zehn Vorträge(1899)…62
李白 リ・ハク(702-762)…393
劉勰 リュウ・キョウ(南朝・梁)
『文心雕龍』ブンシンチョウリュウ…63-, 99-, 202, 278, 379, 441, 466, 592-, 603
劉歆 リュウ・キン(生年未詳-23頃)…194, 251, 257, 281,
『梁書』リョウショ 陳の姚思廉編(630)…278,
呂不韋 リョ・フイ(生年未詳-BC235)…250, 262
李漁 リ・ギョ 笠翁(1611-80)…483
リンネ, カール・フォン Linné, Carl von(1707-78)
『自然の体系』*Systema Naturae*(1735)…69, 127, 219
ルクレティウス・カルス, ティトゥス Lucretius Carus, Titus(BC99ca-BC55)
『事物の本性について』*De rerum natura*…58
ルソー, ジャン=ジャック Rousseau, Jean-Jacques(1712-78)…58, 266, 550, 619
『エミール、または教育について』*Émile, ou De l'éducation*(1762)…237
『告白』Les Confessions(1782、歿後の刊行)…179
『社会契約について、もしくは政治的権利の原理』*Du Contrat Social ou Principes du droit politique*(1762)…236-, 535, 550
『新エロイーズ』*Julie ou la Nouvelle Héloïse*(1761)…238
『人間の間の不平等の起源と基盤についての説』*Discours sur l'origine et les fondements de l'inégalité parmi les homes*(1755)…236-, 550
ルナン, エルネスト Renan, Ernest(1823-92)…655
レイ, マン Ray, Man(1890-1976)
「光り輝く時代」L'âge de la lumière(1933)…662
レヴィ, エリファス Lévi, Eliphas(1810-75)
『高等魔術の教理と祭儀; 教理篇』Dogme et Rituel de la Haute Magie, Tome Premier, Dogme(1855)…600
レヴィ=ストロース, クロード Levi-Strause, Claude(1908-2009)…138

magie, aveque Henri Hubert, (1902)…142
モーゼ Moses(BC16C or 13C)…305, 656
モノー, ジャック・ルシアン Monod, Jaques Lucien (1910-76)…702-, 709
『偶然と必然―今日の生物学の自然哲学についての試論』*Le Hasard et la Nécessité: Essai sur la Philosophie naturelle de la biologie modern*,(1970)…701-
モーブラン, ルネ Maublanc, René
「フランスの俳諧」Le Haïkaï français, Bibliographie et Anthologie(Le Pampre, No.10/11, 1923)…661
モールトン, リチャード Moulton, Richard Green (1849-1924)
『世界文学』*World Literature and Its Place in General Culture*(1911)…581
モラン, エドガール Morin, Edgar(1921-)…712-
『自然の自然』*La Nature de la nature* (1977)…712
『生命の生命』*La Vie de la vie*(1980)…712
『認識の認識』*La Connaissance de la connaissance*(1986)…712
モリス, ウィリアム Morris, William(1834-96)…556-, 568
「金持ち支配下の芸術」Art under Plutocracy (1883)…557
モリソン, ロバート Morrison, Robert(1782-1834)…159
モレアス, ジャン Moréas, Jean(1856-1910)
「象徴主義」Le Symbolisme(*Le Figaro*, 1886/9/18)…600
『文選』モンゼン 南朝・梁の昭明太子の命…83, 278, 367, 370-, 375-, 393, 395, 399, 466
モンテーニュ, ミシェル・ド Montaigne, Michel Eyquem de(1533-1592)…237-
『エセー』(*Essay*, 1580, 1599)…58, 230, 237

〔ヤ行〕
ヤスパース, カール Jaspers, Karl(1883-1969)…682
ユクスキュル, ヤーコブ・フォン Uexküll, Jakob von (1864-1944)…712
ユークリッド Euclid アレクサンドリアのエウクレイデス Euclīdēs(BC3C推定)…193
ユイスマンス, ジョリス=カルル Huysmans, Joris-Karl (1848-1907)
『さかしま』*Ā rebours*(1884)…178, 588
雍正帝 ヨウセイ-テイ 清・第5代皇帝(1678-1735)…489
ヨンストン, ヨハネス Jonston, Johannes(1603–75)
『鳥獣虫魚図譜』*Historiae naturalis de quadrupedibus libri, cum aeneis figures*, (1650～31)…491
楊簡 ヨウ・カン慈湖(1141-1225)…293
楊朱 ヨウ・シュ(BC370ca-BC319ca)…252

〔ラ行〕
『礼記』ライキ 前漢・戴聖編…15, 27, 52, 168, 258, 260-, 283-, 286, 358, 487, 659
ライプニッツ, ゴットフリード・ウィルヘルム Leibniz, Gottfried Wilhelm(1646-1716)…43, 203-, 206, 208-, 212, 216, 219
『中国自然神学論』*Discours sur la Theologie naturelle des Chinois*(1714)…203
ラヴォアジエ, アントワーヌ=ローラン・ド Lavoisier, Antoine-Laurent de(1743-94)…225
『化学原論』*Traité élémentaire de chimie* (1789)…225
ラスキン, ジョン Ruskin, John(1819-1900)…176, 526, 555-, 609, 611, 643
『近代の画家たち』〔第一巻〕*Modern Painters*, vol.1(1843)…555, 561, 643
『建築の七燈』*The Seven Lamps of Architecture* (1849)…561
落下閎 ラクカコウ(前漢)…192
ラッセル, バートランド Russell, Bertrand Arthur

215-, 218, 224, 724
『過程と実在』*Process and Reality*(1929)…79, 128, 213, 215-

〔マ行〕

マキャヴェッリ, ニッコロ Machiavelli, Niccolò (1469-1527)…53
マクスウェル, ジェームズ・クラーク Maxwell, James Clerk(1831-79)…225
マッゴウァン,ダニエル・ジェローム Macgowan, Daniel Jerome 瑪高温(1815-93)…183-
マッハ, エルンスト Mach, Ernst(1838-1916)…225
『力学の発達』*Die Mechanik in ihrer Entwickelung* (1883)…225
『感覚の分析—物理的なものと心理的なものとの相関』*Die Analyse der Emptindungen und das Verhaltmis des Physischen zum Psychischen*(1886)… 225-
マーチン,ウィリアム Martin, William Alexander Parsons 丁韙良(1827-1916)…166
マトゥラーナ, ウンベルト Maturana, Humberto Romesín(1928-)…708
マハーヴィーラ Mahāvīra (BC6C半ば-BC5C半ば)…27
『マハーバーラタ』Mahābhārata…306
マラルメ, ステファヌ Mallarmé, Stéphane(1842-98)…422, 596, 599-,
「リヒァルト・ワーグナー —あるフランスの詩人の夢想」Richard Wargner; Reverie d'un poete Français(1885)…600
「詩の危機」Cricis de vers(1897)…601
マルクス, カール Marx, Karl Heinrich(1818-83)…651, 731
マルサス, トマス Malthus, Thomas Robert(1766-1834)
『人口論』*An Essay on the Principle of Population*(sec.ed,1803, sixth ed.1826)…43
マルブランシュ, ニコラ・ド Malebranche, Nicolas de (1638-1715)
『キリスト教哲学者と中国哲学者の対話』(*Entretien d'un philosophe chrétien et d'un philosophe chinois sur l'existence et la nature de dieu*, 1708)…204
マンデヴィル, バーナード・デ Mandeville, Bernard de(1670-1733)…20
『蜂の寓話、もしくは私的悪徳、公共利益』*Fable of the Bees: or, Private Vices, Public Benefits*(1714)…20
ミル, ジョン・ステュアート Mill, John Stuart(1806-76)…163
『自由について』*On Liberty*(1859)…239
ミレー, ジャン-フラノワ Millet, Jean-Franois(1814-75)
「晩鐘」*L'Angélus*(1859)…75
メーテルランク, モーリス Maeterlinck, Maurice (1862-1949)…178, 598, 628
メドハースト, ウォルター・ヘンリー Medhurst, Walter Henry、(1796-1857)
『華英辞典』(*Walter Henry Medhurst, Chinese and English Dictionary, containing all the word in the Chinese Imperial Dictionary*, vol.1 Batavia, 1842)…158-
メルヴィル, ハーマンMelville,Herman(1819-91)
『白鯨』Moby-Dick; or, The Whale(1851)…685
ムハマッド Muḥammad ibn `Abd Allāh ibn `Abd al-Muṭṭalibb (570ca-633)…71
『無量寿経』仏説無量寿経(成立年代未詳)…278, 274, 276
孟子/『孟子』 モウ・シ(BC4C)…16-, 244, 248, 259, 262-, 284, 286, 287, 310, 295, 386, 394, 409, 482, 487, 514, 552, 659
毛沢東 モウ・タクトウ(1893-1976)…195
モース, エドガー・シルベスター Morse, Edward Sylvester(1838-1925)…137, 141, 537, 539
モース, マルセル Mauss, Marcel(1872-1950)…696
『呪術論』*Esquisse d'une théorie générale de la*

1913)…137
ベルクソン, アンリ Bergson, Henri(1859-1941)
『時間と自由』(意識に直接与えられたものについての試論)Essai sur les données immediate de la conscience(1889)…563, 646
『創造的進化』*L'évolution créatrice*(1907)…3, 69, 234,615, 628, 671, 693
『物質と記憶』*Matière et Mémoire*(1896)…645
ベルタランフィ, ルドウィヒ・フォン Bertalanffy, Ludvig von(1901-72)
『一般システム論』General System Theory (1968)…44
『生命』*Das biologische Weltbild*(1949)…235
ベルナール, クロード Bernard, Claude(1813-1878)
『実験医学序説』Introduction à l'étude de la medicine expérimentale(1865)…91, 174
ヘルムホルツ, ヘルマン・ルードウィヒ・フォン Helmholtz, Hermann Ludwig Ferdinand von (1821-94)…226
ベンタム, ジェレミー Bentham, Jeremy(1748-1832)…238, 536
『道徳および立法の諸原理序説』*An Introduction to the Principles of morals and Legislation*(1789)…239
ホイジンガ, ヨハン Huizinga, Johan(1872-1945)
『ホモ・ルーデンス』*Homo Ludens. Proeve eener bepaling van het spel-element der Culture*(1938)…69
ボイス, ヨハネス Buys, Johannes(1764-1838)
『自然学教科書』*Natuurkundig Schoolboek* (1798)…168
ボイル, ロバート Boyle, Robert(1627-91)
『懐疑的化学者』*The Sceptical Chymist* (1661)…225
ホイートン, ヘンリー Wheaton, Henry 恵頓(1785-1848)
『国際法原理』*Elements of International Law* (1836初版)…166
墨子 ボク・シ(BC5C後半-BC4C前半)…123, 247-
『法句経』ホックキョウ…269
『法華経』ホッケキョウ 鳩摩羅什訳『妙法蓮華経』…273, 269, 369, 373, 399, 409, 446,451,617,
ホッブズ, トマス Hobbes, Thomas(1588-1679)…231
『リヴァイアサン』*Leviathan or The Matter, Forme and Power of a Common-Wealth Ecclesiasticall and Civil*(1651)…235-
ボードレール, シャルル Baudelaire, Charles-Pierre (1821-67)
『悪の華』*Les Fleurs du mal*(1857)…570, 600
『パリの憂愁』*Le spleen de Paris; Petits poèmes en prose*(1869)…570
ポパー, カール Popper、Karl Raimund(1902-94)…45
ホブズボーム, エリック Hobsbawm, Eric John Ernest (1917-2012)
『伝統の発明』*The Invention of Tradition, co.ed. Terence Ranger*(1983)…696
ホメーロス Homeros…60, 306, 622
『イーリアス』*Ilias*…216, 305,317,632
『オデュッセイア』*Odyssea*…216, 305
ボルツマン, ルドウィッヒ Boltzmann, Ludwig(1844-1906)…225, 227, 713
ホールデン, ジョン・スコット Holdane, John Scott (1860-1936)…210
ホールデン, ジョン・バードン・サンダーソン Haldane, John Burdon Sanderson(1892-1964)
『生物学の哲学的基礎』*The Philosophical Basis of Biology*(1931)…653, 673
ホワイト・ジュニア, リン・タウンゼント White Jr, Lynn Townsend(1907-1987)…18, 29, 43, 723
『機械と神—生態学的危機の歴史的根源』*Machina Exdeo: Essays in the Dynamism of Western Culture*(1972)…15
ホワイトヘッド, アルフレッド・ノース, Alfred North Whitehead(1861-1947)…79, 182, 205, 207-,

ブランデス, ゲーオア・モリス・コーエン Brandes, Georg Morris Cohen(1842-1927)
『十九世紀文学主潮』*Hovedstrømninger i det 19 de Aarhundredes Lieteratur*(1873)…177, 597
プリゴジン, イリヤ Prigogine, Ilya(1917-2003)…673, 710-
『存在から生成へ』From Being To Becoming (1980)…711
『混沌からの秩序』Order out of Chaos：Man's new dialogue with nature, with Isabelle Stengers (1984)…712
『確実性の終焉：時間、混沌、そして自然の新しい法則』The End of Certainty, Tim, Chaos, and the new laws of Nature, with Isabelle Stengers(1997)…712
ブリッジマン, パーシー Bridgman, Percy Williams (1882-1961)
『現代物理学の論理』The Logic of Modern Physics(1927)…566
フリードリヒ2世 Friedrich II(1712-86)…233
ブルックス, ウィリアム・キース Brooks, William Keith(1848-1908)…88
ブルーノ, ジョルダーノ Bruno, Giordano(1548-1600)…50-
ブルーメンバッハ, ヨハン・フリードリヒ Blumenbach, Johann Friedrich(1752 -1840)…137
ブレイク, ウィリアム Blake, William(1757-1827)…599, 640
フロイト,ジグムント Freud, Sigmund(1856-1939)
『モーゼと一神教』*Der Mann Moses und die monotheistische Religion*(1939)…636
フローベール, ギュスターヴ Flaubert, Gustave (1821-80)…177
『ボヴァリー夫人』*Madame Bovary*(1856)…176
プロティヌス Plotinos(205-269／271)…213
文帝(隋) ブン-テイ 初代皇帝 楊堅(542-605)…249, 278
文帝 (三国時代・魏)ブン-テイ 初代皇帝 曹丕(187-226)…370
『典論』テンロン…370
フンボルト, ヴィルヘルム・フォン Humboldt, Friedrich Wilhelm Christian Karl Ferdinand Freiherr von(1767-1835)…52
ペイター, ウォルター Pater, Walter Horatio(1839-94)…619
ヘーゲル, ゲオルク・ウィルヘルム・フリードリヒ Hegel, Georg Wilhelm Friedrich(1770-1831)…217-, 493, 586, 702
『美学講義』*Vorlesungen über die Ästhetik* (1835 歿後の編集)…59-, 322-,526, 577, 599, 622, 632
『法哲学』*Grundlinien Der Philosophie des Rechts*(1821)…163,
ベーコン, フランシス Bacon, Francis(1561-1626)…229-
『ノヴム・オルガヌム』*Novum Organum*(1620)…229-,
『随想録』*The Essayes*(1597)…230
ヘーシオドス Hēsíodos(BC700ca)…306
『神統記』*Theogonia*…305-
『労働と日』*Erga kaí Hemérai*…306
ヘッケル, エルンスト Haeckel, Ernst Heinrich(1834-1919)…91, 220-, 535-, 645, 648
『宇宙の謎』*Die Welträtzel*(1899)…221, 658
『生命の不可思議』*Die Lebenswunder* (1904)…221
ヘボン, ジェームス・カーティス Hepburn, James Curtis(1815-1911)…151
ペラン, ジャン Perrin, Jean Baptiste(1870-1942)
『原子』*Atom*(1913)…227
ペリ, ノエル Peri, Noal(1865–1922)…616
ペリー, マシュー・カルブレイス Perry, Matthew Calbraith(1794-1858)…301
ベルツ, エルヴィン・フォン Bälz, Erwin von(1849-

バタイユ, ジョルジュ Bataille, Georges(1897-1962)…696
バックレー,アラベラ Buckley, Arabella Burton(1840-1929)
The Fairy-land of Science(1879)…173
ハッブル, エドウィン・パウエル Hubble, Edwin Powell(1889-1953)…211
バーネット, ジョン Burnet, John(1863-1928)
『初期ギリシャ哲学』*Early Greek Philosophy*(1892)…214
『ギリシャ哲学』*Greek Philosophy: Thales to Plato*(1914)…214
バルト, カール Barth, Karl(1886-1968)…682
ハルトマン, カール・ロバート・エデュアール・フォンHartmann, Karl Robert Eduard von(1842-1906)…61
『美の哲学』*Die Philosophie des Shöuen*(1887)…61, 606, 615
『無意識の哲学』*Philosophie der Unconscious*(1869)…61
バレーラ, フランシスコ Varela Garcia, Francisco Javier (1946-2001)…708, 714
バロウ, ジョン・D Barrow, John D.(1952-)
『宇宙のたくらみ』(*The Artful Univers*, 1995)…715
班固 ハン・コ(32–92)…248
ヒポクラテス Hippocrates(BC.460ca–BC370ca)…26, 222
『百科全書、あるいは科学・芸術・技術の理論的辞典』*L'Encyclopédie, ou Dictionnaire raisonné des sciences, des arts et des métiers, par une société de gens de lettres*,(1751〜52, 76〜80)…230
ヒューエル, ウィリアム Whewell, William(1794-1866)…49-
『帰納的科学の哲学』*The Philosophy of the Inductive Sciences, founded upon their History*(1840)…49
ヒュイシュ, マーカス・ボーン Huish Marcus Bourne(1843-1921)
『日本とその美術』*Japan and Its Art*(1889)…577
ピュタゴラス Pythagoras(BC570ca-BC496ca)…193, 213
馮夢竜 フウ・ムリュウ(1574-1646)…483
ファラデー, マイケル Faraday,Michael(1791-1867)…182-
『ロウソクの科学』*A Course of Six Lectures on the Chemical History of a Candle*,(1861)…183
フィセリング, ズィーモン Vissering, Simon(1818-88)…166
フォルケルト, ヨハネス Volkelt, Johannes(1848-1930)
『美学上の時事問題』*Asthetisce Zeitfrangen*(1895)…178, 598
武宗(唐)ブ-ソウ 第18代皇帝(814-846)…269
武即天 ブソクテン 即天武后(625-706)…269
武帝(前漢)ブ-テイ 第7代皇帝(BC156-BC87)…72, 83, 192, 194, 198, 251, 255, 258, 276-, 281, 307, 359
プトレマイオス Ptolemaeus, Claudius(83ca–168ca)
『アルマゲスト』Almgest…231
ブラーエ, ティコ Brahe, Tycho(1546-1601)…230
プラトン Platon(BC427-BC347)…26, 43, 90, 100, 210, 212-, 218, 222, 224, 682
『国家』*Politeia*…212
『法律』*Leges*,『ティマイオス』*Timios*…213, 224
プランク, マックス Planck, Max Karl Ernst Ludwig(1858-1947)…646
フランチェスコ(アッシジの) Francesco d'Assisi(1182-1226)
「太陽の賛歌」Laudes Creaturarum(Praise of the Creatures, Canticle of the Creatures(1224ca)…15

(1861–1933)
『科学大要―わかりやすく語れば』*The Outline of Science; A Plain Story simply Told*, 20vol(1922)…209
トランプ, ドナルド Trump, Donald John(1946-)…6
ドリーシュ, ハンス Driesch, Hans A. E.(1867-1941)…210, 215, 221-, 648, 669
『生気論の歴史と理論』*Der Vitalismus als Geschichte und als Lehre*(1905), *The History and Theory of Vitalism*(1914)…222
トルストイ, レフ Tolstoy, Lev Nikolaevich(1828-1910)…615
ドルトン, ジョン Dalton, John(1766-1844)…225

〔ナ行〕

ナポレオン一世 Napoléon.1er ボナパルト Bonaparte (1769-1821)…133, 527
ニーダム, ジョゼフ Needham, Noel Joseph Terence Montgomery(1900-95)…5, 29, 54, 80, 128, 200-, 210-, 218-, 223, 243, 693, 721
『中国の科学と文明』〔第1巻〕*Chinese Science and Civilization*(1945)…204-, 210, 212, 724
『中国の科学と文明』〔第2巻 科学思想の歴史〕*History of Scientific Thought*(1956)…189
『文明の滴定―科学技術と中国の社会』*The Grand Titration, Science and Society in East and West*(1969)…42-, 202, 208
「中国の古い科学技術文献の翻訳」Aspect of Translation(1958)…204-
ニーチェ, フリードリヒ・ウィルヘルム Nietzsche, Friedrich Wilhelm(1844-1900)…177, 179, 628, 682
『善悪の彼岸』Jenseits von Gut und Böse (1886)…628
『権力への意志』Wille zur Macht(遺稿集)…628
ニュートン, アイザック Newton, Sir Isaac(1642-1727)…44-, 50, 186, 193, 230, 243, 566, 702, 731
『自然哲学の数学的諸原理(プリンキピア)』*Philosophiae Naturalis Principia Mathematica* (1687)…47, 203, 218-, 225
『光学』Opticks(初版1704)…48

〔ハ行〕

ハイゼンベルク, ヴェルナー・カール Heisenberg, Werner Karl(1901-76)…55
ハウプトマン, ゲルハルト Hauptmann, Gerhart (1862-1946)
『沈鐘』*Die versunkene Glocke*(1897)…178, 598
パーカー, リチャード・グリーン Parker, Richard Green(1798-1869)
『自然哲学第一教程』*First lessons in natural philosophy, designed to teach the elements of the science：abridged from the compendium of school philosophy*(1848)…170
白居易 ハク・キョイ 白楽天(772-846)…379-, 388-, 393-, 402, 417, 423, 427, 647
『白氏文集』…392-
ハクスリー, ジュリアン・ソレル Huxley, Julian Sorell (1887-1975)…208, 693
ハクスリー, トマス・ヘンリー Huxley, Thomas Henry (1825-95)…50-, 208, 238, 539
「科学と文化」Science and Culture(Birmingham on October 1, 1880)…50
「行政ニヒリズム」Administrable Nihilism (1871)…211
パスツール, ルイ Pasteur, Louis(1822-95)
『自然発生説の検討』*Mémoire sur les corpuscules orga nisés qui existent dans l'atmosphère, Examen de la doctrine des generations spontanées*(1861)…220
バターフィールド, ハーバート Butterfield, Herbert (1900-79)
『近代科学の誕生』*The Origins of Modern Science*(1949)…46

「植生の概念や用語の使用と乱用」The Use and Abuse of Vegetational Concepts and Terms (1935)…653
『中庸』チュウヨウ『礼記』〔中庸〕篇…15, 92, 122, 126, 283, 286, 292-
智顗　チ・ギ(539-598)…278-, 443
チェンバレン, バジル・ホール　Chamberlain, Basil Hall(1850-1935)…461, 554
張衡　チョウ・コウ(78-139)…192-
張載　チョウ・サイ 子厚, 横渠(1020-77)…283-, 492, 506
チョムスキー, ノーム　Chomsky, Noam Avram (1928-)…716
チンギス・カン　Činggis Qan 成吉思汗(1162-1227)…281, 288
陳元贇　チン・ゲンピン(1587-1671)…483
ツルゲーネフ, イワン・セルゲーヴィチ　Turgenev, Ivan Sergeevich(1818-83)
『猟人日記』(*Zapiski ohotnika*,1852, 増補1880)…610
「あいびき」(Свидание)…610
程頤　テイ・イ 伊川(1033-1107)…168, 206, 284-, 540
程顥　テイ・コウ 明道(1032-85)…284, 482, 494
鄭成功　テイ・セイコウ(1624-62)…483
ディケンズ, チャールス　Dickens, Charles John Huffam(1812-70)…585
ディドロ, ドゥニ　Diderot, Denis(1713-84)…230
ティヤール・ド・シャルダン, ピエール　Teilhard de Chardin, Pierre(1881-1955)
『現象としての人間』*Le Phénomène humain* (1959)…692
ディルタイ, ウィルヘルム　Dilthey, Wilhelm(1833-1911)…630, 686
テーヌ, イポリット　Taine, Hippolyte Adolphe(1828-93)…551, 715
『イギリス文学史』5巻 *Histoire de la literature anglaise*(1864〜69)…75, 588
『芸術哲学』*Philosophie de l' art*(1882)…75
デカルト, ルネ…43, 231, 233-, 714, 731
『情念論』*Les passions de l'ame*(1649)…232-
『哲学の原理』*Principia philosophiae*(1644)…232
『人間論』*Traité de l'homme*(1648,歿後の刊行)…232
『方法序説』*Discours de la méthode pour bien conduire sa raison, et chercher la verité dans les sciences*(*La Dioptrique,Les Météores,La Géométrie*(1637)…231-
デモクリトス　Democritus(BC460ca-BC370ca)…43, 224, 226-
デュルケーム, エミール　Durkheim, Emile(1858-1907)
『社会学の方法的基準』*Les Règles de la méthode sociologique*(1930)…239-
天童如浄　テンドウニョジョウ(1163-1228)…467, 469
陶淵明　トウ・エンメイ(366-428)…110, 254, 263, 397, 546-, 549-
道邃　ドウスイ(唐代)… 97
『摩訶止観論弘決纂義』マカシカンロンコウケッサンギ…97
董仲舒　トウ・チュウジョ(BC176ca-BC104ca)…245,250, 258, 265
ドゥーフ, ヘンドリック　Doeff, Hendrik(1777-1835)…155
ドストエフスキー, フョードル・ミハイロヴィチ　Фёдор Михайлович Достоевский(1821-81)…177
『白痴』Идиот(1868)…177
ドドネウス, レンベルトゥス(ドドエンス, レンベルト)　Dodoneaus, Rembertus(Dodoens Rembert)(1517-85)
『クリュードベック』*Cruydeboeck*(1554)…491
杜甫　ト・ホ(712-770)…397, 679
杜牧　ト・ボク(803-853)…420
トムソン, ジョン・アーサー　Thomson, John Arthur

スミス, アダム Smith, Adam(1723-90)
『国富論』*An Inquiry into the Nature and Causes of the Wealth of Nations* (1776)…21
『聖書』*The Bible*『旧約』*Old Testament*,『新約』*New Testament*…15-, 48-, 71, 142, 154, 161, 191, 235, 516, 555, 581, 680, 718
世親 せしん Vasubandhu(320〜400推定)…269
『説文階字』許慎の編(121)…205
セネカ Seneca, Lucius Annaeus 小セネカSeneca minor (BC1ca-65)…228, 230, 238
『山海経』センガイキョウ(成立年代未詳)…263, 307, 313
『千字文』センジモン 南朝・梁の周興嗣の著…255, 278
善導 ゼンドウ(614-682)…276, 401
宋応星 ソウ・オウセイ(1587ca-1666ca)
『天工開物』(1637)…31-, 478
荘子 ソウ-シ 荘周(BC300ca)…72, 110, 112, 243, 248, 252, 254-,265, 362, 439
曾子 ソウ-シ 曾参(BC505-BC435推定)…263,286, 386, 391
『宋書』ソウショ・梁の沈約編(南朝)…278, 147
『捜神記』ソウジンキ 干宝撰(六朝・晋)…312
『創世記』(『旧約聖書』の)Genesis…15, 516, 656
ソクラテス Socrates(BC470／469-400)…5
蘇軾 ソ・ショク(1037-1101)…282
ゾラ, エミール Zola, Émile(1840-1902)…178-, 597
『居酒屋』*L'assommoir*(1877)…177
「実験小説」Experimental roman(1879)…91, 174, 177, 551
孫子 ソンシ(BC500ca)…111

〔タ行〕

ダイアー, ヘンリー Dyer, Henry(1848-1918)…532
『大学』ダイガク もと『礼記』の一篇…168-, 286, 659
太宗(唐) タイ-ソウ 第2代皇帝(599-650)…192, 278
太宗(北宋) タイ-ソウ 第2代皇帝(939-997)…280
『大日経』ダイニチキョウ 大毘盧遮那成仏神変加持経(7C半ばca)…278, 272, 269, 300, 369, 373
『大般涅槃経』ダイハツネハンギョウ 涅槃経(4C推定)…97, 273, 362
太武帝(北魏) タイブテイ 第3代皇帝(409-453)…276
『太平御覧』タイヘイギョラン(宋代初期)…313, 386
タイラー, エドワード・バーネット Tylor, Edward Burnett(1832-1917)
『原始文化—神話、哲学、宗教、芸術そして習慣の発展の研究』Primitive Culture; Researches into the Development of Mythology, Philosophy, Religion, Art and Custom(1871)…142
ダーウィン, チャールズ Darwin, Charles Robert (1809-82)…42-, 157, 220, 525, 535-, 545, 639-, 718
『自然選択の方途、すなわち生存闘争における有利なレースの存続による種の起原について』On the Origin of Species by Means of Natural Selection, or the Preservation of Favoured Races in the Struggle for Life(1859)…50, 88-, 91, 539-, 616
『人間の祖先』Descent of Man(1868)…539
ターナー, ジョゼフ・マロード・ウィリアム Turner, Joseph Mallord William(1775-1851)…555
タゴール, ラビンドラナス Tagore, Rabindranath (1861-1941)…600-
『ギータンジャリ』(GITANJALI, 英訳版,1909)…601
ダランベール,ジャン・ル・ロン d'Alembert,Jean Le Rond(1717-83)…230
ダールマ Bodhidharma ボーディ-ダールマ, 菩提達磨(5C)…278, 278, 417
タレース Thalēs(BC625ca-BC547ca)…657, 214-, 234
タンズリー, アーサー Tansley, Arthur George(1871-1955)

168-, 202, 204-,207, 258, 263, 283, 285-, 287, 312-, 350, 416, 496-, 508, 514, 659
『近思録』(1176刊)…285
『資治通鑑綱目』…497
『集伝』…350
『朱子語類』…543
『中庸章句』(四書集注)…489
周敦頤 シュウ・トンイ 濂渓(1017-73)
『大極図』…83, 111, 283-,491, 515-
シュヴァイツァー, アルベルト Scheweitzer, Albert (1875-1965)…11, 690
「文明と倫理」Civilization and Ethics(1923)…690
シュタイン, ローレンツ・フォン Stein, Lorenz von (1815-90)…531
シュペングラー, オズワルト Spengler, Oswald (1880-1936)…652
『西欧の没落―世界史の形態学の素描』*Der Untergang des Abendlandes, Umrisse eineer Morphologie der Weltgeschichte*(vol.1, 1918, vol.2, 1922)…650
シューマン, ロベルト Schumann, Robert Alexander (1810-56)…62
シュライアーマハー, フリードリヒ Schleiermacher, Friedrich Ernst Daniel(1768-1834)
『宗教講演』(*Über die Religion. Synoptische Studienausgabe der Textfassungen*, 1799, 1806, 1821)…534
朱舜水 シュ・シュンスイ(1600-82)…483, 511
『周礼』シュライ 周官, 周記, 伝・周公旦著(成立年代未詳)…247-,259, 261, 281-
荀子 ジュン-シ BC3Cca…245, 250, 258-, 263-, 487
『春秋』シュンジュウ(成立年代未詳)…66, 250, 258-, 261, 373, 497
『春秋左史伝』シュンジュウサシデン 左伝(成立年代未詳)…249
『春秋繁露』シュンジュウ 伝・董仲舒編(前漢)…247, 265
『傷寒論』ショウカンロン 張仲景編(後漢末)…197
『尚書』ショウショ 書, 書経(成立年代未詳)…193, 247-, 258, 332
徐福 ジョフク(BC3Cca)…249-
ショーペンハウアー, アートゥール Schopenhauer, Arthur(1788-1860)…221
『意志と表象としての世界』*Die Welt als Wille und Vorstellung*(正編1819, 続編 1844)…61
徐光啓 ジョ・コウケイ(1562-1633)
『農政全書』(1639)…32, 478
沈括 シンカツ(1030-94)…198, 281
真宗 シンソウ 北宋第3代皇帝(968-1022)…280-
神宗 シンソウ 北宋第6代皇帝(1048-85)…198, 280-
『神農本草経』シンノウホンゾウキョウ(後漢〜三国)…197
『水滸伝』スイコデン(明代)…115, 288, 290, 294, 463
『隋書』ズイショ 唐・魏徴編(637)…249, 308, 330
スターリン, イオシフ Stalin, Iosif Vissarionovich (1879-1953)
「マルクス主義と民族問題」(МАРКСИЗМ И НАЦИОНАЛЬНЫЙ ВОПРО, 1913)…131-
スノー, チャールズ・パーシー Snow, Charles Percy (1905-1980)
『二つの文化と科学革命』*The Two Coltures* (1959, *sec.version*, 1993)…49
スピノザ, バルフ・ド Spinoza, Baruch de(1632-77)…90, 202, 243, 657-,
スペンサー, ハーバート Spencer, Herbert(1820-1903)…91, 163, 209-, 221, 239, 525, 535-, 539-, 544, 550, 652
『社会静学』*Social Statics, or The Conditions essential to Happiness specified, and the First of them Developed* (1851)…535
スマイルズ, サミュエル Smiles, Samuel(1812-1904)
『西国立志篇』*Self Help*(1859)…115

『金剛経』コンゴウキョウ 金剛般若波羅蜜経(3C以前)…445
『金剛頂経』コンゴウチヨウキョウ 初会金剛頂経(7C後半)…248
ゴンス, ルイ Gonse, Louis(1841-1926)
『日本美術』*L'art japonais*(1883)…576
コント, オーギュスト Comte, Isidor Auguste Marie François Xavier(1798-1857)…163, 176, 239
『積極精神についての意見』*Discours sur l'Esprit positif*(1844)…239

〔サ行〕
『菜根譚』サイコンタン 処世修養篇 洪自誠著(明代末)…296
崔 涂 サイ・ト(854-歿年未詳)…420
『西遊記』サイユウキ(16C)…508
蔡 倫 サイリン(50ca-121ca)…190
『冊府元亀』サップゲンキ(1003)…371
ザビエル, フランシスコ Xavier, Francisco de(1506年頃-52)…164
サトウ, アーネスト・メイソン Satow, Ernest Mason(1843-1929)…554
サルトル, ジャン=ポール Sartre, Jean-Paul Charles Aymard(1905-80)…728
「実存主義はヒューマニズムである」*L'existentialisme est un humanism*(1945)…681-
『三国志』サンゴクシ 晋・陳寿編(280以降)…141, 308
『三国志演戯』(明代)…115, 288, 290
サント=ブーヴ, シャルル=オーギュスタン Sainte-Beuve, Charles Augustin(1804-69)…176
『詩経』シキョウ 詩, 周詩, 毛詩(周代)…65, 109, 247, 258, 282-, 307, 334, 349-, 355, 357, 376-, 416, 462, 524, 570, 576, 623, 659
子思 シ・シ(BC483ca-BC403)…286
ジェイムズ, ウィリアム James, William(1842-1910)…103, 514, 553, 566-, 593
「純粋経験の世界」A world f pure expuriance(1904)…567, 675
シェリング, フリードリヒ Schelling, Friedrich Wilhelm Joseph von(1775-1854)…703
始皇帝(秦) シコウテイ 嬴趙(BC260-BC210)…249-,258, 266, 290, 313, 357
『七略』シチリャク 前漢・劉向・劉歆父子の編…248
司馬光 シバ・コウ(1019-86)…497
『資治通鑑』(1065)
司馬遷 シバ・セン(BC145or134-歿年未詳)…198, 248
『史記』…5, 246, 248-, 258-, 286, 307, 313, 317, 331, 390, 721
司馬談 シバ・タン(生年未詳-BC110頃推定)…248
シーボルト, フィリップ・フランツ・バルタザール・フォン Siebold, Philipp Franz Balthasar von(1796-1866)…137
シモンズ, アーサー Symons, Arthur (1865-1945)
『文芸における象徴主義運動』*The Symbolist Movement in Literature*(1899)…599-, 633
釈迦 シャカ・ムニ, ガウダマ・シッダールタ Gotama(Gautam)Siddhattha(Siddhārtha)(BC463-BC383/BC565-BC485)…27, 38, 106, 111, 113, 270, 272-, 278, 269, 362, 443, 445, 510, 518
謝赫 シャ・カク(5C後期推定)…442
『古画品録』…202, 442
シャール, アダム Schall von Bell,Johann Adam 湯若望(1592-1666)…194
シャルダン, ピエール・ティヤール・ド Chardin, Pierre Teilhard de(1881-1955)
『現象としての人間』*Le Phénomène Humain*(1955)…692-
謝惠連 シャ・ケイレン(398/408-434)…466
謝霊運 シャ・レイウン(南朝・宋)…420
周公旦 シュウコウ・タン(周代)…259, 261
『周髀算経』シユウヒサンケイ(BC2Cca)…193
朱熹 シュ・キ 朱子(1130-1200)…92, 118, 126,

『社会進化論』Social Evolutionism(1894)…544
ギュイヨー, ジャン-マリー Guyau, Jean-Marie(1854-88)
『社会学より見たる芸術』*L'Art au point de vue sociologique*(1889)…107
『九章算術』(BC1C～AD2C推定)…197
許 慎 キョ・シン(58推定-147推定)…205
『ギルガメシュ』ギルガメシュ叙事詩 Gilgameš, Bilgamesh(BC2000ca)…16
『華厳経』大方広仏華厳経(4Cca)漢訳は東晋, 唐代…274
キーン, ドナルド Keene, Donald Lawrence(1922-)…25, 723
『金瓶梅』(1573～1620)…290, 294
クーザン, ヴィクトール Cousin, Victor(1792-1867)
『真・美・善について』Du vrai, du beau, et du bien(1836)…59, 75
クーシュー, ポール=ルイ Couchoud, Paul-Louis(1879-1959)
『アジアの詩人と賢人』*Sages et poétes d'Asie*(1916)…661
クビライ・カン Qubilai Qan 忽必烈汗(1215-94)…288
『グリム童話』*Grimms Märchen*(1812初版)…585
クーン, トマス Kuhn, Thomas Samuel(1922-96)
『科学革命の構造』The Structure of Scientific evolutions(1962)…30, 44-, 52-
ゲーテ, ヨハン・ウォルフガング・フォン Goethe, Johann Wolfgang von(1749-1832)…60, 75, 220, 419, 650
『若きウェルテルの悩み』*Die Leiden des jungen Werthers*(初稿1774、第2稿1787)…626
ケプラー, ヨハネス Kepler, Johannes(1571-1630)…46, 230-, 243
厳復 ゲン・プク(1854-1921)…165
乾隆帝 ケンリュウ-テイ 清第6代皇帝(1711-99)…249, 489
顧炎武 コ・エンブ(1613-82)…489
康熙帝 コウキ・テイ 清第5代皇帝(1654-1722)…161, 489
『孝経』コウキョウ 戦国時代末…263,501
孔子 コウ・シ(BC552/551-BC479)…66, 72, 100, 109, 243-,248,258-, 261-,266, 284, 286,295,350, 372-, 385, 391, 495, 515,
『論語』ロンゴ…113, 126, 163, 188, 244, 250, 258, 261-,282, 285-, 350, 416, 487, 495, 498, 502, 659
公女・エリーザベト Elisabeth Amalie Eugenie von Wittelsbach(1837-98)…232
高祖(前漢) コウ-ソ 初代皇帝 劉邦(生年未詳-BC195)…245, 250-
高祖(唐) コウ-ソ 初代皇帝 李淵(567-636)…281
高宗(唐) コウ-ソウ(第3代皇帝)(629-684)…278
黄 巣 コウソウ(唐末)…280
黄宗羲 コウ・ソウギ(1610-95)…489
公孫龍 コウ・ソンリュウ(BC325-BC251)…264
『黄帝内経』 コウテイナイキョウ(前漢)…197
洪武帝(明) コウブテイ(初代皇帝)朱元璋(1328-98)…289
洪 邁 コウ・マイ(1123-1202)…259
康有為 コウ・ユウイ(1858-1927)…259
『後漢書』ゴカンジョ 南朝・宋の范曄(ハンヨウ)編…135
告子 コク-シ(BC4C ca)…16, 244, 263
コペルニクス, ニコラス Copernicus, Nicolaus(1473-1543)…46, 230
『コーラン』Quran クルアーン(650ca)…71, 190
コリーニ, ステファン Collini, Stefan(1947-)…50-
コリングウッド, ロビン・ジョージ Collingwood, Robin George(1889–1943)
『自然の概念』*The Idea of Nature*(1945)…79,128, 216-
ゴルトン, フランシス Galton, Francis(1822-1911)…138

慧能 エノウ 大鑑禅師(639-713)…278-, 398, 466
エピクロス Epikouros(BC342/341―BC271/270)…58, 227
エマソン, ラルフ・ウォルド Emerson, Ralph Waldo(1803-82)…541, 561, 606, 609
エラスムス, デジデリウス Erasmus Roterodamus, Desiderius(1466-1536)…581
エリアーデ, ミルチャ(ミヒャエル)Eliade, Mircea(1907-86)…705
エリオット, トマス・スターンズ Eliot, Thomas Stearns(1888-1965)…51
エンゲルス, フリードリヒ Engels, Friedrich(1820-95)
『自然弁証法』*Dialektik der Natur*(1873-86)…221
袁宏道 エン・コウドウ(中郎)(1568-1610)…296
袁枚 エン・バイ(1716-98)…296
王安石 オウ・アンセキ(1021-86)…198, 250, 280-, 292
王国維 オウ・コクイ(1877-1927)…592, 615
王充 オウ・ジュウ(27 –歿年未詳)…211, 265-, 372
王守仁 オウ・シュジン 陽明(1472-1528)…250, 290-,482, 484, 488, 533-,561, 669
王弼 オウ・ヒツ(226-250)…254
王莽 オウ・モウ(BC45-AD23)…251, 259, 281
欧陽脩 オウ・ヨウシュウ(1007-72)…282
オウィディウス Ovidius Naso Publius(BC43-AD18より後)
『転身譜』Metamorphoses(8ca)…216

〔カ行〕

『楽経』ガクケイ(古代)…258
カーソン,レイチェル Carson, Rachel Louise(1907-64)
『沈黙の春』*Silent Spring*(1962)…47
カッケンボス, ジョージ・ペイン Quackenbos, George Payne(1826-81)
『自然哲学』A Natural Philosophy(1860)…170
葛洪 カッ・コウ(284-344?)…259
ガッサンディ, ピエール Gassendi, Pierre(1592-1655)…225
カーライル, トマス Carlyle, Tomas(1795-1881)…525, 556, 561, 609, 615, 619, 731
『英雄及び英雄崇拝』*On Heroes, Hero-Worship, and The Heroic in History*(1841)…561-
『衣装哲学』*Sartor Resartus*(1831)…600
「時の徴」Signs of the Time(1829)…731
ガリレオ・ガリレイ Galileo Galilei(1564-1642)…46, 201, 229, 235
『偽金鑑識官』*Il Saggiatore*(1623)…201
ガレノス, クローディアス Galènos, Claudius(129ca-200ca)…222, 233
『関尹子』カンイン-シ(唐代)…5, 721
韓嬰 カン・エイ(BC2C)…202
顔回 ガン・カイ(BC522-BC482)…113, 283
カンギレム, ジョルジュ
『生命の認識』*La connaissance de la vie*, deuxièm edition revue et augumentée (1952)…232
『漢書』カンジョ 後漢の班固らの編(82)…198, 248, 332
鑑真 ガンジン(689-763)…309
ガンディー, マハトマ Gāndhī, Mohandās Karamchand(1869-1948)…28
カント, イマヌエル Kant, Immanuel(1724-1804)…212, 218, 589, 702
『判断力批判』*Kritik der Urteilskraft*(1790)…26, 33, 58-, 74, 100, 681
『観無量寿経』カンムリョウジュキョウ 観経(成立年代未詳)…400-, 444, 450
韓愈 カン・ユ(768-824)…282, 286, 364
徽宗 キソウ 北宋第8代皇帝(1082-1135)…281
魏源 ギ・ゲン(1794-1857)…164
『魏書』ギショ 北魏書 北斉・魏収の編(560)…308
キッド, ベンジャミン Kidd, Benjamin(1858-1916)

外国人名(含団体)・書名および作品名(中国の著作は便宜のためあげる)

〔ア行〕

アインシュタイン, アルベルト Einstein, Albert (1879-1955)…44-, 55, 186, 208, 226-, 565-, 638, 669-

アーヴィング, ワシントン Irving, Washing ton(1783-1859)…546

アストン, ウィリアム・ジョージ Aston, William George(1841-1911)

『日本文学史』A History of Japanese Literture (1898)…589

アトラン, アンリ Atlan, Henri(1931-)…714

アナクサゴラス Anaxagoras(BC500ca-BC428ca)…224

アーノルド, マシュー Arnold, Matthew(1822-88)…50-

「文学と科学」Literature and Science(1882)…51

『阿毘達磨倶舎論』〔倶舎論〕アビダツマクシャロン (4〜5Cca)…416

『阿弥陀経』アミダキョウ 仏説阿弥陀経(100ca)漢訳:鳩摩羅 什(4C), 玄奘(651)…278, 274, 276, 390, 448, 450-

アリストテレス Aristoteles(BC384-BC322)…47-, 79, 90, 127, 189, 213-, 218-, 227, 229, 317, 648

『オルガノン』(*Organum*)…228

『形而上学』(*Metaphysica*)…213-, 221, 224,

『自然学』(*Physikēs akroaseōs*)…213

『動物誌』(*De Historia animalium*)…220

『動物発生論』(*De Generatione animalium*)…220

『弁論術』(*Technē rhētorikē*)…17

『霊魂論』(De anima)…214, 221

アレグサンダー, サミュエル Alexander, Samuel (1859-1938)…212

『空間・時間・神性』Space, Time and Deity (1920)…205, 217-

イエス・キリスト…177, 259, 534, 681, 690

イプセン, ヘンリク Ibsen, Henrik(1828-1906)

『人形の家』Et dukkehjem(1879)…177, 597

『野鴨』Vildanden (1884)…178, 598

ヴァイスマン, アウグスト Weismann, August(1834-1914)…545

ウィーナー, ノーバート Norbert Wiener(1894-1964)…13, 712

ヴィンケルマン, ヨハン・ヨアヒム Winckelmann, Johann Joachim(1717-68)

『絵画および彫刻におけるギリシア美術の模倣に関する考察』*Gedanken über die Nachahmung der griechischen Wercke in der Malerey und Bildhauer-Kunst*(1755)…632

ウェストン, ウォルター Weston, Walter(1861-1940)…554

『日本アルプス 登山と探検』*Mountaineering and Exploration in the Japanese Alps*(1896)…554

ヴェーバー, マックス Weber, Max(1864-1920)

『プロテスタンティズムの倫理と資本主義の精神』(*Die protestantische Ethik und der 'Geist' des Kapitalismus*, 1905)…17-

ヴェルレーヌ, ポール=マリー Verlaine, Paul-Marie (1844-96)

「詩法」Art poétique(1882)…600

ヴォルテール Voltaire フランソワ=マリー・アルエ François-Marie Arouet(1694-1778)…238

『ウパニシャッド』Upaniṣad(BC6〜AD6)…271-, 306

永楽帝(明) エイラク-テイ 第三代皇帝・成祖 (1360-1424)…290

『易』エキ 周易, 易経(古代)…3, 31, 38-, 83, 99, 168, 247, 258-, 262-, 283-, 286, 296, 389, 478, 487, 491, 493, 510, 659, 699

『淮南子』エナンジ 劉安撰(BC139)…83, 120, 194, 255, 265, 311, 313, 487

藪内 清　やぶうち・きよし(1906-2000)…189, 195-, 199-, 212, 219, 243
山尾庸三　やまお・ようぞう(1837-1917)…186
山鹿素行　やまが・そこう(1622-85)…116, 120, 409, 511, 542
山縣有朋　やまがた・ありとも(1838-1922)…172
山県悌三郎　やまがた・ていざぶろう(1859-1940)…172
山片蟠桃　やまがた・ばんとう(1748-1821)…33, 514
山崎闇斎　やまざき・あんさい(1619-82)…119, 515
山崎宗鑑　やまざき・そうかん(1465頃-1554)…461, 470
山路愛山　やまじ・あいざん(1864-1917)…169, 498
山田慶兒　やまだ・けいじ(1932-)…162, 164, 210
山田孝雄　やまだ・よしお(1873-1958)…521
『大和物語』やまとものがたり(951頃までに成立)…382
山上憶良　やまのうえのおくら(661-歿年未詳)…95, 314, 355, 361-, 402, 591, 621
山部赤人　やまべのあかひと(生年未詳-736)…334, 366-, 379, 426, 590, 592, 594, 596, 615, 620, 623, 625
山本健吉　やまもと・けんきち(1907-88)…693
山本義隆　やまもと・よしたか(1941-)…54
祐盛法師　ゆうせいほうし(12C)…429
雄略天皇　ゆうりゃく-てんのう(5C推定)…148, 278, 316, 341, 354, 622
栄西　ようさい／えいさい 明菴(1141?-1215)…467
横井小楠　よこい・しょうなん(1809-69)…118, 126
横光利一　よこみつ・りいち(1898-1947)…478
与謝蕪村　よさ・ぶそん(1716-83)…162
吉岡修一郎　よしおか・しゅういちろう(1902-98)…37
芳川顕正　よしかわ・あきまさ(1842-1920)…172
慶滋保胤　よししげのやすたね(933-1002)…398-, 406, 438, 449, 454
吉田兼倶　よしだ・かねとも(1435-1511)…481
吉田松陰　よしだ・しょういん(1830-59)…388, 571
吉田東吾　よしだ・とうご(1864-1918)…504
吉田光邦　よしだ・みつくに(1921-91)…29, 34-, 39, 56, 530, 575, 618, 627
吉野作造　よしの・さくぞう(1878-1933)…175
吉野秀雄　よしの・ひでお(1902-67)…693-
吉行淳之介　よしゆき・じゅんのすけ(1924-94)…687
四辻善成　よつつじのよしなり(1326-1407)…383

〔ら行〕

頼 山陽　らい・さんよう(1780-1832)…583
『凌雲集』りょううんしゅう(814)…86, 370
良 寛　りょうかん(1758-1831)…101, 705
『梁塵秘抄』りょうじんひしょう(1180年前後)…412-, 463-
『令集解』りょうのしゅうげ(868頃)…149
『類聚国史』るいじゅうこくし(892)…373
『類聚名義抄』るいじゅみょうぎしょう(110頃)…85, 152

〔わ行〕

若山牧水　わかやま・ぼくすい(1885-1928)…617
『和(倭)漢三才図絵』わかんさんさいずえ(1712)…126, 488
『和漢朗詠集』わかんろうえいしゅう(1018頃)…396, 445
渡辺崋山　わたなべ・かざん(1793–1841)…505
渡部昇一　わたなべ・しょういち(1930-2017)…707
渡辺正雄　わたなべ・まさお(1920-)…42-, 56, 731
和辻哲郎　わつじ・てつろう(1889-1960)…78, 117, 121-, 128-, 138, 322-, 326, 575, 617-, 626-, 635-, 654-, 657-, 662, 686-
『和(倭)名聚抄』わみょうるいじゅしょう 源順編 承平年間(931-938)…341
「わらしべ長者」(中世説話)…411

松島 剛 まつしま・ごう(1854-1940)…535
松浦武四郎 まつうら・たけしろう(1818-1888)…548
松平定信 まつだいら・さだのぶ(1758-1829)…501
松永貞徳 まつなが・ていとく(1571-1654)…470, 484
丸山眞男 まるやま・まさお(1914-96)…33, 80, 92, 95, 97, 116-, 122, 124, 128, 145, 496, 637, 723
円山応挙 まるやま・おうきょ(1733-95)…162, 505, 647
『万葉集』(成立年代未詳)…34, 63-, 78, 83, 87, 95, 97, 101, 104-, 108-, 114, 119, 135, 168, 298, 310, 313-, 315, 329, 334-, 347, 349-, 375, 378, 381, 391, 417, 421, 426, 509, 511, 590-, 619-, 623-, 636, 662
三浦梅園 みうら・ばいえん(1723-89)…30-, 44, 102, 168, 488, 491-, 530
三上参次 みかみ・さんじ(1865-1939)…349, 383, 585
三木 清 みき・きよし(1897-1945)…568, 686
三木露風 みき・ろふう(1889-1964)…602, 617
箕作阮甫 みつくり・げんぽ(1799-1863)…41
皆川淇園 みながわ・きえん(1735-1807)…31, 33, 118, 126, 488, 493
源 家長 みなもとのいえなが(生年未詳-1234)…433
源 実朝 みなもとのさねとも(1192-1219)…419, 424, 447-, 452
源 通親 みなもとのみちちか(1149-1202)…403
源 頼朝 みなもとのよりとも(1147-99)…321, 407-, 447
源 義経 みなもとのよしつね(1159-89)…321
源 了圓 みなもと・りょうえん(1920-)…77, 79-, 93-
三宅雪嶺 みやけ・せつれい 雄二郎(1860-1945)…136, 552
宮沢賢治 みやざわ・けんじ(1896-1933)…209-, 617
宮本武蔵 みやもと・むさし(1584頃-1645)…111, 118
都 良香 みやこのよしか(834-879)…370-
宮崎湖処子 みやざき・こしょし(1864-1922)…546-
宮崎安貞 みやざき・やすさだ(1623-97)…32, 477, 494
明 恵 みょうえ(1173-1232)…445-, 463
三好達治 みよし・たつじ(1900-64)…617,
旻 みん(生年不詳-654)…325
武者小路実篤 むしゃのこうじ・さねあつ(1885-1976)…103, 617
『無名抄』むみょうしょう 鎌倉前期…425-, 432, 436, 442, 448-, 451, 667,
紫式部 むらさき-しきぶ…384, 386, 388
『紫式部日記』むらさき-しきぶ・にっき…24, 383, 621, 621
村上天皇 むらかみ-てんのう(926-967)…385, 393, 418
村上陽一郎 むらかみ・よういちろう(1936-)…40-, 53-, 200, 670, 674, 726, 731
村田春海 むらた・はるみ(1746-1811)…484
室生犀星 むろう・さいせい(1889-1962)…617
室伏高信 むろふせ・こうしん(1892-1970)…651
『明月記』めいげつき(1180〜1235)…422-
本居宣長 もとおり・のりなが(1730-1801)…84-, 107, 120, 122, 124, 153, 324, 376, 426, 484, 493, 510-, 518, 520, 524, 587, 596, 634-, 687,
森 有礼 もり・ありのり(1847-89)…523-
森 鷗外 もり・おうがい(1862-1922)…88, 174, 178-, 548, 550, 570, 598, 606-, 626
森田草平 もりた・そうへい(1881-1949)…626

〔や行〕

保田與重郎 やすだ・よじゅうろう(1910-81)…419
八耳俊文 やつみみ・としふみ(1956-)…183
柳 宗悦 やなぎ・むねよし(1889-1961)…572, 617
柳田 泉 やなぎだ・いずみ(1894-1969)…548-
柳田國男 やなぎた・くにお(1875-1962)…35, 39, 143, 336, 524, 573
柳父 章 やなぶ・あきら(1928-2018)…77, 87-, 167, 173-, 179, 723, 731

481
藤原明衡　ふじわらのあきひら(989推定-1066)…370-, 398
藤原家隆　ふじわらのいえたか(1158-1237)…418
藤原宇合　ふじわらのうまかい(694-737).…336
藤原穏子　ふじわらのおんし(885-954)…383
藤原(九条)兼実　ふじわらのかねざね(1149-1207)…403, 417
藤原兼道　ふじわらのかねみち(925-977)…394
藤原清輔　ふじわらのきよすけ(1104-77)…429, 445
藤原定家　ふじわらのさだいえ(1162-1242)…119, 391, 417-, 420-, 427-, 440, 447, 458, 481, 511, 589, 594-, 597, 621
藤原彰子　ふじわらのしょうし・あきこ(988-1074)…24, 384
藤原高光　ふじわらのたかみつ(生年未詳-994推定)…384
藤原為家　ふじわらのためいえ(1198-1275)…453
藤原為時　ふじわらのためとき(949頃推定-1029頃推定)…386
藤原時平　ふじわらのときひら(871-909)…375
藤原俊成　ふじわらのとしなり(1114-1204)…65-, 428-, 443, 592, 597
藤原俊頼　ふじわらのとしより(1057-1129)…417, 429
藤原仲麻呂　ふじわらのなかまろ 恵美押勝(706-764)…105, 191
藤原浜成　ふじわらのはまなり(724-790)…375
藤原冬嗣　ふじわらのふゆつぐ(平安初期)…86
藤原不比等　ふじわらのふひと(660-720)…591
藤原道隆　ふじわらのみちたか(953-995)…388
藤原道綱母　ふじわらのみちつなのはは(936頃-995)…383
藤原道長　ふじわらのみちなが(966 1027)…24, 349
藤原基俊　ふじわらのもととし(1060-1142)…445
藤原行成　ふじわらのゆきなり(972-1027)…387
藤原頼長　ふじわらのよりなが(1120-1156)…392
武烈天皇　ぶれつ-てんのう(生歿年不詳)…630
二葉亭四迷　ふたばてい・しめい(1862-1909)…175, 610
『文華秀麗集』ぶんかしゅうれいしゅう(818)…370, 380, 389, 417
『豊後国風土記』ぶんごのくにふどき(730年代推定)…329
平城天皇　へいぜい-てんのう(774-824)…146, 369
『平中物語』へいちゅうものがたり(平安中期)…382
帆足万里　ほあし・ばんり(1778-1852)…31
『方丈記』ほうじようき(1212)…105, 403, 416, 425, 432-, 447-, 451-, 467, 471, 725
北条団水　ほうじょう・だんすい(1663-1711)…483
法 然　ほうねん 源空(1133-1212)…96, 119, 403, 419, 444, 451
細川頼直　ほそかわ・よりなお(生歿年未詳〉…43
『発心集』ほっしんしゅう(鎌倉前期〉…432-, 439, 445, 448-, 451
堀田善衛　ほった・よしえ(1918-98)…421-, 441, 447
穂積八束　ほづみ・やつか(1860-1912)…543
堀 景山　ほり・けいざん(1688-1757)…514

本多利明　ほんだ・としあき(1743-1821)…504
『本朝文粋』ほんちょうもんずい(平安中期)…370-, 401

〔ま行〕

前田隆一　まえだ・たかかず(生歿年未詳)…674
前田夕暮　まえだ・ゆうぐれ(1883-1951)…617
牧野富太郎　まきの・とみたろう(1862-1957)…173, 554
『枕草子』まくらのそうし(平安中期)…66, 105, 392, 589
正岡子規　まさおか・しき(1867-1902)…32, 67, 603-, 665-, 667
増穂残口　ますほ・ざんこう(1655-1742)…458, 510, 576
松浦 一　まつうら・はじめ(1881-1966)…617

『日本書紀』にほんしょき(720)…83-, 86, 93-, 105, 109, 113-, 140, 147-, 177, 278, 300-　, 308-, 322-, 328, 330-, 338-, 358-, 373, 384, 397, 514-, 517, 520, 523, 542-, 583-, 588, 623, 630-, 634, 652, 725
『日本霊異記』にほんりょういき〔日本国現報善悪霊異記〕景戒編(平安初期)…342
仁徳天皇　にんとく-てんのう(生歿年不詳)…318, 352
額田王　ぬかだのおおきみ(飛鳥時代)…354
沼波瓊音　ぬなみ けいおん(1877-1927)…662
野家啓一　のえ・けいいち(1949-)…54
野口雨情　のぐち・うじょう(1882-1945)…573
野間 宏　のま・ひろし(1915-91)…762
野村弥助　のむら・やすけ 井上勝(1843-1910)…186
野呂元丈　のろ・げんじょう(1694-1761)…491

〔は行〕
芳賀矢一　はが・やいち(1867-1927)…577-, 589, 636
萩原朔太郎　はぎわら・さくたろう(1886-1942)…617, 662
白隠慧鶴　はくいん・えかく(1686-17691)…482
橋田邦彦　はしだ・くにひこ(1882-1945)…641, 668-
芭 蕉　ばしょう 松尾桃青(1644-94)…32, 67, 101, 120, 124, 470-, 585, 589, 595, 602-, 658-, 675-, 705
長谷川如是閑　はせがわ・にょぜかん(1875-1969)…635-
服部中庸　はっとり・ちゅうよう(1757-1824)…515
服部土芳　はっとり・とほう(1657-1730)…470, 659
服部南郭　はっとり・なんかく(1683-1759)…499
塙保己一　はなわ・ほきいち(1746-1821)…416, 490
埴原和郎　はにわら・かずろう(1927-2004)…144
馬場辰猪　ばば・たつい(1850-88)…171, 536, 538
浜田耕作　はまだ・こうさく 青陵(1881-1938)…628
浜田彦蔵　はまだ・ひこぞう ジョン万次郎(1837-97)…164
林 子平　はやし・しへい(1738-93)…504
林 羅山　はやし・らざん(1583-1657)…118-, 123, 358, 482, 485
速水 融　はやみ・あきら(1929-)…21-, 725
原 敬　はら・たかし(1856-1921)…533
『播磨国風土記』はりまのくにふどき(715)…329, 331-, 342-, 634
『波留麻和解』はるまわげ(1796)…155
『肥前国風土記』ひぜんのくにふどき(730年代推定)…318, 329, 332-, 338
『常陸国風土記』ひたちのくにふどき(712)…99, 141, 303, 318, 327, 332-
久松真一　ひさまつ・しんいち(1889-1980)…663
土方定一　ひじかた・ていいち(1904-80)…419
尾藤二州　びとう・じしゅう(1745-1814)…484
日野名子　ひの・めいし(生年未詳-1358)…384, 626
平賀源内　ひらが・げんない(1728-80)…182, 502
平田篤胤　ひらた・あつたね(1776-1843)…505, 516-, 534, 576
平塚らいてう　ひらつか・らいてう(1886-1971)…617
広重 徹　ひろしげ・てつ(1928-75)…53
福沢諭吉　ふくざわ・ゆきち(1834-1901)…164, 171, 497, 504, 506, 534, 706-
福住正兄　ふくずみ・まさえ(1824-1892)…118
福地桜痴　ふくち・おうち 源一郎(1841-1906)…159, 163-, 165, 585
福原有信　ふくはら・ありのぶ(1848-1924)…617
福来友吉　ふくらい・ともきち(1869-1952)…617
藤岡作太郎　ふじおか・さくたろう(1870-1910)…576, 586-
富士川游　ふじかわ・ゆう(1865-1940)…30, 617
富士谷御杖　ふじたに・みつえ(1768-1823)…493, 705
福永武彦　ふくなが・たけひこ(1918-79)…688
藤田東湖　ふじた・とうこ(1806-55)…534, 552
藤原惺窩　ふじわら・せいか(1561-1619)…122,

464-, 583, 658, 663-, 669, 675, 694, 705, 725
東條英機 とうじょう・ひでき(1884-1948)…668, 684
東 常縁 とう・つねより(1401推定-84推定)…458
『ドゥーフ・ハルマ』(Doeff-Halma Dictionary, 1833)〔長崎ハルマ〕…155
徳川家康 とくがわ・いえやす(1543-1616)…36, 321, 348, 476-, 481, 490
徳川綱吉 とくがわ・つなよし(1646-1709)…481, 490
徳川光圀 とくがわ・みつくに(1628-1701)…483, 511
徳川吉宗 とくがわ・よしむね(1684-1751)…32, 476, 488-, 495-
徳富蘇峰 とくとみ・そほう(1863-1957)…169, 546-, 552
徳冨蘆花 とくとみ・ろか(1868-1927)…611-, 617
徳田秋声 とくだ・しゅうせい(1872-1943)…179
戸張竹風 とばり・ちくふう(1873-1955)…598
外山正一 とやま・まさかず(1848-1900)…536, 544-
戸坂 潤 とさか・じゅん(1900-45)…30, 568, 731
『土佐日記』とさにっき…382-, 391, 417, 471
鳥羽源蔵 とば・げんぞう(1872-1946)…173
富岡鉄斎 とみおか・てっさい(1837-1924)…529
具平親王 ともひら-しんのう(964-1009)…393
豊島与志雄 とよしま・よしお(1890-1955)…572
豊田佐吉 とよだ・さきち(1867-1930)…43
豊臣秀吉 とよとみ・ひでよし(1536-98)…302, 321, 476
鳥居龍蔵 とりい・りゅうぞう(1870-1953)…137, 141-, 315, 627-

〔な行〕

永井荷風 ながい・かふう(1879-1959)…178, 569-, 626
永井 潜 ながい・ひそむ(1876-1957)…157
中江兆民 なかえ・ちょうみん(1847-1901)…171, 535, 550, 599
中江藤樹 なかえ・とうじゅ(1608-48)…119, 122, 484, 669
長岡半太郎 ながおか・はんたろう(1865-1950)…170
中沢臨川 なかざわ・りんせん(1878-1920)…179, 617
中島力造 なかじま・りきぞう(1858-1918)…173
中曽根康弘 なかそね・やすひろ (1918-)…707
中臣(藤原)鎌足 なかとみのかまたり(614-669)…303
中原中也 なかはら・ちゅうや(1907-37)…617
中村敬宇 なかむら・けいう〔正直〕(1832-91)…533
中村 元 なかむら・はじめ(1912-99)…410
中村光夫 なかむら・みつお(1911-88)…174-, 611
中村幸彦 なかむら・ゆきひこ(1911-98)…637
中谷宇吉郎 なかや・うきちろう(1900-62)…638-
中山 茂 なかやま・しげる(1928-2014)…45, 670
夏目漱石 なつめ・そうせき(1867-1916)…32, 103, 562, 664, 675
新美南吉 にいみ・なんきち(1913-43)…572
西 周 にし・あまね(1829-97)…159, 165-, 171, 186, 533, 638
西田幾多郎 にしだ・きたろう(1870-1945)…566-, 593, 617-, 638, 653, 669, 672, 675-, 687-
西谷啓治 にしたに・けいじ(1900-90)…694
西村茂樹 にしむら・しげき(1828-1902)…172, 562
西山宗因 にしやま・そういん(1605–82)…470
西脇順三郎 にしわき・じゅんざぶろう(1894-1982)…699-
日 蓮 にちれん(1222-82)…117, 119, 122, 413, 419-, 444, 484, 583
『日葡辞書』にっぽじしょ(17C初頭)…154
新渡戸稲造 にとべ・いなぞう(1862-1933)…534
二宮尊徳 にのみや・そんとく(1787-1856)…118-, 126-, 506
『日本国見在書目録』にほんこくけんざいしょもくろく 藤原佐世編(891)…268, 330

〔た行〕

醍醐天皇　だいご-てんのう(885-930)…98, 383
平 清盛　たいらのきよもり(1118-81)…321, 403-, 412
平 貞文　たいらのさだふみ(872頃-923)…382
高木市之助　たかぎいちのすけ(1888-1974)…633
高木敏雄　たかぎ・としお(1876-1922)…138
高橋和巳　たかはし・かずみ(1931-971)…360
高橋虫麻呂　たかはしのむしまろ(奈良時代)…333-, 335
高浜虚子　たかはま・きょし(1874-1959〉…617
高見 順　たかみ・じゅん(1907-65)…688-
高村光太郎　たかむら・こうたろう(1883-1956)…614, 617
高群逸枝　たかむれ・いつえ(1894-1964)…617
高山樗牛　たかやま・ちょぎゅう(1871-1902)…617
瀧川政次郎　たきがわ・まさじろう(1897-1992)…325
竹内敏雄　たけうち・としお(1905-82)…663
武島羽衣　たけしま・はごろも(1872-1967)…181
高津鍬三郎　たかつ・くわさぶろう(1864-1921)…349, 583-, 589
高野長英　たかの・ちょうえい(1804-50)…595
武田泰淳　たけだ・たいじゅん(1912-76)…682-
太宰 治　だざい・おさむ(1909-48)…628
太宰春台　だざい・しゅんだい(1680-1747)…118, 489, 494-, 503
高市黒人　たけち・くろひと(奈良時代)…364-, 429, 624
『竹取物語』たけとりものがたり(平安初期)…381
田口卯吉　たぐち・うきち(1855-1905)…543, 547
田尻稲次郎　たじり・いねじろう(1850-1923)…507
橘孝三郎　たちばな・こうざぶろう(1893-1974)…651
橘 俊綱　たちばなのとしつな(1028-94)…442
橘 成季　たちばなのなりすえ(鎌倉前期)…371
橘 南谿　たちばな・なんけい(1753-1805)…508
橘 諸兄　たちばなのもろえ(685-757)…105, 381
田中正造　たなか・しょうぞう(1841-1913)…559
田中智学　たなか・ちがく(1861-1939)…617-
田中穂積　たなか・ほづみ(1855-1904)…181
田中保隆　たなか・やすたか(1911-2000)…175
田辺 元　たなべ・はじめ(1885-1962)…173, 638
谷川徹三　たにかわ・てつぞう(1895-1989)…693
谷崎潤一郎　たにざき・じゅんいちろう(1886-1965)…569, 573
田沼意次　たぬま・おきつぐ(1719-88)…136, 495, 500-
種田山頭火　たねだ・さんとうか(1882-1940)…602
田能村竹田　たのむら・ちくでん(1777-1835)…102
田村芳朗　たむら・よしろう(1921-89)…117, 410
田山花袋　たやま・かたい(1872-1930)…103, 116, 174, 177, 179, 548, 598
近松門左衛門　ちかまつ・もんざえもん(1653-1724)…415, 483-, 585
津阪東陽　つさか・とうよう(1758-1825)…475
辻 哲夫　つじ・てつお(1928-2012)…45, 638, 670
津田左右吉　つだ・そうきち(1873-1961)…93-, 108, 155, 322, 586, 629-, 687
土田杏村　つちだ・きょうそん(1891-1934)…592-, 617
坪井正五郎　つぼい・しょうごろう(1863-1913)…137, 141
坪内逍遥　つぼうち・しょうよう(1859-1935)…547
寺島良庵　てらじま・りょうあん(江戸中期)…126, 468, 508
寺田寅彦　てらだ とらひこ(1878-1935)…44, 638-, 726
天智天皇　てんじ-てんのう 中大兄皇子(627-673)…303, 326, 353, 337, 348, 359, 385,457, 635
天武天皇　てんむ-てんのう 大海皇子(生年未詳-687)…95, 113, 242, 309-, 320, 330, 337, 348, 357-, 361
土居光知　どい・こうち(1886-1979)…34, 36, 39, 384, 575, 618-
『東関紀行』とうかんきこう(鎌倉前期)…452-, 471
道 元　どうげん(1200-53)…33, 117, 119, 122, 420,

島村抱月 しまむら・ほうげつ(1871-1918)…180-, 617
島田虔次 しまだ・けんじ(1917-2000)…297
シャクシャイン(1606頃-69)…149
『釈日本紀』しゃくにほんぎ 卜部兼方編(鎌倉末期)…327, 343-
寂 照 じゃくしょう 大江定基(962頃-1034)…444-
寂 蓮 じゃくれん(1139-1202)…417-
俊 恵 しゅんえ(1113-91)…425-, 429
順徳院 じゅんとく-いん(1197-1243)…464
淳和天皇 じゅんな-てんのう(786-840)…86
成尋阿闍梨母 じょうじんあじゃりのはは(988推定-歿年未詳)…384
正 徹 しょうてつ(1381-1459)…119
聖徳太子 しょうとく-たいし(574-622)…134, 583
称徳天皇 しょうとく-てんのう 孝謙天皇(718-770)…191
庄野潤三 しょうの・じゅんぞう(1921-2009)…690
聖武天皇 しょうむ-てんのう(702-756)…105, 309, 365-
式子内親王 しょくし-ないしんのう(1149-1201)…391
『続日本紀』しょくにほんぎ(平安初期)…140, 149, 308, 328, 341-, 344, 584
白川 静 しらかわ・しずか(1910-2006)…246, 313, 355
白鳥省吾 しらとり・せいご(1890-1973)…617
心 敬 しんけい(1406-75)…119, 464
『神社本義』じんじゃほんぎ(1944)…684
『新撰姓氏録』しんせんしょうじろく(815)…130, 303-, 343
『新撰犬菟玖波集』しんせんいぬつくばしゅう(室町後期)…461
『新撰菟玖波集』しんせんつくばしゅう(1495)…460
『神皇正統記』じんのうしょうとうき(1339推定、のち修訂)…408-
神武天皇 じんむ-てんのう(生歿年不詳)…140, 146-, 318, 316, 319, 323, 325-, 339-, 342-, 523, 542-, 629, 685
新村 出 しんむら・いずる(1876-1967)…154
親 鸞 しんらん(1173-1263)…152, 409, 413, 444, 451
推古天皇 すいこ-てんのう(555-629)…308, 319, 325, 346, 520, 630
垂仁天皇 すいじん-てんのう(生歿年不詳)…113, 314, 343
菅江真澄 すがえ・ますみ(1754-1829)…509
菅原孝標女 すがわらのたかすえのむすめ(1008-59以後)…383-
菅原道真 すがわらのみちざね(845-903)…370-, 375-, 388
朱雀天皇 すざく-てんのう(923-52)…383
崇神天皇 すじん-てんのう(生歿年不詳)…113, 140, 303
杉本 勲 すぎもと・かおる(1907-91)…37-
薄田泣菫 すすきだ・きゅうきん(1877-1945)…596
鈴木俊幸 すずき・としゆき(1956-)…502
鈴木牧之 すずき・ぼくし(1770-1842)…506-
角倉了以 すみのくら・りょうい(1554-1614)…479
世阿弥 ぜあみ(1363推定-1443推定)…97, 123, 464-, 662-, 694
清少納言 せい-しょうなごん(966頃-1025頃〉…24, 66, 489
関 孝和 せき・たかかず(生年未詳-1708)…22, 488
雪 舟 せっしゅう(1420-1506)…442, 577, 597
芹沢光治良 せりざわ・こうじろう(1896-1993)…706
『千載和歌集』せんざいわかしゅう(1187)…420, 594
千利休 せんのりきゅう(1522-91)…118, 662, 694
相馬御風 そうま・ぎょふう(1883-1950)…569, 617
宗 祇 そうぎ(1421-1502)…424, 457-, 470-, 477, 509-, 576, 662
宗 長 そうちょう(1448-1532)…460

417-, 424-, 439, 448, 451, 460, 462, 474, 592-, 594, 621
『古今和歌集両度聞書』こきんわかしゅうりょうどききがき(室町時代)…576
『古今著聞集』ここんちょもんじゅう(1255, のち増補)…371
『古事記』こじき(712)…3, 84-, 93-,105, 109, 113-,124, 148, 298, 303-, 307, 310, 316-,319-, 322-, 328-, 338-, 352, 354, 387, 510, 514-, 519-, 583-, 588, 630-, 652, 655, 725
小島烏水 こじま・うすい(1873-1948)…548, 554
後白河上皇 ごしらかわ-じょうこう(1127-92)…349, 368, 404
巨勢邑治 こせのおおじ(生年未詳-724)…331
巨勢識人 こせのしきひと(平安前期)…380
『後撰和歌集』ごせんわかしゅう(10C中期)…385
後醍醐天皇 ごだいご-てんのう(1288-1339)…408
後鳥羽院 ごとば-いん(1180-1239)…402-, 407, 412, 416, 418-, 422-, 428-, 433, 442, 445-, 449, 452, 460, 464, 594
小中村義象 こなかむら・よしかた(1861-1923)…322
近衛文麿 このえ・ふみまろ(1891-1945)…18, 669, 678
五味文彦 ごみ・ふみひこ(1946-)…414, 447
小宮豊隆 こみや・とよたか(1884-1966)…661-
『今昔物語集』こんじゃくものがたりしゅう(成立年代未詳)…115, 444, 586

〔さ行〕
三枝博音 さいぐさ・ひろと(1892-1963)…30-, 39, 41, 56, 102, 180, 493, 530, 635, 637, 670
西 行 さいぎょう(1118-90)…392, 401-, 420, 436, 445-, 463, 470-,509, 594, 619, 662
斎藤茂吉 さいとう・もきち(1882-1953)…617, 624-
西郷隆盛 さいごう・たかもり(1827-77)…528
最 澄 さいちょう(766/767-822)…33, 93, 96, 119, 369, 373-, 399-
斉明天皇 さいめい-てんのう 皇極天皇(595-662)…346, 355, 359, 396
嵯峨天皇 さが-てんのう(786-842)…64, 86, 146, 369-, 373, 380, 389, 417, 543, 558
堺 利彦 さかい・としひこ(1870-1933)…568
坂口安吾 さかぐち・あんご(1912-76)…683
坂上田村麻呂 さかのうえのたむらまろ(758-811)…149, 304, 369
相良 亨 さがら・とおる(1921-2000)…87, 116-
佐久間象山 さくま・しょうざん(1811-64)…169, 530
佐々木力 ささき・ちから(1947-)…33
佐佐木信綱 ささき・のぶつな(1872-1963)…596-
佐竹昭広 さたけ・あきひろ(1927-2008)…78, 104-, 125, 280
佐藤一斉 さとう・いっさい(1772-1859)…123
佐藤信淵 さとう・のぶひろ(1769-1850)…505
佐藤春夫 さとう・はるお(1892-1964)…662
『更級日記』さらしなにっき(1059頃)…384-, 454
『三代実録』さんだいじつろく(901)…371
山東京山 さんとう・きょうざん(1769-1858)…508
山東京伝 さんとう・きょうでん(1761-1816)…501, 508, 585
慈 円 じえん(1155-1225)…416-
塩井雨江 しおい・うこう(1869-1913)…595
志賀重昂 しが・しげたか(1863-1927)…526, 551-, 558-
志賀直哉 しが・なおや(1883-1971)…626
式亭三馬 しきてい・さんば(1776-1822)…441, 585
滋野貞主 しげののさだぬし(785-852)…278
志筑忠雄 しづき・ただお(1760-1806)…44
『十訓抄』じっきんしょう(鎌倉中期)…442-
四手井綱英 しでい・つなひで(1911-2000)…560
持統天皇 じとう-てんのう(646-703)…149, 194, 309-, 316, 347-, 357, 359, 364, 366, 523, 623
司馬江漢 しば・こうかん(1747-1818)…102
渋川春海 しぶかわ・はるみ(1639-1715)…487
島崎藤村 しまざき・とうそん(1872-1943)…103, 179, 548, 613-, 617

川村理助 かわむら・りすけ(生歿年未詳)…617
『閑吟集』かんぎんしゆう(1518)…462
蒲原有明 かんばら・ありあけ(1875-1952)…595-, 602, 617, 662, 664
神原 泰 かんばら・たい(1898-1997)…617
桓武天皇 かんむ-てんのう 第50代(737-806)…146, 194, 320, 368-
菊池 寛 きくち・かん(1888-1948)…572, 618
菊池大麓 きくち・だいろく(1855-1917)…41, 171
北村透谷 きたむら・とうこく(1868-94)…540, 541, 545, 609, 617
北村季吟 きたむら・きぎん(1625-1705)…484
北原白秋 きたはら・はくしゅう(1885-1942)…571-, 614, 617, 624
北畠親房 きたばたけ・ちかふさ(1293-1354)…408, 516
木下尚江 きのした・なおえ(1869-1937)…550, 617
木下杢太郎 きのした・もくたろう(1885-1945)…154
紀 貫之 きのつらゆき(870頃-945推定)…98, 367, 375-, 379, 382-, 417-, 424, 426, 471, 592, 594
紀 淑望 きのよしもち(生年未詳-919)…98
木村資生 きむら・もとお(1924-94)…708
行 基 ぎょうき(668-749)…436, 509
京極為兼 きょうごく・ためかね(1255-1332)…464-
清沢満之 きよざわ・まんし(1863-1903)…664
曲亭馬琴 きょくてい・ばきん(滝沢)(1767-1848)…508
去 来 きょらい(向井)(1651-1704)…428
許 六 きょりく(森川)(1656-1715)…472
欽明天皇 きんめい-てんのう(509頃-571頃)…333
空 海 くうかい(弘法大師)(774-835)…33, 64, 80, 93, 96-, 118, 269, 300, 369-,446
陸 羯南 くが・かつなん(1857 1907)…571, 636
九鬼周造 くき・しゅうぞう(1888-1941)…635
国木田独歩 くにきだ・どっぽ(1871-1909)…103, 174, 561, 605-, 610-, 614, 617
熊沢蕃山 くまざわ・ばんざん(1619-91)…20, 123, 484, 538
熊野純彦 くまの・すみひこ(1958-)…59
久米邦武 くめ・くにたけ(1839-1931)…531, 543
厨川白村 くりやがわ・はくそん(1880-1923)…617
『群書類聚』ぐんしょるいじゅう(1793〜1819)…486
景 戒 けいかい(8C後期-9C前期)…342
『経国集』けいこくしゅう(827)…370
継体天皇 けいたい・てんのう(450頃–531頃)…337
契 沖 けいちゅう(1640-1701)…84, 310, 390, 511
『経典余師』けいてんよし(1786〜)…501
兼好法師 けんこうほうし(吉田)(1283頃-1352以後)…104, 416, 455, 694
建春門院中納言 けんしゅんもんいんちゅうなごん(1157-歿年未詳)…386
『源氏物語』げんじものがたり(平安中期)…22-, 350, 381-, 387-, 391, 420-, 428, 484,510-, 515, 578, 589, 595
元正天皇 げんしょう-てんのう(680-748)…381
源 信 げんしん(恵心)(942-1017)…119, 401, 435, 443-, 449
元 政 げんせい(1623-68)…483
『見聞愚案記』けんもんぐあんき 僧・日重(にちじゅう)(1549-1623)…152
『源平盛衰記』げんぺいせいすいき(成立年代未詳)…441
建礼門院右京大夫 けんれいもんいんうきょうのだいぶ(1157推定-歿年未詳)…386
後一条天皇 ごいちじょう-てんのう(1008-36)…384, 464
光 宗 こうしゅう(1276-1350)…301
高坂正顕 こうさか・まさあき(1900-69)…694
幸田露伴 こうだ・ろはん(1867-1947)…206, 259, 401, 538, 548, 569-, 662
小金井良精 こがねい・よしきよ(1859-1944)…137, 653
『古今和歌集』こきんわかしゅう(905)…64-,97-, 100-,119, 128, 336, 349, 367, 375-, 387, 388-, 412,

岡倉天心　おかくら・てんしん(1863-1913)…96, 577, 596-, 617, 696
緒方洪庵　おがた・こうあん(1810-63)…505
岡本かの子　おかもと・かのこ(1889-1939)…617
岡本太郎　おかもと・たろう(1911-96)…696-
小川未明　おがわ・みめい(1882-1961)…617
荻生徂徠　おぎう・そらい(1666-1728)…20, 33, 102, 120, 122, 126, 242, 259, 489, 494-, 498-, 503, 530, 534, 725
荻原井泉水　おぎわら・せいせんすい(1884-1976)…602, 617, 662
『小倉百人一首』おぐらひゃくにんいっしゅ…379, 385
小栗風葉　おぐり・ふうよう 本名：加藤磯夫(1875-1926)…626
尾崎紅葉　おざき・こうよう(1868-1903)…565, 626
尾崎放哉　おざき・ほうさい 本名；秀雄(1885-1926)…602
尾崎雅嘉　おざき・まさよし(1755-1827)…453
小瀬甫庵　おぜ・ほあん(1564-1640)…482
織田得能　おだ・とくのう(1860-1911)…447
織田信長　おだ・のぶなが(1534-82)…321
落合直文　おちあい・なおぶみ(1861-1903)…321, 603
鬼貫　おにつら 上島(1661-1738)…124
小野梓　おの・あずさ(1852-86)…539-
尾上紫舟　おのえ・さいしゅう(1876-1957)…603
小野小町　おののこまち(9C)…594
小野篁　おののたかむら(802-853)…384
小幡重一　おばた・じゅういち(1888-1947)…663
尾本惠市　おもと・けいいち(1933-)…145
折口信夫　おりくち・しのぶ(1887-1953)…34, 39, 143, 315, 324-, 340, 365, 521, 597, 617, 623-, 634, 645

〔か行〕
『海道記』かいどうき(鎌倉前期)…452-, 454, 471
貝原益軒　かいばら・えきけん(1630-1714)…118, 122, 341, 478, 486-
海保青陵　かいほ・せいりょう(1755-1817)…20-, 33, 118, 481, 502-,505-
『河海抄』かかいしょう(室町初期)…383
香川景樹　かがわ・かげき(1768-1843)…120, 124, 484
賀川豊彦　かがわ・とよひこ(1888-1960)…617
柿本人麻呂　かきのもとのひとまろ(660-724)…95, 349, 355-,364, 367, 590-,
筧克彦　かけひ・かつひこ(1872-1961)…521,617-. 688
風巻景次郎　かざまき・けいじろう(1902-60)…663
片山淳吉　かたやま・じゅんきち(1837-87)…170
片上天弦　かたやま・てんげん 本名；伸(1884-1928)…617
荷田春麿　かだのあずままろ(1669-1736)…490-, 511,
荷田在満　かだのありまろ(1706-51)…426
桂川甫周　かつらがわ・ほしゅう(1751-1809)…155
加藤周一　かとう・しゅういち(1919-2008)…636
加藤尚武　かとう・ひさたけ(1937-)…11-, 731
加藤弘之　かとう・ひろゆき(1836-1916)…320, 534-, 539, 541-, 580, 588
仮名書魯文　かながき・ろぶん(1829-94)…301
兼明親王　かねあきらしんのう(914-987)…395, 398-, 403
金子筑水　かねこ・ちくすい(1870-1937)…617
金子光晴　かねこ・みつはる(1895-1975)…688
狩野亨吉　かの・りょうきち(1865-1942)…494, 504
鴨長明　かものながあきら(1153-1216)…105. 402-, 418, 422, 425-, 455, 467, 469, 471, 647, 694, 725
賀茂真淵　かものまぶち(1697-1769)…84, 310, 356, 484, 509-,591
柄谷行人　からたに・こうじん(1941-)…611
河合酔茗　かわい・すいめい(1874-1965)…596
河合隼雄　かわい・はやお(1928-2007)…206
川端康成　かわばた・やすなり(1899-1972)…678
河村瑞賢　かわむら・ずいけん(1618-99)…479

186, 523, 531, 558, 562
井上通女　いのうえ・つうじょ(1660-1738)…386
井上哲次郎　いのうえ・てつじろう(1855-1944)…155-, 158, 171, 184, 698
井上聞多　いのうえ・もんた, 馨(1836-1915)…186
井上洋治　いのうえ・ようじ(1927-2014)…105-, 729
井原西鶴　いはら・さいかく(1642-93)…152-, 483-, 491, 585
今中楓渓　いまなか・ふうけい(1883-1963)…573
今西錦司　いまにし・きんじ(1902-92)…554, 568
磐井　いわい(6C前半)…344
岩野泡鳴　いわの・ほうめい(1873-1920)…596, 598, 617
磐之姫　いわのひめ(生歿年未詳)…352-
巌本善治　いわもと・よしはる(1863-1942)…88, 174
斎部広成　いんべのひろなり(平安初期)…320, 345
宇井伯寿　うい・はくじゅ(1882-1963)…117, 410
植木枝盛　うえき・えもり(1857-92)…123, 266, 531, 534
上田秋成　うえだ・あきなり(1734-1809)…484, 514
上田 篤　うえだ・あつし(1930-)…679
上田 敏　うえだ・びん(1874-1916)…178, 570, 595, 597
植村正久　うえむら・まさひさ(1858-1925)…171, 534
宇田川榕菴　うだがわ・ようあん(1798-1846)…168
宇多天皇　うだ-てんのう(867-931)…333, 371-, 375, 386, 394
内村鑑三　うちむら・かんぞう(1861-1930)…172, 534, 555
『うつほ物語』うつほものがたり(975頃)…381-, 391
梅崎春生　うめざき・はるお(1915-65)…684-
浦上玉堂　うらかみ・ぎょくどう(1745-1820)…102
卜部兼方　うらべのかねかた(鎌倉時代)…329
『栄華物語』えいがものがたり(11C)…24, 385, 585
『英和字彙』えいわじい 柴田昌吉・子安峻編(1873)…89
『英和対訳袖珍辞書』えいわたいやくしゅうちんじしょ 堀達之助編(1862)…91, 151
江木千之　えぎ・かずゆき(1853-1932)…172
遠藤謹助　えんどう・きんすけ(1836-93)…186
役小角　えんのおづの(ぬ)役行者(伝634-伝701)…342
円 仁　えんにん(794-864)…373-, 379
『往生拾因』おうじょうしゅういん(1103)…401, 451
『往生要集』おうじょうようしゅう(985)…119, 400, 435, 444, 449, 451
大江千里　おおえのちさと(平安前期)…379-, 383
大江匡房　おおえのまさふさ(1041-1111)…370
大隈重信　おおくま・しげのぶ(1838-1922)…539, 557
大塩平八郎　おおしお・へいはちろう(中斎)(1793-1837)…123
大杉 栄　おおすぎ・さかえ(1885-1923)…617
『大鏡』おおかがみ(平安後期)…320, 388, 585
太田青丘　おおた・せいきゅう(1909-96)…593
太田水穂　おおた・みずほ(1876-1955)…521, 617, 661-
大槻玄沢　おおつき・げんたく(1757-1827)…502
大伴坂上郎女　おおとものさかのうえのいらつめ(8前半)…391
大伴旅人　おおとものたびと(665-730)…314, 360, 363, 381
大伴家持　おおとものやかもち(718頃-785)…104-, 108, 329, 349, 366
大西 祝　おおにし・はじめ(1864-1900)…544
大西克礼　おおにし・よしのり(1888-1959)…104, 106-, 112, 469, 617, 663
大野 晋　おおの・すすむ(1919-2008)…81-, 86, 731
太安万侶　おおのやすまろ(生年未詳-723)…85-, 113, 320, 322, 630
大庭みな子　おおば・みなこ(1930-)…241, 704
大橋乙羽　おおはし・おとわ(1869-1901)…548
大原幽学　おおはら・ゆうがく(1797-1858)…507
大平正芳　おおひら・まさよし(1910-80)…706
丘浅次郎　おか・あさじろう(1868-1944)…547

日本人名・書名索引（人名はほぼ網羅し、書名は便宜のためにあげる。伝説上のものと推察される天皇・皇后名も本欄に記す）

〔あ行〕

青木昆陽　あおき・こんよう(1698-1769)…491
青地林宗　あおち・りんそう(1775-1833)…168
芥川龍之介　あくたがわ・りゅうのすけ(1892-1927)…572, 618
浅井了意　あさい・りょうい(1612-91)…441
足利尊氏　あいかが・たかうじ(1305-58)…408
足利義政　あしかが・よしまさ(1436-1490)…456
足利義満　あしかが・よしみつ(1356-1408)…409, 456, 464
飛鳥井(藤原)雅経　あすかい・まさつね(1170-1221)…447
阿仏尼　あぶつに(1222頃-83)…452
阿部次郎　あべ・じろう(1883-1959)…62, 607. 662
阿部知二　あべ・ともじ(1903-73)…685-
安倍能成　あべ・よししげ(1883-1966)…662
安倍清明　あべのせいめい(921-1005)…400
阿倍比羅夫　あべのひらふ(7C中期)…149
新井白石　あらい・はくせき(1657-1725)…86, 518, 583-
荒木田守武　あらきだ・もりたけ(1473-1549)…461
有島武郎　ありしま・たけお(1882-1974)…572, 617
在原業平　ありわらのなりひら(9C)…382, 424-, 454, 594
在原元方　ありわらのもとかた(9C後半～10C前半)…64-, 390
安藤昌益　あんどう・しょうえき(1703-62)…20, 30, 44, 102, 494, 504
安藤精一　あんどう・せいいち(1922-2018)…20
安然　あんねん(814頃-915頃)…443
伊吉博徳　いきのはかとこ(飛鳥-奈良時代)…373
生田長江　いくた・ちょうこう(1882-1936)…617
池内 了　いけうち・さとる(1944-)…54, 639, 670, 723
池田亀鑑　いけだ・きかん(1896-1956)…384, 625-
池田勇人　いけだ・はやと(1899-1965)…701
池田光政　いけだ・みつまさ(1609-82)…484
池 大雅　いけのたいが(1723-76)…102
石川啄木　いしかわ・たくぼく(1886-1912)…179
石川千代松　いしかわ・ちよまつ(1861-1935)…539
石田英一郎　いしだ・えいいちろう(1903-68)…704
石田梅岩　いしだ・ばいがん(1685-1744)…500
石原正明　いしはら・まさあき(1760-1821)…427
石牟礼道子　いしむれ・みちこ(1927-2018)…701
泉 鏡花　いずみ・きょうか(1873-1939)…60, 598
和泉式部　いずみしきぶ(978頃-1036頃)…24, 383-, 621
『出雲国造神賀詞』いずものくにのみやつこのかんよごと…331, 340
『出雲国風土記』いずものくにふどき(733)…303, 312, 317, 324, 327, 329, 331-, 585
伊勢　いせ(872頃-938年)…412, 470
『伊勢物語』いせものがたり(平安前期)…382, 438, 453-
磯部忠正　いそべ・ただまさ(1909-1995)…681, 704-
板垣退助　いたがき・たいすけ(1837-1919)…535-
市井三郎　いちい・さぶろう(1922-89)…210
市倉宏祐　いちくら・ひろすけ(1921-2012)…121
一条天皇　いちじょう-てんのう 第66代(980-1011)…384, 393
一条兼良　いちじょう・かねよし／かねら(1402-81)…456-, 519
一遍　いっぺん(1239-89)…401
伊藤若冲　いとう・じゃくちゅう(1716-1800)…102
伊東俊太郎　いとう・しゅんたろう(1930-)…53-, 200
伊藤仁斎　いとう・じんさい(1627-1705)…27, 118, 120, 126, 132, 258, 350, 485, 495-, 659
伊藤篤太郎　いとう・とくたろう(1866-1941)…167
伊藤博文　いとう・ひろぶみ(1841-1909)…42, 172,

【著者略歴】

鈴木貞美（すずき・さだみ）

1947年生まれ。東京大学文学部仏文科卒。学術博士。人間文化研究機構／国際日本文化研究センター名誉教授。主著に『『死者の書』の謎』2017、『「近代の超克」─その戦前・戦中・戦後』2015、『「日本文学」の成立』2009、『生命観の探究─重層する危機のなかで』2007、『梶井基次郎の世界』2001、『日本の「文学」概念』1998、以上作品社。一般向けの著書に『入門 日本近現代文芸史』平凡社新書2013、『自由の壁』集英社新書 2009、『日本人の生命観─神、恋、倫理』中公新書2008、『日本の文化ナショナリズム』平凡社新書2005、ほか編著書多数。

日本人の自然観

2018年10月25日　第1刷印刷
2018年10月30日　第1刷発行

著　者　　鈴木貞美
発行者　　和田　肇
発行所　　株式会社 作品社
〒102-0072 東京都千代田区飯田橋 2-7-4
電　話　03-3262-9753
ＦＡＸ　03-3292-9757
http://www.sakuhinsha.com
振　替　00160-3-27183

装　　丁　小川惟久
本文組版　(有)一企画
印刷・製本　シナノ印刷㈱

落・乱丁本はお取替えいたします。
定価はカバーに表示してあります。

ISBN978-4-86182-722-8 C0010

鈴木貞美の本

『死者の書』の謎

折口信夫とその時代

『死者の書』は、こう読め！ 生誕130周年、いま、甦る折口信夫。歌人・小説家＝釈迢空と民俗学者・国文学者＝折口信夫。二つの才能が見事に融合・醱酵した稀有の小説『死者の書』。作家の青年期、作品成立の時代背景・作者の精神に踏み込むことで謎多き名作の秘鑰に迫る。

「近代の超克」

その戦前・戦中・戦後

イギリス産業革命による近代の成立と人間理性の確立。マルクシズムを含むヨーロッパ近代の思想潮流を総括し、その日本的受容と変容、地球環境危機の時代におけるこれからの主題を提示する壮大なライフ・ワーク。

「日本文学」の成立

詩歌・戯曲・小説ほか、神話・伝説から哲学・宗教まで…日本の「文学」概念は何故かくも広義の範疇を含むか？欧米の「人文学」、中国の「文章学」とも異なるその特性の形成を歴史的・概念的に捉え直し解明する労作！